1 MONTH OF
FREE
READING

at

www.ForgottenBooks.com

By purchasing this book you are eligible for one month membership to ForgottenBooks.com, giving you unlimited access to our entire collection of over 1,000,000 titles via our web site and mobile apps.

To claim your free month visit:

www.forgottenbooks.com/free1052325

ISBN 978-0-365-60676-5
PIBN 11052325

This book is a reproduction of an important historical work. Forgotten Books uses
state-of-the-art technology to digitally reconstruct the work, preserving the original format
whilst repairing imperfections present in the aged copy. In rare cases, an imperfection in
the original, such as a blemish or missing page, may be replicated in our edition. We do,
however, repair the vast majority of imperfections successfully; any imperfections that
remain are intentionally left to preserve the state of such historical works.

August Wilhelm von Schlegel's

vermischte und kritische Schriften.

Herausgegeben

von

Eduard Böcking.

Erster Band.
Sprache und Poetik.

Leipzig,
Weidmann'sche Buchhandlung.
1846.

August Wilhelm von Schlegel's

sämmtliche Werke.

Herausgegeben

von

Eduard Böcking.

———◦———

Siebenter Band.

———

Leipzig,
Weidmann'sche Buchhandlung.
1846.

Inhaltsverzeichniß.

K

Vorrede des Herausgebers.

Kam nach ihnen ein anber Geschlecht auf, das
den Herrn nicht kannte, noch die Werke, die er
an Israel gethan hatte.

Buch der Richter 2, 10.

A. W. Schlegel ist als Kritiker noch nie genug, geschweige denn zu sehr gefeiert worden; und wenngleich die
heutige bellettristische Welt über ihn und aus ihm wenig
weiß, so weiß sie doch verhältnißmäßig desto mehr von ihm
oder durch ihn. Vieles von dem, was der Verstorbene mit
seinem glücklichen Takt und Scharfsinn, aber auch mit gründlicher Gelehrsamkeit und rastloser Geistesübung erarbeitet
hat, und was unsre Großväter kaum ahndeten, genießen wir
Enkel, als ob es ohne Fleiß und Müh energischer Väter
auf dem freien Felde unsres Geistes von selbst emporge-
schoßen wäre, oder gar als hätten wir unser Erbgut selber
geschaffen. Ich will nicht anklagen, noch vertheidigen, nur
Zeugniß geben, Thatsachen zum Bewußtsein bringen, welche
die wenigen Einen wieder vergeßen, die vielen Anderen noch
nie gekannt haben. Woher sollten die Jüngeren eine Anschauung von Schlegels ganzer kritischer Thätigkeit sich verschaffen, die selbst von Litterarhistorikern nur unvollständig
und nicht ohne entstellende Schiefheiten aufgefaßt wird?
Man sehe nur, daß ich, von H. Heine u. A. zu schweigen,

ein achtbares Beispiel anführe, Gervinus poetische National-
litteratur: spricht er nicht mitunter von den Brüdern Schlegel, als ob sie, mindestens viele Jahre hindurch, gleich dem
bekannten Mädchen von Saffari, mit beiden Oberleibern auf
Einem Beingestelle gelebt hätten? Und wie verschieden sind
sie doch beide! Nicht erst seit sie getrennt lebten fühlten
sie das selbst, wie z. B. die Antwort A. W. Schlegels auf
Schillers Brief vom 31. Mai 1797. und die Gedichte der
Brüder an einander zeigen (Poet. W. I. S. 244. ff.), worin
sie gerade ihre Einigkeit und Vereintheit feiern wollten.
Aber selbst an den gelehrten Litteraturhistoriker kann man
mit Billigkeit die Forderung nicht stellen, daß er die unglaublich zerstreuten, größtentheils ununterzeichneten, und nicht
selten mit den beurtheilten Büchern bald wieder verschollenen
Kritiken und Recensionen, welche die mannichfaltigsten Kreiße
des Wißens und der Kunst berühren, selber sammle, um
ihren Einfluß auf die Litteratur, ihre Wirkungen im Einzelnen sorgfältig würdigen zu können. So ist denn auch Schlegels Wirksamkeit in der That noch nicht gehörig gewürdigt
worden: seine Altersgenoßen und mit ihm oder gegen ihn
Strebenden konnten dieß so wenig als sich überhaupt die
Gegenwart geschichtlich darstellen läßt; den Jüngeren aber
mußten seine Werke zum großen Theile unbekannt bleiben,
da der Verfaßer nicht nur nicht bemüht gewesen ist, sie zugänglich zu machen, sondern sogar den Vorwurf verdiente,
viele derselben absichtlich in Vergeßenheit zu drängen. Hat
er doch öfters Solche, die ihn um Bezeichnung seiner einzelnen Schriften baten, auf das Conversations=Lexikon verwiesen, dort stünden sie verzeichnet; hatte er doch selbst seine
Theilnahme an den Göttinger Anzeigen seit dem vorletzten
Jahrzehnt des vorigen Jahrhunderts, als er nicht lange in

die Zwanziger eingetreten war, so zu sagen gänzlich vergeßen
gemacht und vergeßen, wahrlich mit Unrecht. Ja, würden nicht, wie bei den stäts wieder verweltlichenden Klö-
stern, so auch bei den Recensier-Anstalten von Zeit zu Zeit
Reformen nöthig, um den Untergang abzuwenden, welchen
unvermeidlich der Schlendrian herbeiführt, und wäre nicht
demzufolge glücklicher Weise die Tendenz der alten Jenaer
Litteratur-Zeitung zu Ende des vorigen Jahrhunderts so
sehr versunken, daß sich die notabelsten Mitarbeiter zurück-
ziehen musten und Schlegels Zwist mit dem seligen oder
doch gewiß verstorbenen Schütz ausbrach, wer könnte jetzt
wißen, daß jener in die genannte kritische Zeitschrift binnen etwa drei Jahren an dreihundert Recensionen geliefert
habe?

Hectora quis nosset, si felix Troia fuisset?

Und sind mir nicht selbst, der ich doch ein Dutzend Jahre
mit dem Verewigten in nicht bloß collegialischer Freundschaft gelebt hatte, als ich nach seinem Tode ein Verzeichniß seiner Schriften zusammenstellte, manche und zum Theil
wichtige entgangen? Man wird dieß Alles großentheils er-
klärlich finden, wenn man seine Aeußerungen in der Vorrede zu der unvollendet gebliebenen Auswahl der 'Kritischen
Schriften' oder in der 'Berichtigung (1828.)' liest, wo er
sich, damals gereizt durch litterarische und andre Klatsche-
reien und Verleumdungen, die er nicht wol gänzlich ungerügt laßen konnte, feierlichst dagegen verwahrt, daß man
nicht, was er zur Vergeßenheit verurtheilt habe, nach seinem Tode wieder ans Licht ziehe und ihm aufbürde, und
wo er laut erklärt, daß ein Herausgeber, der solches thue,
dem Publikum einen schlechten Dienst leisten und gegen ihn
selbst ein wahres Unrecht begehen würde. Ich habe den

Hingeschiedenen zu sehr geachtet und geliebt, als daß ich, auch abgesehn von meinem Wunsche, absichtliches Unrechts nie geziehen zu werden, solches ihm anthun möchte; auch bin ich nicht so dienstseifrig noch übelgesinnt gegen das Publikum, daß ich ihm zur Leistung eines schlechten Dienstes mich zudrängen sollte. Ich muß vielmehr nur, wie ich es auch dem lebenden zuweilen thun mußte, des verstorbenen Freundes Behauptung widersprechen und solchen Widerspruch nicht bloß bei mir selbst, sondern auch vor Schlegels und meinem Vaterlande, vor Deutschland, und der ganzen litterarischen Welt rechtfertigen. Ich widerspreche aber jenem Urtheil kühnlich, weil ich weiß, daß der Verstorbene nichts Verdammenswerthes, wenn auch ein und andres nicht zu Billigende gewollt und geschrieben hat, und weil ihm selbst, auch an den über ihn gefällten Urtheilen, die Gerechtigkeit und Wahrheit lieber war als die Gunst und grundloses Lob: Wahrheitsliebe war der Grundzug seines durchaus ehrenwerthen Charakters, der nur leicht unter einer, aus eigenthümlicher Ironie und dem Mangel an Zurückhaltung des Urtheils über das Selbst und das Eigne im Verhältniß zu Andern und Fremdem gemischten Tünche, unter dem Scheine geselliger Anmaßlichkeit und Selbstüberhebungslust verkannt werden konnte und allzuoft verkannt worden ist. (Daß er seine, wol nur wenige Deutsche ansprechende Liebe zu Zierrat und Eleganz, die doch selbst wieder aus einem ehrenwerthen Grunde aufgewachsen war, mitunter bis zum Lächerlichen trieb, gehört eben so wenig hierher, als die Nachweisung, wie er dadurch so mannichfaltig die Verleumdung und die Klatscherei gegen sich gelockt hat.) Gerechter aber können wir auch ihn gewiß dann beurtheilen, wenn wir möglichst vollständig seine Leistungen überschauen, als wenn wir, wie er es dort andeutet, nur einen Auszug seiner schriftstellerischen Werke unsrem Urtheile zum Grunde zu legen genöthigt wären. Ich hege indessen auch das feste Zutrauen, daß mein verewigter Freund und Gönner um so mehr gewinne, je gerechter er beurtheilt wird. Er sagt selbst 'Es sollte mir leid thun, wenn 'mannichfaltige Welterfahrung in einer vielbewegten, ja stürmi- 'schen Zeit, wenn anhaltende innere Thätigkeit des Geistes, ernste 'Betrachtung und Selbstbeobachtung in verschiedenen Lebens- 'altern mich gar nichts gelehrt hätte.' Wie wenig das bloße Facit einer Reihe von Erfahrungen und Studien aus- reiche, diese sammt dem Erfahrenden und Forschenden ken- nen zu lehren, braucht sicherlich hier nicht erklärt zu wer- den, da wol jeder Leser dieser Schriften selbst weiß, wie kärglich die Summa des Wißens auch bei der erstaunlich- sten Masse des Gewusten sei. Und dann versichert die Vorrede zu den kritischen Schriften mit bestem Rechte Vergeblich würde man hoffen, durch die Aufsuchung des hier 'Weggelaßenen eine Ausbeute des Anstößigen zu gewinnen. Ich mag in diesem oder jenem Stücke meine Meinung ge- 'ändert haben, manche meiner früheren Aeußerungen jetzt 'einseitig und übertrieben finden; aber ich habe nie etwas 'drucken laßen, das ich verheimlichen müßte.' Hält man hiemit zusammen die Grundsätze, die einst der Verstorbene in der Recension der Dresdener Ausgabe von Winckelmanns Werken aufstellte, Grundsätze, die ich auch in andern Be- ziehungen fast durchgängig befolgen konnte, so wird an mei- ner Rechtfertigung vor dem Publikum, daß ich mehr aufge- nommen habe, als der Verfaßer selbst gethan haben würde, kaum etwas fehlen, zumal ich durch die kleinere Druckschrift das ausgezeichnet oder vielmehr unscheinbarer gemacht ha-

was jener selbst wol nicht wieder hätte abdrucken laßen.
Zu weiterer Rechtfertigung könnt' ich, aber ich thu' es nicht,
weil ich die Heuchelei verschmähe, noch anführen, daß er
durchaus keine Erklärung darüber gegeben hat, was er in
den beabsichtigten, aber nicht erschienenen, ja nicht einmal
besonders vorbereiteten dritten Band der 'Kritischen Schriften' aufgenommen haben wollte. Eben so wenig hat mich
etwa die Besorgniß irgend bestimmt, es möchten Andere als
Ergänzungen der Werke liefern was ich ausschließe: vor
welcher, an sich sonst schwerlich ganz ungegründeten, ich
mich nöthigenfalls mit dem Schwerte der Gerechtigkeit schirmen könnte. Dagegen darf und muß ich hier berichten,
daß mir Schlegel, im Herbste 1837., als er mich die Be-
sorgung seines Nachlaßes zu übernehmen bat, nach einer
Unterredung, deren Mittheilung ich mir auf eine andere Gelegenheit vorbehalte, volle Gewalt ertheilte, nach meiner
Ueberzeugung und Einsicht bei der Herausgabe seiner Schriften zu verfahren, und daß seine Erbinnen mir diese Befugniß unter Abtretung ihrer ererbten Autorrechte rechtsförm-
lich bestätigt haben. Der Verewigte hatte in dieser Beziehung
eine besondere testamentarische Verfügung eben so wenig
getroffen, als er meine Bitte, möglichst vollständig und genau aufzuzeichnen, was er von seinen Werken und wie er
es herausgegeben haben wollte, obgleich er mir zu deren
Erfüllung Hoffnung gemacht, erfüllt hat: die große Menge
seiner hinterlaßenen Schriften fand sich unter seinen Papieren und Büchern theils gar nicht, theils nicht im minbesten zu einer Ausgabe geordnet. So stehe ich nun zwar
mit der vollen Verantwortlichkeit eines nur an selbstgebil-
ligte Grundsätze gebundenen Herausgebers dem Publikum
gegenüber; muß jedoch, meiner Pflicht gegen den Verfaßer

zu genügen, so viel es mir thunlich ist, in dessen Geiste
verfahren: aus welchem Grunde ich auch, zumal mir seine
bestimmten Willensäußerungen über diesen Punkt vorlagen,
in die Gedichte manches aufnehmen mußte, was ich, wär'
es das meinige gewesen, nicht veröffentlicht haben würde.
Dagegen halte ich dafür, daß der oben bezeichnete Entschluß,
nur eine Auswahl der kritischen Schriften aufzunehmen,
jenem Geiste nicht entspreche. Als Schlegel in dem Briefe
über seinen Bruder Friedrich an Windischmann schrieb
'Das deutsche Publikum scheint dergleichen Sammlungen
'(vollständige, ausdrücklich für geschloßen erklärte) zu lieben;
'wir haben viele Beispiele von sehr bändereichen, worin
'Schriften mit aufgenommen sind, welche bei ihrer ersten
'Erscheinung schon wenig Käufer fanden, und bei einem
'neuen besondern Abbruck deren noch weniger gefunden hätten',
als er dieß schrieb, 1834., hätte er an seinen eignen 'Kri=
tischen Schriften' seine Wahrnehmung, daß wir, das deutsche
Publikum, unvollständige Sammlungen nicht lieben, bestä=
tigt wißen können; und ich hege nicht bloß den Wunsch,
sondern auch das Zutrauen, daß der erste Theil jenes Er=
fahrungssatzes an den gesammelten Werken sich ebenfalls
bewahren möge. Ich dächte, die Erklärung jenes Satzes
läge nahe genug bei der Hand und das deutsche Publikum
hätte sich auch jener seiner Liebe, sofern nicht miteinfließende
tadelnswerthe Regungen dieselbe schänden, keineswegs zu
schämen. Wir wollen einen Schriftsteller, dem wir unsere
Aufmerksamkeit oder gar unsere Liebe zuwenden, auch mög=
lichst wahr und deshalb möglichst ganz kennen lernen kön=
nen. Aus dieser Anforderung, welche dem Bestreben der
Schriftsteller, sowol der in Wahrheit als der anderswie
thätigen, gleichmäßig, aber verschiedenartig entspricht, ist

auch die Sitte hervorgegangen, vor gesammelten oder größeren Werken den Verfaßer abzuschildern, in Bildern und Lebensbeschreibungen. Wir wollen, auch diejenigen unter uns, denen dieß nicht zum Bewußtsein kommt, selbst urtheilen können über den Mann und seine Leistungen: das aber, weiß oder fühlt man, können wir, insbesondere bei den hervorragenderen Geistern, nicht aus einzelnen Hervorbringungen, nicht aus bloßen Proben ihrer Schöpfungen, sondern nur aus deren Gesammtheit, und so beruhigen wir uns an der Sammlung, während es uns die unangenehme Spannung des Unbefriedigtseins erregt, wenn uns bloß das Einzelne oder nur eine Auswahl zugänglich ist. Kurz, jene Erscheinung, zu deren Bestätigung man etwa auch auf das halbe Tausend Bände unsrer Goethe- und Schiller-Sammlungen verweisen könnte, ist eben eine der mancherlei Formen, in denen unser Wißenstrieb, wol auch unter dem Einfluß unsrer Neugierde, Eitelkeit und Habsucht, sich äußert. Mag auch die Sammlung innerlich etwas sehr Einzelnes sein: das stört weniger; man tröstet sich, daß es doch Alles, daß mehr Niemanden zugänglich sei. So urtheilt auch der deutsche Richter aus gehörig geschloßenen Akten ruhiges Gewißens, seien sie auch ihrem Inhalte nach nicht vollständig oder zusammenhängend, während ohne den Aktenschluß es an der Sicherheit über die Richtigkeit auch der dargebotenen thatsächlichen Grundlagen eines Urtheils mangelt.

Dieß wird genügen zur Erklärung und Rechtfertigung, daß ich in meiner Sammlung der Schriften Schlegels, soweit diese überhaupt zur Veröffentlichung bestimmt waren oder jetzt eine solche in Anspruch zu nehmen haben, Vollständigkeit erstrebe, ohne daß ich 'Alles zusammenraffen 'möchte, was jemals seiner Feder entfloßen ist.' Zugleich

ist damit auch genug gesagt, daß wer um der darin beur=
theilten Bücher willen nach den Recensionen in den fol=
genden Bänden griffe, leicht einen argen Mißgriff thäte.
Die meisten dieser Bücher existieren, so zu sagen, gar nicht
mehr, wenn man nicht lieber behaupten will, daß sie ei=
gentlich niemals existiert haben; und insofern sind auch
die Beurtheilungen oder Anzeigen derselben nun überflüßig;
die wenigen anderen aber, die wirklich zur Existenz gekom=
men sind und sich daher auch erhalten werden, brauchen
uns jetzt nicht mehr vorrecensiert zu werden, wir kennen
sie entweder aus ihnen selbst oder aus dem miterlebten
oder ererbten National=Urtheil, und zwar entweder in Ueber=
einstimmung mit unsrem Recensenten, und dann ist uns
dieser als solcher entbehrlich, oder abweichend von ihm,
und dann möchte es ihm schwerlich gelingen, uns zu sei=
ner individuellen Ansicht hinüberzuziehen. Es ist sonach
im Allgemeinen hauptsächlich ein litterar= und kunsthi=
storisches Interesse, welches uns dieser Beurtheilung zu=
führen mag. Deren Verfaßer aber war selbst einer unter
den bedeutenderen der sehr bedeutenden Litteraten und Litte
ratoren schon im dritten und vierten Jahrzehent seiner
langen Lebenszeit, welche sich mannichfaltig aufs anschau=
lichste in seinen Schriften abspiegelt, so wie er hinwieder
auf die Gestaltung unserer Litteratur einen sehr beträcht=
lichen Einfluß gehabt hat. Gewiß verlohnt es also wol,
auch ihn selber durch Lesung und Studium seiner großen=
theils meisterhaften und anmutigen Schriften und Beurthei=
lungen der Schriften Anderer kennen zu lernen.

Diese Schriften habe ich unter den Ueberschriften
'Sprache und Poetik', 'Charakteristiken und Littratur', 'Ma=
lerei, bildende Künste, Theater', 'Recensionen', zusammen=

gestellt. Woher das Einzelne entnommen sei, besagen die
den verschiedenen Abtheilungen beigegebenen Inhaltsver-
zeichnisse; wo diese keine Angabe des älteren Druckes bieten, ist das betreffende Stück von mir aus dem handschriftlichen Nachlaße des Verfaßers herausgegeben. Die
Recensionen aus der alten Jenaer Litteratur-Zeitung sind
nach einem von Schlegel selbst angefertigten und auch
gedruckt herausgegebenen Verzeichniße zusammengestellt; die
aus der neuen Jenaer Litt. Zeit. aufzunehmenden machten
in Betreff der Urheberschaft keine Schwierigkeit. Anders
die Recensionen aus den Göttinger gelehrten Anzeigen
von 1789. bis 1791., von denen der Verfaßer selbst, mit
einziger Ausnahme der vom Torquato Taſſo, gar keine
Nachweisung hinterlaßen hat, und die ich auch sonst nirgends verzeichnet gefunden habe. Glücklicher Weise half
mir aus dieser Schwierigkeit das jetzt der Tübinger Bibliothek gehörige Exemplar der Göttinger Anzeigen, in
welchem mit seinem unermüdlichen Bibliothekarfleiße der
selige Reuß die Namen der Verfaßer der einzelnen Recensionen beigeschrieben hat: aus diesem Exemplar verzeich-
nete mir Herr Doctor Klüpfel die von A. W. Schlegel
verfaßten Recensionen, und bewahrte mich dadurch vor einem
Mißgriffe, zu welchem Oppermann (Die Götting. gel. Anzeigen. Hannov. 1844. 8.) verleitet worden ist und auch
mich vielleicht verleitet haben würde. Dieser sagt S. 119 ff.,
nachdem er von der Recension des Götz von Berlichingen
in den G. G. 1773. Stück 146. gesprochen „Nun aber
„schweigen die G. A. die ganzen siebziger Jahre und den
„Anfang der achtziger Jahre hindurch von Goethe, eine An-
„zeige des Clavigo 1775 Zugabe S. 56. ausgenommen;
„dieselbe referirt bloß, dann heißt es: ʼDer Bruder, der

„gleich Anfangs ..... ift wohl geschildert.' Erst als Goe=
„the's sämmtliche Werke zuerst gesammelt wurden, treten
„die G. A. mit Kritik hervor, und zwar thut ein großer
„Kritiker hier seine ersten Flügelschläge. A. W. Schlegel
„lebte damals in Göttingen, er hatte 1787 das philoso=
„phische Accessit erhalten, und dadurch sich den Göttinger
„Herren empfohlen, so daß man glaubte wagen zu dürfen,
„einen so jungen Mann über Goethe urtheilen zu laßen.
„Wir theilen diese Anzeige so mit, wie sie ursprünglich im
„St. 170 der G. A. v. 1787 abgedruckt war. „„Der Dichter
[und nun folgt die Anzeige, aber sehr ungenau wiederholt
und am Schluße verstümmelt.] „Im Jahre 1790 wird
„Torquato Tasso angezeigt." Trotz meines Mißtrauens ge=
gen das unkritische Buch, aus welcher ich so eben Mitthei=
lung gemacht habe, konnte es mich doch verführen, die Re=
cension der vier ersten Bände der Leipziger Ausgabe von
Goethes Schriften aus dem Jahre 1787. ebenfalls Schlegeln
zuzuschreiben, indem der Stil und Ton derselben, wenngleich
von dem in den bald darauf folgenden schlegelschen Recen=
sionen verschieden, einen jungen Schriftsteller erkennen läßt,
und die von Oppermann sofort darauf angeführte Recension
des goetheschen Tasso als eine schlegelsche bekannt ist. Und
sollte man bei der Zuverläßigkeit, womit das oppermannsche
Buch redet, vermuthen, daß es, wie es ist, unzuverläßig sei?
Reußens Subscriptionen sind sicher zuverläßig: aus ihnen
belehrt mich Klüpfel, daß die Recension jener vier Bände
von Goethes Werken, so wie noch eine Menge anderer in den
G. G. A. von 1787. abgedruckter, von F. L. W. Meyer,
damals außerordentlichem Professor der Philosophie in Göt=
tingen, von welchem Pütter und Saalfeld in der Götting.
Gelehrten=Geschichte ein Mehreres berichten, verfaßt sei.

Verm. Schriften I.   **

Die Vorlesungen über Litteratur, Kunst und Geist des Zeitalters aus der 'Europa', so wie die über das Mittelalter aus dem 'Deutschen Museum', welche allenfalls in dem Bande 'Charakteristiken und Litteratur' erscheinen konnten, sind für eine spätere Abtheilung der Werke, welche die Vorlesungen befaßen wird, zurückgelegt worden. Eine ganz unbedeutende und nicht ganz richtige Erklärung einer kleinen römischen Inschrift, welche Schlegel vor etwa 10 Jahren im Bonner Wochenblatte mittheilte, habe ich aufzusuchen und wieder abdrucken zu laßen nicht der Mühe werth erachtet.

Bonn den 20. Mai 1846.

Böcking.

Vorerinnerung zum Athenäum.
1798.

Die erften Stücke diefer Zeitfchrift können den Lefer
hinlänglich über ihren Zweck und Geift verftändigen. In
Anfehung der Gegenftände ftreben wir nach möglichfter Allgemeinheit in dem, was unmittelbar auf Bildung abzielt;
im Vortrage nach der freieften Mittheilung. Um uns jener
näher zu bringen, hielten wir eine Verbrüderung der Kennt-
niffe und Fertigkeiten, um welche fich ein jeder von uns an
feinem Theile bewirbt, nicht für unnüß. Bei diefer leitet
uns der gemeinfchaftliche Grundfaß, was uns für Wahrheit
gilt, niemals aus Rückfichten nur halb zu fagen.

In der Einkleidung werden Abhandlungen mit Briefen,
Gefprächen, rhapfodifchen Betrachtungen und aphoriftifchen
Bruchftücken wechfeln, wie in dem Inhalte befondre Urtheile
mit allgemeinen Unterfuchungen, Theorie mit gefchichtlicher
Darftellung, Anfichten der vielfeitigen Strebungen unfers
Volks und Zeitalters mit Blicken auf das Ausland und die
Vergangenheit, vorzüglich auf das klaffifche Alterthum. Was
in keiner Beziehung auf Kunft und Philofophie, beide in
ihrem ganzen Umfange genommen, fteht, bleibt ausgefchloßen,
fo wie auch Auffäße, die Theile von größeren Werken find.
Der Prüfung der Kenner widmen wir unfre angeftrengteften
Bemühungen; für die Unterhaltung aller Lefer wünfchen wir
fo viel Anziehendes und Belebendes in unfre Vorträge zu
legen, als ernftere Zwecke erlauben.

**2

Wir theilen viele Meinungen mit einander; aber wir gehn nicht darauf aus, jeder die Meinungen des andern zu den seinigen zu machen. Jeder steht daher für seine eignen Behauptungen. Noch weniger soll das Geringste von der Unabhängigkeit des Geistes, wodurch allein das Geschäft des denkenden Schriftstellers gedeihen kann, einer flachen Einstimmigkeit aufgeopfert werden; und es können folglich sehr oft abweichende Urtheile in dem Fortgange dieser Zeitschrift vorkommen. Wir sind nicht bloß Herausgeber, sondern Verfaßer derselben; und unternehmen sie ohne alle Mitarbeiter. Fremde Beiträge werden wir nur dann aufnehmen, wenn wir sie, wie unsre eignen, vertreten zu können glauben, und Sorge tragen, sie besonders zu unterscheiden. Die Arbeiten eines jeden von uns sind mit dem Anfangsbuchstaben seines Vornamens, die gemeinschaftlichen mit beiden bezeichnet.

W. und F.

Vorrede zu den Charakteristiken und Kritiken.
1801.

Unsre kritischen Bemühungen und Grundsätze haben einige Aufmerksamkeit bei dem Publikum erregt. Doch haben wir keine Ursache vorauszusetzen, daß diese uns geschenkte Aufmerksamkeit überall mit einer gründlichen Bekanntschaft verbunden gewesen sei. Wir wünschen sie bei allen denen, die ein ernstliches Interesse an der deutschen Litteratur nehmen, zu befördern, und das ist der Zweck dieser Sammlung, welche außer einigen neuen Versuchen auch eine Auswahl von älteren in Zeitschriften zuvor einzeln gedruckten kritischen Abhandlungen enthält.

Da jeder der einzelnen Versuche seinen Zweck und Standpunkt selbst klar genug bestimmt, so ist nur noch übrig, anzuzeigen, wo die ältern Aufsätze gestanden haben, damit, wer die Vergleichung anstellen will, nach der Auswahl, den Abkürzungen, Aenderungen und Zusätzen beurtheilen kann, ob wir bloß gegen Andre oder auch gegen uns selbst strenge sind . . . .

. . . Die Recension des philosophischen Journals, und alle Beurtheilungen, wie auch die Charakteristiken und einzelnen Bemerkungen im zweiten Theile sind aus der Jenaischen A. L. Z. Manche andre Recensionen aus dieser von A. W. Schlegel, welche der Aufnahme eben so würdig schienen, als die wirklich aufgenommenen, erlaubte der Raum nicht in diesen beiden Bänden drucken zu laßen.

Die Charakteristik des Meister hat im ersten Bande des Athenäums gestanden, und der Aufsatz über Romeo so wie die Briefe über Poesie und Silbenmaß in den Horen. Sie stehen hier als ein Beitrag und Dokument zur Theorie des Verfaßers über Sprache und Rhythmus, weil sich mehrere der ausführlichen Beurtheilungen auf diese Theorie beziehen und gründen, welche er immer noch nicht systematisch darstellen konnte. Aber eben deswegen wird die Erinnerung nicht überflüßig sein, daß der Verfaßer den Gang der Untersuchung in jenen Briefen selbst einseitig und nicht rational genug findet, indem die psychologische Erklärung von der Entstehung des Rhythmus mit der physiologischen hätte verbunden werden sollen.

Neu ist . . . . die Kritik des Bürger . . . .

Vorrede zu den Kritischen Schriften.
1828.

Der Kritiker, aus dessen Schriften man hier eine Auswahl gesammelt findet, stand in seinen jüngeren Jahren in üblem Ruf. Man schilderte ihn wie einen Wütherich, einen Herodes, der an einer Menge unschuldiger Bücher nichts geringeres als einen bethlehemitischen Kindermord verübt habe. Nachdem dieses Geschrei in Deutschland schon ziemlich verschollen war, erhob es sich von Neuem im Auslande, besonders in Frankreich, auf Veranlaßung einer kleinen französischen Schrift über die Phädra des Racine, und gewisser Vorlesungen über die dramatische Kunst. Ein Pariser Journalist nannte den Kritiker den Domitian der französischen Litteratur, welcher wünsche, sie möge nur Ein Haupt haben, um es mit einem einzigen Streiche abzuschlagen. Der gelehrte Kunstrichter hatte den Domitian mit dem Caligula verwechselt, denn diesem wird ja bekanntlich jener grausame Wunsch zugeschrieben. Indessen traf er es vielleicht beßer, als er selbst wußte. Die Lieblings = Unterhaltung des Domitian, Fliegen zu spießen, möchte ein ganz paßendes Bild für eine scharfe Kritik sein, welche an kurzlebige Erzeugnisse der litterarischen Betriebsamkeit, die einen Augenblick im Sonnenschein des Modegeschmacks herumgaukeln, verschwendet wird.

Jetzt, nach so viel verfloßenen Jahren, kann ich die Schriften dieses Kritikers wie die eines Fremden lesen; und ich darf es wohl sagen: man hat, wie mich dünkt, dem

Manne Unrecht gethan. Er hat sein läſtiges Amt nicht nur
redlich und gewißenhaft, ſondern auch mit Mäßigung und
Schonung verwaltet. Man würde finden, er habe oft bei
weitem zu viel gelobt, wenn alle ſeine Beurtheilungen aus
verſchiedenen litterariſchen Blättern hier wieder abgedruckt
wären. Dieß iſt aber nicht geſchehen, weil die Schriften, zu
unbedeutend um eine ernſthafte Würdigung zu verdienen, von
der nächſten Welle des Zeitſtromes verſchlungen worden ſind.
Es iſt eine thörichte Gutmüthigkeit gegen die Schriftſteller
und das Publikum, Zeit und Kräfte an etwas zu ſetzen, das
von ſelbſt erfolgen muß. Wo es achtungswerthe Namen galt,
zeigt ſich eine nicht geringe Sorgfalt, die Pille des Tadels
zu vergolden. Es iſt wahr: wenn eine gemeine, platte Denkart ſich in die idealiſche Poeſie breit und bequem hinein-
lagerte, wenn die Erſchlaffung aller ſittlichen Grundſätze ſich
mit edeln Gefühlen brüſtete, ſo wandelte ihn wohl einmal der
Unwille an; und wenn er ſich nicht weiter zu helfen wußte,
ſo nahm er ſeine Zuflucht zu einem luſtigen Einfall oder
einer Parodie. Dieß hat man ihm am meiſten verargt, und
es war doch gerade das Unbedenklichſte. Was Gehalt und
Beſtand in ſich hat, mag der Scherz umſpielen, wie er will:
es verfängt nicht. Nur wenn der Spott auf den Grund der
Wahrheit trifft, kann er der Sache, gegen die er gerichtet
iſt, den Garaus machen.

Im Ernſt zu reden, ich beſorge vielmehr, meine heutigen Leſer möchten hier und da die nöthige Würze vermiſſen,
als daß ihnen die Speiſe verſalzen und überwürzt dünken
ſollte. Die jüngeren Zeitgenoßen, denen viele Auffätze eben
deswegen neu ſein werden, weil ſie vor einer ſchon beträchtlichen Anzahl von Jahren in Zeitſchriften erſchienen und,
ſeitdem nicht wieder abgedruckt, aus dem Umlaufe gekommen

sind; die nur durch das Gerücht vernommen haben, daß damals die kritischen und satirischen Wagnisse eines Kreißes von jungen Dichtern und Litteratoren, zu welchem auch ich gehörte, in Deutschland großes Aufsehen erregt haben; daß von den Vertheidigern des litterarischen Herkommens der öffentliche Unwille gegen diese gefährlichen Neuerer aufgerufen worden; — die jüngeren Zeitgenoßen, sage ich, werden vielleicht finden, diese Wirkung sei außer Verhältniß mit ihrer Ursache gewesen. Was meinen persönlichen Antheil an jenem gegebenen oder genommenen Aergernisse betrifft, so würden sie einen hinreichenden Grund auch in den kritischen Aufsätzen, welche in diese Sammlung nicht aufgenommen sind, und in einigen parodischen Gedichten, wozu ich mich genannt, wohl vergeblich suchen. Der Geschmack und die Schätzung des Werthes mancher litterarischen und künstlerischen Erzeugnisse hat sich seitdem stark verändert, und zwar in der damals angedeuteten Richtung; wobei ich weit entfernt bin, mir irgend etwas Anderes zuzuschreiben, als ein früheres, unabhängig gefälltes Urtheil, und die Voraussicht, daß es diese Wendung nehmen werde. Durch den bloßen Wechsel und, wie ich behaupten möchte, den Fortschritt der Zeiten, bin ich, ohne meinen Standpunkt zu verändern, aus einem als revolutionär verschrieenen ein völlig konstitutioneller Kritifer geworden. Sogar in Frankreich zeigen sich Symptome, daß die Sinnesart des Publikums meinen Ansichten von dem bisher für klassisch geltenden tragischen Theater, welche die nationale Eigenliebe anfangs so heftig empört haben, sich wohl einigermaßen entgegen neigen möchte. Im Allgemeinen gilt freilich dort noch das Virgilische:

> manet alta mente repostum
> Iudicium Paridis, spretaeque iniuria formae.

Als einige mir gewogene Gelehrte in Paris mich wegen meiner indischen Arbeiten zum auswärtigen Mitgliede der dritten Klasse des Instituts vorgeschlagen hatten, soll ein Mitglied meine Schilderung des französischen Theaters aus der Tasche gezogen, und sich gegen die Verbindung mit einem des Verbrechens der beleidigten Nation schuldigen Fremden nachdrücklich aufgelehnt haben. — Die Gunst des englischen Publikums hatte ich vom Anfange an durch meine Charakteristik Shakspeares gewonnen, wiewohl, was ich über Dryden, Pope und Abbisons Cato geäußert, einige Kunstrichter der alten Schule ziemlich verschnupft haben mag. Ein Engländer von sehr gebildetem Geschmack, ein berühmter Parlamentsredner, sagte mir, ich sei in der Richtung der nationalen Vorliebe zu weit gegangen, und er könne nicht umhin, mich für einen Ultra-Shakspearisten zu erklären. — Die National-Eitelkeit der Italiäner ist beinahe noch reizbarer als die der Franzosen; die Alpen sind für sie meistens die Gränze der litterarischen Welt: wenn einmal zufällig ein transalpinisches Urtheil nach Italien gelangt, so erregt es eben deswegen die Aufmerksamkeit um so stärker. Da nun das Theater die schwache Seite der italiänischen Litteratur ist, so mußte ich dort lebhaften Widerspruch finden. Selbst mein Uebersetzer, Gherardini, hat sich nicht enthalten können, an Gründen schwache, aber im Ton ziemlich unhöfliche Widerlegungen beizufügen. Ein Florentiner, Pagani=Cesa, bestreitet in einer eignen Schrift über das tragische Theater der Italiäner meine Lehren, so zu sagen, auf allen Blättern. Einzelne sind meiner Ansicht beigetreten: junge talentvolle Männer, was immer das Wirksamste ist, auf ausübende Weise. Die Zeit dürfte wohl kommen, wo meine Bildnisse von Metastasio und Alfieri in Italien nicht mehr so unverzeihlich scheinen werden, als jetzt.

Bei neuen Hervorbringungen von Schriftstellern, die zum erstenmale auftreten, hat der Kritiker am wenigsten zu befürchten, daß die Leser gegen ihn Partei nehmen werden. Da die öffentliche Meinung sich noch nicht festgesetzt hat, so betrachten sie ihn nur als einen vorläufigen Berichterstatter, und behalten sich allenfalls die Revision des vorgeschlagenen Urtheilspruches vor. Gleichwohl darf gerade hierbei Eifersucht und eigennützige Parteilichkeit am sichersten ihr Spiel treiben. Eine einseitige Schilderung kann durch künstlich ausgewählte Proben scheinbar bestätigt werden, und dem noch unberühmten Talent auf eine Zeitlang den Zutritt zur Mitwerbung um den öffentlichen Beifall versperren.

Das gewagteste Unternehmen der Kritik scheint der Widerspruch gegen eine durch lange Verjährung befestigte Meinung über Kunst- und Geisteswerke zu sein: denn hier hat der Einzelne, dem Anschein nach, unzählbare Tausende von Stimmen gegen sich. Aber das längst Vergangene erregt selten lebhafte Leidenschaften. Wenn vollends das fragliche Werk sich zugleich aus einem entfernten Zeitalter und von einer fremden Nation herschreibt, so läßt man sich den Widerspruch wohl gefallen. Die Zeitgenoßen sind für das gangbare Urtheile nicht verantwortlich: sie haben es schon fertig überkommen, haben es auf Glauben gelten laßen, und werden nun erst zu einer selbstthätigen Prüfung aufgefordert. Auch liegen ja in der Geschichte des Geschmacks die Beispiele des auffallendsten Wechsels zwischen Bewunderung und Herabsetzung zu Tage: in den bildenden Künsten und in der Musik noch mehr als in der Poesie. In jenen hat man so Manches ehemals beinahe vergöttert, was uns jetzt nur flüchtig anzusehen oder anzuhören schon zur Qual gereicht. Auf der andern Seite sind vermöge derselben Ausartung des Geschmacks die erhabensten Werke des menschlichen Geistes

verkannt und vernachläßigt worden. Hat es nicht eine Zeit ge=
geben, wo Pietro da Cortona für einen ganz andern Maler
galt, als Raphael? wo man jenem die schöpferische Kraft
und Fülle zuschrieb, diesen kalt und steinern nannte? wo der
hohe Sinn der Antike, die man nur als antiquarische Sel=
tenheit schätzte, gegen die sinnlichen Bestechungen Berninis
für nichts geachtet ward? Und solche Urtheile sind im An=
gesicht der Meisterwerke gefällt worden. Mit der schönen Litera=
tur ist es etwas Andres: sie ist national und an den Ent=
wickelungsgang einer Sprache gebunden. Man nimmt vorlieb,
bis man etwas Beßeres kennen gelernt hat. In einem Lande, wo
der Kaffee noch nicht bekannt geworden wäre, würde vielleicht ein
Kaufmann Glück machen, der mit Cichorien handelte, und sie
für den ächten Mokha ausgäbe. Doch hat man auch Rückfälle
und Ausartungen der Litteratur und des Geschmacks darin erlebt,
und zwar nicht bloß vom Großen und Einfachen zum Ueberlade=
nen, Ueppigen und Verkünstelten, was sich am leichtesten begreift,
sondern auch zum Flachen, Gemeinen und Geistlosen. Der Kunst=
richter wäre übel daran, der die Zeiten nach der Reihe befragen
wollte: er würde statt eines Orakels nur ein vervielfältigtes,
verworrenes und mißlautendes Echo vernehmen. Er darf und soll
sich allerdings an der Geschichte orientieren, seinen Sinn durch
Vergleichungen schärfen: aber sein Urtheil muß sein eignes sein:
das Urbild der Vollkommenheit muß seinem Geiste inwohnen:
sonst fehlt ihm ein zuverläßiger Maßstab für die Arten und
Grade der Annäherung.

Das Mißlichste von Allem ist, eine scharfe Kritik gegen äl=
tere Zeitgenoßen zu richten, die schon seit geraumer Zeit im Be=
sitz des Beifalls und des Ruhmes waren. Hier mischt sich in die
Theilnahme des zuschauenden Publikums ein moralisches Gefühl,
das an sich löblich ist, aber durch ein Mißverständniß auf littera=

rische Vorfälle übertragen wird.   Es ist als ob ein angesehener Mann seiner Aemter und Würden entsetzt werden sollte, ohne förmlichen Rechtsgang, und ohne daß eine bis jetzt verheimlichte Schuld entdeckt worden wäre.   Ich habe dergleichen Kritiken eigentlich niemals abgefaßt: aber man hat geglaubt, ich mache Miene dazu, und das hat mir schon Anfeindungen genug zugezogen.   Ein nun längst vergeßener Schriftsteller von ziemlich eilfertiger Feder bediente sich des liebreichen Ausdrucks: „ich strebe in meinem gemachten Muthwillen, die wohl erworbenen Lorbern von Wielands grauem Haupte zu reißen;“ und indem er eine solche Beschuldigung anonym in der gelesensten Zeitschrift vorbrachte (Jen. Allg. Litt. Zeitung, 1799. Nr. 372. S. 475.), wußte er sich noch viel mit seiner Moralität. Man wird in allen meinen kritischen Schriften kaum ein Dutzend Zeilen finden, welche Wieland betreffen: was konnten diese gegen einen so weit verbreiteten und auf der Grundlage von fünfzig Bänden aufgebauten Ruhm ausrichten? Wenn die Lorbern seitdem heruntergefallen sind, so kam es vermuthlich daher, daß sie welk und mürbe waren.   So viel ich weiß, ist noch keine gründliche Kritik der wielandischen Werke vorhanden, worin gezeigt würde, wie er das Idol des deutschen Publikums geworden und zwanzig bis dreißig Jahre geblieben, und was er für die Ausbildung der Sprache, des Versbaues, der Formen unserer Poesie wirklich geleistet habe. Es wäre wohl an der Zeit, von der allzugroßen Vernachläßigung dieses von manchen Seiten liebenswürdigen Schriftstellers abzumahnen.

Wiewohl das meiste in den folgenden Bänden Enthaltene aufgehört hat, in Deutschland paradox zu sein, so schmeichle ich mir dennoch, daß es darum nicht trivial geworden ist. Die Aufgabe der litterarischen und Kunst-Kritik ist ja nicht, wie es von der philologischen und historischen Kritik allerdings gilt, die scharfsinnige und gelehrte Führung eines schwierigen Erweises.

Die Bemühung des Kritikers verliert dadurch nichts an ihrem
Werth, daß das Urtheil unverbildeter, unverwöhnter und vorur=
theilsfreier Leser des Gedichtes oder Betrachter des Kunstwerkes
schon im Voraus mit dem seinigen übereinstimmt.   Man suchte
nur einen Sprecher der gemeinsamen Empfindungen, weil die
Mittheilung und Verständigung darüber den Genuß erhöht. Die
Aufgabe ist, für den Gesammt=Eindruck, der aus einem unendlich
feinen Gewebe einzelner Eindrücke zusammengesetzt ist, den ange=
meßensten Ausdruck zu finden; diese Wirkung des Kunstwerkes
aus den Anlagen der menschlichen Natur, aus den Forderungen
des äußern Sinnes, der Einbildungskraft, des Geschmacks, des
Verstandes und des sittlichen Gefühls, befriedigend zu erklären;
und überall von dem besonderen Fall auf allgemeine Wahrheiten
und Grundgesetze zurückzuweisen.   Man schätzt die Verbindung
des philosophischen Geistes mit der praktischen Einsicht, wie die=
ses oder jenes anders und beßer hätte gemacht werden können,
oder warum das Ganze, so wie es ist, vollendet erscheint. Denn mit
abstrakten und hohlen Theorien ist wiederum nichts ausgerichtet.

Unter allen Aufgaben der Kritik ist keine schwieriger, aber
auch keine belohnender, als eine treffende Charakteristik der großen
Meisterwerke. Wie die schöpferische Wirksamkeit des Genius im=
mer von einem gewissen Unbewußtsein begleitet ist, so fällt es auch
der begeisterten Bewunderung schwer und, je ächter sie ist, um
so schwerer, zu besonnener Klarheit über sich selbst zu gelangen.
Am besten wird es damit gelingen, wenn die Betrachtung nicht
vereinzelt wird, sondern vielmehr den menschlichen Geist in dem
Stufengange seiner Entwickelung bis zu dem Gipfel hinauf be=
gleitet. Mit einem Worte, die Kunstkritik muß sich, um ihrem
großen Zwecke Genüge zu leisten, mit der Geschichte, und, so fern
sie sich auf Poesie und Litteratur bezieht, auch mit der Philologie
verbünden. Mein Versuch über die dramatische Kunst ist bisher

der einzige in dieser Art geblieben. Jetzt wünschte ich, mehr der=
gleichen unternommen, meine Kräfte nicht am Einzelnen und
zuweilen am Unbedeutenden verwendet zu haben. Aber in den
nicht vollen neun Jahren, vom Sommer 1795. bis zum Früh=
ling 1804., wo ich mich ausschließend dem Schriftsteller=Berufe
widmete, während welcher ·Zeit das meiste hier Gesammelte,
dann meine Nachbildungen des Shakspeare, des Calderon und
einzelner Stücke von italiänischen und spanischen Dichtern zu
Stande gekommen sind, hatte ich mit mancherlei Schwierigkeiten
und· Beschränkungen zu kämpfen; und die Anforderungen des
Augenblicks ließen mir nicht freie Muße genug, um Gegen=
stände von großem Umfange zur Behandlung zu wählen, und
dazu die vorbereitenden Studien zu machen. Es war längst
mein Vorhaben, eine Geschichte der bildenden Künste in ähn=
licher Weise auszuführen, wie ich die Geschichte des Theaters
entworfen; bei Betrachtung der europäischen Kunstschätze, wovon
ich die meisten zu sehen Gelegenheit hatte, war dieß mein be=
ständiges Augenmerk; und einige kürzlich in Berlin vor einer
kunstsinnigen Zuhörerschaft gehaltene Vorlesungen über diesen
Gegenstand gaben mir dazu eine neue Anregung.

Unter meinen früheren kritischen Aufsätzen habe ich eine
Auswahl getroffen. Was in die beiden jetzt zugleich erscheinen=
den Bände, und in den dritten, welcher demnächst folgen wird,
nicht aufgenommen ist, soll nach meiner Absicht nicht von Neuem
durch den Druck verbreitet werden. Wenn ein Autor seine
zerstreuten Schriften weder selbst gesammelt noch sonst darüber
verfügt hat, so läßt es sich allenfalls mit der guten Meinung
entschuldigen, daß nach seinen Lebzeiten, wie zu geschehen pflegt,
alles zusammen gerafft wird, was jemals seiner Feder ent=
floßen. Nach der obigen Erklärung würde ein künftiger Heraus=
geber durch das gleiche Verfahren dem Publikum einen schlechten

Dienst leisten, und gegen mich ein wahres Unrecht begehen. Wie unvollkommen auch in Deutschland das Eigenthum des Schriftstellers anerkannt, wie wenig es durch Gesetze gesichert ist, so wird man ihm doch das Recht nicht abstreiten, sein eigner Beurtheiler zu sein, an seinen Hervorbringungen zu ändern, wo möglich zu beßern, und was ihm nicht mehr gefällt, ihn nicht mehr befriedigt, ganz bei Seite zu schieben. Vergeblich würde man hoffen, durch die Aufsuchung des hier Weggelaßenen eine Ausbeute des Anstößigen zu gewinnen. Ich mag in diesem oder jenem Stücke meine Meinung geändert haben, manche meiner früheren Aeußerungen jetzt einseitig und übertrieben finden; aber ich habe nie etwas drucken laßen, das ich verheimlichen müßte. *)

Die Anonymität halte ich übrigens für vollkommen rechtmäßig, wenn die anonymen Schriften sonst keine Mißbilligung verdienen: ohne ein solches Mittel, seine persönliche Ruhe zu sichern, bliebe wohl manche nützliche, aber mißfällige Wahrheit ungesagt. Für mich machte ich nur selten und ausnahmsweise Gebrauch davon; bei recensierenden Zeitschriften, z. B. der jenaischen allgemeinen Litteratur=Zeitung, mußte ich mich der Regel des Instituts bequemen. Diese Anonymität hob ich nachher selbst wieder auf. Ich hatte in den Jahren 1796...99. starken Antheil an der Litteratur=Zeitung gehabt, das Fach der schönen Litteratur dem größten Theile nach besorgt. Da ich sah, daß die Herausgeber, welche mir Dank schuldig waren, statt deffen Kabalen gegen mich und meine Freunde machten, so fand ich mich bewogen, mich öffentlich von der ferneren Theilnahme loszusagen. (Jen. A. L. Z. 1799. Intelligenz=Blatt, Nr. 145.) In einer weitläuftigen und geschraubten Gegenerklärung

---

*) [Vergl. die Vorrede des Herausgebers.]

gaben die Herausgeber zu verstehen, ich würde mich zu manchen meiner Recensionen wohl nicht gern nennen wollen. Hierauf hatte ich keine andere Antwort, als die, das vollständige Verzeichniß in einem Anhange zum Athenäum drucken zu laßen. Ich bemerke hier, daß die dort aufgezählten Recensionen zwar alle von mir durchgesehen und eingeliefert worden sind, daß ich aber Hülfe dabei gehabt habe*). Wie hätte ich allein einen solchen Wust schlechter Bücher bewältigen können? Erst später in den Jahren 1804...1807., als Goethe die Leitung der jen. allg. Lit.=Zeitung übernommen hatte, gab ich auf deßen Einladung wiederum einige Beiträge.

Der Zeitung für die elegante Welt habe ich in den Jahren 1802 und 1803 Theater-Artikel und Beurtheilungen ausgestellter Kunstwerke eingesandt, welche sich nur für die Unterhaltung des Tages eigneten.

In den Heidelberger Jahrbüchern habe ich meine Recensionen immer unterzeichnet.

Das Athenäum unternahm ich mit meinem Bruder Friedrich von Schlegel; wir erklärten im voraus, wir seien nicht bloß Herausgeber, sondern in der Regel auch Verfaßer dieser Zeitschrift. Man wußte also, an wen man sich zu halten hätte. Wir unterzeichneten jeder mit dem Anfangsbuchstaben seines Vornamens; bei gemeinschaftlichen Arbeiten mit beiden. Dieß geschah bei einer Anzahl aphoristischer Bemerkungen und Sätze, welche unter der Ueberschrift 'Fragmente' dem ersten Bande des Athenäums eingerückt sind. Eben weil über diese Fragmente so laut Zeter gerufen worden, habe ich meinen Antheil daran, vollständig**) ausgeschieden, so fern ich mich

---

*) [und zwar von seiner ersten Gattin, Karoline, geb. Michaelis, hatte der Verfaßer diese Hülfe.]   **) [S. jedoch die Anmerkungen zu der hier vervollständigten Ausgabe.]

nach so langen Jahren noch auf mein Gedächtniß verlaßen kann, hier als 'Urtheile, Gedanken und Einfälle über Litteratur und Kunst' wieder abdrucken laßen. Die Leser werden vielleicht auf meine Beisteuer zu dem damaligen litterarischen Aergerniß das Sprüchwort anwendbar finden: Viel Geschrei und wenig Wolle!

Jedem Aufsatze habe ich die Jahrzahl der Abfaßung beigefügt, deren Beachtung mir, wie ich meine, günstig sein wird. Die in der Inhalts-Anzeige mit einem Sternchen bezeichneten Stücke sind nicht ganz von mir, sondern zum Theil von der Hand einer geistreichen Frau, welche alle Talente besaß, um als Schriftstellerin zu glänzen, deren Ehrgeiz aber nicht darauf gerichtet war *). In den 'Gemälden' ist der Dialog nebst den angehängten Gedichten von mir, die Beschreibungen sind es nur zum Theil.

Ich gedenke dem Publikum einmal einen kurzen Bericht über den Gang meiner Geistesbildung und über meine litterarischen und gelehrten Arbeiten vorzulegen **). Dieser Bericht kann vielleicht durch meine genaue Bekanntschaft mit ausgezeichneten Zeitgenoßen einigermaßen anziehend werden. Mein Lebenslauf ist in eine Periode höchst merkwürdiger Entwickelungen jeder Art gefallen, wo tausend Erfahrungen mir die Wahrheit einprägten, daß die Wirksamkeit des Einzelnen meistentheils von geringer Bedeutung ist. Niemand kennt beßer als ich das große Mißverhältniß zwischen meinen Bestrebungen und dem wenigen, was mir zu leisten vergönnt war.

Bonn im Februar 1828.

A. W. von Schlegel.

---

*) [S. die Anm. zu S. XXXI.]   **) [Dieser Vorsatz ist leider nicht zur Ausführung gekommen, so oft auch, vielleicht nicht von mir allein, daran erinnert worden ist. Bg.]

Sprache und Poetik.

Verm. Schriften I.

Ueber die Künstler, ein Gedicht von Schiller. [1790.]*)

Das Gedicht, das wir näher betrachten wollen, trägt einen ehrwürdigen Namen, und lockt schon durch seinen Gegenstand den Freund des Schönen herbei. Was ist geschickter, die Kunst zu verherrlichen, als sie selbst? Von einem ächten Dichter darf man erwarten, er werde mit einnehmender Wärme, mit der stillen Würde des Bewußtseins reden über den Werth seiner eignen und der übrigen Künste.

Der Ursprung und das Wachsthum der schönen Künste; die feinern Vergnügungen durch die sie den Menschen seiner ersten Wildheit entrißen; der Unterricht, den sie der kindischen Urwelt in bildlichen Darstellungen gaben; ihr mildernder und verschönernder Einfluß auf das ganze Leben; endlich ihre Wiederauflebung in neuern Zeiten, und die Aussicht auf eine höhere Vollendung des Menschengeschlechts durch die letzte Vervollkommnung derselben: dieß ist der Stoff, den der Dichter — nicht etwan in einer Hymne des Lobes nur im Fluge berührt — nicht etwan mit didaktischer Umständlichkeit erschöpft — sondern in eine lehrende, aber mit und durch Begeisterung lehrende Rhapsodie zusammengefaßt hat.

Die Klassennamen, unter welche man Gedichte zu ordnen pflegt, drücken so wenig von dem individuellen Wesen derselben aus, daß es nicht der Mühe verlohnt, zu zanken, welcher von ihnen einem

---

*) [Die folgende Beurtheilung ist zwar nicht unterzeichnet; dennoch hegte ich über die Verfaßerschaft gar keinen Zweifel, auch als ich sie noch nicht durch einen Brief Schillers an Schlegel d. d. Jena 5. Oct. 1795. beweisen konnte. Bg.]

Gedichte zukomme. Indeſſen möchte ich doch die Künſtler nicht
gern ſchlechthin ein bidaktiſches Gedicht nennen, weil es ſich von
den gewöhnlichen Werken dieſer Art in Etwas, wo ich nicht irre zu
ſeinem Vortheile, unterſcheidet. Man erlaube mir, um dieß in's
Licht zu ſetzen, einige allgemeine Betrachtungen.

Der Grund, weswegen Lehrgedichte, die beſten kaum ausgenom=
men, ſo wenig geleſen werden, weswegen ſelbſt die meiſten Kunſt=
richter ihnen nur einen niedrigen Rang unter den Dichtungsarten
einräumen, iſt bekanntlich der, daß der Stoff derſelben der Proſa
angehört, und einzig durch den Vortrag poetiſche Geſtalt gewinnen
kann. Wenige Leſer ſind aber für die Schönheit des Vortrags
empfänglich genug, um dadurch den Abgang an Beſtimmtheit und
Vollſtändigkeit des Unterrichts hinlänglich vergütet zu glauben.

Einen großen Vorzug haben ſchon die Lehrgedichte, welche wich=
tige, weit umfaßende Lehren enthalten. Ein Gedicht über die Gram=
matik, oder über die Bearbeitung der Wolle mag Schulpräceptoren
und Tuchfabrikanten intereſſiren: philoſophiſche Wahrheiten ſind der
ganzen Menſchheit werth. Zugleich entſpringt aus der Größe des
Gegenſtandes der Vortheil, daß die Poeſie des Stils nicht bloß ge=
ſuchter Zierrat ſcheint; denn es iſt natürlich, daß ein Mann Wahr=
heiten, die ſeinem Herzen nahe ſind, mit Feuer, Nachdruck und Hoheit
ausführe.

Ich glaube jedoch, es gebe noch eine höhere Stufe der lehren=
den Poeſie. Wahrheit, wenn ſie ſehr wohlthätig iſt, oder uns den
Adel unſrer Natur kennen lehrt, erzeuget Begeiſterung; aber die
Alten glaubten, Begeiſterung finde auch Wahrheit. Wie, wenn der
Dichter nun ſeine Lehre nicht mit jener zweiten nur abgeleiteten Be=
geiſterung mittheilte, ſondern mit dieſer urſprünglichen, die der Er=
kenntniß voraneilt? — Ich will mich deutlicher zu machen ſuchen.

Nicht alles iſt Chimäre, wovon ſich nicht in deutlichen Begriffen
Rechenſchaft ablegen läßt: verworrene Gefühle und Ahndungen ſind
für uns wahr und wirklich. Und wer iſt wohl, der ihre Allmacht
nicht aus eigner Erfahrung kennt? Wenn nun dieſes innre Regen
und Streben uns Verhältniſſe zwiſchen den Dingen entdeckt, ohne
daß wir die Reihe der Mittelideen mehr als dunkel wahrnehmen,
ſo ahnden wir die Wahrheit, ſo lange bis hellere Erkenntniß die
Ahndung widerlegt, oder ſie in Ueberzeugung verwandelt. Vieles

aber kann nie von uns zu ganz deutlicher Erkenntniß gebracht wer=
den; wir müßen uns begnügen, es als Gefühl zu besitzen. Die
gewöhnliche Menschensprache versagt uns sogar die Mittel, es mit=
zutheilen, und so bleibt es in unserm Busen gefangen.

Wenn nun ein Dichter solchem Wahrheitsgefühl Stimme giebt,
wenn er sich der schwebenden Erscheinungen geistiger Anschauung
bemächtigt, und ihnen durch Bilder und Töne bestimmteren, festeren
Umriß und Selbständigkeit verleihet: sollte er nicht stärker auf uns
wirken, tiefer in unser Innres greifen, als wenn er bloß aus dem
allgemeinen Schatze des menschlichen Wißens Wahrheiten aushebt,
und diese in poetische Sprache kleidet, die er wiederum aus dem all=
gemeinen Schatze der Dichtkunst genommen hat? Mich däucht, das=
jenige Gedicht, in welches die Individualität des Dichters am meisten
verwebt ist, sei, wenn das Uebrige gleich ist, immer das beßere.

„Aber wird er alsdann nicht vielmehr schwärmerische Einbildung
lehren, als Wahrheit?" — Wie man's nehmen will. Freilich keine
Wahrheit, die noch im dürren Buchstaben syllogistischer Formen be=
stünde, aber Wahrheit für die, welche ihn faßen, weil ihr Geist
übereinstimmend mit dem seinigen denket und fühlet. In jedem
Kopfe spiegelt die Welt sich anders. Dem schöpferischen Génie bil=
det die Natur Alles in großen idealischen Zügen vor. Seine Wahr=
heit (wenn es nicht etwan seinem natürlichen Hange Gewalt anthut,
um auch kalt und abstrakt zu spekulieren) ist von der des kältesten
Denkers am weitesten verschieden.

Man sieht, daß auf diese Weise das lehrende Gedicht selbst im
Stoffe poetisch werden könne, und daß dann die dichterische Behand=
lung nicht mehr willkürliche Auszierung sei, sondern nothwendiges
Werkzeug der Ideen=Mittheilung.

Bestimmtere Anwendungen werden das bisher Gesagte vielleicht
noch beßer entwickeln. — Wie oft gehen vortreffliche Köpfe, eben
weil ihr starkes Wahrheitsgefühl sie hinreißt, weil sie ihre Gedanken
nicht zergliedern und skelettieren mögen, sondern immer die volle le=
bendige Gestalt geben, bei ihren Untersuchungen über die Gränze
der Prosa hinaus; nicht in der Diktion (denn das ist oft ein Feh=
ler gemeiner Köpfe), sondern in der Gedankenbildung und Folge,
in der ganzen Betrachtungsart der Dinge. Wie viele Stellen die=
ser Art könnte ich aus einigen unsrer besten Schriftsteller anführen! —

Der Systemliebhaber findet freilich dabei seine Rechnung nicht; aber sein Tadel würde nicht gelten, wenn diese Schriftsteller das, was der Poesie dem Wesen nach angehörte, auch durch die Behandlung ihr zugeeignet hätten.

Fast kein Stoff zu didaktischen Gedichten ist unversucht geblieben. Und doch, wie unerschöpflich reich, wie neu könnte die lehrende Poesie immer noch sein, nähme sie mehr diese Richtung! Man hat vortreffliche Gedichte über die Dichtkunst, in denen mit Scharfsinn, mit Eleganz, mit Witz das Beste darüber gesagt ist, was sich in Prosa auch sagen läßt. Allein wie weit höher könnte ein Dichter sich schwingen, der sein eignes Genie gleichsam in der Werkstätte seiner Schöpfungen belauschte; nicht bloß über Begeisterung philosophierte, sondern seine Leser sie ahnden ließe; der vom Schönen und Erhabnen, wie es in seinem Gefühle lebt, anschauliche Ideen gäbe. Man hat gute Gedichte über die bildenden Künste. Aber man lese gegen Watelet und Andre Winckelmann über den vatikanischen Apoll, oder Lavater in einigen Stellen der Physiognomik: wie weit poetischer! das heißt nicht: weniger wahr und gründlich, sondern fähiger in das Innre theilnehmender Seelen zu bringen, weil der, welcher schrieb, bei vieler Regsamkeit der Seele, den Ausdruck so tief als möglich aus seinem Innern zu schöpfen suchte. Welch ein Stoff zu einem Gedichte wäre z. B. das Idealschöne in der Kunst! Selbst der strenge prüfende Mengs wird darüber beinahe zum Poeten.

Nun wieder zu den Künstlern. Schiller hat seinen Gegenstand nicht so geschildert, wie er ihn etwan aus historischen Factis und philosophischen Räsonnements kennen konnte, sondern er hat ihn nach seiner Weise idealisiert; er hat das Bild dargestellt, das ein Geist, wie der seinige, nach dem Genuße, den Ihm die schönen Künste gaben, nach dem Einfluße, den sie auf Sein Leben hatten, von dem Ursprunge und Fortgange derselben, und ihren Wirkungen auf das gesammte Menschengeschlecht, sich machen mußte. Es wäre also ein völlig schiefer Gesichtspunkt, wenn man bei jeder Zeile des Gedichts fragen wollte: ist das auch wirklich so geschehen? Läßt sich das auch durch trockne Argumente darthun? — Die einzelnen Züge sollen dem Ganzen dienen, und sie sind gut, wenn sie zu seiner Einheit und Bestandheit gehören. Das Ganze aber ist nicht

willkürlich erfunden: denn es ist das Resultat von den Objekten und
der Eigenthümlichkeit des erkennenden Geistes; und das sind ja alle
unsre Vorstellungen.

Auf der andern Seite ist es dem Dichter damit nicht erlaubt,
mystisch und dunkel zu werden, sondern seine Ideen müßen anschauliche Klarheit und anschaulichen Zusammenhang haben. Beides
scheint mir Schillers Gedicht, einige Stellen ausgenommen, zu besitzen. Dieß Verdienst ist um desto größer, da er nicht an der
äußern Schale seines Gegenstandes kleben geblieben, sondern in das
Innre gedrungen ist, und zwar tiefer als mancher sich brüstende
Philosoph. Denn es bedarf wohl keines Beweises, daß anschauliche
Darstellung um so schwerer sei, je geistiger das ist, was dem Dichter vorschwebt.

> Es ist Geist, so rasch beflügelt —
> Welche Macht kann ihn bezähmen!
> Welche Macht durch Ton und Wort
> Feßeln und gefangennehmen!
> Leicht, wie Aether, schlüpft er fort. —

Indeßen ist hier gerade der Punkt, wo die Poesie eines so verfeinerten Zeitalters, wie das unsrige, durch eigenthümliche Vorzüge
glänzen kann. Je zarter und feiner die innre Organisation des
Menschen durch beständige Ausbildung, je durchsichtiger und leichter
die Atmosphäre der Sinnlichkeit wird, die ihn von der Geisterwelt
scheidet; um so mehr verliert die Sprache an Energie in der Darstellung sinnlicher Gegenstände; doch in eben dem Grade erweitert
sich der poetische Horizont auf der andern Seite: was sonst nur den
betrachtenden Verstand beschäftigen konnte, nimmt nun eine sinnlich-
fühlbare, wenn gleich ätherische, Bildung an.

Nun zu einzelnen Stellen. Der Dichter erhebt zuvörderst die
Vorzüge des jetzigen Menschengeschlechts. Er ermahnt es, die Wohl-
thäterin nicht zu vergeßen, die ihn zu dieser Höhe hinaufgeführt.
Noch hat er sie nicht genannt, um die Erwartung desto stärker zu
spannen, und den größten Nachdruck auf den Schluß dieser ankün-
digenden Lobrede zu versparen:

> Im Fleiß kann dich die Biene meistern,
> In der Geschicklichkeit ein Wurm dein Lehrer sein,
> Dein Wißen theilest du mit vorgezognen Geistern:
> Die Kunst, o Mensch, hast Du allein!

Die dritte Zeile könnte beim ersten Anblick schwächer scheinen, als die vorhergehende; 'dein Wißen ist nichts gegen das Wißen vorgezogner Geister', dächte man, müßte es heißen. Aber der Gegensatz mit der letzten Zeile erlaubte dieß nicht. Und doch ist der Gedanke den diese enthält, gerade der wichtigste, gerade der, um welchen sich das Gedicht dreht. Die Kunst — ich brauche wohl nicht näher zu bestimmen, in welchem Sinne der Ausdruck hier beständig vorkommt? — ist das eigenthümlichste Vorrecht der Menschennatur, weil bei der Hervorbringung und dem Genuße schöner Kunstwerke alle Kräfte derselben in dem schönsten Verhältnisse geübt werden, und weil daher auch die Bildung, die sie gewähren, ächt menschlich ist.

> Nur durch das Morgenthor des Schönen
> Drangst du in der Erkenntniß Land.
> An höh'ren Glanz sich zu gewöhnen,
> Uebt sich am Reize der Verstand.
> Was bei dem Saitenklang der Musen
> Mit süßem Beben dich durchbrang,
> Erzog die Kraft in deinem Busen,
> Die sich dereinst zum Weltgeist schwang.

In den ersten beiden Zeilen wird man eine kleine Verwirrung gewahr, die sich nicht ganz auflösen läßt. Was heißt ein 'Morgenthor'? Ist es ein Thor, wodurch man von Osten her, oder wodurch man am Morgen eingeht? Und warum eins von beiden hier? Wo ich nicht irre, soll es sagen, daß der Sinn für das Schöne im Menschen der Morgenröthe gleicht, und eine zukünftige Mittagshelle der Erkenntniß verheißt. Aber diese Anspielung ist zu entfernt und dunkel. Die letzten vier Verse:

> Was bei dem Saitenklang der Musen u. s. w.

schwingen sich mit bezaubernder Leichtigkeit dem Gange des heitern Gedankens nach.

> Was erst, nachdem Jahrtausende verfloßen,
> Die älternde Vernunft erfand,
> Lag im Symbol des Schönen und des Großen
> Voraus geoffenbart dem kindischen Verstand.

Die dritte Zeile wird nicht sogleich deutlich; wenigstens ist es durch die Konstruktion zweifelhaft gelaßen, ob das Schöne und Große (Erhabene) noch ein andres Symbol haben, oder selbst Symbol deßen sein soll, 'was die älternde Vernunft erfand', da dann freilich der Zusammenhang für das letzte entscheidet. Und so genommen ist es ein schöner, herrlicher Gedanke. Die Zeichensprache der Natur, gleichsam ihre ewige Offenbarung an den sinnlichen Menschen, ist das Schöne und Erhabene. Der Instinkt für dasselbe leitete ihn, und oft sichrer, auf die rechten Wege, als die weit später entwickelte Vernunft. Dieß wird in einigen Beispielen gezeigt, die weit über=gehen.

> Die, eine Glorie von Orionen
> Um's Angesicht, in höh'rer Majestät,
> Nur angeschaut von reineren Dämonen,
> Verzehrend über Sternen geht,
> Geflohn auf ihrem Sonnenthrone,
> Die furchtbar herrliche Urania,
> Mit abgelegter Feuerkrone
> Steht sie — als Schönheit vor ihm da.
> Der Schönheit Gürtel umgewunden,
> Wird sie zum Kind, daß Kinder sie verstehn,
> Was wir als Schönheit hier empfunden,
> Wird einst als Wahrheit uns entgegen gehn.

Der Name Urania kann sowohl die himmlische Liebe, als die himm=lische Wahrheit und Vollkommenheit bezeichnen. Alle diese Begriffe sind nahe verwandt: reine Geisterliebe wird erzeugt durch unsinnliche Vollkommenheit; und diese ist Wahrheit, in so fern Geister sie er=kennen. Die hier gegebne Schilderung entscheidet auch nicht näher, in welcher unter den drei Bedeutungen Urania genommen werden soll; nur von der ersten scheint das Beiwort 'die furchtbar herr=liche' wegzulenken. Aber größere Bestimmtheit ist auch hier nicht nöthig: in dieser überirdischen Höhe können wir unsre Begriffe nicht mehr scheiden und definieren; sie fließen in eine große Einheit zu=sammen. Immer bleibt die Deutung klar, die Schönheit sei ein himmlisches Wesen, das sich eines ätherischen Glanzes freiwillig ent=kleide, um uns himmlische Dinge zu lehren.

Noch etwas über die Schilderung. Die reiche Periode, in wel=cher besonders die erste Zeile mit ihren vollen Vokalen so prächtig hereintönt, thut viele Wirkung. Die meisten Züge, 'die Glorie von Orionen, der Sonnenthron, die Feuerkrone', drehen sich um die Idee eines allblendenden Glanzes. Die gehäufte Fülle dieser Züge wäre anderswo ein Fehler, hier ist sie analog mit dem geschilderten Gegenstande: durch sie wird das Bild selbst blendend. — 'Der

Schönheit Gürtel umgewunden', ist eine für unsre Sprache zu harte
Participial-Konstruktion.

Als der Erschaffende von seinem Angesichte
Den Menschen in die Sinnlichkeit verwies,
Und seine späte Wiederkehr zum Lichte
Auf schweren Sinnenpfad ihn finden hieß,
Als alle Himmlischen ihr Antlitz von ihm wandten,
Schloß sie, die Menschliche, allein
Mit dem verlaßenen Verbannten
Großmüthig in die Sterblichkeit sich ein.
Hier schwebt sie mit gesenktem Fluge
Um ihren Liebling, nah am Sinnenland,
Und malt mit lieblichem Betruge
Elysium auf seine Kerkerwand.

Schöner, platonischer Mythus! Genuß der Schönheit ist das einzige
Ueberbleibsel von dem beßern Zustande der abtrünnig gewordnen
und daher gefallnen Menschheit. Er ist das einzige Pfand der nicht
ganz verlornen Huld des Schöpfers, und soll uns wieder in die
ursprüngliche Heimat hinaufleiten. Von allen Erdgeschöpfen hat
nur der Mensch Sinn für Schönheit, und auch nur der Mensch eine
höhere Bestimmung.

Als in den weichen Armen dieser Amme
Die zarte Menschheit noch geruht,
Da schürte heil'ge Mordsucht keine Flamme,
Da rauchte kein unschuldig Blut.

Der Dichter scheint hiebei die Griechen und vorzüglich die Religion
derselben vor Augen gehabt zu haben; diese Religion, die, indem
sie mit dem Volke aufwuchs und es wieder groß ziehen half, sich
allmählich zu einem Gottesdienste der Schönheit erhob. Sie befahl
nicht, sie verfolgte nicht, lehrte und schmückte nur, sie führte die
Menschen am leichten Gängelbande der Freude. Die folgenden Zeilen
reden mehr im Allgemeinen vom Einfluße des Schönheitsgefühls
auf das sittliche:

Das Herz, das sie an sanften Banden lenket,
Verschmäht der Pflichten knechtisches Geleit;
Ihr Lichtpfad, schöner nur geschlungen, senket
Sich in die Sonnenbahn der Sittlichkeit.
Die ihrem keuschen Dienste leben,
Versucht kein niedrer Trieb, bleicht kein Geschick;
Wie unter heilige Gewalt gegeben,

> Empfangen fie das reine Geifterleben,
> Der Freiheit füßes Recht, zurück.

Der Dichter scheint nur schlicht zu erzählen, und doch beweist er — aber freilich als Dichter: sein Beweis besteht in einem Gleichniß, in einem hingeworfnen Ausdruck. Indem er z. B. den Dienst der Schönheit mit anschaulicher Wahrheit einen 'keuschen' Dienst nennt, ist dadurch das folgende 'kein niedrer Trieb versucht sie' schon dichtererisch dargethan. Nur das daneben stehende 'kein Geschick bleicht sie' scheint mir zu abgerißen. Freilich macht ein verfeinertes Gefühl den Menschen vom Geschick unabhängiger, durch die Hülfsquellen, die es in seinem Innern eröffnet. Es macht ihn eben dadurch auch unfähiger, sich durch leidenschaftliches Streben nach äußern Glücksgaben vom Wege der Sittlichkeit abführen zu laßen. Zusammenhang ist also wohl da, nur muß man ihn zu mühsam suchen. Hier folgt eine Anrede an die Künstler, als die auserwählten Priester der Schönheit, die so schließt:

> Freut euch der ehrenvollen Stufe,
> Worauf die hohe Ordnung euch gestellt!
> In die erhabne Geisterwelt
> Seid ihr der Menschheit erste Stufe.

In der schnellen Wiederholung des Wortes 'Stufe', in verschiedner Verbindung, da die Künstler das erste Mal auf eine Stufe gestellt, das andre Mal die Stufe selbst sind, ist die nöthige Einheit zu sehr verfehlt.

> Eh ihr das Gleichmaß in die Welt gebracht,
> Dem alle Wesen freudig dienen —
> Ein unermeßner Bau, im schwarzen Flor der Nacht
> Nächst um ihn her mit mattem Strahle nur beschienen,
> Ein streitendes Gestaltenheer,
> Die seinen Sinn in Sklavenbanden hielten,
> Und ungesellig, rauh wie er,
> Mit tausend Kräften auf ihn zielten,
> So stand die Schöpfung vor dem Wilden.

Der Dichter mußte nach seinem Zweck, den ganzen Werth der Künste zu zeigen, thierische, nackte, angstvolle Wildheit, nicht, nach der poetischen Vorstellungsart, ein Zeitalter seliger Unschuld für den ursprünglichen Zustand der Menschen annehmen. Jenes goldene Zeitalter seliger Unschuld mochte wohl hier und da gefunden werden, aber es war sicher nirgends der ursprüngliche Zustand. Er setzt

Entwickelung mannichfaltiger Kräfte voraus, die sonst nur durch die Künste im Menschen geweckt werden, die aber unter glücklichen Klimaten, bei zarterer Organisation vor der Erfindung derselben sich regten. Denn da dichtete gleichsam die Natur selbst durch ihren heitern Anblick dem Menschen ein mildes geselliges Leben vor.

> Durch der Begierde [blinde] Fessel nur
> An die Erscheinungen gebunden,
> Entfloh ihm, ungenossen, unempfunden,
> Die schöne Seele der Natur.
>
> Und wie sie fliehend jetzt vorüber fuhr,
> Ergriffet ihr die nachbarlichen Schatten
> Mit zartem Sinn, mit stiller Hand,
> Und lerntet mit harmon'schem Band
> Gesellig sie zusammen gatten.

'Die Schatten der Seele der Natur' werfen auf diese sonst schöne Stelle einen Schatten der Undeutlichkeit. Wenn ich den Gedanken des Dichters anders recht fasse, so würden 'Strahlen' oder andre zarte Ausflüsse ihn besser bezeichnet haben. Das Folgende ist um desto lichtvoller:

> Leichtschwebend fühlte sich der Blick
> Vom schlanken Wuchs der Ceder aufgezogen;
> Gefällig strahlte der Krystall der Wogen
> Die hüpfende Gestalt zurück.
> Wie konntet ihr des schönen Winks verfehlen,
> Womit euch die Natur hülfreich entgegen kam!
> Die Kunst, den Schatten ihr nachahmend abzustehlen,
> Wies euch das Bild, das auf der Woge schwamm.
> Von ihrem Wesen abgeschieden,
> Ihr eignes liebliches Phantom,
> Warf sie sich in den Silberstrom,
> Sich ihrem Räuber anzubieten.

Kann der schlichte Gedanke, der Mensch sei durch den Widerschein der Gegenstände, den eine glatte Fläche zurückwirft, auf die Erfindung geleitet, Körper auf einer Fläche abzubilden, kann er wohl in ein reizenderes Bild gekleidet werden? Die Natur ist hier eine muthwillige Nymphe, die sich halb freiwillig vom Künstler im Bade überraschen läßt. — Die beiden Zeilen

> Von ihrem Wesen abgeschieden,
> Ihr eignes liebliches Phantom,

sind sehr sinnreich; vielleicht würden sie allzu sinnreich scheinen, wenn ihre gefällige Anmuth sie nicht vor so strenger Prüfung schützte. Das einzige, was bei mir den Eindruck des Ganzen stört, sind die unächten Reime 'kam, schwamm, geschieden, bieten'.

Warum wohl der Dichter beim Ursprunge der Künste die zeich=nenden vorangehen läßt, da doch gewiß Poesie und Musik überall früher, man kann sagen, da sie mit dem Menschengeschlechte zugleich entstanden, weil der Mensch nicht nur die Anlage dazu, sondern auch das Organ ihrer Darstellungen in sich trug? Nach meinen oben geäußerten Ideen von poetischer Weisheit kann man ihm kei=nen Vorwurf darüber machen, wenn er nur den Uebergang von der ersten Wildheit zu diesen Künsten anschaulich gezeigt hat. Und dieß ist ihm in den Zeilen 'Und wie sie fliehend jetzt vorüber fuhr' u. s. w. bis auf die darin befindliche Dunkelheit wirklich gelungen.

> Die schöne Bildkraft ward in eurem Busen wach.
> Zu edel schon, nicht müßig zu empfangen,
> Schuft ihr im Sand, im Thon, den holden Schatten nach,
> Im Umriß ward sein Dasein aufgefangen,
> Lebendig regte sich des Wirkens süße Lust —
> Die erste Schöpfung trat aus eurer Brust.

Ich wünschte die dritte Zeile weg. Sie gehört nicht in die Gedankenfolge: denn jener Wink der Natur, von dem eben die Rede war, kann durchaus die Erfindung der plastischen Künste, die aller=dings wohl älter war, als die der Malerei, nicht erklären helfen; sie enthält aber auch selbst eine Unrichtigkeit: im Sande und Thone wird kein 'Schatten' nachgeschaffen. Ich brauche nicht zu erinnern, daß die übrigen, besonders der zweite Vers vortrefflich sind.

Noch ein Paar andre Verse muß ich wegen einer eben solchen Unterbrechung des Zusammenhanges zu tadeln wagen. Der nächste Absatz schildert das Wachsthum der bildenden Künste und schließt so:

> Der Obeliske stieg, die Pyramide,
> Die Herme stand, die Säule sprang empor:
> Des Waldes Melodie floß aus dem Haberrohr,
> Und Siegesthaten lebten in dem Liede.

In den beiden Schlußzeilen wird man ganz unvermuthet zur Musik und Poesie hinverschlagen, deren im Vorhergehenden noch mit keiner Silbe Erwähnung geschehen ist. Man wünschte lieber gar nichts von ihrem Ursprunge zu hören, als hier, wo sie Einem so plötzlich in den Weg treten. Doch halte ich diesen Ursprung einer nähern

psychologischen Entwickelung eben so werth, als einer poetischen Behandlung fähig. Es ist Schade, daß sich der Dichter diesen Stoff
hat entgehen laßen. —

Mit dem Fortgange der Künste erweitert sich auch der Umfang
ihrer Schöpfungen: was vorhin ein Ganzes ausmachte, schmiegt sich
jetzt als Theil unter die Mannichfaltigkeit eines größern Ganzen.
Dieser in den zunächst folgenden Versen entwickelte Gedanke wird
durch Beispiele erläutert:

> Die Säule muß, dem Gleichmaß unterthan,
> An ihre Schwestern nachbarlich sich schließen,
> Der Held im Heldenheer zerfließen,

Bis so weit sehr gut, obgleich der zweite Fall mit dem ersten nicht
völlig übereinstimmt, indem das größere epische Gedicht doch immer
einen Haupthelden hat. Allein der Schluß

> Des Mäoniden Harfe stimmt voran

ist abgerißen und befremdend. Man erwartet noch ein ähnliches
Beispiel, etwan aus einer andern Kunst, und statt deßen kommt ein
specieller historischer Umstand, der sich bloß an das letzte Beispiel
anhängt. Homer war der erste, der das Heldengedicht so vergrö-
ßerte. Ueberdieß scheint mir das 'stimmt voran' grammatisch nicht
ganz richtig zu sein. Sollte 'stimmen' intransitiv gebraucht werden
können, wie 'tönen' und ähnliche Wörter?

Nun geht der Dichter zu den Wirkungen über, die der erste
geistige Genuß auf den ganzen innern und äußern Menschen hatte,
und hier zeigt er sich in voller Größe:

> Jetzt wand sich von dem Sinnenschlafe
> Die freie schöne Seele los,
> Durch euch entfeßelt, sprang der Sklave
> Der Sorge in der Freude Schooß.
> Jetzt fiel der Thierheit dumpfe Schranke,
> Und Menschheit trat auf die entwölkte Stirn,
> Und der erhabne Fremdling, der Gedanke,
> Sprang aus dem staunenden Gehirn.

Besonders verrathen die beiden letzten Verse den Meister, der mit
kühnem und sicherm Gange die Gränze des Erlaubten betritt, und
uns Erstaunen darüber abnöthigt, daß seine Idee in einer so auffallenden, so überraschenden Gestalt noch natürlich erscheint. Die
Personifikation des Gedankens erhält zugleich einen noch höhern

Reiz durch die Anspielung auf Minervens Geburt aus dem Haupte Jupiters. Mit dieser Anspielung erwachen in uns alle an diesen Mythus geknüpften Künstler- und Dichter-Ideen, und theilen jenem Bilde ihre göttliche Würde mit.

> Jetzt stand der Mensch, und wies den Sternen
> Sein königliches Angesicht,
> Schon dankte in*) erhabnen Fernen
> Sein sprechend Aug' dem Sonnenlicht.

Die Versetzung der Worte 'in erhabnen Fernen', die hinter dem Sonnenlicht stehen sollten, ist eine in unsrer Sprache schwerlich zu verstattende Licenz. Die folgende Schilderung ist eben so wahr als reizend:

> Das Lächeln blühte auf der Wange,
> Der Stimme seelenvolles Spiel
> Entfaltete sich zum Gesange,
> Im feuchten Auge schwamm Gefühl,
> Und Scherz und Huld im anmuthsvollen Bunde
> Entquollen dem beseelten Munde.

Man kann diesen Einfluß des geistigen Genußes in die Physiognomie des Aeußern, die hier auf die ganze Gattung ausgedehnt wird, oft sehr deutlich an einzelnen Individuen wahrnehmen; aber freilich trifft man weit häufiger die entgegengesetzten Züge, womit die Hand der Natur die böotischen Verächter des Schönen wie zur Strafe zeichnet. —

> Begraben in des Wurmes Triebe,
> Umschlungen von des Sinnes Lust,
> Erkanntet ihr in seiner Brust
> Den edlen Keim der Geisterliebe.
> Daß von des Sinnes niederm Triebe
> Der Liebe beßrer Keim sich schied,
> Dankt er dem ersten Hirtenlied.
> Geadelt zur Gedankenwürde
> Floß die verschämtere Begierde
> Melodisch aus des Sängers Mund.
> Sanft glühten die bethauten Wangen,
> Das überlebende Verlangen
> Verkündigte der Seelen Bund.

Die ersten sechs Zeilen sind durch unnöthige Wiederholungen gedehnt. Der erste und zweite Vers sagen dasselbige, und dann kommt

---

*) [Jetzt 'nach'.]

noch einmal 'des Sinnes niedrer Trieb', und wiederum 'der Keim der Geisterliebe', und 'der Liebe beßrer Keim'. Das, was folgt, ist dagegen bezaubernd durch Gedanken und Ausdruck. Es liegt tiefer Sinn darin, und doch, so täuschend ist die leichte Grazie des Vortrags, könnte man fast glauben, der Dichter spiele nur mit Bildern. Dieser sich versteckende Tiefsinn, der dem Leser allen Genuß des Denkens giebt, ohne ihn die Anstrengung dabei ahnden zu laßen, ist überhaupt ein Charakter der schillerschen Werke. — Bei dem Ausdruck 'Hirtenlied' darf man nicht an unsere Idylle denken; hier werden darunter Lieder wirklicher Hirten verstanden. Im Wohlstande des Nomadenlebens war es, wo zuerst ein zärteres Band, als das rohe Bedürfniß, die beiden Geschlechter verknüpfte. Liebe gab das erste Hirtenlied ein, und Poesie half wiederum dieser Leidenschaft auf den Weg der Veredlung, in so fern sie durch ihre Akkorde die einfachen Urtöne der Sympathie, wenn ich so sagen darf, im Menschen hervorrief, und sie in eine unendliche Mannichfaltigkeit von Melodien der Empfindung auflöste; in so fern durch sie schöne Seelen ihren Enthusiasmus, ihre zauberischen Liebesphantasien auch minder empfänglichen Gemüthern mittheilten. —

> Der Weisen Weisestes, der Milben Milbe,
> Der Starken Kraft, der Edeln Grazie,
> Vermähltet ihr in einem Bilde,
> Und stellet es in eine Glorie.
> Der Mensch erbebte vor dem Unbekannten,
> Er liebte seinen Widerschein;
> Und herrliche Heroen brannten,
> Dem großen Wesen gleich zu sein.
> Den ersten Klang vom Urbild alles Schönen,
> Ihr ließet ihn in der Natur ertönen!

Ich beziehe mich bei dieser Stelle auf das, was ich oben von dichterischer Wahrheit gesagt: denn sonst dürften sich, bei zu bestimmter Anwendung, leicht Einwürfe dagegen machen laßen. So erhaben oft die Volksreligionen in ihren Dichtungen über die physische Vollkommenheit des höchsten Wesens waren, so weit blieben sie gewöhnlich in denen über die moralische zurück, selbst dann noch, wenn das Volk schon auf einer hohen Stufe der sittlichen Kultur stand, weil man nicht weichen wollte von der ehrwürdigen Sage der Väter. In den Worten 'der Edeln Grazie' scheinen mir die Begriffe nicht richtig gepaart zu sein. Das Substantiv sollte doch seinem Beiworte, wie die vorhergehenden den ihrigen, genau entsprechen.

> Der Leidenschaften wilden Drang,
> Des Glückes regellose Spiele,
> Der Pflichten und Instinkte Zwang
> Stellt ihr mit prüfendem Gefühle,
> Mit strengem Richtscheit nach dem Ziele.
> Was die Natur auf ihrem großen Gange
> In weiten Fernen aus einander zieht,
> Wird auf dem Schauplatz, im Gesange,
> Der Ordnung leicht gefaßtes Glied.
> Vom Eumenidenchor geschrecket
> Zieht sich der Mord, auch nie entdecket,
> Das Loos des Todes aus dem Lied.
> Lang', eh die Weisen ihren Ausspruch wagen,
> Löst eine Ilias des Schicksals Räthselfragen
> Der jugendlichen Vorwelt auf;
> Still wandelte von Thespis Wagen
> Die Vorsicht in den Weltenlauf.

Die pragmatische Dichtkunst ist hier aus dem erhabensten Gesichtspunkte betrachtet: sie soll die Rathschlüße des Himmels auslegen; sie soll die Menschen lehren, daß ewige Gesetze der Gleichheit und Vergeltung über ihren Schicksalen walten. Das Rad der Begebenheiten rollt auf der Schaubühne, wie auf der Bühne der wirklichen Welt, nur unendlich schneller. Der Dichter beut dem Zuschauer hier den Faden um sich hindurch zu finden, der ihm im Gewirre des Weltlaufs so leicht entschlüpft. Man vergleiche mit den Zeilen:

> Vom Eumenidenchor geschrecket,
> Zieht sich der Mord, auch nie entdecket,
> Das Loos des Todes aus dem Lied,

folgende Stelle aus Duschens Wißenschaften, die einen ähnlichen Gedanken behandelt:

> Den Wüthrich lehret sie (die Dichtkunst) die eigne Schuld empfinden,
> Und straft sein hartes Herz in Strafen andrer Sünden,
> Wenn sie in Trauerspielen die Todten auferweckt
> Und ihn in fremden Bildern mit seinem eignen schreckt:
> Wenn er bei fremdem Fall von Ahndungen ergriffen,
> Den Stahl, der Gußman trifft, sieht auf sich selbst geschliffen:
> Wenn er von jedem Dolche, der Cäsars Brust durchwühlt,
> Den Stoß in Todesängsten an seinem Herzen fühlt.

Welche mühsame Genauigkeit, welche Aengstlichkeit des Dichters, der Leser möge ihn nicht verstehen! Man halte die schillerschen Zeilen

Verm. Schriften I. **2**

dagegen, und man wird die schon öfter gemachte Bemerkung bestätigt finden, daß die Schönheit des Vortrags eben so sehr von dem
abhängt, was verschwiegen, als von dem, was gesagt wird. Den
Gedankenstoff, der in den Künstlern entwickelt oder halb entwickelt
liegt, hätte der sonst schätzbare Dusch leicht in ein halb Dutzend
Bücher ausgesponnen.

> Doch in den großen Weltenlauf
> Ward euer Ebenmaß zu früh getragen.
> Als des Geschickes dunkle Hand,
> Was sie vor eurem Auge schnürte,
> Vor eurem Aug nicht aus einander band,
> Das Leben in die Tiefe schwand,
> Eh es den schönen Kreiß vollführte —
> Da führtet ihr aus kühner Eigenmacht
> Den Bogen weiter durch der Zukunft Nacht;
> Da stürztet ihr euch ohne Beben
> In des Avernus schwarzen Ocean,
> Und trafet das entflohne Leben
> Jenseits der Urne wieder an:
> Da zeigte sich mit umgestürztem Lichte,
> An Kastor angelehnt, ein blühend Polluxbild;
> Der Schatten in des Mondes Angesichte
> Eh sich der schöne Silberkreiß erfüllt.

Es kann nicht befremden, daß die Entstehung des Glaubens an ein
zukünftiges Leben von den Dichtern abgeleitet wird: nach der strengsten Wahrheit muß man sie für eine Wirkung der poetisierenden
Kraft im Menschen erkennen. Der Zusammenhang, in dem dieser
Glaube hier vorgestellt wird, leuchtet zu mächtig ein, als daß man
versucht werden sollte zu grübeln, ob seine Entstehung nicht aus
andern Ursachen erklärt werden müße, ob er nicht zu einer Zeit entstanden, wo die Menschen solcher Räsonnements noch nicht fähig
waren? Der Dichter hat vortrefflich idealisiert, und indem er das,
was nur Lehre war, in That, in heroische That verwandelt ('da
führet ihr aus kühner Eigenmacht' u. s. w.), hat er die Sache in's
Große und Wunderbare hinübergespielt. Nur gegen die vier letzten
Verse möchte ich Einwendungen machen. Ich begreife wohl, daß
die Dioskuren als Sinnbild der Unsterblichkeit gebraucht werden
können, wegen ihres abwechselnden Lebens im Olymp und in der
Unterwelt. Allein was soll der Zusatz 'mit umgestürztem Lichte'?
Ich entsinne mich nicht, daß die Dioskuren mit diesem Attribut

vorkämen. Soll es vielleicht auf die berühmte Gruppe von Statuen gehen, die einige für Kastor und Pollux, andre für ein Paar Genien halten? Die Beziehung wäre doch zu speciell. Die zwei letzten Zeilen scheinen als Apposition oder Erklärung zu den ersten hinzugefügt zu sein, und vielleicht darauf zu deuten, daß man sich nur ein dämmerndes Schattenleben nach dem Tode dachte. Allein in dieser Verbindung sind sie mir gleichfalls dunkel.

> Doch höher stets, zu immer höhern Höhen
> Schwang sich der schaffende Genie.
> Schon sieht man Schöpfungen aus Schöpfungen entstehen,
> Aus Harmonien Harmonie.
> Was hier allein das trunkne Aug' entzückt,
> Dient unterwürfig dort der höhern Schöne;
> Der Reiz, der diese Nymphe schmückt,
> Schmilzt sanft in eine göttliche Athene;
> Die Kraft, die in des Fechters Muskel schwillt,
> Muß in des Gottes Schönheit lieblich schwelgen;
> Das Staunen seiner Zeit, das stolze Jovisbild,
> Im Tempel zu Olympia sich neigen.

Die Erhöhung der Kunst zum Ideal-Schönen wird hier mit kurzen aber treffenden Zügen geschildert, hauptsächlich von der Seite, daß das Ideal aus der Verschmelzung verschiedner Charaktere von Schönheit zu Einem Ganzen entspringt. Statt 'Fechter' wünschte ich, es möchte lieber 'Ringer' oder 'Kämpfer' stehen*). Die Kunst hat nie Fechter, Gladiatoren, gebildet, obgleich die gemeine Meinung es behauptet. Bei den Griechen gab es ja nicht einmal welche. Durch das Neigen des Jovisbildes hat vermuthlich das ἐπ' ὀφρύσι νεῦσε ausgedrückt werden sollen, welches dem Phidias zum Vorbilde seines Zeus diente. Ob das dadurch ausgedrückt wird? Wenigstens möchte es dem, der diesen Umstand nicht weiß, schwer zu begreifen sein, warum das 'stolze' Jovisbild sich 'neige'.

Ich übergehe ein Paar Absätze, die von der Vervollkommnung der Künste als einer Gegenwirkung der durch sie zuerst bewirkten Ausbildung des Menschen, von der Uebertragung der menschlichen Begriffe von Schönheit auf das Weltall, und von dem dadurch erhöheten Genuße der ganzen Natur handeln, und setze dagegen die

---

*) [Schiller hat hiernach 'Ringer' gesetzt.]

Stelle von dem Einfluße des gebildeten Schönheits-Gefühls auf alle
Lagen und Verhältnisse des Lebens vollständig her.

> In allem, was ihn jetzt umlebet,
> Spricht ihn das holde Gleichmaß an.
> Der Schönheit goldner Gürtel webet
> Sich mild in seine Lebensbahn;
> Die selige Vollendung schwebet
> In euren Werken siegend ihm voran.
> Wohin die laute Freude eilet,
> Wohin der stille Kummer flieht,
> Wo die Betrachtung denkend weilet,
> Wo er des Elends Thränen sieht,
> Wo tausend Schrecken auf ihn zielen,
> Folgt ihm ein Harmonienbach,
> Sieht er die Huldgöttinnen spielen,
> Und ringt in still verfeinerten Gefühlen
> Der lieblichen Begleitung nach.
> Sanft, wie des Reizes Linien sich winden,
> Wie die Erscheinungen um ihn
> Im weichen Umriß in einander schwinden,
> Flieht seines Lebens leichter Hauch dahin.
> Sein Geist zerrinnt im Harmonienmeere,
> Das seine Sinne wollustreich umfließt,
> Und der hinschmelzende Gedanke schließt
> Sich still an die allgegenwärtige Cythere.
> Mit dem Geschick in hoher Einigkeit,
> Gelaßen hingestützt auf Grazien und Musen,
> Empfängt er das Geschoß, das ihn bedräut,
> Mit freundlich dargebotnem Busen
> Vom sanften Bogen der Nothwendigkeit.

Hier, wenn irgendwo, gilt alles das, was ich vorhin von der Wahr-
heit-findenden Begeisterung behauptet. Wehe dem Kritiker, der es
nicht fühlet, daß der kleine Maßstab seiner kalten Beurtheilung nicht
bei jedem Zuge eines solchen Gemäldes angebracht werden dürfe!
Wie ist besonders die beschließende und vollendende Schilderung so
groß gedacht, so rein und zart empfunden, und so ganz im hohen
griechischen Stil ausgeführt! Wem fallen bei dem 'sanften Bogen
der Nothwendigkeit' nicht sogleich die gelinden Geschoße des Apoll
und der Diana ein, wodurch Homer einen schnellen und sanften Tod
bezeichnet? Das vervollkommte Schönheitsgefühl zaubert nach der
Idee des Dichters das goldne Zeitalter wieder zurück, wo die Menschen, wie Hemsterhuys sagt, weil sie sich der gleichförmigen Fort-

schritte ihres Daseins bewußt waren, den Tod nicht scheuten und ihn auch nur als eine solche natürliche Entwickelung ihres Wesens betrachteten. —

Der Dichter wendet sich wieder an die Künstler mit einer Anrede des Dankes für alle von ihnen empfangenen Wohlthaten. Man findet darin hier und da Wiederholungen schon da gewesener Gedanken; doch meistens werden sie durch die neuen Wendungen des Ausdrucks wieder gehoben.

Aus dem, was von der Wiederauflebung der Künste in Italien, und von der noch bevorstehenden letzten Vollendung des Menschengeschlechts durch dieselben gesagt wird, will ich nur Folgendes über das gegenwärtige Verhältniß des Künstlers gegen den Denker ausheben:

Wenn auf des Denkens freigegebnen Bahnen
Der Forscher jetzt mit kühnem Glücke schweift,
Und, trunken von siegrufenden Päanen,
Mit rascher Hand schon nach der Krone greift;
Wenn er mit niederm Söldners=Lohne
Den edlen Führer zu entlaßen glaubt,
Und neben dem geträumten Throne
Der Kunst den ersten Sklavenplatz erlaubt:
Verzeiht ihm — der Vollendung Krone
Schwebt glänzend über eurem Haupt.
Mit euch, des Frühlings erster Pflanze,
Begann die seelenbildende Natur,
Mit euch, dem freud'gen Erntekranze
Schließt die vollendete Natur.

Ich mag bei diesen Zeilen nichts von der schönen Behandlung sagen; die lautre, gewichtige, in unserm Zeitalter so selten beherzigte Wahrheit, die sie enthalten, feßelt mein ganzes Interesse. Und nun der triumphierende Schluß:

Der Menschheit Würde ist in eure Hand gegeben:
Bewahret sie!
Sie sinkt mit euch! Mit euch wird die Gesunkene sich heben!*)
Der Dichtung heilige Magie
Dient einem weisen Weltenplane,
Still lenke sie zum Oceane
Der großen Harmonie!

---

*) [Jetzt 'sie sich heben'.]

Von ihrer Zeit verstoßen, flüchte
Die ernste Wahrheit zum Gedichte,
Und finde Schutz in der Kamenen Chor.
In ihres Glanzes höchster Fülle,
Furchtbarer in des Reizes Hülle,
Erstehe sie in dem Gesange,
Und räche sich mit Siegesklange
An des Verfolgers feigem Ohr.

Der freisten Mutter freiste Söhne,
Schwingt euch mit festem Angesicht
Zum Strahlensitz der höchsten Schöne;
Um andre Kronen buhlet nicht!
Die Schwester, die euch hier verschwunden,
Holt ihr im Schooß der Mutter ein;
Was schöne Seelen schön empfunden
Muß trefflich und vollkommen sein.
Erhebet euch mit kühnem Flügel
Hoch über euren Zeitenlauf;
Fern dämmert*) schon in eurem Spiegel
Das kommende Jahrhundert auf.
Auf tausendfach verschlungnen Wegen
Der reichen Mannichfaltigkeit
Kommt dann umarmend euch entgegen
Am Thron der hohen Einigkeit.
Wie sich in sieben milden Strahlen
Der weiße Schimmer lieblich bricht;
Wie sieben Regenbogenstrahlen
Zerrinnen in das weiße Licht:
So spielt in tausendfacher Klarheit
Bezaubernd um den trunknen Blick,
So fließt in Einen Bund der Wahrheit,
In Einen Strom des Lichts zurück!

So hoch der Dichter sich auch vorher in einzelnen Stellen ge=
schwungen haben mag, so hat er doch gewußt für den Beschluß
noch etwas Höheres aufzusparen. Alles Vorhergesagte diente zur
Vorbereitung auf diesen; und alles Vorhergesagte vereinigt sich hier
wie in einem Brennpunkte. Dieß ist gleichsam das Band, welches
die ganze Rhapsodie zusammenhält. Man sieht den Sänger schon
nah am Ziele: auf einmal nimmt er einen raschen lyrischen Flug
und hat es erreicht. Es thut viel Wirkung, daß er unvermerkt aus

---

*) [dämm're.]

der freien Versart in den lyrischen Rhythmus wiederkehrender Stro=
phen übergeht, und darin bis an's Ende aushält. Das Quatrain,
welches anfängt 'Die Schwester, die euch hier verschwunden' u. s. w.
ist mir in dieser Verbindung dunkel. Hinreißend schön sind die bei=
den Verse:

Fern dämmert schon in eurem Spiegel
Das kommende Jahrhundert auf.

Mit großer Tiefe und Fülle des Gedankens paart sich in ihnen die
heiterste Anmuth des Bildes.

Von dem Plane des ganzen Gedichts werde ich nicht nöthig
haben, noch zu reden. Ich habe schon in meinen Bemerkungen
darauf hinzuweisen gesucht. Mich däucht, bei diesem Tone, bei die=
sem Maße der Begeisterung könnte und durfte die Ordnung nicht
strenger sein.

Die Versifikation ist im Ganzen vortrefflich. Nur das Ein=
zige möchte ich erinnern, daß der Dichter nicht die ganze Mannich=
faltigkeit benutzt hat, welche die verschiednen Reimstellungen bei die=
ser freien jambischen Versart darbieten. Fast immer läßt er die
Reime so abwechseln, daß ein weiblicher vorangeht, und ein männ=
licher folgt. Die umgekehrte Abwechselung, und die schöne Ver=
schlingung, wo zwei neben einander stehende Reime, männliche oder
weibliche, von zwei andern eingeschloßen werden, hat er weit seltner
angebracht. Einzelne harte Verse und unächte Reime sind an einem
so schönen Werke nur kleine Flecken.

Die Diktion ist völlig harmonisch mit dem Gegenstande. Ueberall
weht der milde Hauch jenes Kunstgefühles, das der Sänger preist,
und zaubert dem Gedanken gemäßigte sanfte Formen an. Ueberall
herrscht ein stiller hoher Geist, der sich seiner Stärke, die Seelen zu
erschüttern, freiwillig begab, oder auch, in süßer Vertraulichkeit mit
allen Göttern des Schönen, auf eine Zeitlang sie vergaß.

Etwas über William Shakspeare bei Gelegenheit Wilhelm Meisters.

Unter tausend verstrickenden Anlockungen für den Geist, das Herz und die Neugierde, unter manchem hingeworfnen Räthsel und mancher mit schalkhaftem Ernst vorgetragnen Sittenlehre, bieten 'Wilhelm Meisters Lehrjahre' jedem Freunde des Theaters, der dramatischen Dichtkunst und des Schönen überhaupt, eine in ihrer Art einzige Gabe dar. Die Einführung Shakspeares, die Prüfung und Vorstellung seines Hamlet ist ein eben so lebendiges Gemälde für die Phantasie, als sie den Verstand lehrreich beschäftigt, und ihm Gegenstände des tiefen Nachdenkens mit den flüchtigsten Wendungen zuspielt. Sie kann keinesweges als Episode in diesem Roman angesehen werden. Nichts wird von dem Erzähler in seinem eignen Namen abgehandelt: die Gespräche, die er seine Personen darüber halten läßt, werden auf das natürlichste durch ihre Lagen und Charaktere herbeigeführt; Alles greift in die Handlung ein, und endlich wird durch die geheimnißvolle Erscheinung eines bekannten Unbekannten, eines, wie man denken sollte, nichts weniger als entkörperten Geistes in eben der Rolle, welche der wackre Meister William Shakspeare selbst zu spielen pflegte, ein neuer Knote geschürzt. Mit Einem Wort, das Lob und die Auslegung des größten dramatischen Dichters ist auf die gefälligste Weise dramatisiert. Es wird keine Standrede an seinem Grabe gehalten, noch weniger ergeht ein ägyptisches Todtengericht über ihn. Er ist auferstanden und wandelt unter den Lebenden, nicht durch irgend eine peinliche Beschwörung gezwungen, sondern willig und froh stellt er sich auf das Wort eines Freundes uud Vertrauten in verjüngter Kraft und Schönheit dar.

Armer Shakspeare! durch welches Fegefeuer kunstrichterlicher Beurtheilungen hast du gehen müßen!

I could a tale unfold, whose lightest word —

Nie wurde ein Sterblicher mehr vergöttert als du, aber auch nie einer alberner bewundert und lästerlicher geschmäht. Dieß mag nun vielleicht daher kommen, weil du, wie der sinnreiche Pope zierlich bemerkt, wie beßer, so auch schlechter als jeder andre Dichter geschrieben. Allein durch welche Versündigungen an der Natur hattest du Warburtons Erläuterungen und Voltairens Nachahmungen verdient? Von dem Briefe des letzten an die französische Akademie schweige ich: er hätte dir vielleicht keinen zu verwerfenden Dienst geleistet, wenn er die Uebersetzung in's Französische dadurch hätte hintertreiben können. Noch viel mehr zweifle ich, du werdest es selbst übel empfunden haben, daß gewiße deutsche Recensenten in gewissen schönen Bibliotheken so eifrig gegen die Uebersetzung deiner Werke in unsre Sprache protestierten*), als der selige Gottsched aus billiger Besorgniß für seine tragischen Reimereien nur immer hätte thun können, wenn er dieß Herzeleid noch erlebt hätte. Hättest du aber gewiße Kommentatoren, Nachahmer und Recensenten erlebt, welch einen Stoff zu lustigen Scenen würden sie dir geliefert haben!

Man muß gestehen, auch die ächtere Kritik, wie nützlich uud nothwendig sie sein möge, gehört, für sich betrachtet, keinesweges unter die ergötzlichsten Dinge auf dieser Erde, wenn sie schon nicht

---

*) Dieß ist vor etwa dreißig Jahren bei Gelegenheit der wielandischen, und wiederum vor ungefähr zwanzig Jahren bei Gelegenheit der eschenburgischen Uebersetzung geschehen. Aber der Ton und Geist (man verzeihe den unschicklichen Gebrauch dieses Wortes) einiger Zeitschriften bleibt sich in einem langen Zeitraume bei veränderten Verfaßern so ähnlich, daß man nicht umhin kann, eine Art von Seelenwanderung dabei anzunehmen, und zu glauben, daß diese Kritiker beim Absterben einander ihren 'Geschmack' vermachen. Sie meinen es unstreitig gut mit ihren Nachfolgern, und doch möchte es schwer halten, unter ihren Habseligkeiten ein Erbstück von geringerem Werthe auszufinden.

immer ein so fürchterliches Antlitz hat, wie Doktor Samuel Johnson,
der alle Welt richtete. Der Genuß edler Geisteswerke ist unabhängig
von ihr, denn er muß ihr vorangehn; sie kann ihn eigentlich nicht
erhöhen, wohl aber ihm Vieles abziehen, auf's höchste ihn zergliedern und erklären. Ihr rühmlichstes Geschäft ist es, den großen
Sinn, den ein schöpferischer Genius in seine Werke legt, den er oft
im Innersten ihrer Zusammensetzung aufbewahrt, rein, vollständig,
mit scharfer Bestimmtheit zu fassen und zu deuten, und dadurch weniger selbständige, aber empfängliche Betrachter auf die Höhe des
richtigen Standpunktes zu heben. Dieß hat sie jedoch nur selten
geleistet. Warum? Weil jenes nahe und unmittelbare Anschauen
fremder Eigenthümlichkeit, als wäre sie mit im eignen Bewußtsein
begriffen, mit dem göttlichen Vermögen, selbst zu schaffen, innig
verwandt ist, und weil dieses sich immer lieber mit den Gegenständen zunächst zu thun macht, als mit den Begriffen davon, den Hülfsmitteln einer unvollkommenen Erkenntniß, wodurch die Klarheit der
seinigen nichts gewinnen kann. Nur das, was man selbst auf dem
Umwege des Nachdenkens gefunden, was man gelernt hat, kann man
Andere durch eben dieses Mittel lehren, und sie durch Beweise davon überzeugen. Was uns hingegen schon vermöge unsrer Anlagen
so gegeben ist, daß es nur einer äußern Berührung bedarf, um es
ohne unser weiteres Zuthun auf einmal in uns zur Wirklichkeit zu
bringen, das offenbaren wir eigentlich nur; wir sagen 'so ist es',
und fordern von andern Wesen, bei welchen wir ähnliche Anlagen
voraussetzen, Glauben für unsre Aussage. So verhält es sich mit
der anschaulichen Erkenntniß vom Dasein und der Beschaffenheit
sinnlicher Gegenstände. Wie sehr auch darin die Menschen wegen
der Verschiedenheit ihrer Organe von einander abweichen, so lange
sie die Richtigkeit ihrer Empfindungen nicht zu einer Angelegenheit
des Verstandes machen, werden sie niemals mit Gründen darüber
streiten, sondern sich durchaus nur auf die Wirklichkeit berufen. Von
der wesentlichen Beschaffenheit menschlicher Gemüther, ihrer unsichtbaren Gestalt, wenn ich so sagen darf, fallen nur die äußerlichen
Wirkungen, kund gegebne Gesinnungen und Handlungen, in die
Sinne. Die Fertigkeit, auch die feineren unwillkürlichen Aeußerungen
des innern Menschen zu bemerken, und die durch Erfahrung und
Nachdenken herausgebrachte Bedeutung dieser Zeichen mit Sicherheit

anzugeben, macht den Menschenbeobachter; der Scharfsinn, hieraus noch weiter zu schließen und einzelne Angaben nach Gründen der Wahrscheinlichkeit zu einem bündigen Zusammenhange zu ordnen, den Menschenkenner. Die auszeichnende Eigenschaft des großen dramatischen Dichters ist etwas hievon noch ganz Verschiednes; das aber, wie man es nehmen will, entweder jene Fertigkeit und jenen Scharfsinn in sich faßt, oder ihn (zwar nicht für das wirkliche Leben, aber für die Ausübung seiner Kunst) beider überhebt. Es ist ein Blick, ein wunderbarer Blick in die Seelen, vor dem sich das Unsichtbare sichtbar enthüllt, verbunden mit der Gabe, die vermöge einer so außerordentlichen Sehkraft gesammelten Bilder wiederum auf die Oberfläche des geistigen Auges zurücksenden, und sie Andern darin wie in einem klaren Spiegel erscheinen laßen zu können. Wenn also ein großer dramatischer Dichter Werke eines ihm verbrüderten Geistes nach ihrem Gehalt und Wesen prüft, so wird er auch hier seine Art nicht verläugnen, und nicht sowohl beweisen, was er denkt, als darstellen, was er sieht. Sehr unsinnlichen Begriffen wird er das Einleuchtende sinnlicher Wahrheit und Gegenwart zu geben wißen, und was er sagt, wird vielmehr der Kunst selbst, als ihrer Theorie anzugehören scheinen.

Die Gedanken, welche Wilhelm Meister über Shakspeares Hamlet vorträgt, sind so einzig treffend, sie umfaßen das Ganze mit einem solchen Seherauge, daß man vielleicht den Einwurf machen könnte, er gehe dabei zu weit über seinen bisherigen Kreiß hinaus, wie vieles auch schon von seinen Talenten vorgekommen sein mag, und sein Geschichtschreiber habe ihm zu reichlich aus eigner Fülle geliehen, was er nicht wieder im Handel und Wandel anbringen könne, ohne durch Bild und Ueberschrift der Münze den wahren Eigenthümer zu verrathen. Aber der Held des Romans ist grade in den Jahren der entscheidendsten Entwickelung; diese geht nicht immer gleichförmig vor sich: wie sie zuweilen stillsteht, so thut sie auch wohl plötzlich einen Riesenschritt, wenn ein ungewöhnlicher Anlaß schlummernde Kräfte weckt, und ein solcher Anlaß ist eben für Wilhelmen die mit dem großen Dichter gestiftete Bekanntschaft. Auch ist durch einige Bemerkungen Aureliens über ihren Freund jener Einwendung schon hinlänglich vorgebeugt.

Hamlet ist von jeher vielleicht das bewundertste und gewiß das mißverstandenste unter allen ·Stücken Shakspeares gewesen. Wie verträgt sich dieß beides miteinander? Woher die große Popularität eines Schauspiels, das den Denker in trostlose Labyrinthe der Betrachtung verstrickt, und in dessen Gange die Armuth an Handlung auch einem gemeinen Blick schwerlich entgehen kann. Wenigstens bleibt der Held, für den man sich so sehr interessiert, unter allen auf ihn losbringenden Vorfällen größtentheils leidend. Thaten werden von ihm gefordert, und er giebt nur Gefühle und Gedanken. Allein wenn gleich wenig gethan wird, so geschieht doch viel, und viel wird zu denken aufgegeben. Grausen, Erstaunen und Mitleid ketten den großen Haufen an die Bühne, die von den wundervollen und furchtbaren Schlägen des Schicksals gleichsam in ihren Grundfesten wankt, während den weiseren Hörer die unaufgelösten Räthsel seines Daseins, welche er in Hamlets Seele ließ, in sein eignes Innre versenken.

Es könnte befremden, daß es möglich war, über Hamlets Charakter, nachdem er sich so unzählig vielen Lesern und Zuschauern dargestellt, und so viele gute Köpfe beschäftigt, nachdem ihn schätzbare Philosophen zergliedert, und die größten Schauspieler, die es in neuern Zeiten, die es vielleicht jemals gab, mit dem höchsten Aufwande ihrer Kunst vollendet und ausgemalt, noch etwas Neues und Wahreres wie bisher zu sagen. Freilich sollte der Sittenlehrer den Menschen kennen; der große Schauspieler weiß ihn zuverläßig auf das feinste zu beobachten: aber es ist nicht nöthig, daß beiden auch nur ein Funke von dramatischem Genius, vielleicht dem seltensten aller Vorzüge des menschlichen Geistes, inwohne. Je mehr der Philosoph sich gewöhnt hat, vorsichtig zu schließen, desto weniger ist es seine Sache, glücklich kühn zu errathen, und Verhältnisse, die sich vielfach durchkreuzen und unübersehlich auseinander laufen, durch einen raschen Griff bei dem einzigen gemeinschaftlichen Berührungspunkte aller zu faßen. Die Bestrebungen des Schauspielers sind immer am meisten auf die Außenseite des Menschen gerichtet. Er kann daher sehr gut im Stande sein, sich treu in die vorgezeichneten Umriße zu fügen, und sie durch das kräftigste und schönste Kolorit seiner Person, seiner Stimme, seiner Geberden zu beleben, ja er kann eine vollkommene Harmonie in die Aeußerungen eines Charakters bringen, ohne doch die geheimsten und ersten Gründe, warum jedes so oder so ist, zu durchschauen *). Also könnte wohl gar ein Schauspieler den Hamlet übereinstimmend mit Wilhelm Meisters Erklärung vorstellen, ohne von dieser zu wißen, und ohne im Stande zu sein, sie selbst zu geben? Nicht anders. Genug, wenn es ihm nur gelungen ist, alles Einzelne (nicht die einzelnen Stellen, denn das reicht nicht hin, wie Wilhelm sehr richtig bemerkt, sondern die verschiedenen Seiten des Charakters) vollkommen zu faßen und auszudrücken. Der Dichter überhebt ihn der Sorge für einen großen, innigen Zusammenhang in allem diesem. Wenn er denselben nur nicht zerstört, so werden ihn die Zuschauer nach Maßgabe ihrer Fähigkeiten mehr oder weniger dunkel fühlen, bis ihnen einmal ein überlegener Geist hilft, die Ahnung bis zur Erkenntniß aufzuhellen. Unternehmen sie ohne das, ihn nach Begriffen zu erklären, so können sie sich freilich leicht verirren.

Doch wie? möchte man fragen: ist es nicht ein wesentlicher Fehler an einer Dichtung, die ja nicht bloß für wenige Menschen überhaupt bestimmt ist, wenn sie so sehr Gefahr läuft, mißverstanden oder wenigstens nicht vollständig begriffen zu werden? Die Antwort ist nicht schwer. Es giebt Künstler, die gute Gedanken haben, aber wegen einer gewissen Ohnmacht der Darstellung nicht umhin können, immer die beste Hälfte davon zurückzubehalten **); fruchtbare Phantasten giebt es, die dabei mit einer Art von Ver-

---

*) Man hat öfter den Fall gehabt, daß vortreffliche Schauspieler nur untergeordnete Schauspieldichter waren. Da ihre Einbildungskraft sich unaufhörlich anstrengen muß, den theatralischen Vortrag zu erfinden, so ist es nicht zu verwundern, wenn bei eignen Werken ihre Erfindung in allem Uebrigen, besonders in den Reden, die sie sonst immer bloß auswendig lernen müßen, dürftig ausfällt. Wenn man aber ihre Stücke, worin die Verfaßer eine Rolle ausdrücklich für sich zu bestimmen pflegen, von ihnen selbst aufführen sieht, so wird man getäuscht, und gesteht ihnen ein viel höheres Verdienst zu. Das Beste daran ist das, was sich nicht aufschreiben läßt.

**) Ich weiß nicht, welchem französischen Schriftsteller es begegnete, bei einem Gönner, dem er sein Buch übergeben hatte, der es aber dunkel fand, und sich daher über viele Stellen Erklärungen ausbat, häufig die Redensarten zu gebrauchen, 'hiemit habe ich folgendes gemeint; hiemit habe ich sagen wollen' u. s. w. "Vous avez voulu dire de belles choses", erwiderte endlich der Gönner, "Pourquoi ne les dites vous pas?"

worrenheit behaftet sind, welche sie hindert, ihre Geburten jemals
recht aufs Reine zu bringen. Aus diesen beiden Gebrechen entstehen zwei Arten der Dunkelheit; beide verwerflich und dem Vergnügen, das ein schönes Geisteswerk gewähren soll, mehrentheils
tödtlich. Hingegen ist Klarheit eben sehr wie Fülle und Kraft ein
unterscheidendes Merkmal des Genius, und folglich kann in seinen
Schöpfungen nicht wohl ein andre Art von Dunkelheit stattfinden,
als die Unergründlichkeit der schaffenden Natur, deren Ebenbild er
im Kleinen ist. An den wirklichen Dingen, wie sie aus der Hand
der Natur hervorgehen, ist das Gepräge einer höhern, selbständigen
Macht auch für das beschränkteste Erkenntnißvermögen im geringsten
nicht zweideutig oder unbestimmt; es fühlt sehr wohl, so wenig es
von ihrer Beschaffenheit einsieht, daß sie, unabhängig von seinen
Vorstellungen oder Irrthümern, sind, was sie sind. Jeder mehr
umfaßende, auch der höchste endliche Verstand steht in demselben
Verhältnisse zur Natur. Er treibe seine Forschungen noch so weit,
endlich wird er doch bei der Betrachtung der Wesen auf einen Punkt
gelangen, wo er mit seinem Gefühle stillstehen, und sich unerkann-
ten Gesetzen des Daseins gläubig unterwerfen muß. Ob sich gleich
die menschliche Wißenschaft nicht rühmen darf, das Wesen eines
einzigen Atoms erschöpft zu haben, so kann sie doch die todten Erzeugnisse der Körperwelt in ihre einfacheren Bestandtheile zerlegen;
sie kann an organisierten Geschöpfen alle Werkzeuge des Lebens nach
ihrem Bau und ihren Bestandtheilen sehr genau untersuchen: allein
hat sie jemals die lebendigen Kräfte selbst erhascht, die wir überall
um uns her wirkend sehen, deren eine wir in uns fühlen? Leben
ist das große Geheimniß der Natur; es ist der Nilstrom, der Länder befruchtet und sich mit vielen Armen in das Meer stürzt, aber
deßen Quelle kein Sterblicher erblickt hat *). Um nun die Anwendung zu machen und Großes mit Kleinem zu vergleichen: der dramatische Künstler im höchsten Sinne des Wortes, sei er Maler oder
Dichter, bildet Menschen; er beseelt sie durch einen göttlichen Funken
des Lebens, den er rauben muß, denn auf einem rechtmäßigen Wege
ist nicht daran zu kommen. Die andern Menschen, welche die Natur
selbst erschaffen hat, können sich nicht erwehren, jene anziehenden

---

*) Ausgenommen James Bruce!

Geschöpfe für ihres Gleichen anzuerkennen, und sich des Umgangs mit ihnen zu freuen, wenn schon in ihrer Art zu sein und zu handeln Manches ihnen nicht ganz verständlich ist. Wißen wir doch von unsern vertrautesten Bekannten, wenn sie einige Tiefe und Umfang des Charakters haben, nicht immer mit deutlichen Gründen darzuthun, warum sie sich jedes Mal unter besondern Umständen so oder so benehmen, ohne daß wir darum an dem Bestande ihrer Persönlichkeit irre würden. Jene entweder in der Ausführung verfehlten, oder schon in der Anlage verworrenen Darstellungen, wovon ich oben sprach, könnte man mit trüben Strömen vergleichen, worin das schärfste Gesicht so wenig etwas unterscheiden kann, als das blödeste; die Werke des ächten Genius hingegen mit einem reinen und stillen Waßer von unermeßlicher Tiefe. Sollte auch kein Auge ganz bis auf den Boden dringen, so findet doch jedes für seine Sehkraft Befriedigung: denn so weit diese reicht, erblickt es die in dem flüßigen Elemente enthaltenen Gegenstände vollkommen deutlich und unentstellt. Nur der ist durch eigne Schuld irrigen Vorstellungen ausgesetzt, der sich einbildet oder anmaßt, tiefer zu sehen, als er wirklich sieht.

Ob der Dichter beim Hamlet Alles so gedacht hat, wie Wilhelm Meister ihn auslegt, das ist ein Zweifel, den Shakspeare allein, wenn er könnte, zu bekräftigen das Recht hätte. Es muß aber dabei die anschauliche Wahrnehmung von dem entwickelten Begriffe unterschieden werden. Man kann sich recht gut denken, daß Shakspeare mehr von seinem Hamlet wußte als ihm selbst bewußt war; ja er läßt ihn vielleicht ausführlicher über sich und seine sittlichen Verhältnisse philosophieren, als er es bei Anlegung dieses Charakters in eigner Person that. In einem solchen Dichtergeiste müßen alle Kräfte in so inniger Gemeinschaft wirken, daß es gar nicht zu verwundern ist, wenn der Verstand erst hinterdrein seine Verdienste geltend zu machen, und seinen Antheil an der vollendeten Schöpfung zurückzufordern weiß. Am Hamlet ist er in der That so hervorstechend, daß man das Ganze, wie Goethes Faust, ein Gedankenschauspiel nennen könnte. Nämlich nicht ein Schauspiel, durch welches eine Reihe von Gedanken neben der Handlung hinläuft, und zwar so, daß diese sich in ihren Fortschritten nach der Folge jener richten muß, um damit immer in gleich naher Beziehung zu bleiben;

wo also die dramatische Verknüpfung gewissermaßen ein Bild des
logischen Zusammenhanges wird (wie etwa in Lessings Nathan);
sondern ein solches, aus dessen Verwickelung Aufgaben hervorgehen,
welche aufzulösen dem Nachdenken des Lesers oder Zuschauers überlaßen wird. Hiezu wird der Charakter eines Helden am brauchbar-
sten sein, dem die Widersprüche seiner sittlichen Natur zum Haupt-
gegenstande der Betrachtung werden müßen, weil seine Erkenntniß
seiner Willenskraft weit überlegen ist; und darauf beruht eben die
Aehnlichkeit zwischen den beiden genannten Schauspielen.

Doch nichts weiter über Hamlets Charakter, nach dem was
Wilhelm Meister gesagt: keine Ilias nach dem Homer! Aus demselben Grunde schweige ich auch von den Bemerkungen über Ophelia,
und den wenigen, aber köstlichen Worten über Polonius und das
doppelte Exemplar von Höflingen, Rosenkranz und Güldenstern.
Was die Aufführung betrifft, so ist sehr zu wünschen, daß jeder
Schauspieler, der sie künftig anordnen oder nur daran Theil nehmen soll, die darüber gegebnen Winke auf das sorgfältigste erwäge
und beherzige. Nur hüte sich der, welcher den Geist spielen soll,
nicht, wie der Unbekannte hier thut, sein Visier herunter zu laßen.
Dort in dem Schauspiel mußte Hamlet die Gesichtszüge seines Vaters sehen, um vollkommen überzeugt zu werden, daß ihm wirklich
sein Geist erschienen*); hier im Roman war es wesentlich, daß
Wilhelm den Schalk im Harnisch nicht erkännte, um allerliebste
Abenteuer vorzubereiten; und nur einem Dichter ziemt es, sich mit
den offenbaren Absichten eines andern poetische Licenzen herauszu-
nehmen. Hingegen läßt sich schwerlich mit Gewißheit ausmachen,
wie Shakspeare in der Scene zwischen Hamlet und seiner Mutter es
mit den Bildnissen hat gehalten wißen wollen, da die ältesten Ausgaben seiner Schauspiele ganz ohne theatralische Anweisungen sind,
und in den Zeiten des barbarischen Geschmacks in England, wo
Shakspeares Stücke entweder gar nicht oder sehr selten gespielt wurden, die ursprüngliche Ueberlieferung der Bühne sich nicht erhalten

---

*) Haml. Act. 1. Sc. 2.
Hamlet. Arm'd, say you? All. Arm'd, mylord. Haml. From top
to toe? All. Mylord, from head to foot. Haml. Then saw you not
his face? Horat. O yes, mylord, he wore his beaver up.

haben kann. Wilhelm erklärt sich, gegen den allgemein eingeführten Gebrauch, nach welchem Hamlet zwei Miniaturbilder hervorzieht, oft auch das eine zu Boden wirft, für zwei Gemälde in Lebensgröße, an der Dekoration angebracht. Der Gedanke, durch die Aehnlichkeit zwischen der Abbildung des verstorbnen Königs und seinem Geiste die Täuschung zu erhöhen, ist neu und groß, und überwiegt leicht den Einwurf, es sei nicht wahrscheinlich, daß die Königin das Bild- niß ihres ersten Gemahls, gleichsam einen beständigen Zeugen ihrer Schande, in ihrem Kabinet habe dulden können. Für die Miniatur- bilder ließe sich eine Stelle des Hamlet anführen, woraus man sieht, daß dem Dichter die Vorstellung geläufig war, sich dergleichen von geschätzten Personen machen zu lassen*). Ja, Shakspeare ist zuwei- len so seltsam in seinen Ausdrücken, daß sich selbst die Meinung derer nicht ganz verwerfen läßt, welche annehmen, es sei nur von Bildnissen im metaphorischen Sinne die Rede, und Hamlet sehe die Gestalten der beiden Brüder bloß in seiner erhitzten Einbildungs- kraft vor sich. **)

Manche Bewunderer Shakspeares werden Wilhelm Meistern da- für lieb haben, daß er sich so ernstlich gegen eine Verstümmelung des Stückes sträubt, daß er am Ende nur der gebieterischen Kon- venienz nachgiebt, und die Umarbeitung selbst übernimmt, um grö- ßeren Uebeln vorzubeugen. Bei dem Gleichniß mit einem Baume, das er gebraucht, möchte man immer noch zugeben, daß Zweige weg- geschnitten, andre eingeimpft werden könnten, ohne den freien könig- lichen Wuchs zu entstellen, und die Spur der Schere sichtbar wer- den zu lassen. Wie aber, wenn ein dramatisches Gedicht dieser Art noch mehr Aehnlichkeit mit höheren Organisationen hätte, an denen zuweilen die angeborne Mißgestalt eines einzigen Gliedes nicht ge- heilt werden kann, ohne dem Ganzen an's Leben zu kommen? In-

---

*) A. II. S. 2. Haml. It is not very strange: for my uncle is king of Denmark, and those, that would make mouths at him while my father liv'd, give twenty, forty, fifty, an hundred ducats a-piece for his picture in little.

**) So sagt Hamlet einmal, da ihm Horatio eben die Erscheinung des Geistes erzählen will:
— methinks, I see my father.
Horat. O where my lord? Haml. In my mind's eye, Horatio.

deſſen die Bühne hat ihre Rechte: um einig zu werden, müſſen ſich
Dichter und Schauſpieler auf halbem Wege entgegenkommen. Shak=
ſpeare hat ſich gewiß in vielen Aeußerlichkeiten nach den Bedürfniſſen
ſeines Theaters gerichtet; würde er weniger für das unſrige thun,
wenn er jetzt lebte? Da er ſo reich an tief liegenden und feinen
Schönheiten iſt, die bei dem ſchnellen Fortgange und unter den un=
vermeidlichen Zerſtreuungen einer öffentlichen Vorſtellung leicht ver=
loren gehn, und, um ganz gefühlt zu werden, die ruhigſte Samm=
lung des einſamen Leſers erfordern, ſo mögen die eigenſinnigen
Leute (worunter ich bekennen muß mit zu gehören), die ihren Dich=
ter durchaus ſo verlangen, wie er iſt, wie ſich Verliebte die Som=
merſproßen ihrer Schönen nicht wollen nehmen laßen, ſich damit
zufrieden ſtellen, daß ihnen der Original=Kober nicht genommen
werden ſoll noch kann.

Die hier vorgeſchlagne Veränderung des Hamlet bloß nach der
Ueberſicht des Plans, wie ihn Wilhelm Meiſter angiebt, beurtheilen
zu wollen, wäre unſtreitig zu voreilig. Was für ſchöne Stellen
dem zu Folge übergangen werden müßen, fällt ſogleich in Augen;
aber um den Gewinn, der aus der Vereinfachung der äußerlichen
Verhältniſſe für den Gang des Stückes zu hoffen iſt, recht einzuſehn,
müßte man die ausgeführte Bearbeitung im Zuſammenhange vor
ſich haben. Und um einzelne neue Schönheiten vorherzuſehen, wo=
durch ſeine Einbuße etwa vergütet werden möchte, müßte man ſelbſt
eine Dichtungskraft beſitzen, die fähig wäre, Shakſpeare zu berei=
chern. Die Reiſemoral, welche Polonius ſeinem Sohn mitgiebt,
erließe man ihm noch wohl. Deſto mehr iſt es Schade um die un=
vergleichliche Scene zwiſchen Polonius und Reynaldo, und doch muß
ſie ohne Gnade fort; denn wenn Laertes nicht ſeiner Ausbildung
wegen auf Reiſen geht, ſondern in königlichen Angelegenheiten ab=
geſandt wird, ſo möchte ſich's nicht ſonderlich paßen, daß ihm der
Vater einen Bedienten nachſchickt, um auf eine pfiffige Weiſe hinter
ſeine wahre Lebensart zu kommen. Auch verliert durch denſelben
Umſtand der Zweikampf einen Beweggrund, der ihn beim Shakſpeare
wahrſcheinlicher macht, ob er gleich immer noch ſonderbar genug
bleibt. In Frankreich, welches Laertes als den Hauptſitz ritterlicher
Vorzüge beſucht, konnte er die Fechtkunſt als einen derſelben auf
eine in Dänemark ſeltne Höhe getrieben haben, und dadurch Hamlets

Wetteifer rege machen: aber auch in Norwegen, einer eroberten
Provinz? Daß der an sich vortreffliche Monolog Hamlets im vierten Aufzuge, wie er die Armee des Fortinbras auf ihrem Zuge nach
Polen gesehen hat, wegfällt, ist vielleicht weniger zu beklagen, da er
im Wesentlichen mit dem, welchen der rauhe Pyrrhus veranlaßt,
übereinkömmt. Verloren geht er dennoch nicht, wenn die Aufschlüße
über Hamlets Charakter, an denen er fast noch reichhaltiger ist als
jener, anderweitig benutzt werden. Den Fortinbras, diesen wackern
jungen Krieger, pflegt man überhaupt bei allen Abänderungen immer am ersten aufzuopfern, und doch wüßt' ich im ganzen Stücke
nichts, was, wenigstens beim Lesen, inniger erschütterte, als seine
feierlich wundervolle Erscheinung auf der Wahlstatt, wo das Schicksal eben seine furchtbaren Entscheidungen vollendet hat. Bleibt sie
weg, so werden Gute und Böse einander auch im Tode gleich gemacht, alle sterben ohne Feierklage, und der einzige überlebende Horatio kann sich als Zeuge jener Begebenheiten nur an unbedeutende
Hörer wenden. Wie groß tritt Fortinbras auf, um dem unglücklichen Edlen im Namen der Nachwelt, deren Ausspruch seine letzte
Bekümmerniß war, zum ersten Male Gerechtigkeit widerfahren zu
laßen. Eine so außerordentliche Verwüstung verlangt einen erhabenen Zuschauer, und nur ein Held ist würdig einer zertrümmerten
Welt (denn mit diesem Eindrucke endigt das Trauerspiel) die letzte
Ehre zu erweisen.

Soll indessen Hamlet unter uns verändert aufgeführt werden,
wie es bisher immer geschehen, und wie er sich's ja auch in England muß gefallen laßen, so ist nichts mehr zu wünschen, als daß
die von Wilhelm Meisters Geschichtschreiber erregte Hoffnung bald
erfüllt werden mag. Eine solche neue Bearbeitung würde durch
ihren Werth alle künftigen überflüßig und durch ihr Ansehen verdächtig machen. Daß Niemand mehr Beruf haben kann, in Shakspeares Sinne zu dichten, als der Schöpfer des Götz von Berlichingen,
des Faust, des Egmont, leuchtet von selbst ein. Schwerlich wird
sich einer der Schriftgelehrten unterstehen, ihn zu fragen: 'aus waser
Macht thust du das?'

Aus ein Paar kleinen Bruchstücken sieht man, daß Wilhelm
Meisters Uebersetzung des Hamlet prosaisch war. Es begreift sich,
daß er vor der Aufführung keine Muße zu einer poetischen hatte;

3 *

und wozu auch, bei einer zunächst für das Theater bestimmten Ar=
beit, da doch unsre meisten Schauspieler nicht gern mit Versen zu
thun haben, weil sie wohl fühlen, daß sie selbige entweder rade=
brechen oder skandieren? Allein bei weitem die meisten Stücke Shak=
speares werden bei uns nicht auf die Bühne gebracht, und man hat
auch keine Hoffnung sie darauf zu sehen. Es bleibt dem Leser über=
laßen, sich mit ihren Schönheiten vertraut zu machen, und diesem
würde vermuthlich eine poetische Uebersetzung nicht unwillkommner
sein, als die prosaische gewesen ist.

Vor mehr als dreißig Jahren wagte sich zuerst ein Schriftsteller,
der wegen der eignen Fruchtbarkeit seines Geistes am wenigsten zum
Uebersetzer bestimmt schien, der aber nachher auch in diesem Fache
für uns klassisch geworden, an die herkulische Arbeit, den größern
Theil der Werke Shakspeares zu verdeutschen. Sie war es damals
noch weit mehr, da man weniger Hülfsmittel zur Kenntniß der eng=
lischen Sprache hatte, und selbst in England noch wenig für die
Erläuterung des oft so schweren, hier und da ganz unverständlichen
Dichters geschehen war. Inteßen wurde dieses Verdienst nicht gleich
gehörig anerkannt, und das war nicht zu verwundern, da auf unsrer
Bühne schale Nachahmungen der Franzosen noch allgemein herrsch=
ten, und auch unsre besten dramatischen Werke ganz nach ihrem
Muster gearbeitet waren. Wer hätte sich's damals einbilden dürfen,
daß so heidnisch regellose, barbarische Stücke, wie man aus einem
dunkeln Gerüchte wußte, daß ein gewisser Engländer, Shakspeare,
geschrieben habe, uns jemals vor die Augen gebracht werden dür=
fen? Lessing, dieser rüstige Feind der Vorurtheile, zeigte zuerst die
tragische Kunst der Franzosen in ihrer Blöße, erhob eine nachdrück=
liche Stimme über Shakspeares Verdienste, und erinnerte die Deut=
schen, weil sie es so bald vergeßen zu haben schienen, sie besitzen
eine Uebersetzung des großen Dichters, woran sie, ungeachtet ihrer
Mängel, noch lange genug würden zu lernen haben, ehe sie noth=
wendig eine beßere haben müßten.*)

Freilich konnte er nicht vorhersehen, was wenige Jahre nachher
geschah, und wofür er selbst durch den Stil seiner dramatischen
Werke, besonders der Emilia Galotti, die Empfänglichkeit seiner

*) In der Hamburg. Dramaturgie. St. 15.

Landsleute hatte wecken helfen. Die Erscheinung des Göy von
Berlichingen stiftete, in Verbindung mit einigen andern Umständen,
eine ganz neue Epoche unsrer Bühne im Guten und Bösen *). Nicht
lange vorher war der einzige Britte mit glühender Beredsamkeit,
die seine Gegner, wo nicht überzeugen, doch hinreißen mußte, gepriesen, und besonders die Wahrheit eingeschärft worden, daß sich
der Regelnkram mobiger Verfeinerung schlechterdings nicht als Maßstab für seine Schöpfungen gebrauchen laße **). Schon neun Jahre
nach Erscheinung der wielandischen Uebersetzung stellte sich das Bedürfniß, nicht eines neuen Abdrucks derselben, sondern einer ver-
beßerten Verdeutschung der sämmtlichen Werke Shakspeares ein. Da
Wieland selbst diese Arbeit nicht übernehmen konnte, fiel sie glücklicher Weise einem unsrer gelehrtesten und geschmackvollsten Litteratoren in die Hände, der mit gründlicher Sprachkunde, seltnem Scharfsinn im Auslegen, und beharrlicher Sorgfalt, der Uebersetzung ertheilte
was ihr bisher noch gefehlt, nämlich Vollständigkeit im Ganzen und
Genauigkeit im Einzelnen. Jetzt wurde auch mehreren Schauspielen
Shakspeares eine öffentlichere Huldigung geleistet; von der Bühne
herab bemächtigten sie sich der Gemüther, und ließen unauslöschliche
Eindrücke zurück. Unsre größten Schauspieler fanden hier freien
Spielraum für Talente, die sie sonst nicht so glänzend hätten entwickeln können ***). Er wurde immer mehr einheimisch unter uns.

---

*) Im Bösen, versteht sich, ganz ohne Shakspeares und Goethens
Schuld. Man hat behauptet, durch Hintansetzung der konventionellen
Regeln sei es leichter geworden, schlechte Schauspiele zu schreiben. Nicht
doch! es ist von jeher sehr leicht gewesen. Es ist wahr, mancherlei dramatische Mißgeburten unsrer Tage kannte man in jener früheren Periode
nicht: dagegen gab es in Menge mittelmäßige Stücke nach dem alten
Zuschnitt, die nun vergeßen sind. Die heutigen sind unvernünftiger;
diese waren dagegen noch langweiliger und frostiger. Bei gänzlichem
Unwerth des Gehalts werden alle Formen gleichgültig. Nicht durch
Zurückführung auf die gepriesenen, verrufnen, angefochtnen, behaupteten,
in den Staub getretnen, vergötterten drei Einheiten des Aristoteles stände
manchen wüsten Ritterspielen, rußischen Familiengemälden u. s. w. zu
helfen: unter alle möglichen Einheiten, auf Null sollte man sie herabsetzen.
  **) In den fliegenden Blättern 'von deutscher Art und Kunst'.
  ***) Nicht ohne eine schmerzliche Empfindung erinnre ich mich Schrö-
ders in den Rollen des Shylock, Hamlet, Lear, eben in dem Zeitpunkte,
da er, wie man versichert, sich dem Publikum entziehen will.

Auch Laien in der ausländischen Litteratur lernten seinen Namen mit Ehrerbietung aussprechen, und man darf kühnlich behaupten, daß er nächst den Engländern keinem Volke so eigenthümlich ange= hört, wie den Deutschen, weil er von keinem im Original und in der Kopie so viel gelesen, so tief studiert, so warm ge= liebt, und so einsichtsvoll bewundert wird. Und dieß ist nicht etwa eine vorübergehende Mode; es ist nicht, daß wir uns auch einmal zu dieser Form dramatischer Poesie bequemt hätten, wie wir immer vor andern Nationen geneigt und fertig sind, uns in fremde Denkarten und Sitten zu fügen. Nein, er ist uns nicht fremd: wir brauchen keinen Schritt aus unserm Charakter herauszugehn, um ihn 'ganz unser' nennen zu dürfen. Die Sonne kann zuweilen durch Nebel, der Genius durch Vorurtheile verdunkelt werden; aber bis etwa aller Sinn für Einfalt und Wahrheit unter uns ausstirbt, werden wir immer mit Liebe zu ihm zurückkehren. Was er sich hie und da erlaubt, findet bei uns am leichtesten Nachsicht, weil uns eine gewisse gezierte Aengstlichkeit doch nicht natürlich ist, wenn wir sie uns auch anschwatzen laßen; die Ausschweifungen seiner Phan= tasie und seines Gefühls (giebt es anders dergleichen) sind gerade die, denen wir selbst am meisten ausgesetzt sind, und seine eigen= thümlichen Tugenden gelten einem edlen Deutschen unter allen am höchsten. Ich meine damit sowohl die Tugenden des Dichters als des Menschen, in so fern sich dieser in jenem offenbaren kann; in Shakspeare ist beides auf das innigste verbunden: er dichtete wie er war. In Allem, was aus seiner Seele gefloßen*), lebt und spricht altväterliche Treuherzigkeit, männliche Gediegenheit, bescheidne Größe, unverlierbare heilige Unschuld, göttliche Milde.

His life was gentle, and the elements
So mix'd in him, that nature might stand up
And say to all the world: this is a man!

*) Auch in seinen nicht dramatischen Gedichten, vorzüglich seinen Sonetten, die so vernachläßigt worden, daß unter allen Herausgebern seiner Werke zuerst Steevens und Malone es der Mühe werth gehal= ten, ihrer, und jener noch dazu sehr ungünstig, Erwähnung zu thun. Sie athmen kindliche Gefühle eines Mannes, selbst da, wo der tändelnde Witz eines Kindes ihren Ausdruck verfälscht. Sie haben schon deswe= gen einen Werth, weil sie von einer nicht erdichteten Freundschaft und Liebe eingegeben scheinen, da wir so gar wenig von den Lebensumstän= den des Dichters wißen.

Doch zu so herrlichen Schätzen ist die englische Sprache der einzige Schlüßel; zwar nicht ein goldner, wie Gibbon mit Recht die griechische Sprache nennt, doch wenn schon aus mehr gemischtem, gewiß aus eben so edlem Metall, als die unsrige. Wie sehr sich auch die Kenntniß derselben in Deutschland verbreitet hat, so ist sie doch selten genug in dem Grade, der erfordert wird, um von der Menge der Schwierigkeiten nicht beständig im Genuße unterbrochen, oder gar von der Lesung des Dichters abgeschreckt zu werden. Wie Wenige giebt es wohl unter denen, welche ihn im Ganzen (d. h. die Stellen ausgenommen, wo die Engländer selbst eines Kommentars bedürfen, weil die Wörter veraltet, die Anspielungen unbekannt, oder die Lesarten verderbt sind) ohne Anstoß lesen können, denen alle die feineren Schönheiten, die zarten Abschattungen des Ausdrucks, worauf die Harmonie eines poetischen Gemäldes beruht, so fühlbar und geläufig wären, wie in ihrer Muttersprache! Wie Wenige, die es in der englischen Aussprache zu der Fertigkeit gebracht hätten, die dazu gehört, sich den Dichter mit dem gehörigen Nachdruck und Wohlklang vorzulesen! Und dennoch erhöht dieß immer die Wirkung beträchtlich, denn die Poesie ist einmal keine stumme Kunst. Solche Leser Shakspeares, bei denen alles Obige zutrifft, möchten sich's denn doch wohl der Abwechselung wegen gefallen laßen, zuweilen auf vaterländischem Boden im Schatten seiner Dichtungen auszuruhen, wenn sie sich nur ohne zu beträchtlichen Verlust an ihrem schönen Blätterschmuck dahin verpflanzen ließen. Wäre also eine Uebersetzung derselben nicht eine sehr wünschenswerthe Sache? 'Wir haben ja schon eine, und zwar eine vollständige, richtige, gute'. Ganz recht! so viel mußten wir auch haben, um noch mehr begehren zu können. Nach der Befriedigung des Bedürfnisses thut sich der Hang zum Wohlleben hervor; jetzt ist das Beste in diesem Fache nicht mehr zu gut für uns. Soll und kann Shakspeare nur in Prosa übersetzt werden, so müßte es allerdings bei den bisherigen Bemühungen so ziemlich sein Bewenden haben. Allein er ist ein Dichter, auch in der Bedeutung, da man diesen Namen an den Gebrauch des Silbenmaßes knüpft. Wenn es nun möglich wäre, ihn treu und zugleich poetisch nachzubilden, Schritt vor Schritt dem Buchstaben des Sinnes zu folgen, und doch einen Theil der unzähligen, unbeschreiblichen Schönheiten, die nicht im

Buchstaben liegen, die wie ein geistiger Hauch über ihm schweben, zu erhaschen! Es gilt einen Versuch. Bildsamkeit ist der ausgezeichnetste Vorzug unsrer Sprache, und sie hat in dieser Art schon vieles geleistet, was andern Sprachen mißglückt oder weniger gelungen ist: man muß an nichts verzweifeln.

Wir sind jedoch an prosaische Dramen aller Art, von der Posse bis zum heroischen Trauerspiel, so sehr gewöhnt, daß Mancher hiebei denken möchte, Shakspeare sei ja ein dramatischer Dichter; an seinen Versen, als solchen, könne daher nicht viel gelegen sein. Es komme auf die Handlung, die Charaktere, die Reden der Personen an, und der Uebersetzer, der ihn in Prosa überträgt, nehme ihm höchstens einen entbehrlichen, zufälligen Zierrat, befreie ihn wohl gar von einem wahren Fehler. Wie sehr würde er sich irren! Doch um dieß einleuchtend zu beweisen, muß ich tiefer in Shakspeares eigenthümliche Form der Darstellung eingehn.

'Die Nataks oder indischen Schauspiele', sagt der berühmte Sir William Jones in seiner Vorrede zur Sakontala, 'sind durchgehends in Versen, wo der Dialog einen höheren Schwung nimmt, und in Prosa, wo er sich zur gewöhnlichen Unterredung herabläßt. Den Vornehmen und Gelehrten wird das reine Sanskrit in den Mund gelegt, die Weiber hingegen sprechen Prakrit, welches nicht viel anders ist, als die Bramensprache durch eine weichere Aussprache bis zur Zartheit des italiänischen verschmelzt, und die geringen Leute den Dialekt der Provinz, die sie jedesmal nach der Voraussetzung bewohnen'. Dieß ist schon an sich merkwürdig genug: es ließe sich eine Abhandlung von Schlußfolgen darüber schreiben, welchen Grad der Bildung es bei den Hindus in dem Zeitpunkte voraussetzt, da jene Schauspiele geschrieben wurden. Aber ungemein merkwürdig wird es, wenn man einen Blick der Vergleichung auf unsern Dichter wirft. Eine so auffallende, genaue Uebereinstimmung in einem ganz besondern Punkte zwischen zwei Dichtern, die durch ein Paar Jahrtausende, durch ganze Welttheile, durch den größten möglichen Abstand des Klimas, des Nationalgeistes, der Sitten und Sprachen, von einander geschieden werden! Man wird wohl annehmen müssen, daß sie nicht durch ein blindes Spiel der Willkür zusammentreffen, sondern daß beide aus einer gemeinschaftlichen Quelle geschöpft haben, die in allen Zonen und Zeitaltern fließt, wenn menschliche Verkehrtheit sie nicht verstopft. Zu argwöhnen, Sir William Jones habe seinen Landsleuten durch eine vorgegebne Aehnlichkeit mit ihrem Lieblingsdichter zu schmeicheln, oder jenem mehr Eingang zu verschaffen gesucht, wäre ohne weitere Gründe ungerecht gegen den großen verdienten Kenner des Morgenlandes, besonders da er gar keine solche Anwendung davon macht; und wider die Aechtheit der Sakontala möchte es schwer halten, Zweifel aufzutreiben.

Shakspeares Schauspiele insgesammt, gleichviel, ob sie Tragödien, Komödien oder Historien heißen, (denn, wie bekannt, gehören sie alle eigentlich zu einer einzigen Hauptgattung) sind aus Poesie und Prosa, aus dem vertraulichen Ton des Umgangs und einem edleren Gange der Rede gemischt. Nur wenige sind fast ganz in Prosa geschrieben, in den mehrsten überwiegt um ein Großes der poetische Theil. In diesem ist der fünffüßige reimlose Jambe die herrschende Versart; aber häufig sind am Schluße der Scenen und Aufzüge einige gereimte Zeilen in demselben Silbenmaße angebracht, in verschiednen Stücken sind auch sonst Reime eingestreut, oder ganze Scenen darin gearbeitet. Außerdem kommen Lieder vor, wo es die Gelegenheit giebt, und zwar gewöhnlich nicht als episodische Ergötzlichkeit, sondern sie sind in das Gespräch, ja in die Handlungen selbst mit eingewebt. Ob es gleich in England keine zwei völlig abgesonderten Sprachen der Vornehmen und Geringen, kein Sanskrit und Prakrit giebt, so weicht doch Shakspeares poetische Sprache von seiner prosaischen durch die Wahl, Zusammensetzung, Anordnung und Bindung der Worte vielleicht eben so weit ab, als jene indischen Dialekte von einander. Aber der Gebrauch der einen oder der andern hängt bei ihm nicht so sehr am Stande, als am Charakter und dem Gemüthsstimmungen der redenden Personen. Freilich paßt sich das Edle und Auserlesene nur zu einer gewissen Anständigkeit der Sitten, die sowohl Laster als Tugenden überkleidet, und auch unter heftigen Leidenschaften nicht ganz verschwindet. Wie nun diese den höheren Ständen, wenn gleich nicht ausschließend, doch natürlicher Weise mehr eigen ist, als den geringen, so ist auch bei Shakspeare Würde und Vertraulichkeit der Rede, Poesie und Prosa, auf eben die Art unter die Personen vertheilt. Daher sprechen seine gemeinen Bürger, Bauern, Soldaten, Matrosen, Bedien-

ten, hauptsächlich aber seine Narren und Poßenreißer fast ohne Aus=
nahme im Tone ihres wirklichen Lebens. Indessen offenbart sich
innre Würde der Gesinnungen, wo sie sich immer finden mag, durch
einen gewissen äußern Anstand, ohne daß es dazu durch Erziehung
und Gewohnheit angekünstelter Zierlichkeiten bedürfte; jene ist ein
allgemeines Recht der Menschen, der niedrigsten wie der höchsten:
und so gilt bei Shakspeare die Rangordnung der Natur und der
Sittlichkeit hierin mehr wie die bürgerliche. Auch läßt er nicht
selten dieselben Personen zu verschiednen Zeiten die erhabenste, und
dann wieder die gemeinste Sprache führen, und diese Ungleich=
heit ist ebenfalls in der Wahrheit gegründet. Außerordentliche
Lagen, die den Kopf lebhaft beschäftigen und mächtige Leiden=
schaften ins Spiel setzen, heben und spannen die Seele: sie rafft
alle ihre Kräfte zusammen, und zeigt, wie in ihrem ganzen Wirken,
so auch in der Mittheilung durch Worte einen ungewöhnlichen Nach=
druck. Hingegen giebt es selbst für den größten Menschen Augen=
blicke des Nachlaßens, wo er die Würde seines Charakters bis auf
einen gewissen Grad in sorgloser Ungebundenheit vergißt. Um sich
an den Scherzen Andrer zu belustigen, oder selbst zu scherzen, was
keinen Helden entehrt, ist sogar diese Stimmung nöthig. Man gehe
zum Beispiel die Rolle Hamlets durch. Welche kühne, kräftige Poesie
spricht er, wenn er den Geist seines Vaters beschwört, sich selbst zu
der blutigen That anspornt, seiner Mutter in die Seele donnert!
Und wie steigt er in seinem Tone in das gemeine Leben hinab,
wenn er sich wahnsinnig stellt, oder es mit Personen zu thun hat,
mit denen er nach ihrer Würdigkeit nicht anders umgehen kann:
wenn er den Polonius und die Höflinge zum Besten hat, die Schau=
spieler unterrichtet und sich auf die Späße des Todtengräbers ein=
läßt. Unter allen ernsten Hauptcharakteren des Dichters ist keiner
so reich, wie Hamlet, an Witz und Laune, denen er sich mitten in
seiner Schwermuth überläßt; darum bedient er sich auch unter
allen am meisten des vertraulichen Stils. Andre verfallen gar nicht
darein, entweder weil der Pomp des Ranges sie beständig umgiebt,
oder weil ein gleichförmiger Ernst ihnen natürlich ist, oder endlich
weil eine Leidenschaft, nicht von der niederdrückenden Art, wie Ham=
lets Kummer, sondern eine erweckende Leidenschaft sie das ganze
Stück hindurch beherrscht. So feine Unterscheidungen findet man

in diesem Punkte überall von Shakspeare beobachtet; ja ich möchte
behaupten, wo er eine Person in derselben Rede aus Prosa in Poesie,
oder umgekehrt, übergehen läßt, würde man dieß nicht ohne Gefahr,
ihm zu schaden, ändern können. Nicht als ob er immer dabei mit
besonnener Ueberlegung verfahren wäre; vermuthlich vertrat ein
fast untrüglicher Instinkt des Schicklichen auch hier die Stelle der
Kunst.

Die Rücksichten oder Leitungen des Gefühls, wornach er sich
beim Gebrauch des Reimes richtete, lassen sich nicht ganz so bestimmt
angeben. Man sieht wohl, daß er sinnreiche Sprüche ganz in Reime
kleidet, besonders wo sie symmetrisch neben oder gegen einander gestellt sind: dieß ist nicht selten der Fall am Schluße der Scenen,
der zuweilen eine epigrammatische Wendung nimmt, so daß gleichsam das Resultat des Vorhergegangenen in einige Zeilen zusammengedrängt wird. Fortgehend gereimt findet man andre Stellen,
wo Feierlichkeit und theatralischer Pomp passend ist, wie die sogenannte Maske im Sturm, und das Schauspiel, das im Hamlet aufgeführt wird. Räumte er deswegen vielleicht an einigen Stücken,
am Sommernachtstraum, an Romeo und Julia, dem Reime einen
bedeutenden Antheil ein, weil ihr Stoff vorzüglich viel Anläße zu
gefälligen Spielen der Phantasie darbot? Es mag immer sein, daß
er mitunter auch aus keinem andern Grunde in Reimen gedichtet,
als weil er grade Lust daran fand. Denn, daß er den Reim geliebt, erhellet theils aus seiner Fruchtbarkeit an Sonetten, theils
aus mehreren seiner Lieder, worin er mit diesem dichterischen Wie-
derhall gar künstlich und artig tändelt. Man hat bemerkt, daß in
seinen spätern dramatischen Arbeiten wenige gereimte Stellen ange-
troffen werden, und bei der Untersuchung über ihre muthmaßliche
Zeitfolge dieß sogar zu einem Merkmale gemacht. Aber würde jene
Bemerkung auch durchgängig bestätigt, (und sie leidet ihre Ausnahmen: 'Was ihr wollt', das letzte Stück Shakspeares nach Malones
eigner Angabe, gewiß eines seiner reifsten, enthält unter den Versen
ziemlich viel Reime, ob es gleich großentheils in Prosa geschrieben
ist) so folgt daraus noch nicht, daß er seinen jugendlichen Geschmack
in der Folge verworfen. Er konnte ja auch im höheren Alter die
Biegsamkeit der Einbildungskraft, und den Reichthum an Wendungen verloren haben, welcher dazu gehört, um mit Leichtigkeit zu

reimen. Dem sei wie ihm wolle, so ist es offenbar, daß die Ver=
schiedenheit der metrischen Bearbeitung sehr wesentlich auf den In=
halt zurückgewirkt. Seine gereimten Jamben sind seinen reimlosen
nicht nur im Ton und Gange unähnlich, sie haben auch eine ganz
andre Farbe des Ausdrucks, und sind, so zu sagen, in einer andern
Gegend der Bilder und poetischen Figuren zu Hause.

Allein macht eine so bunte Vermischung verschiedner Stile nicht
einen häßlichen Uebelstand? Wohl mehr für das Auge, das diese Un=
gleichheiten neben einander sieht, mit dem wir aber hier nichts zu
schaffen haben, als für das Ohr, das sie nach einander vernimmt.
Ueberhaupt möchten sie den mehr beleidigen, der gewohnt ist, die
Alexandriner des französisch modernen Trauerspiels alle von glei=
chem Maß, und mit gleichem Tritt auf ihre Parade ziehen zu sehn,
als den Leser der griechischen Tragödien, wo nicht nur lyrischer Ge=
sang das Gespräch unterbricht, sondern auch zu diesem, außer den
Jamben, anapästische und trochäische Versarten gebraucht werden;
ja, wo zuweilen eine Person in derselben Rede aus Jamben in ly=
rischen Gesang übergeht. Indessen bleibt der Stil in allen ver=
schiednen Silbenmaßen immer edel und poetisch, und dieß mußte
auch so sein. Auf schöne Einfachheit und harmonisches Ebenmaß
war im griechischen Heldendrama Alles gerichtet. Der Charakter
der einzelnen Personen mußte sich unter den allgemeinen, erhöhten
Charakter einer Darstellung fügen, welche den Zuschauer durchaus
in eine vergötterte Vorwelt versetzen sollte: auch der Bote, der
Diener, die Magd oder Wärterin, trugen von der Würde des vor=
gestellten Mythus, wozu sie mit gehörten, ihr bescheidenes Theil
davon. Shakspeares Theaterwelt ist eben so gränzenlos mannich=
faltig, als die wirkliche nach seinen Ansichten; er schloß nichts davon
aus, was irgend in der menschlichen Natur und in der bürgerlichen
Gesellschaft stattfand. Wie hätte er sich nun dabei auf einen
einzigen, gleichförmigen Stil der Darstellung beschränken können?
Die Natur der Sache bewahrte ihn vor einer solchen Abgeschmackt=
heit, denn sobald er es versuchte, mußten seine Dramen aufhören
zu sein was sie sind; und aus höchst interessanten wären nicht
schöne, sondern gleichgültige Gedichte geworden. Jede seiner Per=
sonen hatte gleiche Rechte auf die Behauptung ihrer Eigenthüm=
lichkeit: nach wessen Weise hätte sie also reden sollen, wenn ihr

verboten worden wäre, es nach ihrer eignen zu thun? Wir haben
die Wahl, ob wir uns, was nur eine kleine Angewöhnung erfordert, zu dem äußern, ich darf sagen, nur scheinbaren Mißverhältniß
des häufigen und schnellen Wechsels der Stile bequemen, oder die
ganze dramatische Gattung verwerfen wollen, welche ohne jene Ver-
günstigung nicht bestehen kann, sie aber auch mit unendlichen Vorzügen bezahlt. Ich darf Leser voraussetzen, die sich darüber schon
auf eine oder die andre Art entschieden haben: es würde mich daher nur von meinem Zwecke abführen, die so oft unternommenen
Rechtfertigungen Shakspeares wegen seiner Verknüpfung komischer
und tragischer Theile zum Ganzen Einer Handlung von neuem vorzutragen.

'Gut', könnte man sagen, 'wenn er uns denn schlechterdings in
so geringe Gesellschaft führen wollte, so mußte er auch seinen Ton
darnach stimmen. Wir verlangen keine tragische Würde: aber was
verhinderte ihn, eine Gleichförmigkeit der entgegengesetzten Art zu
beobachten? Warum legt er den höchsten Charaktern nicht Prosa,
zwar edlere, aber doch schlichte Prosa in den Mund, so gut wie den
gemeinsten? Wir wollen auf der Bühne natürliche, wirkliche Menschen auf das täuschendste nachgeahmt sehen. Man rühmt von
Shakspeares Menschen, daß sie das sind, und doch wißen wir wohl,
Niemand spricht in Versen. Ein wohlklingendes Silbenmaß, eine
gewählte poetische Sprache sind schön: aber darf das Wahre, worauf
doch allein die Theilnahme an einem Schauspiele sich gründet, dem
Schönen aufgeopfert werden?' Diese Einwendungen, welche dem gesunden Urtheile, wenn es nicht recht in das Wesen der Poesie eingedrungen ist, so nahe liegen, laßen sich nicht wohl ohne weitere
Umstände mit einer bloßen Berufung auf das Beispiel der Alten,
und mancher vortrefflichen Neuern abfertigen, da in den neuesten
Zeiten einsichtsvolle Kenner sie durch Lehre und Beispiel unterstützt
haben *). Das Ansehen der Alten soll nichts mehr gelten als die
Gründe, welche sie selbst bei dem oder jenem Verfahren für sich

---

*) Diderot, Lessing (dieser doch nicht unbedingt, wie sein Nathan
beweist), und am ausführlichsten Engel in seiner vortrefflichen Mimik,
gegen dessen Gründe ich mir vorbehalte, meine Einwürfe bei einer andern Gelegenheit vorzutragen.

haften, und man könnte ihm hier mit aller Ehrerbietung ausweichen, wenn man sagte, der Gebrauch des Silbenmaßes sei bei ihnen mehr eine Sache der Nothwendigkeit als der Wahl gewesen, wie schon dadurch wahrscheinlich werde, daß sie es von allen Gattungen vom Trauerspiele des Aeschylus an bis zur neuern Komödie, ja bis zu den Mimen des Syrus und Laberius herunter, durchgängig ange= bracht. Wenn die Stimme des Schauspielers auf ihren großen Thea= tern nicht ungehört verhallen sollte, so mußte sie sich zur musikali= schen Recitation erheben, und diese setzte einen regelmäßigen Rhyth= mus voraus. In der That loben auch alte Schriftsteller den Jam= bus, als den für's Theater paßenden Vers, wegen seiner akustischen Eigenschaft *). Um also die obigen Zweifel gründlich zu lösen, müßen wir uns an das Wesen des Dialogs, und den Grundsatz der Nachahmung selbst nach seinem gültigen Sinne und seinen Ein= schränkungen wenden.

Ueber den dramatischen Dialog.   1796 **).

Menschen will man auf dem Theater sehn und hören, wirkliche Menschen, und sie sollen so genau nachgemacht sein, daß man sie durch keinen einzigen Zug von den andern au= ßerhalb des Theaters unterscheiden könne. Nichts weiter? Das ließe sich wohlfeiler haben, sollte man denken. Auf Straßen und Märkten begegnen einem ja wirkliche Menschen zu ganzen Haufen, man kann ihnen fast nirgends aus dem Wege gehen: und doch hält man sie für etwas so Seltenes und Sehenswürdiges, daß man ein eigenes Gebäude errich= tet, ein Gerüst erleuchtet, viele mühsame Anstalten macht,

---

*) Horat. Art. poet. v. 81. — Populares Vincentem strepitus.

**) [Unter dieser Ueberschrift ist das Folgende bis zu der An= wendung der Theorie auf Shakspeare („Wie viel anders Shakspeare!") vom Verf. selbst in die Krit. Schr. Bd. 1. S. 365...379 aufge= nommen und S. 380...386 mit dem am Schluße dieser Abhandlung folgenden Zusatze 1827 versehen worden.]

um etwa ein Dutzend von ihnen vor einer Versammlung,
die aus eben dergleichen besteht, zur Schau zu stellen!
Wahrlich, man möchte auf den Verdacht kommen, es wider=
fahre bloß deswegen einigen wirklichen Menschen so unver=
verdiente Auszeichnung, um den übrigen einen hohen Begriff
von ihrer eigenen Wichtigkeit zu geben. — 'Nein, so ist es
nicht gemeint: man muß merkwürdige oder unterhaltende
Eigenschaften haben, wenn man dieser Ehre würdig geachtet
werden soll.' — Das wäre denn doch ein Umstand, der die
theatralischen Personen stark von den wirklichen, wie sie so
gewöhnlich sind, unterscheiden würde. Denn jeder gesteht
gern ein, mit der gehörigen Ausnahme für sich selbst, daß er
sie, im Ganzen genommen, weder sehr merkwürdig, noch sehr
unterhaltend findet. Aber auch Menschen, die eins oder das
andre in hohem Grade sind, stellen sich doch nicht in ihrem
ganzen Lebenslaufe so dar: es giebt Augenblicke, ja beträcht=
liche Zeiten, wo der merkwürdige Mann in seinem Thun
ganz alltäglich scheint, und der unterhaltende Kopf zur Lang=
weiligkeit herabsinkt. Oft entwickeln sich erst nach einem
fortgesetzten Umgange die am meisten charakteristischen Eigen=
schaften eines Menschen vollständig und entschieden.

Mit den Personen auf der Bühne muß unsre Bekannt=
schaft in ein Paar kurzen Stunden gestiftet werden, und
ihren höchsten Punkt erreichen. Dazu ist es nun erforderlich,
daß sie in mancherlei, und zwar in solche Lagen versetzt
werden, die am geschicktesten sind, das Wesen ihres Charak=
ters in ein helles Licht zu stellen. Wir erlauben dem Dichter
daher (und müßen es, wenn wir nicht selbst unsre Absichten
durch die Bedingungen, denen wir ihre Ausführung unter=
werfen, vereiteln wollen) eine Verwickelung, eine Anordnung
der Ereignisse zu erfinden, die dergleichen am besten herbei=

führt, ob wir schon sehr gut wißen, daß im wirklichen Leben
interessante Lagen nie oder fast nie so gedrängt, und von
gleichgültigen nicht unterbrochen, auf einander folgen. Aber
Lagen sind nur das entferntere Mittel, Menschen kennen zu
lernen: zunächst kommt es dabei auf ihr eignes Benehmen
an, auf ihre Geberden, Reden und Handlungen. Die Ge=
berden sind die Sache des Schauspielers, nicht des Dichters;
schon deswegen nicht, weil ihre schriftliche Bezeichnung bei
den gröberen Merkmalen stehen bleiben muß, und von dem
feineren Seelenvollen nur dem eine Vorstellung zu geben
vermag, der sie schon hat. Der Dichter darf höchstens einige
Anweisungen für jenen einstreuen: eine Rolle wäre unvoll=
kommen ausgeführt, wenn ein guter Schauspieler aus den
Reden und Handlungen nicht hinlänglich einsehen könnte,
wie er sie zu spielen hat *). Worte werden häufig den Tha=
ten entgegengesetzt, und in einem gewissen Sinne mit Recht:
in so fern sie nämlich Richtungen der Willenskraft ankündi=
gen, die entweder gar nicht vorhanden sind, oder doch ohne
weitere Wirkungen bleiben. Aber Worte können auch Tha=
ten sein; die größten Dinge wurden nicht selten bloß durch
Worte verrichtet. So wenig in einem Schauspiel müßige

---

*) Die ausführlichen theatralischen Anweisungen kommen her=
aus wie ein Wechsel, welchen der Dichter auf den Schauspieler stellt,
weil er selbst nicht zahlen will oder kann. Diderot brachte sie zu=
erst auf: er war dabei noch einigermaßen zu entschuldigen, weil er
von den Schauspielern ein ganz andres, weit ungezwungneres Spiel
forderte, als das, woran sie gewöhnt waren. Beaumarchais hat
es nachgeahmt, Schiller ist nicht frei davon geblieben, und bei un=
sern beliebten Dramatikern gieng es bis zum Lächerlichen. Ich er=
innere mich in einem pathetischen Schauspiele gelesen zu haben:
'Er blitzt ihn mit den Augen an, und geht ab'.

Anm. z. n. Abbruck. 1827.

Reden gebuldet werden dürfen, die selbst nicht Handlung
sind, und die Handlung weder fördern noch aufhalten: so
wird auf der andern Seite großentheils nur redend gehandelt; und das muß so sein, weil wir die sittlichen Verhäl-
nisse der Personen zu einander, worauf uns Alles ankommt,
allein vermittelst gegenseitiger Mittheilungen ihrer Gedanken,
Absichten, Gesinnungen einsehen können. Müßen auch Handlungen vorgestellt werden, die nicht bloß in dergleichen bestehen, so erhalten sie gleichwohl erst durch die vorherge-
gangnen oder begleitenden Reden ihren dramatischen Werth:
denn nur diese können uns Aufschlüße über die Triebfedern
geben, woraus sie entsprungen sind.

Am Ende muß also doch die ganze Darstellung der
Charaktere bloß durch den Dialog bewerkstelligt werden:
alles was mittelbar dazu helfen kann, bleibt ohne Anwendung, wenn der Dichter es nicht in Dialog zu verwandeln
weiß. Muß ihm also nicht bei Benutzung des einzigen Mittels zu einem so großen und schwierigen Zwecke eine ähnliche
Freiheit verstattet werden, wie bei der Anlegung des Plans?
Darf er nicht, wenn er nur das Wesen des Dialogs schont,
die zufälligen Beschaffenheiten so einrichten, wie es ihm am
vortheilhaftesten dünkt? Darf er dabei nicht, nach dem allgemeinen, nie bestrittenen Vorrechte der Dichtkunst, über die Wirklichkeit hinausgehen, wenn seine Erdichtungen nur in den
Gränzen der Wahrscheinlichkeit bleiben? Die Verneinung dieser
Fragen möchte aller dramatischen Kunst ein Ende machen.

Zum Wesen des Dialogs gehört zweierlei: augenblickliche Entstehung der Reden in den Gemüthern der Sprechenden, und Abhängigkeit *) der Wechselreden von einander, so

***

*) derselben von 1796.

daß sie eine Reihe von Wirkungen und Gegenwirkungen ausmachen. Das erste ist in dem letzten gewissermaßen mit enthalten: denn soll meine *) Antwort ganz so beschaffen sein,
wie die Rede des Andern sie in mir veranlaßen muß, so
kann ich sie nicht bestimmt zuvor ausgesonnen haben, weil
ich höchstens nur **) muthmaße, was er sagen wird. Alles
Uebrige ist beim Dialog zufällig: die Zahl der Personen,
die Länge der Reden, u. s. w. Sogar ein Monolog kann
in hohem Grade dialogisch sein, und er sollte in einem
Schauspiele nie etwas anders scheinen, als was man im gemeinen Leben nennt: 'sich mit sich selbst besprechen'. Dabei
findet nicht bloß augenblickliche Eingebung statt, sondern auch
eine Art von Wirkung und Gegenwirkung, indem man sich
gleichsam in zwei Personen theilt. ***) Was die Länge betrifft, so haben wir Dramen, deren Verfaßer zu glauben
scheinen, die Lebhaftigkeit des Dialogs bestehe darin, daß
ihre Personen immer nur drei Worte hinter einander sagen,
und sich gegenseitig fast nicht zu Worte kommen laßen; da
doch im wirklichen Leben schwerlich ein bedeutendes Gespräch
in solchen Brocken zum Vorschein kommt, und das letzte unter gesitteten Leuten gar nicht hergebracht ist.

    Man kann den Dialog in zwei verschiednen Bedeutun-
gen vollkommen oder unvollkommen nennen: nämlich insbesondere als Dialog; dann in allgemeiner Hinsicht nach seinem
Gehalt und Ausdruck. Mit Unvollkommenheiten der einen
und der andern Art ist er im gemeinen Umgange oft reichlich
genug ausgesteuert, um Verdruß und Langeweile zu erregen.
Billig entfernt daher der Dichter alle solche, die nicht aus

---

*) Rede 1796.   **) ungefähr muthm. 1796.   ***) Man
erinnere sich an die berühmte Monologe Hamlets. 1796.

den Charaktern und Lagen der Personen entspringen. Zufällig begegnet es wohl jedem Menschen, daß er nur mit halbem Ohre hört, und mit halber Besinnung antwortet; daß er sich wiederholen laßen muß, was der Andere gesagt, weil er es nicht begriffen; daß er immer auf dasselbe zurückkommt, ohne auf die Gründe des Andern zu achten; aber nur an dem Zerstreuten, dem langsamen Kopfe, dem Hartnäckigen ist es charakteristisch. Sobald dialogische Unvollkommenheiten dieses sind, kann man sie nicht von der dramatischen Darstellung ausschließen; sie dürfen sogar Hauptgegenstand derselben werden *). Eben dieß gilt von den Mängeln der Reden, für sich, außer dem Zusammenhange des Gesprächs betrachtet. Dagegen darf der Dichter den Reden alle Vorzüge verleihen, welche den Charaktern und Lagen der Personen nicht widersprechen, und er wird dadurch unsere Lust unfehlbar erhöhen. Finden wir wohl jemals im wirklichen Leben, wenn sich nicht Eigenliebe in's Spiel mischt, daß jemand zu treffend, zu lebhaft, zu witzig, zu **) anschaulich, zu seelenvoll spricht? Nur müßen wir ja keine Spuren von Vorbereitung entdecken, die augenblickliche Eingebung muß immer die Muse des Gesprächs bleiben. Sonst sagen wir, er rede wie ein Buch, und die vortrefflichsten Dinge, die er vorbringt, können uns keine gesellschaftliche Unterhaltung mehr gewähren. Einen solchen Dialog verwerfen wir, nicht als ob er allzu ***) vollkommen wäre, sondern weil es gar kein Dialog ist.

---

*) So hat man ein artiges Nachspiel, le Babillard. Aber von französischen Schauspielern muß man es aufführen sehen: hier sind sie in ihrem Fache!

) darstellend 1796.   *) unvollkommen wäre, sondern weil es eigentlich gar 1796.

Die Anwendung dieser letzten Bemerkung auf die dra=
matische Kunst macht sich von selbst. Nun fragt sich's nur:
kann Poesie des Stils die Vollkommenheit des Dialogs *) in
seiner besondern Eigenschaft vermehren, oder hebt sie viel=
mehr sein Wesen unvermeiblich auf? Es ist ein grobes aber
gewöhnliches Mißverständniß, das Geschmückte und Redne=
rische mit dem wahrhaft Poetischen für **) einerlei zu halten:
leider wird es durch so viele angebliche Gedichte bestätigt,
wo man statt dichterischer Kunst mit rhetorischen Künsten
abgefunden wird. Nur die anschaulichste Bezeichnung der
Vorstellungen, der innigste Ausdruck der Empfindungen heißt
mit Recht poetisch, und dieß ist unsrer Natur so wenig fremd,
daß man es vielmehr in den unvorbereiteten Reden von
Menschen ohne Bildung und Unterricht, wenn ihre Einbil=
bungskraft erhitzt, oder ihr Herz bewegt ist, oft am auffal=
lendsten wahrnimmt. Aechte Poesie des Stils ist daher
nichts anders, als die unmittelbarste, natürlichste Sprache,
die wir nämlich reden würden, wenn unsre Natur sich im=
mer, von zufälligen Einschränkungen befreit, in ihrer ganzen
Kraft und Fülle offenbarte; sie ist mehr die Sprache der
Seelen als der Zungen. Hieraus folgt, daß der Gebrauch
einer solchen Sprache den Dialog, in so fern er eine Reihe
von Wechselwirkungen ist, allerdings vollkommener machen
kann. Je geschickter das Werkzeug der Mittheilung ist, Ge=
danken und Gefühle nicht bloß so ungefähr nach ihrem Stoff
und ihrer allgemeinen Beschaffenheit anzudeuten, sondern ihre
besonderste, eigenthümlichste ***) Gestalt darzustellen, desto
vollständiger versteht man sich gegenseitig, und desto genauer

---

*) als solchen verm. 1796.   **) schlechthin einerlei 1796.
***) Bildung 1796.

wird jede Rede der, wodurch sie veranlaßt worden, entspre=
chen. Eher könnte es Zweifeln unterworfen sein, ob sich der
poetische Ausdruck mit dem zweiten wesentlichen Kennzeichen
des Dialogs, der augenblicklichen Entstehung, verträgt. Ich
bemerke hier zuerst, daß alle Poesie mehr oder weniger nach
den Gattungen Ansprüche darauf macht, für eine zwar un=
gewöhnliche, aber doch schnelle, ungetheilte, ununterbrochene
Eingebung, nicht für eine allmäliche Hervorbringung gehal=
ten zu werden; daß die letzte, und nicht die leichteste Kunst
des Dichters darin besteht, alle Kunst zu verbergen, und
über das tiefste Studium, die sorgsamste Wahl den Anstand
ungezwungener Leichtigkeit zu verbreiten, als hätte er Alles
nur so, eben hingegoßen. Zweitens: wie aus dem Wesen
jeder Dichtungsart besondre Gesetze des Stils herfließen, so
hat auch das Drama die seinigen. Vieles muß darin ver=
mieden werden, was schön und vortrefflich wäre, wenn der
Dichter es in seinem eigenen Namen sagte. Dramatische
Schicklichkeit ist hier die erste Rücksicht, welcher alle andern
nachstehen müßen.

Aber nicht genug, daß die poetische Behandlung der
Wahrheit des Dialogs nicht nothwendig Eintrag thut, ich
möchte behaupten, er könne durch sie noch dialogischer gemacht
werden. Daß den Redenden das, was sie sagen, in dem=
selben Augenblicke einfällt, erkennen wir an gewissen Merk=
malen, die in der Wirklichkeit nicht immer in gleichem Maße
vorhanden sind, zufällig fehlen oder absichtlich nachgeahmt
werden können. Giebt es nicht Menschen, welche das, was
sich in der That so eben in ihnen entwickelt, so feierlich und
abgemeßen vortragen, als hätten sie es zuvor auswendig ge=
lernt, während andre durch Impromtüs überraschen, worauf
sie drei Tage lang gesonnen haben? Für das Vergnügen

der Unterhaltung entscheidet hiebei der Schein mehr, als die
Wahrheit; im Drama versteht es sich ohnehin schon, daß
das Ansehen des Unvorbereiteten in den Reden bloßer Schein
ist. Es beruht aber, außer dem Ton und den Geberden,
die, immer sehr viel thun müßen, auf allerlei kleinen, in der
Büchersprache nicht erlaubten Freiheiten und Nachläßigkeiten;
auf Verschweigungen und zuweilen sogar auf einem schein=
baren Mangel an Zusammenhang; auf der Stellung, welche
so beschaffen sein muß, wie die *) Vorstellungen am natür=
lichsten nach und durch einander rege werden, nicht wie man
sie nachgehends am vortheilhaftesten anordnen könnte; auf
einfachen und geraden Wortfügungen. Künstlich verflochtene
Perioden (die überhaupt mehr der Beredsamkeit als der Poesie
angehören) verrathen immer eine Art von Vorbereitung: man
kann sie nicht wohl anfangen, ohne zu wißen, wie man sie
zum Ende führen will, und dazu muß man schon die ganze
Reihe von Sätzen, woraus sie bestehen, im Zusammenhange
überschaut haben. Alle **) diese Merkmale muß der Schau=
spieldichter Sorge tragen, auch im prosaischen Dialog anzu=
bringen. Behandelt er ihn aber poetisch, so wird er durch
die unumschränktere Gewalt über die Sprache, wodurch die
Poesie alles, was im Menschen vorgeht, anschaulicher zu
machen geschickt ist, in den Stand gesetzt, die Zeichen der
unmittelbaren Entstehung noch entschiedner hervorzuheben.
Schon wegen der sonstigen Schönheit und Stärke des Aus=
drucks müßen sie die Aufmerksamkeit mehr an sich ziehn,
weil man nicht gewohnt ist, sie in solcher Gesellschaft anzu=
treffen; so wie hinwieder jene Vorzüge dadurch, daß sie frei=
willige Gaben des Augenblicks scheinen, einen ganz eigenen

---

*) Ideen 1796.   **) jene 1796.

Zauber gewinnen. Das Silbenmaß selbst, wenn es nicht an
eine steife Regelmäßigkeit gebunden ist, kann durch einen ge-
schickten Gebrauch die Täuschung vermehren helfen: kleine
Unebenheiten darin, unerwartete Pausen, dann wieder fort-
strömende Fülle oder ein sanfter und stetiger Fluß, können
den Anstoß, den Stillstand der Gedanken, die rasche Bewegung des Gemüths oder das Gleichgewicht seiner Kräfte einigermaßen sinnlich bezeichnen.

'Das Silbenmaß! Also doch durchaus in Versen?'
Freilich, weil Poesie des Stils aus Ursachen, welche zu ergründen hier nicht der Ort ist, ohne geordnete Verhältnisse
der Bewegung gar nicht bestehen kann. Der wiederkehrende
Rhythmus ist der Pulsschlag ihres Lebens. Nur dadurch,
daß die Sprache sich diese sinnlichen Fesseln anlegen läßt und
sie gefällig zu tragen weiß, erkauft sie die edelsten Vorrechte,
die innere höhere Freiheit von allerlei irdischen Obliegenhei-
ten. Soll das Silbenmaß im Drama nicht stattfinden, so
muß es ja bei der schlichtesten Prosa sein Bewenden haben;
denn sonst wird unvermeidlich eine sogenannte poetische Prosa
entstehen, und poetische Prosa ist nicht nur überhaupt sehr
unpoetisch, sondern vollends im höchsten Grade undialogisch.
Sie hat die natürliche Leichtigkeit der Prosa verloren, ohne
die künstliche der Poesie wieder zu gewinnen, und wird durch
ihren Schmuck nur belastet, nicht wirklich verschönert. Ohne
Flügel, um sich kühn in die Lüfte zu heben, und zu anmaßend
für den gewöhnlichen Gang der Menschenkinder, fährt sie,
unbeholfen und schwerfällig, wie der Vogel Strauß, zwischen Fliegen und Laufen über den Erdboden hin.

'Indessen bleibt das Silbenmaß im Munde dramatischer
Personen immer Erdichtung: und ist es nicht die unwahr-
scheinlichste, die sich denken läßt? Wie soll man glauben,

daß Brutus und Caſſius, als ſie Cäſar ermordeten, in ihren
Reden auf den Wechſel der langen und kurzen Silben geachtet haben?' Man muß geſtehn, es iſt um nichts glaublicher,
als daß Cäſar, von dem wir wiſſen, daß er vor achtzehn
Jahrhunderten auf dem Kapitol umgebracht worden, vor unſern Augen zu Paris oder London unter den Dolchen der
Verſchwornen fällt. Die angeführten Beiſpiele ſind nicht
gleichartig, wird man *)einwenden: hier braucht ſich der Zu-
ſchauer nur in Gedanken von ſeinem Ort, ſeiner Zeit weg-
zuverſetzen, dort wird ihm zugemuthet, etwas für wahr zu
halten, das von dem ewigen Lauf der Dinge abweicht, nnd
ſchlechthin unmöglich iſt. Wie die Frage oben geſtellt war,
würde es ſich freilich ſo verhalten; allein warum ſollte man
nicht, eben ſo gut als man jene Römer engliſch oder deutſch
ſprechen läßt, ihre Reden in eine Sprache überſetzen dürfen,
worin ſich alles, was man ſagt, nothwendiger Weiſe und
wie von ſelbſt **)in Verſe ordnet? Und ſolch eine allen
menſchlichen Zungen gemeinſchaftliche Mundart iſt ja doch
in gewiſſem Betracht die Poeſie. Bei der theatraliſchen Täu-
ſchung kommt es gar nicht auf ***)jene Wahrſcheinlichkeit
an, die man unter mehreren möglichen Erfolgen demjenigen
zuſchreibt, welcher die meiſten Gründe für ſich hat, und die
ſich in vielen Fällen ſogar arithmetiſch beſtimmen läßt, ſondern auf den ſinnlichen Schein der Wahrheit. Was in jener
Bedeutung unwahrſcheinlich, völlig falſch, ja †)faſt unmöglich
iſt, kann dennoch wahr zu ſein ſcheinen, wenn nur der Grund
der Unmöglichkeit außer dem Kreiße unſrer Erkenntniß liegt,
oder uns geſchickt verſchleiert wird. Mit dem Verſtande un-
terſucht, muß das Silbenmaß freilich für das, was es iſt,

---

*) ſagen 1796.　**) rhythmiſch ordnet 1796.　***) die
W. 1796.　†) ja unmögl. 1796.

nämlich für eine Erdichtung erkannt werden: aber der zer-
gliedernde Verstand und die Täuschung vertragen sich überhaupt nicht zum Besten mit einander; genug wenn der Eindruck des Silbenmaßes auf das Gehör bei einem lebendigen
Vortrage sie nicht zerstört. Der Versbau mag den Dichter
noch so viele Mühe gekostet haben, wofern sie gelungen ist,
so wird sie im geringsten nicht mehr hörbar sein, sondern
nur durch Schlüße vermuthet werden können. Die Verse
sind bei ihrer Ausarbeitung nach einer Regel abgemeßen
worden, aber es wäre höchst fehlerhaft, durch die Art, sie
herzusagen, die Aufmerksamkeit hauptsächlich auf diese zu
lenken. Sie kann fühlbar bleiben, ohne daß man sich ihrer
abgesondert bewußt wird. Sie soll dem Wohlklange nur
zur Unterlage dienen, und indem sie die endlose Mannichfaltigkeit der Töne bis zum schönen Wechsel begränzt, dem
Ohr ihre harmonischen Verhältnisse faßlich machen. Wie sollte
der Zuhörer, ist nur der Inhalt so beschaffen, daß er seinen
Geist lebhaft beschäftigt, nicht vergeßen den prosodischen Maßstab anzulegen, da ihn der Dichtende selbst im Feuer der
Empfindung zugleich beobachten und vergeßen kann? Daß
dieß möglich sei, wird unwidersprechlich durch das Improvisieren dargethan; ich meine hier nicht die spätere Kunst der
Improvisatoren vom Handwerk, die man eine poetische Seil-
tänzerei nennen könnte, sondern das natürliche, zum Theil
dialogische Dichten aus dem Stegreif, das bei mehreren Völkern eine gewöhnliche gesellschaftliche Ergötzung war oder
noch ist.*) Sehr merkwürdig ist es, und kann gewisser-

---

*) Das älteste mir bekannte und in jedem Betracht der Erwä-
gung sehr würdige Zeugniß hierüber enthält der angeblich homerische
Hymnus auf den Hermes, V. 54...56.:

maßen für einen historischen Beweis gelten, daß der dramatische Gebrauch des Silbenmaßes unsrer Natur nicht sogar
fremde sei, daß schon in der frühesten Kindheit der theatralischen Kunst die Reden, welche man noch nicht aufschrieb
und auswendig lernte, sondern aus dem Stegreif erfand,
doch schon in Versen, so gut oder so schlecht man sie zu
machen verstand, hingeschüttet wurden. *)

— — — — — — — — — — — — —

> — θεὸς δ᾽ ὑπὸ καλὸν ἄειδεν
> ἐξ αὐτοσχεδίης πειρώμενος, ἠΰτε κοῦροι
> ἡβηταὶ θαλίῃσι παραιβόλα κερτομέουσιν.

(— Der Gott sang schön zu dem Spiele
Was ihm der Sinn eingab, Schnellfertiges, gleichwie am Festschmaus
Jünglinge wohl sich versuchen mit neckendem Wechselgesange.

Die bekannte Geschichte vom Caedmon beweist, daß bei den Angel-
sachsen, einem Volke von so schlichten Sitten, das gesellschaftliche
Improvisieren nach der Mahlzeit ebenfalls üblich war. Zus. 1827.)
Man vergleiche Rousseau *Dictionnaire de Musique*, Art. *Improviser.*
„C'est faire et chanter inpromptu des chansons, airs et paroles,
qu'on accompagne communément d'une Guitarre ou d'autre pareil
instrument. Il n'y a rien de plus commun en Italie, que de voir
deux masques se rencontrer, se défier, s'attaquer, se riposter ainsi
par des couplets sur le même air, avec une vivacité de dialogue, de
chant, d'accompagnement, dont il faut avoir été temoin pour la
comprendre.

*) Ausdrücklich sagt dieß Aristoteles (Poet. c. IV.) zwar nicht;
allein wenn man zwei seiner Sätze vergleicht: Γενομένη οὖν ἀπ᾽
ἀρχῆς αὐτοσχεδιαστικὴ καὶ αὐτὴ (ἡ τραγῳδία) καὶ ἡ κωμῳδία
u. s. w. und nachher: τὸ μὲν γὰρ πρῶτον τετραμέτρῳ ἐχρῶντο:
so wird es über allen Zweifel erhoben. Daß es mit den atellani-
schen Spielen bei ihrem Ursprunge diese Bewandniß gehabt, versichert Livius, VII, 2. auf die bestimmteste Weise: Imitari deinde
eos iuventus, simul inconditis inter se iocularia fundentes versibus;
hernach: iuventus ipsa inter se more antiquo ridicula intexta versibus
iactitare coepit, quae deinde exodia postea appellata, consertaque
fabellis potissimum Atellanis sunt.

Alles Obige findet, wie sich versteht, nur bei einer schicklichen Wahl des Silbenmaßes statt: es muß weder die feierliche Fülle des epischen, noch die melodischen Schwünge der lyrischen haben; es muß den gewöhnlichen Schritt der Rede beflügeln, ohne sich zu auffallend von ihm zu entfernen. Diese Eigenschaften hat der Jambe, der eigentliche dialogische Vers, wofür ihn schon die Alten rühmen *). Aristoteles bemerkt, daß man im Gespräch sehr häufig Jamben einmische, aber selten Hexameter. Der Trimeter der Alten ist zwar noch merklich von dem englischen blank verse und unsern fünffüßigen Jamben unterschieden; aber für die beiden Sprachen leisten diese ungefähr eben das, was jener für die griechische und römische. Um über die dramatische Untauglichkeit des Reimes, den das allgemeine Urtheil in England schon vor geraumer Zeit, später bei uns, von der Bühne verbannt hat, gründlich zu entscheiden, müßte man wohl noch tiefer in sein Wesen eindringen, als bisher geschehen ist. Das ist offenbar, daß es sehr fehlerhaft ist, wenn er der Symmetrie einer eintönigen Versart symmetrisch angehängt wird, wie in den französischen Trauerspielen. Ueberhaupt geben diese ziemlich vollständige Muster ab, wie man sowohl das Silbenmaß als die Poesie des Stils im Drama nicht gebrauchen soll; wenn wir sie anders im Gebiet der Dichtkunst anerkennen, und nicht lieber gerades Weges in die Schulen der Rhetoren, als ihre Heimat, verweisen wollen.**)

---

*) Hunc socci cepere pedem, grandesque cothurni,
Alternis aptum sermonibus, et populares
Vincentem strepitus, et natum rebus agendis.

**) [S. den Zusatz zu der vorstehenden Abh. über den dram. Dialog am Schluße.]

*)

Wie viel anders Shakspeare! Die Darstellung in seinen pro=
saischen Scenen ist meisterhaft: die kecksten Züge einer komischen All=
tagswelt scheint er mit eben so unbekümmertem Muthwillen hinzu=
zeichnen, als er sie aufgefaßt haben mochte. Aber dennoch erreicht
er erst vermittelst der dichterischen Behandlung den Gipfel seiner
dramatischen Vortrefflichkeit. Hier ist sein Stil einfältig, kräftig,
groß und edel. Wer wird sich nicht gern zu einigen Härten be=
quemen, wo ihn so viel einschmeichelnde Zartheit dafür entschädigt?
Shakspeare hat alles Hohe und Tiefe in seinem Dasein verknüpft;
seine fremdartigsten Eigenschaften bestehen friedlich neben einander:
in seiner kühnsten Erhabenheit ist er noch schlicht und bescheiden, in
seiner Seltsamkeit natürlich. So zieht sich selbst die höchste tragische
Würde niemals wie eine Glorie um seine Menschen her; nein, es
wird uns immer eine gleich vertraute Nähe gestattet. In den ver=
gleichungsweise wenigen Stellen, wo seine Poesie aus dem wahren
Dialog heraustritt, machten ihm eine zu gewaltige Einbildungskraft,
ein zu üppiger Witz die völlige dramatische Entäußerung seiner selbst
unmöglich. Er giebt alsdann mehr als er sollte, aber oft ist es
von der Art, daß man es sich nicht ohne Bedauern würde nehmen laßen.

Die Vorzüge seines Versbaues zu fühlen und zu würdigen,
steht fremden Lesern weniger zu, als den Landsleuten des Dichters.
Auch haben ihm englische Beurtheiler in diesem Stück volle Gerech=
tigkeit widerfahren laßen. Seine reimlosen Jamben sind überaus
mannichfaltig, bald mehr bald weniger regelmäßig, hier und da so=
gar regellos (wovon doch manches auf die veränderte Aussprache,
manches auch darauf zu schieben ist, daß Shakspeare gar nicht für
genaue Abschriften seiner Stücke sorgte); immer aber ausdrucksvoll
und gedrängt, oft von großer Schönheit und Lieblichkeit. Er ist
darin das älteste, aber in seiner Gattung (denn Miltons Versbau
mit seinen athemlosen Perioden würde für das Schauspiel höchst
unpaßend sein) immer noch unübertroffene Vorbild der Engländer.
Von seinen gereimten Versen läßt sich nicht dasselbe sagen. Sei
es nun, daß die englische Dichtkunst sich von dieser Seite später
ausgebildet, oder daß gewisse Reize der Sprache, wie manche Arten

---

*) [(S. oben S. 46. Note **)]

der Malerei, den Verwüstungen der Zeit mehr ausgesetzt sind als andre: genug, Shakspeares Reime sind mehr veraltet, dunkel und fremd geworden, als seine reimlosen Verse. In diesen hat nach ihm nur Milton eigentlich Epoche gemacht; die Kunst harmonisch zu reimen hingegen, worin die Dichter im Zeitalter der Königin Elisabeth nicht ganz unglücklich gewesen waren, gieng im nächstfolgenden völlig verloren, wurde dann in der letzten Hälfte des siebzehnten Jahrhunderts wieder erworben, vielfach bearbeitet, von Dryden und endlich von Pope zur höchsten möglichen Vollendung gebracht, aber auch für immer an eine wohlklingende Einförmigkeit gefesselt. Man muß also, um billig zu sein, in diesem Theil der Verskunst nicht von Shakspeare fordern, was die englische Sprache erst hundert Jahre nachher liefern konnte, sondern ihn etwa mit seinem Zeitgenoßen Spencer vergleichen, was gewiß sehr zu seinem Vortheile ausschlägt. Denn Spencer ist oft gedehnt, Shakspeare, wenn schon gezwungen, doch immer kurz und bündig. Der Reim hat ihn weit häufiger dazu gebracht, etwas Nöthiges auszulaßen, als etwas Unbedeutendes einzuschalten. Doch sind viele seiner gereimten Zeilen noch jetzt untadelich; sinnreich mit anmuthiger Leichtigkeit und blühend ohne falschen Schimmer. Die eingestreuten Lieder (des Dichters eigne nämlich) sind meistens süße kleine Spiele und ganz Gesang; man hört in Gedanken eine Melodie dazu, während man sie bloß lieset.

Eine poetische Uebersetzung, welche keinen von den charakteristischen Unterschieden der Form auslöschte, und 'seine' Schönheiten, so viel möglich, bewahrte, ohne die Anmaßung ihm jemals andre zu leihen; welche auch die mißfallenden Eigenheiten seines Stils, was oft nicht weniger Mühe machen dürfte, mitübertrüge, würde zwar gewiß ein Unternehmen von großen, aber in unsrer Sprache nicht unübersteiglichen Schwierigkeiten sein. Haben doch die Engländer schon eine gelungne poetische Nachbildung von einem dramatischen Meisterwerke: sollte dieß um die Verdienste der Ausländer sonst so unbekümmerte Volk wärmere Freunde unsrer großen Dichter aufzuweisen haben, als wir der seinigen? Denn herzliche Liebe zur Sache ist freilich ein so wesentliches Erforderniß bei einer solchen Arbeit, daß ohne sie alle übrigen Geschicklichkeiten nichts helfen können. Auch möchten die sechs und dreißig Stücke Shakspeares eine zu lange

Bahn für einen Einzigen sein, um sie auf diese Art zu durchlaufen: vor der Hand wäre es genug, wenn mit einzelnen Stücken der Versuch gemacht würde.

Ich wage zu behaupten, daß eine solche Uebersetzung in gewissem Sinne noch treuer als die treueste prosaische sein könnte. Denn nicht gerechnet, daß diese eine entschiedne Unähnlichkeit mit dem Original hat, welche sich über das Ganze verbreitet, so stellt sich dabei sehr oft die Verlegenheit ein, entweder den Ausdruck schwächen, oder sich in Prosa erlauben zu müßen was nur der Poesie, und auch ihr kaum ansteht. Ferner würde es erlaubt sein, sich dem Dichter in seiner Gedrungenheit, seinen Auslaßungen, seinen kühnen und nachdrücklichen Wendungen und Stellungen weit näher anzuschmiegen. Hart möchte die Treue des Uebersetzers zuweilen sein, und er müßte sich den freiesten Gebrauch unsrer Sprache in ihrem ganzen Umfange (eine alte Gerechtsame der Dichter, was auch Grammatiker einwenden mögen) nicht vorwerfen laßen; aber nie dürfte sie schwerfällig werden. Er überhüpfe lieber eine widerspenstige Kleinigkeit, als daß er in Umschreibungen verfallen sollte. In der Kürze wetteifre er mit seinem Meister, obgleich die englische Sprache wegen ihrer Einsilbigkeit, welche sonst der Schönheit des Versbaues nicht sehr günstig ist, hierin Vieles voraus hat, und ruhe nicht eher, als bis er sich überzeugt, er habe darin alles im Deutschen Thunliche geleistet. Nicht immer wird er Vers um Vers geben können, aber doch meistentheils, und den Raum, den er an einer Stelle einbüßt, muß er an einer andern wieder zu gewinnen suchen. Dieß ist sehr wichtig, denn geht er in einem Verse über das Maß hinaus, so muß er es auch in den folgenden, bis er sich wieder in gleichen Schritt gesetzt hat. Dadurch werden dann Sätze, welche im englischen eine Zeile mit schöner Rundung umschließt, in zwei aus einander gerißen, und die bedeutenden Schlüße der Verse, worauf bei ihrem harmonischen Falle so viel beruht, verändert. Es beweist die große Uebereinstimmung der beiden Sprachen, daß manche Zeilen Shakspeares, wenn man sie wörtlich und mit beibehaltner Ordnung überträgt, sich wie von selbst in dasselbe Maß fügen; hingegen stehe ich dem Uebersetzer nicht dafür, daß bei manchen andern auch die vielfältigsten Versuche nur ein halbes Gelingen zu Wege bringen möchten. Er hüte sich vor einer zu steifen Regelmäßigkeit

in seinen reimlosen Jamben: aber zu schön können sie schwerlich
sein. Es ist in unsrer Sprache nicht so leicht, als man sich gewöhnlich einbildet, diesem Silbenmaße alle Vollkommenheit, deren
es empfänglich ist, zu geben, wie schon daraus erhellet, daß wir so
wenig Vortreffliches darin besitzen. In den gereimten Versen wird
man sich mit einer weniger wörtlichen Treue begnügen müßen: ihr
eigenthümliches Kolorit ist die Hauptsache, und dieses kann nur durch
Beibehaltung des Reimes übertragen werden. Vielleicht wird es
hier oft unvermeidlich sein, wenn man nicht zu viel weglaßen oder
gar ein Paar Verse in zwei ausdehnen will, statt des fünffüßigen
den sechsfüßigen Jamben zu gebrauchen, wodurch Sentenzen und
Schilderungen weniger verlieren, als die eigentlich dialogischen Stellen.

Uebrigens wäre alles sorgfältig zu entfernen, was daran erinnern könnte, daß man eine Kopie vor sich hat. Die Wortspiele,
welche sich nicht übertragen, oder durch ähnliche ersetzen laßen, müßten zwar wegbleiben, aber so, daß keine Lücke sichtbar würde. Eben
so hätte es der Uebersetzer mit durchaus fremden und ohne Kommentar unverständlichen Anspielungen zu halten. Von bloß zufälligen Dunkelheiten dürfte er den Text befreien; aber wo der Ausdruck seinem Wesen nach verworren ist, da könnte auch dem deutschen
Leser die Mühe des Nachsinnens nicht erspart werden. Schon Wieland hat treffend dargethan, warum man Shakspeare nirgends und
in keinem Stücke muß verschönern wollen. Ein ganz leichter Anstrich des Alten in Wörtern und Redensarten würde keinen Schaden
thun. Nicht alles Alte ist veraltet, und Luthers Kernsprache ist noch
jetzt deutscher, als manche neumodige Zierlichkeit. Obgleich Shakspeares Sprache in dem Zeitalter, worin er schrieb, neu und ge-
bräuchlich war, so trägt sie doch das Gepräge der damaligen noch
einfältigeren Sitten, und in der Sprache unsrer biedern Vorältern
drücken sich dergleichen ebenfalls aus. Solche Wörter und Redensarten, welche unsre heutige Verfeinerung bloß zu ihrem Behufe ersonnen, wären wenigstens sorgfältig zu vermeiden. Die dramatische
Wahrheit müßte überall das erste Augenmerk sein: im Nothfall
wäre es beßer, .ihr etwas von dem poetischen Werth aufzuopfern,
als umgekehrt.

Diese Forderungen ließen sich leicht noch mit vielen andern
vermehren; allein ich möchte einem Verehrer Shakspeares, der, wie

ich weiß, es mit einigen Stücken versucht hat, keinen sehr willkom=
menen Dienst thun, indem ich durch den aufgestellten Begriff einer
Vollendung, die vielleicht gar nicht erreicht werden kann, seine Ar=
beit schon im Voraus unter ihren wahren Werth herabsetze. Er
liebt indessen den göttlichen Dichter so sehr, daß er sich freuen wird,
wenn mein Eifer ihm Nebenbuhler bei dieser Unternehmung erweckt,
die durch ein glücklicheres Gelingen seine Bemühungen verdunkeln.

Zusatz zum neuen Abdruck. 1827.

Die obigen Bemerkungen sind aus einem Aufsatze in Schil=
lers Horen, 'Etwas über William Shakspeare bei Gelegenheit
Wilhelm Meisters', ausgehoben, worin ich, jedoch ohne Nen=
nung meines noch unbekannten Namens, mein Vorhaben,
den Shakspeare zu übersetzen, auf einem Umwege ankündigte.
Das Bedürfniß einer Uebersetzung, worin die dichterischen
Formen des Originals beibehalten wären, schien damals noch
nicht sonderlich gefühlt zu werden. Shakspeare war schon
vor langen Jahren, zuerst von Wieland, dann genauer und
vollständiger von Eschenburg, in Prosa übertragen; in die=
ser Gestalt hatte man ihn, freilich außerdem noch mannich=
faltig verstümmelt und verunstaltet, auf die Bühne gebracht:
und selbst in einer so unvollkommenen Erscheinung hatte der
hohe Genius seine Zaubergewalt bewährt. Auch Bürger
blieb in seiner Bearbeitung des Macbeth, die Hexengesänge
ausgenommen, bei der Prosa; und noch kurz vor Abfaßung
meines Aufsatzes gab Goethe im Wilhelm Meister nicht die
leiseste Andeutung, als ob man wünschen könne, in Deutsch=
land etwas anders als einen prosaischen Hamlet aufgeführt
zu sehen. Dieses war um so weniger zu verwundern, da
durch Lehre und Ausübung der versificierte Dialog damals
beinahe ganz von unserer Bühne verbannt zu sein schien.

Lessings Vorurtheil gegen den Gebrauch des Sylbenmaßes
im Schauspiel, — man kann es nicht anders als ein Vorurtheil nennen, und zwar ein ganz persönliches Vorurtheil:
denn seine Gründe galten nur das fehlerhafte Beispiel der
französischen Tragödie; durch die allgemeine Verwerfung rächte
er sich gewissermaßen für die Pein, welche seine mißglückten
Anfänge von Trauerspielen in Alexandrinern ihm verursacht
hatten; — Lessings Vorurtheil also hatte in Deutschland
nur allzu tiefe Wurzeln geschlagen. Sogar so unabhängige
und zu freier Meisterschaft bestimmte Geister, wie Goethe
und Schiller, konnten sich bei dem Eintritt in ihre Laufbahn
dem Einflusse des Zeitgeschmacks nicht entziehen. Von ihnen
gieng dieß auf die Schriftsteller vom zweiten Range über,
und so weiter auf die beliebten Verfertiger von Schauspielen
für den täglichen Verbrauch. Es kam dahin, daß bei dem
Entwurfe eines dramatischen Werkes, zu welcher Gattung es
auch gehören mochte, der prosaische Dialog schon ohne weiteres vorausgesetzt, und dessen Zulänglichkeit für Alles gar
nicht mehr in Frage gestellt ward. Freilich hatte, wie es
zu gehen pflegt, die Form, oder vielmehr in diesem Falle
die Abwesenheit jeder metrischen Form auf den Ton der
Darstellung zurückgewirkt: Alles wurde möglichst in die Nähe
der gewöhnlichen Wirklichkeit, der einheimischen und der heutigen Sitte herangerückt. Sogar da, wo die geschichtliche
Beschaffenheit des Gegenstandes dieß nicht ganz gestattete,
wurde dennoch die Prosa beibehalten: in Klopstocks Bardieten, die Bardengesänge ausgenommen; im Götz von Berlichingen; in Gerstenbergs Ugolino und Minona; im Julius
von Tarent; im Faust vom Maler Müller; in der Medea
von Klinger; in Otto von Wittelsbach und so vielen andern
Ritterschauspielen. Der Urheber der falschen Theorie hatte

ſelbſt im Nathan, jedoch nur ganz leiſe, wieder eingelenkt. Bei Goethe eilte das Gefühl des künſtleriſchen Bedürfniſſes dem deutlich gefaßten Vorhaben voran: in die leidenſchaft= lichen Scenen des Egmont haben ſich die Jamben eingedrängt, ſind aber auf dem halben Wege zur regelmäßigen Verſifikation ſtehen geblieben. Man verſichert, die Iphigenia ſei zuerſt auch in Proſa abgefaßt geweſen, und erſt beträchtlich ſpäter in Verſe gebracht. Dieſelbe Umgeſtaltung (daneben allerdings eine noch weſentlichere) nahm der Dichter mit Erwin und Claudine vor. Allein Goethes reimloſe Jamben, beſonders in der Iphigenia und im Taſſo, können bei der vollendeten Zierlichkeit des Ausdrucks und dem gefälligſten Wohllaut dennoch nicht für Muſter von dem dramatiſchen Gebrauche dieſer Versart gelten. Sie ſind nicht dialogiſch genug; es fehlt darin, was man in der Malerei heurté nennt; die Pe= rioden ſchlingen ſich in harmoniſchem Wellengange durch zu viele Zeilen fort. Der Gebrauch des Reimes im Fauſt hin= gegen, wo er bald kurze Verspaare in hans=ſachſiſcher Weiſe bindet, bald Jamben von verſchiedener Länge bis zum Alexan= driner, mannichfaltig alternierend, begränzt, iſt Goethes eig= ner, einzig glücklicher Gedanke, mit einer Meiſterſchaft durch= geführt, die mich in ein immer neues Erſtaunen ſetzt. Die Reime werden gar leicht zu Gemeinplätzen; hier, ſie mögen nun im idealiſchen Gebiet der Sprache daheim ſein oder in's Barocke übergehen, ſind ſie immer neu, bedeutſam und gleich= ſam die Lichtpunkte der Darſtellung. Auch in der Verſifika= tion des Fauſt iſt alles unmittelbar und augenblicklich, alles iſt Leben, Charakter, Seele, Geiſt und Zauberei.

Schiller hatte ſich bei ſeinem Don Carlos zuerſt wieder zu einer Art von Versbau bequemt. Aber ſeine Erklärung über die Gründe, die ihn dazu bewogen, war eben ſo un=

befriedigend, als die Jamben selbst, besonders in den Schluß-
fällen und Cäsuren, nachläßig und locker hingeworfen, oder
vielmehr aus einander geschwemmt sind.

Die Gewohnheiten der Dichter wirkten wie natürlich
auf die Schauspieler. Eckhof scheint die Recitation der tragischen Alexandriner in großer Vollkommenheit besessen zu
haben: bei der verwandelten Verfaßung des Theaters starb
diese Kunst mit ihm aus. Die ausgezeichneten Schauspieler
des nächsten Zeitraumes, Schröder, Brockmann, dann Fleck
und Iffland, fanden die Prosa schon im ausschließlichen Besitz der Bühne, und waren daher nie veranlaßt, ihrem Gedächtnisse und ihrer Stimme irgend eine auf den Vortrag
von Versen abzweckende Uebung zuzumuthen. Engel pflanzte
Lessings Lehre fort, er trieb sie in seiner Mimik, wo möglich,
noch weiter *); er sanktionierte sie für die Schauspieler, und
Engeln war geraume Zeit die Leitung des berlinischen Theaters anvertraut. Nur ein Mann von so großem Ansehen,
und der die theatralische Wirkung so ganz in seiner Gewalt
hatte, wie Schiller, konnte die Wiedereinführung der Verse
durchsetzen. Von jedem Andern hätten damals die Direktio-
nen versificierte und vollends theilweise in Reimen abgefaßte
Stücke, als eben deswegen unbrauchbar, zurückgeschoben. Doch
mußten ihm noch die Vorübungen auf dem weimarischen
Theater unter Goethes Leitung zu Hülfe kommen. Anderswo
geberdeten die Schauspieler sich sehr wunderlich dabei: ungefähr wie jemand, dem zum ersten Mal eine Ananas darge-
boten wird, und der die unbekannte Frucht mit der stachlichten
Krone voran zum Munde führt. Insbesondre schienen unsre

---

*) Vergl. d. Vorl. über dram. Kunst u. Litt. 3. Ausg. Bd. II.
S. 411.

jungen Helden und ersten Liebhaber überzeugt gewesen zu
sein, es sei die Hauptsache bei der Schauspielkunst, sich mit
einer stattlichen Figur auf den Brettern zu spreizen; man
müße mit seiner Person bezahlen; die Worte der Rolle seien
dabei nur ein nothwendiges Uebel, womit man sich so wohlfeil abfinden dürfe, wie möglich. Sie wußten durchaus keine
Vermittelung zwischen dem belebten freien Ausdruck und einer
erhöhten Recitation zu treffen, und suchten also das verhaßte
Silbenmaß ganz zu vernichten. Man fand es sehr unbequem,
genauer auswendig lernen zu müßen, als es bei der bisherigen platten Prosa nöthig gewesen war. Die Rollen wurden wie Prosa ausgeschrieben, damit nur der rohe Natura-
lismus des Vortrags ja nicht gestört würde. Iffland, ein
so vortrefflicher Schauspieler im charakteristischen Fache, hat
niemals die ersten Elemente des Versbaues begriffen. Vergeblich hätte man sich bemüht, ihm in's Klare zu setzen, daß
die Umstellung einiger Wörter, irgend ein beweglich einge-
schobenes 'o Himmel!' oder dergleichen, die Ordnung der
Verse zerstöre. Nur eine eben so genialische als besonnene
Künstlerin, Friederike Unzelmann, nachherige Bethmann, kam
der Neuerung mit Eifer entgegen: sie sah darin eine Gelegenheit, ihre Talente von einer neuen Seite zu zeigen; und
ohne eines methodischen Unterrichtes zu bedürfen, bloß ver=
möge ihres zarten Sinnes für Wohllaut und Ebenmaß, wurde
sie auch in der Recitation der Verse Meisterin.

Da seit dreißig Jahren so viel versificierte Schauspiele,
nicht nur in reimfreien Jamben, sondern auch in mannichfaltigen Reimformen, auf die deutsche Bühne gebracht worden sind, so hat ohne Zweifel durch Uebung und Erfahrung
auch die Schauspielerkunst von dieser Seite gewonnen. Doch
artet immer noch zuweilen die Deklamation in ein Gepolter

aus; und es wird nicht unnütz sein, die Erinnerung Shakspeares zu wiederholen, daß selbst im Wirbelwinde der Leidenschaft eine gewisse Mäßigung und Geschmeidigkeit beibehalten werden müsse. Die Versifikation ist unläugbar ein
akustisches Hülfsmittel. Von Meisterwerken der dramatischen
Kunst darf keine Silbe verloren gehen. Dieß kann ohne
übermäßige Anstrengung der Stimme geleistet werden, durch
reine Artikulation, richtige Betonung und die Beobachtung
der gehörigen Pausen. Wenn unsre Schauspieler sich diese
Kunst erst ganz zu eigen gemacht haben, dann werden wohl
auch die häufigen Klagen über die fehlerhafte akustische Beschaffenheit der Theater wegfallen. Bei der Neigung unsrer
Sprache zur Härte kann Biegsamkeit der Stimme und Ge-
lindigkeit der Aussprache nicht genug empfohlen werden.
Unsre Schauspielerinnen besitzen diese Eigenschaften häufiger,
als unsre Schauspieler. Weibliche Hauptrollen Shakspeares,
eine Julia, eine Porcia im Kaufmann von Venedig, habe
ich schon so vollkommen darstellen sehen, auch von Seiten
der Recitation, als ich es in jener Zeit, wo ich den Shakspeare zu übersetzen unternahm, schwerlich erwarten durfte.

Dieser Blick auf die Zeitumstände und auf die Geschichte
unsers Theaters wird die Leser des vorstehenden Aufsatzes,
der zwölf Jahre vor der Herausgabe meiner Vorlesungen über
dramatische Kunst geschrieben ward, in den rechten Gesichtspunkt stellen. Jetzt habe ich freilich wenig Widerspruch zu
befürchten; damals aber standen sehr angesehene Autoritäten
mir entgegen. Die Theorie des prosaischen Dialogs zu widerlegen, kann immer noch nicht überflüßig scheinen: denn
wie sie von Diderot, Lessing und Engel gelehrt, von vielen
ausgezeichneten Köpfen angenommen worden, so könnte sie
auch einmal wieder aufkommen. Das beste Vorkehrungs-

mittel dagegen ist die deutliche Einsicht, warum und wie das
Drama versificiert werden soll.

Wenn aber die Ansicht der dramatischen Darstellung und
die Verfaßung des Theaters in Deutschland seit dreißig Jahren so beträchtlich verändert ist, so hat gewiß die Bekanntschaft mit den Werken Shakspeares in ihrer ächten Gestalt
dazu beigetragen.   Jetzt dürfte es an der Zeit sein, den Gebrauch der Prosa, wenigstens theilweise, wieder zu empfehlen.   Shakspeare hat durch die Einmischung prosaischer und
eigentlich mimischer Scenen den dichterischen Theil seiner
Schauspiele vortrefflich zu heben gewußt; das Beispiel des
großen Meisters sollte auch von dieser Seite für uns nicht
verloren sein.

Ueber Shakspeares Romeo und Julia. 1797.

Man hat viel Gewicht auf den Umstand gelegt, daß Shakspeare die diesem Schauspiel zu Grunde liegende Geschichte sogar in kleinen Besonderheiten ohne alle eigne Erfindung grade so genommen, wie er sie vorfand. Auch mir scheint dieser Umstand merkwürdig, aber in einer andern Hinsicht. Der Dichter, der, ohne auf den Stoff auch nur entfernt Ansprüche zu machen, die ganze Macht seines Genius auf die Gestaltung wandte, setzte ohne Zweifel das Wesen seines Geschäftes einzig in diese, sonst hätte er fürchten müßen, man werde ihm zugleich mit dem Eigenthum des Stoffes alles Verdienst absprechen. Er hatte also feinere, geistigere Begriffe von der dramatischen Kunst, als man gewöhnlich ihm zuzuschreiben geneigt ist. Aber auch von der Bildung der Zuschauer, für die Shakspeare eine so allgemein bekannte und populäre Erzählung (denn dieß war sie damals) dramatisch bearbeitete, erweckt es eine günstige Vorstellung, daß sie nicht durch materielle Neuheit gereizt zu werden verlangten, und daß es ihnen mehr auf das Wie als das Was ankam. Vielleicht ließe es sich aus mancher-

lei Andeutungen wahrscheinlich genug zeigen, daß die Engländer in jenem Zeitalter, troß ihrer Unwißenheit und einer
gewißen Rauhheit der Sitten, mehr *) dichterischen Sinn und
einen freieren Schwung der Einbildungskraft gehabt haben,
als je nachher.

In vielen andern Schauspielen ist Shakspeare, was den
Gang der Begebenheiten betrifft, irgend einer alten Chronik,
oder einer schlechten Ueberseßung des Plutarch, oder einer
Novelle mit eben so gewißenhafter Treue gefolgt, als im
Romeo. Wo er bloß Winke benußt, oder unabhängig ersonnen zu haben scheint, ist man vielleicht den rechten Quellen noch nicht auf der Spur, oder sie können auch verloren
gegangen sein. Ueber diesen Punkt haben hauptsächlich die
neuesten Herausgeber, Steevens und Malone, so viele vorher
vernachläßigte Entdeckungen gemacht, daß sich noch manche
erwarten laßen, wenn mit ihrem forschenden Fleiße fortgefahren wird. Die Geschichte Romeos und Juliens war
aus des Luigi da Porta ursprünglicher Erzählung **) von

---

*) poetischen 1797.

**) Dieß ist sie nämlich, in so fern ihr keine wahre Geschichte
zum Grunde liegt. Gerolamo della Corte trägt sie umständlich als
eine solche in seinen Annalen von Verona unter der Regierung des
Bartolomeo della Scala vor, behauptet auch das Grabmal der bei=
den Liebenden (oder was man ihm dafür ausgab) häufig gesehen
zu haben. Man fällt natürlich auf den Gedanken, daß die Novellen=
Dichter eine so wunderbare Begebenheit von dem Geschichtschreiber
werden entlehnt haben, weil der entgegengesetzte Fall bei diesem gar
zu wenig Urtheil verrathen würde. Dennoch scheint es hier wirklich
so gegangen zu sein; denn Gerolamo della Corte, dem der gelehrte
Maffei überhaupt nicht das beste Lob ertheilt, hat die Geschichte von
Verona bis auf das Jahr 1560 geführt; die Novelle von Luigi da
Porta ist dagegen schon früh in der ersten Hälfte des sechszehnten

Bandello, Boistau und Belleforest in ihre Novellensamm-
lungen aufgenommen worden. Auch hatte man vor Shak-

Jahrhunderts erschienen, und ein älteres historisches Zeugniß wird
sich schwerlich finden. Es fehlt an Quellen für die veronesische Geschichte, besonders in dem Zeitraume, wo das Haus della Scala
herrschte. Muratori klagt (Script. rer. Italic. Vol. VIII.), daß er
nichts als eine kurze Chronik von Parisius de Cereta habe auftreiben können. In der Fortsetzung dieser Chronik durch einen Unge-
nannten wird nicht nur von der Geschichte Romeos und Juliens
(dieß wäre bei der großen Kürze des Berichtes nicht zu verwundern)
sondern auch von den Streitigkeiten der Montecchi und Cappelletti
nichts erwähnt. Was aber die historische Authenticität noch weit
verdächtiger macht, ist ein negatives Zeugniß des Dante. Bartolomeo regierte vom Jahr 1301 bis 1304; Dante kam entweder in
dem letztgenannten Jahre oder nach andern Angaben im Jahr 1308
nach Verona, und lebte daselbst beträchtliche Zeit, von Alboino, besonders aber von Cangrande, den Brüdern und Nachfolgern des
Bartolomeo, begünstigt. Das traurige Schicksal jener Liebenden
hätte also noch in sehr frischem Andenken sein müßen, und wäre
gewiß, wie die Geschichte der Francesca, von ihm auf eine oder die
andre Art in sein Gedicht eingeflochten worden, wenn es historischen
Grund hätte. Dante kennt auch die beiden Geschlechter, aber er
nennt sie gemeinschaftlich als Freunde, wenigstens beide als ghibelli-
nisch gesinnt, in seiner Ermahnung an Kaiser Albrecht, sich Italiens
anzunehmen. Purg. C. VI.

> Vieni a veder Montecchi e Cappelletti,
> Monaldi e Filippeschi, uom senza cura;
> Color già tristi, e costor con sospetti.

> Die Filippeschi und Monaldi zagen,
> Sorgloser! komm und sieh, schon unterdrückt,
> Die Cappelletti und Montecchi klagen.

(Die Namen der Familien sind in der veränderten englischen
Schreibung, Capulet und Montague, unverkennbar. So viel ich
weiß, ist diese Stelle von niemanden bemerkt, noch gegen die angebliche Feindschaft, und somit gegen die Aechtheit der Geschichte
angeführt worden. 1828.)

speares Zeit verschiedene Uebertragungen ins Englische. Die welche er, wie nunmehr ausgemacht ist, wo nicht ausschließend, vorzüglich vor Augen gehabt, heißt: The tragicall Hystory of Romeus and Juliet: Contayning in it a rare Example of true Constancie etc., und ist in Versen abgefaßt. Ihrer Seltenheit wegen hat Malone sie hinter dem Romeo von Neuem abbrucken laßen, so daß nun jeder die Vergleichung anstellen kann. Shakspeare hat sie eben nicht zu fürchten. Giebt es doch nichts Gedehnteres, Langweiligeres als diese gereimte Historie, welche *)

> Sein Geist, so wie der reiche Stein der Weisen,
> In Schönheit umschuf und in Würdigkeit.

Nur die Freude, diese wundervolle Umwandlung deutlicher einzusehen, kann die Mühseligkeit vergüten, mehr als dreitausend sechs- und siebenfüßige Jamben durchzulesen, die in Ansehung alles dessen, was uns in dem Schauspiele ergötzt, rührt und hinreißt, ein leeres Blatt sind. Mit der trockensten Kürze vorgetragen, werden die unglücklichen Schicksale der beiden Liebenden das Herz und die Phantasie immer noch treffen; aber hier wird unter den breiten, schwerfälligen Anmaßungen **) einer anschaulich schildernden und rednerischen Erzählung die Theilnahme gänzlich erstickt. Wie viel war nicht wegzuräumen, ehe dieser gestaltlosen Masse Leben und Seele eingehaucht werden konnte! In manchen Stücken verhält sich das Gegebene und das, was Shakspeare daraus gemacht, wie ungefähre Beschreibung einer Sache zu der Sache selbst. So ist aus folgender Angabe:

---

*) 1797. 1801. steht statt der folg. Uebersetzung:
His genius, like richest alchymy,
Has chang'd to beauty and to worthiness.
**) einer darstellenden Ausbildung die Th. 1797. 1801.

A courtier, that eche where was highly had in price,
For he was courteous of his speeche and pleasant of devise,
Even as a lyon would emong the lambes be bolde,
Such was emong the bashfull maydes Mercutio to beholde;

und dem Zusatze, daß besagter Mercutio von Kindesbeinen an beständig kalte Hände gehabt, eine glänzende, mit Witz verschwenderisch ausgestattete Rolle geworden. Man muß strenge auf dem Begriffe der Schöpfung aus Nichts bestehn, um dieß nicht für eine wahre Schöpfung gelten zu laßen. Einer Menge feinerer Abweichungen nicht zu gedenken, finden wir auch einige bedeutende Vorfälle von der Erfindung des Dichters, z. B. das Zusammentreffen und den Zweikampf *) der beiden Nebenbuhler Paris und Romeo an Juliens Grabe. Gesetzt aber auch, alle Umstände, bis auf die Klötze, die Capulets Bedienter zur Bereitung des Hochzeitmahles herbeischleppt, wären ihm fertig geliefert, und ihre Beibehaltung vorgeschrieben worden, so würde es desto bewundernswürdiger sein, daß er mit gebundenen Händen, Buchstaben in Geist, eine handwerksmäßige Pfuscherei in ein dichterisches Meisterwerk umzuzaubern gewußt.

Shakspeares gewöhnliche Anhänglichkeit an etwas Vorhandenes läßt sich nicht ganz aus der vielleicht von ihm gehegten Meinung erklären, als ob dieß Pflicht sei, noch weniger aus einem bloßen Bedürfnisse; denn zuweilen hat er dreist genug durch einander geworfen, was ihm in der ursprünglichen Beschaffenheit untauglich schien, und seine Erfindsamkeit, besonders in komischen Situationen, glänzend bewährt. Welche Fülle und Leichtigkeit er gehabt, weiß man: konnte ihm sein Ueberfluß nicht das Wählen und Anordnen erschweren, wenn er das unermeßliche Gebiet der Dichtung

---

*) des Paris u. R. 1797. 1801.

bloß nach Willkür durchschweifte? Bedurfte er vielleicht einer
äußern Umgränzung, um sich der Freiheit seines Genius
wohlthätig bewußt zu werden? In der entlehnten Fabel baut
er immer noch einen höheren, geistigern Entwurf, worin sich
seine Eigenthümlichkeit offenbart. Sollte nicht eben die
Fremdheit des rohen Stoffes zu manchen Schönheiten An=
laß gegeben haben, indem die nur durch gröbere Bande zu=
sammenhängenden Theile durch die Behandlung erst innere
Einheit gewannen? Und diese Einheit, wo sie sich mit schein=
baren Widersprüchen beisammen findet, bringt eben jenen
wundervollen Geist hervor, dem wir immer neue Geheimnisse
ablocken, und nicht müde werden ihn zu ergründen.

Mit der letzten Bemerkung ziele ich mehr auf einige
andre Stücke, als auf den Romeo. Dieser ist voll tiefer
Bedeutung, aber doch einfach; es sind keine Räthsel darin
zu entziffern. Daß Shakspeare sowohl durch die bestimmte
und leicht übersehbare Begränzung der Handlung, als durch
eine nicht nur die Theilnahme, sondern auch die Neugier
spannende Verflechtung, den bloß technischen Forderungen an
den Mechanismus des Dramas hier mehr Genüge geleistet
hat, als er meistens pflegt, ist ein fremdes und zufälliges
Verdienst: denn es lag in der Novelle, und doch war es
gewiß nicht diese Beschaffenheit, was sie ihm zur dramatischen
Bearbeitung empfahl. Das Zusammendrängen der Zeit,
worin die Begebenheiten vorgehn, gehört schon weniger zu
den Aeußerlichkeiten: sie folgt dem reißenden Strome der
Leidenschaften. Das Schauspiel endigt mit dem Morgen des
sechsten Tages, da sich in der Erzählung Alles in langen
Zwischenräumen hinschleppt. Doch sollten wir Shakspearen
wohl so genau nicht nachrechnen, der diese Dinge mit einer
heroischen Nachläßigkeit treibt, und unter andern die Gräfin

Capulet, die im ersten Aufzuge eine junge Frau von noch
nicht dreißig Jahren ist, im letzten plötzlich von ihrem hohen
Alter reden läßt.

Die Feindschaft der beiden Familien ist der Angel, um
welchen sich Alles dreht: sehr richtig hebt also die Exposition mit ihr an.   Der Zuschauer muß ihre Ausbrüche selbst
gesehen haben, um zu wißen, welch unübersteigliches Hinderniß sie für die Vereinigung der Liebenden ist.   Die Erbit-
terung der Herren hat an den Bedienten etwas plumpe, aber
kräftige Repräsentanten: es zeigt, wie weit sie geht, daß selbst
diese albernen Gesellen einander nicht begegnen können, ohne
sogleich in Händel zu gerathen.   Romeos Liebe zu Rosalinden macht die andre Hälfte der Exposition aus.   Sie ist
Vielen ein Anstoß gewesen, auch Garrick hat sie in seiner
Umarbeitung weggeschafft.   Ich möchte sie mir nicht nehmen
laßen: sie ist gleichsam die Ouvertüre zu der musikalischen
Folge von Momenten, die sich alle aus dem ersten entwickeln,
wo Romeo Julien erblickt.   Das Stück würde, nicht in prag-
matischer Hinsicht, aber lyrisch genommen (und sein ganzer
Zauber beruht ja auf der zärtlichen Begeisterung, die es
athmet), unvollständig sein, wenn es die Entstehung seiner
Leidenschaft für sie nicht in sich begriffe.   Sollten wir ihn
aber anfangs in einer gleichgültigen Stimmung sehn?   Wie
wird seine erste Erscheinung dadurch gehoben, daß er, schon
von den Umgebungen der kalten Wirklichkeit gesondert, auf
dem geweiheten Boden der Phantasie wandelt!   Die zärtliche
Bekümmerniß seiner Eltern, sein unruhiges Schmachten, seine
verschloßene Schwermuth, sein schwärmerischer Hang zur Einsamkeit, Alles an ihm verkündigt den Günstling und das
Opfer der Liebe.   Seine Jugend ist wie ein Gewittertag im
Frühlinge, wo schwüler Duft die schönsten, üppigsten Blü-

then umlagert. Wird sein schneller Wankelmuth die Theilnahme von ihm abwenden? Oder schließen wir vielmehr von der augenblicklichen Besiegung des ersten Hanges, der schon so mächtig schien, auf die Allgewalt des neuen Eindrucks? Romeo gehört wenigstens nicht zu den Flatterhaften, deren Leidenschaft sich nur an Hoffnungen erhitzt, und doch in der Befriedigung erkaltet. Ohne Aussicht auf Erwiederung hingegeben, flieht er die Gelegenheit, sein Herz auf andre Gegenstände zu lenken, die ihm Benvolio zu suchen anräth; und ohne ein Verhängniß, das ihn mit widerstrebenden Ahndungen auf den Ball in Capulets Hause führt, hätte er noch lange um Rosalinden seufzen können. Er sieht Julien: das Loos seines Lebens ist entschieden. Jenes war nur willig gehegte Täuschung, ein Gesicht der Zukunft, der Traum eines sehnsuchtsvollen Gemüths. Die zartere Innigkeit, der heiligere Ernst seiner zweiten Leidenschaft, die doch eigentlich seine erste ist, wird unverkennbar bezeichnet. Dort staunt er über die Widersprüche der Liebe, die wie ein fremdes Kleid ihm noch nicht natürlich sitzt; hier ist sie mit seinem Wesen zu sehr eins geworden, als daß er sich noch von ihr unterscheiden könnte. Dort schildert er seine hoffnungslose Pein in sinnreichen Gegensätzen; hier bringt ihn die Furcht vor der Trennung zur wildesten Verzweiflung, ja fast zum Wahnsinne. Seine Liebe zu Julien schwärmt nicht müßig, sie handelt aus ihm mit dem entschloßensten Nachdrucke. Daß er sein Leben wagt, um sie in der Nacht nach dem Balle im Garten zu sprechen, ist ein Geringes; der Schwierigkeiten, die sich seiner Verbindung mit ihr entgegensetzen, wird nicht gedacht; wenn sie nur sein ist, bietet er allen Leiden Trotz.

Julia durfte nicht an Liebe gedacht haben, ehe sie den

Romeo fah: es ift das erfte Entfalten der jungfräulichen
Knofpe. Ihre Wahl ift ebenfalls augenblicklich:

> Amor' al cor gentil ratto s'apprende;
> *) Die Liebe zündet schnell in edlen Herzen;

aber fie gilt für ewig. Es wäre unmöglich, fie für nichts
weiter, als ein unbefonnenes Mädchen, zu halten, die im
Gedränge unbeftimmter Regungen, deren fie fich zum erften-
male bewußt wird, gleichviel auf welchen Gegenftand verfällt.
Man glaubt mit den beiden Liebenden, daß hier keine Verblendung stattfinden kann, daß ihr guter Geift fie einander
zuführt. In Juliens Hingebung ift noch eine göttliche Freiheit sichtbar. Zürnet nicht mit ihr, daß fie fo leicht gewonnen wird: fie ift fo jung und ungekünftelt, fie weiß von
keiner andern Unschuld, als ohne Falsch dem Rufe ihres in-
nerften Herzens zu folgen. Im Romeo kann nichts ihre
Zartheit zurückscheuchen, noch die **) feinften Forderungen
einer wahrhaft von Liebe durchdrungenen Seele verletzen.
Sie redet offen mit ihm und mit fich felbft: fie redet nicht
mit vorlauten Sinnen, fondern nur laut, was das sittliche
Wesen denken darf. Ohne Rückhalt gefteht fie fich die un-
geduldige Erwartung, womit fie am nächften Abend ihrem
Geliebten entgegenfieht; denn fie fühlt, daß holde Weiblichkeit ihr auch in den Augenblicken des Taumels zur Seite
ftehen, und jede Gewährung heiligen wird. Im Gedränge
zwischen schüchternen Wallungen und den Bildern ihrer entflammten Phantafie ergießt fie fich in einen Hymnus an die
Nacht, und fleht fie an, fowohl ***) diefen Regungen, als
der verftohlnen Vermählung ihren Schleier zu gönnen.

Der frühefte Wunsch der Liebe ift, zu gefallen; er be-

---

*) 1797. 1801. haben die Ueberf. nicht. **) feinen 1797. 1801.
***) diefen als 1797. 1801.

seelt auch die erste Annäherung Romeos und Juliens beim
Tanze. Es ist unendliche Anmuth über ihre Reden hinge-
haucht, wie sie nur aus dem reinsten Sittenadel und natürlicher Schönheit der Seele hervorgehen kann. Wie zart weiß
Romeo die Kühnheit seiner Bitten unter Bildern der schüchternen Anbetung zu verschleiern! Ein in der Nähe so vieler
Zeugen geraubter Kuß darf uns nicht befremden; man führt
Beispiele an, welche zeigen, daß dieß zu Shakspeares Zeiten
nicht für eine bedeutende Vertraulichkeit galt. Vielleicht
dachte er aber auch an die freiere Lebensweise südlicher Länder, die ihm hier oft vorgeschwebt hat, so daß durch das
Ganze hin eine italiänische Luft zu wehen scheint. Ich denke,
dem Sinne des Dichters gemäß müßte dieß Gespräch so
vorgestellt werden, daß Romeo, wie Julie nach dem Tanz
ausruht, an der Rücklehne ihres Sitzes steht und sich seitwärts zu ihr hinüber neigt. Gröber kann man wohl nicht
mißverstehen, als der Maler, der auf einem Bilde der
Shakspeares-Gallery den Romeo als Pilger verkleidet vor
Julien hintreten läßt, weil sie ihn Pilger nennt, indem sie
die liebliche Tändelei seiner Anrede fortführt.

Die Unterredung im Garten hat einen romantischen
Schwung, und doch ist auch hier das Bildlichste und Phan-
tasiereichste immer mit der Einfalt verschwistert, woran man
die unmittelbaren Eingebungen des Herzens erkennt. Welche
süßen Geheimnisse verräth uns die Allwißenheit des Dichters!
Nur die verschwiegene Nacht darf Zeugin dieser rührenden
Klagen, dieser hohen Betheuerungen, dieser Geständnisse, die-
ses Abschiednehmens und Wiederkommens sein. Die arme
Kleine! Wie sie eilt, den Bund unauflöslich zu knüpfen! —
Auch *) der Schauplatz ist nichts weniger als gleichgültig.

_____

*) die Scene 1797. 1801.

Unter dem heitern Himmel, bei deſſen Anblick Romeo Juliens Augen wohl mit Sternen vergleichen konnte, von den
Bäumen umgeben, deren Wipfel der Mond mit Silber ſäumt,
ſtehen die Liebenden unter dem näheren Einfluße der Natur,
und ſind gleichſam von den künſtlichen Verhältniſſen der Ge-
ſellſchaft losgeſprochen. Eben ſo wird in der Abſchiedsſcene
durch die Nachtigall, die nachts auf einem Granatbaum ſingt,
ein ſüdlicher Frühling herbeigezaubert; und nicht etwan ein
Glockenſchlag, ſondern die Stimme der Lerche mahnt ſie an
die feindliche Ankunft des Tages.

Eine Lage wie die, worein Julien die Nachricht von
dem unglücklichen Zweikampfe und von Romeos Verbannung
verſetzt, ließ ſich ſchwerlich ohne alle Härten und Diſſonan-
zen darſtellen; indeſſen will ich nicht läugnen, daß Shakſpeare
ſie weniger geſpart habe, als unumgänglich nöthig war.
Johnſons Tadel, den Perſonen dieſes Stücks, wie bedrängt
ſie auch ſeien, bleibe in ihrer Noth immer noch ein ſinn-
reicher Einfall übrig, hat vielleicht bei den Ausbrüchen der
Verzweiflung Juliens am erſten einigen Schein. Doch glaube
ich, bis auf wenige Zeilen, die ich glücklicher Weiſe in meiner Ueberſetzung auslaßen mußte, weil ſie ganz in Wort-
ſpielen beſtehn, läßt ſich mit richtigen Begriffen von der
Wahrheit im Ausdrucke der Empfindungen Alles retten. Ich
behalte mir darüber eine allgemeine Bemerkung vor.

Romeos Qual iſt noch zerreißender, weil er mit Unrecht, aber doch natürlicher Weiſe, ſich als ſchuldig anklagen
muß. Es entehrt ihn nicht, daß er ſeiner durchaus nicht
mehr mächtig iſt. Wer wollte dieß von dem Jünglinge fordern? Was dem Manne ziemt, weiß der Mönch wohl, aber
auch, daß er in die Luft redet und nur die Amme erbauen
wird. Doch vergehen darüber einige Minuten, während wel-

cher der Verzweifelnde sich sammeln, und dann auf den bün-
digeren Trost horchen kann, daß ihm eine Julia zugesagt
wird, was die Philosophie nicht vermochte. Romeos sanfte
Männlichkeit giebt sich bei andern Gelegenheiten kund. Auch
ohne die Vermittlung der Liebe scheint er über den Haß
hinweg zu sein, und an der Feindschaft der beiden Familien
keinen Antheil zu nehmen. Mit Capulets Tochter verbunden, läßt er sich von Tybalt auf das schnödeste reizen, ohne
es zu ahnden. Er besitzt Muth genug, um hier feig scheinen zu wollen, und nur der Tod des edlen Freundes waffnet
seinen Arm.

Wenn der Dichter uns von dem stürmischen Schmerze
der Liebenden nichts erließ, so ist es dagegen himmlisch zu
sehen, wie sich dessen Ungestüm am Morgen darauf in den
Entzückungen der Liebe besänftigt hat, wie diese bei dem
wehmüthigen Abschiede zugleich vertrauensvoll und Unglück
ahnend aus ihnen spricht. Nachher ist Romeo, obschon in
der Verbannung, nicht mehr niedergeschlagen; die Hoffnung,
die blühende, jugendliche Hoffnung hat sich seiner bemeistert;
fast fröhlich wartet er auf Nachricht. Ach! es ist nur ein
letzter Lebensblitz, wie er selbst nachher solche Aufwallungen
nennt. Was er nun von seinem Bedienten hört, verwandelt
auch wie ein Blitz sein Inneres: zwei Worte, und er ist
entschloßen zum Tode in die Erde hinabzusteigen, die ihn
eben noch so schwebend trug.

Nach dieser unerschütterlichen Entscheidung ist eine Rückkehr in sich selbst nicht am unrechten Orte. Die Berath-
schlagung, wie er sich Gift verschaffen soll, und seine Bitter-
keit gegen die Welt in dem Gespräche mit dem Apotheker
hat etwas vom Tone des Hamlet. Daß Romeo den Paris
an Juliens Grabe treffen muß, ist eine von den vielen Zu-

sammenstellungen des gewöhnlichen Lebens mit dem ganz eignen selbstgeschaffnen Dasein der Liebenden, wodurch Shakspeare den unendlichen Abstand des letzten von jenem anschaulich macht, und zugleich das Wunderbare der Geschichte beglaubigt, indem er es mit dem ganz bekannten Laufe der Dinge umgiebt. Der gutgesinnte Bräutigam, der Julien recht zärtlich geliebt zu haben glaubt, will ein Außerordentliches thun: seine Empfindung wagt sich aus ihrem bürgerlichen Kreiße, wiewohl furchtsam, bis an die Gränze des Romanhaften hin. Und doch, wie anders ist seine Todtenfeier, als die des Geliebten! Wie gelaßen streut er seine Blumen! Ich kann daher nicht fragen: war es nöthig, daß diese redliche Seele noch hingeopfert wird? daß Romeo zum zweitenmale wieder Blut vergießt? Paris gehört zu den Personen, die man im Leben lobpreist, aber im Tode nicht unmäßig betrauert; im Augenblicke des Sterbens *) gewinnt er zu allererst unsre Theilnahme durch die Bitte, in Juliens Grab gelegt zu werden. Romeos Edelmuth bricht auch hier wie ein Strahl aus düstern Wolken hervor, da er über dem durch Unglück mit ihm Verbrüderten die letzten Segensworte spricht.

Wie Juliens ganzes Wesen Liebe, so ist Treue ihre Tugend. Von dem Augenblicke an, da sie Romeos Gattin wird, ist ihr Schicksal an das seinige gefeßelt; sie hat den tiefften Abscheu gegen alles, was sie von ihm abwendig machen will, und fürchtet in gleichem Grade die Gefahr entweihet oder ihm entrißen zu werden. Die tyrannische Heftigkeit ihres Vaters, das Gemeine im Betragen beider Eltern ist sehr anstößig; allein es rettet Julien von dem

---

*) interessirt er zu allererst durch 1797. 1801.

Kampfe zwischen Liebe und kindlicher Gesinnung, der hier
gar nicht an seiner Stelle gewesen wäre: denn jene soll hier
nicht als aus sittlichen Verhältnissen abgeleitet, und mit
Pflichten im Streit, sondern in ihrer ursprünglichen Rein=
heit als das erste Gebot der Natur vorgestellt werden. Nach
einer solchen Begegnung konnte Julia ihre Eltern nicht *) mehr
achten; da sie gezwungen wird, sich zu verstellen, thut sie es
daher mit Festigkeit und ohne Gewißenszweifel.

Daß zu ihrem furchtbaren Selbstgespräch, ehe sie den
Trank nimmt, die Anlage in der Erzählung schon vorhan=
den war, gereicht wieder zu Shakspeares Ruhme. Diese
oberflächliche Aehnlichkeit des Gemeinsten mit dem Höchsten
ist der Triumph der Kunst. Mit welcher Ueberlegenheit hat
er ein solches Wagestück von Darstellung bestanden! Erst
Juliens Schauer, sich allein zu fühlen, fast schon wie im
Grabe; **) das Bestreben, sich zu faßen; der so natürliche
Verdacht, und wie sie ihn mit einer über alles Arge erha=
benen Seele von sich weist, größer als jener Held, der wohl
nicht ohne seine Zuversicht zu Schau zu tragen die angeblich
vergiftete Arzenei austrank; wie dann die Einbildung in Auf=
ruhr geräth, so viele Schrecken das zarte Gehirn des Mäd=
chens verwirren, und sie den Kelch im Taumel hinunterstürzt,
den gelaßen auszuleeren eine zu männliche Entschloßenheit
bewiesen hätte.

Ihr Erwachen im Grabe und die wenigen Augenblicke
nachher schließen sich, eben durch den Gegensatz, auf das
schönste hier an. Der Schlummer, der ihre Lebensgeister so
lange gefeßelt hielt, hat den ***) Aufruhr ihres Blutes ge=

**) 1797. 1801. sehr achten.   **) das Ermannen, der so nat.
1797. 1801.   ***) Tumult.

ſtillt. Sie ſchlägt die Augen auf wie ein Kind, dem die
Mutter etwas verſprach und dem davon geträumt hat, mit
voller Beſinnung ſich ſelbſt zurechtweiſend über das Grauen-
volle um ſie her. Sie läßt ſich nicht hinreißen von der
Stätte zu weichen, wo ſie ihren Geliebten todt ſteht, ſie fragt
nicht, ſie weiß damit genug.

Wie eine milde ſorgſame Vorſehung, die jedoch nicht
mächtig genug iſt, um dem feindſeligen Zufalle vorzubeugen,
ſteht vom Anfange an Bruder Lorenzo *) in der Mitte der
beiden Liebenden. Kein Heiliger, aber ein Weiſer in der
Mönchskutte, ein würdiger, ſanft nachdenkender Alter, faſt
erhaben in ſeiner vertrauten Beſchäftigung mit der lebloſen
Natur, und äußerſt anziehend durch ſeine eben ſo genaue
Kenntniß des menſchlichen Herzens, die mit einer fröhlichen,
ja witzigen Laune gefärbt iſt. So liebenswürdig er ſich
zeigt, laſſen uns doch ſeine naivſten Aeußerungen noch eine
achtungswürdige Gewalt in ſeinem Weſen fühlen. Er hat
einen ſchnellen Kopf, ſich in den Augenblick zu finden und
ihn zu nutzen; muthig in Anſchlägen und Entſchlüßen, fühlt
er ihre Wichtigkeit mit menſchenfreundlichem Ernſt, und ſetzt
ſich ohne Bedenken Gefahren aus, um Gutes zu ſtiften.
Wenn er thut, was ſeine jungen Freunde von ihm verlangen, ſo giebt er nicht leidend ihrem Ungeſtüme nach, ſondern ſeiner eignen Ueberzeugung, ſeiner Ehrerbietung vor einer
Leidenſchaft wie dieſe, welche ſein Herz erräth, wenn er gleich
ihre Herrſchaft nie an ſich ſelbſt erfuhr, oder wenigſtens die
geläuterte Atmoſphäre ſeines Daſeins längſt nicht mehr von
Stürmen getrübt wird. Er thut an Julien eine Forderung
wie an eine Heldin, ermahnt ſie zur Standhaftigkeit in der

---

*) Lorenzo — amante antico e saggio — 1797. 1801.

Liebe wie an eine Tugend, und scheint vorher zu wißen,
daß er sich in ihr nicht betrügen wird. Von seinem Orden
hat er nichts an sich, als ein wenig Verstellungskunst und
physische Furchtsamkeit. Indessen muß die letzte wohl auch
auf Rechnung des Alters kommen. Sie übermannt und ver=
wirrt ihn so, daß er in der unglücklichen Nacht auf dem
Kirchhof Julien in dem Grabmale allein läßt, was freilich
bei ruhiger Besonnenheit gar nicht zu entschuldigen wäre.
Doch ist er gleich darauf in einer Gefahr, der er nicht mehr
entrinnen kann, freimüthig und Herr seiner selbst. Es ist
sonderbar, daß diesem Mönche bei allen Gelegenheiten reli=
giöse Vorstellungsarten eben so weit aus dem Wege liegen,
als ihm sittliche Betrachtungen geläufig sind. Wie er den
verzweifelnden Romeo zu trösten sucht, bietet er ihm

   Der Trübsal süße Milch, Philosophie; —

und in der That ist die vortreffliche Rede, die er kurz dar=
auf an ihn hält, eine Predigt aus der bloßen Vernunft.
Ein einziges Mal theilt er Anweisungen auf den Himmel
aus, nämlich wie er den trostlosen Eltern über Juliens ver=
meinten Tod zuspricht; also bei einem Anlaße, wo es ihm
nicht Ernst damit ist. Man sieht hieraus, mit welchem dumpfen
Sinne Johnson den Dichter muß gelesen haben, da er meint,
Shakspeare habe an Julien ein Beispiel der bestraften Heu=
chelei aufstellen wollen, weil sie ihre Streiche meistens unter
dem Vorwande der Religion spiele. Was für Namen soll
man einer so dickhäutigen Fühllosigkeit geben?

  Mercutio ist nach dem äußern Bau der Fabel *) eine
Nebenperson. Das Einzige, wodurch er auf eine bedeutende
Art in die Handlung eingreift, ist, daß er durch seinen Zwei=

---

*) eine große Nebenp. 1797. 1801.

kampf mit Tybalt den des Romeo herbeiführt (ein Umstand,
den Shakspeare nicht einmal in der Erzählung vorfand), und
dazu bedurfte es keines so hervorstechenden und reichlich begabten Charakters. Aber da es im Geiste des Ganzen liegt,
daß die streitenden Elemente des Lebens, in ihrer höchsten
Energie zu einander gemischt, ungestüm aufbrausen,

> — wie Feu'r und Pulver
> Im Kusse sich verzehrt;

da das Stück, könnte man sagen, durchhin eine große Anti-
these ist, wo Liebe und Haß, das Süßeste und das Herbeste,
Freudenfeste und düstre *) Ahndungen, liebkosende Unmar-
mungen und Todtengrüfte, blühende Jugend und Selbstver-
nichtung unmittelbar beisammen stehen, so wird auch Mercutios fröhlicher Leichtsinn der schwermüthigen Schwärmerei
des Romeo in einem großen Sinne zugesellt und entgegengesetzt. Mercutios Witz ist nicht die kalte Geburt von Bestrebungen des Verstandes, sondern geht aus der unruhigen
Keckheit seines Gemüths unwillkürlich hervor. Eben das
reiche Maß von Phantasie, das im Romeo mit tiefem Gefühle gepaart einen romantischen Hang erzeugt, nimmt im
Mercutio unter den Einflüßen eines hellen Kopfes eine genialische Wendung. In beiden ist ein Gipfel der Lebensfülle sichtbar, in beiden erscheint auch die vorüberrauschende
Flüchtigkeit des Köstlichsten, die vergängliche Natur aller
Blüthen, über die das ganze Schauspiel ein so zartes Kla-
gelied ist. Eben so wohl wie Romeo ist Mercutio zu früh-
zeitigem Tode bestimmt. Er geht mit seinem Leben um,
wie mit einem perlenden Weine, den man auszutrinken eilt,
ehe der rege Geist verdampft. Immer aufgeweckt, immer ein

---

*) Ahnungen 1797. 1801.

Spötter, ein großer *) Bewunderer der Schönen, wie es scheint, obgleich ein verstockter Ketzer in der Liebe, so muthig als muthwillig, so bereit mit dem Degen als mit der Zunge zu fechten, wird er durch eine tödtliche Wunde nicht aus seiner Laune gebracht, und verläßt mit einem Spaße die Welt, in der er sich über Alles lustig gemacht hat.

Die Rolle der Amme hat Shakspeare unstreitig mit Lust und Behagen ausgeführt: Alles an ihr hat eine sprechende Wahrheit. Wie in ihrem Kopfe die Ideen nach willkürlichen Verknüpfungen durch einander gehn, so ist in ihrem Betragen nur der Zusammenhang der Inkonsequenz, und doch weiß sie sich eben so viel mit ihrem schlauen Verstande, als mit ihrer Rechtlichkeit. Sie gehört zu den Seelen, in denen nichts fest haftet, als Vorurtheile, und deren Sittlichkeit immer von dem Wechsel des Augenblicks abhängt. Sie hält eifrig auf ihre Reputation, hat aber dabei ein uneigennütziges Wohlgefallen an Sünden einer gewissen Art, und verräth nicht verwerfliche Anlagen zu einer ehrbaren Kupplerin. Es macht ihr eigentlich unendliche Freude, eine Heiratsgeschichte, das Unterhaltendste, was sie im Leben weiß, wie einen verbotenen Liebeshandel zu betreiben. Darum rechnet sie auch Julien die Beschwerden der Botschaft so hoch an. Wäre sie nicht so sehr albern, so würde sie ganz und gar nichts taugen. So aber ist es doch nur eine sündhafte Gutmütigkeit, was ihr den Rath eingiebt, Julia solle, um der Bedrängniß zu entgehn, den Romeo verläugnen, und sich mit Paris vermählen. Daß ihre Treue gegen die Liebenden die Prüfung der Noth nicht besteht, ist wesentlich, um Juliens Seelenstärke vollkommner zu entfalten, da sie nun

---

*) Freund der S. 1797. 1801.

bei denen, die sie zunächst umgeben, nirgends einen Halt
mehr findet, und bei der Ausführung des vom Lorenzo ihr
angegebenen Entschlußes ganz sich selbst überlaßen bleibt.
Wenn auf der andern Seite diese Abtrünnigkeit aus wahrer
Verderbtheit herrührte, so ließe sich nicht begreifen, wie Julia sie je zu ihrer Vertrauten hätte machen können. Das
kauderwelsche Gemisch von Gutem und Schlechtem im Gemüth der Amme ist also ihrer Bestimmung völlig gemäß,
und man kann nicht sagen, daß Shakspeare den bei ihr aufgewandten Schatz von Menschenkenntniß verschwendet habe.
Allerdings hätte er mit Wenigerem ausreichen können, allein
Freigebigkeit ist überhaupt seine Art, Freigebigkeit mit Allem,
außer mit dem, was nur bei einem sparsamen Gebrauche
wirken kann. Das Verhältniß seiner Kunst zur Natur
erfordert nicht jene strenge Sonderung des Zufälligen vom
Nothwendigen, welche ein unterscheidendes Merkmal der tragischen Poesie der Griechen ausmacht. Das obige gilt auch
vom alten Capulet (bei dem die Zugabe von Lächerlichkeit
uns zum Theil des ernsteren Unwillens überhebt, den sein
Betragen gegen Julien sonst verdient) und von den übrigen
komischen Nebenrollen Peters, der Bedienten und Musikanten.
Der gesellige, wohlmeinende, redliche Benvolio, der rohe Tybalt, der feine, gesittete Graf Paris, sind bloß nach dem
Gesetze der Zweckmäßigkeit mit wenigen, aber bestimmten
Zügen gezeichnet. Der Prinz ist grade, wie man ihn sich
wünschen möchte, ehrenfest und stattlich. Daß ihn der Augenblick des Bedürfnisses immer so auf den Punkt herbeiruft, ist eine theatralische Freiheit, die nicht nach kleinen
Wahrscheinlichkeiten berechnet werden darf, und den Vortheil
gewährt, daß diese unerwartete Dazwischenkunft unter dem
heftigsten Sturme feindseliger Leidenschaften wie die eines

Wesens aus einer höheren Ordnung der Dinge wirkt. Die
letzte Erscheinung des Prinzen wird groß und feierlich, we=
niger durch seine persönlichen Eigenschaften, als durch seine
Stellung, der eben vollendeten tragischen Begebenheit und
den dabei betroffenen Personen gegenüber. Nicht bloß mit
dem Ansehen eines irdischen Richters, sondern als Wortfüh=
rer der Weisheit und Menschlichkeit, versammelt er das Lei=
den, die Schuld und die Theilnahme um sich her, und redet
auf eine dieses ernsten Berufes würdige Art. Die betrach=
tende Stille, welche sein Nachforschen auf den Sturm der
Entscheidungen folgen läßt, ordnet und bekräftiget den ver=
wirrten Schmerz, und sein letzter Ausspruch drückt ihn, gleich=
sam zur ewigen Grabschrift der beiden Unglücklichen, mit
ehernem Griffel in die Tafel des Gedächtnisses.

Lorenzos Erzählung hat den Kunstrichtern Anstoß gege=
ben, weil sie nur das wiederhole, wovon der Zuschauer schon
unterrichtet ist. 'Es ist sehr zu beklagen', sagt Johnson,
'daß der Dichter den Dialog nicht zugleich mit der Handlung
beschloß.' Ei ja, sobald die Katastrophe da ist, das heißt,
sobald die gehörige Anzahl Personen zum Tode befördert
worden, darf der Vorhang nur ohne weitere Umstände fallen!
— Ist es ein Wunder, daß man bei so groben körperlichen
Begriffen von der Vollständigkeit einer tragischen Handlung
nichts von Befriedigungen des Gefühls weiß? Hat uns denn
der Mönch so gar nicht interessiert, daß es uns gleichgültig
sein könnte, ob die Reinheit seiner Gesinnungen verkannt
wird? Noch mehr: die Aussöhnung der beiden Familien=
häupter über den Leichen ihrer Kinder, der einzige Balsam=
tropfen für das zerrißne Herz, wird nur durch ihre Verstän=
digung über den Hergang der Begebenheit möglich. Das
Unglück der Liebenden ist nun doch nicht gänzlich verloren;

aus dem Haße entsprungen, womit das Stück anhebt, wen=
det es sich im Kreißlaufe der Dinge gegen seine Quelle, und
verstopft sie. Aber nicht bloß als nothwendiges Mittel sind
die Aussagen des Mönches und der beiden Bedienten gerecht=
fertigt: sie haben an sich Werth, indem sie die zerstreuten
Eindrücke des Geschehenen auf der traurigen Wahlstatt in
einen einfachen Bericht zusammenfaßen.

Man hat gefunden, Shakspeare habe die Gelegenheit zu
einer sehr pathetischen Scene versäumt, indem er Julien nicht
vor Romeos Tode, in dem Augenblicke, wie er das Gift
genommen, erwachen läßt. Große Erfindung hätte nicht zu
dieser Abänderung gehört, eben so wenig als zu dem ent=
gegengesetzten Auswege, daß Julia erwacht, ehe er noch sei=
nen Tod entschieden hat, und daß Alles glücklich endigt.
Indessen scheint mir Shakspeare, sei es aus Treue gegen die
Erzählung, welche er zunächst vor sich hatte, oder aus über=
legter Wahl, das Beßere getroffen zu haben. Es giebt ein
Maß der Erschütterung, über welches hinaus alles Hinzuge=
fügte entweder zur Folter wird, oder von dem schon durch=
drungenen Gemüthe wirkungslos abgleitet. Bei der grau=
samen Wiedervereinigung der Liebenden auf einen Augenblick
hätte Romeos Reue über seinen vorschnellen Selbstmord,
Juliens Verzweiflung über die erst genährte, dann zernichtete
Täuschung, als sei sie am Ziele ihrer Wünsche, in Ver=
zerrungen übergehen müßen. Niemand zweifelt wohl, daß
Shakspeare diese mit angemeßener Stärke darzustellen ver=
mochte; aber hier war alles Mildernde willkommen, damit
man aus der Wehmuth, der man sich willig hingiebt, nicht
durch allzu peinliche Mißklänge aufgeschreckt würde. Warum
bürdet man dem schon so schuldigen Zufalle noch mehr auf?
Warum soll der gequälte Romeo nicht ruhig 'das Joch feind=

seliger Gestirne von dem lebensmüden Leibe schütteln?' Er
hält seine Geliebte im Arm, und labt sich sterbend mit einem
Wahne ewiger Vermählung. Auch sie sucht den Tod im
Kusse auf seinen Lippen. Diese letzten Augenblicke müßen
ungetheilt der Zärtlichkeit angehören, damit wir den Gedanken
recht fest halten können, daß die Liebe fortlebt, obgleich die
Liebenden untergehen.

Garrick hat diese Scene nach dem Glauben, je mehr
Jammer, je beßer! wirklich umgearbeitet; allein seine Ausführung wird eben Niemanden unglücklich machen: sie ist
äußerst schwach. Auch das Erwachen Juliens hat er ganz
verdorben. Sie erinnert sich nicht an Lorenzos Verheißungen,
sondern glaubt, man wolle sie mit Gewalt dem Paris vermählen, und erkennt den Romeo nicht, der darüber ausruft:
'Sie ist noch nicht wieder bei sich — der Himmel helfe ihr!'
— Ja wohl! und behüte sie vor ungeschickten Umarbeitern!
Nachher, wie der Mönch hereintritt, schilt sie heftig auf ihn,
und will ihn gar mit ihrem Dolch erstechen. Es ist nur
gut, daß sie sich bald darauf entleibt, denn da sie so ungeberdig um sich ficht, so weiß man nicht, wie viel Unheil sie
sonst noch angerichtet hätte. Sonderbar, daß ein großer
Schauspieler dem Dichter, den er anbetete, den er sein halbes Leben hindurch studiert hatte, auf eine so verkehrte Art
etwas anheften konnte!

Noch verdächtiger wird Garricks Sinn für das Höchste
im Shakspeare dadurch, daß er es für nöthig hielt, das
Stück von dem unnatürlichen, tändelnden Witze zu reinigen,
der darin nach seiner Meinung dem Ausdrucke der Empfindung untergeschoben war. Zwar behauptet Johnson ebenfalls, die pathetischen Reden seien immer durch unerwartete
Verfälschungen entstellt; und das Ansehn dieser Kunstrichter

mag Viele verführt haben, besonders da ihr Urtheil der allgemeinen Faßungskraft so herablaßend entgegenkommt. Aechte
Poesie wird ja *) selten recht begriffen, und jeder Gebrauch
der Einbildungskraft erscheint denen unnatürlich, die keinen
Funken davon besitzen. Man vergißt, daß, wenn uns ein
Gegenstand in einer bestimmten Form der Darstellung gezeigt
wird, jeder Theil durch dieß Medium gefärbt sein muß. Man
nimmt das Dichterische im Drama historisch, da es doch eine
Bezeichnungsart ist, deren Unwahrheit gar nicht verhehlt wird,
die aber dennoch das Wesentlichste der Sache richtiger und
lebendiger zur Anschauung zu bringen dient, als das gewißen-
hafteste Protokoll. Eben dadurch führt uns der Dichter mehr
in das Innre der Gemüther, daß er seinen Personen ein
vollkommneres Organ der Mittheilung leiht, als sie in der
Natur haben; und da oft die Gewalt der Leidenschaft ihren
Ausdruck hemmt, und das Vermögen der Aeußerung feßelt,
wie lebhaft auch das Verlangen darnach sein mag, so darf
er dieß Hinderniß aus dem Wege räumen. Nur den wesentlichen Unterschied zwischen beredten und stummen, nach außen
hin strebenden oder auf den innern Menschen sich concen-
trierenden Gefühlen hebe er nicht auf. Nie hat der reiche
Strom seiner Bilder Shakspearen über diese Gränze hinweg-
gerißen. Wie Romeo den vermeinten Tod Juliens erfährt,
sagt er nichts weiter als:

Ist es denn so? ich biet' euch Trotz, ihr Sterne! —
Eben so antwortet Julia nach ihrem Erwachen dem Mönche,
der ihr das ganze vorgefallne Unglück in der Eil gemeldet,
und sie zu fliehn beredet hat:

Geh nur, entweich! denn ich will nicht von hinnen. —

---

*) sehr selten verstanden 1797. 1801.

Beide Male verräth sich die Stärke des Gefühls nur in dem Entschluße, woburch sich die Freiheit dagegen auflehnt.

Wenn die Liebe sich der Liebe offenbart, so ist es das einzige Anliegen des Herzens, die Ueberzeugung von seiner Innigkeit dem Andern einzuflößen, gleichsam das Bewußtsein bis zu ihm zu erweitern. Es verschmäht dabei die Pracht der Rede, worein hohle Bezeugungen nicht gefühlter Anhäng-lichkeit sich eben sowohl kleiden können, und wagt sich nicht an das Unaussprechliche; aber es versteht das Geheimniß, dem einfältigen, ja dem bescheidensten *) Ausbruck eine höhere Seele einzuhauchen. Sollte man diese rührende Herzlichkeit in den Geständnissen, den Betheurungen, dem holden Liebes-geflüster Romeos und Juliens übersehn können? Julia giebt sich mit eben so kindlicher Offenheit hin, wie Miranda im Sturm, und was sie sagt,

**) ist schlichte Einfalt,
Und tänbelt mit der Unschuld süßer Liebe.

Allein die Bewunderung, die Vergötterung ***) des geliebten Wesens kann nicht bildlos sprechen; sie muß sich zu den kühnsten Vergleichungen aufschwingen. Mit dem Zauber-schlage, der das Eine, was ihr vorschwebt, †) aussondert und über die ganze übrige Welt erhebt, hat sie den Maßstab des Wirklichen verloren, und kann bis an die Gränze der Dinge schwärmen, so weit die Flügel der Phantasie sie nur tragen wollen, ohne sich einer Verirrung bewußt zu werden. Liebe ist die Poesie des Lebens: wie sollte sie über ihren Gegen-stand nicht dichten? Je entferntere und ungleichartigere Bil-

---

*) Ausbruch 1797. 1801.
**) 1797. 1801.: is silly sooth,
And dallies with the innocence of love.
***) des Geliebten kann 1797. 1801. †) isolirt 1797. 1801.

der sie herbeiruft, desto sinnreicher müßen ihre Gleichnisse
scheinen, und was der müßige Witz mühsam sucht, um zu
glänzen, darein verfällt die ausschweifende Leidenschaft unwillkürlich. Unbegriffene Widersprüche liegen im Wesen der
Liebe; sie kann sich auch bei der schönsten Erwiderung nicht
in vollkommene Harmonie auflösen, und ist daher schon an
sich geneigt, sich antithetisch zu äußern. Noch natürlicher ist
ihr dieß, sobald äußerliche Verhältnisse sie drängen. Ein
Wortspiel ist ein Gegensatz oder eine Vergleichung zwischen
dem Sinne der Wörter und ihrem Klange; und wie in der
Liebe überhaupt das Geistige und das Sinnliche sich innigst
zu verschmelzen strebt, wie sie die zartesten Anspielungen des
einen auf das andre wahrnimmt und sich daran weidet, so
kann sie auch mit Aehnlichkeiten der Töne *) ahndungsvoll
spielen.

Man verwirft gewöhnlich alle Wortspiele als etwas
Kindisches und Unnatürliches. Ist das erste gegründet, so
kann das zweite nicht sein; und die Erfahrung zeigt allerdings, daß Kinder sich gern mit **) den hörbaren Bestandtheilen der Wörter zu schaffen machen, und sie auf andere Bedeutungen wenden. Die Liebe aber in ihrer unbefangensten
Hingegebenheit versetzt die Seele bei entwickelten Organen
und blühender Lebensfülle auf gewisse Weise in den Stand
der Kindheit zurück. Ohne es zu wollen, habe ich Petrarcas
Apologie gemacht, dessen wunderbare Bilder und Gleichnisse,
immer wiederkehrende Gegensätze und leise mystische Anspielungen auch so vielen Lesern und Kunstrichtern ein Aergerniß gegeben haben. Seine idealische, ätherische, im Entsagen
schwelgende Anbetung Lauras hat nichts mit der jugendlichen

---

*) ahnungsvoll 1797. 1801. **) den sinnlichen 1797. 1801.

Kraft und Glut gemein, die Romeon und Julien für einan-
der zu leben und zu sterben treibt: aber der Stil seiner
Poesie hat viel Aehnlichkeit mit dem Kolorit des zärtlichen
Ausdrucks in unserm Schauspiele.

Ich möchte noch weiter gehn und behaupten, nicht nur
den Freuden und der süßen Pein einer Leidenschaft, wie die
hier dargestellte ist, welche die äußerste Entzündbarkeit der
Phantasie voraussetzt, sei kühne Bildlichkeit und antithetische
Wortfülle eigen; auch das niederwerfendste Leiden, das aus
ihr herfließt, der herbeste Schmerz über Verlust oder Tod
des Geliebten, verläugne in der Art sich zu äußern seinen
Ursprung nicht ganz. Aus diesem Gesichtspunkte, dessen Richtigkeit sich durch mancherlei Erfahrungen bestätigen ließe,
betrachte man die Scenen, wo die beiden Liebenden über
Romeos Verbannung außer sich sind, und Romeos letzte
Rede: und sie sind gerechtfertigt.

Immerhin mag der dramatisierende Rhetor bei den
frostigen Deklamationen, die er an die Stelle der Ergießungen
entflammter Leidenschaft setzt, sich ähnlicher Mittel bedienen:
wer irgend Empfänglichkeit hat, oder bei wem Vorurtheile
ihr nicht in den Weg treten, der wird nicht in Gefahr sein,
jene mit diesen zu verwechseln; er hat an der Wirkung einen
untrüglichen Prüfstein. Es lassen sich auch Kennzeichen angeben, allein ihre Anwendung auf den bestimmten Fall fordert immer noch einen Sinn, den man Niemanden geben
kann. Das wesentlichste Kennzeichen ist die Natur der dargestellten Empfindungen selbst, ihre Tiefe, ihre Eigenthümlichkeit, ihre Konsequenz. Ferner wird durch allen deklama-
torischen Pomp das Bildlose und Abstrakte häufig nur schlecht
verkleidet: denn nur eine arme Phantasie, die nicht durch
das Bedürfniß des Gefühls in Schwung gesetzt wird, braucht

zu dem Vorſatze, geſchmückt zu erſcheinen, ihre Zuflucht zu
nehmen; jedoch es iſt ein vergebliches Bemühen, durch den
Umweg des tobten Begriffs in das Leben zurückkehren zu
wollen. Auch wird der Dichter, welcher auf Koſten der
Wahrheit und Schicklichkeit zu glänzen ſtrebt, die vertrauliche
Nachläßigkeit in den Reden, den Schein augenblicklicher Entſtehung eher vermeiden als ſuchen. Er wird beſorgen, das
Unbewußtſein der redenden Perſonen, daß ſie etwas Außerordentliches ſagen, weil es für ihre Lage höchſt natürlich
iſt, möchte den Zuhörer täuſchen, und das Geſuchte ſeinen
einzigen Werth verlieren, indem es für leicht gefunden gilt.
Im Romeo bietet ſich das Dialogiſche, Freie, aus der Quelle
Strömende ſelbſt der bildlichſten und im höchſten Grade an-
tithetiſchen Reden überall dar; es im Einzelnen zu entwickeln,
würde mich zu weit führen.

Da ich dem Tadel ſo angeſehener engliſcher Kunſtrich-
ter habe widerſprechen müßen, ſo freut es mich dagegen,
den Ausſpruch eines deutſchen aufſtellen zu können, der gewiß unbeſtechlich durch falſchen Schimmer und ein Antipode
alles Phantaſtiſchen und Ueberſpannten war. Leſſing erklärte
Romeo und Julia für das einzige Trauerſpiel, das er kenne,
woran die Liebe ſelbſt habe arbeiten helfen. Ich weiß nicht
ſchöner zu ſchließen, als mit dieſen einfachen Worten, in
denen ſo viel liegt. Ja man darf dieß Gedicht ein harmo-
niſches Wunder nennen, deſſen Beſtandtheile nur jene himm-
liſche Gewalt ſo verſchmelzen konnte. Es iſt zugleich bezaubernd ſüß und ſchmerzlich, rein und glühend, zart und
ungeſtüm, voll elegiſcher Weichheit und tragiſch erſchütternd.

Briefe über Poesie, Silbenmaß und Sprache.

Erster Brief.

Der Dichter, so rühmten von jeher die glühenden Bewunderer seiner Kunst, ist vor allen andern Sterblichen ein begünstigter Liebling der Natur, ein Vertrauter und Bote der Götter, deren Offenbarungen er jenen überbringt. Die irdische Sprache, die nur zu unverkennbar die Spuren des Bedürfnisses und der Eingeschränktheit, welche sie erzeugten, an sich trägt, kann ihm hiezu nicht genügen; die seinige athmet in reinem Aether, sie ist eine Tochter der unsterblichen Harmonie. Fast ohne daß er selbst es weiß, verwandelt sich auf seinen Lippen das Wort in Gesang. Das Entzücken, womit er das von oben Empfangne wieder ausströmt, wird die Belohnung seiner Wohlthat. Leicht und frei wie auf Flügeln wird er über das Looß der Sterblichkeit hinweggehoben, und der heilige Schimmer, der seine begeisterte Stirn verklärt, fordert Anbetung von seinen erstaunten, hingerißenen Zuhörern.

Aber ach! (verzeih mir die getäuschte Erwartung, liebste Freundin, wenn anders mein feierlicher Ton dich irre führen konnte) dieser Dichter ist selbst nur ein Geschöpf der dichtenden Phantasie. Wie viel anders erscheint er in der Wirklichkeit, wenn man ihn in seiner Werkstätte belauscht! Denn er hat eine Werkstätte, wie jeder andre Künstler. Wohl nur scherzend hat man sie mit einer Schmiede verglichen: hier scheinen nicht so wohl Donnerkeile, wie auf dem Amboß der Cyklopen, als Nadeln zugespitzt zu werden. Das schönste Gedicht besteht nur aus Versen; die Verse aus Wörtern; die Wörter aus Silben; die Silben aus einzelnen Lauten. Diese müßen nach ihrem Wohlklange oder Uebelklange geprüft, die Silben gezählt, gemeßen und gewogen, die Wörter gewählt, die Verse endlich zierlich geordnet und an einander gefügt werden. Doch dieß ist noch nicht Alles. Man hat bemerkt, daß es das Ohr angenehm kitzelt, wenn nach bestimmten Zwischenräumen gleichlautende Endungen der Wörter wiederkehren. Diese muß der Dichter also aufsuchen, und oft einer einzigen wegen das ganze Gebiet der Sprache von Westen bis Osten durchstreifen. Bei großer Anstrengung körperlicher Kraft findet noch ein gewisses erhebendes Gefühl statt: aber was kann für den langweiligen Fleiß, für die kleinliche Sorgfalt entschädigen, womit ein vollendetes Gedicht allmählich zusammenbuchstabiert wird? Wie muß dieß alles den erhabnen Geist demüthigen, der des Umganges mit Göttern gewohnt ist! Gewiß, der Fluch der Mühseligkeit, der sich über alles menschliche Thun verbreitet, drückt ihn vorzüglich hart. Auch an ihn ergeht eine drohende Stimme: Im Schweiße deines Angesichtes sollst du Verse machen! Mit Schmerzen sollst du Gedichte zur Welt bringen.

Ich bitte dich indessen, liebe Amalie, was ich dir hier anvertraue, ja nicht weiter zu erzählen. Du würdest mich unfehlbar in üble Händel mit der Zunft verwickeln, für deren

7*

Mitglied du mich aus unverdienter Güte zählen willst. Sieh,
das ist eben das Schlimmste. Andre wackre Leute dürfen
sich wenigstens ihrer Arbeit nicht schämen; ja sie finden eine
Erleichterung darin, es unverhohlen zu äußern, daß ihre Geduld oder ihre Kräfte der Erschöpfung nahe sind. Um den
Dichter wäre es geschehen, wenn er sich nur von fern etwas
dergleichen merken ließe. Er muß sich knechtischem Zwange
mit der stolzen Miene der Freiheit unterwerfen. Seine mit
Fesseln beladenen Hände und Füße bewegt er zum leichten
anmuthigen Tanze. Du glaubst, er ruhe wollüstig auf Rosen, während er sich auf dem Bette des Prokrustes peinlich
dehnt oder krümmt.

Freilich gelingt es auch nicht immer damit. Irgend
ein hartnäckiges Wort will nicht aus seiner Stelle. Ein
Reim, ein einziger, unerbittlicher Reim ist hinlänglich, um
ihn in dem kühnsten und glücklichsten Fluge aufzuhalten.
Stundenlang ruft er diese spröde Echo, ohne daß sie ihm
antwortet. Ja, nicht selten bricht der geheime und anhaltende Zwiespalt zwischen Gedanken und Ausdruck auf der
einen, Silbenmaß und Reim auf der andern Seite in so
heftige Thätlichkeiten aus, daß er, unvermögend die Rechte
beider Parteien zu schonen, zu einem Machtspruch genöthiget
wird, wodurch er es mit dem Ohr oder dem Geiste seiner
Zuhörer, oder auch wohl mit beiden verdirbt.

Hiemit hängt der Umstand zusammen, der dich gewiß
in deiner Meinung von der geringen Wichtigkeit metrischer
Vollendung bestärkt hat, und sie in der That zu begünstigen
scheint: daß nämlich die größten Originaldichter oft ein gewisses Ungeschick zum Versbau verrathen, und sich mehr als
billig darin erlauben. Wem Bilder und Gedanken wie etwas
Fremdes und Zufälliges gleichsam von außen gegeben wer-

den, der kann leicht verändern und vertauschen, weglaßen und
hinzusetzen.   Der selbständige Geist hingegen, welcher sie tief
aus seinem Innern schöpft, würde bei diesen Umwandlungen
an seinem theuersten Eigenthum, ja gewissermaßen an seiner
Person leiden.   Nicht zum Dienen erschaffen, unterwirft er
sich daher das Silbenmaß;   und sollte selbst der Ausdruck
hier und da in's Gedränge kommen, er bleibt unbekümmert
dabei.   Es ist zweifelhaft, ob Dante und Shakspeare, auch
in einem mehr gebildeten Zeitalter, sich um Tassos und Po-
pens glückliche Geschmeidigkeit beworben hätten, und noch
zweifelhafter, ob es ihnen damit gelungen wäre.   Wenn sich
indessen jene unabhängige Fülle nicht mit diesem Talent in
derselben Organisation verträgt, so macht sie es auch entbehrlich.

Vielleicht bist du mir bei der obigen, leider nicht über-
triebnen Schilderung schon mit den Fragen zuvorgeeilt, die
sich hier natürlich darbieten: Wozu also jene Einschränkungen?
Ist das Silbenmaß der Poesie wesentlich?   Ist es nicht vielmehr unnatürlich, die Ergüße eines bewegten Herzens, einer
entflammten Einbildung, eines ganz von seinem Gegenstande
erfüllten Geistes, nach einer mechanischen Regel abzumeßen?
Und sollte man den Dichter nicht mehr über die Thorheit
seines Vornehmens, als über die Schwierigkeit der Ausführung beklagen?   Es ist unläugbar, daß nur die Allgemeinheit der Sitte das Fremde und Auffallende, was darin liegt,
unsrer Bemerkung entziehen kann.   Aber eben dieß muß uns
auch vor einer zu raschen Beantwortung jener Fragen war-
nen.   Ueberall finden wir die Poesie vom Silbenmaß begleitet, damit verschwistert, davon unzertrennlich.   Sein Gebrauch erstreckt sich also fast eben so weit, als die bewohnte Erde;
seine Erfindung ist nicht viel jünger, als das Menschengeschlecht.

Bei einer so allgemeinen Ansicht verdienen einige neuere
Ausnahmen (bei den Alten würde man sie vergeblich suchen)
kaum erwähnt zu werden. Ganz allgemein ist das Silbenmaß bei keinem heutigen Volke von der Bühne verbannt
worden; wenn der dramatische Dichter diesen Schmuck verwirft oder vernachläßigt, so muß er zugleich alle Ansprüche
auf eigentlich dichterische Schönheiten des Dialogs aufgeben,
und selbst der tragische Schauspieler thut in diesem Falle
wohl, den Kothurn abzulegen. Dieß kann daher eher für
eine Beschränkung des Gebietes der Poesie gelten, als für
eine Erweiterung, wie man sie bei der sogenannten poetischen
Prosa im Sinne gehabt zu haben scheint. Wirst du es auf
dich nehmen, dieser zweideutigen Erfindung eine Schutzrede
zu halten? Der Name weissagt nicht viel Gutes, und wenn
man sich bei den Alten nach etwas Aehnlichem umsieht, so
wird man unglücklicher Weise an die Romane der spätern
Sophisten erinnert. Denn es gilt ziemlich gleich, ob rhetorische Anmaßung, oder eine Art von dichterischem Unvermögen eine solche Gattung erzeugt, die, indem sie die aus-
schließenden Vorrechte der Poesie und Prosa vereinigen will,
die ächte Vollkommenheit beider verfehlt. Bemerke auch,
daß sie unter den neuern Sprachen am besten in der französischen gediehen ist, welche mehr den Zwang als die Musik
der Silbenmaße kennt. Es mag ihr also hingehen, daß sie
sich für eine Verwahrlosung der Natur an der Kunst zu
rächen sucht. Bei einigen geschätzten Werken dieser Art unterscheidet man billig den Geist der Urheber von dem Werthe
der von ihnen gewählten Form.

Jene Uebereinstimmung der verschiedensten Völker und
Zeiten läßt sich unmöglich zu einem willkürlichen, zufälligen
Einverständnisse herabsetzen. So unstatthaft es ist, von der

Allgemeinheit einer Meinung auf ihre Wahrheit zu schließen, wie man oft gewagt hat, so zuverläßig berechtigt uns die Allgemeinheit einer Sitte, ihr Gültigkeit für den Menschen zuzuschreiben, zu behaupten, sie gründe sich auf irgend ein körperliches oder geistiges Bedürfniß seiner Natur. Strenge genommen ist überhaupt nichts im menschlichen Thun willkürlich, auch das nicht, woran sich keine Spur von Absicht wahrnehmen läßt: wenn man sich vornimmt, einmal ohne allen Grund bloß nach Willkür zu handeln, so ist eben dieß schon der Grund, welcher den Willen bestimmt; und am unwillkürlichsten handeln wir unter dem Einflusse dunkler Antriebe, die sich unserm Bewußtsein entziehen. Zufällig nennen wir in Werken und Anordnungen des Menschen was nicht durch wesentliche Verhältnisse nothwendig bestimmt, sondern durch fremde Umstände hervorgebracht wird. Was daher unter ganz entgegengesetzten Einwirkungen des Himmelsstrichs und der Lebensweise, bei der abweichendsten Mannichfaltigkeit der Anlagen, und auf jeder Stufe ihrer Entwickelung, immer wieder, dem Wesen nach unverändert, hervorgeht: wie könnte man das für zufällig erklären?

Hieraus folgt unläugbar, daß der rhythmische Gang der Poesie dem Menschen nicht weniger natürlich ist, als sie selbst. Beides ist keine überlieferte Erfindung, sondern eben so einheimisch in den erstarrten Wüsten längs dem Eismeere, wie auf den lieblichen Südseeinseln; am Ontario, wie am Ganges. Ueberall, wo nur Menschen athmeten und lebten, empfanden und sprachen, da dichteten und sangen sie auch. Dieß bezeugt die älteste Sage der Vorwelt, die selbst nur durch den Mund der Poesie zu uns redet; die Beobachtung ungebildeter roher Völker legt es uns täglich vor Augen.

In ihrem Ursprunge macht Poesie mit Musik und Tanz

ein untheilbares Ganzes aus. Der Tanz hat in allen seinen
Gestalten, von der einfachsten Natur bis zu den sinnreichsten
Erweiterungen der Kunst, vom Freudensprunge des Wilden
bis zum noverrischen Ballet, nie die Begleitung der Musik
entbehren gelernt. Dagegen bestehen jetzt Poesie und Musik
ganz unabhängig von einander: ihre Werke bilden sich vereinzelt in den Seelen verschiedner, oft sich mißverstehender
Künstler, und müssen absichtlich darauf gerichtet werden, durch
die Täuschung des Vortrages wieder eins zu scheinen. Es
ist mit diesen Künsten wie mit den Gewerben ergangen. In
den altväterlichen Zeiten trieb jeder sie alle für seine eigne
Nothdurft; mit dem Fortgange der geselligen Ausbildung
schieden sie sich mehr und mehr. Der absondernde Verstand
hat sich selbst an dem Eigenthume des Dichtungsvermögens
geübt, dessen Wirksamkeit im Verknüpfen besteht. Je mehr
er die Oberhand gewinnt, desto mehr gelingt es ihm, jeden
Zusammenhang zu lösen, der sich nicht auf die Begriffe zurückführen läßt. Alsdann spielt er gern den Ungläubigen, und
behauptet, was seine Geschäftigkeit zerstört hat, sei nie wirklich vorhanden gewesen. Aber der geheimste Zusammenhang
ist oft auch der innigste; eben weil er nicht auf dem, was
der Begriff erschöpft, sondern auf solchen Beschaffenheiten
der Dinge beruht, welche nur durch die unmittelbare Anschauung aufgefaßt werden können, das heißt, auf ihrem
eigentlichen Leben. Wir dürfen ihn nicht wegzuklügeln suchen,
weil wir ihn bloß fühlen: denn was nicht ist, kann nicht
auf uns wirken.

Die Sprache, die wunderbarste Schöpfung des menschlichen Dichtungsvermögens, gleichsam das große, nie vollendete Gedicht, worin die menschliche Natur sich selbst darstellt,
bietet uns von dem, was ich eben sagte, ein auffallendes

Beispiel dar. So wie sie auf der einen Seite, vom Verstande bearbeitet, an Brauchbarkeit zu allen seinen Verrichtungen zunimmt, so büßt sie auf der andern an jener ursprünglichen Kraft ein, die im nothwendigen Zusammenhange
zwischen den Zeichen der Mittheilung und dem Bezeichneten
liegt. So wie die gränzenlose Mannichfaltigkeit der Natur
in abgezognen Begriffen verarmt, so sinkt die lebendige Fülle
der Töne immer mehr zum todten Buchstaben hinab. Zwar
ist es unmöglich, daß dieser jene völlig verdrängen sollte,
weil der Mensch immer ein empfindendes Wesen bleibt, und
sein angeborner Trieb, Andern von seinem innersten Dasein
Zeugniß zu geben, und es dadurch in ihnen zu vervielfäl-
tigen (wie sehr ihn auch die Herrschaft des Verstandes, der
sein Wesen, so zu sagen, immer außer uns treibt, schwächen
möge), doch nie ganz verloren gehen kann. Allein in den
gebildeten Sprachen, hauptsächlich in der Gestalt, wie sie
zum Vortrage der deutlichen Einsicht, der Wißenschaft gebraucht
werden, wittern wir kaum noch einige verlorne Spuren ihres
Ursprunges, von welchem sie so unermeßlich weit entfernt
sind; wir können sie fast nicht anders, als wie eine Sammlung durch Uebereinkunft festgesetzter Zeichen betrachten. Indessen liegt doch jene innige, unwiderstehliche, eingeschränkte,
aber selbst in ihrer Eingeschränktheit unendliche Sprache der
Natur in ihnen verborgen; sie muß in ihnen liegen: nur
dadurch wird eine Poesie möglich. Der ist ein Dichter, der
die unsichtbare Gottheit nicht nur entdeckt, sondern sie auch
Andern zu offenbaren weiß; und der Grad von Klarheit,
womit dieß noch in *)einer Sprache geschehen kann, bestimmt
ihre poetische Stärke.

---

*) seiner 1795.

Ich hatte dir vorgeworfen, du wärest bei deinem seelen=
vollen Vorlesen doch in Gefahr, einem Gedichte hier und da
Schaden zuzufügen, oder wenigstens nicht alle Schönheiten
gelten zu machen, weil du dich niemals im Mindesten um
die Verskunst bekümmert hast. Du wolltest dieß zwar nicht
eingestehn, doch einige prosodische Erörterungen dir wohl
gefallen laßen, wenn sie nur recht kurz und bündig wären;
und nun findest du dich unversehens von der Mühe, die es
heut zu Tage unsern Dichtern kostet, die Geburten ihrer Phan=
tasie in Verse, oder, wie die ehrlichen Alten sagten, in Reime
zu zwingen, bis zum Ursprunge der Poesie, ja bis zur ersten
Entwickelung der Sprache weggerückt. Schreibe dieß indessen
lieber jener sinnreich bemerkten Aehnlichkeit zwischen der
Sprache der Philosophie und dem Dithyramben, als der Ab=
sicht zu, dich mit Hinterlist in theoretische Untersuchungen
der Kunst zu verstricken, vor welchen ich deine Abneigung
kenne. Du weißt, daß ich selbst die Theorie, an sich betrach=
tet, nicht liebe, sondern sie nur als ein nothwendiges Uebel
ansehe. Sie ist für die Poesie der Baum der Erkenntniß
des Guten und Bösen; sobald diese davon gekostet hatte,
war ihr Paradies der Unschuld verloren. Das Glück des
goldnen Zeitalters bestand darin, keine Gesetze zu bedürfen;
aber in dem unsrigen können wir leider so wenig in der
Kunst, als in der bürgerlichen Gesellschaft, ihrer entrathen.
Der Eifer mancher warmen Freunde des Schönen gegen sie
darf sich daher, um nicht unbillig zu sein, nur wider die
Machtgebote des Systems oder des Vorurtheils, welche man
für ächte Gesetze der Kunst ausgiebt, oder wider die gesetz=
gebenden Anmaßungen des Philosophen in einem ihm frem=
den Gebiete auflehnen. Diesem Mißverständnisse wäre vielleicht
vorgebeugt worden, wenn man der Theorie, statt des wißen=

schaftlichen Vortrags, die mehr anziehende historische Form
geliehen hätte. Sie kann sie annehmen: denn indem man
erklärt, wie die Kunst wurde, zeigt man zugleich auf das
einleuchtendste, was sie sein soll. Auch ist nicht zu besorgen,
die Ansichten der Theorie möchten dadurch beschränkt werden;
sie hat vielmehr Erweiterung davon zu hoffen. Eben deswegen haben ja viele Kunstrichter ein so enges Regelgebäude
errichtet, weil sie nur die Werke ihres eignen Volkes und
zwar im Zeitalter der künstlichen Bildung vor Augen hatten;
weil sie sich nie bis zur Weltgeschichte der Phantasie und
des Gefühls erhoben. Welch ein weiter Horizont ist es,
der alles uns bekannte Schöne der Poesie, was jemals
irgendwo unter den Menschen erschien, in sich faßt! Gewiß,
der Forscher hat keine Ursache, sich darüber zu beklagen, daß
er jenseit desselben nichts wahrzunehmen vermag, und es
dem dichtenden Geiste überlaßen muß, die noch nicht vorhandne Vortrefflichkeit vorherzusehen.

Meine Absicht ist, dir darzuthun, daß das Silbenmaß
keinesweges ein äußerlicher Zierrat, sondern innig in das
Wesen der Poesie verwebt ist, und daß sein verborgner Zauber an ihren Eindrücken auf uns weit größern Antheil hat,
als wir gewöhnlich glauben. Ich unternehme es nicht, hiebei von allgemeinen Grundsätzen auszugehen, weil mir das
Meiste von unsrer so wunderbar zusammengesetzten äußern
und innern Organisation abzuhängen scheint, welche wir als
eine Thatsache erst aus einzelnen Beobachtungen kennen lernen. Eine förmliche Geschichte der Metrik würde bei mir
weit mehr Kenntnisse, bei dir vielleicht mehr Geduld erfordern, als wir beide haben. Indessen dürfen wir doch nicht
bei den Werken unsrer heutigen Dichtkunst stehen bleiben,
deren musikalischer Theil, ganz vernachläßigt, beinah ver-

stummend in Büchern aufbewahrt wird. Hier erscheint sie
uns durch Erfindungen des geschäftig müßigen Witzes so
vielfach bereichert oder entstellt, und dem Eigensinn der Gewohnheit oft so unterthänig, daß wir in Gefahr kommen
möchten, das Ursprüngliche und Unwandelbare in ihr vergebens zu suchen, oder, fänden wir es auch, es nicht für
das, was es ist, anzuerkennen. Nein, laß uns in jene
früheren Zeiten zurückkehren, wo die erst unmündige, bald
kindliche, dann jugendliche Kunst (wenn sie anders da schon
diesen Namen tragen soll, der die Vorstellung von besonnenen Absichten und von kühlem Ueberrechnen der Wirkung
eines Verfahrens erregt) von der gütigen Natur selbst ge-
pflegt und erzogen ward. Diese Wandrung wird wohlthätig
für uns sein; wir werden sie nicht in Gesellschaft jenes höchst
verfeinerten Geschmacks anstellen, welcher oft nur in Empfindlichkeit gegen oberflächliche Berührungen bei einer gänzlichen Erstorbenheit des Innern besteht.

Die Folge meiner Betrachtungen war etwa diese. Der
Zwang des Silbenmaßes scheint bei der Aeußerung lebhafter Vorstellungen und nachdrücklicher Regungen nicht natürlich, und daher auch mit der Absicht des Dichters, sie Andern so vollkommen als möglich mitzutheilen, im Widerspruch
zu sein. Dennoch tritt die Poesie überall und zu allen Zeiten in irgend einer gemessenen Bewegung auf. Dieß muß,
wie jede durchaus allgemeine Sitte, seinen Grund in der
menschlichen Natur haben, dem man am leichtesten im Ursprunge derselben nachspüren kann, weil Absicht und Ueberlegung sich da noch am wenigsten in die Spiele des sicher
leitenden Instinktes mischen. Poesie entstand gemeinschaftlich
mit Musik und Tanz, und das Silbenmaß war das sinnliche
Band ihrer Vereinigung mit diesen verschwisterten Künsten.

Auch nachdem sie von ihnen getrennt ist, muß sie immer noch Gesang und gleichsam Tanz in die Rede zu bringen suchen, wenn sie noch dem dichtenden Vermögen angehören, und nicht bloß Uebung des Verstandes sein will. Dieß hängt genau mit ihrem Bestreben zusammen, die Sprache durch eine höhere Vollendung zu ihrer ursprünglichen Kraft zurückzuführen, und Zeichen der Verabredung durch die Art des Gebrauches beinah in natürliche und an sich bedeutende Zeichen umzuschaffen.

Hier bin ich nun auf den Punkt gelangt, wovon ich wieder auszugehen wünschte. Ich mußte dir diesen Zusammenhang wenigstens in flüchtigen Zügen entwerfen, damit du mich nicht beschuldigtest, ich mache es wie jener Sänger des trojanischen Krieges, der vom Ei der Leda anhob, oder wie so mancher Chronikschreiber, der die Begebenheiten seiner kleinen Ortschaft unmittelbar an die Geschichte der Schöpfung anschließt. Laß mich erst in den einfachen Anlagen zur Metrik den Beweis ihrer Wichtigkeit, ich möchte sagen ihrer Unentbehrlichkeit, aufsuchen; hierauf an ihrer fortschreitenden Ausbildung im Allgemeinen die Schönheit entwickeln, welche sie zu erreichen strebt; und endlich zeigen, wie diese durch den unendlich verschiednen Bau der Sprachen in jeder eigenthümlich, und zwar sehr abweichend bestimmt, bald begünstigt und bald gehindert wird.

Zweiter Brief.

Fast gereut mich meines Vorhabens, liebe Freundin, da du mir bei seiner Ausführung so harte Bedingungen vorschreibst. Was ich nicht ohne Hülfe eines Kunstwortes sagen kann, soll ich nur verschweigen. Allem eigentlich Wissenschaftlichen, sei es nun Metaphysik oder Grammatik,

willſt du den Zutritt durchaus nicht verſtatten. Geſtehe nur,
deine Abſicht hiebei iſt weniger, es dir leicht, als es mir
ſchwer zu machen. Du beſorgſt, ich möchte ein unwillkomm-
nes Licht auf Gegenſtände werfen, die du lieber in einer
freundlichen Dämmerung erblickſt, und den Zauber vernichten, indem ich mich bemühe, ihn zu erklären. Aber gieb
mir nur Raum: auch nach den ſtrengſten und ſorgfältigſten
Zergliederungen bleibt unſre eigne Natur uns immer noch
ein Räthſel; beſonders iſt das Gewebe unſrer Empfindungen
ſo fein und dicht, daß ſich die einzelnen Fäden, woraus es
beſteht, kaum unterſcheiden, geſchweige denn unverſehrt auf-
trennen laßen. Wir werden oft Gelegenheit finden, im Genuße des Ahnens und halben Errathens den forſchenden
Ernſt aufzuheitern.

Wenn du gleich auf der einen Seite die Langeweile
eines methodiſchen Unterrichts flieheſt, ſo biſt du doch wohl
auf der andern nicht von jener Begierde nach verſagter Erkenntniß frei, die zwar uns Allen angeboren ſcheint, ſich
aber doch, wenn wir einer ehrwürdigen Urkunde trauen ſollen,
in deinem Geſchlechte am früheſten verrathen hat. Sie lockt
auch mich, ich will es nicht läugnen, zu Unterſuchungen über
jene Geſchichte hin, die aller eigentlichen Geſchichte voraus-
geht. Wir ſteigen gar zu gern in die Tiefe der Zeiten bis
zu einer unbekannten und eben deswegen heiligen Urwelt
hinab. Wir bekümmern uns genauer um den erſten Menſchen,
als manchmal um unſre Vettern und Muhmen. Wir äng-
ſtigen uns, wie er doch ſeine von der armſeligſten Thierheit
gefeſſelten Anlagen entwickeln, wie er ſich aus ſo manchen
Verlegenheiten ziehen wird. Was gäben wir nicht darum,
bei ſeiner Erſchaffung, ja bei der Schöpfung überhaupt gegenwärtig geweſen zu ſein!

Die Frage vom Ursprunge der Sprache steht mit den Meinungen über den anfänglichen Zustand des Menschen in engem Bezuge. Sie ist sehr alt, denn sie hat schon vor ein Paar tausend Jahren Denker beschäftigt; und die mancherlei entgegengesetzten Auflösungen, welche man damals, wie in den neuesten Zeiten, versucht hat, erinnern uns zwar, daß es fast eben so schwer ist, neue Irrthümer, als neue Wahrheiten zu ersinnen, aber sie dürfen uns keine Zweifel erregen, ob eine vollständige und genugthuende Beantwortung auch wohl möglich sei. Historische Nachrichten kann die Philosophie freilich nicht ertheilen: sie begnügt sich darzuthun, aus und mit welchen Anlagen des Menschen die Sprache sich entwickeln konnte und mußte, ohne den wirklichen Vorgang dieser Begebenheit nach Zeit, Ort und Umständen erzählen zu wollen. Zwischen der letzten, bestimmtesten Anwendung ihrer allgemeinen Lehren, und den ältesten Urkunden, die wir in aufbewahrten Schriften oder in der Kindheit noch vorhandner Sprachen entziffern können, ist der Abstand so groß, daß man nur durch einen tödtlichen Sprung hinüber gelangen kann. Viele haben ihn indessen von diesseits und jenseits gewagt, die Lücke ist mit sinnreichen Spielen oder schwerfälligen Grübeleien einer gewissen philosophischen Etymologie, die weder der genaue Sprachforscher, noch der nüchterne Philosoph anerkennt, reichlich bevölkert, scheinbar ausgefüllt worden; und wenn man jene Schattenwesen nicht so unstät und ohne Haltung herumschweben sähe, könnte man wirklich glauben, sie hätten festen Boden unter sich. Was das Uebelste ist, so haben die mißlungenen Bemühungen, die Sprachen aller Völker von einem gemeinschaftlichen Stamme abzuleiten, indem man sie mit der philosophischen Theorie über ihren Ursprung verwechselte, diese selbst verdächtig

gemacht. Du erläßest mir es gern, dir von den Schulübungen
unsers ersten Stammvaters zu erzählen, von dem göttlichen
Unterricht, der seiner Unfähigkeit, die Sprache zu erfinden,
zu Hülfe gekommen sein soll, da doch zu ihrer Erlernung
dasselbe Vermögen erfordert wird, dem ihre Erfindung an=
gehört: nämlich das Vermögen, Vorstellungen durch Zeichen
festzuhalten und zu erneuern; oder von der müßigen und
überlegten Verabredung der Menschen, kraft welcher sie den
Dingen diese oder jene beliebigen Namen gaben, wie man
etwa seine Kinder tauft, und sich also verständigten, ehe sie
ein Mittel der Verständigung hatten. Diese beiden Mei=
nungen sind vielleicht noch nicht für immer abgewiesen, doch
gewiß für immer widerlegt. Aber ihre siegreichen Gegner
sind nur darin einig, daß sie keine Verirrung aus der mensch=
lichen Natur oder über sie hinaus gelten laßen, und einen
wesentlichen Zusammenhang zwischen den ersten Zeichen und
ihrer Bedeutung anerkennen: sie widersprechen sich in der
Art ihn zu erklären. Die Sprache ist entweder aus Tönen
der Empfindung ganz allein, oder aus Nachahmungen der
Gegenstände ganz allein, oder aus beiden zusammen entstan=
den. Der Hauptsache und dem Wesen nach laßen sich nicht
mehr Systeme denken, als diese drei: und wenn die zahl=
reichen Schriften, worin sie vorgetragen werden, eine größere
Mannichfaltigkeit darbieten, so liegt sie nur in ihrer Begrün=
dung und ausführlicheren Bestimmung.

Nicht dem Menschen allein, auch vielen Gattungen von
Thieren bringt das Gefühl ihres Zustandes gewisse Laute
ab, die von verwandten Geschöpfen mit einer ähnlichen, oft
fast eben so starken Erschütterung der Nerven wie die, welche
sie erzeugte, vernommen werden. Bei manchen bleibt die
Stimme nur für die dringendste Noth, für die heftigsten

Leidenschaften aufgespart, und selbst ihre Geselligkeit ist meistens stumm. Andern hingegen ist bei einer Organisation, die sich der menschlichen weit weniger nähert, zum Theil auch bei beschränkteren Anlagen und einem geringern Maße von Gelehrigkeit, der vielfachste, beredteste Ausdruck sogar der zarteren Regungen, und, wie es scheint, eine unermüdliche Lust an ihren eignen Tönen gegönnet.

Wenn man den Menschen, bloß nach seiner körperlichen Zusammensetzung betrachtet, zu jenen rechnet (und dieß hat allen Anschein für sich; denn zu unsrer Demüthigung gleichen wir dem häßlichsten Affen viel mehr, als der Nachtigall): so ist es allerdings einleuchtend, daß der Schrei körperlicher Schmerzen oder thierischer Begierden vom ersten Wimmern des Neugebornen bis zum letzten Aechzen des Sterbenden, sich nie bis zur Rede erheben kann; und der Empfindung wird folglich mit Recht aller Antheil an ihrer Entstehung abgesprochen. Selbst die einfachen Ausrufe der Leidenschaft (Interjektionen), welche auch die verfeinteste Sprache noch gelten läßt, sind eigentlich nicht mehr jene unwillkürlich hervorgebrachten Laute selbst, sondern vertreten sie nur durch ihren gemilderten Ausdruck, und fließen also mit allen übrigen Wörtern aus der gemeinschaftlichen Quelle der Nachahmung her.

Dennoch ist es unläugbar, und wir erfahren es täglich, daß der Mensch eben so wohl für seine Empfindungen als für seine Gedanken Zeichen der Mittheilung hat; und zwar nicht allein für die, welche seinen Organen von außen durch eine körperliche Gewalt eingedrückt werden, sondern auch für solche, deren ihn bloß seine höhere Natur empfänglich macht, und wodurch der prometheische Funke in dem Stoffe, den er belebt, sich freithätig und herrschend beweiset. Diese Zeichen

bestehen im lebendigen Vortrage der Rede und in den Ge=
berden: wenn anders alles, wodurch sich das Innre im
Aeußern offenbart, mit Recht Sprache heißt, so verdienen
sie eben so sehr diesen Namen zu tragen, als die Schätze
des Wörterbuchs. Einige Geberden sind nachahmend, oder
zeigen auch gleichsam auf die Gegenstände hin; manche Bie=
gungen der Stimme dienen dazu, die Beziehung der Begriffe
auf einander deutlich, ihre größere oder geringere Wichtigkeit
anschaulich zu machen; allein in den meisten redet das Ge=
fühl, und zwar wendet es sich hiebei nicht an den Verstand,
als an den Ausleger seiner Aeußerungen, sondern weiß sich
unmittelbar mitzutheilen. Wenn wir zum Beispiel die Mie=
nen eines Traurigen sehen, und den Ton seiner Stimme
hören, ohne die Worte zu verstehn; ist etwa erst ein Schluß
nöthig, um uns von seiner Gemüthslage zu unterrichten?
oder wird nicht vielmehr durch die Eindrücke auf Auge und
Ohr in unsern innern Organen, und dadurch in unsrer Seele
eine ähnliche Bewegung hervorgebracht? 'Jede Regung',
sagt ein alter Philosoph, 'hat von Natur ihre Geberde,
Miene und Stimme: der ganze Körper des Menschen gleicht
den Saiten einer Leier, welche, je nachdem die Seele sie
rührt, verschiedne Töne angeben.' Könnte man dieß schöne
Gleichniß nicht auch auf die Mittheilung der Gefühle an=
wenden, und, um sie zu erklären, an jenes Gesetz der tönen=
den Körper erinnern, nach welchem gleichgestimmte Saiten,
ohne sich sichtbar zu berühren, nur durch die erschütterte Luft
ihre Bebungen gegenseitig bis zu einander fortpflanzen? Aber
wie es auch zugehen mag: wohl uns, daß ein innigeres Band
des Mitgefühls, als der eigennützige Ideenhandel des Ver=
standes, das menschliche Geschlecht zu einem Ganzen ver=
knüpft! Wir würden sonst mitten in der Gesellschaft einsam,

im Leiden von aller Theilnahme verlaßen, im Glücke selbst zu den todten Freuden des Egoismus verdammt sein.

Diese Sprache schränkt sich keinesweges bloß auf die stärksten Regungen oder eigentlichen Leidenschaften ein. Sie folgt mit ihrem Ausdrucke den unendlich verschiednen Graden und Abstufungen der Empfindung, im weitesten Sinne des Wortes, für Wahrnehmung des eignen Zustandes genommen; ja selbst die Gleichgültigkeit hat den ihrigen. Irgend einer wird daher mit allen ausgesprochenen Gedanken vernommen, und nur, indem wir ihnen durch das künstliche Hülfsmittel der Schrift eine Art von Fortdauer außer uns verschaffen, wird es möglich, ihn ganz davon abzusondern. Sobald aber diese Zeichen wieder durch die Stimme belebt werden sollen, so muß der Leser den Ausdruck hinzubringen, mit welchem er vermuthen kann, daß der Urheber eines Gedankens ihn ausgesprochen hätte.

Weit entfernt, daß die Sprache der Geberden, Mienen und Accente von irgend einer Uebereinkunft abhienge, oder erst durch die Erziehung erlernt würde, ist aller Zwang der Erziehung und des Wohlstandes nicht im Stande, sie je ganz zu unterdrücken, oder, wo es an innrer Empfänglichkeit fehlt, den Mangel im Aeußern vollkommen zu ersetzen. Wie weit man es auch in der Herrschaft über die Bewegungen des Körpers und der Stimme bringen mag; einige Gefühle sind dennoch zu stark, als daß man ihren Ausdruck völlig ersticken, andre zu heilig, als daß man ihn erheucheln könnte. Selbst wo die verstrickenden Verhältnisse der bürgerlichen Gesellschaft die Verstellung zum täglichen Geschäfte machen, täuscht man sich nicht sonderlich, weil der Scharfsinn im Unterscheiden mit der Geschicklichkeit im Nachahmen immer im gleichen Grade zunimmt. Die Einfalt

8 *

der Natur ist als Schauspielerin dessen, was sie wirklich fühlt, der geübtesten Kunst überlegen, die eine fremde Rolle übernimmt.

Nicht wahr, meine Freundin, jetzt gewinnt die Lehre, welche, mit Ausschließung der Nachahmung, die Empfindung zur einzigen Bildnerin der Sprache macht, ein ganz andres Ansehen? Wir forschen nach dem Ursprunge der Sprache; wir betrachten ihre jetzigen Bestandtheile; wir finden darunter etwas, was so wenig der künstlichen Verabredung oder dem Witze einzelner Menschen angehört, daß es vielmehr durch alle von diesen herrührende Zusätze und Veränderungen unfehlbar geschwächt und entstellt wird; das sich in seiner größten Reinheit und Stärke grade unter solchen Völkern findet, deren Zustand sich am wenigsten von dem Ursprünglichen zu entfernen scheint, oder deren reiche und regsame Empfänglichkeit den Wirkungen der feinern Ausbildung das Gegengewicht hält; etwas, worin jedes Kind und jeder Wilde die Beredsamkeit eines Demosthenes beschämt; wodurch endlich Menschen aus den entferntesten Zonen, und, würden sie wieder ins Leben gerufen, aus den entferntesten Jahrhunderten, einander mittheilen könnten, was in ihrem Innern vorgeht. Dürfen wir also noch anstehen, dieß für die ächte, ewige, allgemein gültige Sprache des Menschengeschlechts anzuerkennen? Und ist sie das: wie ließe sich noch zweifeln, daß sie in allen einzelnen und abgeleiteten Sprachen das Ursprüngliche ausmacht?

Nun scheint auch der Einwurf wegzufallen, der von dem Gegensatze zwischen thierischem Geschrei und artikulierter Rede hergenommen wird, indem man behauptet, der gänzliche Mangel an Verwandtschaft zwischen beiden mache einen Uebergang unmöglich. Es ist wahr, die vierfüßigen Thiere schreien nur; aber die Vögel singen zum Theil; hier sehen wir also

schon zwei ganz verschiedne Sprachen (ohne die vielen Dialekte
der besondern Thiergeschlechter zu rechnen), welche die Natur
durch die verschiedne Einrichtung der Organe mit ähnlichen
Empfindungen verknüpft hat. Wäre es denn so unwahr-
scheinlich, daß sie auch dem edelsten Thier eine ihm ausschließend eigne Sprache der Empfindung verliehen hätte?
Jeder Mensch fängt freilich den Gebrauch seiner Stimme mit
Schreien an, wenn wir nicht etwa jene Kinder der Chorasmier
ausnehmen wollen, die nach der Erzählung eines morgenlän-
dischen Geschichtschreibers*) schon in der Wiege die musikalischen Anlagen des Volkes verrathen, indem sie fast melo-
disch weinen. Allein, man würde sich sehr irren, wenn man
von den ersten Uebungen eines noch schwachen Organs einen
ungünstigen Schluß auf das, wozu die Natur es im Zustande
seiner völligen Entwickelung und Stärke bestimmt hat, her-
leiten wollte. Die Jungen der Nachtigall könnte man nach
ihrem unbedeutenden Zwitschern mit Sperlingen verwechseln.
Die Kinder lernen erst durch Nachahmung der Erwachsenen
sprechen: beweist dieß, daß die dazu erforderliche Bewegng
ihren Organen nicht von Natur eigen ist? Zeigt nicht vielmehr ihr früher Trieb dazu das Gegentheil? Ihre Fortschritte hierin sind im Vergleich mit denen, welche sie in
jeder andern Verrichtung machen, nicht vorzüglich langsam;
ja, viele Kinder lernen die Zunge weit eher fertig bewegen,
als die Füße. Vielleicht findet auch bei Thieren eine Nachahmung der Alten durch die Jungen, bei manchen sogar eine
Art von Unterricht statt. Einige Vögel scheinen ja ihre
Kleinen fliegen zu lehren: warum nicht auch singen? Von
der Nachtigall wirst du es dem Dichter und Musiker, die

---

*) Ibn Arabschah. S. Jones de poesi Asiat. im ersten Kapitel.

diesen Gedanken so bezaubernd ausgeführt haben *), gewiß
willig glauben, ohne auf die Bestätigung des Naturforschers
zu warten.　Zwar ist schöner Gesang dem Menschen nicht so
angeboren, wie diesem beneideten zarten Geschöpfe, das gleich=
sam ganz Kehle, ganz Wohllaut ist;　aber die Stimme auf
irgend eine Art singend zu biegen, ist auch den menschlichen
Organen sehr natürlich, wie man es oft an Kindern beobach=
ten kann.　Die erste Sprache mag ein wüstes Gemisch von
Geschrei und Gesange gewesen sein:　und warum wäre es
unmöglich, daß dieses nach und nach gemäßigt und herab=
gestimmt, durch viele Mittelstufen sich endlich in eine artiku=
lierte Rede umgebildet hätte?　Viele Sprachen der Wilden
wurden von Reisenden noch sehr unartikuliert gefunden, so
daß sie mit aller Mühe die gehörten Laute nicht nachsprechen,
geschweige dann in unsrer Schrift aufzeichnen konnten.

　　Wie nun?　Wofür sollen wir uns im Gedränge zwi=
schen diesen zwei entgegengesetzten Systemen entscheiden?　Da
wir nicht beide zugleich gelten laßen, und doch weder das eine, noch
das andre unbedingt verwerfen können, so müßen wir sie friedlich
zu vereinigen suchen.　Beide scheinen mir Theil an der Wahr=
heit zu haben, und nur darin unrichtig zu sein, daß sie ihr
Grundgesetz des Ursprunges der Sprache als das einzige, mit
Ausschließung des andern, behaupten.　Die, welche Alles auf
die Aehnlichkeit der Zeichen mit den benannten Gegenstän=
den, erst mit den hörbaren, dann durch entferntere Beziehungen
zwischen den verschiednen Sinnen auch mit andern, zurück=
führen, schränken den der menschlichen Organisation eignen
Ausdruck der Empfindung willkürlich zu enge ein: denn Er=
fahrungen an Menschen in einem widernatürlichen Zustande,

---

　*) Klopstock und Bach.　Das Lied heißt, wo ich nicht irre, Aron.

zum Beispiel an solchen, die unter Thieren verwilderten, oder an Taubgebornen, taugen zum Beweise ihrer Voraussetzung nicht. Die ausdrucksvolle Beweglichkeit der menschlichen Glieder, vorzüglich des Antlitzes, widerspricht ihr vielmehr. Gleicht der Mensch hierin einem vielbesaiteten, von Leidenschaften mannichfaltig gerührten Instrumente, indessen der thierischen Eingeschränktheit eine oder wenige Saiten genügen: warum nicht auch in den Tönen der Empfindung? Will man hingegen die Sprache ganz von diesen ableiten, so bleibt es unerklärlich, wie sie so unendlich hat erweitert und vervollkommt werden können. In der Empfänglichkeit des Menschen allein, wäre sie auch noch so vieles zarter und umfaßender, als in den übrigen Thieren, liegt kein unterscheidendes Kennzeichen seiner Natur. Er würde also, wie wir es an jenen sehen, mit den Vorzügen seiner Organisation durch alle Geschlechter hin beständig auf eben dem Punkte beharren, wäre ihm nicht eine selbstthätige Richtung derselben verliehen. Bei dem Eindruck der Gegenstände durch die Sinne auf die innern Organe, und bei der Gegenwirkung dieser auf die äußern verhält er sich bloß leidend: der Gebrauch einer ganz hierauf beruhenden Sprache würde folglich gar nicht von seinem Willen abhängen. Unser Liebling Hemsterhuys hat bei dem System, das er vertheidigt *), dieser Einwendung dadurch vorzubeugen gesucht, daß er bei der Sprache, als Werkzeug der Mittheilung betrachtet, die innre Sprache der Seele, das Vermögen, Vorstellungen durch Zeichen festzuhalten und zu erneuern, schon voraussetzt, und nur die Beschaffenheit der Mittheilungszeichen durch den nothwendigen Zusammenhang

---

*) S. Lettre sur l'homme et ses rapports, in den Oeuvres philosophiques de M. F. Hemsterhuys. T. 1. vorzüglich p. 182...190.

zwischen den Bewegungen der innern und äußern Organe be=
stimmen läßt. Allein warum sollte die Selbstthätigkeit grade
hier still stehen, da doch ihre Macht sich so viel weiter er=
streckt? Wir wißen nur zu gut, daß ihr Einfluß den Aus=
druck der Empfindungen eher verfälscht und stört, als beför=
dert. Aber Zeichen mit den Vorstellungen von Gegenständen
außer uns, vorzüglich nach dem Gesetz der Aehnlichkeit, ver=
knüpfen, und sie dadurch auch in Andern erwecken, ist ihr
eigentliches Geschäft: und wie sollte sie es bei der ersten
Bildung der menschlichen Rede nicht ausgeübt haben?

Mehrere Philosophen sind zwar einen Mittelweg gegangen,
und haben zwei Quellen der Sprache anerkannt: allein sie
räumen dabei der Empfindung meistens zu wenig ein; blei=
ben bei den Interjektionen, als dem Einzigen, was ihr an=
gehöre, stehen; und bemerken ganz richtig, daß diese nur im
Zeitalter der rohen Sinnlichkeit, der ungezähmten Leiden=
schaft, eine bedeutende Rolle unter den Wörtern spielen konn=
ten, sich aber mit dem Fortgange der Verfeinerung immer
mehr verlieren müßen. Es ist wahr, jene mächtigen Ein=
drücke, welche auf einen Augenblick alle Vorstellungen ver=
dunkeln, äußern sich nur in abgebrochenen Ausrufungen.
Aber daß die Empfindung, in so fern sie als Wahrnehmung
des eignen Zustandes jede Vorstellung von etwas außer uns
nothwendig begleitet, sowohl an dem Ursprunge als an der
weitern Ausbildung der Sprache, mit dem Bestreben, die
Dinge nachahmend zu bezeichnen, einen gleich wesentlichen
und allgemeinen Antheil habe, scheint mir durch alles Bis=
herige ausgemacht. Freilich läßt sich ihr Werk nicht an
einzelnen Worten darlegen; auch in der ganzen Masse einer
Sprache ist sie nicht sichtbar vorhanden und gleichsam mit
Händen zu greifen, eben so wenig, wie man den lebhaften

Vortrag einer Rede in Schriftzüge würde auffaßen können. Es ist eine geistige Gegenwart, wie die der Luft in so vielen von ihr durchdrungenen Körpern unsichtbar und belebend. Indeßen will ich dir doch nachher, wann ich von dem sinnlich Schönen in den Sprachen reden werde, wenigstens flüchtig anzudeuten versuchen, wie dieses hauptsächlich von dem Reichthum und dem Charakter der Empfänglichkeit eines Volkes abhängt.

Nun zum Ursprunge der Poesie, worauf ich mit allen meinen Betrachtungen hinzielte. Historisch wißen wir davon eben so wenig, als von der Entstehung der Sprache. Denn, obgleich die fabelnden Sagen einzelner Völker darüber vielleicht auf manchen wirklichen Umstand in ihrer frühesten Geschichte anspielen, so sind sie doch immer an ihre besondre Scene gebunden; und das wunderbare Alterthum, wohin sie Alles zurückschieben, ist jung neben dem Menschengeschlechte. Die erwachsene Muse mochte sich von ihrer Kindheit Einiges dunkel erinnern: wie hätte sie es von dem ersten Augenblicke ihres Daseins gekonnt? Wir müßen uns also mit den allgemeinen Aufschlüßen begnügen, die uns die Lehre vom Ursprunge der Sprache geben kann. Aus der Beschaffenheit des Bodens, woraus der erste Keim der Poesie aufsproßte, läßt sich ungefähr vermuthen, wie er gediehen sein mag. War die älteste Sprache wirklich das Werk jener beiden vereinigt wirkenden Anlagen der menschlichen Natur, denen wir sie zugeschrieben haben, so war sie auch zuverläßig ganz Bild und Gleichniß, ganz Accent der Leidenschaften: die sinnlichen Gegenstände lebten und bewegten sich in ihr, und das Herz bewegte sich mit allen. Dieß ist es, was man so oft gesagt hat, und was doch nur in einem gewissen Sinne wahr ist: Poesie und Musik sei vom Anfange an da gewesen, und gleichalt mit der Sprache. Welch eine Poesie und welch eine Musik kann man sich hiebei denken? Beiden fehlte noch etwas, woran doch ihre ganze Entwickelung zu schönen Künsten hieng, nämlich ein Gesetz der äußern Form; und wie dieses gefunden worden, ist dadurch noch im geringsten nicht erklärt. Zwar brauchte nur einmal die Freiheit von äußern Bedürfnissen und ungewöhnlich starke Regung der innern Lebensfülle in Einer Stunde zusammenzutreffen, so mischte sich die noch ungeübte rauhe Kehle des Menschen unter die übrigen Waldgesänge und stimmte den ersten Hymnus an. Allein wie kam eine gleichförmige Bewegung, ein Zeitmaß in seinen Gesang, oder (denn beides war ja ursprünglich eins) ein Rhythmus, sei er auch noch so unförmlich gewesen, in seine Worte? Mußten sie nicht vielmehr, den augenblicklich wechselnden Antrieben gemäß, regellos hinströmen? Und wie verfiel der freie Sohn der Natur darauf, den Ungestüm seiner Phantasie und seiner Gefühle selbst irgend einen Zügel anzulegen? — Das nächste Mal will ich dieß Räthsel zu lösen suchen.

Dritter Brief.

Ein Kaiser von Sina, Namens Tscho=yong, welcher vor vielen Jahrtausenden lebte, hörte eines Tages auf einem Spaziergange (die Regierungsgeschäfte mochten ihm wohl einige Muße übrig laßen) ein Concert der Vögel. Es gefiel ihm ungemein, er beschloß auch eins dergleichen anzustellen, und erfand durch diese Veranlaßung eine wunderwürdige und unwiderstehliche Musik, welche die Leidenschaften besänftigte, die unregelmäßigen Wallungen im menschlichen Körper hemmte, und dadurch sogar das Leben verlängerte. Seitdem sind nun die Sineser, Dank dem klugen und geschmack-

vollen Tscho=yong, im Besitz einer so vortrefflichen Kunst;
und da es unhöflich sein würde, die Erfindungen eines Kai=
sers unvollkommen zu finden, so kann man sich leicht den=
ken, daß sie nur Weniges werden hinzugesetzt oder verändert
haben. Vermuthlich werden sie auch, wenn es dem Himmel
gefällt, in alle Ewigkeit auf eben den Fuß zu musicieren
fortfahren.

Verachte mir dieß alberne Märchen nicht zu sehr, liebe
Amalie. Vielleicht ist es recht paßend für den Charakter
der sinesischen Musik, deren Langweiligkeit leicht an die Lan=
geweile eines Monarchen erinnern mag. Freilich wird darin
nicht erwähnt, ob seine Majestät den Takt aus eignem Be=
lieben ersonnen; oder ob die Vögel in Sina zur Zeit Tscho=
yongs, welcher der sechszehnte Fürst der neunten Periode
war, taktmäßig gesungen haben; oder ob diese kaiserliche
Musik ganz ohne Takt bestehen konnte. Allein ich habe in
mehreren angeblich philosophischen Schriften, die von der
Verwandtschaft der Poesie und Musik und von ihrem ge=
meinschaftlichen Ursprunge handeln, keinen beßern Aufschluß
über die Erfindung des Zeitmaßes gefunden. Man nimmt
darin den natürlichen Hang des Menschen, seine Gefühle
durch Töne und Bewegungen des Körpers auszudrücken, für
die einzige und hinreichende Grundlage des Gesanges und
Tanzes an. In so fern man hierunter nichts weiter als
starke, leidenschaftliche Biegungen der Stimme, und wilde
Geberden und Sprünge versteht (und nur zu solchen beseelt
die bloße Empfindung), gehört die Vorstellung von einem
Zeitmaße gar nicht dazu. Trägt man aber diese gleich mit
in die Worte hinein, wie es ihr gewöhnlicher Gebrauch er=
fordert, so verwechselt man willkürlich die Bedeutungen, und
überspringt die eigentliche Schwierigkeit der Frage, indem

man das als schon vorhanden voraussetzt, wovon die Entstehung erst erklärt werden soll.

Allerdings läßt sich eine Musik von Instrumenten ohne
Takt gar nicht denken; auch die von Instrumenten begleitete
Stimme ist durchaus an die Beobachtung desselben gebunden; aber wenn sie sich ganz allein hören läßt, so darf sie
in diesem Stücke ihre natürliche Freiheit wieder geltend
machen, und darin auch neben dem künstlichen Reichthum
musikalischer Zusammensetzung gefallen wollen. Du siehst,
ich rede vom Recitativ, das besonders in der italiänischen
Oper eine so schöne Stelle einnimmt, und dem man doch
den Namen eines Gesanges nicht versagen kann. Die Kennzeichen, woran das Ohr die singende Stimme von der redenden unterscheidet (auf welchem verschiednen Spiel der
Organe die Eigenthümlichkeit beider auch beruhen möge),
sind ein gewisses Schweben, das den Tönen Dauer verleiht;
ihre Bestimmbarkeit in Ansehung der Höhe und Tiefe; und
der Uebergang von einem zum andern nach bestimmbaren
Zwischenräumen oder Stufen. Im Gesange der Nachtigall,
bei welchem dieß alles eintrifft, und der so sehr Gesang ist,
daß man versuchen konnte, ihn musikalisch aufzuzeichnen, bemerkt man nichts, was einem Zeitmaße gliche.

Dürfte man in der Geschichte der Entwickelung der
menschlichen Fähigkeiten die Erfindung eines Instruments vor
den ersten Uebungen der Stimme im Gesange vorangehen
laßen, so wäre dadurch die Schwierigkeit der Auflösung um
vieles verringert, aber keineswegs ganz gehoben. Da musikalische Instrumente erst durch eine künstliche Nachahmung
einigermaßen den Ausdruck der Empfindung erreichen können,
welcher den Stimmen lebender Geschöpfe ursprünglich eigen
ist, so kann ihre erste Anwendung keine andre sein, als bloß

das Ohr zu ergötzen. Dieß vermögen sie durch einzelne
Töne in keinem erheblichen Grade, und durch eine Folge
derselben, nach unserm Urtheile wenigstens, nicht anders, als
wenn darin ein Gesetz des Zeitmaßes obwaltet. Es ist daher nicht fremde, daß der Mensch, wenn er sich einmal das
Ergötzen zum Geschäft machte, mancherlei Versuche anstellte,
und gleichsam so lange herumtastete, bis er das Rechte traf.
Indessen sind ungeübte, aber nach Allem begierige Sinne
äußerst leicht zu befriedigen. Das armseligste Geklimper oder
Geklingel bezaubert das Ohr eines Kindes oder eines Wilden, und ihr Entzücken über das schon Gefundne entfernt sie
von dem Streben nach einer höhern, noch unbekannten Vollkommenheit. Vaillant beschreibt sehr artig ein Concert seiner Hottentotten: er hatte ihnen Maultrommeln und andre
dergleichen Instrumente ausgetheilt; nun spielten sie ohne
allen Takt auf das betäubendste durch einander, und fanden
dennoch ein unbeschreibliches Vergnügen daran. Doch wir
brauchen so weit nicht zu suchen: wie lärmen unsre Knaben
nach einem Jahrmarkte mit ihren neuen Trommeln, Pfeifen
oder Geigen durch die Gaßen! Und scheinen sie bei dieser
musikalischen Ergötzlichkeit wohl im geringsten das Bedürfniß des Taktes zu fühlen?

Der Schriftsteller, bei dem ich das obige Märchen angeführt sah, nimmt es so, als ob demselben zufolge in Sina
die Instrumentalmusik früher erfunden wäre, als der Gesang.
Mir scheint es nicht ausdrücklich der Vorstellung zu widersprechen, der Kaiser habe sein menschliches Vögelconcert bloß
durch Singstimmen zu Stande gebracht. Allein, gesetzt auch,
das Gegentheil würde deutlich gemeldet, so muß das Ansehen einer Sage immer durch die innre Wahrscheinlichkeit
der Begebenheiten unterstützt werden, und kann gegen sie

nichts gelten. Die Vermuthung, daß die Menschen, als
Spiel und Gesang schon durch viele Fortschritte zu einer
üblichen Unterhaltung geworden, und ihr Ohr für musikalischen Genuß mehr gebildet war, eine beschämende Vergleichung zwischen dem lieblichen Klange einiger Vögelstimmen
und der Rauhigkeit ihrer eignen angestellt, und sich bemüht
haben, jene nachzuahmen: diese Vermuthung möchte ich nicht
verwerfen. Dagegen wißen wir historisch, daß die meisten
Völker nie eine eigentliche, das heißt ohne Gesang für sich
bestehende, Instrumentalmusik gekannt haben, und daß diese,
wo sie etwa eingeführt ward, zu den späten, schwächenden
Verfeinerungen der Kunst gehörte. Das Werkzeug des Gesanges bringt der Mensch mit auf die Welt, es begleitet ihn
in jedem Augenblicke seines Lebens, und die Antriebe des
Gefühls setzen es früh auf mannichfaltige Weise in Bewegung: die ersten unförmlichen Lieder mußten daher ohne Absicht, fast ohne Bewußtsein entstehn. Aber der Gebrauch
eines äußern Werkzeuges, wäre es auch nur ein gespaltnes
Bambusrohr, zur Begleitung des Gesanges, erfordert Ueberlegung, Benutzung der Natur, die nichts ohne Zubereitung
dazu Taugliches darbietet, ja sogar einige Beobachtungen
über die Gesetze des Schalles. So bewundernswürdig schienen auch der Vorwelt solche Erfindungen, daß nach der griechischen Sage nur der sinnreichste aller Götter den Einfall
haben konnte, einige Schafsdärme über eine Schildkröten-
schale zu spannen.

Aber wie? so hast du mir vielleicht schon vorhin ein-
gewandt: schreibt nicht die Beschaffenheit der Empfindung
selbst den Bewegungen einen gewissen Takt vor? Hüpft nicht
die Freude mit raschem, schleicht nicht die Traurigkeit mit
gedehntem Tritt? Und verhält es sich nicht eben so mit schnel-

len und langsamen Tonfolgen? Um diesen Zweifel aufzuklären, denke dir eine Reihe von gleich lange dauernden,
oder in gleichen Zeiträumen auf einander folgenden Schällen;
zum Beispiel den Schlag des Pulses, das Picken einer Uhr,
das Läuten einer Glocke. Du siehst, alles dieß kann uns
durchaus keine andre Vorstellung, als die von Schnelle und
Langsamkeit, geben, und hat nicht die entferntefte Beziehung
auf den Charakter verschiedner Empfindungen. Sobald hin=
gegen Rhythmus entsteht, das heißt sobald Abwechselung in
die Dauer der einzelnen Eindrücke gebracht, und Längen mit
Kürzen gemischt werden, so kann eine solche Tonfolge auch
ohne Hülfe der Modulation schon einigen Einfluß auf unser
Gemüth haben, es erwecken oder beruhigen. Bemerke ferner,
daß wir aus dem langsameren oder schnelleren Zeitmaße der
Schritte eines Menschen an sich nichts weiter erfahren, als
den Grad seiner Eile, nach einem gewissen Ziele zu gelangen; seine Gemüthslage verräth sich erst durch andre hinzu=
kommende Bewegungen, die zwar mit dem Gange überein=
stimmen, aber doch nicht bloß durch die Art der Folge,
sondern jede für sich betrachtet, bedeutend sind. Ueberhaupt
muß eine Leidenschaft schon bis zur Stimmung, zum fort=
während Zustande der Seele, gemildert sein, wenn ein
gewisses Ebenmaß in ihrem Ausdrucke stattfinden soll. Denn
was uns am stärksten erschüttert, hat am wenigsten Bestand,
und deswegen äußern sich in der Natur die lebhaftesten Ge=
fühle in stürmischen, völlig unregelmäßigen Folgen von Be=
wegungen und Tönen. Führt dieß nicht auf die Folgerung,
daß also in beiden nicht das Abgemeßene, das gleichförmig
Wiederkehrende, sondern das Abwechselnde, die Uebergänge
von einem zum andern, der Empfindung entsprechen und sie
wieder erregen?

Und doch, wirst du sagen, ist es so fühlbar, daß der
jeder Melodie angemeßne Takt die Seele derselben ist. Das
ist er allerdings: allein erinnre dich, wir sind hier schon im
Gebiete der Kunst, die nicht bei unmittelbarer Nachahmung
der Natur stehen bleibt, sondern durch eine Art von Erdichtung sich ihr wieder nähert. Ein zusammengesetztes Gefühl,
welches die Seele aber doch auf einmal faßen kann, entfaltet
der Musiker nach der feinsten Eigenthümlichkeit desselben in
einer melodischen Folge von Tönen, und legt durch das bestimmte Verhältniß ihres Fortschrittes dem fliehenden Augenblicke gleichsam Feßeln an; oder man kann auch sagen, er
bildet aus Empfindungen ein geordnetes Ganzes, was sie
eigentlich in der Wirklichkeit niemals sind. Das Silbenmaß
kann in der Poesie etwas Aehnliches leisten: aber welche ge-
übte, besonnene Empfänglichkeit gehört dazu, solch eine Wirkung nur wahrzunehmen, geschweige denn, sie selbst hervorbringen zu wollen! Wir müßen uns wohl hüten, den schönen Gebrauch einer Erfindung mit dem, was sie zuerst veranlaßte, zu verwechseln.

Ein Schriftsteller, der glücklicher darin war, Geheimnisse
in die Gegenstände seiner Nachforschung hineinzulegen, als
die darin liegenden zu lösen, oder der dieß wenigstens gern
auf eine geheimnißvolle Art that, dem es eine allzu reizbare
Organisation schwer machen mußte, das wirklich Wahrge-
nommene vom Eingebildeten zu scheiden, findet den Ursprung
des Zeitmaßes im Tanze und Gesange darin, daß den körperlichen Bewegungen, und den ausgesprochnen oder gesung-
nen Worten, wozu bloß Leidenschaft den Menschen drängt,
ein äußrer Zweck mangelt. Der gewöhnliche Gang, sagt er,
hat zur Absicht, irgend wohin zu führen; die gewöhnliche
Rede, uns Andern verständlich zu machen. Da beim Tanze

und Gesange solch ein äußres Bedürfniß ganz wegfällt, und folglich diese Handlungen um ihrer selbst willen vorgenommen werden, etwas an sich ganz Zweckloses aber uns kein Vergnügen gewähren kann, so strebt die Seele unwillkürlich darnach, sich einen Grund angeben zu können, warum sie jedesmal die Bewegungen und Töne so oder so auf einander folgen laße. Dieß erlangt sie nun durch ein innres Gesetz, ein Maß ihrer Folge. Indessen strebte sie vielleicht lange vergeblich, bis etwa zufälliger Weise dieselbe Abwechselung langsamerer und schnellerer Bewegungen mehremale auf einander folgte. Dieß immer in gleicher Ordnung Wiederkehrende fesselte die Aufmerksamkeit, prägte sich dem Gedächtnisse ein, ward bewundert, nachgeahmt und allmählich zum künstlichen, regelmäßigen Tanze, oder in Ansehung der Poesie zum künstlichen regelmäßigen Versbau gebildet.

Ich habe dir diese Erklärung umständlich angeführt, weil sie in einem sonst schätzbaren Buche, nämlich der Deutschen Prosodie von Moritz, steht; denn freilich ist sie zu luftig, als daß sie uns lange aufhalten dürfte. Die Redensart 'zufälliger Weise' gebraucht der Verfaßer mehrmals, und das ist schon ein übles Zeichen. Erlaubt man es sich einmal, bei einer, wenn ich so sagen darf, dem ganzen Menschengeschlechte gemeinschaftlichen Erfindung, den Zufall zu Hülfe zu rufen, so kann man sich die Mühe dieser und aller ähnlichen Untersuchungen ersparen, und jenem blinden Gotte die Entwickelung der menschlichen Fähigkeiten überhaupt anvertrauen. Wäre der Satz wahr, daß nichts Zweckloses uns Vergnügen gewähren könne, so müßte man entweder behaupten, kein bloß sinnlicher Genuß reiche über die Befriedigung des Bedürfnisses hinaus, oder man müßte dem Worte 'Zweck' eine höchst seltsame Ausdehnung geben. In dem gebräuchlichen Sinne sind Zwecke bloß Sache des Verstandes; folglich handelt nur der gebildete Mensch nach ihnen, und auch dieser nicht, sobald Leidenschaften seinen Verstand ganz übermeistern. Dieß ist in der kindischen Seele des unerzogenen Natursohns unaufhörlich der Fall: er ist daher der Gewalt jedes dunkeln Antriebes hingegeben. Eine lebhafte Regung nöthigt ihn, ohne allen weitern Zweck, sie in Geberden und Tönen auszubrücken: aber wird wohl jemand noch nach einem Zwecke fragen, wo ein bringendes Bedürfniß befriedigt wird? Nähme man indessen auch an, die Erfindung des Taktes gehöre erst in die Zeiten, wo durch Gesang und Tanz nicht mehr eigne und gegenwärtige Leidenschaft ausgedrückt, sondern fremde oder vormalige zur Ergötzung nachgeahmt wurde, so ist ja doch Genuß des Daseins der Mittelpunkt aller Zwecke, und was unmittelbar dazu dient, steht in ihrer Rangordnung oben an. Wenn also die wahrste Nachahmung, die gewiß als solche kein Zeitmaß beobachtete, wie aus der Natur der Leidenschaften erhellt, schon an sich ergötzen mußte, so war ja nichts Zweckloses darin.

Ferner begreife ich nicht, wie Moriz den Zweck der Rede darauf einschränken kann, daß man sich verständlich machen will. Soll sie nicht noch in Zeiten der Verfeinerung, sollte sie nicht um so viel mehr, je näher die Sprache ihrem Ursprunge war, Theilnahme an den Empfindungen des Redenden erregen? Und sollten dieß nicht gleichfalls die ältesten Lieder, wofern man nicht etwa annimmt, ihre Urheber haben sie nur sich selbst vorgesungen? Endlich ist das Fortschreiten von einem Orte zum andern, worauf hier die Vergleichung des Tanzes mit dem Gange sich gründet, ein durchaus unwesentlicher Umstand. Es giebt sehr beliebte Tänze, bei denen man seine Stelle gar nicht verläßt; ja auf den freundschaftlichen Inseln im Südmeer sah man dergleichen, wobei nicht einmal die Füße wechselsweise gehoben wurden. Der Tanz hat freilich kein bestimmtes Ziel der Bewegungen wie der Gang, aber die ausdrucksvollen Geberden, aus denen er mit Hinzufügung des Taktes entstanden ist, haben es eben so wenig.

Es fehlt so viel, daß die Rede, sobald sie sich in die Form eines Gesanges fügt, dem Dienste eines äußern Zweckes entzogen würde, daß Poesie vielmehr in den frühesten Zeiten nicht nur als Angelegenheit betrieben wurde, sondern auch an allen Angelegenheiten des Lebens den wichtigsten Antheil hatte; und daß sich bei einigen, zum Beispiel beim Gottesdienste, die uralte Sitte sogar bis auf uns fortgepflanzt hat. In Liedern wurden von jeher die Götter angefleht und gepriesen; in Liedern die Todten betrauert; Lieder bereiteten die Krieger zum Kampfe vor. Bei Völkern, die schon längst in vielen Hinsichten gesittet heißen konnten, wurden die Gesetze noch als Lieder abgefaßt und gesungen. Die Araber haben im Tempel zu Mekka zwei Liedern einen unsterblichen Platz angewiesen, wodurch die Abgesandten zweier Stämme im Namen derselben ein Bündniß feierlich bestegelten. Der eine von ihnen, Hareth Ben Helsa, ließ, auf seinen Bogen gelehnt, die Eingebungen des Augenblicks im höchsten Feuer der Begeisterung hinströmen. Sowohl auf den Inseln des Südmeers als in andern Gegenden wurden die europäischen Weltumsegler von den Eingebornen mit abgemeßenem Gesange bewillkommt. Durch stolze Lieder bietet der amerikanische Wilde mitten in der Todesqual seinen Fehden Trotz. Es ist daher auch nichts Unglaubliches in der Sage, daß die nordischen Helden oft mit Liedern, in denen sie ihre eignen Thaten verherrlichten, vom Leben Ab-

9 *

schied nahmen. Du kennst vielleicht den Gesang, womit
Regner Lobbrog, der dänische König, lächelnd im Kerker
starb. Ein andrer Held, Hallmund genannt, dichtete, tödtlich
verwundet, ein Lied von ähnlichem Inhalt, und hieß seine
Tochter es aufbewahren. Solche Gedichte waren kein Gedicht: die Poesie, welche diese Männer im Leben und Tode
begleitete, war ihr heiligster Ernst, ihre lebendigste Wahrheit.

Wüßte man nicht historisch das Gegentheil, so könnte
man leicht auf den Gedanken gerathen, das Zeitmaß gehöre
unter die spätern Erfindungen; der Gesang habe, so lange
nur wirkliche Leidenschaft ihn eingab, in dithyrambischer
Freiheit geschwärmt, und erst als er zum ergötzenden Spiele
geworden, habe man den Mangel jenes ursprünglichen Nach-
drucks durch einen kunstmäßigen Reiz zu ersetzen gesucht. Aber
die Beobachter wilder Völker rühmen einstimmig die bewundernswürdige Genauigkeit im Takt, womit sie ihre Gesänge
und Tänze aufführen. Selbst die kannibalischen Schlachtlie-
der der Neuseeländer, wobei die furchtbarste Wuth ihre Augen
verdreht und alle ihre Gesichtszüge verzerrt, werden vollkommen taktmäßig gesungen.

Wenn man also nicht annehmen kann, der ordnende
Geist sei es, der sich durch Regelmäßigkeit in den Ausbrüchen der ungestümen Leidenschaften herrschend beweise; wenn
ferner die, besonders in kindischen Seelen, so unstäten und
rasch wechselnden Gefühle nichts Abgemeßenes an sich haben:
so müßen wir uns nach einem andern Grunde dieser Erscheinung umsehn, und diejenige Art sie zu erklären, wobei
man der besonnenen Absicht am wenigsten einräumt, wird
die wahrscheinlichste sein. Indeßen scheint alles Meßen, weil
es auf einer Vergleichung beruht, ein Geschäft der denkenden
Kraft in uns zu sein. Körperliche Gegenstände, die man

nach ihrer Ausdehnung gegen einander meßen will, hat man
oft zugleich vor Augen: aber in einer Zeitfolge ist kein Theil
mit dem andern zugleich vorhanden; die Vorstellung von dem
Zeitraume, welcher den übrigen zum Maßstabe dienen soll,
muß folglich im Gedächtniffe festgehalten werden. Ueberdieß
ist die Wahrnehmung von der Dauer der Zeit sehr abhängig
von der Beschaffenheit und Menge der sie ausfüllenden Ein-
brücke. Man sollte also denken, es müße für die Seele
höchst schwierig sein, den Vergleich nur einigermaßen genau
anzustellen, und dennoch fühlen wir die Leichtigkeit, womit
wir Bewegungen nach einem Zeitmaße vornehmen. Dieß
führt natürlich auf den Schluß, daß wir dieselbe nicht sowohl der Seele, als dem Körper, verdanken, daß sie mit
Einem Worte bloß mechanisch ist. Unser Körper ist ein be-
lebtes Uhrwerk; ohne unser Zuthun gehn in ihm unaufhörlich mancherlei Bewegungen, zum Beispiele das Herzklopfen,
das Athemholen, und zwar in gleichen Zeiträumen vor, so
daß jede Abweichung von diesem regelmäßigen Gange irgend
eine Unordnung in der Maschine anzuzeigen pflegt. Auch bei
andern Bewegungen, die von unserm Willen abhängen, gerathen wir leicht, vorzüglich wenn wir sie anhaltend wiederholen, von selbst und ohne es zu wißen, in ein gewißes
Zeitmaß. Nehmen wir mehrerlei solche Handlungen zugleich
vor, zum Beispiel Gehen und Sprechen, so richtet sich die
Geschwindigkeit der einen gewöhnlich nach der andern, wenn
wir nicht etwa vorsätzlich die Uebereinstimmung zwischen ihnen aufheben wollen. Eben so setzen sich mehrere Menschen
bei gemeinschaftlichen Arbeiten ohne Absicht oder Verabredung in eine gleichmäßige Bewegung. Freilich kommt alsdann der Umstand hinzu, daß man einander sonst mit den
Werkzeugen, zum Beispiel beim Rudern, Dreschen, Mähen,

hinderlich sein würde; aber auch wer ganz allein angreifende
Arbeiten der Art verrichtet, wird, sobald er darin geübt ist,
ohne besondre Aufmerksamkeit einen Takt beobachten. Gleichmäßig wiederhölte Bewegungen erschöpfen am wenigsten:
das Wohlthätige davon für den Körper muß sich leicht
fühlen.

Daß die Seele sich mehr leidend, als durch Vergleichen
und Urtheilen thätig beweise, indem eine Folge von Zeiten
sich, wenn ich so sagen darf, von selbst an der Organisation abmißt, wird dadurch noch wahrscheinlicher, daß auch
mehrere Arten von Thieren an Beobachtung des Taktes in
ihren Bewegungen, einige Vögel sogar in ihrem Gesange
gewöhnt werden können. Auch das scheint diese Vermuthung
zu bestätigen, daß wir nur innerhalb eines gewissen Kreißes
Zeitmaße genau und sicher wahrnehmen, und daß wir dabei
eben auf solche Grade der Geschwindigkeit oder Langsamkeit
eingeschränkt sind, die mit dem fühlbaren Zeitmaß der Bewegungen im Körper in einem nahen Verhältnisse stehn.
Bei einer sehr schnellen Folge ist dieß weniger zu verwundern: die Eindrücke vermischen sich unter einander, so daß
eine große Menge derselben in die Vorstellung von einem
einzigen zusammengedrängt wird, wie wir zum Beispiel nach
der verschiednen Anzahl der Bebungen einer Saite in einer
gegebnen Zeit nur einen einzigen höheren oder tieferen Ton
vernehmen. Wir brauchen nur an die Schnelligkeit zu denken, womit sich Schall und Licht durch unermeßliche Räume
fortpflanzen, um überzeugt zu sein, daß dasjenige, was uns
wie ein einziger untheilbarer Augenblick vorkommt, eine sehr
zusammengesetzte Masse von Zeiten ist. Aber wie käme es,
daß bei einer sehr langsamen Folge, wo wir doch um so
mehr Muße haben, die einzelnen Zeiträume zu unterscheiden,

die Wahrnehmung von ihrer Gleichheit oder Ungleichheit sich ebenfalls verliert, wenn sie nicht auf Verhältnissen zu unsrer Organisation beruhte? Man laße eine Glocke alle Minuten einmal schlagen: niemand wird auch mit dem geübtesten Ohre entscheiden können, ob die Zwischenräume sich immer gleich sind, er müßte sie denn etwa durch ein körperliches Hülfsmittel eintheilen und die Anzahl der Theile in jedem mit einander vergleichen.

'Die Vorstellung vom Zeitmaße', sagt Hemsterhuys, 'ist 'vielleicht die erste von allen unsern Vorstellungen, und geht 'sogar der Geburt voran; denn es scheint, daß wir sie einzig den aufeinander folgenden Wallungen des Bluts in der 'Nachbarschaft des Ohres verdanken.'

Es ließe sich hiebei fragen, ob die Fähigkeit Zeiten zu meßen unter unsern Organen dem Ohre ausschließend gehöre; ob die Wallungen des Bluts in seiner Nähe, auch bei der größten äußern Stille, wirklich hörbar sein können; wie früh Vorstellungen ohne Bewußtsein in uns wirksam zu werden anfangen, und dergleichen mehr. Du siehst, eine gründliche Erörterung jenes Satzes würde uns in Labyrinthe der Physiologie und Psychologie führen. Es ist mir indessen lieb, mich wenigstens in so weit mit Hemsterhuys auf Einem Wege zu finden, daß er die Anlage zum Takte auch für körperlich hält, und annimmt, nur die Regelmäßigkeit gewisser Bewegungen in unsrer Organisation mache sie zum tauglichen Werkzeuge der Zeitmeßung.

Zwar ist auf diese Art noch nicht erklärt, wie die Menschen darauf fallen konnten, die fremdartige Vorstellung vom Takt auf den Ausdruck durch Geberden und Töne anzuwenden; doch ist die Auflösung, die ich jetzt deiner Prüfung übergeben will, dadurch vorbereitet.

Je mehr der Mensch noch ganz in den Sinnen lebt,
desto mächtiger sind seine Leidenschaften. Zwar eröffnet ihnen
die Entwickelung des Verstandes und die Vervollkommnung
der geselligen Künste eine Welt von vorher unbekannten Gegenständen: aber eben dadurch, daß der Kreiß ihrer Wirksamkeit sich erweitert, muß ihr blinder Ungestüm gemäßigt
werden. Hiezu kommt die tausendfache Abhängigkeit von
Verhältnissen, die dem verfeinerten Menschen bei ihrer Befriedigung im Wege stehn. Ein Zögling des Anstandes,
hat er schon früh gelernt, ihre Ausbrüche zu ersticken, und
Gleichgewicht in seinem Betragen zu erhalten. Der rohen
Einfalt hingegen scheint alles anständig, was die Natur fordert. Noch unbekannt mit den Anreizungen erkünstelter Verderbniß läßt sie sich nur von natürlichen Trieben, aber von
diesen auch unumschränkt beherrschen. Wie eine Krankheit
in einem gesunden Körper um so heftiger wüthet, je größern
Ueberfluß an Lebenskräften sie vorfindet, so ist es auch mit
den Leidenschaften: die gewaltsamsten Zustände, worein sie
den künstlich erzognen Menschen versetzen, scheinen neben ihrer
ausschweifenden Unbändigkeit in der Seele des freien und
kräftigen Wilden nur ein besonnener Rausch zu sein. Sei
es um Freude oder Betrübniß, was sich seiner bemächtigt,
so würden die aufgeregten Lebensgeister ihre Gewalt nach
innen zu wenden, und seine ganze Zusammensetzung zerrütten,
wenn er ihnen nicht durch den heftigsten Ausdruck in Worten, Ausrufungen und Geberden Luft machte. Er folgt der
Anforderung eines so dringenden Bedürfnisses; durch jede
äußre Verkündigung der Leidenschaft fühlt er sich eines Theils
ihrer Bürde entledigt, und hält daher instinktmäßig Stunden,
ja Tage lang mit Jauchzen oder Wehklagen an, bis sich der
Aufruhr in seinem Innern allmählich gelegt hat. Bei schmerz-

lichen Gemüthsbewegungen werden sogar körperliche Ver-
letzungen für nichts geachtet, wenn sich die Seele dadurch
nur die Linderung verschaffen kann, sie auszulaßen. Hierin
liegt unstreitig der Grund jener so vielen Völkern gemeinschaftlichen Sitte, beim Trauern über die Todten sich Wangen
und Brust mit den Nägeln oder andern scharfen Werkzeugen
zu zerfetzen, wenn auch nachher ein bloß äußerlicher Gebrauch
oder eine Pflicht daraus wurde.

Freude ist zwar *) der wohlthätigste Affekt für den Körper; allein ihr sinnloser Taumel kann doch bis zu einer er-
schöpfenden Verschwendung der unaufhaltsam überströmenden
Lebensfülle gehen. Selbst Jubeln und Springen, so ausgelaßen und anhaltend, wie es der wilde Natursohn treibt,
wird zu einer Art von Arbeit. Dennoch, wie ermüdet auch
der Körper sich fühlen möge, reißt ihn die Seele mit sich
fort, und gönnt ihm keine Ruhe. So leitete den Menschen
dann der Instinkt, oder, wenn man lieber will, eine dunkle
Wahrnehmung auf das Mittel, sich dem berauschendsten Genuße ohne abmattende Anstrengung lange und ununterbrochen
hingeben zu können. Unvermerkt gewöhnten sich die Füße
nach einem Zeitmaße zu hüpfen, wie es ihnen etwa der rasche
Umlauf des Bluts, die Schläge des hüpfenden Herzens angaben; nach einem natürlichen Gesetze der Organisation mußten sich die übrigen Geberden, auch die Bewegungen der
Stimme in ihrem Gange darnach richten; und durch diese
ungesuchte Uebereinstimmung kam Takt in den wilden Jubel-
gesang, der anfangs vielleicht nur aus wenigen oft wiederholten Ausrufungen bestand.

Hatte man erst einmal das Wohlthätige dieses Zügels

---

*) die wohlthätigste Leidenschaft 1796. 1801.

gefühlt, woran die Natur selbst die ungestüme Seele lenkte, ohne daß sie sich eines Zwanges bewußt worden wäre, so ist es nicht wunderbar, daß auch andre Leidenschaften sich willig ihm anlegen ließen.. Wenn gleich die Betrübniß nicht zu so raschen Bewegungen hinreißt, wie die Freude, so führt sie dagegen auch gar keinen Ersatz für ihre zerrüttenden Wirkungen mit sich. Tage lang Jammern ist noch weit angreifender für den Körper als Tage lang Jauchzen; und doch konnte das ganz von seinem Verluste überwältigte Gemüth diese einzige Linderung nicht entbehren; es weidete sich, wie Homer es ausdrückt, an der verzehrenden Wehklage. Indem diese, vom Zeitmaße gefesselt, in Melodie übergeht, ist sie schon nicht ganz trostlos mehr: der erquickende mildernde Einfluß wird von den Sinnen der Seele mitgetheilt.

Wenn Jemand unter uns den Tod eines Angehörigen mit Gesang betrauerte, so würden wir entweder glauben, es sei ihm kein Ernst damit, oder er sei wenigstens schon getröstet und erneuere seinen Schmerz nur in der Erinnerung. Dieselbe Handlung unter einem noch ungebildeten, sinnlichen Volke eben so zu beurtheilen, würde sehr gewagt und wahrscheinlich irrig sein. Den trojanischen Frauen war es gewiß Ernst mit dem Wehklagen um Hektors Leiche, denn sie sahen verzweifelnd ihren eignen Untergang vor sich: dennoch waren Sänger bestellt, um ihnen dabei mit der Stimme vorzugehn. Gehörte dieß auch in den Zeiten, welche Homer schildert, schon zu den feierlichen Gebräuchen der Trauer, so deutet es doch auf einen natürlichen Ursprung hin. Als Cook auf seiner dritten Reise Neuseeland verließ, so befiel zwei daselbst einheimische Knaben, die er mitgenommen hatte, eine tödtliche Schwermuth. Sie weinten und klagten unaufhörlich viele Tage lang, und drückten besonders ihren Schmerz durch ein

Lied aus, worin sie, so viel man verstand, ihr nun für immer verlornes Vaterland priesen. An eine hergebrachte Sitte läßt sich hiebei nicht denken, und da dieß Lied sich auf eine ganz ungewöhnliche Lage bezog, so muß man vermuthen, daß die jungen Wilden es nicht aus dem Gedächtnisse gesungen, sondern daß sie es mitten in ihrer tiefsten Bekümmerniß gedichtet haben. Es würde nicht schwer sein, ähnliche Beispiele zu häufen.

Was ich von der Freude und der Betrübniß gesagt, wirst du, wenn meine Vermuthung dir anders Genüge leistet, leicht auf die übrigen Leidenschaften anwenden. Die Seele, von der Natur allein erzogen und keine Fesseln gewohnt, forderte Freiheit in ihrer äußern Verkündigung; der Körper bedurfte, um nicht der anhaltenden Heftigkeit derselben zu unterliegen, ein Maß, worauf seine innre Einrichtung ihn fühlbar leitete. Ein geordneter Rhythmus der Bewegungen und Töne vereinigte beides, und darin lag ursprünglich seine wohlthätige Zaubermacht. So wäre es denn erklärt, was uns sonst so äußerst fremde dünkt, wie etwas, das uns, die wir so vieles bedürfen, entbehrlicher Ueberfluß oder höchstens ein angenehmer geselliger Luxus scheint, Tanz und Gesang, für den beschränkten, einfältigen Wilden unter die ersten Nothwendigkeiten des Lebens gehören kann.

Vierter Brief.

Mit der Erfindung des Zeitmaßes treten wir sogleich in ein ganz andres Gebiet hinüber. Was man vor derselben mit den Namen Gesang und Tanz geehrt hat, ist nichts dem Menschen ausschließend Eigenthümliches; wenn er sich darin vor andern lebenden Geschöpfen auszeichnet, so ist es nicht der Art, sondern höchstens dem Grade nach; und der

Unterschied hat seinen Grund bloß in der Verschiedenheit seiner Organisation von andern thierischen. Die Fähigkeit, sich selbst zu bewegen, hebt auf der Gränze an, wo das Pflanzenreich sich in das Thierreich verliert. Alle Bewegungen des Lebendigen sind aber von zweifacher Art: entweder verursacht sie eine Begierde oder das Gegentheil derselben (wir haben kein schickliches Wort dafür, wo bloß von thierischer Natur die Rede ist: in die Ausdrücke 'Abneigung, Verabscheuung' ist schon zu viel Menschliches hineingetragen), oder Schmerz und Vergnügen drückt sich in ihnen aus. Sie laßen sich nicht weniger leicht unterscheiden, wenn sie auch, wie häufig geschieht, in demselben Augenblicke zusammentreffen. Jene haben eine bestimmte Richtung zu einem Gegenstande hin oder davon hinweg: etwas Aeußeres hat also auch nach Erregung der Begierde, oder ihres Gegentheils, Einfluß darauf. Man kann sie mit den Bewegungen lebloser Körper vergleichen, welche durch Kräfte des Anziehens und Zurückstoßens bewirkt werden. Diese hingegen erfolgen, wenn einmal ein gewisser Zustand des Schmerzes oder des Vergnügens da ist, ganz nach innern Gesetzen des körperlichen Baues. Sie haben kein äußres Ziel, aber einen gemeinschaftlichen Mittelpunkt, wovon sie ausgehen, nämlich das nach außen hin wirkende Leben. Durch jene wird Befriedigung der Bedürfnisse und Vermeidung dessen betrieben, was Zerstörung droht oder zu drohen scheint; das Thier verrichtet dadurch die zur Erhaltung seines Daseins nothwendigen Geschäfte. In diesen offenbaren sich seine Zustände, ohne daß es dabei auf Veränderung derselben abgesehen wäre. Sind sie schmerzlich, so haben die dadurch hervorgebrachten Aeußerungen immer das Ansehen von etwas unwillkürlich Erpreßtem, wie sie es denn auch wirklich sind, weil kein Thier sich

darein ergiebt zu leiden, außer wenn es innrer Zerrüttung
oder äußrer Gewalt durchaus nicht entfliehen kann. Die
Bewegungen, welche aus Gefühlen des Wohlseins und einem
Ueberfluße an Lebenskraft entspringen, sind zwar eben so sehr
ein bloßes Spiel der Organe, und hängen von körperlichen
Reizen ab, die unwiderstehlich auf die Muskeln wirken; aber
sie schmeicheln uns mit einem täuschenden Schein von Freiheit, und es giebt nichts in der thierischen Welt, was dem
menschlichen Genuße des Daseins so ähnlich wäre. Der
Hund begrüßt seinen Herrn, den er nach einiger Abwesenheit
wiedersieht, durch tausend lebhafte Sprünge; das Füllen jagt
sich muthwillig wiehernd auf der Weide herum; selbst das
träge Rind, wenn es nach langem Aufenthalte in den Win-
terställen zum erstenmal wieder Frühlingsluft wittert, wird
zu ungeschickt ausgelaßenen Bewegungen und zu einem freu-
digen Brüllen erweckt. Was liegt wohl im Freudensprunge,
im Jubelgeschrei des Wilden, so lange in beiden noch die
ursprüngliche Regellosigkeit mit ihrem ganzen Ungestüm herrscht,
das ein höheres Leben verriethe als das, welches er mit
jenen Geschöpfen theilt? Ja es giebt Thiere, deren Organisation sich noch viel weiter von der unsrigen entfernt, denen
aber die Natur, weil sie nicht, wie wir, am Erdboden haften sollten, sondern für ein leichteres Element bestimmt waren, eine uns versagte behende und unermüdete Beweglichkeit verliehen hat, welche weit seltner ihren leicht befriedig-
ten Bedürfnissen zu dienen, als ihnen an sich selbst ein fei-
neres Ergötzen zu gewähren scheint. Von den Mücken, wenn
sie in der Abendsonne spielen, sagen wir, sie tanzen; und
das freie Umhergaukeln des Schmetterlings ist oft beneidet,
und zum Sinnbilde eines erhöhten Daseins erwählt worden.

    Eben so verhält es sich mit dem Gebrauch der Stimme.

Die meisten thierischen Laute gehören wohl zu den Bewegungen der zweiten Art, welche einen Zustand verkündigen, nicht zu jenen, wodurch etwas erreicht oder vermieden werden soll. Zwar scheinen sich manche Thiere allerlei dadurch zu verstehen zu geben, einander herbeizurufen, ja ganze Unterredungen zu halten. Indessen könnte man, ohne sich grade, wie jener morgenländische Weise, dafür auszugeben, man wiße die Sprache der Vögel zu deuten, doch wohl unternehmen, dergleichen Laute und die Antworten darauf, mit Ausschließung alles Absichtlichen, bloß aus dem Antriebe eines gefühlten Bedürfnisses, und aus ähnlichen, durch die gehörte Stimme eines verwandten Thiers angeregten Reizen zu erklären. Wie dem auch sei, betrachtet man die Bewegungen der Stimme nicht als Mittel, Gegenstände zu bezeichnen, sondern nur als Ausdruck innrer Zustände, worauf sie doch beim Gesange zurückgeführt werden soll, so fehlt so viel, daß der Mensch sich hierin eines angebornen Vorzugs rühmen könnte, daß er vielmehr nur durch eine Ausbildung, die er allein sich selbst zu geben vermag, und durch die fortgesetzte Uebung vieler Geschlechter, sich die Biegsamkeit, den Umfang der Singstimmen, und das feine Gehör für das Harmonische in den Uebergängen erwirbt, welche manchen Gattungen der Vögel ohne Unterricht eigen sind. Doch an künstlicher Schönheit des Gesanges mag der Mensch sie noch so weit übertreffen; die zarte Regsamkeit der Organisation, wodurch bei ihnen allen Gefühlen der Lust und des Verlangens Stimme gegeben wird, so daß ihr innigstes Leben in der Kehle zu wohnen scheint, muß er an diesen kleinen Musen der thierischen Schöpfung bewundernd lieben, und kann dieselbe höchstens nur mit ihnen theilen.

An den Bewegungen der Glieder und der Stimme,

wodurch der Mensch wirkliche Gefühle ausdrückt (von Nachahmung kann hier noch nicht die Rede sein), ist also das
Zeitmaß das erste unterscheidende Kennzeichen seiner Natur.
Daraus, daß auch manche Thiere an Beobachtung desselben
gewöhnt werden können, folgt, wie wir gesehen haben, daß
die Fähigkeit, Bewegungen in gemeßnen Zeiten vorzunehmen,
auch im Menschen bloß der Organisation angehört. Aber
kein Thier beschränkt auf diese Weise von selbst, ohne menschliche Anleitung, die Freiheit seiner gleichgültigen, geschweige
denn seiner leidenschaftlichen Verrichtungen. Daraus folgt
unwiderleglich, daß es durch kein Bedürfniß dazu getrieben
wird. Da folglich das Bedürfniß, welches den Menschen
allgemein auf Erfindung des Zeitmaßes geleitet hat, unter
mit ähnlichen Sinnen versehenen Geschöpfen von ihm allein
gefühlt wird, so kann es nicht bloß körperlich sein, sondern
muß aus der ihm eigenthümlichen geistigen Beschaffenheit
herrühren. Wenn dich so trockne Erörterungen nicht ermü-
den, meine Freundin, so laß uns auf dem zurückgelegten
Wege einige Schritte umkehren, um dieß deutlicher zu entwickeln.

Ich schilderte dir in meinem vorigen Briefe die über-
wältigende Heftigkeit der Leidenschaft in rohen Gemüthern,
und den starken Trieb, sie in die wildesten Aeußerungen zu
ergießen, der selbst dem Gefühle gänzlicher Erschöpfung nicht
nachgiebt. So schwer es uns fällt, in solchen Ausschweifungen die Würde der Vernunft zu erkennen, so ist es doch
unläugbar, daß der Mensch nur durch das, was ihn über
die Thiere erhebt, derselben fähig wird. Thierische Leidenschaften werden bloß durch körperliche Antriebe erregt; sie
werden daher auch durch gleiche Antriebe von entgegengesetzter Art, sobald die letzten die stärkern sind, unfehlbar wieder

aufgehoben. Nur solche Leidenschaften, die ein wahres Bedürfniß zum Ziele haben, können, wenn die Befriedigung
verschoben wird, zu einer für das Thier selbst zerrüttenden
Heftigkeit gelangen. Andre, wobei dieß nicht der Fall ist,
zum Beispiele, wenn ein Thier durch Neckereien zum Zorne
gereizt worden, hören bald von selbst auf, befriedigt oder
unbefriedigt, wenn der Gegenstand den Sinnen entrückt ist.
Der Mensch hingegen ist mit seinem Dasein nicht auf die
Eindrücke des Augenblicks eingeschränkt. Er hat das Vermögen, Vorstellungen selbstthätig festzuhalten und zu erwecken.
So wie darauf die ganze Entwickelung der menschlichen Er-
kenntnißkräfte beruht, so läßt sich auch ohne dasselbe keine
Anlage zur Sittlichkeit denken. Ohne Vergleichung könnte
der Verstand nicht urtheilen und der Wille nicht wählen.
Aber lange ehe der Mensch von seinen Vorstellungen einen
sittlichen Gebrauch machen, und sich durch ihr Gegengewicht
wider alle sinnlichen Reize bei einem Vorsatze behaupten lernt,
wirken sie sinnlich, und ihre ganze Macht wirft sich verstär-
kend auf die Seite der Leidenschaften. Diese beherrschen
also, bis die Vernunft sie unter ihre Botmäßigkeit gebracht
hat, den menschlichen Körper unumschränkt, da sie bei dem
Thiere nur seinen Bedürfnissen oder seiner Sicherheit dienen;
weswegen auch jede Zähmung derselben, wie nützlich der
Mensch sie für seine Absichten mit den Thieren finden möge,
als eine wahre Ausartung anzusehen ist. . Wie frühe
schon leidenschaftliche Vorstellungen über körperliche Empfindungen im Menschen die Oberhand gewinnen, darüber lassen
sich an ganz kleinen Kindern die auffallendsten Beobachtungen
machen. Wie oft lassen sie ihren Verdruß über ein weg-
genommenes Spielzeug, wodurch doch kein eigentliches Bedürfniß, sondern nur der Trieb nach Beschäftigung befriedigt

wird, so laut und anhaltend ausbrechen, daß ihnen die Anstrengung sehr schmerzlich werden muß, und lassen dennoch
nicht davon ab! Die Unart des Kindes und die Ausge-
lassenheit des Wilden fließen aus Einer Quelle her; den
ganzen Unterschied machen unentwickelte und entwickelte Organe, Mangel und Ueberfluß an Kräften.

Da der Mensch nun, vermöge der Zusammensetzung seines Wesens, einem verderblichen Uebermaße in den Leidenschaften ausgesetzt ist, und bei dem ersten Erwachen seiner
Freiheit unvermeidlich darein verfällt, so ist ihm eben dadurch aufgegeben, sie zu mäßigen, und Ordnung in seinem
Innern zu erschaffen. Aber die gewaltigen Stürme des Gemüthe, wodurch diese Forderung um so nothwendiger und
dringender wird, verhindern den unerzognen Sohn der Natur, sie anzuerkennen, ja sie nur zu vernehmen. Ungezügelte
Freiheit ist sein höchstes Gut; in ihr genießt er das volle
Gefühl seiner Kraft: wie sollte er nicht alles von sich weisen, was sich anmaßt sie im geringsten einzuschränken? Der
Mensch hätte also immerfort durch alle Zeiten im Stande
der Wildheit verharren können, er hätte durchaus darin verharren müssen, wäre nicht die Natur selbst durch manche
wohlthätige Kraft, die sie in ihm und um ihn her verbarg,
Vermittlerin zwischen seinen Sinnen und seiner Vernunft
geworden. Er nimmt die Hand nicht wahr, welche ihn leitet, und erst wann er von einer höhern Stufe der Bildung
zurückfteht, erstaunt er in seinen frühen Träumen Vorbilder
seiner theuersten Wahrheiten, in dem, was oft sein Spiel
war, Vorübungen der ernsten Pflicht zu erkennen. Gesang
und Tanz, die liebsten Beschäftigungen des Menschengeschlechts
in seiner Kindheit, bieten ein Beispiel hievon dar. Der
Ausdruck der Leidenschaften wurde weit früher, als sie selbst,

gebändigt. Das letzte hätte einen Vorſatz erfordert, welchen
zu faßen das ſinnliche Geſchöpf noch ganz unfähig war;
jenes geſchah ohne ein abſichtliches Wollen durch das Bedürfniß. Die anfangs unwillkürliche und inſtinktmäßige Beobachtung des Zeitmaßes in ausdrückenden Bewegungen und
Tönen ſtellte das Gleichgewicht zwiſchen Seele und Körper wieder her, welches durch die Uebermacht wilder Gemüthsbewegungen und des gleich ſtarken Triebes, ſie auszulaßen, aufgehoben
worden war. Hatte der Menſch dieſe wohlthätige Wirkung erſt einmal erfahren, ſo kehrte er natürlicher Weiſe
bei jedem neuen Anlaße zu dem zurück, was ſie ihm ver-
ſchafft hatte, und machte es ſich zur Gewohnheit. Die geordnete Freiheit, die er in ſeinem Innern noch nicht kannte,
mußte ihm doch in den äußern Verkündigungen deſſelben
gefallen: er ahnete darin entfernt ſeine höhere Beſtimmung.
Indem er ſich ſeiner Leidenſchaft ungebunden hingab, ſchmei-
chelte ihm ein gemeßner Rhythmus mit einer Art von Herrſchaft über ſie. Zwar ſtellt ſich der Menſch in ſeinem ganzen
äußern Thun ſo dar, wie es der Beſchaffenheit und Lage
ſeines Innern gemäß iſt; allein dieſe innige Gemeinſchaft
zwiſchen Gefühl und Ausdruck iſt nicht bloß einſeitige Abhängigkeit. Der Ausdruck, wie ſich jeder dieß leicht durch
eigne Erfahrung beſtätigen kann, wirkt nach Innen zurück, und
verändert das Gefühl ſelbſt, wenn ihm eine fremde Urſache
einen verſchiednen Grad der Stärke, oder eine verſchiedne
Richtung gegeben hat. Auf ſolche Weiſe mußten die Leidenſchaften, indem ihre kräftigen Ausbrüche durch Einführung
eines ordnenden Maßes in Geſang und Tanz umgeſchaffen
wurden, ebenfalls gemildert werden.

Daß der Rhythmus gleich von den früheſten Zeiten nach
ſeiner Entſtehung dieſe Wirkung gehabt, darüber giebt es,

wie sich von selbst versteht, keine historischen Nachrichten,
und kann dergleichen nicht geben. Welches Alterthum viele
Sagen der Völker auch von sich rühmen mögen, so sind sie
doch gewiß alle viel spätern Ursprungs, und nur der Geist
des Wunderbaren, welcher in ihnen herrscht, entrückt sie in
jene dämmernde Ferne. Poesie wurde nachher das einzige
Mittel, wodurch jedes Geschlecht dem folgenden die Haupt-
eindrücke seines Lebens als den köstlichsten Nachlaß übergab.
In ihrer ersten Gestalt, wo sie noch nichts weiter war, als
unmittelbarer Ausbruch einer bestimmten, gegenwärtigen Leidenschaft, lebte sie selbst nicht länger als das, was ihr Odem
gegeben hatte. Allein gesetzt auch, Ueberlieferung wäre schon
möglich gewesen: wie hätte der Mensch, noch kaum zur Besinnung erwacht, der Rückkehr in sich selbst fähig sein sollen,
welche erfordert wurde, um sich von einer solchen allmäh-
lichen, nie von andern Gefühlen abgesonderten Wirkung auf
sein Innres Rechenschaft zu geben? Wie viel gehörte nicht
dazu, bis er überhaupt nur so weit kam, zu sich selbst zu
sagen, er habe eine Seele! Wir sehen es ja aus manchem
Denkmal alter oder wenig gebildeter Sprachen, daß Völker,
unter denen schon viele andre Betrachtungen angestellt worden waren, immer noch große Mühe hatten, von der wol-
lenden und denkenden Kraft, welche dem Menschen inwohnt,
sich eine nur nicht gar verworrene Vorstellung, wie von einem
körperlichen Werkzeuge zu machen. Indessen haben wir doch
in einigen Mythen, welche die ersten Fortschritte des Menschengeschlechts bildlich erklären sollten, das gültigste Zeugniß,
das man in einer Sache dieser Art verlangen kann. Die
Anfänge des gesitteten Lebens werden mit der Erfindung der
Musik zusammengestellt; die als Götter oder Heroen verehrten Stifter beider, Osiris und Isis bei den Aegyptiern, bei

den Griechen vorzüglich Orpheus, sollen sich der Macht des
Gesanges bedient haben, um die rohen Gemüther zu zähmen.
Freilich läßt sich hievon auch eine andre nicht zu verwerfende
Deutung geben, daß man nämlich ein so großes Wunder nicht
sowohl dem Rhythmus der Lieder, als den Empfindungen, die
aus ihnen athmeten, den Lehren, die sie vortrugen, zuschreibt.
Aber alsdann verjüngt man diese Sagen gewissermaßen, und
betrachtet jene Namen, mit welchen ein religiöser Glaube
nachher so viel Allgemeines verflocht, als wirkliche Personen,
deren Wohlthaten ihr Andenken auf die Nachwelt gebracht
haben. Denn damit sich einzelne Menschen unter ihren Mit-
brüdern durch *) menschlicheres Gefühl und höhere Erkenntniß
auszeichnen können, muß schon das ganze Geschlecht nicht
mehr auf der untersten Stufe stehn. Der Gesang muß schon
ein Gegenstand des Wohlgefallens geworden sein, wenn durch
seine Hülfe sanften Empfindungen, weisen Sprüchen Eingang
verschafft werden soll. Die ältesten aller Erfindungen dankt
das Menschengeschlecht Niemanden insbesondre: sie gehören
seiner eignen Natur, und demnächst dem Himmel und der
Erde an, insofern diese durch günstige Einflüße ihrer Entwickelung zu Hülfe kamen. Der älteste Orpheus war wohl
nirgends persönlich gegenwärtig: er wohnte überall verborgen
im thierischen Menschen, und als er zum erstenmal göttlich
hervortrat, und das wüste Toben der Leidenschaft durch melodischen Rhythmus feßelte und zähmte, konnte kein Ohr und
kein Herz seiner Zaubergewalt widerstehen.

Der Trieb, andre gleichsam in sein eignes Dasein aufzunehmen, und wiederum in ihnen vervielfacht zu leben, der
zwar nicht selbst die Fähigkeit zur Sprache ist, aber sie doch

---

*) menschliches 1801.

hervorgerufen hat, macht die eigentlich menschliche Grundlage
der Geselligkeit aus, wie viel andre Umstände und Bedürfnisse auch dazu einladen oder nöthigen mögen. Schon in
den frühesten Zeiten des geselligen Standes (und wann lebte
der Mensch wohl völlig einsam?) mußte daher häufig der
Fall kommen, daß dieselben Gefühle mehrere Gemüther zu
gleicher Zeit bewegten, entweder weil Einer sie den Uebrigen
durch sichtbaren und hörbaren Ausdruck mitgetheilt hatte,
oder weil das, was sie hervorbrachte, Alle gemeinschaftlich
betraf. Das Beisammensein einer Anzahl von Menschen in
leidenschaftlichem Zustande, von denen jeder sich ganz seiner
Willkür überläßt, muß auch dann, wenn sie alle nach derselben Richtung hinstreben, unausbleiblich tumultuarisch werden. Man hat es ja häufig unter gesitteten Völkern erlebt,
daß in solchen Fällen die Wahrheit Rasende machte, und
der Patriotismus Gräuelthaten verübte. Es entsteht ein
Chaos von Kräften, worin selbst das Gleichartige sich zu
kennen aufhört und mit blinder Feindseligkeit gegen einander
treibt. Will eine Versammlung ihrer würdig handeln, das
heißt nicht als roh zusammengehäufte Masse, sondern als
ein Ganzes, von Einem Willen beseelt, so muß jeder Einzelne sich bis auf einen gewissen Grad seiner Freiheit ent-
äußern, um dagegen von allen Uebrigen vertreten zu werden.
Der allgemeine Wille bedarf einer Stimme, die ihn rein und
vernehmlich verkündige; wenn die Eintracht einer versam-
melten Menge nicht mit sinnlicher Gegenwart in ihrer Mitte
erscheint, so ist sie so gut als nicht vorhanden. Gäbe es
nun ein Mittel, wodurch viele Menschen sich im Ausdrucke
derselben Empfindungen vereinigen könnten, ohne sich gegenseitig zu stören noch zu übertäuben, und wodurch bei einem
noch so vielfachen, gewaltigen Widerhalle des lauten Lebens-

odems doch alles Mißhellige vermieden würde: so müßte
dabei die gemeinschaftliche Regung, durch die erklärte Theilnahme Aller bestätigt, sich zwar um so tiefer in die Gemüther pflanzen; aber es könnte nicht fehlen, der milde Sieg
des geselligen Triebes über den selbstischen würde ihre äußere
Stürme um vieles besänftigen. Die Leidenschaften der einzelnen Glieder der Gesellschaft glichen alsdann nicht mehr
wildlaufenden Waßern, die beim geringsten Aufschwellen eine
Ueberschwemmung verursachen müßen, sondern wären wie
Bäche in einem Strom versammelt, und flößen in ihm zwar
unaufhaltsam, doch um so ruhiger fort, je tiefer und breiter
sein Bett geworden wäre. Ein solches Mittel ist aber Gesang und Tanz, sobald beide durch das Zeitmaß geordnet
sind, denn das wird wesentlich erfordert, wenn man nicht
bacchantisch durcheinander toben soll. Dieses könnte man
als die zweite Art ansehen, wie der Rhythmus, bloß als
Gesetz der Bewegung betrachtet, den wilden Menschen ein
wohlthätiger, göttlicher Orpheus ward. Er war es, der aus-
brückende Geberden und Töne, in denen sonst nur uneinge-
schränkte, hartnäckige Willkür geherrscht, an ein friedliches
Nebeneinanderfein gewöhnte, sie zum Bande der Geselligkeit
und zugleich zu ihrem schönsten Sinnbilde umschuf. Kein
Wunder also, wenn Gesang und Tanz unter weniggebilde-
ten Völkern von jeher die Seele aller Zusammenkünfte war,
und noch ist. Ein gemischter Haufe wird dadurch in Chöre
abgesondert und gereiht.

Daß diese menschlich natürlichen Künste Sache der Gesellschaft wurden, konnte und mußte zum Theil auf ihre
weitere Bildung den entschiedensten Einfluß haben. Zuverläßig
beschränkte es zuvörderst ihre ursprüngliche Freiheit, und fügte
zu dem, worin man ohne Absicht, fast ohne Bewußtsein, über-

einstimmte, äußerliche Gesetze der Uebereinkunft und des
Herkommens hinzu. Um Verwirrung zu vermeiden, war eine
gewisse Anordnung, besonders beim Tanze, unentbehrlich; und
da diese nicht im Wesen des Alle beseelenden Gefühls lag,
so gewann der Verstand dabei Raum, besonnener zu verfahren, zu wählen und das an sich Gleichgültige allmählich mit
dem Gefallenden zu vertauschen. Das Verlangen nach diesem
ist so tief und wesentlich im Menschen gegründet, daß er es
fast eben so früh zu offenbaren anfängt, als er Erzeugnisse
der Natur für irgend einen Zweck benutzt. Es genügt ihm
nicht, daß sein Werkzeug diesen erreiche: er will sich gern
durch etwas Höheres als Schöpfer darin erkennen. Der Bogen des Wilden muß nicht bloß in die Ferne treffen; das
Holz oder Horn, woraus er verfertigt ist, muß auch zierlich
geschnitzt und geglättet sein. Bald wird die Außenseite seines eignen Körpers ihm ein Gegenstand dieses künstlerischen
Triebes: Putz war überall, ausgenommen in ganz rauhen
Himmelsstrichen, das frühere Bedürfniß, und bedeckende Klei-
dung nur ein späterer Fortschritt zur Ueppigkeit. Mag uns
der Putz der Wilden (so schelten wir einander nationenweise,
sagt ein wackrer Forscher, ohne daß einmal jemand so keck
oder so billig wäre, zu sagen, was ein Mensch und was ein
Wilder sei) noch so abenteuerlich, widersinnig, ja abscheulich
vorkommen; das eigenthümliche Gepräge unsrer Natur, welches ihm seine Bestimmung giebt, kann zwar darin entstellt,
aber nie ganz ausgelöscht werden. Im Wohlgefallen an ver-
meintlich schönem Zierrat, und in dem Vermögen der Einbildungskraft, ihn zu erfinden, liegen die edelsten Künste,
die sich je unter geistreichen Völkern bis zur Reife entfaltet
haben, wie in ihrem Keime beschloßen. Man glaube auch
nicht etwa, daß eine beträchtliche Höhe der Ausbildung dazu

gehöre, ehe diese Anlagen wirksam werden können, weil wir
im gesitteten Europa unter den geringeren Ständen oft jede
Spur davon vermissen. Wenn durch eine drückende Lage
das freie Spiel der Kräfte, und mit ihm zugleich der wohlthätige Einfluß der Natur gehemmt wird, ohne daß die Vortheile der Verfeinerung zum Ersatz dafür dienen, so wird der
Mensch dadurch in einen Stand der Barbarei zurückgewor-
fen, dem ungebundne, kräftige Wildheit gewiß weit vorzu-
ziehen ist.

Doch ich kehre von dieser kleinen Abschweifung zurück.
Das erste Aufdämmern des vorher schlafenden Triebes nach
Schönheit eröffnet wieder eine ganz neue, weite Aussicht
künftiger Entwickelungen der drei rhythmischen Künste. Die
Seele fieng an sich im Ausdrucke ihrer Gefühle, wenigstens
solcher, die nicht geradezu schmerzlich sind, zu gefallen, und
wiederholte ihn daher gern, auch wenn das Bedürfniß, welches sie anfangs dazu gedrungen hatte, schon gestillt war.
Nun erst wurde also Tanz und Gesang als Ergötzung getrieben. Es mußte endlich dahin kommen, daß man sich
durch Hülfe der Phantasie freiwillig aus einem ruhigen Zustande in lebhafte Regungen versetzte. So entstand eigentliche Dichtung; so kam Nachahmung zum Vorschein; denn
alles Vorhergehende war reine, unvermischte Wahrheit gewesen.

Du wirst bemerkt haben, liebe Freundin, daß ich im
Gange aller obigen Betrachtungen zwei Sätze ohne Beweis
angenommen und stillschweigend zum Grunde gelegt habe,
weil sie mir von selbst einzuleuchten schienen. Erstlich: Poesie
sei ursprünglich von der Art gewesen, die man in der Kunstsprache lyrisch nennt. Zweitens; man habe sie immer un-
vorbereitet nach der Eingebung des Augenblicks gesungen;

mit einem Ausdrucke, der uns Deutschen wie die Sache selbst
fremd ist, 'improvisiert'. Was jenes betrifft, so erinnre ich
hier nur mit wenigen Worten, daß dem empfindenden Wesen
sein eigner Zustand das Nächste ist; daß der Geist die Dinge
zuerst nur in ihrer Beziehung auf diesen wahrnimmt, und
schon zu einer sehr hellen Besonnenheit gediehen sein muß,
um seine Betrachtung derselben, wenn ich so sagen darf, ganz
aus sich heraus zu stellen. Durch welche Veranlaßungen und
auf welchen Wegen die andern Gattungen, die in der lyrischen eingewickelt lagen, sich in der Folge von ihr gesondert,
erzähle ich dir ein andres Mal. Vorbereitung läßt sich ohne
Absicht nicht denken: und wie sollte diese bei den ältesten
Gesängen, Kindern der Leidenschaft und des Bedürfnisses
stattgefunden haben? Das Natürliche geht immer vor dem
Künstlichen her. Zu der Zeit, da noch alle Menschen dichteten, waren die Dichter wohl nicht so ängstlich für die Ewigkeit ihrer Werke besorgt, als heut zu Tage: das Lied, das
auf ihren Lippen geboren ward, starb auch in demselben Augenblicke. Es dem Gedächtnisse einzuprägen, konnte ihnen
schwerlich einfallen, eben so wenig, als wir alle Worte, in
der Hitze eines leidenschaftlichen Gesprächs ausgeschüttet, aufzubewahren gedenken. Das gemeinschaftliche Singen gab vielleicht auch hiezu den ersten Anlaß. Sollte der Chor wiederholen, was Einer vorgesungen hatte, so mußte er sich Worte
und Melodie wenigstens für so lange merken; das Gedächtniß
wurde mit ins Spiel gezogen, wie gering auch der Dienst
sein mochte, den man ihm anfangs zumuthete. Doch dieß
läßt sich auch aus einer andern Ursache ableiten. Die Sprache
war so äußerst arm an Worten und Wendungen, der Kreiß
der Vorstellungen so enge gezogen, daß man nicht vermeiden
konnte, häufig auf eben dasselbe zurück zu kommen. Wenige

Ausrufungen hießen schon ein Lied: sie genügten dem einfältigen Herzen, erschöpften aber auch den ganzen Reichthum
des kindischen Geistes. Oft gesungen, blieben sie natürlich
sammt ihren Anordnungen im Gedächtnisse hängen, und boten
sich bei einer ähnlichen Gelegenheit von selbst wieder dar.

Um deine Geduld zu belohnen, liebste Amalie, wenn
du diesen Brief, ohne etwas zu überspringen, bis zu Ende
gelesen hast, füge ich etwas hinzu, worüber du wenigstens
einen Augenblick lächeln magst; ein Paar Proben von Poesie,
welche ein Weltumsegler aus der Südsee zurückgebracht hat.
Folgendes Lied dichteten einige Neuseeländer aus dem Stege-
reif, als sie den Tod eines ihnen befreundeten Taheitiers
erfuhren:

> Aeghih, matte, ah wäh, Tupaia!
> Gegangen, todt! O weh! Tupaia!

Das zweite ist fröhlicher. Die Taheitierinnen begrüßen damit ihre Göttin O=Hinna, die nach ihrem Glauben in den
Flecken des Mondes wohnt:

> Te-Uwa no te malama,
> Te-Uwa te binarro.
> *) Das Wölkchen in dem Monde,
> Das Wölkchen liebe ich.

Dem Monde ist doch von jeher in allen Landen viel Artiges
gesagt worden. Lebe wohl!

---

*) [Die Uebersetzung steht in den Horen nicht.]

Betrachtungen über Metrik.
An Friedrich Schlegel.

Du schreibst mir über Bürger: 'Es scheint mir etwas sehr Untergeordnetes zu sein, schön zu reimen in unsrer Sprache, die der höhern Harmonie empfänglich ist.' Ich habe immer vergeßen dir für das artige Kompliment zu danken, das du mir machst, indem du ein Verdienst, auf das ich nur gar zu gern Ansprüche machte — auf das ich, wie man mir schmeichelt, auch einige habe — so sehr gering findest. Wenn die Schwierigkeit etwas bei der Sache entscheidet, so kann ich dir sagen, daß es sehr schwer ist, im Deutschen in gereimten Silbenmaßen wohlklingend und ausdrucksvoll zu schreiben. Vielleicht dürfte ich mich rühmen und es beweisen, daß ich auch das Andre, in griechischen Silbenmaßen, kann, wenn ich will. Es möchte sogar viel leichter sein; versucht habe ich es; denn ich glaubte auch einmal vor uralten Zeiten an Klopstock.

Bürger macht sehr schöne Hexameter — ich beziehe mich auf seine Uebersetzung des Homer.

Du bekommst nun aber den gerechten Lohn für deine Impertinenzen: eine Abhandlung über diesen Gegenstand — wenn ich sie zu Ende bringe: ein volles gerütteltes und geschütteltes Maß. Sie soll drei Theile haben: über Euphonie; über Eurhythmie; und über den Reim. Dieser ist mit beiden verwandt — es ist also wohl billig, daß man seine Theorie zuletzt vornimmt. Ueber den Reim möchte ich leicht allerlei zu sagen haben, was du nicht vermuthest.

Uebrigens ist es mir gar nicht darum zu thun, einen Proselyten zu machen. Ich kann dir gern die Gedichte, welche niemand liest, vom Messias an bis zur Borussias, überlaßen, und mich an die vielen Werke unsrer vortrefflichen Dichter halten, die in gereimten oder reimfähigen Silbenmaßen geschrieben sind. Was C. betrifft, so wende nur Alles an, um ihren Geschmack zu verderben; sie wird doch das Rechte treffen, und dazu keiner Theorie nöthig haben.

Du glaubst es nicht, lieber Fritz, wie mich vor dieser verwünschten Kunstrichterei ekelt, zu der mich die Natur verdammt hat. Mein Motto ist immer:

> Grau, junger Freund, ist alle Theorie,
> Und grün des Lebens goldner Baum.

Da Klopstocks Ansehen in der Metrik, vorzüglich der deutschen, dir so viel gilt, so will ich dir einige Betrachtungen darüber mittheilen, und dabei von seinen Fragmenten, die ich eben einmal wieder gelesen, dann und wann Veranlaßungen hernehmen. Befürchte aber nicht, daß der Inhalt dieser Blätter ganz polemisch sein wird — die Untersuchung hat genug Reiz für mich, um ihr selbst weiter nachzuspüren; und Kl. zu widerlegen ist in den meisten Fällen so leicht, daß man sich gar nicht lange dabei aufzuhalten braucht.

In alten und neuern Sprachen ist wenig Gutes über die Sache geschrieben, und es ist nicht schwer anzugeben, woher dieß rührt. Der Gegenstand scheint geringfügig, und ist doch sehr wichtig — lockt also den Forschungsgeist nicht an. Man muß ihn praktisch kennen, also Gedichte geschrieben, und dabei nach metrischer Vollkommenheit gestrebt haben. Nun haben aber die guten Dichter meistens einen Ekel vor der Theorie, oder auch nicht die gehörigen Talente dazu. Man kann sehr wohlklingende Verse zu machen verstehen, und gar nicht im Stande sein, zu entwickeln, wie man dabei verfährt. Auch läßt man sich dabei durch tausenderlei feine Wahrnehmungen bestimmen, die dem Ausdrucke entschlüpfen, oder wenn man sie auszudrücken versucht, nur Mißverständnisse hervorbringen.

Will man nun vollends nicht bloß über die Metrik seiner eignen Sprache schreiben, sondern Vergleichungen anstellen, und die Sache aus einem höhern Gesichtspunkte betrachten, so gehört noch

weit mehr dazu: Kenntniß einer Menge Sprachen, nicht bloß auf
dem Papier, sondern nach dem lebendigen Vortrage; Biegsamkeit
der Sprachorgane, um in fremden Sprachen die Aussprache täuschend
nachahmen zu können; und dabei äußerste Empfindlichkeit, um zu
fühlen, was schwer und leicht auszusprechen ist; große Feinheit und
gänzliche Unparteilichkeit des Ohres — also keine Muttersprache.
Nur ein solcher Richter wäre befugt, zwischen mehrern Nationen
über Sachen des Wohlklangs zu entscheiden. Du siehst, wieviel
Klopstocken hievon fehlt. Er weiß viel zu wenig Sprachen — hat
die neuern, welche er kennt, nicht genau untersucht, und bezieht sich
immer nur auf die todten, deren lebendigen Vortrag wir gar nicht
kennen, und von denen wir also wie der Blinde von der Farbe reden. Er hat ein wahrhaft deutsches Ohr — das heißt, eines, welches sich entsetzliche Dinge bieten läßt, ohne aufrührisch zu werden;
dabei ist er in hohem Grade parteiisch — wenn er die deutsche Sprache
so ganz über Maß und Gebühr lobt, so überzeugt er mich von weiter nichts, als von der Wahrheit des Sprichworts: jedem Narren
gefällt seine Kappe! Sua cuique regina pulchra est. Die Frage ist
ja gar nicht, ob sie ihm wohlklingt, sondern ob sie sein unterschei-
denden Sinnen, ohne den Einfluß der Gewöhnung und Ohrenhär-
tung, gefallen kann. Da möchte die Entscheidung denn wohl ganz
anders ausfallen.

Klopstock bemerkt ganz richtig, daß der Wohlklang einer Sprache
wesentlich von ihrer prosodischen und rhythmischen Beschaffenheit unterschieden ist. Allein ich glaube, er legt auf die letzte ein viel zu
großes, und auf jene ein viel zu geringes Gewicht. Mein Grund
ist folgender. Bloß sinnliche Eindrücke sind stärker, als die feinern
ästhetischen. Daher wird unfehlbar ästhetische Lust durch sinnliches
Mißvergnügen zerstört; oder mit andern Worten: einer unangenehmen Materie läßt sich keine gefallende Form geben. Dagegen bleibt
das sinnliche Vergnügen was es ist, wenn es auch mit keiner feinern Lust gepaart wird, oder wenn selbst der ästhetische Sinn
widerspricht.

In der Malerei sind die Farben, in so fern sie das Auge gern
oder nicht gern hat, ohne irgend eine andre Beziehung, die
Materie; in der Musik der Klang der Stimmen oder Instrumente.
Die Verhältnisse der Gleichzeitigkeit und Folge — Harmonie und

Melodie — machen die Form aus. Ueberhaupt beruht die Form immer auf Verhältnissen. Der äußere Sinn empfängt einzelne Eindrücke — nur der Reflexion des innern Sinnes ist es gegeben, Vergleichungen unter ihnen anzustellen, und mehrere als ein Ganzes zu betrachten. In der Sprache also, sofern sie als etwas Hörbares betrachtet wird, machen die Bestandtheile der Silben die Materie aus; ihre prosodischen und rhythmischen Verhältnisse die Form. Kl. preist die deutsche Sprache in dieser letzten Hinsicht vor allen andern — mit wie vielem Rechte untersuche ich vielleicht nachher; in jener sucht er sie wenigstens zu rechtfertigen. Hiebei muß ich zuerst verweilen: denn wäre die deutsche Sprache wirklich, wie viele behaupten wollen, für ein unverwöhntes und unverhärtetes Ohr in vielen Fällen übelklingend, so hülfe ihr jenes Lob nichts, wie gegründet es auch sein möchte. Der Sinn, der immer zuerst seine Stimme giebt, läßt den Verstand, der durch die der Bedeutung entsprechende Prosodie befriedigt wird, nicht zur Sprache kommen. Dieser läßt dagegen Alles hingehen, wenn Reiz und Vergnügen den Sinn vorher gefesselt und bezaubert haben. So sind wir Menschen — sinnliche Geschöpfe!

Kl. nimmt beim Wohlklange einer Sprache nur auf Einen Umstand Rücksicht — nämlich die verhältnißmäßige Menge der Vokale und Konsonanten. Das heißt die Sache wie ein Tuchkrämer abthun und die Sprachen nach der Elle messen. Er vergleicht in dieser Rücksicht die deutsche Sprache mit der griechischen, und bringt heraus, daß jene nur in Einen Fehler verfällt, nämlich in die Härte; daß die griechische diesen Fehler auch und den der Weichheit noch überdieß hat. Indessen will er doch nicht in Abrede sein, daß in der deutschen Sprache der Konsonanten ein wenig zu viel sind. Könnte man ihr also noch ein Paar Ellen Vokale zumeßen, wie der vorige König von Preußen mit seinem 'sagena, schreibena' wirklich hat thun wollen, so wäre ihr geholfen.

Außer dem Uebergewichte der Konsonanten oder Vokale — einem Umstande, der freilich viel wichtiger ist, als Kl., der diese partie honteuse unsrer Sprache mit kindlicher Ehrerbietung zu bedecken sucht, glauben machen möchte — kommt beim Wohlklange sehr vieles auf die Beschaffenheiten der Vokale und Konsonanten an, die in einer Sprache am häufigsten vorkommen; auf die Zusammenstellung der Konsonanten; und auf die Verbindung beider unter einander. Ehe ich untersuche, wie sich's im Einzelnen mit allen diesen Dingen in unsrer Sprache verhält, noch einige allgemeine Bemerkungen über Euphonie.

Man wird es ziemlich allgemein bestätigt finden, daß alles, was den Sprachorganen mühsam oder schmerzlich auszusprechen ist, auch dem Gehör mißfällt. Daß alles, was sich leicht und angenehm ausspricht, auch dem Ohre gefällt, will ich nicht eben so zuversichtlich behaupten. Man muß bei jener Regel aber auf den natürlichen Bau der Sprachorgane Rücksicht nehmen — denn sie sind, wie der ganze Mensch, wunderbar biegsam und bildsam; Gewöhnung kann sie ungeschickt zu Hervorbringung sehr leichter, und auf der andern Seite unempfindlich gegen die Schwierigkeiten der härtesten artikulierten Töne machen.

Vielleicht findet eine Sympathie zwischen den verschiednen Organen statt — indem wir einen Andern reden hören, empfinden unsre eignen Werkzeuge der Sprache etwas von dem, was der Redende fühlt. Es ließe sich manches anführen, um diese Hypothese wahrscheinlich zu machen; z. B. die Angst, die es uns macht, einen Stammelnden mühselig eine Redensart hervorbringen zu hören. Auch dieß: wenn wir unsre Landsleute deutsch reden hören, klingt es uns selten hart oder übel — warum? Es kostet ihnen keine Mühe. Hören wir hingegen Fremde, vorzüglich solche, deren Muttersprache wohlklingender ist, als die unsrige, bei denen noch große Anstrengung und Verdrehungen dazu erfordert werden, so scheint uns ihre Aussprache, obgleich vielleicht gemildert, doch entsetzlich übelklingend. Dabei läßt sich's immer noch erklären, daß das Ohr eines Ausländers doch gepeinigt wird, wenn er uns gleich mit Leichtigkeit deutsch reden hört. Die Arbeit der Organe geschieht nämlich wirklich, wenn wir uns ihrer schon nicht bewußt sind. Der Ausländer nimmt sie daher auch an fertigen Sprechern wahr, wo sie uns der Gewöhnung wegen nicht mehr auffallen kann.

Die Ungewohntheit kann machen, daß uns ein Laut sehr viel zu schaffen macht, der an sich selbst sanft ist, und also auch leicht auszusprechen sein sollte; dieß ist z. B. der Fall mit dem englischen th. Ja, der, welcher seine Organe durch tägliche schwere Arbeit abgehärtet hat, ist oft ganz unfähig, das Sanfteste auszusprechen.

Wie manchen Obersachsen giebt's, der's im Französischen nie weiter bringt als: pon schour, wa schollie minchonne! — Die Hände, welche auf der Harmonika spielen sollen, müßen nicht hacken und graben.

In der ganzen tönenden Natur findet man gelinde Berührungen der Körper und leichte Bewegungen — Flüge, Schwingungen und Bebungen — von angenehmen, alles gewaltsame Werfen, Stoßen, Schlagen, Schütteln u. s. w., von rauhen und unangenehmen Lauten begleitet. Diejenigen Buchstaben also, welche von der Zunge, dem Gaumen, den Zähnen, den Lippen, durch die gelindeste Bewegung oder Berührung hervorgebracht werden, müßen auch die wohlklingendsten sein. Also ist b, d, w, wohlklingender als p, t, f; g wohlklingender als ch; das französische je wohlklingender als sch; und von dem doppelten englischen th das in the wohlklingender als das in thought. Doch sind die einfachen Konsonanten, obgleich der eine angenehmer ist als der andre, doch alle noch so leidlich — etwan das ch ausgenommen — auch weiß ich nicht, was ich von dem Knurr= und Hundelaut r urtheilen soll. Die Mißlaute entstehen erst aus übel zusammentreffenden Konsonanten, wenn nämlich die Organe unmittelbar, ohne sich durch einen Vokal ausruhen zu können, von einer Bewegung zu einer ganz entgegengesetzten übergehen müßen, und also ein Hin=und=her=zerren erfolgt.

Von den unendlich vielen denkbaren Kombinationen der Konsonanten, sind nur wenige möglich, und noch wenigere wohllautend. Je mehr also in einer Sprache die Konsonanten das Uebergewicht haben, desto häufiger müßen auch solche kakophonische Zusammensetzungen vorkommen.

Kl. giebt zu, daß der Ueberfluß an Konsonanten eine Sprache hart mache; zugleich meint er, allzuviel Vokale machten sie weich, das heißt bei ihm weichlich. Eine sonderbare Behauptung! Würde man nicht ausgelacht werden, wenn man sagte: wenn in den Röhren einer Orgel nicht Luft genug ist, so tönt sie hart oder rauh; pumpen die Bälge aber allzuviel, so wird ihr Ton weichlich. — Nein, guter Freund (ich meine nicht dich, sondern Klopstock), wenn der Bälgentreter seine Pflicht nicht thut, dann tönt die Orgel gar nicht, sondern die Tasten klappern nur. Was sind denn die Vokale? Doch wohl die aus der Kehle mit verengter oder erweiterter Oeffnung hervorgehende Luft — also ein Hauch, ein Odem, der allein die Sprache belebt und beseelt. In ihnen besteht eigentlich die Stimme wie auch ihr lateinischer Name andeutet; die andern Buchstaben tönen nur mit — ohne Vokale würden sie sich nicht zu artikulirten Lauten erheben, sondern bloß ein dumpfes Geräusch bleiben, wie man sich leicht überzeugen kann, wenn man die dazu erforderlichen Bewegungen mit den Sprachorganen vornimmt, ohne sie mit Luft zu versorgen. Wie sollte also der Ueberfluß an dem einzigen, was in der Sprache tönt, sie weichlich machen können? Allzutönend, zu sonor — das kann ich begreifen, wenn die Vokale darnach sind, und dieß ist vielleicht im Spanischen der Fall.

Nimm dazu, daß die Leidenschaften, wenn sie einen Menschen ganz übermeistern, meistens in bloßen Vokalen reden — und zwar nicht nur die sanft hinreißenden, sondern auch die widrigen und zerrüttenden; daß im Gesange, selbst dem männlichsten, die Vokale weit mehr vorhallen, als in der gewöhnlichsten Rede; daß — aber sage mir doch, ist dir denn je das Geschrei eines Esels, oder einer Katze weichlich vorgekommen? Iii — aa — Mi—aa—uu — sind das nicht Vokale?

Vergieb mir die Skurrilität — ich will sehen, ob ich dich durch interessante Bemerkungen entschädigen kann. Ich zweifle gar sehr, ob der Sprache überhaupt, als bloßer Materie für den Gehörsinn, Weichlichkeit zum Vorwurfe gemacht werden kann; ob ihre Laute je zu sanft, zu angenehm, zu schmeichelnd sein können. Die Bestandtheile der Silben, sagte ich oben, sind die Materie der Sprache, in so fern sie etwas Hörbares ist. Allein in einer andern Hinsicht sind diese Bestandtheile auch Form — nämlich in so fern sie etwas bedeuten. Denn hier ist ein Verhältniß zwischen Bedeutung und Laut; der innre Sinn vergnügt sich daran, Analogien zu suchen und zu finden. Wenn nun eine Sprache Alles durch schmeichelnde, weiche Töne ausdrückt, so widersprechen sich die Eindrücke auf den Sinn und den Verstand sehr oft, und hieran findet die Reflexion Mißfallen. Was noch mehr ist, so kann die Sprache solche Gegenstände, zu denen dergleichen Töne vorzugsweise paßen, nicht mehr auszeichnen — sie wird also unbedeutsam. Unbedeutsamkeit wäre also wohl ein schicklicherer Name für diesen Fehler, als Weichlichkeit — denn es ist eigentlich der Verstand und nicht der Sinn, von dem der

Tadel herrührt. Unter den mir bekannten Sprachen weiß ich keine, der ich ihn vorwerfen möchte, als etwan die französische, und auch dieser bei weitem nicht unbedingt oder im höchsten Grade.

Dem Fehler des Ueberflußes an Vokalen ist übrigens leicht abzuhelfen — die Sprachen, die ihn haben, genießen meistens auch der Freiheit, am Anfange oder Ende der Worte welche abzuschneiden — oder sie schmelzen sie in einander, und laßen einige kaum merklich hören.

Die Konsonanten einer Sprache machen mehr das Darstellende derselben aus — die Vokale das Ausdrückende, oder: jene beziehen sich mehr auf die Vorstellungen, diese mehr auf die sie begleitenden Empfindungen. Man kann dieß, besonders in Ansehung der Vokale, nur selten an einzelnen Worten zeigen, weil wir erstaunlich weit vom ersten Ursprunge der Sprache entfernt sind — und weil wir vieles bezeichnen, was nur durch geringe oder gar keine Analogien mit dem Sinnlichen zusammenhängt, und auch nur sehr schwach auf unser Gefühlsvermögen wirkt. Allein für die Sprachen im Ganzen genommen bleibt es nichts desto weniger wahr. — Die Vokale sind ein bloßer Odem aus der Brust — Aehnlichkeit haben sie beinah nur mit Tönen; selten mit andern nicht hörbaren Gegenständen. Sie können also auch nur den Zustand des Innern verrathen — und die Interjektionen aller Sprachen, oder auch der Schrei der Leidenschaften in der Natur, der nicht in der Grammatik steht, besteht beinah ausschließend aus Vokalen. Die Konsonanten dagegen sind ursprünglich mimische Handlungen. Es liegt im Menschen ein starker Instinkt, Vorstellungen zu bezeichnen und Andern deutlich zu machen. Der rohe Sohn der Natur spricht nicht bloß mit dem Munde, sondern mit allen Gliedmaßen — noch jetzt sehen wir, daß jemand, der sich Leuten verständlich zu machen wünscht, die seine Sprache nicht verstehen, mit Händen und Füßen arbeitet, um eine mimische Darstellung zu bewerkstelligen. Nur langsam verlernen wir diese Gliedersprache — die lebhafteren Völker auch bei dem höchsten Grade der Ausbildung nie ganz. Um, wie die englischen Frauen thun, beim Reden alle Muskeln des Gesichts und des Körpers, außer denen, die unmittelbar dazu erfordert werden, in einer stoischen Ruhe zu laßen, muß man durch die Zucht der feinen Sitten ein entsetzlich zahmes Menschenkind geworden sein.

Hieraus scheint zu folgen, daß die Natur den Mund zwar vorzüglich, aber gar nicht ausschließend zum Sprechen bestimmt hat.
Die Ursache des Vorzugs ist, daß die Bewegungen des Mundes
unmittelbar von dem Tone der Empfindung begleitet, und mit ihm
verbunden werden — da es hingegen, wenn ein Mensch die mimische
Bezeichnung mit dem übrigen Körper vornähme, und nur die unartikulierten Töne des Gefühls mit dem Munde hervorbrächte, immer so herauskommen würde, als wenn Einer deklamiert, und ein
Andrer die Geberden dazu macht.

Man pflegt gegen den mimischen Ursprung der Sprachen
gewöhnlich ihre erstaunlichen Abweichungen von einander in gleich-
bedeutenden Wörtern anzuführen — ein Einwurf, mit dem man
gegen überwiegende psychologische Gründe nichts ausrichtet. Denn
erstlich wird die Sprache, je mehr sie sich von ihrem Ursprunge entfernt, desto willkürlicher modificiert — und wir kennen bei dieser
Untersuchung nur die Sprachen gebildeter Völker, nicht die der Wilden, über welche genauere Beobachtungen und Untersuchungen,
als man bisher hat, zu wünschen wären. Wir kennen oft nicht die
rechten Stammsilben, oder haben wenigstens ihre Bedeutung verloren. Endlich ist die Sprache keine vollständige Beschreibung der
Gegenstände — sondern sie ergreift nur einen oder den andern Umstand bei einer Sache. Verschiedne Völker sind daher, nach der
eigenthümlichen Wendung ihrer Phantasie, auch zu Auffaßung ganz
verschiedner Aehnlichkeiten und Beziehungen geneigt. Ueberdieß sind
die Vorstellungen von denselben Dingen selbst, nach dem verschiednen
Maß und der Mischung der Vorstellungskräfte, äußerst abweichend.

Vielleicht sind wir gebildete Menschen auch nicht ganz befugte
Richter über diese feinen Analogien der Bezeichnung mit dem Bezeichneten; es ist nur allzu gewiß, daß, trotz aller unsrer Bildung,
rohe Wilde eine gewisse Schärfe der sinnlichen Wahrnehmungskraft
vor uns voraus haben.

Die Sprache ist in ihrem Ursprunge mimisch, und sie soll
noch in ihrer höchsten Ausbildung darstellend sein, wenn sie nicht
in den Fehler der Unbedeutsamkeit verfallen will. Vergebens hofft
man aber mit dem harten und widrigen Eindrucke, den viele Gegenstände auf uns machen, das unangenehme Zusammenstoßen der
Buchstaben, das Krachen, Poltern, Zischen u. s. w. in den Worten,

welche jene bezeichnen, zu entschuldigen. Zum Ideal einer schönen Sprache gehört poetische, verschönernde Darstellung. Eine solche giebt die Eigenheiten der Dinge so treu als möglich zurück, ohne doch das Widrige, das geradezu die Sinne Beleidigende an denselben in sich aufzunehmen. Ein Wort kann eine sehr treffende Darstellung von etwas Großem, Starkem, Furchtbarem in sich enthalten ohne im mindesten gegen den Wohlklang anzustoßen. Ich könnte dir hundert italiänische Beispiele für eines anführen; ich nehme die ersten die besten: rimbombo, scoppio, sforzar, rampogna, fracassar u. s. w. Vielleicht fände ich im Deutschen auch wohl einige der Art. Es ist also ein ganz falscher Grundsatz (zu dem auch Kl. sich hinzuneigen scheint), daß eine durchaus und überall euphonische Sprache in Darstellung des Großen und Starken mangelhaft, also weichlich und unbedeutsam sein müße. — Unsre liebe Muttersprache ist in ihren Darstellungen von dieser Seite nur allzutreu. Was ihr aber noch weit weniger verziehen werden kann, sind die tausend und aber tausend unnützen Härten, die gar nichts darstellen, oder vollends da stehen wo die Bedeutung sanfte Laute fordert.

Es ist vielleicht mehr als ein Spiel meiner Phantasie, wenn ich glaube, daß sich der Geist und Charakter verschiedner Nationen selbst in dem Verhältniß der Konsonanten und Vokale in ihren Sprachen, und in den Beschaffenheiten beider mannichfaltig abbildet. Ich will hier nur Einiges berühren — für eigentliche Beweise ist die Sache zu fein: man kann einen Andern nur auffordern, selbst zu beobachten. Für eine ganz genaue Entwickelung würden mir auch die Ausdrücke fehlen.

Im Ganzen genommen haben die Bewohner der südlichen Hälfte der gemäßigten Zone mehr Empfänglichkeit und einen schnelleren Verstand, als die der nördlichen. Wir Nordländer (erlaube mir einmal wie ein Franzose von den peuples du Nord zu reden) haben eine treue, aber nicht sehr bewegliche Einbildungskraft; unser Verstand faßt gut und genau, aber langsam. Zugleich werden wir weder sehr leicht, noch sehr stark von den Eindrücken gerührt, und haben daher Zeit, bei ihren Gegenständen zu verweilen. Es ist, als ob unsre guten Vorväter geglaubt hätten, die Beschreibung der Dinge durch Laute nie deutlich genug machen zu können. Es war ihnen nicht genug Einen Umstand an einer Sache zu fassen — sie packten

ihrer drei oder vier auf einmal. Daher klebt unsrer und andern
nordischen (sowohl germanischen als slawischen) Sprachen diese
Schwerfälligkeit an, daß es zuweilen ist, als könnten sie gar nicht
fertig werden, sich gar nicht herauswinden. Sie strozen daher von
Konsonanten. In unsrer Muttersprache haben die einsilbigen Wur=
zeln wenigstens einen Konsonanten vor und einen hinter dem Vokal
(wenige Ausnahmen kommen hier nicht in Betracht), sehr oft aber
zwei, drei Konsonanten vor, und, sobald durch Ableitung Nebenum=
stände bezeichnet werden sollen, eben so viele hinter ihm. Dagegen
bestehen die griechischen Wurzellaute aus Einem Konsonanten und
Einem Vokal. (Diese Stellung gewährt große Vorzüge in Absicht
auf Euphonie, wovon nachher.) In ihr und den übrigen Sprachen
südlicher Völker, die mir bekannt sind, der römischen, italiänischen,
spanischen, ich glaube auch in der arabischen und persischen, der Lieb=
lingssprache des Orients, endlich auch in der indischen, wenn ich aus
den Namen in der Sakontala schließen soll, — findet man ein schö=
nes Gleichgewicht zwischen Konsonanten und Vokalen; und wenn
sie ausarten, so ist es eher durch den Ueberfluß dieser als jener.
Daß dieß Gleichgewicht etwas Wünschenswerthes ist, sieht man,
wenn man dem Gange der Ausbildung solcher Sprachen nachspürt,
die es ursprünglich nicht hatten. Man bemerkt, daß sie auf alle
Weise darnach gestrebt, und sich dabei erlaubter und unerlaubter
Kunstgriffe bedient haben. Trendelnburg macht es wahrscheinlich,
daß die griechische Sprache im höchsten Alterthume, vorzüglich am
Ende der Worte, viele Konsonanten gehabt, die sie nachher wegge=
worfen. Sieh nur, wie hart und rauh die römische in den Gesetzen
der zwölf Tafeln und an der Ehrensäule des Duilius erscheint!
Wie war sie zu den Zeiten Augusts gemildert — ob sie gleich in
diesem Punkte immer hinter der griechischen zurückblieb. Auch in
einigen neuern Sprachen beweist die Orthographie unwiderleglich,
daß ehedem weit mehr und zum Theil harte Konsonanten ausge=
sprochen wurden, z. B. im Englischen. Nur wir Deutschen sind in
diesem Stücke, wie in allen, die Geduldigen und ewigen Lastträger
des Herkommens und sprechen vermuthlich das meiste noch ungefähr
eben so, wie damals, da Kaiser Karl der Fünfte nur mit seinen
Pferden deutsch sprechen wollte. Der hochdeutsche Dialekt ist hierin
vorzüglich unglücklich — ihm scheint ganz die Gabe des Wegschlei=

fens zu fehlen, die selbst der Niederdeutsche vor ihm voraus hat. Der schwäbische, wie ihn die Minnesänger sprachen, ist vielleicht auch weniger mit Konsonanten überhäuft gewesen.

Die mindere Empfänglichkeit der nordischen Völker verräth sich zuerst in der Kargheit, womit sie ihren Sprachen die Vokale — also Stimme, Gesang, Lebensodem, Seele — zugemessen haben; und dann auch in der Beschaffenheit derselben. Wir Deutschen machen es in jener Rücksicht freilich noch nicht so schlimm, wie die Böhmen zum Beispiel, die ganze Worte ohne einen einzigen Vokal haben, und bei denen solche wie 'Przmysl' ganz gewöhnlich sind; aber, Klopstock mag sagen was er will, so klappern doch auch bei uns die Tasten oft ganz gewaltig. Dieß ist sowohl in unsern einfachen Worten (schwarz, Sprung, Pfropf, stirb, Furcht, Krampf u. s. w.) oft der Fall, als auch, und noch weit mehr in unsern Zusammensetzungen. Diese gleichen häufig den gezwungnen Ehen. Es ist, als ob sich den Worten selbst die Haare sträubten, wenn sie sich zu sehen kriegen, und doch müssen sie ohne Gnade zusammen. Nimm nur solche wie 'Kopfschmerzen, Gesichtskreiß, Sprachwerkzeuge' — den 'Hechtskopf', womit man die Fremden gewöhnlich zu plagen pflegt, will ich dir hier erlaßen. – Kl. versteht so wenig vom Wohlklange, daß er diese Gewaltthaten für eine Eleganz unsrer Sprache hält, und ihrer, außer den eingeführten, noch viele ganz neue und unerhörte begeht, um Spondeen herauszubringen. Sieh nur die Chöre im letzten Gesange des Messias.

Die Vokale haben — dieß bemerkt Kl. ganz richtig — einen dreifachen Ton: den abgebrochnen (toll), den offnen (so), den gedehnten (Ohr). Der abgebrochne ist am wenigsten musikalisch; denn die Stimme kann bei ihm nicht verweilen, sondern muß zu dem folgenden oder den folgenden Konsonanten, so eilig als möglich übergehen. Frage nur einen Komponisten. Der gedehnte Ton macht eine Silbe unfehlbar lang — und diese Länge ist selbst ein wenig schleppend; sie ist es in hohem Grade, wenn nach dem Vokale noch zwei oder mehrere Konsonanten ausgesprochen werden müßen (strömt, rührt, sucht). Bei dem offnen hat die Stimme die freieste Modulation — sie kann ihn, je nachdem die Silbe, worin er steht, lang oder kurz sein soll, in seiner ganzen Fülle hören laßen, oder ihn nur unmerk-

lich andeuten — er behält immer seine musikalische Natur. Eine
Sprache, worin er herrscht, ist daher nicht nur für den Komponisten
die bequemste, für den Sänger die leichteste und angenehmste, son=
dern sie muß auch in der gewöhnlichen Rede am meisten Gesang
haben. Vielleicht wirken auch psychologische Gründe mit dazu, daß
er uns mehr als die beiden andern Tonarten gefällt. Er beschließt
die Silbe — das Gefühlausdrücken kommt also nach dem Bezeich=
nenden der Vorstellung; wir können uns ihm überlaßen, ohne
nachher noch auf dieses die Aufmerksamkeit richten zu müßen. Der
Ausdruck des Gefühls schallt vor, weil er mit ihm beschloßen wird. —
Es scheint, daß die Seele beim Vernehmen der artikulierten Laute
mehr thätig aufmerksam ist, beim Anhören der eigentliche Töne mehr
leidend empfängt. (Das Nämliche gilt vielleicht von den Eindrücken
des Auges, Gestalten und Farben. Jene meßen wir aus, diese
laßen wir uns nur so darbieten, wenn wir nicht einen besondern
Zweck bei genauer Unterscheidung haben. Ein Gegenstand, an dem
die Gestalt Alles, die Farbe Nichts ist, beschäftigt uns am meisten;
ein zauberisches Farbenspiel, bei dem gar keine bestimmten Gestalten
herauskommen, z. B. ein schöner Abendhimmel, gewährt uns das
leidendste Vergnügen.) Es ist also wohl beßer, die Ruhe auf die
Beschäftigung folgen zu laßen, als umgekehrt. Bei den Silben mit
abgebrochnem Tone (nennen, Kalk) wird uns gar keine Ruhe ge=
laßen, sondern wir werden gleich weiter geschleppt zum nächsten
Konsonanten. Bei den gedehnten Silben (lobt, schlugst) findet zwar
Ruhe statt, aber sie ist täuschend. Wir ergeben uns ihr, und nun
werden wir auf einmal aufgefordert — o Schrecken, — noch zwei
bis drei Konsonanten anzuhören, bevor die Silbe zu Ende ist. In
unsrer löblichen Muttersprache nämlich; im Italiänischen und andern
wohlklingenden Sprachen haben die gedehnten Vokale nur Einen
Konsonanten hinter sich.

Wenn vor und hinter dem Konsonanten Vokale stehen, so wird
auch das Bezeichnende einer Silbe dadurch gleichsam zerrißen. Die
am feinsten empfindenden Völker haben es gern ganz an einer Seite,
am liebsten voran; und hier ließen sie sich lieber Härten gefallen,
als zu theilen.

Ich bin es zwar zufrieden, wenn du dieß Grübelei und Spie=
lerei nennst — ich gebe es dir ja nur für eine verlorne Hypothese.

Das müßen wir indeſſen nie aus den Augen verlieren, daß in der Sprache vieles auf erstaunlich feine Beziehungen ankommt. Wäre ich ein Mediciner, ſo könnte ich dir vielleicht beßere phyſiologiſche Gründe aus dem Bau des Ohres anführen, warum die offnen Vokale angenehmer ſind als die übrigen. Wenn wir aber auch gar keine Beweiſe dafür hätten, und auch kein Gehör, ſo könnten uns ſchon die Sprachen der am feinſten organiſierten Völker davon überführen.

Dieß Alles habe ich deswegen hergeſetzt, um zu beweiſen, daß die überhäuften Konſonanten nicht nur an ſich ſelbſt Uebellaut verurſachen, ſondern auch die Vokale in einer Sprache verderben. Denn wenn faſt alle Silben mit Konſonanten eingefaßt ſind, ſo können auch faſt alle nur den abgebrochnen oder gedehnten Ton haben. So iſt es auch im Deutſchen. Unſre meiſten kurzen und tonloſen Silben haben jenen; unter den langen giebts ihrer mehrere, die den offnen Ton haben — allein im Ganzen theilen doch jene beiden Tonarten ſie unter ſich.

Der abgebrochne Ton, wenn er herrſcht, raubt einer Sprache die Sonorität; der gedehnte macht ſie ſchleppend. Dieß letzte iſt bei der holländiſchen Sprache der Fall, die aber wirklich auch ſonorer iſt, als die unſrige.

Ueber den Wohl= oder Uebellaut der Konſonanten, ſowohl an ſich ſelbſt, als in der Verbindung mit andern, wäre ein langes Kapitel zu ſchreiben, das auch deswegen ſchwierig iſt, weil hierin die Urtheile der Völker, auch ſolcher, die eine ſehr gültige Stimme haben, oft weit abzuweichen ſcheinen. Ich werde nur Einiges berühren.

L, m, n, ſcheinen mir unbedingt angenehm im Anfange der Silben (—nämlich unmittelbar vor dem Vokal; μνημοσύνη klingt nicht gut —), und verdoppelt zwiſchen zwei Silben: Wonne, Flamme, Hülle. Dergleichen Worte ſind aber in unſrer Sprache ſelten. — Das l vor dem m oder n in der Mitte eines Wortes iſt auch anſt: alnus, ἀλμυρός. So kommt es bei uns äußerſt wenig vor. Dagegen haben wir dieſe flüßigen Buchſtaben viel in guten Zuſammenſtellungen mit andern, aber nicht ſo häufig zu Anfang und in der Mitte der Worte, als am Ende, wodurch Alles wieder verdorben wird.

B, d, w, find angenehmer als p, t, f. Wir haben unge=
geheuer viel f; denn v und f find bei uns eins. Ich wünschte
unsrer Sprache mehr b und d — du mußt bemerken, daß wir oft
die harten Buchstaben aussprechen, wo wir die weichen schreiben;
z. B. labt, find. Ich will das nicht in Rechnung bringen, daß die
Majorität der Provinzen das b und d gar nicht hervorzubringen
im Stande ist, und sie etwan nur aus den Berichten der Reisenden
kennt. Auch w könnten wir wohl mehr vertragen.

G ist offenbar angenehmer als ch. Wir haben jenes ziemlich
viel, wenn wir es nur rein bewahrten und nicht bald ins j, bald
ins k, bald — was das Abscheulichste ist, ins ch verfielen. Diesen
Gurgellaut haben wir viel zu viel — ja wir find solche Virtuosen
darin, daß wir sogar ein doppeltes ch haben, da andre Nationen
nur eine Art kennen. Das eine ch wird nach a, o, u und au ge=
setzt: ach, auch. Das andre, welches uns eigenthümlich ist, uns
vielleicht angenehmer ist als das andre, aber Ausländern unglaub=
liche Schwierigkeit macht, steht nach i, e, ä, ö, und den Konsonan=
ten: nicht, Furcht. Es herrscht in vielen Wörtern der ersten Noth=
durft: ich, dich, nicht u. s. w.

Wir machens in diesem Stücke indessen noch längst nicht so arg,
wie die Holländer. Diese haben zwar meistens da, wo wir ch haben,
k; aber dagegen wo bei uns g steht, jenes. Ueberdieß trennt ihre
Sprache im sch das s vom ch (s-choon, s-chriklyk), welches über
alle Beschreibung widrig ist — so wie sie es aus der Gurgel her=
vorholen.

J als Konsonant oder Jod ist ein ziemlich gleichgültiger Buch=
stabe. Nur in Einer Verbindung wird er angenehm, nämlich nach
dem l in der Mitte der Worte. Vielleicht auch nach dem n (gen-
uille, regner). In beiden Verbindungen haben wir ihn nicht. Nach
jenem giebt er eine Art von Vibration, sowohl der Zunge als des
Klanges. Im Anfange der Worte haben es die Spanier: llorar,
llanura, und das liebe ich vorzüglich.

Ich weiß nicht, ob ich unsrer Sprache Glück dazu wünschen soll,
daß sie den Nasenbuchstaben, das n nasal, nicht hat. Am Ende und
mit Maße gebraucht, wie bei den Engländern (king, song), mag er gut
sein; aber so häufig wie bei den Franzosen, oft mehrmals in Einem
Worte (entendre), giebt er der Sprache etwas Schnarrendes.

Eben so bin ich zweifelhaft, ob es uns Vortheil oder Schaden bringt, daß wir die Worte nicht mit dem geschärften s der Italiäner, Engländer, Franzosen, Spanier anfangen, sondern mit dem gelindern oder dem z der Franzosen. Zuweilen kommt es zu häufig vor: 'Wollen Sie sie sehn?' Einem jungen Franzosen, den ich deutsch lehrte, fiel es erstaunlich auf. C'est tout comme le Prince Zizi! sagte er lachend.

Einen gleichen Ueberfluß haben wir am sch, an sich keinem unangenehmen Buchstaben: aber wie wir ihn zusammenstellen? Wollte man auch läugnen, was mir unläugbar scheint, daß er in ß, sp, str, spr gesprochen werden muß, so bleibt er uns in schl, schw, schr. Uns klingt er da freilich gut — aber wie viel vermag nicht die Gewöhnung.

Den lieblichsten aller Konsonanten haben wir gar nicht. Ich meine das sanftere sch, entweder rein oder mit einem leisen d voraus (sh, dsh; joli, giallo). Ja, so sehr sind deutsche Ohren und Zungen gegen Euphonie gepanzert, daß Viele diesen Laut von sch gar nicht zu unterscheiden und ihn auch nicht hervorzubringen wißen.

Qu, einen angenehmen zusammengesetzten Laut — denn es ist eigentlich kw — haben wir beinah nur in Worten ausländischen Ursprungs (außer Quelle, Qual ꝛc. — du siehst welche schöne Worte), eben so x. Z dagegen reichlich, ursprünglich deutsch, und so hart ausgesprochen als möglich.

Nun zu den Zusammenstellungen. Erst noch die allgemeine Bemerkung, daß die Härte einer Sprache nicht sowohl aus gehäuften Zusammenstellungen der Konsonanten zu Anfange und in der Mitte, als am Ende der Worte herrührt. Kl. hat sie ganz übersehen — ich will mich bei den Beweisen dafür so kurz als möglich faßen, da ich oben schon Einiges berührt habe.

Die Konsonanten zu Anfange verderben den Vokal nicht. Wenn dieser offen und tönend ist, so vergeßen wir das ausgestandne Ungemach, und sind ausgesöhnt, ehe die Silbe noch zu Ende ist. Stimme und Ohr ruhen von der Arbeit der Konsonanten im Vokal aus. Daher finden wir auch durchgängig in allen, selbst den anerkannt wohllautendsten Sprachen zu Anfange der Worte str, spr, u. s. w.

Mit den Konsonanten in der Mitte ist es noch leichter zu begreifen. Denn diese theilen sich — der vorhergehende Vokal und der folgende nimmt jeder welche zu sich, und so kommen sie alle unter Dach und Fach, wenn ihrer nicht zu viele sind.

In Ansehung der Anfänge ist der Unterschied zwischen der griechischen und deutschen Sprache nicht beträchtlich — vorausgesetzt, daß sie ihre Konsonanten so ausgesprochen haben, wie wir thun — wir wißen vom ζ und ϑ mit ziemlicher Gewißheit das Gegentheil. Ich habe keine Wörterbücher bei der Hand, will also nur hersetzen, was mir eben einfällt.

Gemeinschaftliche Anfänge beider Sprachen:

Sanfte: bl, dr, fl, gl, pl, kl, sp, st;

Stärkere: br, fr, gr, pr, kr, kn, tr;

Starke: str, spr.

Eigenthümliche der griechischen Sprache:

Sanfte: sk (Skylla), sf (Sfäre); bd ($\beta\delta\epsilon\lambda\lambda\alpha$), und vielleicht noch andre. Sm, Smintheus.

Härtere: tl (Tlepolemos), ks oder x (wir haben es nicht in ursprünglich deutschen Wörtern), kt, pt (beide haben wir zwar nicht zu Anfange, aber welches weit schlimmer ist, zu Ende der Worte), tm, km (diese kommen wenig vor), mn (auch nur wenig), chr.

Kl. führt unter den harten Zusammenstellungen auch φϑ oder phth an. Ich höre da keine Härte, auch wenn wir das ϑ wie t aussprechen: Ftia. Spricht man es aber wie das englische th, so ist es sogar sanft.

Eigenthümliche im Deutschen:

Sanfte: willst du schweigen, schmiegen, schlingen, dafür rechnen? Ich bins zufrieden.

Härtere: schr, z; die Griechen fangen zwar auch mit ζ an — aber das stand nicht für ts, wie unsres, sondern für $\delta\sigma$ oder $\sigma\delta$ — zw; entsetzlich hart, besonders wenn nachher noch ein z folgt: zwanzig.

Pf; diesen sehr harten Zusammenstoß hatten die Griechen nur selten in der Mitte der Worte: $\Sigma\alpha\pi\varphi\acute{\omega}$ — also Sapfo nicht Saffo — wie zu Anfange oder Ende. Klopstock will ihn der deutschen Sprache abläugnen — er behauptete, man bilde sich nur ein, daß man ihn ausspreche, und das zwar in allen oder den meisten Provinzen. Er schreibt daher: Ferd, Flicht u. s. w. Er muß wohl seit langer Zeit

nicht in die südlichern Gegenden Deutschlands gekommen sein. Ich
erinnere, daß das Ansehen der Niedersachsen in der Sprache gar
nichts gelten kann, sobald sie die Majorität der übrigen Provinzen
gegen sich haben. Sie sind Niederdeutsche. Ohne die Abstammung
in älteren Zeiten zu untersuchen, beziehe ich mich nur auf die be=
kannten flamändischen Kolonien, die im Mittelalter diese Gegenden
besetzt haben. Sie haben das Hochdeutsche wie eine fremde Sprache
erlernt, die auch erst ganz vor kurzem über ihren platten Dialekt
gesiegt hat. In einigen Stücken sprechen sie es sanfter — in hun=
dert Fällen aber äußerst fehlerhaft. Das offenbar fremdartige Sanfte
verschönert eine Sprache nicht, sondern macht sie breiweich. Wie
ekelhaft klingt das Slagen, Sweigen, Smollen u. s. w. im Munde
der ächten Niedersachsen! Wollen wir aber einmal das f statt pf
von ihnen annehmen, so ist kein Grund da, warum wir nicht auch
sagen sollten: Das mag der Deubel duhn! Du liewer Zott! Es is
eine rechte jroße Blage!

Die Ursache, warum das pf so sehr übel klingt, ist, daß es aus
zwei verwandten, nämlich Lippenbuchstaben besteht, die in der Ver=
wandtschaft einander entgegengesetzt sind. Beim p stößt man die
Lippen von sich, beim f muß man sie einziehn. Wir haben außer
dem pf noch pfr und pfl — ungeheure Härten! aber sie sind da.

Gesetzt nun auch, Kl. hätte Recht, und pf fände nicht statt zu
Anfange und nach einem andern Konsonanten (damft), so kann er
es doch niemals am Ende wegbringen, wenn er nicht Kof, Frof,
schöft, sprechen und chreiben will. Sein großer Haß gegen diesen
Doppelbuchstaben — denn sonst ist er den Härten eben nicht gram —
scheint aus einer geheimen Ursache herzurühren. Die Leute, welche
affektiert hochdeutsch sprechen, nennen ihn Klopfschtock — ein Bei=
spiel deutscher Kakophonie, das ihm an seinem eignen Namen, einem
Dichternamen, sehr empfindlich sein mußte. —

Kl. meint, die Konsonanten vor dem Vokale würden schneller
ausgesprochen, als die nach ihm. Ich habe keine Geduld, das jetzt
auszuhorchen — doch mag es vielleicht wahr sein, da bei den Grie=
chen auch die Silben nicht durch voran, sondern am Ende stehende
Konsonanten lang wurden. Ist die schnelle Aussprache, wie er an=
zunehmen scheint, dem Wohlklange günstig, so fiele die Bemerkung
sehr zu unserm Nachtheile aus, weil wir häufig, die Griechen aber

nur felten, viele Konfonanten nach dem Vokal haben. Ich zweifle aber fehr daran, wenn man fie nämlich in der That ausfpricht, nicht einige gleiten läßt: denn in je kürzerer Zeit die Arbeit der Sprachorgane gefchehen muß, defto mühfeliger ift fie.

Er bemerkt ferner: "di Schnelligkeit der Ausfprache nimt mit der Zal der Mitlaute fogar zu." Dieß ift wahr, aber keine Tugend, fondern eine Noth. Die Artikulation der Mitlaute fordert die Hülfe des Selbftlautes. Zu Anfange der Silbe eilt man daher, über mehrere Konfonanten hin, ihm zu. Wenn am Ende vier bis fünf Konfonanten ftehen, fo ift man im Gedränge, wie man zu Ende kommen will, ehe der Vokal ganz verhallet. In demfelben Verhältniffe alfo, wie ein nachfolgender Konfonant fich von dem Vokal entfernt, wird er daher auch mühfeliger auszufprechen: fich — Geficht — Gefichts; — nun nimm an, daß noch ein k hinten angefetzt wurde — ein leichter Laut, und in der Verbindung mit f angenehm — Gefichtsk, das erfordert eine ungeheure Anftrengung.

Alle Völker, die ein zartes Gehör hatten, haben es bei den Konfonanten am Ende der Worte bewiefen. Die Griechen haben eine Menge urfprünglich vorhandne weggefchafft. Nachher waren, wo ich nicht irre, nur vier erlaubt: k, n, r, s mit einigen Zufammenfetzungen: ls, ps, ks. Die Römer waren weniger ekel, bei ihnen galt auch in den gebildeten Zeiten der Sprache: b, c, d, l, m, n, r, t, nc, u. f. w. — Aus der Abftammung des Lateinifchen und der mehreren Härte der Nation ift dieß fehr begreiflich.

Die Italiäner wollen nicht einmal das s am Ende leiden, welches die Spanier viel haben — und auch l, n, r, kommt meiftens nur dann vor, wenn den Worten ein Vokal abgefchnitten ift. Ueberall wo urfprünglich ein Konfonant ftand, halfen fie fich durch Anhängung eines Vokals. Dadurch wird ihre Sprache in Profa, wo fie das Hülfsmittel der Elifion nicht hat, zu vielfilbig.

Bei den Franzofen wird nach vielen Konfonanten wenigftens ein ftummes e gefordert. Die Provenzalfprache, im Mittelalter unter allen die fchönfte, war kürzer in ihren Wörtern, als die italiänifche; es ftanden alfo auch mehrere Konfonanten am Ende — doch gab es, wo ich nicht irre, auch bei ihnen verbotne.

Nur wir Deutfchen laßen uns alle gefallen — und nicht nur

alle einzeln, sondern auch alle Zusammenstellungen, die nur irgend aussprechbar sind. Ich will hier aus dem Kopfe ein Verzeichniß unsrer Endungen hersetzen:

Endungen von Einem Konsonanten: b, d, oder, welches einerlei ist: v, t, ch, f, g. k, l, m, n, r; s, sch,

Von zweien: lb, rb, ld, nd, rd, chs, cht, nf, lf, rf, lk, nk, rk, ng, rg, rch, mt, nt, rt, scht, pt, ft, lt, pf, lm, ln, rm, rn, bt, ps, ft, z (ts), x (ks) u. s. w.

Von dreien: rbt, lbt, rlt, rnt, rft, chts, rz, nz, lz, fz, chz, nft, lft, rft, tft, mft, vft, fft, gft, chft, nscht, rscht, zt, kft, pft, rkt, ngs, nks, rgt, nkt, ngt, rcht, u. s. w.

Von vieren: rbft, lbft, rlft, rnft, rzt, nzt, lzt, fzt, chzt, rmft, rfft, rzt, rkft, pfft, ngft, nkft, rgft, u. s. w.

Von fünfen: jetzt fällt mir nur: mpfft, ein; du stampfft. Es giebt ihrer gewiß mehrere.

Wenn dir einmal wieder jemand vom Wohlklange unsrer Sprache etwas weiß machen will, so wirf einen Blick auf dieß leicht noch zu vermehrende Verzeichniß ihrer Eleganzen. Glaube auch nicht, daß ich die Sache übertreibe. Viele unsrer besten und nothwendigsten Worte endigen grade, wie es dasteht. Die zweite Person des Singularis kommt in der Poesie sehr häufig vor. Wollte man immer das tonlose e dazwischen setzen, so würde dieser abscheuliche Vokal den Vers leer machen. Allein man kann nicht einmal sagen: du wirfest, du stirbest.

Geh unsre besten Dichter durch, und sieh wie oft sie solche Endungen gebrauchen — oft noch obendrein, wenn das folgende Wort mit einem oder mehrern Konsonanten anfängt. Nur selten haben wir die lieblich fließende Folge, daß, wenn ein Wort mit einem Konsonanten endigt, das nächste mit einem Vokal anhebt, oder umgekehrt. Hiedurch entsteht eine Kontinuität, welche macht, daß das Ganze eines Verses beßer wirkt, indem man seine Theile weniger deutlich unterscheidet. Hieraus ist es auch erklärbar, daß dieses Abstoßen zweier Worte, die jedes mit einem Konsonanten endigen und anheben, die Griechen vermögen konnte, die Endsilbe des ersten alsdann immer für lang zu rechnen — ein Gesetz ihrer Prosodie, das Klopst. grundlos tadelt. —

Mit den Vokalen steht's, wo möglich, noch schlechter in unsrer Sprache, wie mit den Konsonanten. Ich muß erst auf einige allge= meine Bemerkungen zurückkommen, und neue hinzufügen.

Die Vokale sind das Gefühlausdrückende in einer Sprache. Wenn man den unartikulierten Laut der heftigen Leidenschaften beobach= tet, so wird man finden, daß jeder darunter verschieden gebraucht wird, und einer besondern Gattung von Gefühlen am analogsten ist. Man hat wohl Tonleitern der Vokale gegeben, und bei der Bezeichnung der wirklichen musikalischen Tonleiter ihre Verschieden= heit benutzt: ut re mi fa sol la; · wenn du mit Tändeleien der Phantasie Nachsicht haben kannst, so will ich dir eine Vokal=Farben= leiter, nebst dem Charakter eines jeden hersetzen. Nimm es nicht übel, daß kein vollständiger Regenbogen herauskommt:

A, O, I, Ue, U.
roth, purpurn, himmelblau, violett, dunkelblau.

Man könnte auch dem A die weiße, dem U die schwarze Farbe geben. Damit trifft das ganz gut überein, daß das E zwischen diesen bei= den Vokalen in der Mitte steht, wie Grau zwischen den Farben. Denn das E gehört durchaus nicht unter die Farben des Regen= bogens — es ist grau. Ich habe nachher noch mehr Böses von ihm zu sagen.

Ae könnte man gelb nennen, und Oe spielt ins bräunliche.

A roth oder lichthell. Ausdruck: Jugend, Freude, Glanz, z. B. Strahlen, Gewand, Klang, Adler.

O purpurn; es hat viel Adel und Würde — oft wiederholt fällt es ins Prächtige, z. B. Sonne, thronen, los ojos — das la= teinische formosus.

I himmelblau; ist der Vokal der Innigkeit und Liebe, z. B. schlingen,- Gespielen, Kind.

Ue violett. Bescheidner Genuß, sanfte Klage, z. B. Fülle, kühl, fühlen.

U dunkelblau. Trauer, melancholische Ruhe, z. B. dumpf, Kluft, rufen. Bei öfterer Wiederholung wird seine Farbe sehr dun= kel, z. B. in Uhu — ululare. Dagegen ist es in dem italiänischen usignuolo vom schönsten Lazurblau. Und wie purpurn nachher das herrliche Wort endigt! Wir malen die 'Nachtigall' mit zu hellen Farben — die unleidlich sein würden, wenn nicht noch das I in der Mitte stünde. Das englische nightingale ist weniger schreiend. Das griechische Wort aëdōn drückt durchaus nichts weiter aus als Lieblichkeit. Ich wünschte eines, worin der Vokal der Innigkeit herrschend wäre — vielleicht ist das römische luscinia, vorzüglich wenn du der Wahrscheinlichkeit gemäß annimmst, daß es lu-skinia gesprochen wurde, das beste von allen.

Dem E kann ich weiter keinen Ausdruck zugestehn, als daß es offen oder gedehnt und mit dem Tone etwan Ernst und Nachdenken bezeichnet; z. B. ehren, Seele. Geschloßen aber, und hauptsächlich ohne den Ton, wie der Infinitiv aller unsrer Verba: sagen u. s. w. sagt es gar nichts, sondern ist das treffendste Bild der Gleichgültigkeit. —

'Den Grundsatz: Alles, was den Sprachwerkzeugen schwer und 'mühsam, ist dem Gehör unangenehm, kann ich nicht ganz gelten 'laßen. Im Griechischen kommen oft sehr viele Längen und sehr 'viele Kürzen nach einander vor. Gewiß ist das rohen Organen 'schwer, ja unmöglich, und ich würde mich nicht wundern, wenn ein 'solches Organ schon deshalb die Musik der griechischen Sprache für 'Uebellaut erklärte. Aber, würde ich fragen: ist es leichter zu singen 'oder zu reden? zu reden oder zu lallen? oder zu schweigen?'

Mein Satz bezieht sich nur auf die Bildung artikulierter Laute. Der Unterschied zwischen Singen und Reden beruht nicht auf einem verschiednen Gebrauch der Organe, womit wir die Konsonanten hervorbringen, sondern auf der größern oder geringern Stärke und Ausdauer des hervorgestoßnen Odems, und auf der verengten oder erweiterten Oeffnung des Schlundes. Da nur von Euphonie, nicht von Eurhythmie die Rede war, so konnten auch die Schwierigkeiten der Silbenzeit oder Tonsetzung nicht in Betracht kommen. Uebrigens bleibt es immer problematisch, wie die Folgen von langen und kurzen Silben geklungen haben mögen: in den uns bekannten Sprachen giebt es dergleichen nicht, und es ist keine Hoffnung da, jemals Griechisch zu hören. Nur rohen Organen wäre es unmöglich? Sollten wohl die geübtesten Redner oder Sänger unsrer Zeiten unter den gebildetsten Völkern jemals lernen, ein Dutzend gleich kurzer Silben hinter einander auszusprechen? Ich, für meinen Theil, mache mich lieber anheischig, noch einmal als Meister in der Gastrilalie meine Künste hören zu laßen. Schon dieser einzige Umstand sollte uns von der Unmöglichkeit überzeugen, uns die Aussprache des Griechischen, auch nur auf die entfernteste Weise, vorzustellen. —

Uebrigens gebe ich jenen Grundsatz für nichts Beßeres, als eine Hypothese, deren Güte darnach geprüft werden muß, ob sie die Sache aus natürlichen Gründen erklärt, und in allen Fällen zutrifft. Jenes glaube ich gethan zu haben. Was das Letzte betrifft, so habe ich eine Menge Fälle angeführt, wo das in der Aussprache Mühselige auch unangenehm klingt. Um mich aus meiner Hypothese heraus= zutreiben, mußt du die Fälle der entgegengesetzten Art aufstellen. Indessen werde ich sie nur dann gern aufgeben, wenn du mir eine fester begründete dafür wiedergeben willst. —

'Und ist nicht überall das Weichliche mehr vom Schönen ent= 'fernt, wie das Harte?' Erlaube mir, erst einen Mangel an Ge= nauigkeit im Ausdrucke zu rügen. Weichlichkeit ist keine sinnliche Beschaffenheit der Dinge, sondern eine sittliche Eigenschaft des Men= schen. Ein sybaritisches Bett ist weich; wer, gemächlich darauf ruhend, selbst den Druck eines Rosenblattes übel empfindet, ist weich= lich. Es ist Weichlichkeit, jedes Ungemach über die Gebühr zu scheuen, oder dem, was den Sinnen durch sanfte Eindrücke oder gänzliche Abspannung schmeichelt, einen zu hohen Werth beizulegen. Abhärtung ist davon das Gegentheil.

Man kann moralische Begriffe nicht gegen ästhetische abwägen, weil es an einem Vergleichungspunkt zwischen ihnen fehlt. Die Aesthetik hat auch mit jenen nur in so fern zu thun, als sie, durch Kausalverbindung oder sonst, Beziehung auf ästhetische Eigenschaften haben. Weichlichkeit in der Lebensart ist gewiß der Schönheit des Körpers, wenigstens des männlichen, nachtheilig. Eben so läßt sich auch denken, daß die Weichlichkeit eines Volks in seiner Sprache sich verriethe. (Man redet ja von der Männlichkeit unsrer Sprache.) Allein ich weiß kein Beispiel davon. Wenn ich letzthin das Fran= zösische wegen seiner zu großen Weichheit tadelte, so that ich viel= leicht dieser gefälligen Sprache Unrecht. Ich könnte dir aus ihr eine Menge Ausdrücke für das Große und Starke anführen, die kräftiger sind, als die unsrigen. — Oder wirst du etwan mit Kl. das Griechische und Italiänische weichlich schelten?

Wenn du in deiner Frage den ästhetischen Begriff an die Stelle des sittlichen setzest, so antworte ich ohne Bedenken: O nein! grade

das Gegentheil. Das Harte ist nicht nur entfernt vom Schönen —
es widerspricht ihm durchaus. Dagegen läßt sich sein Eindruck auf
unsre Sinne mit dem, welchen das Große und Erhabne auf die
Seele macht, ohne Schwierigkeit vereinbaren. Die Wirkungen des
Weichen auf unsre Sinne sind mit denen des Schönen homogen. —
Es muß ihnen geschmeichelt werden, um das liebliche Ideenspiel in
uns zu erregen, wodurch der Geist sich das Schöne aneignet, oder
es vielmehr in sich selbst erschafft. Das Weiche schmeichelt ihnen
auch, läßt aber den Geist schlummern. Es thut allerdings dem
Schönen Eintrag, wenn bedeutende Verhältnisse in Weichheit er-
schlaffen, wenn uns, wo wir Form verlangen, nur Materie darge-
boten wird. Aber als Einfaßung des Schönen, an den umgebenden
Gegenständen, besonders solchen, die ihrer Natur nach wenig empfänglich für Form sind, ist es gewiß dem höhern Genuße nicht
hinderlich. Wer wird ein reizendes Weib nicht lieber auf einem
sybaritischen Lager umarmen wollen, als zwischen den eisernen Bett-
wänden des Prokrustes? Was Wunder also, wenn sich die Muse
sträubt, der ein Barde auf der Lagerstätte des uralten Riesen aus
Norden, Thuisko, den Gürtel lösen will?

'Deine Behauptung, daß sinnlicher Reiz das erste Erforderniß
'einer Sprache sei, daß ohne diesen Schönheit und Rhythmus nicht
'wirken können, hast du nicht erwiesen.'

Es ist mir nie eingefallen, dieß zu behaupten oder zu beweisen.
Ich habe nur gesagt, daß es eine vergebliche Mühe ist, einem unangenehmen Stoff schöne Form geben zu wollen. Er braucht den
Sinnen kein positives Vergnügen zu gewähren; es ist schon hinreichend, wenn er ihnen an sich selbst, ohne die Verhältnisse, auf
welchen Schönheit beruht, nur gleichgültig ist. In jeder Sprache
giebt es wohl einige unangenehme Töne — es kommt auf die Häufigkeit derselben, und auf die Menge der angenehmen Töne an, die
das wieder aufwiegen oder überwiegen.

So wie ich den Satz aufgestellt habe, liegt der Beweis in der
Natur der sinnlichen und ästhetischen Empfindungen, und in dem
Verhältniße unsrer innern und äußern Organisation zu beiden.
Der Instinkt, der uns das, was die Sinne widrig trifft, fliehen
heißt, ist stärker, als der freie Trieb des Geistes, ästhetischen Er-
götzungen nachzugehen. So ist es auch in der Ordnung; denn

dieser dient nur zur Entwickelung unsrer geistigen Kräfte, jener ist nothwendig zu unsrer Erhaltung. Der Schmerz, der höchste Grad des sinnlichen Mißvergnügens, ist ein Bote der Zerstörung. — Der Sinn entscheidet eher als der Geist: wenn jener eine Sache für unangenehm erklärt hat, so gilt keine Appellation an diesen, der sich niemals anmaßen kann, über seine Gerichtsbarkeit hinauszugehen. — Ein gebildeter Geist kann sich um der feineren Lust willen wohl entschließen, seinen Sinnen Gewalt anzuthun — aber, wohl gemerkt, nicht an demselben Gegenstande. Er wird vielleicht um einer Musik willen üble Luft, Hunger und Durst nicht achten — aber die Ohren dürfen ihm nicht davon gellen, wenn er sie schön finden soll. Oder glaubst du, daß sich durch Schweine- oder Katzen-Geschrei ein gutes Konzert hervorbringen ließe, wenn man nur ihre Stimmen nach der Höhe und Tiefe ordnete, und die Kunst erfände, sie taktmäßig in Bewegung zu setzen? —

Uebrigens ist die Härte einer Sprache ein Fehler, der nicht bloß die Materie, sondern in vielen Fällen auch die Form betrifft, und also keine Schönheit zuläßt. Jedes harte und unangenehme Wort für eine sanfte, liebliche Sache ist eben wegen dieses Mißverhältnisses zwischen der Bezeichnung und dem Bezeichneten häßlich. Wir haben in unsrer Sprache tausend solche Wörter. Es ist also eine seltsame Forderung, die du an mich machst, zu beweisen, daß sie bei ihrer Härte der Schönheit nicht fähig sei. Wenn du jene eingestehst, so liegt es dir vielmehr ob, zu zeigen, wie sie dennoch in schöner Gestalt auftreten kann. —

Zum Studium der griechischen Poesie gehört gewiß auch das ihrer Metrik. Ich kenne sie nur etwan aus einigen ihrer Dichter, nicht aus den Theoristen, über die ich dir daher auch nichts sagen kann. Allein ich glaube, sie müssen mit äußerster Vorsicht gebraucht werden — ich will dir deswegen hauptsächlich zwei Warnungen geben.

Vor allen Dingen muß man sich hüten, keine Ideen aus seiner Muttersprache zu ihnen hinzubringen, welches doch so gar leicht geschieht. Man verfällt so leicht in den Irrthum, ihre Bezeichnung von Tönen, die uns unbekannt sind, auf diejenigen Laute zu deuten, wofür wir nun zufällig eben diese Zeichen gebrauchen; und dieß erzeugt unzählige Mißverständnisse. Wenn Dionysius das S als

übelklingend verwirft, welchen Laut mag er gemeint haben? Unser
Anfangs=S, das z der Franzosen, oder das geschärfte S der übrigen
Nationen, oder etwas unserm sch Aehnliches? Beim griechischen R
möchte uns ebenfalls Manches verborgen sein, wie sich auch aus den
Aspirationen schließen läßt. In Ansehung der Vokale schweben wir
ganz im Dunkeln; aber auch die Aussprache mehrerer Konsonanten,
des ϑ, φ, ζ, ist uns unbekannt oder ungewiß. Von der Art, die
Worte im Ganzen auszusprechen, haben wir nun vollends keinen
Begriff. Die vielen langen und kurzen Silben hinter einander habe
ich schon vorhin erwähnt. — Die Accente laßen Einige ganz aus
der Acht. Andre geben den Silben, die sie haben, die Länge. Beides ist unstreitig ganz falsch. Mehrere haben gesagt, die Accente
bestimmten die Modulation, die Höhe und Tiefe der Stimme, so
wie die Quantität den Takt, die Zeit des Verweilens bei einer
Silbe, abmißt. Ich möchte aber wohl Jemanden hören, der nach
dieser Regel das Griechische zu lesen und beiden ihr Recht zu geben
müßte. 'Die Accente', sagt ein vortrefflicher Schriftsteller, 'diese
'musikalischen Noten, die von einer attischen Zunge, und für ein
'attisches Ohr die geheime Seele der Harmonie sein mußten, sind
'für uns stumme und bedeutungsleere Zeichen, überflüßig in Prosa
'und lästig in Versen.' —

Da wir nun bei Schriftstellern, die sich unaufhörlich auf diese
uns unbekannten, und durchaus keine hinlängliche Beschreibung zu-
laßenden Dinge beziehen, nur die Wahl haben, ob wir sie gar nicht
verstehen, oder nach angeerbten oder willkürlich gebildeten Vorstellungen von der griechischen Aussprache mißverstehen wollen, so
steht es sehr mißlich um irgend eine Anwendung ihrer Lehren auf
die Vervollkommnung unsrer Verskunst. Es wird sicherer sein, uns
über das, was gut oder übel klingt, mit unsern eignen Ohren, als
mit denen des Hephästion oder Dionysius zu berathschlagen, besonders da unsre Verse für deutsche und nicht für griechische Ohren bestimmt sind.

Ferner: die Theoristen kamen erst viele Zeitalter nach den großen
Dichtern. Wie Sprache Jahrtausende früher als Grammatik, so
waren auch weit weit früher Verse, und sehr schöne Verse da, als
regelmäßige Prosodie und Metrik. Die Grammatiker hatten die alten Dichter vor sich, und zogen nun aus diesen Regeln ab; weil

sie diese nicht immer beobachtet fanden, Regeln der Ausnahmen;
weil sie auch von den Ausnahmen Abweichungen bemerkten, Regeln
der Ausnahmen von den Ausnahmen, und so weiter bis ins Unend=
liche. Die alexandrinischen Dichter waren meistens selbst Gramma=
tiker, und brachten dergleichen schulfüchsische witzige Unterscheidungen
ausübend in ihre Poetereien. Die alten Sänger, die zum Theil
gedichtet hatten, ehe die Schreibekunst überhaupt im Gebrauch, oder
als sie wenigstens noch sehr unvollkommen war, und also die Worte
unmöglich so in ihre Bestandtheile zerlegt und haarscharf anatomi=
siert werden konnten, hattens vermuthlich bloß nach dem Gehör ge=
trieben, 'wie Essen und Trinken frei.' Hätten sie sich das Leben so
sauer gemacht, so wäre vermuthlich niemals eine Iliade geworden.
— Es ist offenbar, daß im Homer eine Menge Verstöße gegen die
Grammatik der griechischen Sprache in ihrer reichsten Ausbildung,
und gegen die nach dem Verfall der Dichtkunst erfundne Prosodie
zu finden sind. Mir sind beide sehr willkommen, als ein Beweis,
daß die Aristarche, aus deren Häuden wir ihn haben, noch einiger=
maßen säuberlich mit ihm verfahren, und nicht gar zu großmüthig
mit ihren Korrekturen gewesen sind. Kl. tadelt ihn in seinen Frag=
menten weitläuftig darüber. Ist es nicht lächerlich, wenn ein nor=
discher Barbar nach dreitausend Jahren den ehrwürdigen Alt= und
Stamm=Vater der Poesie belehren will, er habe gar nicht recht ge=
hört, und nichts weniger als seinen Vers verstanden; so und so
hätte er hören sollen — dann wäre noch Hoffnung da gewesen, sich
der Vollkommenheit der Hexameter, die er, Klopstock, macht, von
ferne zu nähern. Das ist nun dein kritisches Genie!
　　Auf die Wahrscheinlichkeit oder Gewißheit, daß sich bei den
Griechen, wie bei allen andern Nationen, im Laufe der Zeiten Aus=
sprache und Orthographie allmählich verändert haben, will ich jetzt
nicht einmal Rücksicht nehmen. Wer steht uns dafür, daß nicht schon
beim ersten Aufschreiben der Ilias die Bestandtheile der Worte, auf
denen ihre Quantität beruhte, hier und da Veränderungen erlitten
hatten? (Eben wie bei unsern Minnesängern, wenn wir sie nach
der heutigen Aussprache lesen, häufig der Reim, der doch ursprüng=
lich gewiß richtig war, verloren geht.) Merke wohl, daß wir alle
ältern Dichter aus alexandrinischen Recensionen haben. Ist es so
unglaublich, daß diese Grammatiker Vieles nach ihrer Sprachtheorie

ummodelten, und wenn dann dabei der Vers litt, in ihre Prosodie noch neue Ausnahmen von den Ausnahmen von den Regeln eintrugen? — Dieß war dann freilich eine Ehrenrettung, die für den Homer so gut paßte, wie für den Herkules eine Rechtfertigung seiner Thaten aus der christlichen Moral. —

Was das Zusammentreffen der Vokale betrifft, so scheinst du mir nicht die gehörigen Unterscheidungen zu machen; ich habe aber selbst zu einer genauern Erörterung jetzt keine Lust. Es ist ganz etwas Anderes, ob die Vokale in demselben Worte, oder zu Ende des einen und Anfang des andern Wortes beisammenstehen, und ob im letztern Fall die Sprache das Hülfsmittel der Elision und des Ineinanderschmelzens hat oder nicht. Ferner, was für Vokale auf einander folgen. Einige gleiten ohne Schwierigkeit, und machen durchaus kein Absetzen und von Neuem Anheben nothwendig, z. B. die Angewöhnung, zu ihm, ouir, jouaillier u. s. w.

Wenn ein Vokal am Ende elidiert und der vor ihm stehende Konsonant gleichsam an das folgende Wort gehängt wird (lieb' ihn, Gestad' ergieng), so vermehrt er den Wohlklang und Fluß der Rede. Die französische Sprache hat dieß sehr viel, und verdankt diesem Verbinden der Worte nicht wenig von ihrer bezaubernden Sanftheit. Wenn wir es nur mehr hätten!

In dem Maße, daß eine Sprache Ueberfluß an Vokalen zu Anfang und Ende der Worte hat, sind auch mehr Elisionen bei ihr erlaubt; z. B. im Griechischen und Italiänischen. Bei uns ist durchaus keine andre gestattet, als die des tonlosen e am Ende — und auch nicht einmal dieß in allen Fällen; nicht an Adjektiven, deren darauf folgendes Substantiv mit einem Vokal anfängt, z. B. blaue Augen. Das können wir auch in Versen nicht anders sagen, und es macht bei unsrer Art, das e am Ende auszusprechen, einen üblen Absatz oder Hiatus.

Mit deinem Schluß, unsre Sprache müße, weil sie von Konsonanten starrt, vor dem Zusammentreffen der Vokale sicher sein, steht es also nicht ganz richtig. Dieser Fehler, wenn es anders einer ist, ist ihr vielmehr, sowohl in unvermeidlichen Wortfolgen, als in demselben Worte, gar nicht fremd. Zwar hat sie wohl äußerst selten oder nie drei Vokale nach einander, wie in deinen griechischen Beispielen, aber häufig zwei, oder einen Vokal und einen Diphthong;

dann und wann auch wohl zwei Diphthongen. Du mußt hiebei
bemerken, daß wir oft Aspirationen schreiben, wo wir sie nicht aus=
sprechen: z. B. sehend, blühend. Solcher Worte giebt's sehr viel:
ferner: Schmähung — reuig — beurlauben — Auen — Beschauung
— Heuernte — Seen — herbeieilen (zwei Diphth.) — die Ehe
(drei Vok.) u. s. w. — Unvermeidliche Wortfolgen: der Artikel mit
weiblichen Substantiven, die mit einem Vokal anheben, oder mit
dergleichen im Pluralis, z. B. eine Augenweide, die Alten; einige
Präpositionen mit dergleichen Worten, z. B. bei ihnen, zu uns u. s. w. —
Wie du das Verbot der Rhetoriker und die genielose Kleinig=
keitskrämerei des Isokrates in Ansehung der zusammentreffenden Vo=
kale gegen mich anführen kannst, begreife ich in der That nicht.
Ich hatte gegen Kl. behauptet, zu viele Vokale könnten eine Sprache
nicht weich, wohl aber allzusonor machen. Wenn die griechischen
Rhetoren dieses Uebermaß nur dem erhabnen Vortrage erlaubt ha=
ben, so hat es ihnen doch unmöglich weich, sondern voll und stark
geschienen. — Behaupten sie im Allgemeinen, daß auf einander fol=
gende Vokale den Fluß der Rede hemmen — so mag das vielleicht
im Griechischen so gewesen sein; einer so leicht fließenden Sprache,
daß der geringste Anstoß merklich werden konnte. Dieß heißt, denke
ich, diese Herren mit aller Höflichkeit behandeln — denn daß es in
neuern Sprachen oft nicht so ist, davon überzeugen uns unsre Oh=
ren. Giebt es wohl sanftere, flüßigere Worte als Louisiane, poésies?
Und solcher giebt es besonders im Französischen, Italiänischen und
Spanischen viele hunderte. Vielleicht hast du aber die Behauptung
zu allgemein genommen. Es kommt wohl sehr viel auf die Be=
schaffenheit der Vokale an — ἠϊόνες und βοόωσαν scheinen wirk=
lich nicht ohne Hiatus ausgesprochen werden zu können. (Bemerk'
aber, daß wir in dem letzten das o nicht vom ω verschieden auszu=
sprechen verstehen.) Es ließen sich vielleicht über die guten und nicht
guten Folgen der Vokale Regeln geben — da wäre Isokrates nun
recht der Mann, dem nachzugrübeln. Nur dieß: i scheint mir vor
allen andern Vokalen gut zu stehen: διά, δίοδος, diu u. s. w.
Die Wiederholung desselben Vokals klingt vielleicht immer übel: da
aß er, geh', eh er kommt, die ihn, so ohnmächtig, zu uns. Sage
mir doch das Urtheil deines Ohres hierüber. Von der üblen Wir=
kung unsres tonlosen e am Ende hab' ich schon gesprochen; dieß

erstreckt sich auch auf die Anfangssilbe be und ge vor einem Vokal: beengen, beeifern, beurlauben u. s. w., geirrt, zugeeignet u. s. w.

Lange Folgen von Vokalen sind dem ionischen Dialekt sehr natürlich, wegen des häufigen Auflösens der Diphthongen in zwei Vokale. Sieh nur den Herodot — findest du, daß dieses Auseinanderziehen der Worte ihm ein erhabnes Ansehen giebt, oder daß es vielmehr seinem Geschwätz noch mehr naiven Reiz verleiht? Auch der gute Homer muß nicht belesen in den Rhetorikern gewesen sein, denn er hat die ἠϊόνες und βοόωσαν fast in jede Zeile aufgenommen, und nicht etwan bloß, wo von erhabnen Dingen die Rede ist, sondern auch, wo ein Ferken gebraten wird, oder Jemand sich die Füße waschen läßt.

Μῆνιν ἄειδε, θεά, Πηληϊάδεω Ἀχιλῆος.

Ueber die Regeln des deutschen Jamben.

Fragmentarische Winke.

Des Jamben — oder wie du ihn sonst nennen willst; damit ich nur gleich deinem Einwurfe antworte, daß ja aus Jamben, Trochäen und Pyrrhichien durcheinander keine Jamben werden können. Was kommt darauf an, wie eine Versart heißt, wenn sie nur gut ist? Wie du auch meinen Satz verdrehst! Durcheinander! Als ob diese drei Füße ungefähr gleich häufig vorkommen sollten. Der Jambe soll bei weitem und noch weit mehr als im Griechischen der Hauptfuß sein; reine Jamben sind an sich betrachtet die schönsten — nur des Ausdrucks, oder der Abwechselung wegen, oder um dem Dichter die Schwierigkeit zu erleichtern, soll die Einmischung der Nebenfüße erlaubt sein.

Ich muß dir nur gestehn, lieber Fritz, ich bin in Gefahr, mich zu ereifern, wenn du aus der griechischen Theorie gegen Eigenheiten unsrer Verskunst räsonnierst, die du gar nicht praktisch kennst — nicht einmal aus einem genauen Studium unsrer Deklamation. Die Theorie hilft nichts ohne ein geübtes Ohr, an dem sie geprüft werden muß; aber ein geübtes Ohr hilft wohl ohne jene — die schönsten Verse sind nicht nach ihr gemacht.

Du wirst glauben, ich fühle mich im Namen aller deutschen Versifikatoren und in meinem eignen beleidigt. Also will ich mich überwinden, und so ruhig als möglich, ohne allen Flammeneifer, dir meine Gründe weiter entwickeln. —

Jede Sprache hat ihre Metrik, die aus ihrer, eignen Art und Struktur abgeleitet und entwickelt werden muß. Nur einheimische Gesetze gelten. Ja die Abweichungen hierin sind so groß, daß in verschiednen Sprachen die metrischen Namen nicht mehr dieselben Begriffe bezeichnen, und man sich also unaufhörlich mißversteht. — Im Deutschen vollkommen die griechischen Silbentänze nachmachen wollen, thut eine lächerliche Wirkung; man kann einen starken, aber schwerfälligen Zugochsen unmöglich den Galopp eines englischen Renners lehren.

Ueberhaupt würde es bei uns ein allzugroßer Zwang sein, sich an so komplicierte und doch so genau bestimmte und abgewogne Wechsel von Kürzen und Längen zu binden. Die Griechen warfen die Worte beinah in jede beliebige Ordnung; unsre Wortfolge ist grammatisch bestimmt, und auch in der Poesie sind nur geringe Freiheiten verstattet. Die griechische Sprache war äußerst biegsam — und ihre Worte litten besonders in ihren vielsilbigen Endungen die mannichfaltigsten Modifikationen, die, ohne dem Sinn zu schaden, durch die veränderte Quantität dem Silbenmaße zu Hülfe kamen. Die unsrige ist halsstarrig — sie kann an ihren Worten nicht modeln, hinzusetzen oder wegnehmen laßen; denn es ist Alles daran nothwendig, und nur zur Leibes Nahrung und Nothdurft vorhanden. Die griechische Sprache rankt sich wie eine zarte Rebe ohne Mühe an jedem so oder so gebildeten Stabe des Silbenmaßes hin. Die deutsche ist ein Eichbaum, der, wenn der Nordwind (unser Genius) drein bläst, wohl brechen kann, aber niemals sich biegen.

Endlich, was die Schwierigkeit für uns unendlich vermehrt, ist die begriffsmäßige Bestimmung unsrer Quantität. (Ob sie wirklich ein Vorzug ist, untersuch' ich ein andres Mal.) Die griechische ist mechanisch bestimmt; von zwei Worten, die gleich viel bedeuten, kann das eine aus lauter kurzen, das andre aus lauter langen Silben bestehen. Bei uns müßen, um einen Molossus hervorzubringen, drei Wurzelsilben, deren jede einen Hauptbegriff bezeichnet, zusammentreten; um einen Tribrachys, drei Ableitungssilben und Neben=

begriffe. Hieraus ist klar, daß das Verhältniß, Gleich= oder Ueber=
Gewicht der kurzen oder langen Silben, und ihre Stellung gegen
einander bei uns einen weit entscheidenderen Einfluß auf den Ton
des Ausdrucks, ja selbst auf die ganze Gedankenbildung hat. —
Daß einige von Klopstocks Chören im Messias und von seinen Oden so
ganz über allen Ausdruck mißrathen sind, kommt gewiß nur von
diesem unsrer Sprache unerträglichen Zwange. Am fremdesten, steif=
sten, unverständlichsten wirst du unter seinen Gedichten immer die
finden, wo er ein starkes Uebergewicht, entweder von langen oder
kurzen Silben, hat erkünsteln wollen. Unsre Sprache wägt sie meistens
gleich — sie leidet keine starken Abweichungen von einer oder der
andern Seite — daher sind auch Jamben und Trochäen ihre na=
türlichsten und gleichsam freiwilligen Silbenmaße.

Ein andrer charakteristischer Unterschied ist es, daß der Gang
der griechischen Sprache (so viel wir vermuthen können) unendlich
rascher und flüchtiger muß gewesen sein; ihre Kürzen kürzer, ihre
Längen weniger lang. Die Bestandtheile ihrer Silben, die Gesetze
ihrer Quantität lassen uns daran nicht zweifeln. In jenen ist ihr
die französische Sprache ähnlich — und wie fliegt sie der deutschen
voraus! Die sechs Silben von irritabilité sind schneller gesagt, als
die drei von Reizbarkeit; ein französischer Molossus (wenn man die=
ser Sprache bei der großen Unbestimmtheit ihrer Prosodie so etwas
zuschreiben kann) schneller als ein deutscher Anapäst. Im lebhaften
vertraulichen Gespräch wird in dieser Sprache das Meiste, außer den
Silben, die den Ton haben, kurz; wenn sie mit Nachdruck und Em=
phase reden, haben sie oft ganze Folgen von langen Silben. Dieß
würde dir deutlicher sein, wenn du das französische Theater kenn=
test; z. B.

    Me pardonnerez vous de vous avoir fait naître
Oder:
    Oh, les honnêtes gens sont sans doute aux galeres,
      Car ceux qui n'y sont pas! —

In dieser so angegebenen Quantität wäre sonst freilich viel Will=
kürliches; aber in dem Zusammenhange bestimmt die Deklamation
sie unwandelbar. Dieß sollte nur zum Beispiele dienen, wie sich
etwan die Folgen von Längen im Griechischen ausnehmen mochten.

Sie wirkten nicht so stark, und hielten auch im Aussprechen nicht so lange auf. Bei uns trifft der Ton, die Wichtigkeit der Bedeutung, und oft auch das Mechanische der Vokalendehnung, der Diphthongen und der doppelten und dreifachen Position auf denselben Silben zusammen. Daher sind vier vollkomme Längen beinah für alles, was ein Dichter ausdrücken wollen kann, schon zu stark; z. B. Der Sturm tobt wild her.

Hieraus folgt nun, daß das Verhältniß der Längen und Kürzen bei uns nicht so sein kann und darf, wie bei den Griechen. Sie brauchen mehr Längen, um die äußerste Flüchtigkeit ihrer Kürzen in Zaum zu halten; wir mehr Kürzen, um die Schwerfälligkeit unsrer Längen zu beleben. Ein Hexameter, wie der unsrige, in welchem der Trochäe statt des Spondeen (also auch eine Silbenzeit weniger) erlaubt ist, würde im Griechischen unstreitig fade und matt sein; der wahre griechische Hexameter aus Daktylen und Spondeen bestehend, würde im Deutschen (könnte man die Sprache auch hineinzwängen) sich mühselig fortschleppen, oder man müßte die Zahl der Daktylen noch weit größer, die der Spondeen weit geringer machen, als selbst beim Homer.

Darum also dürfen wir in unsern Jamben die Spondeen nicht so häufig gebrauchen, als die Griechen; darum ist auch der Pyrrhichius dann und wann uns erlaubt: darum also ist es mißlicher, den Anapäst zu gebrauchen, weil die eingeschobne Kürze selten, wie bei den Griechen, ein Sechzehntheilchen, sondern meistens einen Achtel- oder Viertel-Takt ausmacht.

Unsre Sprache neigt sich fast durchgängig zu jambischen, oder, welches einerlei ist, zu trochäischen Versarten. Ich könnte dieß mit der ausführlichsten Genauigkeit darthun, allein ich will nur auf zwei Punkte aufmerksam machen.

1. Die Quantität der einzelnen Worte. Die einsilbigen sind eben so häufig lang als kurz. Jenes die Substantiva und Adverbia; dieses immer die Artikel, die wir unaufhörlich gebrauchen, meistens auch die Präpositionen, Konjunktionen, zum Theil die Pronomina. Die zweisilbigen, unter allen die größte Anzahl, sind meistens $\cup-$ oder $-\cup$, seltener $--$, und nie $\cup\cup$. Die dreisilbigen Worte folgen ihrer Häufigkeit oder Seltenheit nach so aufeinander: $\cup-\cup$, $-\cup\cup$ (deren viele dem Amphimaker ähneln), $-\cup-$,

dann ⌣–– oder ––⌣, selten ––—, vielleicht nie (in demselben Worte) ⌣⌣–. Weiter will ich dieß nicht verfolgen; denn die Anzahl der vier= oder mehrsilbigen Worte ist verhältnißmäßig nur gering; auch unter ihnen giebt es viele ⌣–⌣– und –⌣–⌣; und die ⌣⌣–– und ––⌣⌣ sind für unsern Jamben (oder wie er heißen mag) nicht ganz unbrauchbar.

2. Die ganze Art unsrer prosodischen Bestimmung. Die wenigsten Längen und Kürzen sind es bei uns absolut; die meisten relativ, nach ihrer Stellung. Sie werden gegen die vorhergehende und nachfolgende Silbe abgewogen, und gelten für kurz, wenn sie nur leichter sind als diese; für lang, wenn schwerer. Daher kommts, daß unsre meisten Molossen (–––) sich zum –⌣–, unsre ⌣⌣⌣ zum ⌣–⌣ neigen. Das erste ist immer der Fall, wenn auf einen trochaïsirenden Spondeen eine absolut lange Silbe folgt; z. B. die Schwermuth siegt. Das zweite leidet auch nur wenige Ausnahmen; etwan: beseligende Ruh. Huldigung ist –⌣⌣ wenn eine vollkommne Länge folgt; aber Huldigungen ist nothwendig –⌣–⌣.

Also wird gewöhnlich durch diese Folge der Silben: –⌣⌣⌣–, oder ⌣––⌣⌣, der jambische Gang des Verses gar nicht gestört; und man darf ohne Schwierigkeit den jambisirenden Spondeen (⌣– | –– | ⌣–) und den jambisirenden Pyrrhichius (⌣– | ⌣⌣ | ⌣–) darin aufnehmen.

Der trochaïsirende Spondee ist viel häufiger bei uns, als der eigentliche oder gleich abgewogene: alle Zusammensetzungen von zwei Wurzelsilben bilden jenen. Bei unsrer begriffmäßigen Quantität kann dieß nicht anders sein — denn der allgemeinere Geschlechtsbegriff wird gewöhnlich ans Ende, der specifische Unterschied, ein Umstand, oder eine individuelle Bestimmung voran gesetzt; z. B. krank, seekrank, Fall, Rheinfall. Der Geschlechtsbegriff ist leerer, enthält weniger von der Sache — die differentia specifica hat mehr Bestandheit, nähert sich dem wirklichen Dinge schon mehr; und dieß wird dann auch in der Prosodie bezeichnet. Kommt nun am Ende noch eine Biegungsilbe hinzu, die einen grammatischen Nebenbegriff ausdrückte und also kurz ist, so bleibt zwar der Spondee trochaïsirend, aber die letzte Hauptsilbe bleibt doch entschiedner lang, als

vorher; z. B. Muth, Schwermuth, schwermüthig. Dieser Fuß —— ◡
ist daher in Einem Worte nicht angenehm — die erste und letzte
Silbe arbeiten sich in Ansehung der mittelsten gleichsam entgegen;
jene verkürzt, diese verlängt sie. Sie ist also in einer unbequemen
Lage, wie ein Mensch, der an einem Arm ein schwereres Gewicht trägt,
als am andern. Hieraus ließe sich wieder Manches über die Vorzüge des Jamben in unsrer Sprache folgern.

Die gleich gewognen Spondeen entstehen bei uns meistens nur
aus Zusammenstellungen zweier einsilbigen Hauptworte; z. B. der
Strom braust. Die Längen müßen so lang als möglich sein, wegen
der gegenseitigen Wirkung der Silben auf einander. Jede Länge
mißt sich gleichsam an der, die bei ihr steht; und wenn sie der andern nur die geringste Schwäche anmerkt, wird sie gewiß ihren Vorrang geltend machen. Die Längen müßen einander also durchaus
nichts anhaben können. Darum ist dieser Spondeus ein so sehr
starker Fuß: zwischen seinen Bestandtheilen ist immer eine Art von
Kampf.

Kl. wünscht unsrer Sprache mehr Reichthum daran. Er hat
der Sponda (er mußte den Spondeus erst weiblich machen, damit
man ihn nicht etwan einer Leidenschaft nach griechischen Sitten be-
schuldigen möchte) seine Liebe auf das zärtlichste erklärt, aber zugleich über die wenige Erwiderung geklagt. Diese Ode, deren du
dich gewiß erinnerst, zeigt poetische Kunst und zugleich Pedanterie
auf ihrem höchsten Gipfel: sie würde vortrefflich in einem poetischen
Raritätenkabinet prangen. Der Enthusiasmus sinkt, wenn man
näher erwägt, für wen der liebende Dichter schmachtet. Die deutsche
Sponda ist nicht die griechische: jene ist eine nervige, knochige, herkulische Schöne, gewaffnet mit Keule und Löwenhaut, aber nicht,
wie Omphale, über runden Schultern und zartgeschweiften Hüften:
nur ein nordischer Barde kann ihre Umarmungen begehren. Die
Wahrheit ist, daß unsre meisten Spondeen durch breite Dehnungen
und Diphthongen und gehäufte Konsonanten bis zur gänzlichen
Unbrauchbarkeit übellautend sind. Der Dichter mag also eher die
Muse bitten, ihm derer, die wir haben, ohne Nachtheil entrathen zu
helfen, als ihm noch mehrere zu bescheren.

Aber wie, wenn sich Kl. nun gar in der Person seiner Geliebten geirrt, und wie ein Professor sein Ehegesuch an die falsche gebracht hätte? Die Sponda, eine Folge von zwei Längen, ist reichlich in unsrer Sprache vorhanden — nur bildet sie leider, von kurzen Silben eingefaßt, den Antispastus, der unter allen Füßen am wenigsten musikalisch, und ein wahrer Dämon der Disharmonie ist: z. B. die See tobte, hinaufsteigen, verantworten, Gesichtspunkte und viele hunderte. Den psychologischen Grund seiner üblen Wirkung hat Moriz recht gut entwickelt, und auch der griechische Name zeigt ihn an: er zieht Ohr und Seele nach verschiedenen Seiten hin. Aus dem Hexameter, Jamben und überhaupt den meisten alten Silbenmaßen ist er deswegen auch verbannt.

Die Sponda steckt also, wie die Alten eine Grazie in der Statue eines rauhen Satyrs zu verbergen pflegten, in dem garstigen Gegenzerrer wie eingeschachtelt. Wie wäre sie da herauszuholen? Mit Einem Wort, ausgenommen zu Anfang oder Ende eines Verses ist mit zwei Längen nichts anzufangen; drei müßen beisammenstehen, um den Antispast zu vermeiden. Der Dichter begehrt also eigentlich die Molossa, nicht die Sponda. Indeßen muß jene, sonst rauh und barbarisch, wie der molossische König Echion, doch nicht hierüber eifersüchtig geworden sein, sie gewährt Klopstocken, besonders in der letzten Hälfte des Messias und seinen spätern Oden, nur allzu oft.

Kl. macht es dem Jamben zum Vorwurf, daß man dergleichen wie 'Angst wehklagt' nicht ohne Silbenzwang hineinbringen könne. Gott bewahre uns! Wer wird denn überhaupt solche Monstruositä- in ein Gedicht bringen wollen? Wenn der Jambe uns davor beschirmt, so verdient er gar schönen Dank.

Wie der Spondeus mit einfaßenden Kürzen den Antispast, so bildet der Pyrrhichius mit den umgebenden Längen den schönen Choriambus (–◡◡–). Dieses schönen Fußes berauben wir uns freilich, wenn wir aus unserm Jamben den Anapäst ausschließen: allein ich bin auch weit entfernt, den anapästischen Jamben in unsrer Sprache zu verwerfen. Vielleicht, wie wir nachher sehen werden, giebts auch eine Auskunft, den Choriambus ohne Aufnahme des Anapästes doch wieder zu bekommen.

Ueber den Gebrauch der Nebenfüße in unserm Jambus mußt du folgende Regeln nur als einen flüchtigen hingeworfnen Versuch ansehen.

Den jambisierenden Spondeus und jambisierenden Pyrrhichius kann man fast ohne Skrupel gebrauchen — freilich macht jener den Vers nachdrücklicher, dieser leichter, besonders wenn sie zweimal in demselben fünffüßigen Jamben gebraucht werden. Man muß das nach dem Inhalte abmeßen; z. B.

  An Allem, was hienieden Schönes lebt

oder:

  Du hast mir, wie mit himmlischem Gefieder —
  Vernahm mein Sinn so reinen Einklang nie. —

Der eigentliche Pyrrhichius darf nur selten gebraucht werden: er würde den Vers entkräften. Hier und da einmal bei sanften und lieblichen Gegenständen thut er eine gute Wirkung; z. B. Es ist die ewige Magie. Am Ende des Verses macht ihn der Reim unmöglich; aber auch in reimlosen Versen gefällt er mir da nicht: er scheint mir die Spitze der Zeile gleichsam abzustumpfen. Ebenfalls vor einem männlichen Abschnitt, besonders wenn die darauf folgende Silbe nicht ganz entschieden kurz ist; z. B. dieser Vers ist falsch:

  Dem Glücklichen | kann es an nichts gebrechen —

Er wäre richtiger so:

  Es kann an nichts | dem Glücklichen gebrechen —

Erlaubter als jenes ist vielleicht:

  Sie wandelte, mit einer Göttin Gange —

Zu Anfange des Verses (◡◡◡—) verbietet er sich von selbst — von drei Kürzen vor einer Länge wird gewiß immer die zweideutigste lang.

Trochäisierende Spondeen in zweisilbigen Worten können nie so gebraucht werden, daß die längere Länge anstatt der kurzen Silbe des Jambus stünde.

Im dreisilbigen dürfen sie zuweilen so gebraucht werden, doch mit großer Vorsicht*); am besten zu Anfang des Verses oder nach einem männlichen Abschnitt: gebraucht man sie anderswo, so muß man vorzüglich dafür sorgen, eine entschiedne Länge vorausgehen zu

---

*) Folgende Zeile zum Beispiel ist fehlerhaft:
  Küßt sein friedselig Angesicht —

laßen. Man muß hiebei hauptsächlich den Wohlklang zu Rathe ziehn; 'wehmüthig' darf eher stehn, als 'aufbrausend'. In der letzten Region eines weiblichen Verses darf er durchaus nicht stehn. Haller hat gesagt: sie sind wie wir hinläßig.

Es wäre vielleicht kein übler Gedanke, diese Art Spondeen, wo man sie erlaubt, durch einen Pyrrhichius gleich wieder aufwiegen zu laßen, und dem Verse also wieder zu nehmen was man ihm zuviel gab; z. B. Unglücklicher wie du; freiwilliges Geschenk.

Der Spondeus, der aus einem einsilbigen Wurzelwort und einem darauf folgenden trochäischen Worte entsteht, und zu allen drei Gattungen von Spondeen gehören kann, darf schon kühner angebracht werden; besonders wenn seine erste Silbe kein starkes mechanisches Gewicht hat. Geh weiter, könnte man wohl auch am Ende eines Verses sagen; bleibt immer, wäre da schon bedenklicher.

Der Spondeus aus zwei einsilbigen Wurzelwörtern hat in der Mitte des Verses eine beinah zu große Kraft, weil da drei absolut lange Silben zusammentreten; z. B. die See tobt wild. Zu Anfange des Verses hingegen verleiht er Würde und Nachdruck: Nichts kam ihr gleich auf diesem Erdenrunde. Eben das gilt von der eben beschriebnen Art Spondeen, wenn sie durch das Gewicht der Bedeutung oder mechanischen Beschaffenheit der ersten Silbe trochäisierend werden:

Horch! hohe Dinge lehr' ich dich.

Auch nach einem männlichen Abschnitte nach einer entschieden langen Silbe stehen beide Arten gut. Man bemerkt da, eben wegen der Pause des Abschnitts, die drei vollen Längen weniger — z. B.

Führt euch ein Augenblick? | Kann Liebe so bethören? —

Des grausenvollen Thurms; | drob schaut' ich starr —

Der Gebrauch des Trochäen ist am engsten beschränkt, sowohl in seiner Beschaffenheit, als seiner Stellung.

Bei unsrer relativ bestimmten Quantität ist die Vergleichung mehrerer Silben Eines Wortes unter einander unmittelbarer, nothwendiger und sichrer, als verschiedner Worte. Daher findet auch bei zusammenstehenden einsilbigen Worten am meisten Unbestimmtheit der Quantität statt. Da nun der Trochäe grade das Gegen=

theil des Jamben ist, so würde der Kontrast zu schneidend sein, wenn man Trochäen in Einem Worte erlaubte. Es dürfen nur solche gebraucht werden, die aus zwei Worten bestehn, und bei einer andern Bedeutung und Wendung der Deklamation auch Jamben oder wenigstens Spondeen vorstellen können; z. B. durchaus nicht: deine Gestalt; aber wohl: hast du gesehn? Denn es kann auch heißen: hast du gesehn.

Ferner: hinter dem Jambus bildet der Trochäus den greulichen Antispast, vor ihm den schönen Choriambus. Er darf also nie nach einem Jambus stehen — daher sind seine einzigen guten Stellen zu Anfang des Verses und nach einer männlichen Pause. Er scheint mir vorzüglich im Anfange dem Verse einen schönen Aufschwung zu geben.

Kennst du mich nicht? sprach sie mit einem Munde —
(Zweimal in einem Verse ist doch beinah zu viel.)
Käm' uns Homer zurück ins Leben —
Würd' er die Schuld dem Gürtel geben —
Weißt du, was er davon gesungen —

Man muß besonders darauf achten, daß der nächste Jambe eine recht bestimmt lange Silbe habe; sonst verliert der Vers seinen jambischen Gang. Fehlerhaft ist z. B.
Wenn ein kastilian'scher Grande Briefe —

Auch ist es wohlklingender, wenn mit eben diesem Jamben ein Wort endigt, als wenn eine weibliche Endung folgt; z. B.
Frei wie ein Gott, und Alles dank' ich dir —
schöner als:
Siehst du die Wogen der Rebellion —

Beim Gebrauch aller dieser Nebenfüße ist übrigens die größte Mäßigung zu empfehlen. Einer in einem fünffüßigen Jamben, aufs Höchste zwei, und nicht leicht zweimal derselbe; z. B.
es Könige | in Spanien gegeben —
ist mit seinen eigentlichen Pyrrhichien unerträglich matt.

Nun ist noch die Lehre von den Abschnitten oder Pausen, der Zusammenknüpfung der Zeilen durch die poetischen Perioden, dem Ge=

brauche der hyperkatalektischen Verse oder weiblichen Versendungen
übrig.

Was vom jambischen Verse gesagt ist, läßt sich leicht mit den
gehörigen Modifikationen auf den trochäischen anwenden.

Eines der besten Muster ist Goethe in der Zueignung, Iphigenia, Tasso, Claudine, Erwine. Weit weniger ausgearbeitet ist Don
Karlos; besonders fehlt es Schillers Jamben oft an Fülle. Lessings
Nathan, so viel ich mich erinnern kann, ist für das vertrauliche Gespräch gut. Klopstocks Trauerspiele erinnere ich mich nicht. —

Ich habe nie behauptet, daß unser Jambus an sich beßer sei,
als der griechische, nur gestanden, daß er mir für unsere Sprache
paßender scheint. Du erklärst mir die Theorie des Trimeters, als ob
ich an ihr gezweifelt hätte, da mein Zweifel doch nur war, ob die
Unterscheidung der Regionen nicht für unser Ohr zu fein sei? Ich
will nicht einmal dieß verneinen, denn meinem Ohre sind noch niemals griechische Trimeter in deutscher Sprache vorgekommen. Schicke
mir nur welche, ich will dir treulich wiedererzählen, was mein Ohr
dazu sagt. Ich befürchte indessen, die vollkommne Beobachtung jener
Gesetze wird nur eine vergebliche Mühseligkeit sein.

***

Der anapästische Jambus, wie er sich z. B. im neuen Amadis
und einigen Stellen des Oberon findet, hat bisher bei uns eine zu
ungebundne Freiheit genoßen. Man sollte ihm den Pyrrhichius und
Trochäus als Nebenfüße ganz verbieten, ihm nur den Spondeus erlauben, und die Anzahl und Stellen der zu brauchenden Anapäste
genauer bestimmen.

Du mußt dich die Mühe nicht verdrießen laßen, lange Stücke,
gereimte und reimlose, in unsern Dichtern nach den angegebnen
Rückfichten durchzuskandieren und zu deklamieren. Es ist wohl eine
verzeihliche Eitelkeit, wenn ich dir dazu auch meine Gedichte empfehle. —
Ob ich mir gleich diese Gesetze nie so deutlich entwickelte, wirst du
sie darin doch so ziemlich beobachtet finden. —

Eine so lange polyrhythmische Strophe, wie in den griechischen
Chören, besonders wenn dann noch die Epode dazwischen kommt,
kann das deutsche Ohr nicht faßen. Wählen wir bei der Uebersetzung kurze und einfache Strophen, so wird der Gang zu abgemeßen; lange und verwickelte, so laden wir uns eine vergebliche

Mühseligkeit auf. W. Humboldt hat dieß bei einer Ode Pindars
gethan, die ich habe; überdieß ist sein Silbenmaß nicht sehr glücklich aus lauter Anapästen, Jamben, Trochäen, Daktylen zusammengesetzt. — — — Hätte ich meine Abhandlung über die Metrik fortgesetzt, so würde ich dir nun schon die Vorzüge des fünffüßigen Jamben entwickelt haben. Dieß wird schwerlich fürs erste geschehen;
nimm also mit folgenden Winken vorlieb.

1. Die eigentliche Feinheit des Trimeters ist uns verborgen.
Denn sage selbst: ist unser Ohr wohl im Stande, einen Grund
anzugeben, warum in der 1., 3. u. 5. Stelle ein Spondee oder
Anapäst stehn darf, in der 2., 4. und 6. Stelle nicht? —

2. Der im Griechischen sehr häufige Gebrauch der Spondeen
ist bei uns theils wegen der Seltenheit der Spondeen und Molosse
unmöglich; theils würde er wegen der Beschaffenheit unsrer Spondeen (wovon in meiner Metrik gehandelt werden wird) den Vers zu
sehr belasten.

3. Der Vers ist für unsre Sprache beinah zu lang; denn du
mußt bemerken, daß unsre Kürzen weniger kurz und unsre Längen
länger sind als die griechischen.

4. Der Gebrauch des Anapästs scheint mir im Deutschen der
tragischen Würde zuwider; freilich brauchen ihn die Griechen (wenigstens Aeschylus, den ich vor mir habe) auch nur selten; ich finde
oft eine ganze Seite hinunter nur einen oder ein Paar. In einer
Uebersetzung aus dem Griechischen müßte man ihn vielleicht der
Beiwörter wegen, die vor ihren Hauptwörtern oft unvermeidlich
Anapästen bilden, aufnehmen, aber mit weiser Sparsamkeit.

5. Der fünffüßige Jambe, wie ihn Lessing, Goethe, Schiller,
Klopstock selbst, in gereimten oder reimlosen Gedichten gebraucht haben, steht dem Trimeter an Mannichfaltigkeit nicht nach, auch wenn
du in jenem den Anapäst, in diesem nicht gebrauchst. Denn:

a) Unser Jambe endigt bald männlich, bald weiblich; der griechische immer männlich; b) jener hat männliche oder weibliche Abschnitte nach der 4., 5., 6., allenfalls auch nach der 7. Silbe —
dieser muß den Abschnitt immer weiblich haben, und zwar immer in
der Mitte des dritten oder vierten Fußes: denn am Ende des dritten Fußes macht er den Vers einförmig, nach dem zweiten oder vierten kakorhythmisch. Versuch' es nur bei deinem eignen Gehör. c) Der

13 *

fünffüßige Jambe kann ganz ohne Abschnitt bestehen; der sechsfüßige ohne Abschnitt erschöpft den Odem allzusehr. d) Der Trimeter hat zum Hauptfuß den Jambus, zu Nebenfüßen den Spondeus und Anapäst; unser Jambe hat zu Nebenfüßen den Spondeen, den Trochäen und den Pyrrhichius. Man könnte also eher glauben, er wäre allzu mannichfaltig, wenn dieß nicht wieder durch die vielen Einschränkungen und Bestimmungen gemäßigt würde, unter denen der Gebrauch dieser Füße verstattet ist. Die feinen Regeln dieser Versart hat noch kein Prosodiker entwickelt, sie liegen aber ziemlich bestimmt in der Praxis unsrer guten Dichter, so bestimmt wenigstens, als zu Homers Zeiten die Regeln des Hexameters sein mochten. Hievon in meiner Metrik. Gegen die Leute, welche glaubten, in unsren Jamben müße der Jambus der einzige Fuß sein, hatte Klopstock freilich gewonnenes Spiel: denn dieß ist weder schön, noch möglich. Wo bleibt nun die Monotonie? Aber sage mir im Ernst, ist dir denn jemals Goethes Iphigenia, etwan von Carolinen vorgelesen, monotonisch vorgekommen? Nun so helf dir Gott und Sankt Klopstock!

Der Wettstreit der Sprachen.

Ein Gespräch über Klopstocks grammatische Gespräche. 1798.

Borerinnerung.

Was in den Reden des Deutschen mit Häkchen bezeichnet ist,
sind Klopstocks Sätze aus der obengenannten oder früheren Schriften,
immer dem Inhalte, zuweilen auch dem Ausdrucke nach. Der dialogischen Form wegen mußte in den Reden des Griechen Einiges
als Behauptung vorgetragen werden, was nur Vermuthung ist.

Poesie. Soll ich meinen Augen trauen? Du lebst
also wirklich?

Grammatik. Ja, es ist mir selbst wunderlich dabei
zu Muthe. Vor Klopstocks grammatischen Gesprächen *) war
es mir niemals begegnet.

Poesie. Ganz recht! Klopstocks grammatische Gespräche. Derentwegen bin ich eben herbeschieden. Aber sage
mir, was habe ich mit ihnen zu schaffen? Ich trete ja nicht
darin auf.

Grammatik. Wie konntest du? Weißt du nicht,
daß Leben und Tod einander immer das Gegengewicht hal-

---

*) ist 1798.

ten, und daß, wo die Grammatik lebt, die Poesie todt
sein muß?

Poesie. Wir werden uns also auch jetzt freundschaft=
lich darum vertragen, und beide mit einem halben Leben zu=
frieden sein müßen.

Grammatik. Nach geendigtem Geschäft will ich dir's
ganz abtreten: denn dir kommt das Leben zu, für mich ist
es immer nur ein gezwungener Zustand.

Poesie. Zu dem du dich aber, *) Klopstocken zu Ge=
fallen, bequemt hast.

Grammatik. Er belohnt es mir durch die reichhal=
tigen Winke, die feinen Bemerkungen, die Aufforderungen zu
tieferer Forschung, die in seinem Buch verborgen liegen.

Poesie. Verborgen allerdings! Habe ich doch auf
meinen Wanderungen bis jetzt nie davon gehört. Warum
wißen denn die Deutschen kaum, daß sie so etwas besitzen?

Grammatik. Viel thut wohl die Einkleidung; dann
der Grad von Einsicht, der bei dem Leser vorausgesetzt
wird; die Hauptsache ist aber, daß es von etwas Deutschem
handelt.

Poesie. Und doch wird diese Sache aus der Fremde,
und sogar aus dem Alterthum her in Anregung gebracht?

Grammatik. Die alten und neuen Sprachen sind
höchlich entrüstet: sie behaupten, Klopstock habe die Vorzüge
der seinigen weit überschätzt, und herabwürdigend von ihnen
gesprochen.

Poesie. Und da sollen wir den Streit schlichten. Wie
schlau sie doch sind! Sie befürchteten, wir möchten beide,
aus alter Freundschaft, Klopstocks Sachwalterinnen werden;

---

*) Klopstock 1798.

um uns zur Unparteilichkeit zu nöthigen, haben sie uns das Richteramt anvertraut.

Grammatik. Wie ist mir? Du bist ja gar nicht wie ich dich mir aus der Ferne vorgestellt habe. Du redest so schlicht.

Poesie. Ich muß wohl, um mich von der poetischen Prosa zu unterscheiden. Doch still! das sind vermuthlich die Parteien.

Grammatik. Weswegen kommt ihr? wer seid ihr?

Deutscher. Die Andern um Klopstock anzuklagen, ich um ihn zu vertheidigen. Wir sind Repräsentanten unsrer Sprachen.

Grammatik. Warum kommen diese nicht selbst?

Deutscher. Sie glaubten, es würde euch so beßer gefallen. Du, Grammatik, hast es lieber mit den Begriffen selbst, als mit ihrer Scheinbelebung zu thun; und du, Poesie, hältst nicht viel auf luftige Begriffpersonen.

Poesie. Ich merke, ihr macht die Sitte der Zeit mit: denn das repräsentative System ist in den schönen Künsten wie in der Politik herrschend geworden. Ist kein Repräsentant der Menschheit unter euch?

Deutscher. Wir wollen dir nicht in's Amt fallen. Du sollst ja Repräsentanten der Menschheit, und nichts Anders als solche *) vorstellen.

Poesie. Da würde ich am Ende selbst nur repräsentiert.

Grammatik. Kommt sogleich zur Sache, und bringt die einzelnen Punkte der Klage und Vertheidigung nach einer gewissen Ordnung vor.

---

*) aufstellen 1798.

Deutschheit (draußen). Wehrt mir's nicht. Ich wage mein Leben für den ächten deutschen Barden. Meine Losung ist: Er und über ihn!

Franzose. Wie grob! Ich hielt nur die Thür zu, um erst zu fragen, wer sie wäre, und sie schleudert mich eine Ecke weit in den Saal hinein.

Grieche. Wer ist diese blonde Gigantin?

Deutschheit. Ich achte mich höher als euch alle. Nur du bist meines Grußes werth, Göttin des Gesangs! Bist groß und gut, ein biedres deutsches Weib.

Poesie. O weh! sie zerdrückt mir die Hand.

Grammatik. Was willst du hier, Deutschheit? Ich kenne dich, du hast mir auch schon Unheil genug angerichtet.

Deutschheit. Er ist mein Vater. Wer mir von dem ausländischen Volke etwas wider ihn und unsre alte Kernsprache sagt, dem soll diese starke Faust —

Grammatik. Hier wird nicht mit Gewalt gestritten, sondern mit Gründen.

Deutscher. Ich erkenne sie nicht an, ich habe nichts mit ihr gemein, sie würde meinen guten Handel verderben.

Poesie. Schafft sie hinaus! Die Ungeschlachte gehört nicht in diesen gebildeten Kreiß.

Deutschheit. Bei Hermanns Schatten! —

Franzose. O der erscheint längst nicht mehr!

Grieche. Die Barbarin! fort mit ihr!

Poesie. So hätten wir *) denn wieder Ruhe. Aber sage mir, Deutscher, welche Bewandtniß hat es mit der Abstammung, deren sie sich rühmt?

---

*) dann   1798.

Deutscher. Es ist wohl nur eine von ihren Prahlereien, denn du weißt ja: Von selbst weiß Niemand, wer ihn gezeuget. Bedenke, daß eine Stunde der überflüßigen Kraft noch ganz andern Geschöpfen das Dasein gegeben hat. Auch wäre es unbillig, *) Klopstocken die Schuld ihres Betragens beizumeßen. Sie hatte zwar schon als Kind etwas von gezierter Männlichkeit und prunkhaftem Biedersinn an sich, aber erst durch die Erziehung der Jünger ist sie so leer und hochtrabend, und endlich, wie es den meisten Menschen geht, wenn sie nun recht in's bürgerliche Leben eintreten, platt geworden.

Poesie. Von den Nachäffern laß uns nicht reden; aber selbst der Urheber hat einen schlimmen Mißgriff gethan. Die meisten Nationen haben das Vorurtheil, sich höher als alle andern zu halten: wenn nun einmal eine es nicht hat, warum soll man es ihr mit Gewalt anschwatzen? Uebrigens, wie stolz auch dieß vorsätzliche und unaufhörliche Erinnern an den Werth alles Deutschen klingt, so ist es doch etwas sehr Demüthiges: denn es setzt voraus, das, woran man erinnert, sei so beschaffen, daß es gar leicht könnte vergeßen werden.

Deutscher. Wenn man nun aber seine Vorzüge wirklich vergißt?

Poesie. Es hat damit bei Nationen eben so wenig auf sich, als bei einzelnen Menschen. Man soll ja nicht im Bewußtsein ihres Besitzes unthätig werden. Wenn man nur die Vorzüge nicht vergißt, nach welchen man zu streben hat.

Deutscher. So wird man uns doch freien Ausdruck unsrer Eigenthümlichkeit erlauben.

---

*) ihm 1798.

Poesie. Der wird verfehlt, so bald man ihn sich vornimmt. Ueberdieß müßt ihr über euren Charakter erst mit
euch selbst einig werden. Was ihr für Deutschheit aus-
gebt, ist meistens, bei Licht besehn, nur die Nordischheit.
Ich kann am besten wißen, ob ihr nationale Eigenthümlichkeit habt.

Deutscher. Freilich keine einseitig beschränkte.

Grammatik. Zur Sache. Die Sprache des Griechen
hat den Vorrang der Würde und des Alterthums; und Klopstock macht sich, eben weil er sie am meisten ehrt, fast immer
mit ihr zu thun, um die seinige mit ihr zu meßen. Was
er von ihr sagt, gilt zum Theil die römische mit. Auf die
neueren wirft er nur einige schnöde Seitenblicke. Der Grieche
sei also Wortführer der Klage: die Andern mögen sie bei
den Punkten, die auf sie Bezug haben, unterstützen; und
wenn ihnen besondere Beleidigungen widerfahren sind, nachher reden.

Deutscher. Sollen unsre Sprachen sich anfeinden,
Grieche? Sie sind Schwestern.

Grieche. Mir war nichts davon bewußt, ich habe es
durch Klopstock erfahren.

Deutscher. 'Schon Plato hat ja *πῦρ* und andre solche
zugleich griechische und altdeutsche Worte aus dem Scythischen, dem ersten Quell des Deutschen, abgeleitet.'

Grieche. Leitet der Philosoph nicht etwa auch das
Wort Jronie aus dem Scythischen her? Die Stelle ist im
Kratylus, wo Sokrates die etymologische Weisheit eines ge-
wissen Euthyphron durch die wunderlichsten und drolligsten
Ableitungen, immer unter dem Schein des Ernstes, zum
Besten giebt. Bei allen unerhörten Gewaltthätigkeiten, die
er sich mit den Wörtern erlaubt, behält er sich immer noch

das Recht vor, wo er ſich gar nicht weiter zu helfen weiß,
vorzugeben, ein Wort ſei barbariſchen Urſprungs, und er könne
es alſo nicht erklären. Dieß thut er bei πῦϱ. Geſetzt aber,
er ſpräche im Ernſte, ſo bewieſe ſeine Ausſage gerade das
Gegentheil von Verwandtſchaft. Denn es wären ja nach ihm
nur einige ſcythiſche Wörter fremd in das Griechiſche gekommen, und zwar hauptſächlich 'durch die unter den Barbaren wohnenden Hellenen.'

Deutſcher. Ihr verdankt eure erſte Bildung dem Orpheus, 'einem getiſchen Druiden.'

Grieche. Weil er ein Thracier heißt? Wanderte nicht
auch der Thracier Thamyris im Peloponneſus umher? Durch
jene Benennung wird Orpheus zu einer hiſtoriſchen Perſon
gemacht, da er doch bloß eine mythiſche iſt. Die Sage von
ihm verdient um ſo weniger Glauben, da ſie nicht ſo alt zu
zu ſein ſcheint, als Prieſter ſie *)ausgeben. Homer kennt
ſie nicht.

Deutſcher. 'Die Deutſchen bildeten vor Alters viele
ihrer Zeitwörter durch Verdoppelung des anfangenden Mit-
lautes, und hatten einen Dual wie wir. Sprachen, die ſogar ſolche Sonderbarkeiten gemein haben, wie der Dual iſt,
haben überhaupt viel Gleiches.'

Grammatik. Die Verdoppelung iſt allerdings eine
ſeltnere Eigenheit, die der Römer aber auch mit dem Griechen gemein hat. Der Dual findet ſich in den verſchiedenſten
Sprachen; im Hebräiſchen und im Finniſchen. Er iſt dem
Urſprunge der Geſellſchaften und der Kindheit des menſchlichen Geiſtes ſehr natürlich: je weniger zahlreich jene ſind,
deſto häufiger tritt der Fall ein, daß nur zwei zuſammen

---

*) ausgaben 1828.

handeln; und der unmündige Verstand erhebt sich durch den
Begriff des Paares wie durch eine Stufe zu dem allgemei-
neren der Vielheit. Die Griechen gaben vielleicht das einzige Beispiel einer Sprache, die den Dual auch in der höchsten Ausbildung nicht ablegt; und wer weiß was geschehn
wäre, hätten die Dichter nicht gethan.

Deutscher. Die Stammväter der Deutschen und Griechen waren in ihren ursprünglichen Sitzen Nachbarn.

Grieche. Reicht eure Geschichte bis da hinauf? Homer und Herodot sagen nichts davon. Doch nimm an, die
Pelasger wären von Norden her in mein Vaterland eingewandert: das Volk der Hellenen ist erst weit später durch
Abtrennung von jenen entstanden, und hat zugleich mit dieser durch unbekannte Ursachen bewirkten Umwandlung eine
andre Sprache bekommen. Herodot wagt es nicht, mit Sicherheit zu bestimmen, welche Sprache die Pelasger geredet; er
vermuthet aber eine barbarische, das heißt, nicht eine durch
die Mundart, sondern wesentlich und durchaus von der hellenischen verschiedne. War also die pelasgische Sprache mit
der deutschen verwandt, was folgt daraus für die hellenische?

Deutscher. Durch alles dieß wird die Thatsache nicht
umgestoßen, daß viele deutsche Benennungen mit den griechischen auffallend übereinstimmen.

Grieche. Wenn ihr die ausnehmt, wo eine gewisse Beziehung des Zeichens auf den Gegenstand stattfindet, und
die, welche ihr durch Vermittlung der Römer, entweder bei
der Niederlaßung christlicher Priester oder schon früher, erhalten, so wird keine beträchtliche Zahl übrig bleiben. Wie
viele Namen erhieltet ihr zugleich mit den Dingen! Oder
haben die Germanier in ihren uralten Wäldern den 'Wein'
schon mit 'Rosen' gekränzt?

Deutscher. Nein, aber bis Zehn gezählt haben sie doch wohl?

Grieche. Sie nahmen vielleicht mit der Erlernung der Ziffern auch die dazu gehörigen Benennungen großentheils an, und ließen ihre alten dahinten. Ich sage nur, was ein entschiedener Zweifler einwenden könnte.

Franzose. Es ist lustig anzuhören, wenn einer dem andern seine Verwandtschaft im zwanzigsten Grade vorrechnet, die dieser nicht anerkennen will.

Engländer. Man möchte ihm antworten: ich will glauben, daß ihr mein Vetter seid; aber ich weiß gewiß, daß ich eurer nicht bin.

Grieche. Wir streiten zu lange über die Herkunft. Welcher Verständige giebt bei Menschen und Sprachen etwas darauf, wenn sie sich nicht durch Verdienst bewährt? Hatte eure Sprache gleiche Abstammung mit der unsrigen, desto schlimmer für euch, *) daß ihr nichts Gefälligeres aus ihr gemacht. Doch da sie in ihrer Kindheit einen milderen Him= mel gewohnt war, so hat sie sich vermuthlich in den feuch= ten Wildnissen Germaniens erkältet, und seitdem eine heisere Stimme behalten.

Römer. Die Verwandtschaft der lateinischen Sprache mit der griechischen war, denke ich, von ganz anderer Art. Und dennoch wäre sie bei den

Versen, **) wie vormals wohl sie die Faun' und die Seher gesungen, geblieben, hätte die Siegerin nicht die Erziehung ihrer Ueber= wundenen empfangen.

Italiäner. Da das Lateinische aus den ältesten Mund= arten des Griechischen, das Italiänische aber aus der Ver=

---

*) da 1828.   **) welche vordem die Faunen und Priester ge= sungen 1798.

mischung von jenem mit dem Gothischen und Longobardischen entstanden ist, welches deutsche Sprachen waren, so haben sich ja in uns die beiden Zweige der Familie wieder vereinigt.

Franzose. Auch in uns die Franken mit den lateinisch gewordenen Galliern. Wir hätten also sämmtlich das Vergnügen, unter lauter Vettern und Basen zu sein, den *) Spanier mit eingeschloßen, wiewohl er sich mit dem Heidenthum etwas gemein gemacht hat.

Deutscher. 'Unsre Sprachen, Grieche, haben auch im Klange viel Aehnliches.'

Grieche. Hier erwartete ich dich: ich wollte vorhin schon vom Wohlklange anfangen.

Italiäner. Ja, das scheint mir auch die Hauptsache.

Deutscher. Klopstock giebt eine Menge Beispiele von ähnlichen Wörtern, ja ganzen Halbversen. .

Grieche. Selbst die Richtigkeit der Vergleichung zugestanden, behielten wir noch den Vorzug. Denn in den kurzen Silben, wo wir tönende Vokale haben, steht bei euch das unbedeutende E. Allein er legt die deutsche Aussprache **) des Griechischen zum Grunde. So spottet er über Bettinelli, dem man griechische und deutsche Verse ***) vorsagte, da er beide Sprachen nicht kannte, und der lauter †) Deutsches gehört zu haben glaubte. Der arme Bettinelli! Er hatte ja wirklich lauter deutsche Verse gehört.

Deutscher. Wich denn eure Aussprache so sehr von unsrer heutigen ab?

Grieche. Mehr als eure Schriftzeichen ausdrücken, und eure Organe nachbilden können. Ich rede nicht vom

---

*) señor Castellano 1798.   **) der Griechischen 1798.
***) vermischt vorsagte 1798.   †) Deutsche 1798.

ungefähren Nachsprechen, sondern von den Feinheiten, woran
Theophrast nach Jahren des Studiums von einer attischen
Gemüsehändlerin als Fremdling erkannt ward.

Deutscher. Du legst viel Gewicht auf unmerkliche
Schattierungen.

Grieche. Dieser lebendige Hauch ist gerade das Eigenthümlichste im Vortrage der Sprachen, und wie in häßlichen
das Abschreckendste, so in schönen der Gipfel ihrer Anmuth.

Italiäner. Er hat Recht! Der Gipfel unserer Anmuth.

Grieche. Aber wenn wir auch bei den gröberen körperlichen Bestandtheilen stehen bleiben: welche Aussprache ist
die eurige! Ihr unterscheidet ϑ nicht von τ; das säuselnde
ζ, von dem es zweifelhaft sein konnte, ob es für σδ oder
δσ stände, stoßt ihr auf eure heftige Art heraus; φ und das
römische F gilt euch gleich, da doch jenes ein schmeichelnder
Ton, dieses ein ungeheurer Buchstabe war; ihr verwechselt
die Diphthongen αι und ει, und die nicht das Geringste mit
einander gemein haben, οι und ευ —

'Deutscher. Gut, daß du der Diphthongen erwähnst!
Ihre nicht selten unvermeidliche Häufung ist ein großer
Uebelstand eurer Sprache. Sie artet dadurch in Rauhigkeit
aus. Das οι ist übelklingend.'

Grieche. Das entscheidest du, der du überhaupt im
Blinden bist, wie es geklungen hat?

Grammatik. Ich zweifle, daß ihr euch über die
Diphthongen je verstehen werdet. Ueber keinen Punkt der
Aussprache weichen die Völker, sowohl durch das Urtheil
ihres Ohres, als durch die Schreibung, so weit von einander ab.

Römer. In Ansehung des letzten wir schon durch-

gängig von den Griechen. Zur Bezeichnung jedes ihrer
Diphthongen setzen wir andere Vokale zusammen, als sie.

Grammatik. Sie sind nicht einmal darüber einig,
was Diphthongen, und was einfache Vokale sind.

Engländer. So gilt uns das ei des Deutschen in
wine u. s. w. für ein langes i.

Römer. Das habt ihr wohl von uns angenommen.

Grammatik. Einige haben Diphthongen, die sich andre,
ohne sie gehört zu haben, gar nicht würden vorstellen können.

Franzose. So wir oiseau, nuire.

Grammatik. Auch hätte das Zutrauen zu der Schreibung der Alten nicht so weit gehen sollen, anzunehmen, was
sie auf einerlei Art geschrieben, sei in allen Verbindungen
auf einerlei Art ausgesprochen worden, denn die Armuth der
Bezeichnung mußte hinter den mannichfaltigen Abstufungen
der Töne zurückbleiben.

Römer. Freilich, wir hatten sogar für alle Vokale,
die lang oder kurz sein können, in beiden Fällen nur dieselben Buchstaben. — Und glaubt man, es sei ohne Grund
gewesen, daß wir für das griechische ει bald i bald e setzten? Alexandria, Medea.

Grieche. Du hättest billig zweifeln sollen, Deutscher,
ob es etwas so Breites und Vollmundiges, wie eure Doppellaute sind, überhaupt in unserer Sprache gegeben habe.
Kannst du dir wohl vorstellen, wie man zwei Vokale, ohne
daß sie in der Verschmelzung verloren gehn, und ein ganz
verschiednes Gemischtes daraus wird, und doch in Einer
Silbe hören läßt?

Deutscher. Ganz und gar nicht.

Italiäner. Ich sehr gut: Euro, lauro, mai, voi. In
buono wird der letzte Vokal mehr gehört.

Grieche. Der Uebergang des αι, ει, οι in ᾳ, η, ῳ wäre bei deiner Aussprache unerklärlich. Wenn aber das ι dem vorangehenden Vokale leiser nachhallte, so mußte es bei *) dessen Verlängerung ganz verschwinden. Auch die Verwandlung von αυ und ευ in ηυ, und von αυ in ωυ hätte dich auf den Argwohn bringen müßen, daß dir hier etwas verborgen wäre.

Deutscher. Aber wenn die Vokale in den Diphthongen schon abgesondert gehört wurden: wozu die Trennungspunkte, wenn eure Dichter sie in zwei Silben auflösen?

Grieche. Du vergißt immer, daß unser Ohr auch seine Unterschiede wahrnahm. Selbst dieser Umstand konnte dir jene Vermuthung bestätigen: denn wie hätten die Dichter trennen dürfen, was so, wie durch eure Aussprache, vereinigt war?

Grammatik. Ueber das Zusammentreffen der Vokale weichen die Urtheile ab. Einige Völker lieben es, andre halten es für weichlich oder hart, und vermeiden es, wo möglich, durch Herauswerfung.

Römer. Dieß thaten wir. Doch war uns die Weise der Griechen in ihrer Sprache nicht zuwider, und unsere Dichter ließen daher griechische Namen ohne Elision auf einander folgen.

Italiäner. Wir sind achtsamer auf den Wohlklang, als ihr waret, und unser Ohr stimmt hierin mit dem griechischen überein.

Grieche. Die zusammentreffenden Vokale müßen aber nicht gleichsam gegen einander gähnen, sondern mit Stätigkeit hinüberschmelzen und dazu gehört unsere Biegsamkeit der Stimme.

---

*) seiner 1798.

Italiäner. Oder unsere.

Grammatik. Aber — ehe die Parteien weiter fortfahren — ist der Streit der Sprachen über den Wohlklang
nicht vergeblich, und nie auszugleichen? Sage mir, Poesie,
du bist ja Kennerin des Schönen, giebt es dabei etwas Allgemeines, und an sich Gültiges, oder hängt Alles von der
verschiedenen Organisation, Gewöhnung und Uebereinkunft
ab, und gilt auch hier das Sprichwort: Jedem ist seine Königin schön?

Engländer. Oder jedem Narren gefällt seine Kappe.

Italiäner. Du stehst ja, Grammatik, daß sich alle
Nationen Europas vereinigen, unsre Sprache wohlklingend zu
finden.

Franzose. Für den Gesang.

Italiäner. Was sich gut singt, spricht sich auch gut.

Poesie. Hierin hast du nicht unrecht, Italiäner. Aber
dein selbstgefälliges Berufen auf jene Anerkennung war wenigstens sehr voreilig. Was ist das heutige Europa gegen
den Umfang des Menschengeschlechtes in den verschiedensten
Himmelstrichen und Zeitaltern? Europäischer Geschmack ist
nur ein erweiterter Nationalgeschmack. So weit es sich ohne
geistige und körperliche Zergliederung thun läßt, Grammatik,
will ich deinem Verlangen Genüge leisten. Ich habe ja die
Welt umwandert und umflogen: habe an den schönen Ufern
des Ganges und Ohio geweilt, die Wüsten Afrikas und die
Steppen Siberiens besucht, und mich unter den Nebeln des
schottischen Hochlandes, wie unter dem ewig unbewölkten
Himmel der Südsee-Hesperiden gelagert.

*)Franzose. Ah, qu'elle devient poétique!

---

*) Die Ausrufung des Franzosen fehlt 1828.

Poesie. Keinem Volke, wie roh und beschränkt es sein mochte, verschmähte ich durch meine Töne die Mühen des Lebens zu lindern.

Franzose. Dieß wird zu arg. Sie schreibt nur nicht den Feuerländern bel esprit zu.

Poesie. Ich kenne daher auch die unzähligen Sprachen, welche du niemals geordnet, noch ihnen zur Kenntniß ihrer selbst geholfen hast. Es giebt allerdings allgemeine Gesetze des Wohlklanges, auf die menschliche Natur und das Wesen der Töne gegründet.

Deutscher. Es ist mir doch lieb, daß man auch darüber etwas a priori wißen kann.

Poesie. Alles was den Sprachorganen leicht wird hervorzubringen, ist dem Ohr angenehm zu vernehmen. Dieß ist die nothwendige Wirkung einer sinnlichen Sympathie. Indessen können die Organe durch Gewöhnung es auch in den gewaltsamsten und verworrensten Bewegungen zu einer gewissen Leichtigkeit bringen, und deswegen scheinen sogar die rauhesten Sprachen den Einheimischen, von ihnen selbst gesprochen, *) leidlich. Erst wenn Fremde dieselben Laute mit Anstrengung herauszwingen, wird ihr Ohr beleidigt. Auf der andern Seite kann den Organen bei einer solchen Gewöhnung das Leichteste schwer fallen: sie werden durch harte Arbeit zu den sanfteren Biegungen ungeschickt; die Faust des Tagelöhners kann nicht auf Harmonikaglocken hingleiten. Doch das angegebne Gesetz betrifft mehr die Vermeidung des Mißfälligen, als die Hervorbringung dessen, was ich in den Sprachen liebe und hervorhebe. Das Wohlklingende muß, wie alles Schöne, einen Gehalt haben, und

---

*) sehr leidlich 1798.

diesen bekommt es nur durch einen mannichfaltigen, tönenden und ausdrucksvollen Gebrauch der Stimme. Der Sitz der Stimme ist wo nach Homer die Seele wohnt, in der Brust. Was nicht aus ihr hervorgeht, ist nicht Stimme; die Verrichtungen der Zunge, des Gaumens, der Lippen und Zähne beim Sprechen werden erst durch ihre Begleitung recht hörbar, da sie sonst ein unvernehmliches Geräusch sein würden. Die Alten haben daher die Selbstlaute die Stimmigen (φωνήεντα), wenn es solch ein Wort gäbe, oder schlechthin die Stimmen (voces) genannt.

Deutscher. Jenes hat man ehedem durch 'die Stimmer' zu verdeutschen gesucht.

Poesie. Die Mitlauter hingegen hießen den Griechen die Stimmlosen (ἄφωνα). Wenn nun in einer Sprache die stimmlosen Buchstaben herrschen, und von den Stimmen höchstens nothdürftig begleitet werden, so entsteht nicht nur *) dieses, daß das Ohr die gehäuften und oft mit einander streitenden Bewegungen der Organe ungern vernimmt, sondern die Wirkung der Stimme wird auch durch das Geräusch verdunkelt. Geräusch hat gar nichts Musikalisches an sich, nur die Stimme kann sich zum Gesange erheben; und derjenige Gebrauch der redenden Stimme ist der schönste, von welchem dieser Uebergang am leichtesten ist. Also entschiedene, reine, volle, nicht dumpfe noch schleichende Töne. Die natürliche Tonleiter der Vokale werde durch Accente, durch einen belebten Wechsel der Höhe und Tiefe unterstützt. Wo mehrere unmittelbar folgen, wird es durch diese beiden Umstände entschieden, ob gefällige Stätigkeit dabei möglich ist. Aber damit es gegliederte Rede bleibe, und nicht in ein

---

*) jenes 1798.

fingendes Auf- und Absteigen der Stimme ausarte, müßen der Regel nach die Vokale durch Bewegungen der Sprach-organe getrennt, und doch auch wieder verknüpft werden: denn während derselben geht die zur Hervorbringung eines andern Vokals nöthige Erweiterung oder Verengung des Mundes am unmerklichsten vor. Manche einfache Bewe-gungen vereinigen sich ohne Schwierigkeit in zusammengesetzte, andre Verbindungen sind widerspänstig, noch mehrere ganz unmöglich. Das Ausdrucksvolle und Musikalische der Stimme beruht auf der Freiheit, flüchtiger über die Töne hinzueilen, oder dabei auszuhalten und zu schweben; dieß erlauben die offenen (rosa) am meisten, weniger die gedehnten (Lohn), am wenigsten die abgebrochenen (halten), die daher auch für den Musiker am wenigsten taugen. Also ist die Anordnung, daß die stimmlosen Buchstaben, und öfter einfache als ver-bundne, vor den Stimmen hergehn, die schönere; seltner sei der Vokal an beiden Seiten mit Konsonanten eingefaßt, oder bestehe die Stimme bloß aus jenem. Die Mannichfaltigkeit erfordert jedoch Einmischung der weniger schönen Folgen und Anordnungen, damit das Ohr nicht durch Wohlklang über-sättigt werde. Im Ganzen genommen sei das Verhältniß der Vokale und Konsonanten ungefähr gleich. Ueberwiegen jene zu merklich, so geht der Charakter der Rede verloren; diese, so hemmt das Geräusch nicht nur den Ausdruck der Stimme, sondern zerstört auch durch die entgegengesetzten und sich abstoßenden Bewegungen der Sprachorgane die fließende Stätigkeit der Töne.

Grammatik. Und warum haben nur so wenige Völ-ker ihre Sprachen nach diesen Gesetzen gebildet?

Poesie. Wie die Natur den Menschen berührt, so giebt er es ihr zurück. Ein von selbst ergiebiger Boden,

eine warme Sonne machen ihm das Leben leicht. Seine
Brust hebt sich dem beseelenden Odem der reinen Luft entgegen. Sein ganzes Wesen wird elastisch und expansiv.
Das schöne Gemälde der Natur steigt in heitern leichten
Farben vor seinen Blicken auf, und die Bewegungen des
Lebens um ihn gleiten in vollen Melodien, nicht verworren
oder schreiend, vor seinem innern Sinn vorüber. Sein Geist
sondert und ordnet die Gegenstände schnell und mit Leichtigkeit; er darf nicht mühselig ihre Merkmale häufen, um sie
festzuhalten. Die Empfindung behält daher den freiesten
Spielraum, und gaukelt unaufhörlich auf der Oberfläche seines Daseins.

Wende dich in Gedanken von diesen glücklichen Gefil-
den weg, und durchschneide, wie jene kühnen Weltumsegler,
die Zonen bis gegen den Nordpol hin. So wie die Natur
karger, der Himmel unfreundlicher wird, so weicht die fröhliche Hingegebenheit dem Ernst und der Sorge. Die Brust
verengt sich. Die Sinne, nicht mehr dem Genuße offen,
sind nur zu Kampf und Arbeit geschärft. Der langsamere
Verstand greift Alles schwer und gewaltsam an. Der schlanke
Leib badet sich nicht mehr leicht bekleidet in der freien Luft,
die unförmlichere Gestalt wird in Thierfelle eingewickelt, und
endlich verkriecht sich der innre Mensch, wie der äußre, in
dumpfe Winterhöhlen.

Wenn nun die Sprache nie aufhört im Ganzen, obschon nicht in den einzelnen Bestandtheilen, das zu sein, was
sie in ihrem Ursprunge war, Darstellung der Gegenstände,
und Verkündigung des Eindrucks, den sie machen; wenn die
Stimme aus der Brust mehr ausdrückende Geberde, die Verrichtung der Sprachorgane mehr nachahmende Handlung ist:
so läßt sich leicht einsehn, welchen Einfluß die umgebende

Welt, außer dem unmittelbaren auf die Organisation des Ohres und der Werkzeuge der Rede, auf die Art haben muß, wie der Mensch seine Sprache bildet. Es kann eine so üppige und zerfloßne Sinnlichkeit geben, daß der Geist aller Spannung unfähig wird, und dann verschwimmt auch die Sprache ohne Haltung in Vokalen, wie die der Otaheitier. Wo die Beweglichkeit der anschauenden Kräfte mit der Fülle der Empfänglichkeit in schönem Gleichgewichte steht, da geht dieß auch in die Sprachen über: sie fügen sich, tönend und geflügelt, den Gesetzen des Wohlklanges wie von selbst. So sind, ich nenne mit Fleiß keine der hier streitenden Sprachen, die arabische und persische, jene Zierden des Morgenlandes, gebildet, die mir so aromatische Blüthen zum Opfer bringen; so die zarte Sanskrita oder die Vollendete, zu welcher die Gottheit selbst die Schriftzüge ersann. Je verschloßner und ungestümer die Natur wird, je mehr sich ihr Bild entfärbt und umnebelt: desto rauher, verworrner und mühseliger wird auch die Bezeichnung der Gegenstände durch stimmloses Geräusch, wozwischen sich die Empfindung nur kleinlaut und mißfällig vernehmen läßt. Sehr schön hat daher ein Denker die nordischen Sprachen Töchter der Noth, die südlichen der Freude genannt.

Franzose. Es ist Rousseau.

Deutscher. Wenn es sich so verhielte, wie sie sagt, so stände es schlimm um meine Sache. Doch sie wird nur ein Stück Poesie vorgebracht haben. Ich muß mir ein Herz faßen.

Grammatik. Mich dünkt, Poesie, es fänden sich manche Ausnahmen von deiner allgemeinen Angabe.

Poesie. Allerdings. Aber vergiß nicht die vielen Wanderungen der Völker. Eine schon fertige Sprache, die sie unter einen andern Himmelstrich mitbrachten, konnte zwar abgeändert werden, aber sich nicht gänzlich verwandeln. Auch haben die Grade der Bildung großen Einfluß.

Grammatik. Dieß weiß ich selbst aus der Geschichte der Sprachen. Die noch ungezähmte Leidenschaftlichkeit des Barbaren äußert sich tönend und laut, aber auf eine ungeschlachte Art.

*)Deutscher. So war das Deutsche vor Alters.

Grammatik. Ein Uebermaß der Verfeinerung kann das entgegengesetzte Aeußerste hervorbringen, und mit der flüchtigen Oberflächlichkeit der Empfindungen die Töne bis zum Unbedeutenden abschleifen.

Franzose. Ich hoffe nicht, daß *)sie mit der letzten Schilderung auf uns zielt.

Grammatik. Vielleicht könnte man dem Charakter der Nationen auch in der Art nachspüren, wie sie allmählich zu höherem Wohlklange zu gelangen gestrebt. Einige ließen Konsonanten weg.

Franzose. Dieß thaten wir und die Provenzalen.

Grammatik. Andre setzten Vokale hinzu.

Italiäner. Dieß wir und die Spanier meistens, doch auch jenes nicht selten.

Grieche. Ich kann von dem Verfahren meines Volkes hiebei keine Rechenschaft geben. In den ältesten Denkmälern finden wir das Hellenische schon wohllautend: es war wohl ursprünglich so.

Deutscher. Und die Pelasger?

Grammatik. Die größte Gefühllosigkeit des Ohres

---

*) Die Bemerkung des Deutschen ist weggelaßen 1828.
**) sie auf uns zielt. 1798.

beweiſt es aber, wenn man zum Beiſpiel bei Aufnahme fremder
Wörter das ſchon vorhandne Verhältniß zerſtört, die Konſonanten behält, und kaum nothdürftig Vokale übrig läßt.

Deutſcher. O weh! das ſind wir.

Grieche. Die Poeſie, Deutſcher, hat auch hier bewährt, daß ihr Weſen Wahrheit iſt. Sie hat, ohne es zu
wollen, meine Sache geführt, und ich kann mich nun kurz
faßen. Klopſtock hat behauptet, der Klang des Griechiſchen
arte nicht ſelten durch gehäufte Diphthongen und übelver-
einte Konſonanten in Rauhigkeit, auf der andern Seite durch
allzuviele Vokale in Weichheit aus.

Deutſcher. Richtig, und jenes habe unſre Sprache
mit eurer gemein, von der letzten ſchlimmeren Ausartung ſei
ſie frei.

Grieche. Von den Diphthongen habe ich ſchon genug
geſagt. Die harten Zuſammenſtellungen der Konſonanten,
die mir Klopſtock vorwirft, ſtehn zu Anfange der Silben,
wo ſie ſehr leiblich ſind, weil das Ohr bei dem darauf folgenden Vokale wieder ausruht.

Deutſcher. Dieß mildert nur, aber es hebt nicht auf.

Grieche. Ueberdieß ſind ſie gar nicht häufig. Jene
Milderung gilt auch von den in der Mitte zweier Silben
zuſammentreffenden Konſonanten: der vorangehende und der
folgende theilen ſich in ſie. Und was ſind ſie gegen die bei
euch vorkommenden? Finde doch im Griechiſchen Wörter
wie 'Geſichtskreiß.'

Deutſcher. Ihr endigt auch oft das Wort mit mehreren Konſonanten.

Grieche. Niemals als vor dem ſchließenden ς mit
den wenigen, die ſich leicht damit vereinigen laßen: ἄλς,
ἄψ, φάλαγξ. Klopſtock führt verſchiedene unſtatthafte Bei-

spiele von Wörtern an, die wir durch mehr als einen Mitlaut endigen sollen; *πάντ', βάσκ', ἄμφ'*; der Apostroph hängt sie so genau mit dem nächsten Worte zusammen, daß sie eigentlich gar nicht mehr schließen, und daß der letzte Konsonant mit dem anfangenden Vokal des nächsten Wortes ausgesprochen wird.

Deutscher. 'Wir schließen, wie ihr, am gewöhnlichsten mit dem sanften N.'

Grieche. Und werdet dadurch einförmig, weil ihr nicht so wie wir mancherlei Vokale, sondern immer das unbedeutende E vorangehen laßt. Doch wir reden jetzt nicht vom Tönenden, sondern vom Fließenden des Wohlklangs. Wir schließen außer dem *ν* nur noch häufig mit dem *ς*, und selten mit *κ* und *ρ*. Ihr schließt mit diesen, und mit welchen nicht? Aber nicht nur mit allen einzelnen, sondern mit dreien, vieren, fünfen: 'Furcht, stürzt, Herbst, stampft'; auch nach Gelegenheit mit zweien, die für sechse gelten können: 'Kopf'.

Deutscher. 'Diese endenden Mitlaute werden von einem Deutschen sehr schnell ausgesprochen.'

Grieche. Das ist Sache der Noth: der vorhergehende Vokal würde sonst gänzlich verhallen, ehe man damit fertig wäre. Aber desto schlimmer, denn je mehr ihr eilen müßt, um so mehr drängen sich die streitenden Bewegungen der Organe.

Deutscher. 'Die Aussprache mildert dergleichen.'

Grieche. Sie kann das Unmögliche nicht. Und wie sollte sie es wollen, da sie gar nicht einmal das Bedürfniß fühlt? Ihr glaubt zum Beispiel, 'sanft' sei ein sehr sanftes Wort, da es doch einem Griechen unerträglich hart geschienen hätte.

Grammatik. Ich kann es dir nicht verhehlen, Deutscher, daß sich die Sorgfalt der südlichen Völker für den Wohlklang am meisten auf Wegschaffung der schließenden Konsonanten gewandt hat.

Römer. Wir waren hierin weniger ekel als die Griechen; wir erlauben b, c, d, l, m, n, r, s, t, die beiden letzten noch mit andern vorhergehenden.

Italiäner. Wir haben nie zwei Konsonanten nach einander am Ende, und überhaupt nur folgende vier: l, m, n, r. Wir wählten also ungefähr gleich mit den Griechen, oder noch feiner.

Grieche. Ich wünsche zu wißen, Deutscher, was deine Voreltern in diesem Stück für die Verschönerung der Sprache gethan haben.

Italiäner. Sie haben die Schlußvokale, wo sie vorhanden waren, weggenommen.

Deutscher. Doch auch oft das mildernde E hinzugefügt. Ihr vergeßt, daß der Wohlklang die Stärke liebt, welche aus gut vereinten Konsonanten entsteht. Wörter von starker Bedeutung fordern den starken Klang als Mitausdruck.'

Grieche. Die Darstellung der Sprache sollte, wie die des Dichters, wahr und doch verschönernd sein: sie bedarf also niemals das Uebelklingende. Glaubst du, die Stärke beruhe mehr auf der Stimme oder auf dem Geräusch? Bei den gehäuften Schlußkonsonanten hört man nur das letzte.

Franzose. Die Stärke einer Sprache in die Häufung und Rauhigkeit der Konsonanten zu setzen, kommt mir so vor, als glaubte man, die Tapferkeit der alten Ritter hätte in ihrer raßelnden Rüstung gesteckt.

Italiäner. Wenn der Klang Mitausdruck ist, so hat

sich eure Sprach, so heißt es ja noch jetzt in einigen Mundarten, durch diese Benennung drollig genug charakterisiert. Sp
ist die Bezeichnung des Bestandes, der Festigkeit, der ruhen-
den Kraft; Str der angestrengten; Spr der plötzlich los-
brechenden, wie in 'Springen, Sprützen, Spreizen'; alsdann
kommt der gedehnte breite Vokal, und endlich ein rauher
Hauch. Klopstock leitet es ja auch selbst von Brechen durch
das verstärkende S, ab.

Franzose. So daß es also ein wahres Losbrechen
wäre.

Deutscher. Eine so weichliche Sprache wie deine,
Italiäner, darf gegen unsre männliche gar nicht den Mund
öffnen.

Grieche. Gut, daß du des Weichlichen erwähnst:
dieser Punkt blieb mir noch übrig. Die zusammentreffenden
Diphthongen sollen bei mir Rauhigkeit, die Vokale in gleichem Falle Weichheit hervorbringen. Wie stimmt dieß zusammen; wenn es nicht vor Allem auf die Beschaffenheit der
sich folgenden Vokale ankommt, ob sie stark oder sanft klin-
gen? Ich denke, Niemand von euch findet Wörter wie ἄωτος
oder οὔατα weich.

Italiäner. Wegen des Weichlichen laß mich nur die
Klage gegen ihn führen. Klopstock ist hierin mit Niemanden
übler umgegangen, als mit meiner Sprache.

Deutscher. 'Sie zerfließt auch beinah, und ist obendrein einförmig. Ihre Schlußsilben wechseln meistens nur
mit den vier Vokalen a, e, i, o.'

Italiäner. Wer fragt nach übelklingender Mannich-
nichfaltigkeit? Und hast du ein Recht, mir diesen Wechsel
als Einförmigkeit vorzurücken, da du fast keinen schließenden
Vokal als E kennst?

Deutscher. 'Dieser Fehler wird durch die einförmige Silbenzeit noch auffallender; denn deine Endungen sind fast immer weiblich.'

Italiäner. Durch die dreierlei Accente (amò, amándo, amábile) werden die Schlußfälle der Wörter mannichfaltig genug. Den weiblichen hört man freilich am oftesten, aber er fällt weniger auf, weil der Schlußvokal sich so oft in den anfangenden des nächsten Wortes verschmelzt. Das Vorurtheil, als ob die Weichheit durchgängig in unsrer Sprache herrschte, hat Rousseau schon widerlegt, und man muß sich wundern, dergleichen Behauptungen immer wieder vorgebracht zu sehn. Wenn ich dir nun zeigte, daß meine Sprache das Starke der Gegenstände weit beßer als deine bezeichnet?

Deutscher. Das wäre!

Italiäner. So hätte ich wohl mehr gethan, als du forderst und wünschest. Ich führe dir Wörter an, nenne mir welche von ähnlichen Bedeutungen. Rauco, forte, fracasso, rimbombo, orrore, squarciar, mugghiando, spaventoso.

Deutscher. Heiser, stark, Getöse, Widerhall, Schauer, zerreißen, brüllend, furchtbar.

Italiäner. Guai, crollo, zampa, selvaggio, alpestro, orgoglioso, torbido, abbajar, s'accapriccia, arronciglió.

Deutscher. Wehklage, Erschütterung, Tatze, wild, gebirgig, stolz, unruhig, bellen, sträubt sich, einhackte.

Franzose. Ich kann ihm auch dergleichen aufgeben: écraser, s'écrouler, gouffre, rage, flamboyant, sanglots, foudre, tonnerre.

Deutscher. Zerschmettern, einstürzen, Abgrund, Wuth, flammend, Gestöhn, Blitz, Donner. — Könntest du lange so fortfahren?

Franzose. Warum nicht? Torrent, effroyable, épouvante, frapper, rocailleux, gonflé.

Italiäner. Die Zufriedenheit des Deutschen mit seinen meistens geräuschigen, aber dumpfen Wörtern sollte einen auf den Gedanken bringen, die Einbildung und der Ton des Redenden müße bei der nachahmenden Bezeichnung das Beste thun. Ihr glaubt Wunder, wie stark es in eurem Donner donnert. Laßt das r weg, und derselbe Klang macht unser Herz von den süßesten Regungen hüpfen. Le donne!

Franzose. Wie sagt ihr das?

Deutscher. Ehedem 'die Frauenzimmer' oder 'das Frauenzimmer', jetzt 'die Frauen', und wenn man auf französische Art über sie philosophieren will, 'die Weiber'.

Franzose. Da habt ihr einen großen Schritt zur Kultur gethan, daß ihr nunmehr die Wohnung von der Person unterscheiden könnt.

Italiäner. Die Frauen? Und ihr fürchtet euch nicht, wenn ihr das hört?

Franzose. Ich besorge, Deutscher, du hast Wörter im Hinterhalt, womit du uns zuletzt aufs Haupt schlagen willst.

Deutscher. Wie so?

Franzose. Die ausdrucksvollsten sind doch die, welche die bezeichnete Sache selbst hervorbringen, und es giebt ihrer in eurer Sprache: 'Kopfschmerz' macht Kopfschmerz, wenn man es ausspricht, und 'Pfropf' pfropft einem den Mund zu.

Deutscher. Auch der Name 'Liebe' erregt was er nennt.

Franzose. Dieses Wort mag ein weißer Rabe im

Deutschen sein, sonst würdet ihr nicht so viel Aufhebens davon machen.

Italiäner. Was streiten wir länger mit einzelnen
Wörtern? Kanst du Verse wie folgende aufweisen?

> Sentesi un scoppio in un perpetuo suono,
> Simile a un grande e spaventoso tuono.
> Aspro concento, orribile armonia
> D'alte querele, e d'ululi e di strida
> De la misera gente, che peria
> Nel fondo per cagion de la sua guida,
> Istranamente concordar s'udia
> Col fiero suon de la fiamma omnicida.

Deutscher. Sogleich.

Poesie. Ich rathe dir nicht, Deutscher, dich auf diesen Wettstreit einzulaßen. Du kannst zwar leicht Stellen
aus deinen Dichtern anführen, die einen weit stärkern rhythmischen Ausdruck ähnlicher Gegenstände haben, wiewohl auch
darin die angeführten Zeilen sehr schön sind: allein hier
gilt es bloß die Stärke des Klanges, worin deine Sprache
wegen der Beschaffenheit ihrer Vokale, besonders derer in den
kurzen Silben, zu weit nachsteht.

Grieche. So ist es. Es fehlt ihr nicht nur an dem
rechten Verhältniß zwischen Vokalen und Konsonanten; sie
gebraucht von den letzten *) anderthalb Mal mehr als das
Griechische: sondern ihre wenigeren Vokale sind obendrein
nicht die rechten. Man kann Verse, ja ganze Strophen
durchwandern, ohne auf ein einziges A zu stoßen, aber fast
nie einen, ohne zu oft von dem E heimgesucht zu werden.

Deutscher. Ich konnte es voraussehn, daß ihr mich
von Seiten der Euphonie angreifen würdet: von der weit
wichtigeren Eurhythmie schweigt ihr, weil ihr hier meine

---

*) über anderth. 1798.

Ueberlegenheit kennt. Jene ist, wo der Klang nicht ausdrückt, nur das sinnlich Angenehme; diese das eigentlich Schöne.

Grieche. Ich gebe dir dieß nicht ohne Einschränkung zu: denn auch im Klange der Silben und Wörter sind Verhältnisse bemerkbar. Aber es sei, das Sinnliche muß doch immer dem Schönen zur Unterlage dienen: und was hilft eine schöne Form an einem widrigen Stoffe?

Italiäner. Zum Beispiel eine vortreffliche Musik auf einem verstimmten, halb besaiteten Klavier gespielt. Man hört da nur die Tasten klappern.

Deutscher. Wessen Sprache gar keine bestimmte Silbenzeit hat, rede nicht mit. 'Die begriffmäßige Bestimmung der unsrigen, Grieche, hat große Vorzüge vor eurer bloß mechanischen.'

Grieche. Den Ausdruck 'mechanisch' muß ich verbitten. Mechanisch nennt man die todten Kräfte. Der lebendige Hauch des Vortrags, der jedem Laute seine natürliche Dauer giebt, gehört doch wohl nicht zu diesen? Sinnlich bestimmt war bei uns die Silbenzeit: und wird nicht etwas Sinnliches durch einen sinnlichen Maßstab am besten gemessen?

Deutscher. Auch bei uns ist die Silbenmeßung sinnlich, aber sie steht unter einem höhern Gesetze und erhält dadurch Bedeutung. So wie der Verstand über die größere und geringere Wichtigkeit der Begriffe entschieden hat, so vernimmt nun auch das Ohr die Längen und Kürzen.

Grieche. Meine Landsleute hätten bei euern Längen Verstärkung und Höhe der Stimme, weil ja bei euch der Accent immer auf die Länge fällt, wahrgenommen; aber schwerlich das Verhältniß der Dauer zwischen unsern Längen und Kürzen. Die Länge war bei uns gleichzeitig mit zwei Kürzen.

Deutscher. 'Das war nun so ein Einfall eurer Theoristen.'

Grieche. Gleichwohl waren diesem Einfalle gemäß
alle unsre Silbenmaße erfunden worden, ehe es noch Theoristen gab. Wie sollen wir uns verstehn, wenn du solche
Säße nachsprichst? Fühlst du nicht, was der wagt, der in
einer Sache, wo Alles auf die sinnliche Anschauung ankommt,
die ihm fehlt, den Kunstverständigen, welche sie hatten, ent-
scheidend widerspricht? Klopstock mußte bei noch so tiefem
Studium die alte Metrik durchaus verkennen, weil er sich
über den ungültigen Gesichtspunkt seiner eignen Sprache
nicht erheben konnte. Er scheint nicht selten zu vergeßen,
was er doch Alles sehr gut weiß, daß unsre überhaupt weit
leichter und flüchtiger forteilte; daß sie weit stärkere musikalische Accente hatte; daß ihr Vortrag weit gesungener und
in Versen weit abgemeßener war; daß Metrik und Musik ursprünglich eins waren, und immer einig blieben; daß in
allen Dichtarten die Kunst schon verfiel, sobald an die
Stelle des Gesanges Deklamation trat; daß selbst diese Deklamation —

Poesie. Du ereiferst dich; streitet ruhig. Führe du
die Vorzüge der begriffmäßig bestimmten Silbenzeit an.

Deutscher. Sie laßen sich unter wenige Hauptpunkte bringen, die aber von erstaunlichem Umfange sind.
'Unsre Silbenzeit legt den Nachdruck der Länge niemals
an die unrechte Stelle, sondern immer dahin, wo er hin
gehört.'

Grieche. Und wo gehört er hin?

Deutscher. Bei einsilbigen Wörtern auf die bedeutenderen Redetheile: das Nennwort, Zeitwort, Beiwort, Um-
standswort, manchmal das Fürwort; bei mehrsilbigen auf

die Stammsilben.   Die Ableitungs- und Biegungssilben sind
meistens kurz.

Grieche.   Sage mir, wirken die Wörter als Ganze
oder theilweise?

Deutscher.   Wie verstehst du das?

Grieche.   Ich meine, wenn du etwa das Wort 'Begleitung' hörst, ob du dir erst bei der Silbe 'Be' die Anwendung auf einen Gegenstand, dann bei 'gleit' den allgemeinen Begriff von 'geleiten', endlich bei 'ung' eine Handlung
denkst, und so aus diesen Stücken die vollständige Vorstellung von Begleitung zusammen liesest; oder ob sie auf einmal, sobald du das Wort zu Ende gehört hast, in deiner
Seele tritt?

Deutscher.   Doch wohl das letzte.   Nur ein Sprach-
kundiger könnte jenes.   Die wenigsten Menschen sind mit
der Uebung ihres Absonderungsvermögens und mit ihrem
Nachdenken über die Sprache weit genug dazu gekommen.

Grieche.   Denkt sich denn etwa der Sprachkundige
bei dem Worte 'leider' erst den Begriff von 'leid', und dann
den Begriff von 'er'?

Deutscher.   Schwerlich, denn die Bedeutung der Ab-
leitungssilbe ist hier, wenigstens ohne etymologische Untersuchungen, dunkel.   Allein die zusammengesetzten Wörter löset
man doch in die einfachen Begriffe auf.

Grieche.   Freilich müssen die, welche man sich neu
zu bilden erlaubt, ohne Schwierigkeit aufgelöst werden können, um verständlich zu sein.   Aber setze mir doch aus dem
Umstande 'Bei' und dem allgemeinen Begriff von 'Spiel'
das 'Beispiel' zusammen. — Die weitere Anwendung wirst
du selbst machen.   Wenn der Hörer also die Wörter nicht
zerstückt, so ist es für ihn gleichviel, ob der prosodische

Werth ihrer Bestandtheile mit dem grammatischen übereinstimmt; denn um diese Uebereinstimmung zu bemerken, müßte er jeden der Bestandtheile besonders denken.

Deutscher. Sie kann auf ihn wirken, ohne daß er sich ihrer bewußt wird. Seine Aufmerksamkeit fällt nun von selbst auf das Wichtigere.

Grieche. Da das Wort nach seinem unmittelbaren Eindruck ein untheilbares Ganzes ist, so findet in dieser Rücksicht auch in der Wichtigkeit seiner Theile gar keine Unterordnung statt.

Deutscher. Ist es nicht im höchsten Grade verstimmte Silbenzeit, wenn man zum Beispiel in $\varphi\iota\lambda\eta\vartheta\eta\sigma o\iota\mu\eta\nu$ nach der kurzen Stammsilbe vier lange Veränderungssilben anhören muß?

Grieche. Man hört die Stammsilbe ja doch hinlänglich mit der Kürze. Seid ihr so schwer zu verständigen, oder so unaufmerksam, daß ihr sie nicht unterscheiden könnt, wenn ihr nicht insbesondre mit den Ohren darauf gestoßen werdet?

Deutscher. Wenn die Theile selbst des dem Inhalte des Wortes angemeßensten Fußes in Ansehung ihrer Länge oder Kürze den Begriffen widersprechen, so bekommt jener dadurch etwas, welches nun nicht mehr so recht übereinstimmt; kurz, der Eindruck des einen wird durch den des andern geschwächt.'

Grieche. Du setzest bei diesem Eindruck außer der schon widerlegten Zergliederung des Wortes in seine Theilbegriffe, auch das voraus, worüber gestritten wird: ob nämlich diese Eigenheit eurer Sprache ein allgemeingültiges Gesetz zum Grunde hat? ob wichtigere oder unwichtigere Theilbegriffe eines Wortes in einem natürlichen Verhältnisse zu Längen

15*

und Kürzen stehn? Dieß scheint mir nun gar nicht so, ich
finde da gar keinen Uebergang. Wenn noch von kurzen und
langen Begriffen die Rede wäre! Aber da möchten die Ne-
benbestimmungen oft die weitläuftigste Erörterung verlangen.
Vielleicht leuchtet dir das Willkürliche der Regel mehr ein,
wenn ich dir ein Beispiel aus deiner Sprache anführe, wo
sie nicht beobachtet ist.

Deutscher. Es giebt deren nur wenige.

Grieche. Ihr sagt lēbēndig: würde das Wort nun
deutlicher, nachdrücklicher, schöner werden, wenn ihr lēbēndig
sagtet?

Deutscher. Es ist überhaupt nicht gut abgeleitet;
ein Deutscher muß bei näherer Betrachtung etwas Unschick-
liches darin wahrnehmen.

Grieche. Weil es Ausnahme macht. Sonst, denke
ich, könnte eure Sprache aus lauter Wörtern bestehn, die
auf diese Art die Länge von den Stammsilben wegverlegten,
und sich sehr wohl dabei befinden. Es versteht sich, daß sie
darnach *) eingerichtet sein, und die Wörter tönend und viel-
silbig verändern müßte.

Deutscher. Dadurch würde sie ganz aus ihrem Charakter herausgehn.

Grieche. Allerdings, dieser Umstand greift in den
innersten Bau der Sprachen ein. Er hat einen unübersehbaren
Einfluß auf die Wortstellung, und worauf nicht alles?

Deutscher. Wir sind zu ruhig, um einen unverhältnißmäßigen Nachdruck auf das Unwichtigere zu legen, und
lieben die Kürze zu sehr, um es weitläuftig zu bezeichnen.

Römer. Wir waren lakonischer als ihr, und hatten

---

*) organisirt 1798.

doch Ableitungen und Biegungen von mehreren und zum Theil langen Silben.

Grieche. Was ist das Wichtigere an einem Begriffe? Das nackte Allgemeine, oder die näheren Bestimmungen, die besondern Beziehungen, worin man ihn jetzt grade denkt?

Deutscher. Unstreitig jenes, weil alles Andre sich daran knüpft.

Grieche. Für den kalten Verstand, ja; aber auch für die rege Phantasie, für das beschäftigte Gemüth des Redenden? Wenn Völker von lebhaftem Geist einsilbig und tönend ableiten, biegen, steigern und *) umwenden, so siehst du, was man aus eurer kurzen, karglauten und nur nicht stummen Art es zu thun, schließen muß. Sie hängt mit der begriffmäßigen Silbenzeit so zusammen, daß man nicht weiß, was Ursache und Wirkung ist. Sollten die Stammsilben Ton und Länge behalten, so durften sich die hinzugesetzten freilich nicht sehr laut machen; aber wären diese häufiger stark in's Ohr gefallen, so hätten jene vielleicht beides verloren *).

Deutscher. Es komme woher es will, so bleibt es ein großer Vorzug, daß bei uns die Bewegung der Worte mit ihrem Inhalte immer übereinstimmt.

Grieche. Mit ihrem Inhalte! Du redest wirklich, als ob die prosodische Beschaffenheit des Wortes das Bild und die Empfindung ausdrückte, die es mittheilen soll. Hat nicht 'steigen' und 'fallen' denselben Fuß? Und 'pfeilschnell' den schweren Spondeen, 'Verzug' den muntern Jamben? Führe

---

*) umwenden 1798.

**) Ihr sagt ündankbáre, da es doch nach der Regel ündánkbáre heißen sollte. 1798.

dieß durch unzählige Fälle hindurch. Der Inhalt, welchen
die begriffmäßige Silbenzeit bezeichnet, ist nicht einmal die
logische, sondern nur ungefähr die grammatische Form, das
Verhältniß des Ursprünglichen und Abgeleiteten. Was kann
mit Bezeichnung derselben für die Darstellung des Dichters
gewonnen sein?

Deutscher. 'Ihr habt Hauptwörter, die ganz unschicklich aus lauter kurzen Silben bestehn.'

Grieche. Der Accent hob sie hinlänglich. Doch
ihr könnt euch die Musik einer Sprache gar nicht vorstellen,
deren starke Accente von der Quantität getrennt und unabhängig sind.

Deutscher. 'Ihr laßt oft lange Reihen von Kürzen
und Längen ununterbrochen auf einander folgen, was bei
unsrer Bestimmung der Silbenzeit niemals der Fall sein
wird.'

Grieche. In der Poesie wird dieß schon durch die
Regel des Silbenmaßes beschränkt; in der Prosa giebt die
freiere Wortfolge und der Reichthum an Synonymen Mittel
genug an die Hand, es zu vermeiden.

Deutscher. 'Ihr habt einen Ueberreichthum an
Spondeen.'

Grieche. Unsre Längen waren weniger lang als eure.
Ihr Uebergewicht konnte also nicht schaden, sondern diente
vielmehr dazu, die allzugroße Flüchtigkeit unsrer Sprache aufzuhalten. Ihr habt dagegen viel zu wenig Spondeen: Klopstock hat ja selbst diesen Mangel durch sein liebliches Klage-
lied 'an Sponda' verewigt.

Deutscher. Er hat nachher seine Gesinnung verändert, und fragt nicht mehr so viel nach den Spondeen.

Grieche. Sponda hat andre Liebhaber gefunden, die

der etwas starkgegliederten Schönen ihre Gunst abzwingen, wenn sie sie nicht freiwillig erhalten. Es ist eine große Unbequemlichkeit bei eurer Bestimmung der Silbenzeit, daß mit dem logischen Verhältnisse der Haupt- und Neben-Begriffe auch das Verhältniß der Längen und Kürzen so festgesetzt ist, daß es nur innerhalb sehr enger Gränzen wechseln kann.

Deutscher. Wir haben doch verschiedne lyrische Gedichte, wo ungewöhnlich viel Längen oder Kürzen zusammengestellt sind.

Grieche. Dafür ist denn auch die am Sinn und an der Sprache verübte Gewaltthätigkeit sehr sichtbar.

Poesie. Ich will es dir nicht verschweigen, Deutscher, daß Einige von euch, die sich zu meiner Religion bekennen, manchmal in die Abgötterei des Rhythmusdienstes verfallen.

Grieche. Und die Opfer, die bei diesem Dienste gebracht werden, sind Holokauste: niemand kann sie genießen.

Deutscher. Wenn dergleichen Versuche auch mißlingen, so stellen sie doch die prosodische Beschaffenheit unserer Sprache in's Licht, und bringen unsre Verskunst weiter. Warum hältst du dich bei diesen Nebensachen auf? 'Es ist doch, däucht mich, so etwas, in der epischen Versart, der schönsten unter allen, die Griechen zu übertreffen.'

Grieche. Der schönsten? Das kann ich dir nicht zugeben.

Deutscher. Deine eignen Landsleute sagen es ja.

Grieche. Spätere Grammatiker. Könntest du ein solches Urtheil aus der Zeit anführen, wo lyrische und dramatische Kunst blühten? Der Hexameter war vollkommen für seine Bestimmung, der tragische Trimeter war es eben so sehr für seine noch würdigere. Und welch ein Reichthum von musika-

lischem Zauber liegt in den lyrischen Silbenmaßen und Chören! Ich finde überhaupt bei Klopstock die Ansicht, den Hexameter für den Gipfel der griechischen Metrik zu halten, da
er doch nur ihre allereinfachste Grundlage war.

Deutscher. 'Der homerische Hexameter ist wenigstens
der vorzüglichste unter allen.'

Grieche. Insofern der Hexameter damals die natürliche Blüthe der Sprache war, konnte kein Späterer
diese leichte Fülle wieder erreichen, auch bei dem größten
Aufwande von Feinheiten der Kunst, welche Homer noch nicht
kannte.

Deutscher. 'Und dennoch ist an Homers Versbau
noch viel zu tadeln. Er übt oft Silbenzwang aus.'

Grieche. Etwas ganz Eignes, daß jemand, der einen
Sänger nie gehört hat, ihn nach drei Jahrtausenden hören
lehren will! Klopstock hat den Homer fleißig gelesen; aber
Homer, weißt du, bestimmte seine Rhapsodien eben nicht
für den Druck. — Wißen wir, wie sehr sich die Aussprache des Griechischen in dem zwischen der Entstehung
der homerischen Gesänge und ihrer Aufzeichnung verfloßenen
Zeitraume verändert hat? Vermuthlich hatte zu jener ersten
Zeit der Accent noch einen Einfluß auf die Länge, den er
nachher verlor. Endlich mußte in einem Zeitalter, wo die
schriftliche Bezeichnung noch gar nicht oder sehr wenig im
Gebrauch war, das Ohr ohne alle Regeln über die Silbenmeßung entscheiden: und man wundert sich, daß es auch
bei der größten Zartheit nicht immer mit grammatischer Genauigkeit entschied? Es fehlt so viel daß 'die andern Dichter auch in der Beobachtung der Silbenzeit unter Homeren'
gewesen wären, daß man vielmehr diese Freiheiten ganz allein
bei ihm findet.

Deutscher. 'Homers Hexameter keucht manchmal unter der Spondeenlast, und kann kaum fort.'

Grieche. Du beurtheilst den griechischen Spondeen
nach dem deutschen. Ich gab dir schon vorhin den Grund
an, warum unsre Sprache mehr Längen verträgt als eure.
Ein Vers von zwölf Silben, wovon meistens acht, häufig
neun lang wären, würde im Deutschen unfehlbar schwerfällig
scheinen. Und doch ist der Trimeter des Aeschylus so beschaffen, und verdankt seine Größe hauptsächlich dem öftern
Gebrauch der Spondeen.

Deutscher. 'Homers Verse gehen nicht selten ihren
Weg für sich, und laßen den Inhalt den seinigen gehn, oder
sie gehn gar geradezu gegen den Inhalt an.'

Grieche. Wenn nun Homer gar nirgends die Absicht
gehabt hätte, den besondern Inhalt durch den Gang des
Verses auszudrücken? Wenn dieser Gedanke ganz außerhalb
seines Kreißes lag?

Deutscher. So hätte er ja Wesen und Zweck des Silbenmaßes verkannt. 'Silbenmaß ist Mitausdruck durch Bewegung.'

Grieche. Sage mir nur, wie der deutsche Hexameter
sich vom griechischen unterscheidet, und was er dabei gewinnt.
Das wird uns auf die Prüfung dieses Satzes führen.

Deutscher. Unser Hexameter hat den Trochäen zum
dritten künstlichen Fuße angenommen, und verlangt sogar
diesen merklich öfter, als den Spondeen. Er wird dadurch
mannichfaltiger, und bekommt fast den vierten Theil mehr
metrischen Ausdruck. Der griechische hat nur siebzehn verschiedne Wortfüße; der deutsche, die fünf- und mehrsilbigen
nicht mitgerechnet, zweiundzwanzig.'

Grieche. Also Mannichfaltigkeit und Ausdruck. Hältst
du Mannichfaltigkeit für etwas unbedingt Gutes?

Deutscher. Nun freilich, sie gefällt an sich.

Grieche. Wäre Mannichfaltigkeit ohne Einschränkung gut, so wäre jedes Silbenmaß fehlerhaft: denn jedes schränkt die Mannichfaltigkeit der rhythmischen Bewegungen ein. Ferner: soll der Ausdruck auf die einzelnen Gegenstände der Darstellung, oder auf das Allgemeine gehen?

Deutscher. Unstreitig auf jene.

Grieche. Aber kehren die einzelnen Gegenstände der Darstellung in dem Gedicht wieder?

Deutscher. Nein, sie ziehen vorbei, und es kommen andre und andre.

Grieche. Allein das Silbenmaß ist ein Gesetz der Wiederkehr. Du siehst also, der 'Mitausdruck durch Bewegung', auf diese Art ausgelegt, würde niemals darauf führen.

Deutscher. Was verstehst du aber unter dem Allgemeinen, und wie soll es der Dichter metrisch ausdrücken?

Grieche. Weiß etwa einer unter euch Repräsentanten der Sprachen, was episch ist?

Franzose. Épique? Poëme épique? Das sollten wir nicht wißen?

Deutscher. Unsre Theoretiker lehren es umständlich. Vor allem sind die Epopöen episch.

Grieche. Die nun grade am wenigsten. Dir, Deutscher, sollte durch Nachbildungen der homerischen Erzählungsweise, die ihr seit Kurzem erhalten habt, schon ein Licht über das bisherige Nichtwißen angezündet sein. Was für Gegenstände weist Klopstock dem metrischen Ausdrucke an?

Deutscher. 'Erst die sinnlichen; hauptsächlich aber gewiße Beschaffenheiten der Empfindung und Leidenschaft.'

Grieche. Der Empfindung und Leidenschaft weßen? Des Dichters, oder der von ihm dargestellten Personen?

Deutscher. Beides fällt in Eins: der Dichter nimmt an seinen Personen den innigsten Antheil.

Grieche. Wenn nun der epische Dichter Herrschaft genug über sich selbst besäße, um von diesem Antheile nichts zu äußern?

*)Franzose. Das müßte ein entsetzlich harter Mensch sein.

Grieche. Und wenn eben diese über die Darstellung verbreitete Ruhe der Grundcharakter des epischen Gedichtes wäre?

Deutscher. Wie kann es dann gut sein? 'In guten Gedichten herrscht die Leidenschaft.'

Grieche. Wer das sagte, dachte wohl nur an lyrische. — Das Silbenmaß soll durch das Gesetz seiner Wiederkehr den Geist der Dichtart ausdrücken; die in diesen Gränzen freigelaßene Abwechselung gestattet dem Dichter, sich auch dem Einzelnen durch metrischen Ausdruck zu nähern. Der Geist des Epos ist der unbestimmteste, umfaßendste, ruhigste: das Gesetz der Wiederkehr durfte also sehr einfach, und der freigelaßene Spielraum sehr groß sein. Die ganz individuell bestimmte Richtung des lyrischen Gedichts hingegen, die das Einzelne unumschränkt beherrscht, erfordert oft ein sehr verwickeltes Gesetz der Wiederkehr: Strophen, auch wohl Antistrophen und Epoden; und hebt die Freiheit der Abwechselung fast gänzlich auf. Du wirst dieß weiter anwenden: die Sache ist zu weitläuftig, um sie hier auszuführen. Es könnte doch wohl sein, daß eben die Veränderung, welche eurem Hexameter mehr Mannichfaltigkeit und also Fähigkeit gab, das Einzelne auszudrücken, ihn zum Ausdruck der Hauptsache, nämlich des Epischen, weniger geschickt gemacht hätte.

---

*) Die Rede des Franzosen ist 1828 weggelaßen.

Deutscher. 'Der Trochäe vertritt ja den Spondeen beinahe. Er beschützte euch vor den übermäßigen Längenreihen, wenn ihr ihn ebenfalls aufnahmt.'

Grieche. Mit der Gleichzeitigkeit der beiden Hälften jedes Fußes wäre der ruhige, ebenmäßige Rhythmus des Hexameters zerstört worden.

Deutscher. Das beruht wieder auf dem Einfall mit der doppelten Dauer der Länge.

Grieche. Nennst du es auch einen Einfall, wenn jemand Dreiachteltakte zwischen Zweivierteltakte einmischen wollte, und ein Musiker sagte ihm, das gienge nicht?

Deutscher. Verse und Musik sind auch sehr verschieden.

Grieche. Bei euch freilich, unsre Hexameter wurden gesungen. Dieß vergißt Klopstock auch, wenn er seinen, für den Vorleser ganz richtigen, Unterschied zwischen künstlichen und Wort-Füßen auf uns anwendet, und daraus folgert. Wie die Poesie überhaupt bei uns weit mehr Gewalt über die Sprache hatte, so vermehrte sie auch ihre so schon große Stätigkeit; und was ein Abschnitt des Verses in sich schloß, wurde gleichsam zu einem einzigen poetischen Worte.

Deutscher. Du verwirfst also unsern Hexameter gänzlich?

Grieche. Nicht doch, ich kann nur nicht zugeben, daß er unserm vorgezogen werde. Eben weil der deutsche Vers nur zum Vorlesen bestimmt ist, darf sein Gesetz weniger strenge sein. Ueberdieß hat ja Klopstock, wo er wollte, und mehrere eurer Dichter haben gezeigt, daß man im Deutschen Hexameter machen kann, die in Ansehung des Rhythmischen, von der Euphonie ist hier nicht die Rede, unsern sehr nahe kommen.

Deutscher. Ich bin zufrieden: du räumst mir immer noch mehr ein, als alle meine neueren Gegner von ihren Sprachen rühmen können.

Italiäner. O wir haben auch Hexameter aufzuweisen.

Franzose. Wir auch.

Engländer. Wir auch.

Deutscher. Ihr habt euch alle bemüht welche zu
machen, aber es ist euch mißlungen.'

Italiäner. Mißlungen? Ich denke, unsere Hexameter
könnten den alten wohl ähnlicher werden als eure. Man hat
nur keinen Geschmack daran gefunden.

Poesie. Ein erster Versuch gelingt nie ganz. Wenn
die Sachen gleich stehen sollten, so müßte in einer gleich
günstigen Epoche der Bildung jener Sprachen ein eben so
hoher Dichtergeist seinen Ruhm an die Einführung der alten
Silbenmaße gewagt haben. Mir scheint Klopstock allzube-
scheiden, sein eigenes Verdienst der Sprache zuzurechnen.

Deutscher. Die Andern haben ja gar nicht einmal
eine bestimmte Silbenzeit.

Poesie. Kannte man die eurige als solche, so lange
ihr bei den gereimten Silbenmaßen verharrtet? Hat nicht
Klopstock selbst ihre Gesetze nur allmählich entdeckt? Hat
nicht Hagedorn sich in einem Briefe an Ebert wegen einer
ihm zweifelhaften Quantität erkundigt, über die ihn jetzt jeder Schüler der Prosodie zurechtweisen kann?

Deutscher. Es bleibt doch ein Verdienst der Deutschen, daß sie die alten Silbenmaße so willig aufgenommen.

Poesie. Du vergißt, welche saure Mienen ihr Geschmack gemacht, ehe er sich diese Medicin hat eingehn laßen.
Die vom Zaune gebrochenen Einwendungen rechne ich mit
zu den sauren Mienen. Es gehörte wirklich Klopstocks feste
Männlichkeit dazu, um die Sache durchzusetzen. Ueber ein
halbes Jahrhundert ist es nun her, seit der Anfang gemacht

wurde; Klopstock hat gleich damals, und besonders in den
neuesten Zeiten von großen Dichtern fleißige Nachfolge gefunden: und wie weit ist es denn nun mit der Popularität
der alten Silbenmaße?

Deutscher. So weit, daß es nie wieder rückwärts
gehen kann. Auch deswegen nicht, weil wir ein Bedürfniß
haben, die Alten in ihrer ächten Gestalt zu lesen, und uns
in eigenen Werken an ihre großen Formen anzuschließen.

Poesie. Ueber die anfängliche Abneigung gegen die
antiken Silbenmaße darf man sich indessen nicht wundern:
ihre Verschiedenheit von den modernen liegt nicht auf der
Oberfläche, sondern ist in dem wesentlich verschiednen Charakter der Bildung gegründet. Laß bei den andern Nationen
den Sinn für das Antike einmal erwachen, so werden sie in
ihren Sprachen die Fähigkeit zu den alten Silbenmaßen
schon hervorzurufen wißen, und deine verliert ihr Monopol
damit.

Deutscher. Es soll mir lieb sein, wenn das geschieht:
Klopstocks Name wird immer zuerst dabei genannt werden.

Römer. Zur Vergeltung dafür, daß er die Römer
ohne Umstände Meisterer genannt hat, weil sie die Freiheiten
des griechischen Versbaues aus Gründen, die in der Natur
ihrer Sprache lagen, enger einschränkten, mache ich ihm den
Ruhm der Erfindung streitig.

Deutscher. Es kann ihm nur in so fern daran liegen, als er es zuerst auf die rechte Art angefangen und die
Erfindung behauptet hat.

Römer. Dem sei wie ihm wolle, es sind schon vor
mehr als siebzehnhundert Jahren deutsche Hexameter gemacht.
Ihr wundert euch? Ich hörte ja erst, die Geten wären ein
deutsches Volk gewesen.

Deutscher. Ganz richtig.

Römer. *) Ovid lebte in der Verbannung unter den Geten und machte aus Langerweile, oder weil er es gar nicht laßen konnte, getische Verse:

**) Sag' ich es? Ach, wie beschämt! Ich entwarf auch getisch ein Büchlein,
Fügte barbarische Wort' unseren Weisen gemäß.

Also in ***) lateinischen Silbenmaßen. Daß es Hexameter waren, läßt der Inhalt des Gedichtes, das Lob des Imperators, nicht zweifeln. Er fand auch Beifall damit:

Und †) es gefiel, ja! wünsche mir Glück; schon unter den wilden Horden des getischen Volks werd' ich ein Dichter gerühmt. ——
Als ich das Werk durchlesen der ††) nicht einheimischen Muse,
Als mir das schließende Blatt nieder zum Finger gelangt:
†††) Schüttelten alle das Haupt, voll klirrender Pfeile die Köcher,
Während von getischem Mund langes Gemurmel erscholl.

Deutscher. Die Geten waren also schon klüger als die neueren Europäer, die nichts von den alten Silbenmaßen wißen wollten.

Grieche. Ich komme auf die Kürze. Klopstock hat sich besonders bemüht zu zeigen, seine Sprache übertreffe hierin die beiden alten.

Deutscher. Es ist ihm auch gelungen. Er hat eine Menge Stellen alter Dichter in der Uebersetzung verkürzt, ohne ihnen etwas zu nehmen.

Grieche. Sollen wir die Kürze mit der Elle meßen, oder nach der Uhr berechnen?

---

*) Vgl A. W. Schlegels Werke Bd. III. S. 185.   **) Ach, ich ich schäme mich deß! ich schrieb auch ein getisches Büchlein, 1798. ***) römischen 1798.   †) ich gefiel, ja! .. Glück, und es fängt bei den wilden Geten mein Dichterruhm schon zu erheben sich an .. 1798.   ††) nicht mir heim. 1798.   †††) Haben sie alle das Haupt und die vollen Köcher geschüttelt 1798.

Deutscher. Wozu diese spöttische Frage?

Grieche. Die Kürze ist ja etwas Sinnliches: sie wird also im Raume oder in der Zeit wahrzunehmen sein.

Deutscher. Allerdings in beiden. Du siehst ja, Klopstocks Verdeutschungen haben immer weniger Verse, als das Original.

Grieche. Das wäre denn doch eine Art von sinnlichem Maßstabe. Aber er ist nicht genau genug: welch ein Unterschied zwischen Vers und Vers! Daß ein deutscher Hexameter auf dem Papier länger ist als ein griechischer, fällt in die Augen, und wenn du noch zweifelst, so befrage den Setzer. Um jenen Maßstab nach der Zeit näher zu prüfen, müßte der Originaldichter und der Dolmetscher, jeder so geschwind er könnte, die angeblich verkürzte Stelle hersagen, und man sähe dann, wer am ersten fertig wäre.

Engländer. Schön, da giebt es Vers = Wettrennen. Ich will gleich eine Wette anstellen.

Franzose. Auf diese Art werde ich den Deutschen auch leicht in der Kürze besiegen, denn drei von seinen Silben dauern oft länger als sechs von meinen. Irritabilité, Reizbarkeit.

Deutscher. Wie kannst du so lächerliche Vorschläge thun? Je kürzer der Ausdruck, desto mehr Würde, Nachdruck und also auch Langsamkeit erfordert der Vortrag.

Grieche. So geht ja der ganze Vortheil der Kürze, das bischen ersparte Zeit, wieder verloren.

Deutscher. Du redest unmöglich im Ernst, denn du weißt so gut, wie ich, daß 'die Kürze wenige Theile durch Worte von starker Bedeutung zusammenfaßet, und gleich einer großen Lichtmasse auf einem Gemälde leuchtet.'

Grieche. Vortrefflich! Das hat ein Meister gesagt.

Ich wollte dich nur zu dem Geständniß bringen, daß man die Kürze nicht um ihrer selbst willen, sondern wegen einer gewissen hervorzubringenden Wirkung sucht, und daß sie nicht überall in gleichem Grade hingehört.

Deutscher. 'Sie begünstigt doch überall das schnellere Denken; und der schnellere Gedanke ist lebendiger, hat mehr Kraft!'

Grieche. Schnell und langsam sind Verhältnißbegriffe, wobei es auf Gewöhnung ankommt. Ihre großen Streiche thut die Kürze nur durch das Ungewöhnliche. Der beständige Lakonismus mag eine große sittliche oder politische Eigenthümlichkeit sein, aber er ist weder etwas Dichterisches noch Rednerisches.

Deutscher. Ist es nicht erhaben, wenn die spartanische Mutter ihrem Sohne den *)Schild mit den Worten übergiebt: „Den oder auf dem!"

Grieche. Weil es das Schlichte und Entschiedne einer erhabenen Gesinnung ausdrückt. Aber gewiß fiel dieß den Athenern, eben weil sie vom Morgen bis in den Abend zu plaudern pflegten, stärker auf, als den halb stummen Spartanern selbst. Der gesellige Mensch liebt zu reden, der Dichter ist der geselligste aller Menschen. Wenn er nun immer mit den Worten und Silben geizte, so wäre seine Freude ja gleich zu Ende.

Deutscher. Er ist so reich, daß er viel in Wenigem geben kann, ohne sich zu erschöpfen.

Grieche. Seine Erhebung über die Wirklichkeit fordert von ihm eben so oft Entfaltung, als Zusammendrängung. Der angestellte Wettstreit bewiese nichts, wenn die übersetzten

---

*) Schild übergiebt 1798.

Stellen auch noch viel beträchtlicher in einer Dolmetschungs-
mühle zusammengestampft würden. Die alten Dichter wollten ja nicht kürzer sein, als sie waren. Man müßte sie nun
erst wieder erwecken, und ihnen gestatten, aus ihren Versen
Kunststücke der Kürze zu machen.

Deutscher. Es ist die Frage, ob sie dasselbe kürzer
ausdrücken konnten.

Grieche. Nach der Wahl der aus dem Griechischen
übersetzten Stellen kann es Klopstocken unmöglich rechter Ernst
damit gewesen sein. Aus dem Homer, und immer aus dem
Homer! Homer kennt keine andre Kürze, als die der Einfalt, und ihm ist auch ihre ganze Weitläuftigkeit eigen.
*) Uebrigens ist schöner Ueberfluß der Hauptcharakter seines
Stils. Galt es bei dem Wettstreite wirklich eine Entscheidung: warum wurden nicht Stellen des tragischen Dialogs
gewählt, wo die Gedanken mit jeder Zeile wie Geschoße hin
und wieder fliegen? Oder von jenen Versen des Aeschylus,
wovon zwei in die Wage gelegt, den ganzen Euripides mit
Weib, Kindern, Kephisophon und Büchern aufwiegen konnten? Oder von jenen gewaltigen Sprüchen des Pindar,
womit er seiner über ihre Ufer brausenden Rede auf einmal
einen Damm entgegensetzt? Oder wenigstens von den gediegenen Sittensprüchen des Menander?

Römer. Auch die aus dem Römischen gewählten
Stellen sind meistens virgilische, mit einer gewissen Fülle geschmückte. Und vollends aus dem geschwätzigen Ovid!

Deutscher. Doch auch aus Horazens Oden.

Römer. Das bedeutet schon mehr. Man muß, denke
ich, froh sein, ihn ohne Verkürzung überhaupt nur gut übersetzen zu können.

---

*) Ueberdieß 1798.

Deutſcher. Kurz und gut.

Römer. Es möchte kurz und ſchlecht daraus werden. Dieß wäre der Fall, wenn an die Stelle der Anmuth und Leichtigkeit, die ſich beim Horaz mit dem ſinnreichen Nach=druck der Kürze paart, Härte und Dunkelheit träte.

Deutſcher. Klopſtock hat deine Sprache durch die Bedingung des Wettſtreites genug geehrt, Römer. Die Vereinung ſoll ja Siegerin ſein, wenn ſie auch die überſet=ten Stellen ein wenig verlängern müßte.

Römer. Sie thut es nur Einmal, und wo es nicht nöthig war, bei dieſen Zeilen Virgils:

> Ille caput quassans: Non me tua fervida terrent
> Verba, ferox, di me terrent, et Juppiter hostis.

Turnus ſchüttelt ſein Haupt: Nicht deine flammenden Worte Schrecken, Wütender, mich, mich ſchrecken die Götter, und der mir Zürnet, Jupiter!
Warum nicht:

> *) Schüttelnd das Haupt ſprach jener: Mich ſchreckt dein brauſendes
> Drohn nicht,
> Trotziger! Göttergewalt, und der feindliche Jupiter ſchreckt mich.

Du ſiehſt, die einzelnen Fälle beweiſen weder für, noch wider die größere Kürze einer Sprache; es miſcht ſich da zu viel Zufälliges hinein. Man muß auf ihren Bau zurückgehn.

Deutſcher. 'Gut, die meinige hat kürzere Worte.'

Engländer. Wenn es darauf ankommt, ſo nehmt es einmal mit mir auf.

Römer. Soll die Sprachkürze dichteriſchen Werth haben, ſo muß ſie der Schönheit nicht Eintrag thun. Das thut aber die Einſilbigkeit. Zur Würde gehört ein gewiſſer

---

*) Jener ſchüttelnd das Haupt: Nicht deine brauſenden Worte
Schrecken mich, Wilder, mich ſchrecken die Götter und Ju=
piters Zürnen. 1798.

16*

Umfang der Wörter. Die Schönheit liebt tönende und durch
den Wohlklang beflügelte Vielsilbigkeit. Alles beruht darauf,
daß eine Sprache die Theile der Gedanken in große Massen
*) zusammenfaßen, und daß sie kühn auslaßen dürfe.

Deutscher. Dieß hat Klopstock selbst dadurch angedeutet, daß er die Vereinung mit Harmosis und dann mit
Ellipsis den Wettstreit der Kürze halten läßt.

Römer. In beiden Stücken kann es die deutsche
Sprache den alten und besonders meiner nicht gleich thun.
Diese ist noch kürzer als die griechische, weil sie keinen Ar-
tikel und keine Partikeln hat.

Grieche. Die Partikeln verlängern die Sprache wenig, weil sie sich ganz an die größeren Wortmassen anfügen.
Der Artikel ist erst später in unsre Sprache gekommen: Homer hat ihn noch nicht, und unsre Dichter waren daher
überhaupt nicht so sehr an ihn gebunden.

Römer. Und weil sie Vieles durch Umendungen der
Nennwörter anzeigt, wozu die griechische Beziehungswörter
braucht. Das Deutsche hat nun obendrein die unvollständige
Biegung der Zeitwörter, welche ihm oft doppelte Hülfswör-
ter, und die beständige Wiederholung der persönlichen Fürwörter nöthig macht. Redensarten wie: Ostendite bellum,
pacem habebitis! mögt ihr in der Silbenzahl kürzen; in wie
viele Wörter und Wörtchen müßt ihr sie zerstücken! Eben
die vollständige Bestimmtheit, womit wir die Nebenbegriffe
und Verhältnisse an den Hauptwörtern bezeichnen, macht auch,
daß wir viel auslaßen dürfen, ohne, wie ihr, Zweideutigkeit
und Verworrenheit zu befürchten. Dazu kommen nun noch
jene zusammendrängenden Wendungen: der bei euch so sehr
beschränkte Gebrauch des Particips, der absolute Ablativ u. s. w.

---

*) zusammenfasse 1798.

Deutscher. Wir können mehrere Hauptbegriffe zu Einem Worte vereinigen.

Römer. Das ist etwas. Unsre Sprache hat sich hierin freilich sehr eingeschränkt. Aber du siehst, daß es bei weitem nicht entscheidet: denn sonst könnten wir nicht kürzer als die Griechen sein, die ebenfalls viel zusammensetzen.

Franzose. Hört endlich auf, so langweilig über die Kürze zu sein. Ihr beweist, daß es damit weit mehr an den Menschen als an den Sprachen liegt. Unsere zum Beispiel ist kurz, weil es uns natürlich ist, uns kurz zu faßen.

Deutscher. Oder wenigstens schnell überhin zu gehn.

Franzose. Die eurige hingegen ist lang, weil ihr bedächtig, langsam und schwerfällig, mit näheren Bestimmungen, Einschränkungen und Gegeneinschränkungen, Erläuterungen, Einschaltungen, Bevorwortungen etwaniger Mißverständnisse, und halben Zurücknehmungen gar nicht fertig werden könnt. Ueber die Heiligerömischereichdeutschernationsperioden hat sich ja euer Fürsprecher selbst lustig gemacht. Hier laßt ihr euch doch öffentlich als Nation vernehmen. Vergleicht nur einen einzigen Reichstagsschluß mit einer ganzen Konstitution von uns.

Deutscher. Deswegen habt ihr auch beinah so viel Konstitutionen nöthig, als wir Reichstagsschlüße.

Italiäner. Warum wird denn mir Weitschweifigkeit vorgeworfen? Giebt es einen deutschen Dichter, der so sehr Meister in der Kürze wäre, als Dante? Wir haben auch eine vollständigere Biegung der Zeitwörter, und knüpfen oft mehrere Fürwörter an sie an.

Deutscher. O ja, ihr seid besonders in der Prosa allerbewundernswürdigst kurz! Maravigliosissimamente!

Italiäner. Das ist nun wieder Sache des Geschmacks. Wir lieben den Superlativ.

Poesie. Da Klopstock einen so ungemeinen Werth auf die Kürze legt, warum hat er nicht neben der Bildsamkeit, Bedeutsamkeit und so manchen ähnlichen auch die Schweigsamkeit aufgeführt?

Grammatik. Sie konnte ja nicht mitreden, ohne ihren Charakter zu verläugnen.

Poesie. So hätte sie wenigstens, wie die Niobe des Aeschylus, mit verhülltem Antliz unter den Streitenden gesehen und Ehrfurcht geboten.

Grammatik. Klopstock spielt selbst die Rolle der Schweigsamkeit in dem ganzen Buche. Kaum giebt er Winke, wo man befriedigende Belehrung von ihm wünscht.

Franzose. In den grammatischen Gesprächen wird ein Wettstreit zwischen den Sprachen angekündigt, worin ihnen der Vorrang nach der Geschicklichkeit im Uebersetzen zuerkannt werden soll. Ich protestiere hiegegen im Namen der meinigen. Es ist ein bloß nationaler Kanon, denn die Deutschen sind ja Allerweltsübersetzer. Wir übersetzen entweder gar nicht, oder nach unserm eignen Geschmack.

Deutscher. Das heißt, ihr paraphrasiert und travestiert.

Franzose. Wir betrachten einen ausländischen Schriftsteller, wie einen Fremden in der Gesellschaft, der sich nach unsrer Sitte kleiden und betragen muß, wenn er gefallen soll.

Deutscher. Welche Beschränktheit ist es, sich nur Einheimisches gefallen zu laßen!

Franzose. Die Wirkung der Eigenthümlichkeit und der Bildung. Hellenisierten die Griechen nicht auch Alles?

Deeutscher. Bei euch eine Wirkung einseitiger Eigen-

thümlichkeit und konventioneller Bildung.   Uns ist eben Bildsamkeit eigenthümlich.

Poesie. Hüte dich, Deutscher, diese schöne Eigenschaft zu übertreiben. Gränzenlose Bildsamkeit wäre Charak-
terlosigkeit.

Grieche. Was ihr im Uebersetzen leisten könnt, weiß
ich. Indessen wollte ich euch doch in wenigen Zeilen allerlei zu rathen aufgeben, und sehr lebhaft daran erinnern, daß
unsre Sprache ihre ganz unnachahmlichen Reize hat. Es
versteht sich, daß nur das mit gleicher oder beinah gleicher
Würde, Kraft und Anmuth Nachgebildete übersetzt heißen kann.

Deutscher. Ich erwarte deine Aufträge.

Grieche. Hier ein Paar Verse des Sophokles:

Ὅτε Μοῖρ᾽ ἀνυμέναιος,
ἄλυρος, ἄχορος, ἀναπέφηνε.

Und folgendes Distichon des Hermesianax:

Μίμνερμος δὲ τὸν ἡδὺν ὃς εὕρετο, πολλὸν ἀνατλὰς,
Ἦχον, καὶ μαλακοῦ πνεῦμ᾽ ἀπὸ πενταμέτρου.

Es ist nur eine kleine Probe.

Italiäner. Laß mich auch eine hinzufügen, es sollen
nur einzelne Verse sein. Von Dante aus der Jugendge-
schichte der Seele:

L'anima semplicetta, che sa nulla;

und vom Ariost auf den großen Buonaroti:

Michel, più che mortal, Angel divino.

Deutscher. Nach diesem Spiel fürchte ich, daß mir
der Römer Semibovemque virum semivirumque bovem aufgiebt.

Römer. Sei unbesorgt, ich habe Beßeres zu wählen: Hier ist eine Schilderung des Hylas an der Quelle:

Et circumriguo surgebant lilia prato
Candida purpureis mista papaveribus.

Quae modo decerpens tenero pueriliter ungui,
    Proposito florem praetulit officio.
Et modo formosis incumbens nescius undis
    Errorem blandis tardat imaginibus.

Du haſt die Bedingung 'mit faſt gleicher Anmuth' nicht vergeßen.

Deutſcher. Ich werde die Aufgaben aus den Alten
Klopſtocken und Voßen vorlegen. Wir können freilich keine
ſolchen Pentameter machen. Dann ſchließe ich auch aus eurer
Wahl, daß ihr einen mir unmöglichen Fehler mitübertragen
wünſcht.

Grieche. Welchen Fehler?

Deutſcher. Die Abtrennung der Beiwörter von ihren
Hauptwörtern, und überhaupt 'eure verworfne Wortfolge'.

Grieche. Die Freiheit der Wortfolge, die ſchönſte
Frucht von dem vollkommenen Bau unſrer Sprachen, ſoll
ein Fehler ſein?

Deutſcher. Gut, ich will mit beibehaltner Wort-
ſtellung aus euren Dichtern überſetzen.

Römer. Ich weiß wohl, daß Klopſtock, um die Un-
ſchicklichkeit unſerer Wortfolge zu beweiſen, dieſe Probe an
einer ſchönen Stelle des Horaz gemacht hat. Aber was beweiſt ſie? Zuerſt wird in jeder Sprache Vieles für natürlich gehalten, was bloß auf der Gewöhnung beruht. Es iſt
eben ſo, als wenn jemand aus einer fremden Sprache mit
beibehaltnem Geſchlecht der Hauptwörter überſetzte, etwa ar-
genteus Luna und aurea Sol ſagte, und ſich dann über die
Wunderlichkeit jener wunderte. Ferner iſt die Sache durch
die Uebertragung in's Deutſche durchaus verändert. So wie
ihr die Wörter aus den erlaubten Stellen wegrückt, entſteht
Zweideutigkeit und Verworrenheit, weil bei euern unvollſtän-

bigen Biegungen die Stellung zu Hülfe kommen muß, um
die Verhältnisse der Wörter zu erkennen, die bei uns auf
das deutlichste an ihnen selbst bezeichnet sind.

Deutscher. 'Die Wirkung wird geschwächt, während
man die Worte, die hie und da getrennt herum taumeln,
mit Zeitverlüste zusammen suchen muß.'

Grieche. Und wer mußte das? Die Einheimischen,
die es von Jugend auf so gewohnt waren? Ueberdieß fallen
unsre tönenden und vielsilbigen Biegungen (du erinnerst dich
dessen, was ich vorhin von ihrem vielfachen Einfluße sagte)
stark in's Ohr; das durch die Bedeutung Verknüpfte ordnet
sich von selbst auch sinnlich zusammen. Eine so ängstliche
Wortfolge zu beobachten, wie in eurer und andern neueren
Sprachen, wäre bei uns übermäßige Deutlichkeit gewesen,
und diese ist für eine schnelle Fassungskraft lästig und be-
leidigend.

Deutscher. Gleichwohl scheint ihr selbst das Fehlerhafte gefühlt zu haben. Ihr Griechen gieng in der Verwerfung der Worte nicht so weit als die Römer, und Homer war unter euern Dichtern der enthaltsamste.'

Grieche. Das brachte die Einfalt seines Zeitalters
und der Geist der Gattung mit sich. Auf diese Art würfest
du aber der Sprache vor, was die Dichter versehen hätten.
Eine Freiheit ist ja niemals ein Uebel. Man kann sich ihrer
bedienen, oder auch nicht.

Deutscher. 'Eure verworfne Wortfolge war eine Sache
der Noth. Sie ist vermuthlich bloß daher entstanden, daß
ihr aus lauter Längen oder Kürzen bestehende Wörter habt,
daß also die natürliche Ordnung zu viel lange oder kurze
Silben zusammenbrachte, die des Silbenmaßes und in Prosa
des Numerus wegen getrennt werden mußten.'

Grieche. Du siehst das als einen Nothbehelf an, was die durchgängige Unabhängigkeit unsrer Poesie vom Bedürfnisse auf das schönste beurkundet. Du kennst doch die orientalische Weise, mit Blumen Briefe zu schreiben? Nimm nun an, die Bedeutung jeder Blume sei bestimmt, und ihre Verhältnisse zu einander ebenfalls; möchtest du dann den Kranz daraus lieber so geflochten sehen, daß die gleichartigen Blumen beisammen blieben, oder daß sie sich mannichfaltig durchschlängen? Unsre Strophen, unsre Distichen sind solche Kränze; eben durch die Stellung werden sie zu Ganzen, wo nichts herausgerißen werden kann, ohne sie zu zerstören. Das Bild, der Gedanke wirkt nun als eine untheilbare, innig vereinigte Masse.

Franzose. In dem Verdienst einer natürlichen, dem Verstande gemäßen, ordentlichen Wortfolge sind wir dir überlegen, Deutscher.

Engländer. Wir auch.

Deutscher. Ihr müßt wohl: man verstände euch sonst gar nicht, da ihr keine Umendungen der Haupt- und Beiwörter habt.

Franzose. Du führst eben das gegen uns an, was der Grieche gegen dich. Ueberhebe dich also nicht deiner etwas weniger kargen Wortänderung.

Engländer. Deine Sprache ist auf halbem Wege stehn geblieben. Meine hat nicht nur die Umendungen, sondern auch die unnützen Geschlechtsunterschiede der Haupt- und Beiwörter abgeschafft: ja sie konjugiert nur eben zwischen den Zähnen. Sie ist eine Philosophin.

Deutscher. Auch eine Dichterin?

Engländer. Sie ist sehr kühn und frei, so oft sie will.

Franzose. Welches ist das Gesetz der deutschen Wortfolge?

Deutscher. Sie läßt gewöhnlich das Unbestimmtere
vorangehen.

Grieche. Damit leistet sie der Einbildungskraft einen
schlechten Dienst.

Deutscher. 'Ueberhaupt liebt sie es, Erwartungen zu
erregen: sie setzt daher das Beiwort vor die Benennung, und
die Modifikation vor das Modificierte.'

Franzose. Deswegen trennt sie auch das unmittelbar
Zusammengehörige: das persönliche Fürwort und Hülfswort
vom Zeitworte, dieses von der Konjunktion, wodurch es re-
giert wird: die trennbaren Präpositionen von den Zeitwörtern, womit sie zusammengesetzt sind u. s. w. Das eine stellt
sie zu Anfange, das andre zu Ende des Satzes. Kurz, eure
Wortfügung gleicht, besonders in den langen prosaischen Perioden, einer Krebsschere, die sich langsam und bedächtig
öffnet, und dann auf einmal zuschnappt.

Deutscher. Du hast keine Ursache zu spotten. Wie
gebunden ist deine poetische Wortfolge gegen meine!

Italiäner. Und wiederum die deutsche gegen meine!

Franzose. Ihr könnt nicht einmal, wie wir, das Beiwort vor oder hinter das Hauptwort setzen.

Deutscher. Wir thun jetzt auch das letzte mit Hülfe
des wiederholten Artikels.

Poesie. Man kann einer Sprache eigentlich das nicht
anrechnen, wozu nur die Kühnheit einiger Männer von Ansehn sie allmählich nicht ohne Widersetzlichkeit gebracht hat.
Erinnre dich, Deutscher, wie gar Weniges von poetischer
Wortstellung ihr hattet, ehe Klopstock dichtete.

Engländer. Jetzt habe ich eine besondere Klage

gegen ihn vorzubringen. Er beschuldigt mich der barbarischen
Sprachmischerei: ich nehme lateinische Wörter aus dem eiser=
nen Zeitalter auf, und selbst aus dem bleiernen der Mönche.

Deutscher. Es liegt ja am Tage. Er hat auch durch
Uebersetzung einer Stelle Miltons, worin er die franzö=
sischen und lateinischen Ausdrücke im Deutschen beibehält,
gezeigt, welchen Eindruck das machen muß.

Engländer. Freilich ist unsre Sprache aus fremd=
artigen Bestandtheilen erwachsen, aber sie sind so *) ver=
schmolzen, daß man deren verschiedenen Ursprung gar nicht
einmal bemerkt.

Deutscher. 'Das thut nichts, dadurch wird dem Un=
edlen der Mischung nicht abgeholfen.'

Engländer. Hältst du 'entkörpern' für ein edles Wort?

Deutscher. Allerdings.

Engländer. Wenn nun jemand, wo es in einem
eurer Dichter vorkommt, 'entkorporieren' setzte? Oder gar
statt 'der Lorbeer krönt ihn', 'der Laurusbeer koroniert ihn'?
Würde dadurch nicht die ganze Sache verändert? Dennoch
hat es mit jener Uebersetzung aus Milton ungefähr diese
Bewandtniß.

Deutscher. Die spätern verwerflichen Einmischungen
der Gelehrten und Weltleute abgerechnet, enthält das Deutsche
wenig fremde Wörter. Es ist eine ursprüngliche und reine
Sprache.

Grieche. Das Ursprüngliche ist mehr, als ich von
der hellenischen zu rühmen wage.

Römer. Und was das Reine betrifft, so weiß ich
beßern Bescheid zu geben.

------

*) amalgamirt   1798.

Deutscher. Nun ja, die Ausdrücke, welche auf den Religionsdienst Bezug haben, brachten freilich die lateinischen Priester mit.

Römer. Nicht doch! Ihr könnt ohne unsre Hülfe keine 'Verse' machen; ihr habt nicht einmal eine einheimische 'Natur'.

Grieche. Ich befürchte, Deutscher, deine Landsleute werden die Ausdrücke aus den fremden, besonders aus den alten Sprachen nicht los, bis sie es einmal wie die Kaunier machen.

Deutscher. Was thaten die Kaunier?

Grieche. Man richtete Tempel fremder Götter bei ihnen auf, gegen die sie eine Abneigung hatten. Sie bewaffneten sich also einst sämmtlich, schlugen mit ihren Speren in die Luft, und zogen so bis an die Gränze, indem sie dabei sagten, sie trieben die fremden Götter aus.

Franzose. Der unwiderstehliche Hang, der sich in eurer Sprache äußert, aus einer andern zu entlehnen, deutet auf höhere Bildung dieser. Die Minnesinger borgten schon von unsern Provenzalen, und noch jetzt —

Deutscher. Die wißenschaftlichen Ausdrücke nehmen wir meistens von den Römern und Griechen; mit den Namen der gesellschaftlichen Thorheiten versehen uns unsre Nachbarn.

Franzose. Die feineren Thorheiten und ihre Beobachtung zeugen auch von Bildung: sie machen das Leben liebenswürdig. Doch nun ist die Reihe an mir, über die ausgezeichnete Feindseligkeit zu klagen, daß in den grammatischen Gesprächen aus einer einzelnen Grille meiner Sprache eine eigne Person, die Wasistraswasbasistwashaftigkeit, gemacht wird —

Grammatik. Was erhebt sich draußen für ein Geräusch?

Poesie. Da tritt eine seltsame Figur herein. Wer bist du?

Grille. Eine mächtige Fee. Ich nenne mich, wie es mir einfällt und es euch beliebt. Oft herrsche ich über dich, Grammatik, und nicht selten auch über dich, Poesie.

Grammatik. Daß wir nicht wüßten.

Grille. Ich komme jetzt nur um euch zu melden, welch ein Unglück bevorsteht, wenn ihr nicht schleunigst diese Versammlung trennt. Die Deutschheit, entrüstet über die ihr widerfahrne üble Begegnung, hat Himmel und Erde in Bewegung gesetzt, und das Gerücht von dem, was hier vorgeht, überall verbreitet. Nun sind alle in den grammatischen Gesprächen vorkommenden Personen und noch andere rege geworden; sie wollen anklagen, vertheidigen, oder wenigstens als Zeugen auftreten. Sie sind zum Theil heftig unter einander entzweit, und wenn ihr nicht schnell aufbrecht, so werdet ihr diesen friedlichen Ort zum Schauplatze des allgemeinen Krieges werden sehn. Der Verstand und die Vernunft lagen einander in den Haaren: jener behauptete, er sei einerlei mit der Vernunft, sie würden nur in der kantischen Philosophie unterschieden. Die Kunstwörterei, die sich für die Philosophie ausgab, trat hinzu, und wollte sich den Ausspruch darüber anmaßen. Das Gemüth weinte, Klopstock habe es für ein schlechtes nichts-sagendes Wort erklärt. Diese Entscheidung sei ihm gewiß nicht aus dem Gemüthe gekommen. Die Einbildungskraft forderte das Urtheil auf, das Buch in Schutz zu nehmen, worin sie beide eine so artige Rolle spielen. Das Urtheil war verdrießlich, weil es nur schlechthin so heißen solle, und *) nicht mehr Urtheils=

---

*) nicht Urtheilskraft; da doch Kl. 1798.

kraft, welchen verlängerten Titel Kant ihm durch ein eignes
Buch gesichert; da doch Klopstock selbst Einbildungskraft
sage. Es kümmre sich nicht darum, ob bei dem ganzen
Handel Urtheil oder Einbildung mehr Kraft beweisen würde.
Ein berühmter Grammatiker hatte einen Sturm gegen die
grammatischen Gespräche vor, und setzte sich dazu ritterlich
auf den Rücken des Sprachgebrauchs. Da der Grammatiker
aber etwas stark beleibt war, so konnte der Sprachgebrauch
nicht einmal aufrecht stehen, geschweige denn tragen, sondern
er kroch auf allen Vieren. Der Purismus wollte als Vertheidiger auftreten. Die Ausländerei warf ihm vor, er sei
ein Siebenschläfer, der nur alle halben Jahrhunderte wach
werde: zur Zeit der fruchtbringenden Gesellschaft, unter Gottsched, und jetzt. Klopstock halte es gar nicht mit ihm: das
beweise die Gelehrtenrepublik, die 'Fragmente' über Sprache
und Dichtkunst, endlich die 'grammatischen' Gespräche. Der
Purismus erwiederte, man könne es in dergleichen Dingen
nicht so genau nehmen; sein Geschäft werde ihm sehr sauer
gemacht, er habe selbst noch nicht zu einem deutschen Namen
gelangen können. Hierauf fragte ihn die Ausländerei, ob
er Reinigungsengel oder Reinigungsteufel heißen *) wolle?
Ihr könnt denken, wie er ergrimmte, nicht sowohl wegen der
Schimpflichkeit des einen Namens, als weil man geglaubt
hatte, er wiße nicht, daß Engel und Teufel griechisch wären.
Der Reim war außer sich über die Verunglimpfungen von
Eintönigkeit, von Klinglern u. s. w. Er pflege sonst auf
dergleichen nur zu antworten: Ich gefalle, thu mir was!
Allein jetzt wolle er in einer tiefsinnigen Schutzrede zeigen,
wie innig sein Wesen in die ganze Natur verwebt sei; Rei-

---

*) wollte 1798.

men sei Vergleichen, und im Vergleichen bestehe ja alle Poesie. Der *) begeisterte Prophet Mahomed habe seinen Offenbarungen durch ihn Eingang verschafft. Auch bei den Griechen sei die Rhetorik auf ihn gebaut gewesen; ja selbst in Gedichten habe ihn der Pentameter eher gesucht, als verschmäht. Die Alvarolade, die Palissotie, die Wasistdaswasdasistwashaftigkeit, und wie soll ich sie alle nennen? sie kommen mit Macht angezogen. Eilt, sonst überraschen sie euch!

Grammatik. Um die vielen vorgebrachten Klagen zu prüfen, bedürfen wir ruhigerer Muße. Aber wollen wir nicht sogleich noch erklären, Poesie, daß sich Klopstock durch Anregung so vernachläßigter Untersuchungen um uns beide verdient gemacht hat?

Poesie. Von ganzem Herzen.

Grille. Ich sage euch nochmals, brecht auf!

Grieche. So endigt also dieses grammatische Gespräch wie eine Tragödie des Euripides mit einer langen Erzählung.

Deutscher. Oder wie ein Ritterschauspiel mit Aufruhr und Waffengeklirr.

Grille. Sie haben sich wirklich schrecken laßen, und mein Zweck ist erreicht, diese Zusammenkunft zu trennen, wobei ich, ohne daß sie es wußten, den Vorsitz führte.

---

*) göttliche 1798.

Anmerkungen.

1827.

Mit nicht geringem Befremden ſehe ich, daß die beiden Schriften, womit ſich der vorſtehende Aufſatz beſchäftigt, die Fragmente über Sprache und Dichtkunſt (1779 und 80 mit zwei Fortſetzungen) und die grammatiſchen Geſpräche (1794) in der neueſten Ausgabe von Klopſtocks Werken (1823 in 12 Duodezbänden) nicht mitenthalten ſind. Die frühere Sammlung, die er ſelbſt noch veranſtaltet und angeordnet, deren Vollendung er jedoch nicht erlebt hat, umfaßte nur die dichteriſchen Werke. Hier aber iſt die deutſche Gelehrtenrepublik, es ſind ſogar die hinterlaßenen Schriften ſeiner erſten Gattin beigefügt worden, welche letzten wohl eher in einem Anhange zu der Lebensgeſchichte Klopſtocks, als in der Sammlung ſeiner Werke, einen ſchicklichen Platz fänden. Den Grund, warum jene beiden wichtigen Schriften ausgeſchloßen blieben, kann ich durchaus nicht errathen. Schwerlich war es die Beſorgniß, ſie möchten gegenwärtig nur wenige Leſer anlocken, und noch wenigere feſthalten. Denn dieſe Beſorgniß gilt gewiß, in gleichem, wo nicht noch höherem Grade, von der Gelehrtenrepublik und von manchen andern Hervorbringungen Klopſtocks. Worüber möchte man ihn wohl lieber reden hören, als über das, was er während einer vieljährigen Laufbahn ſich zum Gegenſtande ſeines beharrlichſten Nachdenkens und Strebens gewählt hatte: die Eigenthümlichkeit und die Tugenden der deutſchen Sprache, ihre dichteriſche Behandlung, und die rhythmiſche Verskunſt? Geſetzt aber auch, Klopſtock hätte ſich hiebei nie zu einem wahrhaft wißenſchaftlichen Ueberblick erhoben; geſetzt, ſein Geſichtspunkt wäre ein bloß nationaler, ja ein ganz persönlicher gewesen, indem er, bei der Verskunst wenigstens, die Theorie seiner vorausgegangenen Ausübung anpaßte: so gründlichen und aus der Tiefe geschöpften Irrthümern, wie die seinigen waren, ist immer etwas abzulernen. Jedoch, den Inhalt einstweilen bei Seite gestellt, die genannten Schriften verdienen wegen des vortrefflichen Vortrags aufbewahrt zu werden. Klopstock ist — und der Mangel der Anerkennung macht mich an diesem Urtheil nicht irre — einer von unsern wenigen Meistern im prosaischen Stil. Wenn nicht geläugnet werden kann, daß er in seinem Messias, und besonders in seinen Oden durch Verkünstelung, durch absichtliche Dunkelheit und Verworrenheit, die Gränzen der rechtmäßigen dichterischen Freiheit häufig überschreitet, so ist dagegen seine Prosa gediegen, klar, nachdrücklich, und frei von allen fremden Zierrathen, welche die neuere Rhetorik der Poesie nur allzugern abzuborgen pflegt. Sie ist auch mannichfaltig: der Kenner unserer Sprache wußte ihre Idiotismen zu eigenthümlichen Wendungen und feineren Bestimmungen des Ausdrucks sehr bedeutsam zu benutzen. Freilich gedieh Klopstocks Meisterschaft hierin erst in seinen späteren Jahren zu völliger Reife. Die Schreibart in den sogenannten Bardieten und in der Gelehrtenrepublik ist nicht frei von allerlei Zierereien, die um so schlimmer sind, weil sie ganz im Widerspruche mit den zur Schau getragenen Eigenschaften stehn. Indessen liegt der Fehler mehr in der Denkart des Verfaßers, als in der Ausführung: wäre der angestimmte Ton der rechte, so würde ihm die Sprache allerdings dazu ein biegsames Werkzeug.

Klopstock war mit den großen Geschichtschreibern und Rednern des Alterthums vertraut, und von ihrer keuschen Schönheit durchdrungen. Er spricht mit Begeisterung von

Demosthenes. Eine von ihm übersetzte Stelle aus Xenophons
Rückzuge der Zehntausend, einige aus dem Tacitus, zeigen,
was er in Nachbildung der klassischen Prosa hätte leisten
können. Es ist demnach nicht genug zu beklagen, daß er
seine, wie mir glaubwürdig versichert worden ist, bereits fertig
geschriebene Geschichte des siebenjährigen Krieges aus unbegreif-
lichen Bedenklichkeiten der Welt entzogen und verbrannt hat.

Schon in der Gelehrtenrepublik (1774) hatte Klopstock
einige Grundzüge zu einer deutschen Grammatik und Prosodie
entworfen; aber, nach seiner damaligen Weise, mit übertrie-
benem Lakonismus. In seinen Fragmenten ließ er sich zum
erstenmal in einem schlichten, vertraulichen Lehrvortrage, frei
von der bisherigen Sprödigkeit und Anmaßung, über die
Mittel der Dichtkunst, Sprache und Versbau, ausführlicher
vernehmen. Denn zuvor hatte er fast nur mit Räthselsprü-
chen wie aus dunkler Wolke geblitzt, besonders in einigen
Oden über diese Gegenstände. Unter allem aber, was Klopstock geschrieben, haben nach meinem Gefühl die grammati-
tischen Gespräche am meisten Anmuth. Er war schon siebzig
Jahre alt, als er sie herausgab: die Heiterkeit und empfängliche Regsamkeit eines frischen Greisenalters erscheint darin
ungemein liebenswürdig. Zwar hat die Einkleidung etwas
Grillenhaftes: nicht nur allgemeine Begriffe, sondern auch
Meinungen, ja sogar einzelne Bestandtheile der Sprache und
Schrift, bis auf die Buchstaben herunter, werden redend eingeführt. Indessen findet man sich bald in diese bunte Gesellschaft von Scheinpersonen, und wird angenehm überrascht,
sie so charakteristisch in Handlung gesetzt zu sehen. Das
Gespräch ist rasch und munter, der reichlich eingestreute Scherz
oft sehr drollig, und immer vom besten gesellschaftlichen Tone.
Ich denke, niemand wird die satirische Schilderung einiger

17 *

Lehren Adelungs ohne Lachen lesen können, eine Schilderung, die gleichwohl bis zur Wiederholung der eignen Worte des schwerfälligen Grammatikers treu ist.

Den Fragmenten hatte Klopstock selbst durch die neue Rechtschreibung den Eingang in die größere Lesewelt versperrt; die Gespräche erschienen in einem Zeitpunkte, wo ganz andere Gegenstände die öffentliche Aufmerksamkeit an sich rißen. Beide Schriften sind deswegen wohl nur von solchen Freunden der Dichtkunst genau beachtet worden, denen die Angelegenheiten der Muttersprache, ihre Bildung oder Verbildung, wichtig sind; und deren giebt es in Deutschland äußerst wenige. Die Sammlung von Klopstocks Werken kann nur durch die Hinzufügung beider vollständig werden: sie bedürfen aber eines einsichtsvollen Herausgebers. In den Fragmenten wäre die gewöhnliche Schreibung herzustellen, wie Klopstock selbst sie nachher wieder beobachtet hat. Die Abhandlung, worin er die Gründe seines nicht annehmbaren Vorschlages darlegt, brauchte dennoch nicht ausgeschloßen zu werden, weil sie gute Bemerkungen über die Aussprache enthält. Die Lesung der grammatischen Gespräche ließe sich durch äußere Einrichtungen beim Druck bequemer machen; einige Anspielungen, vielleicht schon damals nicht allgemein verständlich, jetzt durch den Verlauf der Zeit noch mehr verdunkelt, wären durch Anmerkungen zu erklären. Ich erinnere noch, für den künftigen Herausgeber, daß ein Paar grammatische Gespräche aus der Monatsschrift 'Berlinisches Archiv der Zeit und ihres Geschmacks' nachzutragen sind. Eines darunter enthält eine scharfe Kritik der kantischen Terminologie: eine Kritik, die vielleicht jetzt mehr Eingang finden möchte, als damals.

Ich hoffe, der vorstehende Aufsatz wird auch solchen

Lesern verständlich sein, welche die Schriften Klopstocks, worauf er sich bezieht, nicht gelesen haben: denn ich habe seine Lehren treu dargelegt, meistentheils mit Wiederholung seiner eignen Worte. Die Vorzüge unsrer edlen Mutter- sprache wollte ich nicht herabsetzen: meine Absicht war nur, die etwas einseitige Anpreisung auf eine richtige, von nationaler Vorliebe freie Schätzung zurückzuführen. Die Grammatik und die Poesie sind in diesem Wettstreite der Sprachen die Sprecherinnen allgemeiner Wahrheiten; die Stellvertreter der verschiedenen Nationen führen jeder das Wort für seine Sprache und seine Litteratur.

Die Geschichte der deutschen Sprache und ihre alten Denkmäler, über Luthers Zeitalter hinaus, hatte Klopstock kaum mit dem äußersten Rande der Lippen gekostet. Von der jetzt lebenden und üblichen Sprache hingegen war er ein sehr gefühlvoller Kenner. Ueber die gültigen und ungültigen neuen Wortbildungen, über den Unterschied des edlen und unedlen Ausdrucks, über die Wichtigkeit der Nebenvorstellungen, die sich an gewisse Wörter knüpfen, hat er sehr treffende und feine Bemerkungen vorgetragen, womit ich ganz einverstan- den bin.

Die folgenden Erklärungen und Zusätze habe ich an den Schluß gestellt, um den Gang des Gespräches nicht zu unterbrechen.

S. 200. 'Er und über ihn.' — Dieß ist der seltsame Titel eines der Verherrlichung Klopstocks gewidmeten, nun vergeßenen Buches von K. F. Cramer. — Die Deutschheit, wie sie hier auf- tritt, bezeichnet nicht die nationale Eigenthümlichkeit, sondern einen gewissen Ton, der in den siebziger und achtziger Jahren unter den jüngeren Bewunderern des berühmten Mannes, nicht unveranlaßt von ihm, eingerißen war. Unbekannt mit den Urkunden des deut- schen Ruhmes in der Völkergeschichte, in den Wißenschaften, der

Litteratur und den Künsten, hielt man sich berechtigt, auf den bloßen
Namen eines Deutschen, ohne eignes Verdienst, stolz zu thun, und
auf alles Ausländische, ebenfalls ohne Kenntniß, mit Geringschätzung
herabzusehen. Dieses ausschweifende und hohle Wesen, so verschieden von ächter Vaterlandsliebe, hatte damals selbst edlere Naturen
angesteckt: man findet zum Beispiel in Fr. Leop. Grafen zu Stolberg Jugendgedichten starke Anklänge davon.

S. 202. 'Sollen unsre Sprachen sich anfeinden, Grieche? Sie
sind Schwestern.' — Die ursprüngliche Verwandtschaft der deutschen
Sprache mit der griechischen sollte hier nicht im Ernst bestritten
werden. Ich war davon überzeugt; ich wollte nur zeigen, daß Klopstocks Beweisgründe nicht durchgängig die besten seien. Ein wirklich gültiger unter den von ihm angeführten (Gr. Gespr. S. 81.)
ist jedoch das an einigen Zeitwörtern im Gothischen noch vorhandne
Augmentum geminationis. Auch die Zahlwörter sind ein triftiger
Beweis, eben deswegen, weil sie nicht buchstäblich einerlei, sondern
nach den Gesetzen der Lautverschiebung verschieden, bald mit den
griechischen, bald mit den lateinischen mehr übereinstimmen. Nur
die so oft wiederholte Berufung auf die skythischen Wörter beim
Plato ist durchaus zurückzuweisen. Die Skythen, oder vielmehr die
Skoloten des Herodot waren zuverläßig nicht deutschen Stammes.
Seit ich das Gespräch schrieb, haben wir durch die Entdeckung des
Sanskrit, durch manche scharfsinnige Untersuchungen, insbesondre
durch die unsers großen Sprachforschers Jakob Grimm, eine ganz
andre Einsicht in das Wesen dieser Verwandtschaft gewonnen.
J. Grimm hat allein mehr für die Geschichte unserer Sprache und
die Aufstellung ihres Stammbaumes gethan, als alle seine Vorgänger in Deutschland, Holland, England, Dänemark und Scandi-
navien zusammengenommen. Niemand also, der den heutigen Stand
der Wißenschaft kennt, wird die Verwandtschaft leugnen oder auch
nur bezweifeln. Aber sie beweiset nichts für die Schönheit und den
Wohlklang des Deutschen. Denn von zwei noch viel näher verwandten Sprachen, ja von zwei Mundarten, kann die eine sich zum
Schönen und Gefälligen bilden, die andre in das Uebellautende ausarten; und das letzte ist leider der deutschen Sprache seit vierzehn
Jahrhunderten immerfort begegnet.

S. 203. 'Orpheus, ein getischer Druide'. — In diesen Aus-

drücken Klopstocks sind so viele unhistorische Zusammenstellungen ge=
häuft, wie nur möglich. Orpheus wird ein Druide genannt, aus
einem Thracier zu einem Geten gemacht, und dieß unter der Voraus=
setzung, Geten und Gothen seien dasselbe Volk. Dürften wir den
Orpheus als eine historische Person betrachten, so war er allerdings
ein Lehrer priesterlicher Geheimnisse, der im Norden von Hellas seine
Heimat hatte; aber schwerlich kann ihm ein persönliches Dasein ge=
sichert werden. Die kriegerischen Sänger und die Priester der Gallier
hießen Barden und Druiden. Diese Namen hatte Klopstock uner=
laubter Weise, wiewohl nach dem Beispiele vieler Vorgänger, auf
die Germanier übertragen. Wenn wir aber dem Julius Cäsar ir=
gend etwas glauben, und er ist im höchsten Grade glaubwürdig, so
hatten die germanischen Priester mit dem Orden und der Schule der
gallischen Druiden nichts gemein. Klopstock, ein Liebhaber, nur in
wenigen Stücken ein Kenner unserer Alterthümer, schwankte in Be=
zug auf die celtische Hypothese: wenn er seinem natürlichen Gefühle
folgte, verwarf er sie; wenn ihm einmal der Etymolog Wachter zu
viel weiß gemacht hatte, glaubte er daran. Die Einerleiheit der
Geten und der Gothen ist auch von vielen Gelehrten behauptet wor=
den. Sie haben sich dabei auf zwei Scheingründe gestützt: erstlich
die benachbarten Gegenden, wo die Gothen zuerst wandernd und
erobernd in der Geschichte auftreten; dann die Verwechselung der
beiden Namen bei Geschichtschreibern des fünften und sechsten Jahr=
hunderts. Was das erste betrifft, so sind die Zeiträume verschieden;
wir kennen die früheren mehr nördlichen Wohnsitze der Gothen;
wir wißen, wann sie zuerst über die Donau gegangen sind, da schon
Ovid, weit im Süden dieses Flußes, zu Tomi, mitten unter den
Geten wohnte. Daß die Gothen nicht selten Geten genannt wer=
den, ist freilich wahr. Aber dieß rührt bloß von einer Sitte der
späteren Geschichtschreiber und Dichter her: sie suchten eine Zierlich=
keit der Schreibart darin, daß sie alte schon den klassischen Autoren
geläufige Namen der Völker statt der neueren, erst durch die Zeit=
ereigniße bekannt gewordenen setzten, weil diese weniger Würde, oder
gar etwas Barbarisches zu haben schienen. So nennen wir wohl
auch die Schweizer im rednerischen und dichterischen Stil Helvetier,
die Engländer Britten, u. s. w., wiewohl die Völker nicht das
Mindeste mit einander gemein haben. Wenn die Geten schon in

früherer Zeit Gothen genannt würden, das möchte etwas mehr beweisen; aber es geschieht nirgends.

S. 205. 'Versen, wie vormals wohl' u. s. w. — Ein bekann-
ter Vers des Ennius:

Versibu', quos olim Fauni vatesque canebant.

S. 206. 'Wich denn eure Aussprache so sehr von unsrer heutigen ab?' — Es ist ein recht auffallender Beweis, wie festgewur-
zelt am vaterländischen Boden, ja wie landschaftlich beschränkt Klopstocks Ansichten von den Sprachen waren, daß ihm der Zweifel
niemals eingefallen ist, ob denn wohl für die Vergleichung des
Wohlklanges unsre Aussprache des Griechischen eine gültige Grundlage sein könne? Ich hätte ihm nicht zugemuthet, die Aussprache
der Neugriechen für die ächte zu halten; denn, in welchem Zeitalter
sie auch aufgekommen sein mag, die Schreibung und der grammatische Bau beweisen unwidersprechlich, daß eine andre ihr vorher-
gieng, welche alle schriftlichen Unterscheidungen, und, bei den Uebergängen, die Verwandtschaft der Laute genau beobachtete. Und diese
klassische Aussprache war wiederum erweislich schon eine Abänderung
der ursprünglichen, die wir nicht gerade vorhistorisch nennen können,
weil sie vermuthlich noch in der homerischen Zeit, in der äolischen
Mundart noch viel später lebte. Unsre erasmische Aussprache soll
nun jene mittlere klassische vorstellen; aber sie thut es auf eine sehr
rohe Weise: denn außer dem, was ich an den Konsonanten und
Diphthongen gerügt, wird auch die Quantität der Vokale nicht gehörig beobachtet. Hiefür ist der Sinn zwar auch den Neugriechen
wie den meisten neueren Völkern verloren gegangen.

S. 211...215. An dieser Darlegung der allgemeinen Gesetze
des Wohllautes in den Sprachen wüßte ich nichts Wesentliches zu
verändern; wohl aber hätte ich manches hinzuzufügen, was die
seitdem erworbene Bekanntschaft mit dem Vortrage einer größeren
Zahl von lebenden Sprachen, und vornehmlich mit dem Baue des
Sanskrit mich gelehrt hat. Der Einfluß des Klimas auf den Wohllaut ist bei der Bildung der Mundarten unverkennbar: doch scheint
dabei die wärmere oder kältere Temperatur weniger einzuwirken, als
der Gegensatz der Gebirgsluft mit der Luft der Ebenen, Niederungen
und Seeküsten.

S. 224. 'Die begriffsmäßige Silbenzeit der deutschen Sprache,

Grieche, hat große Vorzüge vor eurer bloß mechanischen'. — Klop=
stock hat hier zwei ganz verschiedene und eigentlich inkommensurable
Dinge mit einander verglichen: die logisch=grammatische Rangord=
nung der Silben in dem Ganzen des Wortes oder des Satzes,
welche, nach unserm System der Betonung, uns in den Stand setzt,
etwas den rhythmischen Silbenmaßen Analoges in unserer Sprache
anzuordnen; und die nicht mechanische, sondern musikalische Meßung
der Silben nach ihren hörbaren Bestandtheilen, die Quantität.
Das Gesetz der Quantität lautet nach dem einfachsten Ausdrucke
so: Silben, die einen langen Vokal oder einen Diphthongen ent=
halten, sind lang; Silben mit einem kurzen Vokal sind kurz; die
letzten können aber durch die Position lang werden, das heißt, wenn
mehr als Ein Konsonant darauf folgt. Dieses, was Klopstock als
eine besondre, vielleicht willkürliche Einrichtung der griechischen
Sprache, von da in die lateinische übertragen, zu betrachten geneigt
war, scheint vielmehr ein allgemeines Naturgesetz zu sein: es ist
die Grundlage der sanskritischen Metrik wie der griechischen. Die
Länge hat die doppelte Dauer der Kürze. Dieß nennt Klopstock,
ziemlich verwegen, einen Einfall der griechischen Theoristen. Er
würde doch wohl über seine Behauptung etwas stutzig geworden
sein, wenn er erfahren hätte, daß die altindischen Metriker, ohne
von den Griechen zu wißen, dasselbe gelehrt haben; daß auch in
manchen indischen Silbenmaßen (die meisten sind, wie die lyrischen
der Griechen, von bestimmter Silbenzahl) unter gewißen Bedingungen
zwei Kürzen eine Länge, oder umgekehrt, vertreten dürfen.

Die Geschichte der Sprachen lehrt uns, daß in einer früheren
Epoche die Empfänglichkeit des Gehörs hiefür sehr rege war, und
daß die Quantität nicht nur in der Poesie ein herrschendes Princip
wurde, sondern auch in der gesammten grammatischen Entwickelung
sich wirksam bewies.

Wenn nun eine Zerrüttung der Sprachen durch plötzliche Mi=
schungen eintritt, so geht das Gefühl der Quantität mehr oder we=
niger verloren, die zuvor scharfe Unterscheidung der langen und kur=
zen Vokale wird schwankend, und der Accent reißt in gleichem Grade
die Oberherrschaft an sich. So ist es bei den Neugriechen und den
Neulateinern, nämlich in den romanischen Sprachen, erfolgt. Ohne
ein solches Ereigniß ist bei uns und den übrigen Völkern deutschen

Stammes im Verlauf der Jahrhunderte, aus bisher unerforschten
Ursachen, dasselbe geschehen. Denn ausgemacht war es nicht von
jeher und ursprünglich so. Nach J. Grimms vortrefflicher Abhandlung über das gothische Vokalsystem kann niemand mehr bezweifeln,
daß die Aussprache der Gothen, wie ihre Schrift, die Quantität
der Vokale äußerst genau und folgerecht unterschied. Ueber die Betonung sind wir wegen der mangelnden Accente weniger im Klaren.
Aus dem Otfried entscheiden zu wollen, dürfte bedenklich sein, weil
er fünf Jahrhunderte später als Ulfilas und in einer andern Mundart schrieb, und weil, bei der Bestimmung seines Gedichtes für den
Gesang, seine Accente mehr musikalischer als grammatischer Art zu
sein scheinen. Da aber das Gothische wie das Griechische und das
Sanskrit vielsilbige Biegungen mit tönenden und zum Theil langen
Vokalen hatte, so war es fast unvermeidlich, der Ton mußte von
der Stammsilbe wegverlegt werden. Daß das ungelehrte kriegerische
Volk der Gothen vor anderthalb Jahrtausenden seine wißenschaftlich
gebildeten Nachkommen an Feinheit des Gehörs und an zarter Sorgfalt für den Wohllaut unendlich weit übertroffen, dieß mag uns
ein Gegenstand des Erstaunens sein, aber es läßt sich nicht leugnen.
Die gothische Sprache steht, wie in Allem, so auch in dem Organismus der Laute auf einer sehr hohen Stufe, und tritt nahe hinan
zu den edelsten Hervorbringungen der Vorwelt, dem Griechischen
und dem Sanskrit. Es besitzt alle die musikalischen Tugenden,
welche das heutige Deutsch zu seinem großen Nachtheile eingebüßt hat.

Die Formen der gothischen Poesie sind uns unbekannt. Indeßen liegt es am Tage, daß die Sprache sich in rhythmische Silbenmaße, ganz nach den Gesetzen der griechischen Metrik, fügen
konnte. Daß es wirklich geschehen, wird man wenigstens wahrscheinlich finden, wenn man Folgendes erwägt. Gewöhnlich tritt, wo
der Sinn für die Quantität verloren geht, sogleich der Reim hervor. In der Geschichte der deutschen Poesie finden wir eine Mittel-
stufe, die Allitteration. Diese ist die bindende Form in den ältesten
altsächsischen Gedichten, die wir haben. In der angelsächsischen
Poesie hat sie bis zum Untergange der Sprache bestanden. Was
gieng nun der Erfindung der Allitteration voraus? Ich denke, der
Rhythmus.

Vielleicht würde sich Klopstock weniger eifrig bemüht haben, die bewunderten Vorzüge der klassischen Sprachen herabzusetzen, und ihre vermeinten Gebrechen (nothwendige Eigenschaften solcher Sprachen, worin die Quantität herrscht) zu rügen, wenn er eingesehen hätte, daß der Vorzeit unsrer Sprache diese Vorzüge und diese vermeinten Gebrechen mit jenen gemein waren.

S. 239. Die übersetzten Verse des römischen Dichters stehen in seinen Epist. ex Ponto L. IV. El. 13. Nur zum Scherze ward hier, nach Klopstocks eigner Voraussetzung, behauptet, Ovids getische Verse seien gothische, folglich deutsche gewesen. Auch äußert sich der verwöhnte Römer sonst so wenig schmeichelhaft für die Geten, daß wir kaum wünschen können, sie unter unsere Vorfahren zählen zu müßen.

> Barbarus hic ego sum, quia non intellegor ulli;
> Et stolidi Getae verba Latina rident.

Indessen bleibt es immer eine merkwürdige Thatsache, daß Ovid es möglich fand, in der unbekannten barbarischen Sprache der Geten Verse nach den Gesetzen der klassischen Metrik zu machen.

S. 239. 'Klopstock hat eine Menge Stellen alter Dichter in der Uebersetzung verkürzt'. — Wiewohl er sich selbst hierdurch das Ziel dichterischer Nachbildungen verrückte, so verdienen doch die seinigen sehr beachtet zu werden. Sie sind frisch und lebendig, und haben eine gewisse Anmuth Vielleicht werden meine Leser nicht ungern eine berühmte und bewundernswürdig schöne Stelle des Virgil in der klopstockischen und voßischen Uebersetzung vergleichen.

> AEN. VI. 847. sqq.
> Excudent alii spirantia mollius aera;
> Credo equidem, vivos ducent de marmore voltus,
> Orabunt caussas melius, coelique meatus
> Describent radio, et surgentia sidera dicent:
> Tu regere imperio populos, Romane, memento;
> Hae tibi erunt artes; pacisque imponere morem,
> Parcere subiectis, et debellare superbos.

Klopstock.

> Andere mögen athmendes Erz anmuthiger gießen,
> Mögen denn bilden in Paros Stein die Geberde des Lebens,
> Schöner reden vor dem Gericht, des Himmels Bewegung
> Mit dem Zirkel bezeichnen, verkündigen kommende Sterne:
> Dein sei, Römer, daß du die Nationen beherrschest,
> (Hier sei du der Künstler!) des Friedens Sitte gebietest,
> Deßen schonst, der gehorcht, mit dem Stolzen siegend es entreißt.

Voß.

Andere gießen vielleicht gerundeter athmende Erze,
Oder entziehn, ich glaub' es, beseeltere Bildung dem Marmor,
Beßer kämpft vor dem Richter ihr Wort, und die Bahnen des Himmels
Zeichnet genauer ihr Stab, und verkündiget Sternen den Aufgang:
Du, o Römer, beherrsche des Erdreichs Völker mit Obmacht;
(Dieß sei'n Künste für dich!) du gebeut Anordnung des Friedens;
Demuthsvoller geschont, und Trotzige niedergekämpfet!—

Nach meinen Grundsätzen des Versbaues habe ich diese Stelle so
zu geben versucht: *)

Andere werden ein athmendes Erz anmuthiger glätten,
Werden, ich weiß! anbilden lebendige Züge dem Marmor;
Werden beredsamer sein im Gericht, und die Bahnen des Himmels
Meßen mit kreißendem Stab, und der Stern' Aufgänge verkünden:
Du sei, Römer! bedacht, weltherrschende Macht zu verwalten,
(Solcherlei Kunst sei dein!) dann friedliche Sitte zu ordnen,
Wer sich ergab, zu verschonen, und Trotzige niederzukämpfen.

---

*) [Vgl. Werke Bd. III. S. 181.]

Aphorismen
die Etymologie des Französischen betreffend.

1.

Die Sprache einer kleinen, von andern, an Kultur und Macht überlegenen Völkern umgebenen Völkerschaft ist wie eine stehende Lache in einem Thal, wohin alle Waßer von den Anhöhen rings umher zusammenlaufen: sie kann sich der fremden Einflüße nicht erwehren. Die Sprache eines wirkenden voranstrebenden Volkes ist wie ein rascher Strom, der sich selbst durch einen See oder das Meer mit geringer Mischung den Weg bahnt: die gewaltige Bewegung stößt den fremden Andrang zurück.

2.

Die im Bas-breton die Ursprache suchen, erinnern an den Mann, der in einem Steinbruche die Versteinerungen fand, welche sein Freund geschnitzt hatte. Des petits pâtés pétrifiés beweisen, daß die Pastetchen schon vor der Sündflut in Gebrauch waren: sie rühren von einer letzten Mahlzeit des ertrunkenen Menschengeschlechts her!

3.

Le Brigant voudrait bien passer, à ce qu'il paraît, pour le dernier rejeton de l'illustre tribu des Brigantes qui dans la Grande-Bretagne fit une si belle résistance aux Romains.

4.

Ce Bas-Breton, c'est vraiment une bonne pâte de langue: on en fait à volonté de l'Hébreux ou du Sanscritan. Mais ces deux assertions se réfutent réciproquement. Si le Bas-breton est de l'Hébreux, il n'est donc pas du Sanscritan; s'il est du Sanscritan, il n'est donc pas de l'Hébreux, puisqu'il est reconnu que ces deux langues n'ont rien de commun et qu'elles appartiennent à des familles différentes.

5.

Die celtische Hypothese ist ein symptôme mortel, die facies Hippocratica für die gesunde Vernunft.

6.

Genaue und authentische Berechnung der Bevölkerung Helvetiens bei Cäsar — ungefähr ein Fünftel der heutigen — Blühender Zustand — Vermeinte Engigkeit ihrer Gränzen. — Folgerungen hieraus. Das gesammte Gallien, Aquitanien und Belgien inbegriffen, nach demselben Verhältniß fünf bis sechs Millionen vor der Eroberung. Verwüstungen des Krieges. Dünne Bevölkerung, als es eine römische Provinz ward. Große Wirkung der Kolonieen. Die Bevölkerung nahm ohne Zweifel unter der römischen Herrschaft zu, aber erst als die lateinische Sprache schon beträchtliche Fortschritte gemacht hatte.

7.

Unter dem Tiberius sind 400,000 Sueven und Sigambrer nach Gallien an's linke Rheinufer verpflanzt worden (Sueton. u. Eutrop.). Wie äußerst gemischt die Bevölkerung Galliens! Hätte dieß ohne Einfluß auf die Sprache blei-

ben können? (Die Zahl bei Eutropius ist freilich stark.) —
Franconville — Romainville. —

8.

Gallicismen kommen schon beim Gregor von Tours vor,
z. B. focus (feu), mala hora (malheur), homo (on) u. s. w.

9.

On aurait essayé en vain d'arrêter les partisans de
l'hypothèse hebraïque un petit instant à la tour de Babel —
ils couraient tout droit au paradis terrestre.

10.

Phönicische Hypothese — Bochart — Im siebzehnten
Jahrhundert gab es eine Menge Leute, die Einem Hebräisch,
Chaldäisch, Arabisch an den Kopf warfen, que c'était une
bénédiction. Man sagt wohl, sie wußten zu viel, das verwirrte ihre Gedanken; offenbar aber wußten sie nicht genug.
Man könnte heutzutage immerhin das etymologische Studium
aufmuntern: vor der Gefahr d'être assommé à coups d'éru-
dition ist man ziemlich sicher.

11.

Höhlen der Troglobyten, aus welchen neuere Philosophen
die ganze Kultur hervorgehen laßen.

12.

Die Geschichte vom Psammetichus — le sauvage de
l'Aveyron.

13.

Die göttlichen und menschlichen Namen der Dinge beim
Homer und in der sämundischen Edda.

14.

Etymologische Anspielungen im alten Testament. —
Plato — die Stoiker — Varro.

Vorrede zu Flore und Blanscheflur, von Sophie v. Knorring, geb. Tieck.

Seit einiger Zeit hat sich, nicht bloß in Deutschland, sondern auch in andern Ländern Europas, eine lebhafte Neigung sowohl zu den Dichtungen, als zu geschichtlichen oder dichterischen Darstellungen des Mittelalters kund gegeben. Es ist vielleicht um so anziehender, sich in die vaterländische Vorzeit zu versetzen, je fremder ihre Sitte uns geworden, und je mehr die damalige Verfaßung der Gesellschaft in der heutigen Wirklichkeit ausgelöscht ist. Glücklich begabte Dichter haben sich darin gefallen, ihre eignen Erfindungen in die Tracht der ritterlichen Zeit zu kleiden. Allein dieß ist ein bedenkliches Unternehmen: denn es steht kaum zu erwarten, daß eine freie Erdichtung menschlicher Leidenschaften, Handlungen und Lebens-Auftritte nicht in gewissem Grade das Gepräge ihrer Zeit tragen sollte: und wenn das der Fall ist, so wird das gewählte Kostum nicht ganz zu dem Grundgewebe paßen, und ein Mangel an sichrer Haltung zu spüren sein. Ueberhaupt sind die einfachen, kräftigen, und eben deswegen gläubigen Zeitalter am glücklichsten im Erfinden; ich meine im Hervorbringen solcher Erdichtungen, die wenn sie einmal vorhanden sind, in die Reihe der Wirklichkeiten einzutreten, und die Mannichfaltigkeit des Weltschauspiels zu bereichern scheinen. Ausbilden und vollenden hingegen, auch die bewußtlose Tiefe ergründen, ist der eigentliche Beruf solcher Zeitalter, in welchen die Besonnenheit und der zweifelnde Verstand vorwaltet.

Es dürfte also auf alle Weise das Gerathenste sein, bei einem solchen Vorhaben sich an die ächten und noch vorhandenen Dichtungen des Mittelalters anzuschließen. Hier ist durch die Bewegung der Charakter der Gestalten schon gegeben; die verloschenen Umriße dürfen nur aufgefrischt, und mit ihren eigenthümlichen Farben ausgefüllt werden, um ein anschauliches Bild der ritterlichen Zeit in vollkommener Einstimmung mit sich selbst hervortreten zu laßen.

Man hat sich auf verschiedene Art bemüht, die zuvor ganz in Vergeßenheit begrabenen alten Ritterromane wieder ans Licht zu ziehen. Zuvörderst durch prosaische Auszüge: dieß ist besonders in Frankreich geschehen, aber ohne Kritik, ohne Kenntniß der wahren Quellen, nach vergleichungsweise sehr späten und verfälschten Bearbeitungen, in einem gezierten Vortrage, der mit der Unschuld und Treuherzigkeit der Dichtungen in schneidendem Widerspruche stand; man schien die feine Lesewelt gleichsam um Verzeihung zu bitten, daß man sie von solchen Albernheiten unterhalte. Nur in Deutschland ist bisher eine beträchtliche Anzahl der in Versen abgefaßten Originale aus dem dreizehnten Jahrhundert treu in der alten Sprache abgedruckt. In England, wiewohl man dort den Gehalt dieser Dichtungen zu ahnden anfängt, hat man sich meistens mit Proben begnügt, übrigens Auszüge, zum Theil ziemlich verständige, geliefert. In Frankreich, wo durch Raynouards meisterhafte Arbeiten ein neues Licht über die provenzalische Litteratur aufgeht, hat man im Nordfranzösischen nur von den Fabliaux und dem allegorischen Roman von der Rose genaue Ausgaben veranstaltet; an die Ritterromane ist die Reihe noch gar nicht gekommen.

Indeßen müßen sie, auch durch treue Abdrücke vor dem gänzlichen Untergange bewahrt, dennoch den meisten Lesern unzugänglich bleiben. Denn sie sind in einer veralteten Sprache geschrieben; und was das Schlimmste ist, in einer Sprache, welche zwar schwer verständlich, aber doch die unsrige ist. Wenn es um den Genuß ausländischer Poesie zu thun ist, so versetzen wir uns willig zu dem Dichter auf sein eignes Gebiet. Hier aber wird man beständig durch die Erinnerung an den verschiedenen Sprachgebrauch, und die veränderte Geltung der Wörter gestört, und gelangt nur durch lange fortgesetzte und eigentlich gelehrte Uebung zu einem reinen Eindruck.

Es kommt jedoch ein viel wesentlicherer Umstand hinzu, weswe-

gen die alten erzählenden Gedichte nicht bloß einen Sprachausleger,
sondern einen dichterischen Dolmetscher erwarten. Ihre Form ist
meistens sehr unvollkommen: ich hoffe durch dieses Geständniß
die Verehrer der Vorzeit um so weniger zu kränken, je entschiedener
ich mich über den unermeßlich hohen Werth der Dichtungen selbst,
und das Unvermögen der jetzigen Zeit, etwas Aehnliches hervorzubringen, ausgesprochen habe. Die Erzählung ist unbeholfen: es
fehlt ihr auf der einen Seite an rascher Gewandtheit und gedräng-
ter Kürze, welche vorzüglich in den bloß zur Verständigung unent-
behrlichen, und des Schmuckes wenig empfänglichen Theilen erfordert wird; auf der andern Seite an gleichmäßig vertheilter und in
leichtem Schwunge vorübereilender Fülle. Es ist, als fühlten die
Erzähler die Unzulänglichkeit ihrer Worte für das, was sie so treu
und gemüthlich empfinden; sie wollen ihren Gegenstand erschöpfen,
sie nehmen verschiedentlich einen neuen Anlauf, und verfallen in
Weitschweifigkeit. Insbesondere wißen sie die Wendepunkte der Begebenheiten nicht genugsam herauszuheben, und weder allmählich
vorzubereiten, noch zu verschweigen und auszusparen, wo Ueberraschung bewirkt werden soll. An diesen Gebrechen hat die unglücklich
gewählte Versart der kurzen Reimpaare keinen geringen Antheil.
Es ist nicht zu läugnen, die schnelle Folge der Reime hat den Dichtern oft befremdliche und störende Wendungen abgenöthigt, ja zuweilen Verse, die ganz wie müßige Einschiebsel aussehen. Diese
Versart ist von einer auch dem geübtesten Vorleser unüberwindlichen
Eintönigkeit: die kunstreicheren Meister haben diese, jedoch vergeblich, dadurch zu heben versucht, daß sie mit dem Sinne beständig
aus einem Reimpaare in das andre hinüberschreiten, und also durch
die Wortfügung, der Natur des Reimes zuwider, verbinden was er
trennt, und trennen was er verbindet. Welcher Kunsterfahrene
möchte es unternehmen, in dieser Versart ein langes erzählendes
Gedicht durchzuführen? Bei dem Gebrauch des Reimes ist irgend
eine Abtheilung in Strophen dazu ganz unentbehrlich. An dem
Bruchstücke des ächten Titurel in vierzeiligen Strophen, einigermaßen auch noch an der Umarbeitung in siebenzeiligen, sieht man die
günstige Rückwirkung einer schicklicher gewählten Form auf die Darstellung. Es versteht sich, daß wir nicht von dem Liede der Nibelungen reden, welches durch Ton und Farbe eben so wesentlich

von den welschen Ritterromanen ausgesondert ist, als durch seine
Heimat und die verschiedene Art der Entstehung. Von diesem Ge=
dichte behaupte ich allerdings, und berufe mich dabei auf die schon
gemachten Erfahrungen, daß es keiner Erneuerung, die der Aus=
sprache beim mündlichen Vortrage ausgenommen, weder bedürfe,
noch sie dulde, um lebendig auf die Gemüther zu wirken.

Wenn man mir im Obigen beistimmt, so wird man mir auch
zugeben, den alten Ritterromanen sei nicht etwa damit zu helfen,
wenn man durch Wegnahme des Unverständlichen, Ueberflüßigen
und Mißfälligen stellenweise nachbeßerte, im Ganzen aber Form
und Manier beibehielte. Hiedurch würde nichts anderes bewirkt
werden, als ein zwitterhaftes Wesen; eine unerlaubte Verfälschung
des Alten, ohne daß doch ein wahrhaft Neues aufgestellt und in sich
selbst begründet wäre. Nein: man muß sich ganz an das Wesen
halten, die Hülle aber fahren laßen; der Geist der alten Dichtung,
aus einem künstlerischen Sinne wiedergeboten, muß sich aufs Neue
in einer sprechenden und einnehmenden Gestalt verkörpern. Eben
dieses Recht haben die alten Dichter an ihren Vorgängern geübt,
von welchen sie Ueberlieferung oder Erfindung überkamen: sie schmück=
ten das Ererbte nach den Forderungen ihrer Zeitgenoßen; wir müßen
das Gleiche für die unsrigen thun, denn Niemand kann für seine
Altvordern schreiben.

Solche Gedanken haben mich oft beschäftigt, als ich der Poesie
noch jugendliche Stunden zu widmen hatte. Meine Bewunderung
für den Ariosto hielt mich nicht ab, sein wahres Verhältniß zu den
Ritterromanen einzusehn. Er hat nur die späteren Bearbeitungen in
Prosa gekannt, und an diesen schien ihm erlaubt alle Willkür zu
üben: ihre Namen und Abenteuer dienten ihm nur zum Vorwande
seiner phantastischen Einfälle. Er hat fremde Schätze mannichfaltig
darauf zusammengehäuft, keinesweges aber die Dichtung aus ihren
eignen Mitteln bereichert; er hat sie übertrieben, ohne sie natürlich
zu entfalten. Seine künstlerische Meisterschaft lobt man am besten,
wenn man sagt, was erweislich wahr ist, daß er sein Gedicht ohne
einen Entwurf angefangen, und ohne einen Entwurf fortgeführt
hat; daß er von Gesang zu Gesang, wie von Tage zu Tage, gelebt;
endlich daß er, während er den bunten Teppich ohne Maß und Ziel
fortwebt, dennoch die Wiederholung der Figuren zu verkleiden, und

18*

die Zuschauer bei der Betrachtung festzuhalten weiß. Wenn aber
von Haltung und Einheit die Rede ist, so gestehe ich gern, daß ich
den prosaischen Roman von Fierabras, so roh und wild er auch
sein mag, vorziehe; wenn von ergreifender Wirkung auf die Gemüther, daß im rasenden Roland nichts mit der Ertränkung des
Rosses Bayard in den alten Heymons-Kindern verglichen werden
kann. Unter den italiänischen Dichtern hat Dante noch die ächten
Ritterromane gekannt, und nach seiner großen Weise gefühlt: seine
wenigen Erwähnungen, vom Lancelot (wer gedenkt nicht dieser?), vom
Artus, vom Tristan, von Ronceval und Rolands gewaltigem Horn,
haben einen ganz anders zauberischen Anklang als Ariostos ver-
schwendete und sich gegenseitig im Preise herabsetzende Wunder-
Erscheinungen.

An einer Dichtung, mit deren tiefer Leidenschaftlichkeit nichts
Anderes aus demselben Kreiße verglichen werden kann, am Tristan,
unternahm ich, was meinem Sinne vorschwebte, zu verwirklichen.
Der erste Versuch schien mir hinlänglich gelungen zu sein, um mich
zu der Fortsetzung aufzumuntern; und ich würde das Werk rasch
zu seinem Ziele fortgeführt haben, wenn ich nicht durch unglückliche
Vorfälle unterbrochen worden wäre. Nachher ist es mir in einem
mannichfaltig bewegten Leben niemals geglückt, den abgerißenen
Faden wieder anzuknüpfen; so daß ich mich endlich entschloß, den
ersten Gesang, nur als Zeugniß eines unvollendet gebliebenen Vorhabens, dem Publikum mitzutheilen.

Jetzt gewährt es mir eine ungemeine Befriedigung, was ich
ehemals zu leisten mich bemüht hatte, an einer andern Lieblings-
Dichtung des Mittelalters, mit zartem Sinne, mit leichter und
glücklicher Hand, ausgeführt zu sehn. Die Geschichte von Flore
und Blanscheflur ist eine anmuthige Kinder-Idylle unter den Ritterromanen. Sie war so allgemein beliebt, daß sie in alle europäische Sprachen, worin man vom dreizehnten bis zum sechszehnten
Jahrhundert zu schreiben und zu dichten pflegte, verschiedentlich
übertragen worden ist. Die bibliographischen Nachrichten hierüber, so wie über die Handschriften und Drucke, wird man leicht
in den Büchern finden, wo man dergleichen zu suchen gewohnt ist.
Den Geist der Dichtung hat mein Bruder Friedrich von Schlegel
in seiner Nachricht von den poetischen Werken des Boccaccio bei

Gelegenheit des Filopono *) treffend geschildert. Die eben genannte
Jugendschrift des berühmten Italiäners ist nämlich nichts anderes
als die Geschichte von Flore und Blanscheflur, aber durch gesuchte
Pracht der Schreibart, durch die hinzugedichtete Einwirkung über-
irdischer Wesen unter heidnischen Namen, und allerlei andere fremde
Zuthaten zu einem weitläuftigen heroischen Roman in Prosa hin-
aufgeschraubt. An dieser unerträglichen Verkleidung eines lieblichen
Märchens kann man lernen, wie man es nicht machen muß, wenn
man Dichtungen des Mittelalters erneuern will; aber der mit so
großer Anstrengung unternommene ehrgeizige Versuch beweist wenigstens, daß im vierzehnten Jahrhundert die Geschichte auch in
Italien volksmäßig verbreitet war, und in hohem Rufe stand.

Was den Ursprung des Romans von Flore und Blanscheflur
betrifft, so ist die Meinung einiger Gelehrten, Spanien sei dessen
Heimat, ohne allen Grund, und vielleicht nur durch den Schauplatz
der Handlung in der ersten Hälfte veranlaßt worden. Die älteste
bisher bekannt gewordene Behandlung ist die welsche, worauf unser
alter Meister mit Nennung des Verfaßers Robert von Orbent (wofern die Lesart richtig ist) sich beruft. Ob diese noch in der königlichen Bibliothek zu Paris, oder sonst irgendwo vorhanden sei, kann
ich nicht sagen. Allein ich halte Frankreich dennoch nicht für das
Geburtsland der Dichtung, und bin geneigt zu glauben, sie sei,
wie so manche andre, aus dem Morgenlande, diese aber zunächst
aus dem christlichen Morgenlande nach Europa gekommen, und vielleicht durch Vermittlung des Griechischen und Lateinischen in den
lebenden Volkssprachen verbreitet worden. Der feindliche Gegensatz
zwischen Christenthum und Islam fand im Occident eben so wohl
statt, als im Orient. Den Schauplatz und die Erwähnung der
Pilgerfahrt zu St. Jakob von Compostella wird man nicht als eine
erhebliche Einwendung anführen: die geographischen Angaben konnten bei der Uebertragung verändert werden: sie sind überdieß meistens verwirrt und unbestimmt genug; Boccaccio hat sie vollends
unverantwortlich entstellt. Da ich gegenwärtig die Hülfsmittel
nicht zur Hand habe, welche erfordert werden, um eine solche Spur

---

*) [Charakter. u. Krit. II. S. 374 f. Fr. Schl. Werke. X. Bd.
Wien 1825. S. 14 f.]

weiter zu verfolgen, so gebe ich meine Ansicht für nichts weiter aus, als eine bloße Vermuthung. Aber da es bei uns Sitte geworden ist, die alten Gedichte nach Fabelkreißen zu ordnen, und ich sehe, daß Flore und Blanscheflur, wegen der am Schluße beigefügten Genealogie, zu dem Fabelkreiße von Karl dem Großen gerechnet wird, so finde ich nöthig zu bemerken, daß diese Dichtung mit jenem Fabelkreiße nicht das Mindeste zu schaffen hat, sondern, wo sie auch entstanden sein mag, unabhängig für sich besteht. Ein solcher genealogischer Zusatz, ganz willkürlich ersonnen, war wohlfeilen Kaufs zu haben; und nichts ist bei den alten Erzählern gebräuchlicher, als dieses Mittel, die Namen ihrer Helden an schon berühmt gewordene anzuknüpfen.

Wir haben zwei Bearbeitungen in alten Reimen, die eine in oberdeutscher, die andre in niederdeutscher Mundart. Die letztere hat Bruns, Professor in Helmstädt, in einer Sammlung niederdeutscher Gedichte herausgegeben; der gelehrte Eschenburg besaß eine beßere Handschrift davon. (S. deßen Denkmäler altdeutscher Dichtkunst. S. 209...230.) Sie scheint sehr jung zu sein: schwerlich darf man sie höher hinaufsetzen, als in die letzte Hälfte des vierzehnten Jahrhunderts. Die Erzählung ist ungemein abgekürzt, ja sogar durch Weglaßung der eigentlichen Züge (z. B. des Schachspiels, wodurch Flore des Gärtners Gunst gewinnt) häufig verstümmelt. Die Verse sind unförmlich, die Ausdrücke gemein, die bei jedem Abschnitte wiederholte bänkelsängerische Aufforderung, dem Vorleser zu trinken zu geben, ist wohl nur dem Abschreiber zuzurechnen. Aber das Ganze ist in dichterischer Hinsicht völlig werthlos. Der einzige Gesichtspunkt, aus welchem es einige Aufmerksamkeit verdienen möchte, ist abweichende Angabe einiger Namen und Oerter, woraus hervorgeht, daß das Buch, auf welches der niederdeutsche Verfaßer sich beruft, nicht die vorhandene oberdeutsche Bearbeitung war. Vielleicht hat er mittelbar oder unmittelbar aus einer lateinischen Quelle geschöpft. Die Vermuthung scheint durch die Abänderung der Namen in Flos und Blankflos begünstigt zu werden.

Das oberdeutsche Gedicht von Flore und Blanscheflur ist durch C. H. Müller in der bekannten Sammlung zum Druck befördert worden: bis zur Unlesbarkeit fehlerhaft, wie Alles, was durch die Hände dieses unwißenden Herausgebers gegangen ist. Der Verfaßer hat, wie ich oben bemerkte, den Urheber der welschen Fabel, aber, gegen die Sitte des Zeitalters, nicht seinen eignen Namen genannt. Man nimmt an, er habe Herr Konrad Flecke geheißen, weil Rudolph Dienstmann von Montfort einen Ritter dieses Namens als Erzähler der Geschichte von Flore und Blanscheflur rühmt; wogegen auch nichts einzuwenden ist, so lange wir nur Eine so alte Behandlung kennen. Hieraus folgt dann, daß das Gedicht früher als Wilhelm von Orleans geschrieben worden. Der Verfaßer spricht sehr bescheiden von sich selbst. Es war sein erster Versuch, und er glaubt deswegen auf Nachsicht Anspruch machen zu dürfen.

> Wanne zu nuwen listen ist las
> Ein ungeflißen synn.
> Diß ist myn erste begynn,
> Des soll ich genießen.

Indes, wiewohl er weder an erfindungsreicher Tiefe mit Herrn Wolfram von Eschenbach, noch an blühender Anmuth mit Meister Gottfried von Straßburg, noch an gewandter Leichtigkeit und Fülle mit Meister Konrad von Würzburg verglichen werden kann, so fehlt es doch seiner Erzählung nicht an gemüthlichen Zügen, an treffenden Ausdrücken und Bildern, welche ganz unverändert noch jetzt gefallen können. Diese hat die Dichterin sorgsam bewahrt, oft einen ver= sprechenden Keim entfaltet, zuweilen das ausführlich Geschilderte zu= sammengedrängt. Was die Umstände der Geschichte betrifft, ist sie mit allem Rechte dieser ächtesten Ueberlieferung Schritt vor Schritt gefolgt, und hat sich nur da kleine Abweichungen erlaubt, wo ein verändertes Gefühl der Schicklichkeiten sie nothwendig machte. Auch diese Wendung ist dem alten Dichter abgeliehen, daß die Erzählung in einem ritter= lichen Kreiße von Herren und Frauen, in einer lachenden Frühlings= Umgebung, durch eine edle Frau gleichsam wie vor einem Liebeshofe vorgetragen wird. Allein jener hat dieses nachher fahren laßen; hier ist hingegen dadurch zu Anfange jedes Gesanges ein Ruhepunkt ge= wonnen, wo, statt der beim Ariost und den übrigen italiänischen Er= zählern von Rittergedichten üblichen allgemeinen Betrachtungen, an eine schon sonst bekannte romantische Dichtung, welche Beziehung auf die Lagen und Schicksale der Liebenden hat, erinnert wird. Mit kunstreicher Symmetrie ist dann in dem Laufe jedes Gesanges irgend ein mythologisches Beispiel eingeflochten. Man würde irren, wenn man glaubte, die Dichterin sei hiedurch aus der Gedankensphäre des Zeit=

alters, in welches sie uns versetzen will, hinausgetreten. Die Bilder
der alten Mythologie waren im Mittelalter niemals ganz vergeßen, sie
lebten in dem Sinn der damaligen Menschen nach ihrer allgemeinen
Bedeutsamkeit, wenn sie sich gleich auf eigne Weise gestalteten: wie
zum Beispiel Ritter Ulrich von Lichtenstein sich die Göttin Venus zum
Helmzimier gewählt hatte, aber vorgestellt als eine Königin im Pur-
purgewande, mit Krone, Scepter und Fackel. Ein Troubadour vergleicht den Mund seiner Geliebten, der ihn durch einen Kuß verwundet
hatte, mit der peleischen Lanze, welche allein die geschlagenen Wunden zu heilen vermochte; sich selbst, indem er sich in ihren Augen
spiegelt, mit dem Narcissus. In einer Geschichte, wo der Sohn eines
mohrischen Königs in Spanien aus der Liebeskunst des weisen Meisters Ovidius Latein lernt, wo nachher ein wunderbarer mit der Geschichte des Paris und der Helena verzierter Becher vorkommt, waren
mythologische Erwähnungen doppelt veranlaßt und gerechtfertigt. Auch
stand nicht zu besorgen, daß solche kleine Episoden die Theilnahme un-
willkommen stören möchten, denn sie steigt niemals bis zu einer schmerz-
lichen Spannung, weil man vom Anfange an der glücklichen Lösung
entgegensieht.

In der Sprache hat die Dichterin einen leisen Anstrich von Alter-
thümlichkeit mit der heutigen Ausbildung glücklich gepaart; hierin, so
wie in der Wahl des Silbenmaßes, in der Behandlung der Reime, der
wechselnden Rhythmen und Einschnitte hat sie ungefähr dasselbe vor
Augen gehabt, was ich bei der Ausarbeitung meines Tristan erstrebte.
Ich würde Vieles bewundernd zu bemerken, nur hier und dagegen einzelne
Ausdrücke, gegen die Gliederung der Sätze und manche grammatische
Freiheiten etwas zu erinnern finden, wenn ich das Amt eines Kunst-
beurtheilers, und nicht das willkommenere eines Herausgebers übernommen hätte. Es steht mir nicht zu, dem Gefühle der Leser und Le-
serinnen vorzugreifen, denen ich nur geschichtlich die Verhältniße der
Dichtung habe darlegen oder ins Gedächtniß zurückrufen wollen. Die
zarte Geschichte von zwei sittsamen Blumenkindern, wo Unschuld und
Liebesglut als Lilie und Rose persönlich erscheinen, mit frischem und
farbigem Schmuck ausgestattet, wird ohne Zweifel auch jetzt wie ehemals sich Wohlgefallen und Zuneigung erwerben.

Bonn im Junius 1822.

Schreiben an Herrn Buchhändler Reimer in Berlin.

Bonn, im December und Januar 1838 u. 39.

Mein hochgeehrter Herr und Freund!

Sie sind gewiß der einzige Buchhändler in Deutschland, der den Shakspeare im Original gründlich genug versteht, um schätzbare Varianten zu einer Uebersetzung liefern zu können. Ich bedaure, die Ihrigen für jetzt beseit legen zu müßen, weil meine Rechnung mit dem König Johann bereits abgeschloßen ist.

Ich lade Sie ein, im 2ten Bande meiner indischen Bibliothek die Seiten 254...258 nachzulesen und zu beherzigen. Die Kunst, worüber ich dort einige leichte Andeutungen hinwarf, habe ich nun seit einem halben Jahrhundert (ganz wörtlich zu verstehen, seit genau gezählten funfzig Jahren) auf die mannichfaltigste Art ausgeübt, und beträchtliche Zeiträume hindurch meinen ganzen Fleiß darauf gewandt.

Ich habe keine Abschrift meiner Korrekturen zurückbehalten, und kann deswegen die Vergleichung nicht anstellen. Aber bei einigen Ihrer Vorschläge habe ich die Gründe gleich zur Hand, warum ich sie nicht annehmbar finde. Antwortst

— antwort'geziemend — Verbrechrisch Scheusal' sind Härten, die ich möglichst vermeide. Glauben Sie mir, ich habe
viel über diese Dinge nachgedacht, und könnte leicht eine Abhandlung bloß über die Elision kurzer Vokale und den Gebrauch des Apostrophs schreiben, in welchen Fällen nämlich
die Verkürzung dem Wohllaut sogar förderlich, oder erlaubt,
oder unzuläßig sei.

Alle möglichen Varianten erschöpfend erörtern zu wollen,
wäre endlos. Es thäte Noth, man hätte eine Goldwage,
eine poetische, rhetorische, logische, grammatische, synonymische,
metrische Goldwage, um Silben und Wörter, Ausdrücke und
Bilder, Auslaßungen und Zusätze, Wortfügungen und Wort-
stellungen, endlich Verse, Silbenfüße, männliche und weibliche Schlüße der Jamben, Reime und Verstheilungen gegen
einander abzuwägen.

Ich habe kein Monopol: Jedermann hat das Recht den
Shakspeare zu übersetzen.

Die Voße hatten das Recht; Tieck, Graf Baudissin und
der oder die Ungenannte haben das Recht; Benda hat das
Recht; Kaufmann hat das Recht; Ortlepp hat das Recht;
Petz hat das Recht; Mügge hat das Recht; Fischer hat das
Recht; die Wiener mit ihrem vatterländischen Surrogat haben das Recht; und Johann Deut, Georg Kahl, Franz Na-
gebein und Wilhelm Quake werden ebenfalls das Recht
haben, wenn sie als meine siegreichen Nebenbuhler auftreten
wollen.

Auch korrigieren kann Jeder meinen Shakspeare: entweder handschriftlich am Rande seines Exemplars, oder gedruckt, in Beurtheilungen u. s. w. Aber in meine Uebersetzung hineinkorrigieren, das darf Niemand ohne meine
ausdrückliche Erlaubniß.

Ein großer Dichter, ein geistreicher und liebenswürdiger Mann, mein alter Jugendfreund, kurz Ludwig Tieck, hat sich diese Freiheit genommen. Wie es ausgefallen, mögen unparteiische Kenner prüfen. Wenn ich meine alten Lesearten wieder herstelle, so darf mein Freund sich dadurch nicht gekränkt finden: er kann sich sagen, ich sei nur meinem individuellen Gefühle gefolgt.

Hierin liegt die wichtigste Bedenklichkeit gegen alle fremden Korrekturen. 'Jeder hat seine eigene Manier, seine Art, 'die Sprache und den Vers zu brauchen. Aenderungen kön- 'nen Fehler und Mißverständnisse tilgen, aber nicht Kolorit, 'Sprache und das Wesen der Arbeit selbst zu bedeutend än- 'dern, wenn nicht zu großer Widerstreit und Ungleichheit in 'dem Werke selbst entstehen soll.' So drückt sich Tieck in der Vorrede zum dritten Theile aus, und ich stimme ihm vollkommen bei.

Sehr frühzeitig habe ich hierüber eine Erfahrung gemacht, da ich es unternahm den Sommernachtstraum mit Bürger gemeinschaftlich zu übersetzen. Er besaß gewiß große Gewandtheit in Behandlung der Sprache und Versifikation, hatte aber zugleich eine stark ausgeprägte, oft übertreibende Manier. Ich sah bald ein, daß ich die von ihm ausgearbeiteten Stücke gänzlich bei Seite legen müße, weil sonst ein schreiender Kontrast zwischen seinem und meinem Antheil entstanden wäre.

Demnach wünsche ich, wenn unter der jetzigen Sündflut von Sh.-Uebersetzungen etwas von der meinigen auf die Nachwelt kommen sollte, es möge ganz von meiner eignen Hand sein, und die Uebersetzung möge den Titel: übers. v. Schl. mit vollem Rechte führen.

Jetzt komme ich auf den eigentlichen Zweck dieses Brie-

fes, nämlich Einiges in unserer Verabredung näher zu be=
stimmen, was bei der Kürze Ihres Aufenthaltes nicht gehörig
erwogen werden konnte.

Indem ich förmlich das Recht des Herausgebers aner=
kenne, mit den unter seiner Leitung hinzugefügten Stücken
nach Belieben zu schalten, so mache ich auch die gleiche For=
derung für meinen Antheil, nicht bloß in Bezug auf den
Text, sondern auch auf die Zuthaten. Wir wollen dieß ein=
zeln durchgehen.

1. Hoffentlich hat Tieck nicht die Absicht, seine beiden
Vorreden unverändert wieder abdrucken zu laßen. Er hat ja
selbst schon Manches zurücknehmen müßen: namentlich das
Versprechen der schleunigen Beendigung, und die Ankündigung
der von ihm selbst übersetzten Stücke.

In der ersten Vorrede äußert er, zwar in sehr mildern=
den Ausdrücken, er könne meine Uebersetzung nicht nur ver=
beßern, sondern auch 'berichtigen', weil er den Sh. sprach=
lich beßer verstehe. — Dieß habe ich damals stillschweigend
hingehen laßen; wenn Tieck es aber jetzt wiederholte, so
müßte ich nachdrücklich protestieren, und zwar durch die That,
indem ich seine Mißverständnisse nachwiese.

2. Ich will gern glauben, daß die Auslaßung meines
Namens auf dem Titel der einzelnen Stücke unabsichtlich und
gewissermaßen zufällig war. Man befolgte bei dem neuen
Abdrucke die bisherige Form, ohne zu bedenken, daß nun
eine nähere Bezeichnung nöthig geworden sei. Diese wird
man auch in den Anmerkungen vergeblich suchen. Erst am
Schluße des neunten Bandes, im Epilog sagt mein Freund:
'Schlegels Arbeiten sind bekannt.' — Und ich sage: Nichts
weniger! ganz unbekannt sind sie heut zu Tage. Das ältere
Publikum hat sie vergeßen, und das jüngere noch nicht kennen

gelernt. Wenn nun mein unvollständiger Sh. nicht wieder
gedruckt wird, wie soll ein künftiger Antiquar unserer Litteratur meinen Antheil ausmitteln? Doch ja! durch Sub-
traktion wäre es möglich. Die von den beiden Mitarbeitern
gelieferten Stücke werden am Schluße des Epilogs aufge-
zählt. Man darf also nur eine Tabelle der sämmtlichen 36
Stücke anfertigen, und die Buchstaben Gr. B. oder D. T.
beifügen, wo sie hingehören. Der Rest ist — Schlegel.

Die Titel der einzelnen Stücke werden also lauten:
'übersetzt von A. W. von Schlegel:' bei den zweien, die
Sie bereits in Händen haben, und so lange ich eine solche
Durchsicht fortsetzen kann, noch mit dem Zusatze: 'übersetzt
und aufs neue durchgesehen' ꝛc. Träte aber hiebei eine Ver-
hinderung ein, so wäre der Text der ersten Ausgabe, versteht sich, mit Wegräumung der Druckfehler, zum Grunde zu
legen, und auch dieß auf den einzelnen Titeln zu bemerken.

3. Sie legen in Ihrer Ankündigung ein großes Gewicht auf T.'s Anmerkungen, und sind auch als Verleger
berechtigt, es zu thun. Mich dünkt, man durfte von einem
Manne wie Tieck etwas weit Bedeutenderes erwarten. Ich
finde das Allgemeine unbefriedigend, und das Einzelne großentheils unzweckmäßig.

Ich bin wohl berechtigt, hier mitzusprechen. Auch ich
habe über den großen Dichter geschrieben, und zwar mit dem
glänzendsten Erfolge. Das litterarische Europa weiß es von
Cadiz bis Edinburg, Stockholm und Sct. Petersburg. Jen-
seit des atlantischen Meeres weiß man es auch: die englische
Uebersetzung meines Buches über dramatische Kunst und
Litteratur ist in Nord-Amerika viermal nachgedruckt worden.
Nur mein Freund Tieck scheint nichts davon zu wißen. —
Als das Buch nach dem Frieden erst in den höheren Kreißen,

durch die französische Uebersetzung, dann allgemein durch die
englische in dem Vaterlande des Dichters bekannt geworden
war, schrieb mir mein verewigter Freund Sir James Mackin-
tosh: If reputation in this country be agreeable to you, I
may congratulate you on having fairly earned it, without
the help of artifice or cabal. I know no book so gene-
rally read and followed or opposed, as your Lectures on
Dramatic Poetry. You are become our National Critic. —

Ich glaube allerdings, daß gute erklärende Anmerkungen
und besonders Einleitungen, eine sehr erspießliche Begleitung
des deutschen Sh. sein würden. Der gemeine Leser, der
über hundert halb oder gar nicht verstandene Stellen gedan-
kenlos hinweg liest, würde dadurch aus seiner Dumpfheit geweckt. Der denkende Leser erkennt die Schwierigkeiten, und
wenn er den nackten Text vor sich hat, sieht er sich vergeblich nach Hülfe um.

Doch einen solchen Kommentar zu schreiben fühlte ich
mich nicht berufen: mir war es einzig darum zu thun, den
Dichter in seiner wahren Gestalt aufzustellen. Auch war ich
nicht gehörig mit Hülfsmitteln ausgerüstet. Ich hatte keine
Shakspeare-Bibliothek, wie Eschenburg sie besaß; die An-
schaffung einer solchen hätte leicht das Doppelte und Drei-
fache des Honorars für die Uebersetzung verschlungen, wiewohl die Masse der dahin gehörigen Bücher bei weitem noch
nicht so angewachsen war wie jetzt, nach vierzig Jahren.

Excerpte aus den englischen Ausgaben cum notis variorum,
wie sie Eschenburg giebt, wären leicht zu machen, aber damit
wäre wenig ausgerichtet. Der deutsche Leser hat ganz andre
Bedürfnisse als der englische. Freilich, wer erklären will,
muß sich der Herablaßung nicht schämen. Z. B. bei den
historischen Stücken wären Erinnerungen über die Aussprache

der englischen Namen sehr nützlich: sonst wird der unkun-
dige Vorleser oder Schauspieler unfehlbar manche Verse verderben. Für den, der Gaunt nach der deutschen Geltung der
Buchstaben ausspricht, sind die Wortspiele mit seinem Namen
verloren. Die Aussprache schwankte in Sh.'s Zeit. Worcester
soll meistens Wûster lauten; doch gebraucht er es nach Bequemlichkeit auch dreisilbig. Doch dieß sind Kleinigkeiten.
Ich begehre zu denselben Stücken chronologische, biographische
und geographische Anmerkungen. Ich will es nur gestehen:
so vertraut ich mit Richard II. war, so bin ich doch bei dieser Durchsicht erst zu einer deutlichen Vorstellung von Boling-
brokes Zuge gelangt, und dieß ist doch für das Verständniß
der Handlung wesentlich.

Meines Erachtens müßten alle Anmerkungen zu einzelnen Stellen sich auf die Sachen beziehen, und nicht auf die
Worte. Sh. ist voller Dunkelheiten. Einige sind, wo nicht
absichtlich, doch ursprünglich und zum Theil charakteristisch:
sie entstehen aus der gedrängten Kürze, den kühnen Licenzen,
dem raschen Uebergange von einer Metapher zur andern.
Andre Dunkelheiten sind im Verlaufe der Zeit zufällig entstanden, vornehmlich durch den veränderten Sprachgebrauch.
Hier darf der Uebersetzer, jedoch ohne Abschwächung oder
Paraphrase, gelinde zur Deutlichkeit einlenken, und gewissermaßen ein praktischer Kommentator werden.

Was ist der Zweck einer dichterischen Nachbildung? Ich
denke, denen, für die das Original unzugänglich ist, dessen
Genuß so rein und ungestört wie möglich zu verschaffen
Folglich muß der Uebersetzer die Schwierigkeiten, die er im
Texte schon beseitigt hat, nicht von Neuem in den Noten
vorbringen. Wozu sollen dem unbefangenen Freunde der
Poesie die Mühseligkeiten der Wortkritik, Varianten, Kon-

jekturen, Emendationen? Die wenigen gelehrten Leser, die
eine Vergleichung anstellen können, werden auf den ersten
Blick sehen, welche Leseart der Uebersetzer befolgt hat.

'Also nur Sacherklärungen für den gebildeten, aber nicht
gelehrten Leser, entweder unter dem Text, oder mit einer
Nachweisung am Schluße des Schauspiels. Wer wird sie
im 3ten Bande suchen? Ein weit wichtigeres Bedürfniß
würde durch Einleitungen befriedigt werden, in der Art wie
ich eine zu Romeo und Julia versucht habe. Bei jedem
Schauspiele Sh.s steht man sich in eine fremde Welt versetzt, wo man erst einheimisch werden muß. Nichts kann
die tiefsinnige Kunst des Dichters und die schöpferische Kraft
seines Genius in ein helleres Licht setzen, als wenn man
den Stoff seiner Dichtungen, sei es nun wahre oder apo-
kryphische Geschichte, Novelle, Feen- oder Zaubermärchen,
Volkssage u. s. w., mit dem vergleicht, was dieser poetische
Alchymist daraus gemacht hat. Steevens und Malone haben
mit großem Fleiß den Quellen Sh.s nachgespürt und viel
Unbekanntes ans Licht gezogen. Hier müßte man meines
Erachtens das Papier nicht sparen, und z. B. bei den Stücken
aus der englischen Geschichte ganze Stellen aus dem Holin-
shed wörtlich übersetzt oder im Auszuge geben. Zuweilen
ist die Quelle bekannt, wie bei den römischen Stücken; aber
wenige Leser werden wohl den Plutarch so gut im Gedächtnisse haben, daß ihnen gleich die Winke des Biographen
beifallen, die Sh. für seine Charakteristik benutzt und
entwickelt hat. Manchmal möchte es eben so anziehend
als belehrend sein, nicht bei der nächsten Quelle stehen
zu bleiben, sondern bis auf die entfernteste zurückzugehen;
z. B. beim König Lear. Welches ist denn die erste
Quelle dieser apokryphischen Geschichten? Fragen Sie

einmal herum, ob viele Leser die Antwort darauf zu geben
wißen.

Dergleichen Untersuchungen stehen in der Mitte zwischen
der Wortkritik und der künstlerischen Beurtheilung der
Werke im Ganzen; sie können die letzte allerdings vorbereiten helfen.

Ludwig Tieck ist ein Geistesverwandter Sh.s. Ich bin
gewiß, der große Meister hätte seinen Fortunat bewundert,
wenn er ihn hätte lesen können. Tiecks 'Dichterleben' ist
eine unvergleichliche Darstellung: es sind Porträte, aus der
Idee gemalt, aber von einer so individuellen Wahrheit, daß
man schwören sollte, die Personen hätten ihm dazu gesessen.

Wer würde nicht gern unsern Lieblingsdichter den großen
Genius in seiner Werkstätte belauschen sehen? Wer möchte
ihn nicht über die tiefsinnige Anlage reden hören, über die
schöne Gliederung des Ganzen und das Verhältniß der Theile,
über den raschen Wechsel der Scenen, über die theatralische
Perspektive, über die Gruppierung der Charaktere, endlich
über die Bewirkung eines großen Gesammteindrucks, der aus
allen noch so grellen Kontrasten hervorgeht? Aber hierüber
hat Tieck nur ausnahmsweise und bei wenigen Stücken etwas
gesagt. Dagegen hat er sich ganz in die philologische Kritik
geworfen, und zwar in die speciellste Art, die Wortkritik:
seine Anerkennungen handeln allermeist von Lesearten, Varianten, verwerflichen Emendationen, von neuen und alten
Ausgaben, Quartos und Folio u. s. w. Wenn nun diese
Anmerkungen noch so vortrefflich wären, so frage ich doch:
für wen sind sie bestimmt? Unter hundert Lesern des deutschen Sh. verstehen kaum zehn etwas englisch; unter den
Zehnen wird man kaum Einen finden, der den Sh. gründlich versteht. Und auch dieser Eine kann die Noten nicht

benutzen, ohne das Original zu vergleichen; und zwar nicht einen kompakten Reise=Shakspeare, sondern eine von jenen bändereichen theuern Ausgaben, worin dergleichen ausführlich erörtert wird. Wie viele deutsche Leser sind mit allen diesen Kenntnissen und Mitteln ausgestattet? Dazu kommt noch in Ihrer Ausgabe, daß die citierten englischen Stellen, bei einer Sache, wo jeder Buchstabe erwogen werden muß, voller Druckfehler sind.

Und wozu nun die unaufhörliche wegwerfende Polemik gegen die Editoren für deutsche Leser, denen sie ganz unbekannt sind? Niemand denkt daran, diese Leute als Kunstrichter zu seinen Führern zu wählen: das ist eine längst abgethane Sache, auch in England, und dort noch mehr seit Erscheinung meiner Charakteristik Sh.s. Dennoch möchte ich einem Pope oder Johnson den Namen Kunstrichter nicht so ganz absprechen; besonders Johnsons Lebensbeschreibungen englischer Dichter enthalten viele scharfsinnige Bemerkungen und treffende Urtheile. Nur Sh. war ihnen manchmal zu hoch und zu tief, wie eine irrationale Gleichung dem, der nur die gewöhnliche Rechenkunst gelernt hat. Aber die neueren Herausgeber, Steevens, Malone und Reed, treten gar nicht als Kunstrichter auf. Ihr Geschäft ist die Wort=kritik und die Auslegung. Und eben in dieser Beziehung findet sie Tieck ganz verwerflich. Ich hingegen fühle mich diesen wackern Männern, und so vielen andern, die ihnen Beiträge geliefert haben, zu großem Dank verpflichtet; denn ich habe viel von ihnen gelernt, was ich auf keine andre Weise hätte lernen können. Sie haben mit unermüdlichem Fleiß aus gleichzeitigen oder älteren Schriften hervorgesucht was irgend zur Aufklärung dienen konnte.

Tieck erklärt alle bisherigen Ausgaben Sh.s, die seit

einem Jahrhundert erschienen sind, für schlecht, und sagt, es
sei endlich Zeit, aus der Verderbniß den ächten Text wieder
herzustellen. Ich wäre neugierig, diesen ächten Text zu sehen.
Er behauptet mit Zuversicht, er verstehe die englische Sprache
weit beßer als alle jene gelehrten Engländer. Nun, wenn er
dieses auf einem öffentlichen Kampfplatze, ich meine, durch
eine englisch abgefaßte und in England gedruckte Schrift
durchfechten kann, so wünsche ich ihm Glück dazu.

Ich will kein allgemeines Urtheil aussprechen, ich will
nur gegen einzelne Anmerkungen in einem Anhange dieses
Briefes meine Einwendungen vortragen; und auch dieß bloß,
um Sie zu überzeugen, daß sie zu den von mir übersetzten
Stücken nicht stehen bleiben können, weil sie zu meinen Aus-
legungen nicht paffen.

Bei den unter Tiecks Leitung übersetzten Stücken muß
er völlig freie Hand behalten. Von den Uebersetzungen habe
ich nur weniges theilweise gelesen: ich glaube, daß sie sehr
verdienstlich sind. Die Anmerkungen dazu habe ich bei weitem nicht alle geprüft; aber gegen einige hege ich starke
Zweifel.

Dieß war es ungefähr, mein verehrter Freund, was ich
über die Einrichtung Ihrer neuen Ausgabe zu erinnern hatte.
Leben Sie recht wohl.

Anmerkungen
zu Tiecks Anmerkungen zum deutschen Sh. und zu einigen Stellen des englischen Textes.

König Johann.
Anm. zu S. 6. u. 7.

Eine Rose hinter dem Ohr wäre ein seltsamer Schmuck für das Bildniß einer Königin. Ich vermuthe, die fragliche Münze trug auf der Vorderseite das Profil der Elisabeth mit der Krone auf dem Haupt, und auf dem Revers eine Rose, mit Anspielung auf die weiße und rothe Rose, weil die Tudors behaupteten, das Erbrecht beider in ihrer Dynastie zu vereinigen. Die Geschichte der englischen Numismatik wird dieß ausweisen.

Anm. zu S. 14.

Die fragliche Stelle lautet im Zusammenhange so:

Blanch.

O, well did he become that lion's robe,
That did disrobe the lion of that robe.

Bastard.

It lies as sightly on the back of him,
As great Alcides' shows upon an ass.

Die alte Leseart war shoes; einer oder der andre Scholiast hat geglaubt, sie rechtfertigen zu können. Diese Auslegung, alle übrigen Unschicklichkeiten bei Seite gesetzt, läßt sich kurz abfertigen: Herkules gieng barfuß.

Theobald hat ganz richtig verbeßert: shows. Vielleicht ist dieß nicht einmal eine eigentliche Emendation. Bei der schwankenden Orthographie jener Zeit mochte ein Schreiber wohl shoes für shows setzen.

Tieck läßt die Emendation gelten, nimmt aber Alcides für den Nominativ, und übersetzt:

Wie auf dem Esel Herkuls Kraft erschiene.

Du irrst dich in der Person, mein Freund: Silenus reitet auf einem Esel, aber Herkules nimmermehr. Kein Dichter, kein Maler, kein Bildhauer hat jemals ein so lächerliches Bild ersonnen. Eins von beiden wäre daraus erfolgt: entweder dem Thiere wäre das

Rückgrat gebrochen, oder die Beine des Reiters hätten auf der Erde nachgeschleift. Weiter oben nimmt Tieck an, Theobald habe shows nicht als das Verbum, sondern als den nom. plur. des Substantivs a show verstanden. Das ist schwer zu glauben; von mir wenigstens kann ich das Gegentheil versichern.

Da der Gen. sing. der Substantive durch ein s bezeichnet wird, dieses aber den Substantiven, die an sich schon auf ein s ausgehen, nicht ohne Uebelstand angefügt werden kann, so wird statt dessen nach der heutigen Orthographie ein Apostroph gesetzt: Alcides'. Ich weiß nicht, ob dieß diakritische Zeichen schon in Sh.s Zeit üblich war; aber darauf kommt nichts an: es ist offenbar der Genitiv, und es muß suppliert werden: Alcides' robe. — Der Esel in der Löwenhaut ist eine alte weltbekannte Fabel. — 'Herkuls Kraft' für 'Herkules' ist eine homerische Redensart, βίη Ἡρακληείη, aber dem Sh. ganz fremd.

'Augenfällig' ist ein neues gegen den Sprachgebrauch zusammengesetztes Wort. Man darf nur 'baufällig, hinfällig' damit vergleichen.

Der Konjunktiv 'erschiene' soll wohl das Auffallende des Bildes mildern; shows ist aber der Indic. praes.

Die beiden Zeilen sind im Original vollkommen klar und können für ein sinnreiches Epigramm gelten. Meine Uebersetzung:

> Es liegt so stattlich auf dem Rücken ihm,
> Wie auf 'nem Esel des Alcides Kleid

war so treu wie möglich, und überhaupt untadelig. Die Verkürzung des unbestimmten Artikels kommt im Gespräch unaufhörlich vor. In der Schrift billigt sie sogar Klopstock, besonders für den Ausdruck der Geringschätzung. Tiecks seltsames Mißverständniß hat mich bewogen der Deutlichkeit zu Liebe die letzte Zeile zu ändern; und nun gereut es mich beinahe, denn ich fürchte, es thut der epigrammatischen Wendung Abbruch.

Ich verbinde hiermit die Erörterung einer andern Stelle, wo eine ähnliche Anspielung vorkommt. K. Joh. Akt III. Sc. 1. Constance schilt den Herzog von Oesterreich:

> — — — — — What a fool art thou,
> A ramping fool!

Ich hatte übersetzt: „Welch ein Narr bist du,

> „Ein kecker Narr;"

T. hat gesetzt: „gespreizter Narr." Ich habe dieß stehen laßen, wiewohl die Weglaßung des unbestimmten Artikels nicht ohne Härte ist. Aber sind wir dadurch dem Originale viel näher gerückt? Ich denke nicht. Rampant, französisch, ist ein Kunstausdruck der Heraldik: es bedeutet ein Raubthier, besonders den in den Wappen so häufigen Löwen, auf den Hinterbeinen stehend, die Vordertatzen zum Angriffe erhoben. Das Wort ist unverändert ins Englische übergegangen, aber auch durch die einheimische Endung (ramping) eingebürgert. Der Herzog von Oesterreich, der die Löwenhaut auf dem Rücken trägt, könnte, wenn er wirklich tapfer wäre, ein steigender Löwe, a ramping lion, zu sein scheinen; so aber ist er nur a ramping fool.

Derselbe heraldische Ausdruck kommt vor in Heinrich IV. Akt 3. Sc. 1. in Percys Rede:

A couching lion and a ramping cat.

Anm. zu S. 32. Z. 15. v. o.

„So kommt trimmed nicht selten unanständig vor, — später „ist der Ausdruck wieder edel geworden," ꝛc. ꝛc.

Diese so hingeworfene Behauptung hätte durch authentische und klare Parallel-Stellen begründet werden müßen, die schwer zu finden sein werden. Das spanische gozar ist ein wahrer Euphemismus und gehört nicht hieher. Sonst sind solche Ausdrücke, z. B. das italiänische chiavar, durchaus obscön. Nach T.s Voraussetzung wäre trim ungefähr wie trousser une fille, das in der guten Gesellschaft nicht vorkommen darf, und wohl immer pöbelhaft bleiben wird.

Die ursprüngliche Leseart war:

Const.

O Lewis, stand fast; the devil tempts thee here
In likeness of a new untrimmed bride.

Die Emendation and trimmed ist von Theobald. Ich gestehe, das and ist etwas matt. Ich würde vorschlagen: uptrimmed *). Doch glaube ich, die alte Leseart läßt sich vertheidigen, und dabei doch

---

*) Die Präposition ist üblich, z. B. in Henry IV. P. 1. Act 5.
Trimm'd up your praises with a princely tongue.

eine so alberne Auslegung, wie die von Steevens, oder eine so un=
delikate, wie die von Tieck, vermeiden. Blanca begleitet den König
Johann auf seinem Feldzuge, sie muß also zuerst im Reitkleide er=
scheinen. Nun ist aber die Verlobung oder Trauung so plötzlich
vorgenommen worden, daß sie nicht einmal ihren Brautschmuck hat
anlegen können. — Ich habe, in der Ungewißheit, es bei dem all=
gemein Angenommenen gelaßen.

Akt V. Sc. 3.

Der Dauphin sagt:

> Have I not heard these islanders shout out,
> Vive le Roi! as I have bank'd their towns?

Diese Zeilen haben sich meinem Gedächtniße besonders eingeprägt,
weil sie mir bei einer merkwürdigen Gelegenheit als eine Prophe=
zeiung auf das Ereigniß des Tages erschienen. Im April des Jah=
res 1814 landete ich mit dem ersten englischen Packetboot in Dover.
Hier war Alles in Bewegung, die Stadt mit Menschen angefüllt:
Ludwig der achtzehnte ward eben erwartet. Er war überall auf
seiner Rückreise vom Volke mit dem größten Jubel empfangen wor=
den. In London schrieb ich die Verse ab, und nahm sie mit in
eine Gesellschaft bei dem damaligen Präsidenten des Staatsrathes,
Lord Harrowby. Jedermann fand die Beziehung frappant, der ge=
lehrte Lord stieß nur an bei dem Worte bank'd, das in der Bedeu=
tung, die es hier hat, 'längs dem Ufer hinfahren,' veraltet ist. Ich
hatte übersetzt:

> Hört' ich nicht dieser Insel Bürger jauchzen:
> Vive le Roi! als ihre Städt' ich grüßte?

Hier war ein nicht nur für die Anschaulichkeit, sondern auch für die
Geschichte sehr wesentlicher Zug verloren gegangen. Der Dauphin
hat einen Theil seiner Truppen bei Dover gelandet, und Kent bis
auf Dover=Castle erobert. Er selbst läuft mit seinem Schiffsgeschwa=
der in die Themse ein, und segelt aufwärts bis oberhalb London.
Auf diese Hauptstadt zielt Sh. augenscheinlich. Dem fremden Prä=
tendenten die Thore zu öffnen wäre ein zu offenbarer Abfall von
dem verhaßten Johann gewesen; aber auf den Stadtmauern längs
dem Ufer ihre Freude zu bezeugen, das konnte Niemand den Lon=
doner Bürgern wehren. Nachher marschierte er nordwärts, wie

daraus erhellet, daß die Schlacht bei Sct. Edmunds=Bury in der Grafschaft Suffolk geliefert ward. Der Bastard mußte, troß seiner Prahlereien, nach dieser Schlacht einen tüchtigen Rückzug angetreten haben, sonst hätte nicht ein Theil seiner Truppen in den Niederungen von Lincoln verunglücken können.

Das Hülfsgeschwader, das der Dauphin vergeblich erwartete, hatte ohne Zweifel dieselbe Bestimmung, entweder in die Themse einzulaufen, oder an der Ostküste noch weiter nordwärts zu segeln. Es litt Schiffbruch bei Goodwin=Sands, und diese Sandbänke liegen eben zwischen Dover und der Mündung der Themse.

Auch das ist ganz dem historischen Kostum gemäß, daß die Bürger den Dauphin in französischer Sprache begrüßen. Damals, nicht volle anderthalb Jahrhunderte nach der normännischen Eroberung, wurde in den Städten sehr allgemein französisch gesprochen. Daher schreibt sich die Sitte, daß noch jetzt in Staatsgeschäften gewisse Formeln, z. B. Le Roy le veut! Le Roy s'avisera! französisch ausgerufen werden. Die Aussprache ist freilich ganz englisch geworden, und dieß habe ich durch Beibehaltung der veralteten Schreibung andeuten wollen.

Allgemeine Bemerkung
über Franken, Fränkisch und Franzosen, Französisch.

In der ersten Ausgabe habe ich mir jene Benennungen erlaubt, weil die eigentlichen sich sehr schwer in den Vers fügen. 'Franzosen' für French sind drei Silben für eine, und leiden in Jamben kein andres Beiwort vor sich, als ein daktylisches. Jetzt habe ich die Franken überall sorgfältig weggeräumt, weil sie unhistorisch sind. Freilich, die lateinischen Geschichtschreiber haben immer fortgefahren zu schreiben Franci. Aber in den neueren Sprachen war es anders. Bei unsern Alten heißt es schon im dreizehnten Jahrhundert Franzoys. Der Ausdruck Franke paßt nur auf den Zeitraum, wo in Gallien die Eroberer und die Römer, ihre Unterthanen, noch zwei getrennte Nationen waren; späterhin bloß auf das deutsch gebliebene Franken.

Die Engländer sind auch sehr unbequem im Verse. Das Wort, durch den Gebrauch sanktioniert, ist überhaupt ungeschickt gebildet;

es ist um nichts beßer als wenn man sagte: ein Deutschländer. Da habe ich mir durch die 'Englischen', substantivisch gebildet, geholfen.

Widersprüche in der Geschichte von K. Johann, Arthur und Hubert.

Der König verlangt die Ermordung des Prinzen, ist aber dabei so scheu, daß er das Wort nicht auszusprechen wagt. Indessen versteht ihn Hubert vollkommen, verspricht es, thut jedoch nichts. Nun hat aber der König ohne irgend einen erdenklichen Bewegungsgrund sein Vorhaben geändert, und will den Arthur bloß geblendet wißen. Schmeichelte er sich etwa, das Verbrechen könne verborgen bleiben, und man werde die Blindheit Arthurs als ein natürliches Augenübel betrachten? Wie dem auch sei, er stellt dem Hubert hiezu eine schriftliche Vollmacht aus. Nun hat aber der König sein erstes Vorhaben doch nicht geändert, denn er hat zu derselben Zeit eine zweite schriftliche Vollmacht zur Ermordung des Prinzen ausgestellt. Diese Vollmacht zeigt Hubert einem Freunde des mißvergnügten Lord Pembroke vor. Wenn Hubert zu dieser Schwatzhaftigkeit eines alten Weibes fähig war, so konnte der König in der That kein ungeschickteres Werkzeug wählen.

Die Nachricht von dem Tode Arthurs befremdet den König nicht: er hatte sie nach seinem Auftrage erwartet. Er macht dem Hubert Vorwürfe, daß er seinen verstohlenen Wink so bereitwillig aufgefaßt habe. Wo bleibt nun die Blendung? und wo bleiben die beiden schriftlichen Vollmachten?

Die Blendung scheint mir ein Verstoß gegen das historische Kostum zu sein. Das Zeitalter war nur allzu geneigt zu gewaltsamen und blutigen Thaten. Aber in jenem Mittel sich eines Kronprätendenten zu entledigen, verräth sich eine feige und heuchlerische Grausamkeit. Man vergoß wenigstens kein unschuldiges Blut; ja, wenn man den Unglücklichen in ein Kloster stieß, so sorgte man zugleich für sein Seelenheil. Nur aus der Geschichte der Merowinger und des byzantinischen Hofes sind mir Beispiele erinnerlich.

Ich habe jetzt nicht Muße nachzusehen, was Sh. aus dem älteren K. Johann genommen haben mag. In der Geschichte oder Sage fand er schwerlich Anlaß hiezu.

Wenn wir mit vollem Rechte behaupten, daß Sh. nicht blind= lings aufs Gerathewohl geschrieben, sondern als ein Künstler seine Entwürfe reiflich überdacht habe: so müssen wir doch wohl einge= stehen, daß er zuweilen auch sorglos und vergeßlich gewesen sei.

König Richard II.

In der allgemeinen Anmerkung werden zuversichtlich zwei Be= hauptungen vorgetragen, die mir beide sehr problematisch zu sein scheinen.

Ins Einzelne gehende Bemerkungen fehlen, wiewohl Stoff genug dazu da gewesen wäre.

Im Personen=Verzeichnisse heißt es:

Sir Pierre von Exton.

In allen englischen Ausgaben, die ich nachschlagen konnte, steht Sir Pierce of Exton. Die alte von Steevens nachgedruckte Quart=Aus= gabe hat kein Personen=Verzeichniß, aber in der Scene, wo der Mörder Richards auftritt, wird der Name eben so geschrieben.

In Tiecks Ausgabe ist das 'Pierre' gewiß kein Druckfehler, denn in der eben angeführten Scene, S. 149, steht es gleichfalls. Es soll also wohl eine Emendation seiu. Die Veränderung eines einzigen Buchstaben verstößt zugleich gegen die Sprache und gegen die Geschichte.

Was soll dieses Pierre sein? Vielleicht die französische Umwand= lung von Petrus?

Die aus der heil. Schrift und der Legende entlehnten Taufna= men haben zum Theil in den romanischen Sprachen starke Verän= derungen erlitten; einige auch im Englischen: z. B. John, James. Aus Petrus wurde in Italien, Spanien und Frankreich Pietro, Pedro und Pierre; in England ist es immer, nur mit etwas veränderter Aussprache, Peter geblieben. Und woher käme nun hier die franzö= sische Form zwischen einem englischen Titel und einem englischen Familien=Namen?

Die romanischen Formen kannte Sch. freilich, und gebraucht sie auch, wiewohl nicht immer regelmäßig, aber nur für Ausländer. Jaques in As you like it ist ein Franzose.

Bei den älteren Geschichtschreibern lautet der Name dieser histo= rischen Person gleichmäßig Sir Pierce of Exton. Hume schreibt Sir

Piers Exton, ich weiß nicht auf welche Autorität. In der Aussprache macht es keinen Unterschied.

Zu Sh.s Zeit muß Pierce ein ziemlich üblicher Taufname gewesen sein, da er zu einer allegorischen Bezeichnung gebraucht wird. The apologie of Pierce Pennylesse ist der Titel einer satirischen Schrift.

Das Mittelalter verehrte unzählig viele Heilige, wovon die meisten nur in einem kleinen Kreiße berühmt waren. Die Namen haben oft unglaubliche Veränderungen erlitten, wie die gangbarsten Münzen sich am meisten abschleifen. Pierce ist gewiß kein angelsächsischer Name; aber durch die normännische Eroberung und den Besitz französischer Provinzen sind manche fremde Heilige nach England verpflanzt worden.

Menage hat, sehr zweckmäßig, seinem etymologischen Wörterbuch ein alphabetisches Verzeichniß der Heiligen vorangesetzt, wo das lateinische Original und die französische Korruption neben einander stehen. Doch finde ich hier keinen Namen, woraus Pierce wahrscheinlicher Weise entstanden sein könnte. Das nächste wäre wohl Persius; aber ich weiß nicht, ob es jemals einen solchen Heiligen gegeben hat.

Akt III. Sc. 1. am Schluße.

Bolingbroke.

Thanks, gentle uncle. — Come, lords, away:
To fight with Glendower and his complices;
A while to work, and, after, holyday.

Der mittelste Vers ist erweislich unächt; ich habe ihn deswegen bei der jetzigen Durchsicht herausgeworfen. Die Bemerkung ist schon vor hundert Jahren durch Theobald gemacht worden; aber der wackre Mann ist nicht damit durchgedrungen, und der eingeflickte Vers hat sich bis in Reeds Ausgabe behauptet.

Einer der Kommentatoren hat den Vers dadurch rechtfertigen wollen, daß er bemerkt, Glendower habe damals wirklich im Felde gestanden. Das mag sein: es kommt gar nichts darauf an; wir haben bloß darnach zu fragen, wie Sh. die Geschichte aufgefaßt hat. Und da behaupte ich, daß in dem ganzen Schauspiel auch nicht ein Fuß breit Raum für Glendower ist.

Lord Salisbury wird vom Regenten nach Wales geschickt, um die dortigen Mannschaften aufzubieten. Sie kommen auch, zerstreuen sich aber auf die Nachricht von Richards Tode. Dieß meldet dem Lord ein namenloser Hauptmann. Salisbury meldet es wieder dem Könige, der darüber in die höchste Bestürzung geräth. Wenn Glendower noch im Felde stand, so mußte Salisbury es ja wißen, und hatte also das Mittel zur Hand, den König zu beruhigen. Aber kein Wort!

Zieht nun aber Bolingbroke wirklich gegen Glendower? Nichts weniger. Man nehme nur die Landkarte vor. Er zieht von Bristol ohne irgend Widerstand zu finden, bis vor Flint=Castle wohin sich der König gerettet hat; und dieses liegt zwar in Wales, aber in der nordöstlichen Ecke, am Meere und dicht an der englischen Gränze. Und hier, zum sichern Beweise, daß er nicht in Wales eingedrungen ist, wiederholt er die obige Nachricht von der Zerstreuung der Walliser.

Zu diesem allen kommt nun ein ganz entscheidender Grund, den schon Theobald geltend gemacht hat: der unächte Vers hat sich zwischen ein Reimpaar eingedrängt, das dadurch zerstört wird. In Richard II. sind die Reime häufig, und besonders am Schluße der Scenen.

Der eingeschobene Vers war wohlfeilen Kaufs zu haben. Er besteht aus zwei Vershälften, die aus verschiedenen Schauspielen zusammengerückt sind.

Henry IV. P. 1. am Schluße.

To fight with Glendower and the earl of March.

Richard II. Act 2. Sc. 3.

By Bushy, Bagot, and their complices.

Man möchte endlich noch versuchen, den Vers durch Beziehung auf die in dem folgenden Stücke erwähnten Gefechte (Henry IV. P. 1. Act 3. Sc. 1.) zu retten, wo Glendower sagt:

Three times hath Henry Bolingbroke made head
Against my power.

Aber dieser Feldzug soll offenbar nach der Absicht des Dichters in den Zeitraum zwischen dem Schluße Richards des zweiten und den Anfang Heinrichs des vierten fallen. Die chronologische Lücke zwischen beiden Schauspielen beträgt mehr als anderthalb Jahre. Wenn man auch noch so viel auf Glendowers Prahlerei abrechnet, so war der Ausgang des Treffens doch wenigstens zweifelhaft, es hätte also in Richard dem Zweiten nicht unerwähnt bleiben können. Dort aber findet Boligbroke nirgends erheblichen Widerstand.

Der erste Vers:

    Thanks, gentle uncle — Come, lords, away,

ist mangelhaft: es fehlt eine Silbe, und dieß ist in einem symmetrischen Reimpaare am wenigsten zu dulden. Aber die Ergänzung ist leicht:

    Thanks, gentle uncle York. — Come, lords, away;

oder:

    Thanks, gentle uncle. — Come, my lords, away.

Weit entfernt, den englischen Herausgebern mit Tieck eine willkürliche Behandlung der Verse Schuld zu geben, behaupte ich vielmehr, daß es sehr erlaubt ist, den lahmen Versen aufzuhelfen, wo es durch eine richtigere Abtheilung, durch den Zusatz oder die Weglaßung einer unbedeutenden Silbe geschehen kann. Die Nachläßigkeit und der Unverstand der damaligen Setzer, so wie des Korrektors, wofern es überhaupt einen solchen gab, liegt am Tage.

Von diesen Druckfehlern laßen sich die absichtlich und charakteristisch gebrochenen oder sonst unregelmäßigen Verse besonders in den später geschriebenen Stücken leicht unterscheiden.

[So weit die Ausarbeitung der Anmerkungen durch den Verfaßer. Zu ähnlichen hatte er sich noch Folgendes aufgezeichnet:

K. Henry IV. P. 1. Eingang. Erinnys — schlechte Emendation.
Vertrag der Verbündeten. Geographie.
Merlin.

K. Henry IV. P. 2. Epilog. Schwitzkur.

K. Henry V. A waxen epitaph.
Tennis balls falsch übersetzt.

Sommernachtstraum. Wahre Erklärung des Namens — Die Sirene — Königin Marie.

Tempest. A. 1. Der Miranda fälschlich zugeschriebene Rede. *)

Macbeth.. Monolog Macb. vor der That.

[*) und **) In einem Briefe des Verf. vom Nov. 1839 finden sich folgende Stellen:

Schlagen Sie einmal den Sturm auf, S. 249. Z. 11 v. u. Hier steht vor der Rede 'Miranda'. Streichen Sie das gleich in Ihrem Exemplar aus und setzen Sie 'Prospero' dafür. Es ist nichts als

bank and school of time

bauk für Küste Henry IV. P. I. Act III. Sc. 1. **)

Hamlet. Polack — pollax — pole axe. Vergl. 4°.

Romeo and Juliet. Der Wurm im Finger eines Mädchens — Floh.

Tiecks Heinrich IV. S. 184.

Meine Korrektur: ich könnte Pfalmen fingen, ober was es fonft wäre.

S. 190. meine neue Ueberfetzung

Dein majeftätifcher Thron wird nur für einen Schemel geachtet, bein goldnes Scepter für einen bleiernen Dolch, und deine koftbare reiche Krone für eine armfelige kahle Krone.

S. 207. 3. 6. v. u. Bei diefer Feuerflamme!

Lefeart der älteften Quartos:

By this fire, that's God's angel!]

_____

ein aufgewärmter Druckfehler, und eine arge Verfündigung am Shak=fpeare und an der Miranda felbft: aber ich müßte ein Paar Seiten voll fchreiben, um die ganze Verkehrtheit davon ins Licht zu fetzen.

Macbeth S. 292. 3. 14. v. u. Es ift wieder ein aufgegabel=ter Druckfehler: school ftatt sooal. In der Anmerkung heißt es: 'Bank ift hier die Schulbank.' Aber, du Guter, eine Schulbank heißt bench, und bank kann dieß durchaus nicht bedeuten.]

Druck von J. B. Hirschfeld in Leipzig.

August Wilhelm von Schlegel's

vermischte und kritische Schriften.

Herausgegeben

von

Eduard Böcking.

———◆———

Zweiter Band.
Charakteristiken und Litteratur.

———

Leipzig,
Weidmann'sche Buchhandlung.
1846.

August Wilhelm von Schlegel's

sämmtliche Werke.

Herausgegeben

von

Eduard Böcking.

Achter Band.

Leipzig,
Weidmann'sche Buchhandlung.
1846.

Inhaltsverzeichniß.

Charakteristiken und Litteratur.

Verm. Schriften II.

1.

Urtheile, Gedanken und Einfälle

über

Litteratur und Kunst *).
1798.

1.

An das Herkommen glaubend, und immer um neue Tollheiten bemüht; nachahmungssüchtig und stolz auf Selbständigkeit: unbeholfen in der Oberflächlichkeit, und bis zur Gewandtheit geschickt im tief= oder trübsinnig= Schwerfälligen; von Natur platt, aber dem Streben nach überschwänglich in Empfindungen und Ansichten, in ernsthafter Behaglichkeit gegen Witz und Muthwillen durch einen heiligen Abscheu verschanzt: auf die große Masse welcher Litteratur möchten diese Züge etwa paßen?

---

*) [Von diesen Aphorismen aus dem Athenäum I. 2. S. 3... 146. hat A. W. v. Schl. die Nummern 1...73. durch Aufnahme in die Krit. Schriften Nr. XIV. S. 417...436. für die seinigen erklärt; die Nummern 74...109 gehören ihm ebenfalls theils nach Anzeichnungen des Herrn Varnhagen von Ense (Nr. 74...78. 80... 84. 86...92. 94. 95. 100...106. 109.) theils nach denen des Verfaßers selbst (Nr. 79. 84. 85. 93...99.); die Nummern 107. 108. habe ich auf eigne Gefahr zufügen zu müßen geglaubt. Vg.]

1*

2.

Die schlechten Schriftsteller klagen viel über Tyrannei der Recensenten; ich glaube, diese hätten eher die Klage zu führen. Sie sollen schön, geistvoll, vortrefflich finden, was nichts von dem allen ist; und es stößt sich nur an dem kleinen Umstande der Macht, so giengen die Recensirten eben so mit ihnen um, wie Dionysius mit den Tadlern seiner Verse. Ein Kotzebue hat dieß ja laut bekannt. Auch ließen sich die neuen Erzeugnisse von kleinen Dionysen dieser Art hinreichend mit den Worten anzeigen: „Führt mich wieder in die Latomien."

3.

Wieland hat gemeint, seine beinah ein halbes Jahrhundert umfaßende Laufbahn habe mit der Morgenröthe unserer Litteratur angefangen, und endige mit ihrem Untergange. Ein recht offenes Geständniß eines natürlichen optischen Betrugs!

4.

Wie das Lebensmotto des poetischen Vagabunden in Claudine von Villabella: „Toll aber klug!" auch der Charakter mancher genialischer Werke ist: so ließe sich der entgegengesetzte Wahlspruch auf die geistlose Regelmäßigkeit anwenden: „Vernünftig, aber dumm!"

5.

Klopstock ist ein grammatischer Poet und ein poetischer Grammatiker.

6.

Nichts ist kläglicher, als sich dem Teufel umsonst er-

19.

...ie Nothwendigkeit des Ideals in der Kunst so
...ngeschärft worden ist, sieht man die Lehrlinge
...inter diesem Vogel herlaufen, um ihm, so bald
...he genug wären, das Salz der Aesthetik auf den
...streuen.

20.

...liebte den griechischen Gebrauch der geschlechtli=
...ve für Abstrakte, und suchte etwas Geheimniß=
... Man könnte in seiner Sprache von der My=
...d Anthusa sagen, daß das Menschliche dem Hei=
...hier überall zu nähern und das Denkende im
...hen sich wieder zu erkennen sucht, aber sich manch=
...nicht versteht.

21.

...Trugbild einer gewesenen goldenen Zeit ist eins
...Hindernisse gegen die Annäherung der goldnen
...noch kommen soll. Ist die goldne Zeit gewesen,
...nicht recht golden. Gold kann nicht rosten oder
...es geht aus allen Vermischungen und Zersetzun=
...örbar ächt wieder hervor. Will die goldne Zeit
...fortgehend beharren, so mag sie lieber gar nicht
...o taugt sie nur zu Elegien über ihren Verlust.

22.

...eilen nimmt man doch einen Zusammenhang zwi=
...getrennten und oft sich widersprechenden Theilen
...dung gewahr. So scheinen die beßeren Menschen

geben; zum Beispiel schlüpfrige Gedichte machen, die nicht
einmal vortrefflich sind.

7.

Manche Theoristen vergeßen bei Fragen, wie die über
den Gebrauch des Silbenmaßes im Drama, allzusehr, daß
die Poesie überhaupt nur eine schöne Lüge ist, von der es
aber dafür auch heißen kann:

Magnanima menzogna, ov' or' è il vero
Si bello, che si possa a te preporre?

8.

Es giebt auch grammatische Mystiker. Moriz war einer.

9.

Der Dichter kann wenig vom Philosophen, dieser aber
viel von jenem lernen. Es ist sogar zu befürchten, daß die
Nachtlampe des Weisen den irre führen möchte, der gewohnt
ist im Lichte der Offenbarung zu wandeln.

10.

Johannes Müller wirft *) in seiner vaterländischen
Geschichte oft Blicke aus der Schweiz in die Weltgeschichte;
seltner aber betrachtet er die Schweiz mit dem Auge eines
Weltbürgers.

11.

Sollte sich eine durch Konvenienzen gefeßelte Sprache,
wie etwa die französische, nicht durch einen Machtspruch des
allgemeinen Willens republikanisieren können? Die Herr-

---

*) thut 1798.

in unsern moralischen Dramen aus den Händen der neuesten
Pädagogik zu kommen.

23.

Es giebt Geister, denen es bei großer Anstrengung
und bestimmter Richtung ihrer Kraft an Biegsamkeit fehlt.
Sie werden entdecken, aber Weniges, und in Gefahr sein,
diese Lieblingssätze immer zu wiederholen. Man bringt nicht
tief, wenn man einen Bohrer mit großer Gewalt gegen ein
Bret drückt, ohne ihn umzudrehen.

24.

Vielleicht muß man, um einen transcendentalen Gesichtspunkt für das Antike zu haben, erzmodern sein. Winckelmann hat die Griechen wie ein Grieche gefühlt. Hemsterhuys hingegen wußte modernen Umfang durch antike
Einfachheit schön zu beschränken, und warf von der Höhe
seiner Bildung, wie von einer freien Gränze, gleich seelen-
volle Blicke in die alte und in die neue Welt.

25.

Wie bequem ist es doch, daß mythologische Wesen
allerlei bedeuten, was man sich zueignen möchte! Indem man
unaufhörlich von ihnen spricht, glaubt einen der gutmüthige
Leser im Besitz der bezeichneten Eigenschaft. Einer oder der
andre von unsern Dichtern wäre ein geschlagener Mann, wenn
es keine Grazien gäbe.

26.

Dichter sind doch immer Narcisse.

27.

Es ist als wenn die Frauen Alles mit eignen Händen machten, und die Männer mit dem Handwerksgeräth.

28.

Manche haben es in Hermann und Dorothea als einen großen Mangel an Delikatesse getadelt, daß der Jüngling seiner Geliebten, einer verarmten Bäuerin, verstellter Weise den Vorschlag thut, als Magd in das Haus seiner guten Eltern zu kommen. Diese Kritiker mögen übel mit ihrem Gesinde umgehen.

29.

Ihr verlangt immer neue Gedanken? Thut etwas Neues, so läßt sich etwas Neues darüber sagen.

30.

Gewissen Lobrednern der vergangenen Zeiten unserer Litteratur darf man kühnlich antworten, wie Sthenelos dem Agamemnon: Wir rühmen uns viel beßer zu sein denn unsere Väter.

31.

Zum Glück wartet die Poesie eben so wenig auf die Theorie, als die Tugend auf die Moral, sonst hätten wir für's erste noch keine Hoffnung zu einem Gedicht.

32.

Ehedem wurde unter uns die Natur, jetzt wird das Ideal ausschließend gepredigt. Man vergißt zu oft, daß

diese Dinge innig vereinbar sind, daß in der schönen Darstellung die Natur idealisch, und das Ideal natürlich sein soll.

33.

Es ist ein grobes, doch immer noch gemeines Mißverständniß, daß man glaubt, um ein Ideal darzustellen,
müße ein so zahlreiches Aggregat von Tugenden wie möglich auf einen Namen zusammengepackt, ein ganzes Kompen-
dium der Moral in einem Menschen aufgestellt werden; wodurch nichts erlangt wird, als Auslöschung der Individualität
und Wahrheit. Das Ideale liegt nicht in der Quantität,
sondern in der Qualität. Grandison ist ein Exempel, und
kein Ideal.

34.

Humor ist gleichsam der Witz der Empfindung. Er
darf sich daher mit Bewußtsein äußern: aber er ist nicht
ächt, sobald man Vorsatz dabei wahrnimmt.

35.

Die Eigenschaft des dramatischen Dichters scheint es
zu sein, sich selbst mit freigebiger Großmuth an andere
Personen zu verlieren; des lyrischen, mit liebevollem Egoismus Alles zu sich herüber zu ziehn.

36.

Die Mildthätigkeit ist die schmähliche Tugend, die es
in Romanen und Schauspielen immer ausbüßen muß, wenn
gemeine Natur zum edlen Charakter erhoben, oder gar, wie
in Kotzebues Stücken, anderweitige Schlechtigkeit wieder gut
gemacht werden soll. Warum benutzt man nicht die wohl-

thätige Stimmung des Augenblicks, und läßt den Klingel-
beutel im Schauspielhause umhergehen?

37.

Noten zu einem Gedicht sind wie anatomische Vorlesungen über einen Braten.

38.

Es heißt, in englischen und deutschen Trauerspielen
wären doch so viele Verstöße gegen den Geschmack. Die
französischen sind nur ein einziger großer Verstoß. Denn
was kann geschmackwidriger sein, als ganz außerhalb der
Natur zu schreiben und vorzustellen?

39.

Hemsterhuys vereinigt Platos schöne Seherflüge mit
dem strengsten Ernst des Systematikers. Jacobi hat nicht
dieses harmonische Ebenmaß der Geisteskräfte, aber desto
freier wirkende Tiefe und Gewalt; den Instinkt des
Göttlichen haben sie mit einander gemein. Die Dialo-
gen des Hemsterhuys mögen intellektuelle Gedichte heißen.
Jacobi bildete keine untadeligen vollendeten Antiken, er gab
Bruchstücke voll Originalität, Adel und Innigkeit. Vielleicht
wirkt Hemsterhuys Schwärmerei mächtiger, weil sie sich immer in den Gränzen des Schönen ergießt; hingegen setzt
sich die Vernunft sogleich in wehrbaren Stand, wenn sie
die Leidenschaftlichkeit des gegen sie eindringenden Gefühls
gewahr wird.

40.

Duclos bemerkt, es gebe wenig ausgezeichnete Werke,
die nicht von Schriftstellern von Profession herrühren. In

Frankreich wird dieser Stand seit langer Zeit mit Achtung
anerkannt. Bei uns galt man ehedem weniger als nichts,
wenn man bloß Schriftsteller war. Noch jetzt regt sich dieß
Vorurtheil hier und da, aber die Gewalt verehrter Beispiele
muß es immer mehr lähmen. Die Schriftstellerei ist, je
nachdem man sie treibt, eine Infamie, eine Ausschweifung,
eine Tagelöhnerei, ein Handwerk, eine Kunst, eine Wißen=
schaft und eine Tugend.

41.

Die moralische Würdigung ist der ästhetischen völlig
entgegengesetzt. Dort gilt der gute Wille alles, hier gar
nichts. Der gute Wille, witzig zu sein, zum Beispiel, ist
die Tugend eines Pagliaß. Das Wollen beim Witze darf
nur darin bestehen, daß man die konventionellen Schranken
aufhebt und den Geist frei läßt. Am witzigsten aber müßte
der sein, der es nicht nur ohne es zu wollen, sondern wi=
der seinen Willen wäre, so wie der bourru bienfaisant ei=
gentlich der allergutmüthigste Charakter ist.

42.

Schwerlich hat irgend eine andre Litteratur so viele
Ausgeburten der Originalitätssucht aufzuweisen, als unsre.
Es zeigt sich auch hierin, daß wir Hyperboreer sind. Bei
den Hyperboreern wurden nämlich dem Apollo Esel geopfert,
an deren wunderlichen Sprüngen er sich ergötzte.

43.

Schöner Muthwille im Vortrage ist das einzige, was
die poetische Sittlichkeit lüsterner Schilderungen retten kann.
Sie zeugen von Schlaffheit und Verkehrtheit, wenn sich nicht

überschäumende Fülle der Lebenskraft in ihnen offenbart.
Die Einbildungskraft muß ausschweifen wollen, nicht dem
herrschenden Hange der Sinne knechtisch nachzugeben gewohnt
sein. Und doch findet man unter uns meistens die fröhliche
Leichtfertigkeit am verdammlichsten; hingegen hat man das
Stärkste in dieser Art verziehen, wenn es mit einer phantastischen Mystik der Sinnlichkeit umgeben war. Als ob
eine Schlechtigkeit durch eine Tollheit wieder gut gemacht
würde!

44.

Es giebt verdiente Schriftsteller, die mit jugendlichem
Eifer die Bildung ihres Volkes betrieben haben, sie aber da
fixieren wollten, wo die Kraft sie selbst verließ. Dieß ist
umsonst: wer einmal, thöricht oder edel, sich bestrebt hat,
in den Gang des menschlichen Geistes mit einzugreifen, muß
mit fort, oder er ist nicht beßer dran, als ein Hund im
Bratenwender, der die Pfoten nicht vorwärts setzen will.

45.

Es ist ein erhabner Geschmack, immer die Dinge in
der zweiten Potenz vorzuziehn, z. B. Kopien von Nachahmungen, Beurtheilungen von Recensionen, Zusätze zu Ergänzungen, Kommentare zu Noten. Uns Deutschen ist er vorzüglich eigen, wo es auf's Verlängern ankommt; den Franzosen, wo Kürze und Leerheit dadurch begünstigt wird. Ihr
wißenschaftlicher Unterricht pflegt wohl die Abkürzung
eines Auszugs zu sein; und das höchste Produkt ihrer poetischen Kunst, ihre Tragödie, ist nur die Formel einer
Form.

46 *).

Die Gesellschaften der Deutschen sind ernsthaft; ihre Komödien und Satiren sind ernsthaft; ihre Kritik ist ernsthaft; ihre ganze schöne Litteratur ist ernsthaft. Ist das Lustige bei dieser Nation immer nur unbewußt und unwillkürlich?

47.

Noch ehe Hermann uud Dorothea erschien, verglich man es schon mit Voßens Luise; die Erscheinung hätte der Vergleichung ein Ende machen sollen; allein sie wird jenem Gedicht immer noch richtig als Empfehlungsschreiben an das Publikum mit auf den Weg gegeben. Bei der Nachwelt wird es Luisen empfehlen können, daß sie Dorotheen zur Taufe gehalten hat.

48.

Man kann sagen, daß es ein charakteristisches Kennzeichen des dichtenden **) Genius ist, viel mehr zu wißen, als er weiß, daß er weiß.

49.

Im Stil des ächten Dichters ist Nichts Schmuck, Alles nothwendige Hieroglyphe.

50.

Die Poesie ist Musik für das innere Ohr, und Malerei für das innere Auge: aber gedämpfte Musik, aber verschwebende Malerei.

51.

Mancher betrachtet Gemälde am liebsten mit verschloßnen Augen, damit die Phantasie nicht gestört werde.

---

*) [Soll von A. W. Schl. und Schleiermacher sein.]
**) Genies ist ... es weiß, daß es weiß. 1798.

52.

Von vielen Plafonds kann man recht eigentlich sagen, daß der Himmel voll Geigen hängt.

53.

Für die so oft verfehlte Kunst, Gemälde mit Worten zu malen, läßt sich im Allgemeinen wohl keine andre Vor= schrift ertheilen, als mit der Manier, den Gegenständen ge= mäß, auf's mannichfaltigste zu wechseln. Manchmal kann der dargestellte Augenblick aus einer Erzählung lebendig her= vorgehn. Zuweilen ist eine fast mathematische Genauigkeit in örtlichen Angaben nöthig. Meistens muß der Ton der Beschreibung das Beste thun, um den Leser über das Wie zu verständigen. Hierin ist Diderot Meister. Er musiciert viele Gemälde wie der Abt Vogler.

54.

Darf irgend etwas von deutscher Malerei im Vorhofe zu Raphaels Tempel aufgestellt werden, so kommen Albrecht Dürer und Holbein gewiß näher am Heiligthume zu stehn, als der gelehrte Mengs.

55.

Tadelt den beschränkten Kunstgeschmack der Holländer nicht. Für's erste wißen sie ganz bestimmt was sie wollen. Für's zweite haben sie sich ihre Gattungen selbst erschaffen. Läßt sich eins von beiden von der englischen Kunstliebhaberei rühmen?

56.

Die bildende Kunst der Griechen ist sehr schamhaft, wo es auf die Reinheit des Edlen ankommt. Freilich weiß sie

nichts von einer gewissen halben Delikatesse, und zeigt daher
die frechen Lüste der Satyrn ohne alle Verhüllung. Jedes
Ding muß in seiner Art bleiben. Diese unbezähmbaren Naturen waren schon durch ihre Gestalt aus der Menschheit
hinausgestoßen.

57.

Rubens Anordnung ist oft bithyrambisch, während die
Gestalten träge und aus einander geschwommen bleiben. Das
Feuer seines Geistes kämpft mit der klimatischen Schwer-
fälligkeit. Wenn in seinen Gemälden mehr innere Harmonie
sein sollte, mußte er weniger Schwungkraft haben, oder kein
Flamänder sein.

58.

Sich eine Gemäldeausstellung von einem Diderot be-
schreiben laßen', ist ein wahrhaft kaiserlicher Luxus.

59.

Hogarth hat die Häßlichkeit gemalt, und über die
Schönheit geschrieben.

60.

Peter Laars Bambocciaten sind niederländische Kolo-
nisten in Italien. Das heißere Klima scheint ihr Kolorit
gebräunt, Charakter und Ausdruck aber durch rüstigere Kraft
veredelt zu haben.

61.

Der Gegenstand kann die Dimensionen vergessen machen.
Man fand es nicht unschicklich, daß der olympische Jupiter

nicht aufstehen durfte, weil er das Dach eingestoßen hätte;
und Herkules auf einem geschnittenen Steine erscheint noch
übermenschlich groß. Ueber den Gegenstand können nur ver=
kleinernde Dimensionen täuschen. Das Gemeine wird durch
eine kolossale Ausführung gleichsam multipliciert.

62.

Wir lachen mit Recht über die Chinesen, die beim An=
blick europäischer Porträte mit Licht und Schatten, fragten,
ob die Personen denn wirklich so fleckig wären. Aber wür=
den wir es wagen, über einen alten Griechen zu lächeln,
dem man ein Stück mit rembrandschem Hellbunkel gezeigt,
und der in seiner Unschuld gemeint hätte, so male man wohl
im Lande der Kimmerier?

63.

Kein kräftigeres Mittel gegen niedrige Wolluft, als
Anbetung der Schönheit. Alle höhere bildende Kunst ist
daher keusch, ohne Rücksicht auf die Gegenstände; sie reinigt
die Sinne, wie die Tragödie nach Aristoteles die Leiden=
schaften. Ihre zufälligen Wirkungen kommen hiebei nicht
in Betracht: denn in schmutzigen Seelen kann selbst eine
Vestalin Begierden erregen.

64.

Gewisse Dinge bleiben unübertroffen, weil die Bedin=
gungen, unter denen sie erreicht werden, zu herabwürdigend
sind. Wenn nicht einmal ein versoffener Gastwirth, wie
Jan Steen, ein Künstler wird, einem Künstler kann man
nicht zumuthen, ein versoffener Gastwirth zu werden.

65.

Das Wenige, was in Diderots Essai sur la peinture nicht taugt, ist das Sentimentale. Er hat aber den Lefer, den es irre führen könnte, durch seine unvergleichliche Frech= heit selbst zurecht gewiesen.

66.

Die einförmigste und flachste Natur erzieht am besten zum Landschaftmaler. Man denke an den Reichthum der holländischen Kunst in diesem Fache. Armut macht haus= hälterisch, es bildet sich ein genügsamer Sinn, den selbst der leiseste Wink höheren Lebens in der Natur erfreut. Wenn der Künstler dann auf Reisen romantische Scenen kennen lernt, so wirken sie desto mächtiger auf ihn. Auch die Einbildungskraft hat ihre Antithesen: der größte Maler schauerlicher Wüsteneien, Salvator Rosa, war zu Neapel geboren.

67.

Die Alten, scheint es, liebten in der Miniatur das Unvergängliche. Die Steinschneidekunst ist die Miniatur der Bildnerei.

68.

Die alte Kunst selbst will nicht ganz wiederkommen, so rastlos auch die Wißenschaft alle angehäuften Schätze der Natur bearbeitet. Zwar scheint es oft: aber es fehlt immer noch etwas, nämlich gerade das, was nur aus dem Leben kommt, und was kein Modell geben kann. Die Schicksale der alten Kunst indeßen kommen mit buchstäblicher Genauig= keit wieder. Es ist als sei der Geist des Mummius, der

2*

seine Kennerschaft an den korinthischen Kunstschätzen so ge=
waltig übte, jetzt von den Todten auferstanden.

69.

Wenn man sich nicht durch Künstlernamen und gelehrte
Anspielungen blenden läßt, so findet man bei alten und
neuen Dichtern den Sinn für bildende Kunst seltner, als
man erwarten sollte. Pindar kann vor allen der plastische
unter den Dichtern heißen, und der zarte Stil der alten
Vasengemälde erinnert an seine dorische Weichheit und süße
Pracht. Propertius, der in acht Zeilen eben so viel Künst=
ler charakterisieren konnte, ist eine Ausnahme unter den Rö=
mern. Dante zeigt durch seine Behandlung des Sichtbaren
große Maleranlagen, doch hat er mehr Bestimmtheit der
Zeichnung, als Perspektive. Es fehlte ihm an Gegenstän=
den, diesen Sinn zu üben: denn die neuere Kunst war da=
mals in ihrer Kindheit, die alte lag noch im Grabe. Aber
was brauchte der von Malern zu lernen, von dem Michel
Angelo lernen konnte? Im Ariost trifft man auf starke Spu=
ren, daß er im blühendsten Zeitalter der Malerei lebte, sein
Geschmack daran hat ihn bei Schilderung der Schönheit
manchmal über die Gränzen der Poesie fortgerißen. Bei
Goethe ist dieß nie der Fall. Er macht die bildenden Künste
zuweilen zum Gegenstande seiner Dichtungen, außerdem ist
ihre Erwähnung darin niemals angebracht, oder herbei ge=
zogen. Die Fülle des ruhigen Besitzes drängt sich nicht an
den Tag, sie verheimlicht sich auch nicht. Alle solche Stel=
len hinweggenommen, würde die Kunstliebe und Einsicht
des Dichters in der Gruppierung seiner Figuren, und der
einfachen Großheit seiner Umriße unverkennbar sein.

70.

Welche Vorstellungen müßen die Theoristen gehabt ha=
ben, die das Porträt vom Gebiete der eigentlich schönen
Kunst ausschließen! Es ist gerade, als wollte man es nicht
für Poesie gelten laßen, wenn ein Dichter seine wirkliche
Geliebte besingt. Das Porträt ist die Grundlage und der
Prüfstein des historischen Gemäldes.

71.

Wenn der Geschmack der Engländer in der Malerei,
wie die mechanische Zierlichkeit ihrer Kupferstiche befürchten
läßt, sich auf dem festen Lande noch weiter verbreiten sollte,
so möchte man darauf antragen, den ohnedieß unschicklichen
Namen 'historisches Gemälde' abzuschaffen, und dafür 'thea=
tralisches Gemälde' einzuführen.

72.

Die zarte Weiblichkeit in Gedanken und Dichtungen,
die auf den Bildern der Angelica Kaufmann anzieht, hat
sich bei den Figuren mitunter auf eine unerlaubte Art ein=
geschlichen. Ihren Jünglingen fehlt es an Männlichkeit, und
sie scheinen mit weiblichem Reiz gefallen zu wollen. Viel=
leicht waren sich die griechischen Malerinnen dieser Gränze
oder Klippe ihres Talentes bewußt. Unter den wenigen, die
Plinius nennt, führt er von der Timarete, Irene und Lala
nur weibliche Figuren an.

73.

Da man jetzt überall moralische Nutzanwendungen ver=
langt, so wird man auch die Nützlichkeit der Porträtmalerei
durch eine Beziehung auf häusliches Glück darthun müßen.

Mancher, der sich an seiner Frau ein wenig müde gesehen hat, findet seine ersten Regungen vor den reineren Zügen ihres Bildnisses wieder.

74.

Die Langeweile gleicht auch in ihrer Entstehungsart der Stickluft, wie in den Wirkungen. Beide entwickeln sich gern, wo eine Menge Menschen im eingeschloßnen Raum beisammen ist.

75.

Das sicherste Mittel unverständlich oder vielmehr mißverständlich zu sein, ist, wenn man die Worte in ihrem ursprünglichen Sinne braucht; besonders Worte aus den alten Sprachen.

76.

Niemand beurtheilt eine Dekorationsmalerei und ein Altarblatt, eine Operette und eine Kirchenmusik, eine Predigt und eine philosophische Abhandlung nach demselben Maßstabe. Warum macht man also an die rhetorische Poesie, welche nur auf der Bühne existiert, Forderungen, die nur durch höhere dramatische Kunst erfüllt werden können?

77.

Manche witzige Einfälle sind wie das überraschende Wiedersehen zwei befreundeter Gedanken nach einer langen Trennung.

78.

Mit dem Schriftstellerruhm ist es oft, wie mit Frauengunst und Gelderwerb. Ist nur erst ein guter Grund gelegt, so folgt das Uebrige von selbst. Viele heißen durch Zufall groß. 'Es ist alles Glück nur Glück' ist das Resultat mancher litterarischen Phänomene nicht minder, als der meisten politischen.

79.

Die Unterthanen in einigen Ländern rühmen sich einer Menge Freiheiten, die ihnen alle durch die Freiheit entbehrlich werden würden. So legt man wohl nur deswegen einen so großen Nachdruck auf die Schönheiten mancher Gedichte, weil sie keine Schönheit haben. Sie sind im Einzelnen kunstvoll, aber im Ganzen keine Kunstwerke.

80.

Wenn der Autor dem Kritiker gar nichts mehr zu antworten weiß, so sagt er ihm: 'Du kannst es doch nicht beßer machen.' Das ist eben, als wenn ein dogmatischer Philosoph dem Skeptiker vorwerfen wollte, daß er kein System erfinden könnte.

81.

Man redet immer von der Störung, welche die Zergliederung des Kunstschönen dem Genuß des Liebhabers verursachen soll. So der rechte Liebhaber läßt sich wohl nicht stören!

82.

Nach dem Weltbegriffe ist jeder ein Kantianer, der sich auch für die neueste deutsche philosophische Litteratur interessiert. Nach dem Schulbegriffe ist nur der ein Kantianer, der glaubt, Kant sei die Wahrheit, und der, wenn die Königsberger Post einmal verunglückte, leicht einige Wochen ohne Wahrheit sein könnte. Nach dem veralteten sokratischen Begriffe, da die, welche sich den Geist des großen Meisters selbständig angeeignet und angebildet hatten, seine Schüler hießen, und als Söhne seines Geistes nach ihm genannt wurden, dürfte es nur wenige Kantianer geben.

83.

Daß es den Adel vaterländischer Festgesänge nicht entweihen kann, wenn sie tüchtig bezahlt werden, beweisen die Griechen und Pindar. Daß aber das Bezahlen nicht allein selig macht, beweisen die Engländer, die wenigstens darin die Alten haben nachahmen wollen. Die Schönheit ist also doch in England nicht käuflich und verkäuflich, wenn auch die Tugend.

84.

Wenn Bürgern ein neues Buch von der Art vorkam, die einen weder kalt noch warm macht, so pflegte er zu sagen: es verdiene in der Bibliothek der schönen Wißenschaften gepriesen zu werden.

85.

Das männliche Geschlecht wird nicht eher durch das weibliche verbeßert werden, als bis die Geschlechtsfolge der Nahren nach den Müttern eingeführt sein wird.

86.

Wie der Roman die ganze moderne Poesie, so tingiert auch die Satire, die durch alle Umgestaltungen bei den Römern doch immer eine klassische Universalpoesie, eine Gesellschaftspoesie aus und für den Mittelpunkt des gebildeten Weltalls blieb, die ganze römische Poesie, ja die gesammte römische Litteratur, und giebt darin gleichsam den Ton an.

Um Sinn zu haben für das, was in der Prosa eines Ci=
cero, Cäsar, Suetonius das Urbanste, das Originalste und
das Schönste ist, muß man die horazischen Satiren schon
lange geliebt und verstanden haben. Das sind die ewigen
Urquellen der Urbanität.

87.*)

Der Agricola des Tacitus ist eine klassisch prächtige,
historische Kanonisation eines konsularischen Oekonomen. Nach
der Denkart, die darin herrscht, ist die höchste Bestimmung
des Menschen, mit Erlaubniß des Imperators zu triumphieren.

88.

Cicero war ein großer Virtuose der Urbanität, der ein
Redner, ja sogar ein Philosoph sein wollte, und ein sehr
genialischer Antiquar, Litterator, und Polyhistor altrömischer
Tugend und altrömischer Festivität hätte werden können.

89.

Ovid hat viel Aehnlichkeit mit dem Euripides. Die=
selbe rührende Kraft, derselbe rhetorische Glanz und oft un=
zeitige Scharfsinn, dieselbe tändelnde Fülle, Eitelkeit und
Dünnheit.

90.

Das Beste im Martial ist das, was katullisch schei=
nen könnte.

91.

In manchem Gedicht der spätern Alten, wie zum Bei=
spiel in der Mosella des Ausonius, ist schon nichts mehr
antik, als das Antiquarische.

---

*) [Nr. 87...92. sind nach einer von Herrn Varnhagen von Ense
mitgetheilten Notiz von A. W. Schl. verfaßt. Mir scheinen diese
Bemerkungen von Fr. Schl. geschrieben zu sein. Vg.]

92.

Weder die attische Bildung des Xenophon, noch sein Streben nach dorischer Harmonie, noch seine sokratische Anmuth, durch die er liebenswürdig scheinen kann, diese hinreißende Einfalt, Klarheit und eigne Süßigkeit des Stils, kann dem unbefangnen Gemüth die Gemeinheit verbergen, die der innerste Geist seines Lebens und seiner Werke ist. Die Memorabilien beweisen, wie unfähig er war, die Größe seines Meisters zu begreifen, und die Anabase, das interessanteste und schönste seiner Werke, wie klein er selbst war.

93.

Das Demonstrieren a priori führt doch eine selige Beruhigung bei sich, während die Beobachtung immer etwas Halbes und Unvollendetes bleibt. Aristoteles machte durch den bloßen Begriff die Welt kugelrund: nicht das kleinste Eckchen heraus- oder hineinwärts ließ er ihr. Er zog deswegen auch die Kometen in die Atmosphäre der Erde, und fertigte die wahren Sonnensysteme der Pythagoreer kurz ab. Wie lange werden unsre Astronomen, die durch herschelsche Teleskope sehen, zu thun haben, ehe sie wieder zu einer so bestimmten klaren und kugelrunden Einsicht über die Welt gelangen?

94.

Warum schreiben die deutschen Frauen nicht häufiger Romane? Was soll man daraus auf ihre Geschicklichkeit, Romane zu spielen, für einen Schluß ziehen? Hängen diese beide Künste unter einander zusammen, oder steht diese mit jener in umgekehrtem Verhältnisse? Das letzte sollte man beinah aus dem Umstande vermuthen, daß so viele Romane von englischen, so wenige von französischen Frauen herrühren. Oder sind die geistreichen und reizenden Französinnen in dem Fall affärierter Staatsmänner, die nicht anders dazu kommen ihre Memoiren zu schreiben, als wenn sie etwa des Dienstes entlaßen werden? Und wann glaubt wohl solch ein weiblicher Geschäftsmann seinen Abschied zu haben? Bei der steifen Etikette der weiblichen Tugend in England, und dem zurückgezogenen Leben, wozu die Ungeschliffenheit des männlichen Umgangs die Frauen dort oft nöthigt, scheint die häufige Romanenautorschaft der Engländerinnen auf das Bedürfniß freierer Verhältnisse zu deuten. Man sonnt sich wenigstens im Mondschein, wenn man durch das Spazierengehn am Tage seine Haut zu schwärzen fürchtet.

95.

Ein französischer Beurtheiler hat in Hemsterhuys Schriften le flegme allemand gefunden; ein andrer nach einer französischen Uebersetzung von Müllers Geschichte der Schweiz gemeint, das Buch enthalte gute Materialien für einen künftigen Geschichtschreiber. Solche überschwängliche Dummheiten sollten in den Jahrbüchern des menschlichen Geistes aufbewahrt werden, man kann sie mit allem Verstande nicht so erfinden. Sie haben auch die Aehnlichkeit mit genialischen Einfällen, daß jedes als Kommentar hinzugefügte Wort ihnen das Pikante nehmen würde.

96.

Als ein Merkmal der Aechtheit antiker Münzen kennt man in der Numismatik den sogenannten edlen Rost. Die verfälschende Kunst hat Alles beßer nachahmen gelernt, als dieß Gepräge der Zeiten. Solch einen edlen Rost giebt es auch an Menschen, Helden, Weisen, Dichtern. Johannes Müller ist ein vortrefflicher Numismatiker des Menschenge=schlechts.

97.

Hat Condorcet sich nicht ein schöneres Denkmal gesetzt, da er, von Todesgefahren umringt, sein Buch von den pro-grès de l'esprit humain schrieb, als wenn er die kurze Frist dazu angewandt hätte, sein endliches Individuum statt jener unendlichen Aussichten hinzustellen? Wie konnte er beßer an die Nachwelt appellieren, als durch das Vergeßen seiner selbst im Umgange mit ihr?

98.

Die Meinung von der Erhabenheit des englischen Na-tionalcharakters ist unstreitig zuerst durch die Gastwirthe ver-anlaßt; aber Romane und Schauspiele haben sie begünstigt, und dadurch einen nicht zu verwerfenden Beitrag zu der Lehre von der erhabenen Lächerlichkeit geliefert.

99.

Die Freigeisterei geht immer in dieser Stufenleiter fort: zuerst wird der Teufel angegriffen, dann der heilige Geist, demnächst der Herr Christus, und zuletzt Gott der Vater.

100.

Die Komödien des Aristophanes sind Kunstwerke, die sich von allen Seiten sehen laßen. Gozzis Dramen haben einen Gesichtspunkt.

101.

Ein Gedicht oder ein Drama, welches der Menge ge=

fallen soll, muß ein wenig von Allem haben, eine Art Mi-
krokosmus sein. Ein wenig Unglück und ein wenig Glück,
etwas Kunst und etwas Natur, die gehörige Quantität
Tugend und eine gewisse Dosis Laster. Auch Geist muß
drin sein nebst Witz, ja sogar Philosophie, und vorzüglich
Moral, auch Politik mitunter. Hilft ein Ingrediens nicht,
so kann vielleicht das andre helfen. Und gesetzt auch, das
Ganze könnte nicht helfen, so könnte es doch auch, wie
manche darum immer zu lobende Medicin, wenigstens nichts
schaden.

102.

In dem edleren und ursprünglichen Sinne des Worts
'korrekt', da es absichtliche Durchbildung und Nebenausbil=
dung des Innersten und Kleinsten im Werke nach dem Geist
des Ganzen, praktische Reflexion des Künstlers, bedeutet,
ist wohl kein moderner Dichter korrekter als Shakspeare.
So ist er auch systematisch wie kein andrer: bald durch jene
Antithesen, die Individuen, Massen, ja Welten in male=
rischen Gruppen kontrastieren laßen; bald durch musikalische
Symmetrie desselben großen Maßstabes, durch gigantische
Wiederholungen und Refrains; oft durch Parodie des Buch=
stabens und durch Ironie über den Geist des romantischen
Drama, und immer durch die höchste und vollständigste In=
dividualität und die vielseitigste, alle Stufen der Poesie von
der sinnlichsten Nachahmung bis zur geistigsten Charakteristik
vereinigende Darstellung derselben.

103.

An die Griechen zu glauben, ist eben auch eine Mode
des Zeitalters. Sie hören gern genug über die Griechen

deklamieren. Kommt aber Einer und sagt 'Hier sind welche', so ist Niemand zu Hause.

104.

Ungeachtet er so eine idyllische Natur ist, hat Fontenelle doch eine starke Antipathie gegen den Instinkt, und vergleicht das reine Talent, welches er für unmöglich hält, mit dem ganz absichtslosen Kunstfleiße der Biber. Wie schwer ist es sich selbst nicht zu übersehn! Denn wenn Fontenelle sagt: La gêne fait l'essence et le mérite brillant de la poésie: so scheint's kaum möglich, die französische Poesie mit wenigen Worten beßer zu charakterisieren. Aber ein Biber, der Académicien wäre, könnte wohl nicht mit vollkommnerem Unbewußtsein das Rechte treffen.

105.

Gegen den Vorwurf, daß die eroberten italiänischen Gemälde in Paris übel behandelt würden, hat sich der Säuberer derselben erboten, ein Bild von Carracci halb gereinigt und halb in seinem ursprünglichen Zustande aufzustellen. Ein artiger Einfall! So sieht man bei plötzlichem Lärm auf der Gaße manchmal ein halb rasiertes Gesicht zum Fenster herausgucken; und mit französischer Lebhaftigkeit und Ungeduld betrieben, mag das Säuberungsgeschäft überhaupt viel von der Barbierkunst an sich haben.

106.

Man glaubt Autoren oft durch Vergleichungen mit dem Fabrikwesen zu schmähen. Aber soll der wahre Autor nicht auch Fabrikant sein? Soll er nicht sein ganzes Leben dem Geschäft widmen, litterarische Materie in Formen zu bilden,

die auf eine große Art zweckmäßig und nützlich sind? Wie
sehr wäre manchem Pfuscher nur ein geringer Theil von dem
Fleiß und der Sorgfalt zu wünschen, die wir an den gemeinsten Werkzeugen kaum noch achten!

107.

Der Satan der italiänischen und engländischen Dichter
mag poetischer sein; aber der deutsche Satan ist satanischer;
und insofern könnte man sagen, der Satan sei eine deutsche
Erfindung. Gewiß ist er ein Favorit deutscher Dichter und
Philosophen. Er muß also wohl auch sein Gutes haben,
und wenn sein Charakter in der unbedingten Willkürlich-
keit und Absichtlichkeit, und in der Liebhaberei am Vernichten, Verwirren und Verführen besteht, so findet man ihn
unstreitig nicht selten in der schönsten Gesellschaft. Aber
sollte man sich bisher nicht in den Dimensionen vergriffen
haben? Ein großer Satan hat immer etwas Ungeschlachtes
und Vierschrötiges; er paßt höchstens nur für die Präten-
sionen auf Ruchlosigkeit solcher Karikaturen, die nichts können und mögen, als Verstand affektieren. Warum fehlen
die Sataniske in der christlichen Mythologie? Es giebt vielleicht kein angemeßneres Wort und Bild für gewiße Bos-
heiten en miniature, deren Schein die Unschuld liebt; und
für jene reizend groteske Farbenmusik des erhabensten und
zartesten Muthwillens, welche die Oberfläche der Größe so
gern zu umspielen pflegt. Die alten Amorinen sind nur eine
andre Race dieser Sataniske.

108.

Vorlesen und Deklamieren ist nicht einerlei. Dieses
erfordert den richtig höchsten, jenes einen gemäßigten Aus-

druck. Deklamation gehört für die Ferne, nicht in das Zimmer. Die laute Stimme, zu welcher sie sich, um den gehörigen Wechsel hervorzubringen, erhöhen muß, beleidigt ein
feines Gehör. Alle Wirkung geht in der Betäubung verloren. Mit Gestikulation verbunden wird sie widrig, wie
alle Demonstrationen heftiger Leidenschaft. Die gebildete
Empfindung kann sie nur in solcher Entfernung ertragen,
die gleichsam wieder einen Schleier über sie wirft. Der
Ton, statt sich zu erheben, muß, um die Wirkung durch
ein andres Mittel hervorzubringen, gedämpft, in der Tiefe
gehalten und der Accent nur so bezeichnet werden, daß das
Verstehen dessen, was man liest, angedeutet wird, ohne das
Gelesene ganz auszudrücken. Bei epischen Gedichten und
dem Roman insbesondre sollte der Vorleser nie von seinem
Gegenstande hingerißen scheinen, sondern die stille Supe-
riorität des Verfaßers selbst behaupten, der über seinem
Werke ist. Ueberhaupt wäre es sehr nöthig das Vorlesen
zu üben, damit es allgemeiner eingeführt würde, und sehr
nöthig es einzuführen, um es desto beßer zu üben. Bei
uns bleibt die Poesie wenigstens stumm, und wer denn doch
znm Beispiel den Wilhelm Meister nie laut gelesen oder
lesen gehört hätte, der hat diese Musik nur in den Noten
studiert.

109.

Wie die Novelle in jedem Punkt ihres Seins und ihres
Werdens neu und frappant sein muß, so sollte vielleicht das
poetische Märchen und vorzüglich die Romanze unendlich bi-
zarr sein; denn sie will nicht bloß die Phantasie interessiren,
sondern auch den Geist bezaubern und das Gemüth reizen;
und das Wesen des Bizarren scheint eben in gewissen will-

kürlichen und seltsamen Verknüpfungen und Verwechslungen des Denkens, Dichtens und Handelns zu bestehn. Es giebt eine Bizarrerie der Begeisterung, die sich mit der höchsten Bildung und Freiheit verträgt, und das Tragische nicht bloß verstärkt, sondern verschönert und gleichsam vergöttlicht; wie in Goethes Braut von Korinth, die Epoche in der Geschichte der Poesie macht. Das Rührende darin ist zerreißend und doch verführerisch lockend. Einige Stellen könnte man fast burlesk nennen, und eben in diesen erscheint das Schreckliche zermalmend groß.

II.

Litterarischer Reichsanzeiger
oder
Archiv der Zeit und ihres Geschmacks.
1799.

Künftige Schriften.

Ein Gelehrter, den unsre Nation als den vielseitigsten Konrektor verehrt, der bereits zwei Modejournale herausgiebt, und als Amanuensis eines berühmteren Schriftstellers einem dritten, etwas aus der Mode gekommenen, das Leben durch den Phosphor der Neuigkeiten fristet, der außerdem seine vielhändige Wirksamkeit über ein halb Dutzend Zeitschriften und Zeitungen verbreitet, ist zu einem ganz neuen 'Journal der Journalistik oder der Kunst, Journale zu stiften und zu erhalten', entschloßen. Niemand wird bei der litterarischen Sitte unsers Zeitalters, seine Gedanken in schnell umlaufenden Heften zu kolportieren, die jeder Schriftsteller, der wirken will, mitmachen muß, an der Wichtigkeit dieser Kunst zweifeln, eben so wenig an der Befugniß des Herausgebers, sie an's Licht zu stellen. Wie er überall klassische Brocken bei sich trägt und sie selbst auf den Putztischen der Damen auskramt, so, daß nicht selten auf den Schmetterlingsflügeln seiner Eleganz etwas von dem bekannten Staube klebt, der ihre Flüchtigkeit durch die gehörige Schwere mäßigt, so heißt auch dießmal sein Motto:

Opportuna mea est cunctis natura figuris,
In quamcumque voles, verte

Nur die schließenden Worte des Distichons, decorus ero, bleiben weg, und aus guten Gründen. Da ein deutsches Journal fast nicht ohne einen mythologischen Namen bestehen kann, so daß beinahe der ganze Göttervorrath des Heidenthums, bis auf die Parcen und Furien nach, erschöpft worden ist, so dürfte vielleicht Vertumnus', von dem jene Zeilen reden, auf dem Titel prangen, welches dann zu einer Abhandlung über diese etrurische Gottheit mit vielen Citaten Anlaß geben wird. Er wird zeigen, daß eine geschmeidige Biegsamkeit der Grundsätze das erste Erforderniß zu einem Journalschreiber ist: die Erscheinung nach Monaten sei symbolisch zu nehmen, und wie sich die Gestalt des Jahres mit dem Lauf derselben ändre, so habe auch ein Journal seine Monatswahrheiten. Sehr deutlich wird er machen, wie sich das oberflächliche Verdienst durch Gefälligkeit, Brauchbarkeit, mündliche und schriftliche Bezeugungen unendlicher Devotion zu ausgebreiteten Verbindungen mit Gelehrten durcharbeitet; wie man eine weitläuftige Korrespondenz für seine Journale benutzt, indem die Leser selbst vor gleichsam ungesalznem Gewäsch einige Ehrerbietung bekommen, wenn London, Paris oder Rom darüber steht, weil es doch so weit hergereist ist und nothwendig viel Postgeld gekostet haben muß; wie man abgeschmackte Urtheile über die kantische Philosophie in's Ausland schreibt und sie sich von dorther wieder zurück melden läßt; wie man beim Recensieren, wo man anonym ist, niemals ermangelt seine eignen Schriften zu citieren, damit es doch irgend jemand thue; wie man ohne Schamerräthen Briefe und Aufsätze einrückt, in denen man selbst die derbsten Zurechtweisungen, ja Demüthigungen empfängt, und sie noch mit empfehlenden Anmerkungen begleitet; (z. B. man hat in einer Uebersicht der englischen

Litteratur, Oppositionsjournalen zufolge, Manches in ein
verächtliches oder feindseliges Licht gestellt, ein unterrichteter
Engländer von entgegengesetzten Ansichten widerspricht, und
läugnet Alles gerade zu, man befördert seine unparteilichen
Aussprüche nicht bloß zur Bekanntmachung, sondern erhebt
in dem Prolog dazu ein Geschrei über die abscheuliche Ver-
schwörung gegen die Meinung von der englischen Nation, die
in Deutschland immer mehr überhand nehme u. s. w.); wie
man sich ohne Beruf in Alles mischt, und bei einer gänzlichen Unfähigkeit das Schöne zu fühlen, sich über Künstler
und Kunstwerke ein Urtheil zusammenhorcht, und dieses dann,
wenn man eine große Autorität hinter sich zu haben glaubt,
auf das zuversichtlichste und mit anmaßendem Enthusiasmus
ausruft; wie man nach allen Seiten schiefe und leere Anpreisungen austheilt, bald des Schriftstellers oder des Buchhändlers oder des Kupferstechers, und die Wendungen dazu
stets aufzufinden weiß (vielleicht wird bei dieser Gelegenheit
eine räsonnierende Uebersicht aller derer gegeben, die dem
Herausgeber bisher auf diese Art verpflichtet zu sein Ursache
haben), sollten sie auch nur in Noten Platz finden können,
wo die unterwürfige Gesinnung durch die Stelle auf der
Seite und den kleineren Druck um so bildlicher wird; wie
man, zu furchtsam, selbst einen Hieb zu versetzen, sich dergleichen von seinen Korrespondenten überschicken läßt, das
im Text Gesagte in der Note modificiert, und die Modifikation halb wieder zurücknimmt. Den unverhältnißmäßigen
Umfang des eben geschloßnen Perioden mag der Umfang der
Wißenschaft entschuldigen, wovon er doch nur einige Beispiele liefert. Um mehre Zwecke auf einmal zu erreichen,
wird die Kunst, in vielen Worten wenig zu sagen, nicht besonders und theoretisch, sondern praktisch im Laufe des üb-

rigen Unterrichts vorgenommen werden. Eben so die Theorie der pikanten Ankündigungen, die das Alte zur Neuheit
abeln, und das Neue durch Altes aufstutzen müßen. Die
gegenwärtige muß einem solchen Meister viel zu matt und
unbedeutend scheinen. Wir schließen daher in der Zuversicht,
er werde unsrer wohlmeinenden Ungeschicklichkeit zu Hülfe
kommen, und in seinen sämmtlichen Journalen, und wo man
sonst dergleichen einzurücken pflegt, unsre Ankündigung eiligst
und nachdrücklichst ankünbigen.

Der Herausgeber des Genius der Zeit und des Mu-
sageten stiftet 'Annalen der leidenden Schriftstellerei',
nicht in zwanglosen, sondern in nothgebrungenen Heften: eine
Anstalt, deren Bedürfniß so allgemein gefühlt wird, daß sie
großen Beifall finden muß. Allen Mühseligen, Beladnen
und Zerschlagnen ist hiemit ein Lazareth geöffnet, wo sie
wenigstens den Trost haben, ihre Wunden zu zeigen, wenn
sie auch dadurch nicht geheilt werden sollten. Hier werden
einige von den bejahrteren Schriftstellern Klagen darüber an-
stimmen, daß das goldne Zeitalter unsrer Litteratur noch nicht
vorüber sein soll; andre ihrem gerechten Unwillen und ihrer
Mißlaune über die Fortschritte der Kunst und Wißenschaft
Luft machen. Barmherzige Gemüther werden die Inhuma-
nität einer Kritik schmähen, die den Pelz wäscht und ihn
wirklich naß macht. Die unerhörte Frechheit Einiger, ein
eignes Urtheil zu haben, wird mit schwindelndem Erstaunen
berichtet, Witz und Spott aber, als die eigentliche Sünde
wider den heiligen Geist, überall in die tiefste Hölle verdammt werden. Der Herausgeber selbst wird in einem Heft

um das andre über eine Xenie wehklagen und schelten, die
vor einer Anzahl Jahre auf ihn gemacht ward. Man wird
Nachricht von dem Tode solcher Weltweisen ertheilen, die an
einer einzigen wider sie gerichteten Zeile vor Gram gestorben
sind. Da das Schrift=stellen wie billig in seiner weitesten
Bedeutung genommen wird, so können auch Schulknaben ihre
ungerecht beurtheilten Exercitia hier abdrucken laßen, um die
Welt zwischen sich und ihren Präceptoren zum Richter zu
machen. Man schmeichelt uns, es werde vom Athenäum auf
eine oder die andre Art in diesen Annalen die Rede sein.

Wieland wird Supplemente zu den Supplementen
seiner sämmtlichen Werke herausgeben, unter dem Titel:
'Werke, die ich sogar für die Supplemente zu schlecht halte,
und völlig verwerfe'. Diese Bände werden aber unbedruckte
Blätter enthalten, welches sich besonders bei dem geglätteten
Velin schön ausnehmen wird.

Nachdem Hr. Hofrath Hirt durch seinen Versuch über
das Kunstschöne (Horen 97. St. VII.) die Welt aus der
Verworrenheit der bisherigen Theorien gerettet, indem man
nun klar einsieht, wie 'schön' von 'scheinen' herkömmt,
und daß 'alle unsre angenehmen Empfindungen entweder das
Wahre, das Gute oder das Schöne zum Grunde haben':
(wenn man bei einer Vorlesung des Hrn. Hirt einschläft, aus
welcher der drei Quellen mag diese angenehme Empfindung
wohl herfließen?): so wird er eine vollständige 'Geschichte
der bildenden Künste bei den Alten' geben, worin er
zeigen wird, daß die Charakteristik der Hauptgrundsatz derselben gewesen sei. Dieses merkwürdige Princip, welches er

während seines vieljährigen Aufenthalts in Italien entdeckt,
und bis jetzt nur noch in drei Abhandlungen eingeschärft hat,
besteht darin, daß in der alten Kunst ein Pferd völlig wie
ein Pferd, ein Centaur wie ein Centaur abgebildet wurde;
dazu kam noch, 'die Individuellheit der Attitüde' (Archiv 98.
St. XI. S. 439.): eine Venus nahm 'den gewöhnlichen Akt
der jungfräulichen Schamhaftigkeit' vor, (Horen 97. St. X.
S. 19.) u. s. w. Dem zufolge hätten wir in den Bemerkungen über Hrn. Hirts Kunstkennerschaft ganz unverhoffter
Weise ein Kunstwerk im griechischen Stil geliefert, welches
uns sehr erfreulich ist. Wir sind auch darin dem Beispiel
der alten Künstler gefolgt, daß wir uns bei der Wahl des
Gegenstandes nicht durch das Wohlgefällige haben bestimmen
laßen (ebend. S. 24.), da uns vielmehr jene alten Medusen-
köpfe 'mit vorreckender Zunge und gewaltigen Verzerrungen'
(Archiv. S. 449.) vorschwebten. Hr. Hirt (S. 437.)
'wollte sich auch in die Reihe der Aesthetiker stellen, und
ein Wort zu Männern als Mann sprechen'; ein Widerspruch
war ihm daher äußerst befremdlich und störend. Er muß
sich nur ja nicht aus der Faßung bringen laßen, sondern im
beredten Vortrage seiner geschmackvollen Lehren über die alte
Kunst fortfahren, so wird die Tugend (welche 'schön machet',
und beiläufig zu bemerken, 'in Ausübung bestehet', Horen
St. VII. S. 12.) am Ende 'eine Lichtkrone um das Haupt
des unerschütterten Tugendhaften formieren'.

Der Verfaßer der Boruffias ist eben am hundert zwei-
und funfzigsten Gesange seiner 'Jenischias', eines Helden-
gedichtes in Hexekontametern, das fortgesetzt wird. In diesem Gesange beschreibt er, wie er einmal als Studium zur

Borussias alle seit Erschaffung der Welt geschriebnen Helden=
gedichte in vierzehn Tagen durchgelesen. Seine berühmte
Fehde mit dem Magister Reinhard wegen einer Briefverfäl=
schung hofft er in zehn Gesängen abzuthun; die Vergleichung
von vierzehn Sprachen zum Behuf einer Preisaufgabe der
Berliner Akademie ebenfalls. Die Erfindung der 'gestirn=
ten Oden', nämlich solcher, die häufig durch drei Stern=
chen in Absätze gesondert werden, weil sie in einem Striche
fort zu langweilig sein würden (Berl. Archiv 99. St. I.),
soll einstweilen den Beschluß machen.

Preis=Aufgaben.

Der Buchhändler Nicolai der ältere hat kürzlich in einem
krankhaften Zustande allerlei fremde Geister gesehn, und
wünscht sehnlich nun auch den seinigen zu erblicken. Dem=
jenigen Gelehrten, welcher ihm die Mittel angeben kann,
dieses schwierige Unternehmen auszuführen, wird eine ver=
hältnißmäßige Belohnung versprochen.

Derjenige, welcher beweisen kann, daß er, ohne irgend
eine Nebenabsicht bloß um das Fortkommen der Aesthetik
zu befördern, die 'Urania des Herrn von Ramdohr' zu
Ende gelesen habe, soll zur Prämie die 'ästhetischen Ver=
suche des Herrn von Humboldt' erhalten. Wer die
Lektüre nicht vollendet, aber doch bis über die Hälfte ge=
kommen ist, erhält 'zwanzig' noch ungedruckte 'Gedichte
von Matthisson'.

Medicinische Anzeige.

Das Philosophieren ist eine bekanntlich zwar nur sel-
tene, aber in allen Gestalten, welche sie annimmt, höchst bedenkliche und gefährliche Krankheit hoffnungsvoller Jünglinge.
Ein wunderbares, ununterbrochen heftiges Delirium, eine
auszehrende und besonders die Sprachwerkzeuge völlig aus-
trocknende Wasserscheu, und eine gewöhnlich unheilbare Unfähigkeit, verständliche Werke und mäßiges Räsonnement
hervorzubringen, oder auch nur mit Anstand und Geschmack
zu genießen: das sind die gewöhnlichsten Uebel, die aus dieser Quelle entspringen, und die jeder verständige Mann, der
das Glück der Gesundheit zu schätzen weiß, nicht ohne das
innigste Mitleid ansehen kann.   Leider ist es bekannt genug,
daß überdieß viele ganz gesunde junge Leute sich einbilden,
an dieser Krankheit darniederzuliegen, und daß diese sonderbare Art von Hypochondrie, deren Ursache mit Recht in der
außerordentlichen Witterung unsers Jahrzehends gesucht worden ist, dem litterarischen Gemeinwesen eben so viel gute
Köpfe entzieht, als die Krankheit selbst.   Man glaubt daher
allen, denen das Beste der deutschen Litteratur aufrichtig am
Herzen liegt, wie auch allen wahren Freunden der Jugend
einen nicht geringen Dienst zu leisten, wenn man sie auf
ein gegen beide Uebel, die leider oft ganz falsch behandelt
werden, bewährtes Mittel auf's Neue aufmerksam macht.   Es
ist dieses die bereits rühmlich bekannte

'antiphilosophische Latwerge'

von deren großem Nutzen in den verwickeltsten Fällen die
glaubhaftesten Zeugnisse beigebracht werden können.   Noch
ist es keinem Chemiker gelungen, die wahren Bestandtheile
dieses im Grunde sehr einfachen Mittels zu entdecken, indem
sich alle durch einen Geschmack nach gesundem Verstand und

reifer Erfahrung, der diesem Medikament sehr künstlich bei=
gemischt ist, haben hintergehen laßen, und das Publikum
wird hiemit vor allem, was darüber verbreitet worden ist,
nachdrücklichst gewarnt. Ein Theil desselben hat sich zwar
über die widrige Zähigkeit und das große Volumen dieser
trefflichen Arzenei beschwert; man kann aber auf Glauben
versichern, daß wegen des Aufbrausens, welches bei der Kom=
position nicht zu vermeiden ist, eine andere Form nicht aus=
gemittelt werden kann, und diese Eigenschaften vielmehr die
Kennzeichen der höchsten Güte und Vortrefflichkeit sind; daher
auch der Erfinder es immer weiter darin zu bringen sucht.
Die Latwerge wird einzig und allein in Fr. Nicolais La=
boratorien zu Berlin und Schöneiche aufrichtig fabriciert,
und ist in allen Buchhandlungen und Tröbelbuben in Kom=
mission zu haben; die ganze Portion in 17 Bänden kostet
5½ Rthlr.; halbe Portionen ohne die Reisebeschreibung
2⅔ Rthlr. Besondere Gebrauchszettel sind nicht nöthig, da
man die Dosis nicht leicht zu stark nehmen kann, und es
ist im Allgemeinen zu bemerken, daß eine magere Diät zu
halten ist, und man sich mit gutem Nutzen nebenbei der
Schriften der Herren Schwab und Eberhard, als schweiß=
treibender Mittel, bedienen kann.

Dienstentlaßung.

In Erwägung

daß Niemand sich mit Erfolg über das Zeitalter lustig
machen kann, als wer auf der Höhe desselben steht;

daß es der Mathematik auf eine gefährliche Art ver=
golten werden könnte, wenn sie sich herausnimmt, über
die Philosophie zu spotten;

daß in einem Zustande, wo gewisse Vorstellungen fix geworden, z. B. wenn jemand nach den Begebenheiten des jetzigen französischen Krieges immer noch nicht von der Schlacht bei Roßbach aufhören kann, keine wahrhaft neuen Einfälle mehr zu hoffen sind;

daß man von dem Satiriker und Epigrammatisten billig erwartet, sie werden die Schärfe ihrer Censur gegen sich selbst richten, und ihre unnützen Papierschnitzeln, statt sie in alle Taschenbücher und bis in den litterarischen Anzeiger ausfliegen zu laßen, an einen ganz andern Ort befördern;

daß endlich nichts trauriger an das Looß der menschlichen Dinge erinnert, als wenn ein halbwitziger Einfall, wegen Abgang der zum Versificieren nöthigen Geschmeidigkeit, auf dem halben Wege zum Epigramm ermattet liegen bleibt:

ist mit Anerkennung der vieljährigen geleisteten Dienste und Beibehaltung aller Titel und Besoldungen der Witz des Hofrath Kästners gnädigst in einen ehrenvollen Ruhestand versetzt worden.

Merkwürdiger Scheintod.

Bekanntermaßen war die 'Berlinische Monatsschrift' nach einer langwierigen Zehrung und Austrocknung aller Säfte, welche sich selbst auf das Gehirn erstreckte, fast unmerklich entschlummert. Alles war schon zur Beerdigung veranstaltet, die Leidtragenden, als die Herren Biester, Gedicke, Nicolai, hatten sich versammelt und waren eben beschäftigt, Berlinische Blätter auf den Sarg ihrer zärtlich geliebten Freundin zu streuen, als sie ganz unverhoffter Weise Zeichen

des Lebens gab, sich aufrichtete und ihre väterlichen Ver=
pfleger wieder erkannte. Was noch mehr Verwunderung er=
regte, war, daß sie sogleich in denselben Gesprächen fort=
fuhr, unter denen sie verschieden war. Wie sie immer die
Aufklärung darein gesetzt hatte, keine Gespenster zu glauben,
beschäftigte sie sich vor allen Dingen mit Untersuchung einer
vorgefallnen Spukgeschichte, ließ Winke über den Kryptoka=
tholicismus fallen, und äußerte viel Berlinischen Patriotis=
mus, der sich immer auf Zahlen, Mortalitäts=Listen und
dergl., bezog. Franklins moralischen Küchenzettel, nach wel=
chem er wöchentlich Eine Tugend zur Hauptschüssel machte,
die übrigen aber nur in Assietten servirte, erklärte sie für
den Gipfel menschlicher Weisheit. Kurz sie lebte nicht nur,
sondern es war auch völlig die alte wieder. Dieses merk=
würdige Beispiel wird zur Warnung vor allzu schleuniger
Beerdigung bei ähnlichen Todesfällen, die etwa bald bevor=
stehen möchten, bekannt gemacht. Zwar behaupten einige
junge Aerzte, die vermuthlich dem brownschen System anhän=
gen und sich durch Paradorien auszeichnen wollen, seltsamer
Weise, es sei hier gar nicht von einem Scheintode, sondern
vielmehr von einer Scheinbelebung die Rede.

Berichtigung.

Durch einen Druckfehler steht auf dem Titel eines der
neuesten Werke von Jean Paul 'Palingenesien'. Es soll
'Palillogien' heißen.

Personen, so gesucht werden.

Man wünscht einen Mann von gesetzten Jahren, der nie in seinem Leben einige Erwärmung von einem Werke des Genies verspürt, überhaupt gegen alle Originalität eine innerliche Abneigung hegt, beiläufig einige Verse gemacht hat, auch bereit ist, den Eid auf die symbolischen Bücher der Korrektheit, als Batteux von Ramler übersetzt u. s. w., abzulegen, und übrigens eine leserliche, fließende und weitläuftige Hand schreibt, als 'Mitarbeiter der Bibliothek der schönen Künste und Wißenschaften' gegen ein mäßiges Honorar zu engagieren. Anderweitige Emolumente bei der Stelle sind, daß er die Komödien und politischen Schriften des Buchhändlers und Magisters Dyck gratis erhält, auch auf Verlangen zum Leipziger Magister kreiert werden soll.

Entdeckung.

Herr Fr. Nicolai hat letzthin in einer der königl. Akademie der Wißenschaften zu Berlin vorgelesenen Abhandlung, zur völligen Widerlegung des transcendentalen Idealismus, einen auf eigne Beobachtung gegründeten und also unumstößlichen Unterschied zwischen Erscheinungen und Dingen an sich erörtert. 'Verschwindet etwas, wenn man sich sechs Blutigel an den After setzen läßt, so ist es eine bloße 'Erscheinung; bleibt es, so ist es eine Realität oder', welches in seiner Sprache einerlei gilt, 'ein Ding an 'sich.' Ungeachtet nun der Akademist sich durch jenes Mittel von einem kranken Zustande, während deßen er allerlei Phantasme vor sich herumwandeln sah, gründlich geheilt glaubte, so wollten doch einsichtsvolle Kenner be-

merken, daß in der Abhandlung die eigne lebhafte Einbildungskraft' des Verfaßers herumspuke, die offenbar kein
Ding an sich, auch keine Realität, nicht einmal eine recht=
liche, ordentliche Erscheinung, sondern lediglich ein Phan-
tasma sei. Man beschloß also die Kur zu erneuern, und
die Blutigel wurden sogleich noch einmal appliciert. Dieß
hatte den gewünschten Erfolg: der Patient erkannte nun,
daß das, was er bisher für seine lebhafte Einbildungskraft
gehalten, bloße Hämorrhoiden gewesen; er gestand auch mit
vieler Beschämung, daß seine neueren Schriften, worin er
sich wie ein Blutigel an die Werke der vortrefflichsten Zeit=
genoßen, eines Goethe, Schiller, Kant, Fichte, Schelling,
u. a. anzusaugen versucht, jedesmal aber kraftlos abgefallen,
bloß aus einer mit dunklem Bewußtsein verknüpften Nachahmung des Arzneimittels, welches ihm fehlte, entstanden
sein müßten, und bat, das Andenken dieser Krankheits=Symp-
tome wo möglich auszulöschen. Die Akademie will dem Ver=
nehmen nach das Ihrige thun, um jene Schriften dem Auge
des Publikums zu entziehen, und sie in dieser Absicht unter
ihre eignen Mémoires aufnehmen.

Anfrage.

Man wünscht belehrt zu werden, wie sich eine gelehrte
Zeitung ohne alle Anonymität einrichten ließe. Es ist zwar
nicht unbekannt, daß kürzlich bei einer solchen Anstalt die
Nennung der Recensenten zum Gesetz gemacht worden; dieß
hat aber zur Folge gehabt (was man eben vermeiden möchte),
daß plötzlich sowohl die recensierten Schriften, als die dar-

über gesagten Dinge, anonym wurden; die vielen anonymen Namen der Beurtheiler nicht einmal gerechnet.

_____

Sachen, so zu verkaufen.

Bei der allgemeinen Revision einer Handlung ergiebt es sich bisweilen, daß sehr gute Artikel von altem Schrot und Korn auf dem Lager geblieben sind, bloß deswegen, weil das belehrungliebende Publikum nicht weiß, daß sie noch zu haben sind. Als einen Anhang zu seiner Handbibliothek macht Herr Fr. Nicolai hiemit bekannt: daß noch für junge Gelehrte eine ansehnliche Partie von seinen überverdienstlichen Jahren zu haben ist, die er mit verhältnißmäßigen Portionen von seiner lebhaften Einbildungskraft und seinem Streben mit der Zeit fortzuschreiten, indem diese Artikel nicht getrennt werden dürfen, zusammen verkaufen will: Alles aus Liebe zur deutschen Litteratur und besonderer Umstände wegen auf kurze Zeit um einen sehr billigen Preis.

_____

Buchhändler=Anzeige.

The last dying speech of a malefactor sentenced to death by the high court of philosophy, oder 'Glaubwürdiger Bericht von der langen Verstocktheit und endlichen reuevollen Bekehrung des zum litterarischen Tode verurtheilten Nicolaus Saalbader, nebst den beweglichen Reden, so er auf dem Wege zum Richtplatz geführt', ist in allen Buchhandlungen für 3 Kreuzer zu haben.

Neue Fabrik.

Der Prediger Schmidt zu Werneuchen hat die Kunst erfunden, aus den Fasern von Heidekraut, Disteln, Binsen, Mauerpfeffer u. dergl., einen etwas groben, jedoch haltbaren Kattun zu verfertigen. Die Stempel der darauf gedruckten Muster sind ebenfalls von seiner Hand, sie stellen theils einheimische Blumen vor, die nicht nur nach der Zahl und Größe der Blätter, sondern mit allen Staubfädchen und Pünktchen auf das genaueste abgebildet sind, theils ländliche Hausgeräthe, als Butterfäßer, Kinderstülchen, Bierkrüge. Auf einigen größeren zu Bettvorhängen bestimmten Mustern sind die romantischen Gegenden um Werneuchen, Dörfer mit Kirchthürmen, Windmühlen, Sandberge u. s. w. angebracht. Bis jetzt hat er bloß Privatversuche gemacht, da er diese aber verschiednen gelehrten Gesellschaften vorgelegt und ihre Billigung erhalten, so ist er entschloßen, die Sache nunmehr in's Große zu treiben, und besonders Landpredigerstöchter dazu*) anzulehren. Zur Belohnung hat er sich nur ein Privilegium auf zehn Jahre erbeten. Man hofft, es könne ein bedeutender Handelsartikel für die Mark Brandenburg werden.

Ankündigung.

Auf dem nicht vorhandenen National=Theater der nicht vorhandnen Hauptstadt der nicht vorhandnen deutschen Nation wird bei der Eröffnung aufgeführt:

---

*) anzulernen 1799.

Kotzebue in England,

oder

die Auferweckung der schlummernden Plattheit,

eine weinerliche Posse in fünf Aufzügen, nebst einem Prolog
gesprochen von W. Shakspeare.

— — O Hamlet, welch ein Abfall!
Von mir, deß Liebe von der Aechtheit war,
Daß Hand in Hand sie mit dem Schwure gieng,
Den ich bei der Vermählung that, erniedert
Zu einem Sünder, von Natur durchaus
Armselig gegen mich!
Allein wie Tugend nie sich reizen läßt,
Buhlt Unzucht auch um sie in Himmelsbildung;
So Lust, gepaart mit einem lichten Engel,
Wird dennoch eines Götterbettes satt
Und hascht nach Wegwurf. —

Als Nachspiel:

Der Deutsche Jakobinismus,

oder

Abbé Barruel im Tollhause.

Citatio edictalis.

Nachdem über die Poesie des Hofrath und Comes Pa-
latinus Caesareus Wieland in Weimar, auf Ansuchen der
Herren Lucian, Fielding, Sterne, Bayle, Voltaire, Cre-
billon, Hamilton und vieler andern Autoren Concursus Cre-
ditorum eröffnet, auch in der Masse mehreres Verdächtige
und dem Anschein nach dem Horatius, Ariosto, Cervantes
und Shakspeare zustehendes Eigenthum sich vorgefunden; als
wird jeder, der ähnliche Ansprüche titulo legitimo machen
kann, hieburch vorgeladen, sich binnen sächsischer Frist zu
melden, hernachmals aber zu schweigen.

Entwurf
zu einem kritischen Institute.
1800.

Die hauptsächlichsten Fehler der bis jetzt bestehenden recensieren=
den Zeitschriften sind: Mangel an unparteilicher und rücksichtsloser
Schärfe der Kritik; große Ungleichheit in dem Maßstabe der Beur=
theilung, weil die Mitarbeiter auf äußerst verschiednen Punkten der
Fähigkeit und Ausbildung stehen; allzu langes Verweilen bei dem
Mittelmäßigen und Schlechten, und zu kurze Abfertigung oder gänz=
liche Uebergehung des Wichtigen und Vortrefflichen; Ungleichheit in
der Zeit der Beurtheilung, indem einiges sogleich nach seiner Er=
scheinung angezeigt wird, andres erst Jahre nachher, wenn schon
das ganze Verhältniß des Werkes zu dem bis dahin Geleisteten ver=
ändert ist; Zufälligkeit der Anordnung, oder vielmehr absichtliche
Zerstückelung, und Vermeidung einer solchen, die irgend eine Ueber=
sicht gewährte; endlich Einförmigkeit, Trockenheit und Geistlosigkeit
in der Form oder Unform des Vortrags.

Hiezu kommt noch bei solchen gelehrten Zeitungen, die auf All=
gemeinheit ausdrücklich oder durch die That Anspruch machen: daß
sie erstlich diesem Versprechen keine Genüge leisten können, weil sie
den Begriff der Litteratur so materiell nehmen, daß sie darunter
alles Gedruckte verstehen; daß sie, wenn sie es auch könnten, doch
nur ein zweckloses Aggregat von Dingen sein würden, die unter sich
in keinem wahren Zusammenhange stehen; daß sie bei ihrer jetzigen
Unvollständigkeit obendrein für ihre einzelnen Leser nur einem klei=
nen Theile nach brauchbar sind, indem sie eine Menge Berichte über
Kenntnisse enthalten, die bloß zu einem bedingten speciellen Zwecke
dienen, welche der, welcher sich nicht diesem Fache gewidmet, als
ihm unverständlich und uninteressant überschlägt, und der Gelehrte
von Profession in denselben nicht befriedigend findet, und daher
lieber in einem besondern Journal für sein Fach aufsucht.

An einem Theil obiger Mängel ist schon die Form gelehrter

'Zeitungen' schuld, welche blindlings und ohne Zweck von den politischen Zeitungen entlehnt ist, da die Begebenheiten in der litterarischen Welt ja nicht wie die eines Feldzuges Tageweise vorgehen, und wenn dieß auch wäre, doch nicht wie Neuigkeiten am nächsten Tage berichtet werden können. Diese Form mußte also zuvörderst aufgegeben und eine entgegengesetzte gewählt werden. Auch die Erscheinung auf Monate festzusetzen, wäre mißlich, da Arbeiten, die oft weitläuftige Studien erfordern, nicht in so eng bestimmten Zeiträumen gefertigt werden können. Es würde daher am besten sein, das Wort 'Journal' zu vermeiden, und die Erscheinung in einem oder mehren Bänden von Messe zu Messe fortgehen zu laßen. Ich schlage zum Titel vor:

Jahrbücher
der Wißenschaft und Kunst für Deutschland.

Hieburch würde die Absicht angedeutet, die Zeit fortdauernd in ihren wißenschaftlichen und künstlerischen Fortschritten zu begleiten, ohne eine pragmatische, zu Einem vollständigen Zusammenhange verarbeitete Geschichte, die erst hinterdrein möglich wird, zu versprechen, indem es das Geschäft von Jahrbüchern ist, jede merkwürdige Erscheinung aufzuzeichnen, und ihr Verhältniß zu den vorhergehenden, gleichzeitigen und künftigen aufzuklären, also einer eigentlichen Geschichte vorzuarbeiten. Die Ausdrücke: 'Wißenschaft und Kunst' würden den Umfang des Instituts deutlicher begränzen, als das unbestimmte Wort 'Litteratur', so wie auch das 'für Deutschland' sogleich mit anzeigte, daß ausländische Werke nicht ausgeschloßen sind, aber daß nur dasjenige davon beurtheilt werden soll, was auf den Gang der Wißenschaft und Kunst in Deutschland Einfluß zu haben vermag und verdient, oder vermittelst deßen wir allgemeine Parallelen des Zustandes und Geistes unserer mit der Litteratur der Ausländer anstellen können.

Vollständigkeit können wir unmöglich nach der Zahl der gedruckten Bücher und dem Meßverzeichniße beabsichtigen. Die unbedeutende Schlechtheit betrachten wir als gar nicht vorhanden, und greifen das Irrige und Geschmackwidrige nur in solchen Schriften an, die durch andre Eigenschaften blenden können, oder ein gewißes Ansehen und Beifall genießen.

Eben so soll die Allgemeinheit, die wir suchen, nur darin be-

stehen, daß wir dasjenige umfaßen, was wirklich einen gemeinschaft=
lichen Mittelpunkt hat, also was den Menschen als Menschen inter=
essiert, und einen integrierenden Theil der gesammten höheren Gei=
stesbildung ausmacht. Hiedurch sind also ausgeschloßen alle Bücher,
die bloß empirische Data oder positive Sätze, ohne Beziehung auf
ein System oder Herleitung aus Principien zusammentragen, ingleib=
chen alle bloß technischen Kenntniße, die lediglich durch ihre Ver=
wendung zu einem bedingten Zwecke einen Werth erhalten.

Unsre Gegenstände würden also folgende sein:

1) Philosophie in ihrem weitesten Umfange.

2) Naturwißenschaft. Da alle Naturbeobachtung, die den Na=
men verdienen kann, zu allgemeinen Naturgesetzen hinstrebt, und
die Spekulation über die Natur ihre Sätze bis in die speciellste Er=
fahrung hinein bewährt wißen will, so würde sich die Kritik so=
wohl über empirische als spekulative Physik verbreiten müßen, und
es könnte nicht leicht zu viel in diesem Fache geschehen, da das In=
tereße des Zeitalters so vorzüglich darauf gerichtet ist.

Was von der Mathematik zu erwähnen wäre, wird ent=
weder ihre .reale Gültigkeit und ihre Methode in philosophischer
Hinsicht, oder ihre Anwendung auf Physik betreffen, und unter eines
der beiden Fächer gebracht werden können.

3) Von der Geschichte dasjenige, was durch seinen Inhalt
oder durch seine Form unmittelbaren Werth und Intereße hat,
und diese nicht erst durch äußerliche Brauchbarkeit erhält: also
alles zur Geschichte der Menschheit gehörige, dann historische
Kunstwerke.

4) Von der Philologie: philosophische Grammatik und Beur=
theilung der einzelnen Sprachen nach Principien derselben, philo=
logische Kritik und Auslegungskunst.

Das Studium des klassischen Alterthums fällt unter die
beiden vorhergehenden Rubriken, deren Bestimmung ausweist,
was davon hier behandelt werden soll. Nur in so fern sein Inhalt
einen Theil der Kulturgeschichte ausmacht, gehört es in das histo=
rische Fach; seine Methode, Hülfsmittel u. s. w. in das philolo=
gische oder grammatische.

5) Schöne Künste und Theorie derselben.

Poesie in ihrem weitesten Umfange, Beredsamkeit nach ihrer

richtigeren Beſtimmung, als ſchöne Kompoſition in Proſa, und
überhaupt was zur ſchönen Litteratur gerechnet wird, würde den
Hauptartikel in dieſer Rubrik ausmachen. Der Zweck der Kritik eines Kunſtprodukteo kann nicht erreicht werden, wenn der Leſer
es nicht in ſeiner Gewalt hat, dieſes mit jener zuſammenzuhalten.
Da nun bei den nur an Einem Orte befindlichen Werken der bildenden Künſte (Kupferſtiche gehören nur ſelten in das Gebiet der
eigentlichen ſchönen Kunſt), wie auch bei den momentanen Hervorbringungen der Schauſpielkunſt dieß für die meiſten Leſer nicht der
Fall iſt, ſo müßte die Beurtheilung derſelben wegfallen, und es
bliebe etwa nur die Muſik übrig.

Um aber doch die Anſicht von dem vollſtändigen Kreiße der ſchönen Künſte gegenwärtig zu erhalten, würde man ſich mit den Schriften, die von ihrer Geſchichte und Theorie handeln, allerdings be-
ſchäftigen müſſen. Doch iſt in Anſehung der letzten wieder ein Un-
terſchied zu machen. Die Theorie der Künſte iſt entweder die allen
gemeinſchaftliche, philoſophiſche, oder die beſondre, techniſche. Bei
der Poeſie gehört auch die zweite ganz in unſern Kreiß, weil ſie
philologiſch, oder aus Principien der Grammatik im höheren Sinne
abzuleiten iſt. Bei den andern Künſten giebt es eine ſehr weitläuftige Kenntniß des Mechaniſchen, die bloß für den Künſtler praktiſch
intereſſant iſt. Ihre techniſche Theorie wird alſo nur in ſo fern hieher gehören, als ſie auf Naturgeſetze zurückgeführt werden kann, wie
z. B. die Farbenlehre in der Malerei, die Lehre von der Harmonie
in der Muſik, u. ſ. w.

Was von den ſogenannten Fakultäts-Wißenſchäften in unſern
Kreiß gezogen werden müßte, ergiebt ſich aus Obigem von ſelbſt;
nämlich:

1) von der Theologie: philoſophiſche Religionslehre; Kritik und
Auslegung der heiligen Schriften, in ſo fern ſie als Urkunden zur
Geſchichte der Menſchheit zu betrachten ſind.

2) von der Jurisprudenz: Naturrecht und Theorie der Geſetz-
gebung.

3) von der Medicin: Begründung ihres Syſtems auf Principien der Naturwißenſchaft.

Anmerkung. Die obige Eintheilung iſt in keiner Rückſicht genau zu
nehmen als in Beziehung auf das, was durch ſie von dem Plane des

Ganzen ausgeschloßen bleibt. Sie soll keineswegs zum Princip der
Vertheilung dienen, so daß jeder Mitarbeiter ein bestimmtes Fach
wählte oder angewiesen bekäme. Vielmehr wird jeder aufgefordert,
dem Redakteur ein Schema von dem aufzusetzen, was und worin
er zu arbeiten gedenkt, nach seinen eignen beliebigen Rubriken, doch
so genau bestimmt und bedingt, wie möglich.

*   *   *

Die Verfaßung des Instituts wird sehr einfach sein können. Es
wird vorausgesetzt, daß die Mitarbeiter alle selbständige Denker, und
von gleichem Eifer für die Fortschritte der Wißenschaft und Kunst
beseelt sind, und daß sie sich gegenseitig, als in der gleichen Region
des menschlichen Geistes wirkend, anerkennen. Solche Männer können sich nur nach dem Grundsatze der Gleichheit zu einer gemeinschaftlichen Wirksamkeit verstehn. Der Redakteur wird also nur ihr
gemeinschaftlicher Geschäftsträger und das Organ ihrer Mittheilung
sein. Die Mitarbeiter werden das Ganze des Plans übersehen, sie
werden daher auch bei Vertheilung der Arbeiten nicht auf Vorschläge
des Redakteurs warten, sondern bei Erscheinung jedes Meßkatalogs
eine Angabe von demjenigen machen, was in den Fächern, worin
sie arbeiten, ihrer Meinung nach beurtheilt werden müßte, und was
sie davon selbst übernehmen wollen. Diese Angaben wären nach der
Meße, sowohl was die Lücken des Katalogs und das, was er zu
viel hat, als was die merkwürdigen Erscheinungen, die man aus den
bloßen Namen der Bücher nicht als solche erkennen konnte, betrifft,
zu berichtigen und zu ergänzen. Die Mitglieder, die in demselben
Fache arbeiten, werden sich um so leichter über die Vertheilung der
Arbeiten verstehen, da es gar nicht zum Gesetz gemacht werden soll,
daß von einem gewissen Buche nur Einmal die Rede sein dürfe,
sondern das schon auf eine Weise Abgehandelte allerdings wieder in
andern Beziehungen und Ansichten in Anregung gebracht werden
kann. Da die Büchermessen die äußern Epochen unsrer Litterarge-
schichte sind, so müßte man, so viel möglich, mit ihnen fortrücken,
so daß der in jeder Meße erscheinende Band oder Bände den Bericht von der vorhergehenden möglichst vollständig, nach dem oben
festgesetzten Begriffe enthielte, und jeder Mitarbeiter müßte das einmal Uebernommene zeitig genug hiezu liefern.

Sollten die verschiednen Mitarbeiter in einem Fache sich alle
von der Beurtheilung einer Schrift abgesetzt finden, von welcher

doch anerkannt würde, daß sie nicht übergangen werden könne, so
müßte die Mehrheit der übrigen entscheiden, wer unter ihnen den
nächsten Beruf dazu habe, und es also der Vollständigkeit wegen
übernehmen müße. In sonstigen Streitigkeiten zwischen dem Re=
dakteur und einem Mitarbeiter könnten beide sich vergleichen, einen
Dritten als Schiedsrichter zu wählen, oder der Fall würde allen
vorgelegt und die Mehrheit entschiede.

Das Wesentliche der Redaktion würde also eigentlich unter alle
Mitarbeiter vertheilt sein.

Anmerkung. Zunächst und in seinem ganzen Umfange gilt Obiges
nur für die Mitglieder, denen gegenwärtiger Entwurf mitgetheilt
wird, und die die Grundlage des Instituts bilden, nämlich: Bern=
hardi, Schelling, A. W. Schlegel, Fr. Schlegel, Schleiermacher,
Tieck*). Wenn erst das Ganze zur Ausführung kommt, so wird
der Redakteur nach Billigung der Mehrheit noch für einen oder den
andern Nebenzweig Gelehrte einladen, mit denen er seine eigne
Verabredung zu treffen hat.

*   *   *

Was die Form des Vortrags betrifft, so hätte darin jeder Mit=
arbeiter unbeschränkte Freiheit ihr sein eigenthümliches Gepräge zu
geben; er könnte sein Urtheil nach Gelegenheit in Briefe oder Dia=
log einkleiden, oder es auch in Aphorismen ganz kurz hinstellen und
so viel Scherz einstreuen, als ihm beliebte. Nur die Namen 'Re=
censent' und 'Recension', noch mehr aber die Sache, nämlich die ka=
thedralische Pedanterie, die Steifheit, Formlosigkeit und das weit=
läuftige und unnütze Auszugmachen und Ausschreiben aus den beur=
theilten Büchern müßte sorgfältig vermieden werden.

Nicht bloß als besondre Bücher erschienene Schriften, sondern
auch einzelne Gedichte u. s. w. könnten für sich allein kritisiert wer=
den, so wie auf der andern Seite auch mehre Schriften, selbst aus
verschiednen Fächern, wenn man Beziehungspunkte zwischen ihnen zu
finden wüßte, dürften in einer Kritik zusammengefaßt und gestellt
werden. Um auch hierin die Kombinationen der Mitarbeiter nicht
zu beschränken, müßte der Redakteur für die einzelnen Kritiken eine

[*] Fichte ist hier nicht genannt, weil er durch einen ähnlichen
Plan, wie man wußte und weiter unten angedeutet ist, wenigstens vor=
läufig vom Beitritte zu der Gesellschaft abgehalten war. Steffens wurde
auch eingeladen, und erklärte, gern beitreten zu wollen.]

anschauliche und übersehbare Anordnung wählen, aber sie keineswegs ängstlich nach Rubriken klassificieren.

Die äußere Einrichtung wäre etwa folgende:

1) Größere kritische 'Abhandlungen'; diese beträfen ausgezeichnet wichtige Werke, oder die sämmtlichen Werke eines berühmten Autors, oder sie enthielten Uebersichten.

2) Kürzere Kritiken in allen Formen, die vielleicht am schicklich= sten den Namen 'Notizen' führen könnten.

3) 'Selbstanzeigen.' Da man nämlich unfehlbar die sämmtlichen Mitarbeiter als eine Faktion solcher vorstellen wird, die verschworen seien sich einander zu loben, und doch allerdings von den eignen Werken der Mitarbeiter gar sehr die Rede wird sein müßen, weil nur solche Beruf haben, es zu sein, die in den Gang der Wißen= schaft und Kunst mit Nachdruck eingreifen können: so wird es ge= rathen sein, jeden Mitarbeiter bei der ersten Herausgabe eines Wer= kes seinen Plan und seine Absichten dabei selbst entwickeln zu laßen. Es bleibt einem andern Mitarbeiter dennoch unbenommen, desselben in einer Uebersicht, Parallele oder sonstigen Kombination lobend oder tadelnd Erwähnung zu thun. Dergleichen motivierende Anzeigen wären auch sehr wünschenswerth von einigen ausgezeichneten Schrift= stellern, über welche die Ansicht der sämmtlichen Mitarbeiter längst bekannt ist, und die vielleicht zu keiner andern Theilnahme bewogen werden können; ich nenne hier Goethe und Fichte. Doch gilt wegen einer zweiten Erwähnung solcher Schriften durch Andre dasselbe wie oben.

Diese Selbstanzeigen würden auch den Vortheil haben, mehr Mannichfaltigkeit in das Ganze zu bringen, da der Hervorbringer des Werkes noch einen andern Standpunkt dafür hat, als irgend ein Beurtheiler haben kann.

4) Kritik der Kritik, oder 'Revision der recensierenden Zeitschrif= ten.' Da ein kritisches Institut, wie das oben beschriebene, sich der That nach in einem beständigen Kampfe mit verjährten Autoritäten, mit dem Herkommen, der Geistesträgheit und dem wißenschaftlichen Obskurantismus befinden würde, so müßte es auch das Polemisieren in der Form, und die gehäßige Deutung nicht scheuen, die man grade diesem Artikel zu geben nicht ermangeln würde. Auf Voll= ständigkeit wäre dabei nicht Anspruch zu machen. Jeder Mitarbeiter

zeichnete die auffallendsten Verstöße, die ihm in seinem Fache vorkämen, mit lakonischer Kürze auf, und der Redakteur stellte sie zusammen. Scherze, Einfälle und Parodieen, die dazu dienten, die Dummheit und Verkehrtheit ins Licht zu stellen, wären dabei sehr willkommen.

* * *

Die Namen der sämmtlichen Mitarbeiter würden in der Einleitung, worin das Exoterische des obigen Plans weiter aufzuführen wäre, genannt, oder nach früheren Schriften bezeichnet, aber nicht bei den einzelnen Kritiken angegeben, weil dieß doch manchmal zu Rücksichten auf äußere Verhältnisse nöthigen könnte. Der Name des Herausgebers könnte allenfalls auf den Titel gesetzt werden.

* * *

Vorschläge für den Druck und die Bedingungen des Verlags.

Deutscher Druck, mittleres Format 8., der Band 24 bis 30 Bogen. Näher läßt sich die Stärke desselben nicht wohl bestimmen, da die Aufsätze nicht abgebrochen werden dürfen. Die Zahl der Bände richtet sich natürlich nach den vorhandnen Materialien.

Der Druck müßte an einem Orte vor sich gehen, wo der Redakteur, oder ein andrer Mitarbeiter, der es übernehmen will, die Aufsicht und Korrektur besorgen könnte.

Honorar: 3 Lsd. pr. Bogen. Ferner: dem Redakteur eine bestimmte Summe zum Ersatz der Auslagen für Korrespondenz u. s. w., die aber etwas reichlich anzusetzen wäre, wenn nichts besonders für seine Mühe und Zeit gefordert werden soll.

Die zu beurtheilenden Bücher gleich in der Messe einzukaufen, und von da aus zu versenden, würde schwerlich eine Ersparung sein, theils wegen des Porto und dann weil eine Menge nachher unbrauchbare angeschafft werden müßten, indem es einem Buche manchmal erst bei der Einsicht anzusehen ist, daß man nichts darüber zu sagen hat. Jeder Mitarbeiter kauft also an dem Orte seines Aufenthalts die Bücher, die er nicht sonst bequem haben kann, oder ohne dieß besitzt; will er sie nachher nicht behalten, so erstattet der Verleger ten Preis.

Vorrede zu Horatio Walpole's

historischen, litterarischen u. unterhaltenden Schriften,

übersetzt von A. W. Schlegel. Leipzig bei Hartknoch. 1800. 8.

Die sämmtlichen Werke des berühmten Horatio Walpole, nachherigen Grafen von Orford, sind nach seinem Tode, jedoch seinen zu der Herausgabe gemachten Sammlungen und Veranstaltungen gemäß, im Jahre 1798 zu London in fünf großen Quartbänden erschienen. Schon ihre Kostbarkeit, die durch viele zum Theil überflüßige Kupferstiche und die Pracht des Druckes verursacht wird, muß diese Sammlung in Deutschland selten machen. Sie enthält aber auch vieles, was nur ein lokales und nationales Interesse haben kann, wiewohl es die Aufnahme allerdings verdiente, um den Nachlaß eines seinen Landsleuten auf so mancherlei Weise merkwürdigen Mannes vollständig beisammen zu haben. In dieser doppelten Rücksicht hofft man also dem deutschen Leser mit einer übersetzten und für seine Bedürfnisse bearbeiteten Auswahl daraus einen Dienst zu leisten.

Die Erinnerungen von den Höfen und Regierungen der beiden ersten George, welche hier den Anfang machen, sind zwar eine von Walpoles spätesten Schriften, sie beschäftigen sich aber doch mit den früheren Perioden seiner so langen und erfahrungsreichen Lebensbahn. Das Alter verräth sich keinesweges in der Abnahme der Munterkeit, eher in einiger Geschwätzigkeit und kleinen Nachläßigkeiten des Stils, die aber auch daher rühren können, daß der Aufsatz ursprünglich nicht für das große Publikum bestimmt war, wodurch er nur um so anziehender wird. Dem Sohn eines großen Ministers, der so lange das Ruder des brittischen Staates geführt hatte, konnte es bei einem regen Beobachtungsgeiste nicht an Gelegenheiten fehlen, den Zusammenhang zwischen kleinen Anekdoten und Charakterzügen und öffentlichen Begebenheiten wahrzunehmen. Seine politische Freimüthigkeit hat sich hier, wo nicht von Behaup=tung großer Rechte, sondern von Schwächen und Lächerlichkeiten die Rede ist, mit leiseren Andeutungen begnügt, die besonders über die Erscheinung, welche die zu Anfange dieses Jahrhunderts auf den eng=lischen Thron gelangte neue Dynastie in den Augen der Nation, die sie dazu berufen hatte, machen mußte, und über die Art, wie sich jene selbst in dem neuen Verhältnisse benahm, nicht sparsam einge=streut sind.

Die Nachricht von der Streitigkeit zwischen Hume und Rous=seau versetzt uns lebhaft in die Epoche der Encyklopädisten, wo sich in Frankreich ein Verhältniß zwischen den Gelehrten und Vornehmen gebildet hatte, wie es überhaupt nicht wieder stattfinden möchte. So wird auch nicht leicht irgend eine Fehde in der litterarischen Welt wieder ein so allgemeines Aufsehen im kultivierten Europa machen, als diese Geschichte damals erregte, und ein Beitrag zur vollständi=geren Entwicklung ihrer Triebfedern kann also auch jetzt nicht zu spät kommen. Walpoles berüchtigter fingierter Brief des Königs von Preußen darf ihm gewiß nicht zum Verbrechen angerechnet werden, so wie überhaupt die ganze Art seines Antheils daran nicht tadelnswerth ist: allein indem er sich rechtfertigt, läßt er sich durch seine allgemeine Abneigung gegen die Franzosen, die persön=liche gegen Rousseau, und einen gewissen ganz unbilligen Uebermuth des Mannes von Stande und Vermögen gegen den gelehrten Stand zu Härten und Uebertreibungen hinreißen.

Die Charaktere englischer Schriftsteller von hohem Range führen im Original den Titel: A catalogue of the royal and noble authors of England, with lists of their works; und es ist dabei auf eine vollständige Angabe aller englischen Fürsten und Pairs sowohl, die Autoren gewesen, als ihrer Schriften, selbst die kleinsten Flugblät=ter nicht ausgenommen, abgesehen. Aber wie Walpole überhaupt meistens ein gelegenheitlicher Schriftsteller war, so ist auch nicht sel=ten das, was bei Gelegenheit seines eigentlichen Zweckes zum Vor=schein kommt, das Willkommenste, und die Zugabe von Geist, Witz und sinnreicher Charakteristik, die er sich hier als gelehrter Litterator und mühsamer Bibliograph erlaubte, wird für uns die Hauptsache.

Es sind daher in die Uebersetzung nur solche Namen aufgenommen, die auch außer England historisch oder litterarisch merkwürdig sind, oder mit denen man durch die Art sie zu charakteristeren auf eine anziehende Weise bekannt gemacht wird. Damit der Litterator doch auch hier nachsuchen könne, sind die Verzeichnisse der Schriften nicht weggelaßen, sondern nur, da sie im Englischen die übrigen Bemerkungen unangenehm unterbrechen, davon gesondert und in den möglichst engen Raum zusammengedrängt worden.

Die Parodie auf Chesterfields Briefe an seinen Sohn und die allgemeine Kritik über Johnsons Schriften sind geistreiche Aeußerungen eines Urtheils, das dem Zeitgeschmacke gar nicht huldigte und um so verdienstlicher, wenn man bedenkt, wie herrschend in England das Joch einmal erworbener Autoritäten zu sein pflegt, wie blindlings besonders ihr sogenannter großer Samuel Johnson vergöttert wird. Walpoles Kritik bezieht sich zwar hauptsächlich nur auf seine Manier des Vortrags; wie tief seine Schriften auch von Seiten des Inhalts stehen, wie wenig dieser Mann, der sein Leben damit zugebracht, über Dichter und Gedichte zu schreiben, von Poesie nur eine Ahndung hatte: diese Einsicht ließ sich freilich von einem Engländer des jetzigen Zeitalters nicht erwarten.

Die seltsamen Vorfälle und abgerißnen Gedanken sind ein nur kleiner aber schätzbarer Beitrag mitgetheilter Erfahrungen und Beobachtungen aus dem Vorrathe eines Mannes, dessen außerordentliches Gedächtniß so sehr gerühmt wird.

Die hieroglyphischen Märchen sind ebenfalls in der Sammlung von Walpoles Werken zum erstenmal erschienen. Sie sind voll leichten Witzes und Humors, und frei von aller Schwerfälligkeit. Satirische Anspielungen auf öffentliche Ereignisse und National-Eigenschaften sind im Einzelnen nicht zu verkennen, so wie der Verfaßer in einem derselben den Landsitz und Park seines Freundes Conway angebracht, und es dadurch mehr zu einem gesellschaftlichen Scherz, als einer allgemeinen Darstellung bestimmt hat. Die hier zur Vorerinnerung gewordne Nachschrift dazu giebt ein Beispiel ab, wie Autoren manchmal über sich selbst und ihre Intentionen nicht im Klaren sind. Walpole klagt darin über die in den Produkten dieser Gattung herrschende Armuth der Einbildungskraft, und doch sind seine eignen Märchen nichts weniger als phantastisch. Es ist Erfindung

darin, und selbst viele Erfindung, aber es sind immer die Kombi=
nationen des mit Bewußtsein absichtlichen Verstandes, nicht der frei
gaukelnden Phantasie. Eine ironische, in der That aber etwas frostig
gerathene Vorrede ist weggeblieben.

Die Abhandlung über die neuere Gartenkunst ist zuerst im J.
1771 als Anhang zum vierten Bande der Anecdotes of painting in
England erschienen, und hierauf beziehen sich die darin vorkommen=
den Zeitangaben. Ueber ihren Inhalt und Werth hat sich der Ueber=
setzer in einer eignen Bemerkung umständlicher eingelaßen [welche
wir im Folgenden mittheilen.]

S. 441. — Die Niederlande haben sowohl nach der Seeseite
zu, als landeinwärts kleine Anhöhen und Hügel genug, um, wenn
sie benutzt werden, die mildern Partien englischer Gärten zu errei=
chen, die doch wohl die vorzüglichsten sind; und sie besitzen auch schon
eine beträchtliche Anzahl im englischen Geschmack angelegter Landsitze.

S. 443. f. Der obige Aufsatz, der geschrieben wurde, ehe eine
ganze Menge Schriften über das Gartenwesen England überschwemmt
haben, kann, von einem Manne, der die Umwandlung der Garten=
kunst zum Theil erlebt, so viel Merkwürdiges in dieser Art gesehen,
und selbst schöne Anlagen gemacht, nicht anders als interessant sein,
und die Hauptpunkte, wobei es darauf ankommt, sind mit großer
Klarheit entwickelt.

Auch ist es einem patriotischen Engländer nicht zu verübeln, daß
er auf die einzige bildende Kunst, worin seine Landsleute Anspruch
machen können original zu sein, einen starken Nachdruck legt. In=
deßen läßt sich vielleicht Manches gegen den hohen Werth der eng=
lischen Gartenkunst, und zur Vertheidigung der Ansichten andrer
Völker und Zeitalter darüber sagen, was hier nur mit Wenigem an=
gedeutet werden kann. Die Alten betrachteten unstreitig die eigent=
lichen und beschränkten Gärten als zur Wohnung gehörig, behan=
delten sie daher nach architektonischen Grundsätzen; und Ordnung,
Bequemlichkeit und Sauberkeit wurden dann natürlicher Weise Haupt=
sachen. Was kann bequemer und zweckmäßiger sein, als eine gerade
geebnete Allee mit Hecken eingefaßt? Man will spazierengehend in
ununterbrochnem Schatten die freie Luft genießen, und sich dabei
einem Gespräch, oder seinen Gedanken oder einer Lektüre überlaßen,
wo es denn sehr störend sein würde, immer darauf zu achten, wie

der Weg sich krümmt, und ob sich der Boden hebt oder senkt. Selbst
die jetzt so verachteten Terrassen und Parterre möchten nicht ganz zu
verwerfen sein. Es sind gleichsam fortgesetzte Zimmer in freier Luft:
warum sollten sie also nicht auch nach Analogie der Zimmerverzie-
rungen mit regelmäßigen Bassins wie mit Spiegeln, mit Statuen,
und selbst mit allerlei Zierraten in lebendigen Stauden, endlich mit
dem bunten Teppich der Grasfiguren und Blumenstücke dekoriert
werden, wenn dieß nur nicht so läppisch und geschmacklos geschieht,
wie meistens der Fall gewesen ist? Warum sollte die Gartenkunst
nicht auch ihre Arabesken haben? — Natürlichkeit und Verschönerung
der Natur ist die Losung. Die Uebertreibung jener hat schon Walpole verspottet; und diese soll doch wohl nur so viel heißen, daß ein
bestimmter Fleck durch Benutzung der in ihm verborgnen Anlagen
verschönert wird. Denn wer sich einbildete, etwas Schöneres in einer
gewissen Art hervorbringen zu können, als die Natur irgendwo ohne
menschliche Absichtlichkeit schon veranstaltet hat, müßte entweder sehr
vermessen sein, oder wenig große Naturscenen gesehen haben. Wie
kleinlich fällt immer in künstlichen Anlagen was wild und erhaben
sein soll, als Felsen, Stromfälle, Ruinen, gegen die Wirklichkeit
aus! Es scheint also verständiger, zur Natur hinzugehen, als sie
auf eine mühsame und kümmerliche Art zu sich herkommen zu laßen.
Die zahlreichen Villen der Römer in den üppigsten Gegenden Italiens, um von jeder Jahreszeit die Blüthe zu genießen, waren ein
ganz andrer Luxus, als ein englischer Landsitz, der die Eigenthümlichkeiten verschiedner Land= und Himmelstriche in sich vereinigen soll.
Daß die Landschaft ein Besitzthum sei, wovon man Andre ausschließen kann, ist Nebensache, und wer ein Landhaus mit einem bequemen
Gärtchen am Meerbusen von Neapel oder am Genfersee bewohnt,
darf gewiß den geräumigsten und am meisten auf's Romantische angelegten Park nicht beneiden. — Auch die Ehre der Erfindung ge-
bührt den Engländern wohl nicht so ganz ausschließend. Ist davon
die Rede, die Kontraste und Nüancen des verschiednen Grüns ab-
zulauschen, Vorgründe und Hintergründe anzuordnen, Fernen zurück-
treten zu laßen, und wiederum den Horizont schön zu begränzen,
mit einem Wort, Scenen zu bilden, worin Beleuchtung und Luft-
perspektiv ihre ganze Magie entfalten können: so haben die Garten-
künstler Alles von den Landschaftsmalern gelernt, und Claude Lor-

rain und Poussin sind die eigentlichen Erfinder. Kömmt es aber
auf den unmittelbaren, mehr sinnlichen Genuß der Natur an, in
einem Gebüsch von üppiger und mannichfaltiger Vegetation, in küh=
len Thalgründen um erfrischende Quellen her angepflanzt, so darf
man nur den Horaz oder Tibull nachschlagen, um sich zu überzeugen,
daß die Römer, so wie die meisten Südländer, hievon sehr raffi=
nierte Kenner waren.

Seit Walpole schrieb, hat sich der englische Geschmack in Gär=
ten viel allgemeiner ausgebildet, als er vermuthet, und leider sind
auch die Ausartungen und Uebertreibungen, denen er sich schon wider=
setzt, im Gefolge desselben nicht ausgeblieben. Dagegen sind die
Hoffnungen, die er daraus für die englische Landschaftmalerei schöpft,
nicht erfüllt worden: vielmehr haben seine Landsleute auch in die=
sem Zweige der Kunst durch ihre gefärbten Kupferstiche eine blen=
dende, aber gar nicht gründliche Manier zu verbreiten das Ihrige
beigetragen. Die frühe Gewöhnung an landschaftliche Scenen ist
vielleicht nicht so günstig, den Landschafter zu bilden, als die Nöthi=
gung einer beschränkten Landesart, die Natur erst mit stiller Genüg=
samkeit aufsuchen zu müßen, so daß sie nachher beim Eintritt in
schönere Himmelsstriche und herrlichere Scenen dem fleißigen Betrach=
ter in ihrer ganzen Glorie entgegen kommt. Wenigstens spricht da=
für die Erfahrung, daß das einförmige und in der blühenden Pe=
riode ihrer Malerei so steif angebaute Holland die größte Zahl vor=
trefflicher Landschafter (die Viehstückmaler wie billig mit eingerech=
net) hervorgebracht hat. Jene allgemeine Ausbildung der Naturan=
lagen, die dem Künstler auf gewisse Weise Alles schon fertig liefert,
und worin doch wieder nichts eigentlich keck und genialisch hervor=
sticht, muß den Geist eher dämpfen, als erheben. Schwerlich wird
jemand, der von Jugend auf sich in englischen Gärten ergötzt hat,
düstre Baumpartien und Waldwaßer so innig und unerschöpflich tief
herausfühlen, wie Ruysdael. Daß aber in England bei der außer=
ordentlichen Liebhaberei für schönes Hornvieh und Pferde noch kein
Potter oder Adrian van der Velde, kein Wouwerman aufgestanden
ist, muß Zweifel an dem Kunstsinne der Nation, selbst für die un=
teren Gattungen erregen.

Bürger.

***

1800.

Bürgers Nachlaß ist nun seit einigen Jahren der Welt
vollständig übergeben worden: der Ertrag eines auf manche
Weise verkümmerten und gedrückten Lebens. Diese wehmü=
thige Betrachtung muß sich zuvörderst denen aufdrängen,
welche Bürgern näher gekannt haben: die dem vierten Bande
seiner sämmtlichen Schriften eingerückte Lebensbeschreibung,
die von der Hand der Freundschaft, mit schonender Wahr=
heitsliebe, und in einem milden und menschlichen Sinne
abgefaßt ist, wird sie auch bei andern erwecken; ja sogar den
mit allen Umständen unbekannten, aber aufmerksamen Leser
müßen eine Menge Spuren in den Gedichten selbst darauf
führen. Sie wird um so trauriger, wenn man bedenkt, daß
nebst den Folgen früher Gewöhnungen und Schwächen, wel=
che die natürliche und bürgerliche Ordnung der Dinge weit
härter als nach ihrem Verhältnisse zur Sittlichkeit zu bestra=
fen pflegt, nebst der Zerrüttung einer unglücklichen Leiden=
schaft, und in den letzten Jahren häuslichen Verdrusses, ge=
rade seine Neigung zur Poesie und seine Beschäftigung mit
ihr es war, was ihn abhielt, sein zeitliches Wohl entschloß=
ner und rüstiger anzubauen; was seine Tage verbitterte und
wahrscheinlich verkürzte. Wenige haben die dichterische
Weihe und ihr Theil Ruhmes um einen so theuren Preis
gekauft. Auch darf man nicht etwa annehmen, eine anhal=

tende Erhöhung seines innern Daseins habe ihm manche
äußere Entbehrung vergütet, und er habe im sorgenlosen
Besitze aus der Fülle seiner begeisterten Träume nur gele=
gentlich Einiges festgehalten, und durch die Schrift mitge=
theilt. Nein, er hat wirklich Alles gegeben, was er hatte:
der Umfang seiner dichterischen Sphäre in den vorhandenen
Werken bezeichnet uns das ganze Vermögen seines Geistes,
wie den erlangten Grad von Meisterschaft. Seine heitern
regsamen Momente konnten nur in wenige Brennpunkte zu=
sammengedrängt eine glänzende Erscheinung machen, und was
seinen Gedichten den ausgebreitetsten Beifall verschafft hat,
das Frische, Gesunde, die energische Stimmung, hatte sich
bei ihm aus dem Leben in die Poesie hinübergerettet, und
beurkundet angeborne Ansprüche an eine schönere geistige
Jugend, die ihm in der Wirklichkeit nie zu Theil ward.

Bürgers Eintritt in seine Laufbahn war nicht ohne
begünstigende Umstände. Ein kühnerer Geist regte sich um
diese Zeit in unsrer ganzen Litteratur, gleichgesinnte Freunde
begleiteten ihn, und bald kam ihm der Beifall einer jubeln=
den Menge entgegen, die alles Neue mit der lebhaftesten
Theilnahme aufnahm, und für die bei der bisherigen Einge=
schränktheit so Vieles neu war. Er hielt sich nicht mit
Unrecht für einen von den Befreiern der Natur vom Zwange
willkürlicher Regeln, und ward als der Erfinder oder Wie=
derbeleber ächter Volkspoesie ohne Widerrede anerkannt.
Dieß gab ihm Muth und Sicherheit, wenn er gleich nicht
in die trunkenen Hoffnungen Mancher einstimmen konnte, die
nicht nur ohne Theorie und Kritik, sondern ohne alles
gründliche Kunststudium das Höchste in der Poesie, als die
ihrem wahren Wesen nach nur eine freie Ergießung sich
selbst überlaßener Originalität sei, zu ergreifen gedachten.

Dagegen wurde er auch zu den Verirrungen, die bald auf=
fallend überhand nahmen, nicht mit fortgerißen, und der
Einfluß damals herrschender Ansichten auf seine Grundsätze
und Ausübung zeigt sich *) nur bei einer näheren Prüfung.
So viele zuversichtliche Kraftverheißungen giengen ohne blei=
bende Spur vorüber, und nachdem die sogenannte Sturm=
und Drang=Periode in den siebziger Jahren des verfloßenen
Jahrhunderts ausgetobt hatte, ließ sich in den Achtzigern eine
gewisse Erschlaffung spüren, die durch mancherlei zusammen=
treffende Umstände vermehrt ward. Die Lethargie war so
unerwecklich, daß selbst das Wiederauftreten jenes großen
Geistes, welcher zu der vorhergehenden Periode den ersten
Anstoß gegeben hatte, und dessen Jugendwerke, die auf dem
Standpunkte einer umfaßenden historischen Kritik nur als
vorläufige Protestationen gegen die Anmaßungen der konven=
tionellen Theorie erscheinen, damals das Ziel verkehrter
Nachahmungen gewesen waren: daß selbst das Wiederauftre=
ten **) Goethes, sage ich, in der Gestalt des reifen, selbstän=
digen, besonnenen Künstlers unmittelbar keine sichtbare be=
deutende Wirkung hervorbrachte. Der Glaube, der in Rück=
sicht auf die, welche ihn hegen, seinen guten Grund zu
haben pflegt, das Gebiet der Dichtung ziehe sich gegen das
der Begriffe immer enger zusammen, jede neue und große
Hervorbringung in der Poesie werde immer schwieriger, ja
unmöglich: dieser Glaube verrieth sich an mancherlei Sym=
ptomen als allgemein herrschend, und Bürger hatte häufige
Anwandlungen von diesem Kleinmuth. Eine Kritik, die ihn
noch in den letzten Jahren ***) traf, die Beurtheilung der

---

*) uns bei 1800.　　**) jenes großen Geistes, sage ich 1800.
***) traf, war eben nicht gemacht selbigen zu heben. 1800.

zweiten Ausgabe seiner Gedichte in der Jenaischen Litteratur-
Zeitung, war eben nicht gemacht, ihn davon zu heilen: sie
drohte seinem Ruhme einen gefährlichen Stoß, ohne daß er
in seinem Innern einen rechten Gegenhalt wider sie gefunden hätte *). So hatten sich alle Umstände zu seinem Nachtheile gewandt. Zu den allgemeinen Einflüßen einer ein-
schläfernden, isolierenden, ungedeihlichen Zeit nehme man
nun insbesondre den umwölkten Horizont seiner weltlichen
Aussichten, Kränklichkeit, Sorgen und die Nothwendigkeit
zu Beschäftigungen zu greifen, worin er sich entweder seines
wenigen Berufs oder ihrer Beschaffenheit wegen nicht her-
vorthun konnte, Trennung von alten Freunden und Geistes-
genoßen, Mangel an bereichernden und auffordernden Anschauungen, eine freudenlose Umgebung sowohl von Seiten
der Natur, als des geselligen Lebens **), endlich das beständige Ringen eines beleidigten Selbstgefühls gegen den Uebermuth von Gelehrten, die sich in geistlosem Sammlerfleiß

----

*) Der anonyme Verfaßer dieser Recension, welcher sich gleich-
wohl leicht errathen ließ, und nicht unbekannt bleiben konnte, war
Schiller. Dieß kränkte Bürgern um so mehr, weil er für den Dichter der Götter Griechenlandes eine lebhafte Bewunderung gefaßt
hatte. Die Recension war mit der kalten abgezirkelten Eleganz abgefaßt, welche Schillers damaligen prosaischen Schriften eigen war,
und in seinen Briefen über ästhetische Erziehung in die äußerste
Erstorbenheit übergieng; aber sie imponierte dem Publikum und
Bürgern selbst durch eine gewiße Würde, durch den Schein der
philosophischen Tiefe und durch den noch mehr trügerischen Schein der
Mäßigung. Anm. zum neuen Abbruck. 1828.

**) Bürger pflegte wohl den Ausruf Hallers in einem schwer-
müthigen Gedichte auf sich anzuwenden:

Ja, recht in seinem Zorn hat das gerechte Wesen
Mir diesen fernen Ort zur Wohnung auserlesen!

Anm. z. n. A. 1828.

5 *

zur Verachtung alles Edlen und Schönen verhärtet *) hatten,
und mit denen ihn sein Verhältniß nun einmal zusammenstellte **): so hat man alle Züge zu dem traurigsten Bilde

---

*) haben 1800.

**) Namen zu nennen, ist unnöthig: wer das damalige Göt-
tingen gekannt hat, wird sie leicht ergänzen. Die Thatsache kann
ich bezeugen, daß mehrere Professoren der berühmten Universität
Bürgern mit großer Verachtung begegneten, und von ihm sprachen
wie von einem Ausgestoßenen der bürgerlichen Gesellschaft. Und
diese Geringschätzung gründete sich nicht sowohl auf einige Umstände
seines Lebens, wobei Bürger mehr zu beklagen, als zu verdammen
war; als darauf, daß er die brodlose Kunst der Poesie trieb, und
keine Kompendien zu schreiben wußte. Einen Dichter in Göttingen
zu dulden, schien ganz unerträglich, und in der That paßte es nicht
zum besten. Bei meinem Eintritt in das akademische Leben als
ein junger Schüler wurde ich sehr bedenklich gegen den Umgang
mit Bürgern gewarnt. Mir aber, einem leidenschaftlichen Vers-
macher von Kindesbeinen an, war nichts angelegener, als den Sänger der Lenore kennen zu lernen. Da nun nach einiger Zeit der
Umgang lebhafter wurde, bei unsern täglichen Spaziergängen die
Poesie der beständige Gegenstand unsrer Unterredungen war, da
Bürger oft ganze Nachmittage bei mir zubrachte, in meinem Zimmer an seinen Liedern arbeitete, oder auch scherzhafte Aufgaben der
Versifikation mit mir um die Wette ausführte: so hielt man mich
für einen schon halb verlorenen jungen Menschen. Heyne nahm an
jener engen Denkart keinen Antheil: so viel ich weiß, wurde auf
seine Verwendung Bürger zum Professor befördert, welches Amt
ihm jedoch nur neue Qual zuzog. Auch mit einem eben so witzigen
Kopfe und geistreichen Denker als gründlichen Gelehrten, mit Lich-
tenberg, stand Bürger, ohne häufigen Umgang, in einem freundschaftlichen Verhältniße. Eben so mit dem Mathematiker Kästner. Jedoch zog er sich von diesem bei folgender Gelegenheit ein Epigramm
zu. Bürgern wurde für den jährlich erscheinenden Musenalmanach
eine Unzahl schlechter Verse eingesandt, die oft der Gegenstand unsers Scherzes und unsrer Verzweiflung waren. Er klagte darüber

das sich von *) dem Leben und dem allmälichen Untergange
eines Dichters nur immer entwerfen läßt.

Bürger als Mensch wäre also gar leicht gerechtfertigt,
wenn er auch mit dem anvertrauten Pfunde seines Talents
weit weniger gewuchert hätte, als er wirklich gethan hat.
Allein die Zufälligkeiten, welche die Entstehung eines Kunstwerkes umgaben, dürfen nicht in Anschlag gebracht werden,
wenn von einer Beurtheilung nach Kunstgesetzen die Rede
ist. Man kann nicht aus Menschenliebe Beifall zollen, noch
aus Mitleiden bewundern. Es wäre möglich, daß dieser
Baum, in einen andern Boden versetzt, und bei andrer

---

in dem 'Gebet eines an das Kreuz der Verlegenheit genagelten
Herausgebers':

> Vergieb, o Vater der neun Schwestern,
> Die unter deinem Lorbeer ruhn!
> Vergieb es denen, die dich nun
> Und immerdar durch Stümperwerke lästern:
> Sie wißen selbst nicht was sie thun.

Dieses Epigramm taugte freilich nicht viel: bei der gewaltsam her-
beigezogenen Anspielung hatte noch die Ueberschrift zu Hülfe genommen werden müßen. Kästner, der in allem, was auf die Religion
Bezug hatte, sehr strenge gesinnt war, fand darin eine Profanation,
und schrieb:

> Und spräch' er auch vom Kreuz herab noch frecher:
> Wer fragt darnach? Er ist der linke Schächer!

Diese Zeilen wurden Bürgern in die Hände gespielt. — 'Was ist
'zu thun, mein verehrter Freund?' sagte ich: 'Sie werden es schon
'in Geduld hinnehmen müßen; denn hier ist wirklich epigrammati-
'scher Witz, und es war nicht möglich treffender zu erwiedern.' —
Worin mir denn Bürger bereitwillig beistimmte. Indessen wünschte
Kästner seine oft unbedeutenden Verse wieder in den Musenalmanach
eingerückt zu sehen, und so wurde bald ein Friede vermittelt. Anm.
z. n. A. 1828.

*) der Existenz und 1800.

Witterung, seiner Art nach weit beßere Früchte getragen hätte: aber diese Betrachtung kann mich nicht bewegen, den Geschmack der wirklich getragenen Frucht anders anzugeben, als ich ihn empfinde. Mit dem Hinstellen für die äußere Anschauung ist das Gedicht oder sonstige *) Erzeugniß des Geistes von der Person des Hervorbringers eben so abge- löst, wie die Frucht, welche genoßen wird, vom Baume; und wenn gleich die sämmtlichen Gedichte eines Mannes seinen poetischen Lebenslauf darstellen, und zusammen gleich- sam eine künstlerische Person bilden, in welcher sich die **) Eigenthümlichkeit der wirklichen mehr oder weniger, ***) unmittelbar oder mittelbar offenbart: so müßen wir sie doch als Erzeugnisse der Freiheit, ja der Willkür, ansehen, und es dahin gestellt sein laßen, ob der Dichter sein †) Inn- res nicht auf ganz andere Weise in seinen Werken hätte abspiegeln können, wenn er gewollt hätte.

Das war es wohl eben, was Bürgern in der oben erwähnten Beurtheilung in der Jenaischen Litteraturzeitung am empfindlichsten kränkte, daß sie diese Trennung nicht zu- gab, daß so bestimmt darin ausgesprochen wurde, was man am Dichter vermiße, gehe dem Menschen ab. Es ward ihm Mangel an Bildung vorgeworfen, in einem Alter, wo man eine solche Versäumniß schwerlich mehr nachholt. Da- durch spielte der Kritiker die Frage eigentlich in ein ihm fremdes Gebiet. Spekulativ und im voraus betrachtet, er- scheint eines Menschen freie in ihn selbst zurückgehende Thä- tigkeit als eine Schöpfung aus Nichts; historisch aber von hinten nach angesehen, wird sie zu einem bedingten Gliede

---

*) Kunstprodukt von 1800.   **) Individualität 1800.
***) unmittelbarer oder mittelbarer 1800.   †) Individuum 1800.

in einer Reihe von Ursachen und Wirkungen: und wenn sich aus jenem Standpunkte Alles von ihm fordern läßt, so muß man auf diesem schlechthin mit dem vorlieb nehmen, was er wirklich geworden ist. Ob jemand die äußeren und inneren *) Anregungen zu einer höheren Ausbildung gehörig benutzt hat, ob nicht, wenn bei seinem redlichen Bestreben noch Rohheit in ihm zurückblieb, ursprüngliche und unüber- windliche Anlagen ihm den weiteren Fortschritt wehrten, dieß sind Fragen, die er in der geheimsten Stille mit sich auszumachen hat; und die moralischen Angelegenheiten eines noch lebenden Menschen vor das große Publikum zu ziehen, ist in der That grausam, wenn ihm auch in der Sache selbst nicht das mindeste Unrecht **) geschähe ***). Davor ist man aber niemals sicher: denn zwischen das Innerste des

---

*) Anforderungen 1800.   **) geschieht 1800.

***) Damals, als ich den obigen Aufsatz schrieb, hatte ich Ur- sache mit Schillers Betragen in seinem persönlichen Verhältniße zu mir sehr unzufrieden zu sein. Dieß machte mich eben zurückhaltend. Auch hielt ich mich nicht für berechtigt, die Schutzmauer der Ano- nymität zu durchbrechen, wohinter Schiller, ungeachtet der Auffor- derung Bürgers, sich zu nennen, verschanzt geblieben war. Jetzt, nachdem die beiden Gegner seit so vielen Jahren aus dem Leben geschieden sind, steht der Freimüthigkeit kein Bedenken im Wege. Schil- lers Recension war meines Erachtens eine nach den Gesetzen der litterarischen Moral nicht wohl zu rechtfertigende Handlung. Wie kam gerade Schiller dazu, über einige in Bürgers Gedichten stehen gebliebene gesunde Derbheiten wie ein Rhadamanthus zu Gericht z sitzen? Der Verfaßer der Räuber, in dessen früheren Gedichten und Dramen so manche Züge jedes zarte Gefühl verletzen, mußte wißen, wie leicht genialischer Uebermuth zu wilden Ausschweifungen fort- reißt. Oder war es gerade das Bewußtsein dieser neuerdings mit ihm selbst vorgegangenen Verwandlung, was ihn so unerbittlich strenge machte? Und hatte er denn wirklich die alte Haut so voll

Gemüths und seine Erscheinung in einem Kunstwerke treten
Organe und Medien ein, welche die Mittheilung leicht unvollständig machen oder entstellen. Es giebt Menschen die
nicht ohne widerliche Verzerrungen weinen können, wenn ihr
Gefühl auch das mildeste und edelste wäre; es giebt hart-
gihöre Musiker, die ihre Zuhörer mit häufigem Fortissimo
heimsuchen, weil sie nur Piano hören, wenn sie schon Forte
angeben. Wenn wir uns, ohne über den Urheber richten
zu wollen, bloß an das Geleistete halten, so bekommen wir
statt eines unbekannten, unergründlichen und in's Unendliche
hin bestimmbaren Subjekts, das auf sich selbst hätte handeln
sollen und können, bestimmte Objekte, auf die der Dichter
gehandelt hat: nämlich seine Vorbilder; die poetischen Gattungen, wie sie sich historisch gebildet haben oder durch ihren
Begriff unwandelbar festgesetzt sind; die gewählten Gegenstände, die ihm vielleicht zum Theil von außen her überliefert wurden; endlich die Sprache und die äußerlichen Formen
der Poesie, die Silbenmaße, wie er sie vorfand und bearbeitete.

---

ständig abgestreift, als er damals glaubte? Ueberdieß hat Schiller
durch diese Beurtheilung nur eine schwache Probe seiner Kennerschaft
gegeben. Er hätte Bürgern nicht tadeln sollen, weil er ihn nicht
gehörig zu loben verstand. Wie er das Wesen der Gattung, worin
Bürger wenigstens zuweilen ein vollendeter Meister war, begriffen
hatte, das zeigen die Balladen, die er später, wetteifernd mit Goethe,
aber gegen den Willen der Minerva, dichtete. Es hat hiebei eine
Nemesis gewaltet, und Bürgern ist, zwar erst nach seinem Tode,
die vollständigste Genugthuung zu Theil geworden, indem nun die
Vergleichung zwischen der Lenore, dem wilden Jäger, der Tochter
des Pfarrers zu Taubenhain, den Weibern von Weinsberg, und
dem Fridolin, dem Taucher, dem Ritter von Rhodus u. s. w. angestellt werden kann. Anm. z. n. A. 1828.

Sollte bei einer Prüfung der bürgerischen Gedichte nach diesen Rücksichten, und ihrer Zusammenhaltung mit dem unbedingten Maßstabe des Kunstgesetzes, auch Vieles von dem wegfallen müßen, was Bürger sich selbst zuschrieb, und was ihm seine mitlebenden Leser größtentheils bereitwillig zugestanden: so glaube ich doch den Schatten meines Freundes durch offene Darlegung meiner jetzigen Ueberzeugungen darüber nicht zu kränken, Er ist jetzt aus dem Reiche sinnlicher Täuschungen entrückt, und wenn sich die Abgeschiedenen noch um unsre Angelegenheiten bekümmern, so liegt ihm unstreitig das Gedeihen der göttlichen Poesie überhaupt mehr am Herzen, als die Beiträge seines beschränkten Selbst, wiewohl er im Leben es vielleicht nie völlig zu dieser Entäußerung bringen konnte. Zudem ist es eine vergebliche Hoffnung, einem menschlichen Werke durch Verschweigung der Mängel einen höheren Ruhm fristen zu wollen, als der ihm zukommt: vielmehr steht zu befürchten, in der Folge möchte mit dem so lange eingebildeten Werth, der sich nicht bewährt gefunden, auch der ächte verkannt und bei Seite geschoben werden; und es ist daher in jedem Falle heilsam, die Sichtung zeitig ohne Rückhalt vorzunehmen. Man muß wünschen, daß Bürgers Gedichte künftig nur nach ihrem reinen Gehalt wirken: da jedoch, wie es scheint, unsre Litteratur die ganze Schule möglicher Mißverständniße durchmachen mußte, um zu dem Rechten zu gelangen, so ist ihnen auch die bisherige negative Wirkung, daß sie hievon ihr Theil getragen, zu Gute zu rechnen.

Bei einem Dichter, wie Bürger, der gar nicht etwa wie ein begünstigter Liebling der Natur den ersten Anmuthungen folgte, und Alles mit fruchtbarer Leichtigkeit hinschüttete, sondern meistens langsam und mit Mühe, ja nicht

selten mit ängstlichem Fleiße seine Sachen ausarbeitete und
überarbeitete, sind die leitenden Begriffe bei seiner Ausübung
der Kunst von großer Wichtigkeit, um uns über die Ursachen des Gelingens und Verfehlens aufzuklären. Ich finde
deren hauptsächlich zwei während seines ganzen poetischen
Lebenslaufes herrschend: Popularität und Korrektheit; obschon
natürlicher Weise jener in dessen erster Hälfte, dieser in der
letzten mehr hervorstach. Dazu kam noch in den *) späteren
Jahren, als ihn eine stolz verkennende Kritik an sich selbst
irre gemacht hatte, der ihm eigentlich fremde und aufge-
drungene Begriff der Idealität. Er hat zwar in einem eignen Spottgedichte **), 'der Vogel Urselbst, seine Recensenten
und der Genius', seinen Unglauben daran erklärt, aber nichts
desto weniger sich dadurch zu mancherlei Aenderungen und
Umschmelzungen bestimmen laßen. Dagegen verließen ihn
in dieser Periode die Begriffe von Originalität und Genia-
lität beinahe gänzlich, auf die er immer nur mißtrauend ge-
fußt hatte, und gleichsam um die Sitte seiner Altersgenos-
sen mitzumachen, welche darauf, wie auf eine glückliche Karte,
ihr ganzes Vermögen wagten. Auf das allgemeine Wesen
der Poesie, auf die Nothwendigkeit und strenge Reinheit
der Gattungen, sogar auf die Anlage eines einzelnen Gedichtes im Ganzen scheint er wenig Nachdenken verwendet
zu haben.

Den Satz, welchen Bürger schon in der Vorrede zur
ersten Ausgabe seiner Gedichte ohne Beweis postuliert hatte:
Volkspoesie sei die vollkommenste und die einzige wahre;

---

*) letzten Jahren, als ihn eine überlegene Krit. 1800.
**) das nicht in die Sammlung aufgenommen worden, sei-
nen 1800.

diesen Satz, folgendermaßen modificiert: 'Popularität eines
poetischen Werkes ist das Siegel seiner Vollkommenheit';
erkannte er in der Vorrede zur zweiten Ausgabe von Neuem
an, und suchte ihn zu begründen. Wenn man das, was er
dabei sagt, um seine Meinung mit dem Worte 'Volk' deutlich zu machen, zusammenfaßt, so läuft es auf einen mittleren Durchschnitt aus allen Ständen hinaus, und zwar in
Ansehung der natürlichen Anlagen und Fähigkeiten; denn in
Betreff des Angebildeten und Erworbenen giebt es einen
solchen mittleren Durchschnitt überhaupt nicht, indem die an
wißenschaftlicher und konventioneller Bildung Theil nehmen-
den, und die davon ausgeschloßnen Stände gänzlich getrennt
bleiben. Nun läßt sich aber nicht einsehen, warum die
Poesie, der es gegeben ist, das Höchste im Menschen auszusprechen, sich irgend nach der Mittelmäßigkeit bequemen
sollte, statt sich an die vortrefflichsten und von der Natur
am reichsten begabten Geister zu wenden, und die übrigen
sorgen zu laßen, wie sie mit ihr fertig werden möchten.
Bürger verstand sich mit dieser Forderung selber nicht recht,
und verwechselte sie mit dem allerdings erreichbaren Zwecke,
den er sich bei einem großen Theile seiner Lieder vorgesetzt
hatte: für Leser aus verschiednen Ständen, und namentlich
auch aus den unteren und ungelehrten, zugleich zu dichten.
Es dürfte auch dazu nicht eben eine so bewundernswürdige
Herablaßung nöthig sein, als manche haben *) vorgeben
wollen; denn die Natur theilt Phantasie und Empfänglichkeit ohne Rücksicht auf hohe oder niedre Geburt aus; kon-
ventionelle Kultur wird nur zu den Gattungen erfordert,
welche Gemälde des feineren geselligen Lebens aufstellen;

---

*) vorstellen 1800.

und gelehrte Kenntnisse können durch die Wahl des Stoffes
überflüßig gemacht werden. In diesem Sinne ist es sehr
möglich, ein würdiger und edler Volksdichter zu sein. Allein
es läßt sich wiederum nicht einsehen, warum jeder Dichter,
und zwar jederzeit, es wollen müßte, warum er nicht zum
Beispiel Leser sollte voraussetzen dürfen, welche die Natur
mit einem philosophischen Auge betrachtet haben, oder mit
dem klassischen Alterthume vertraut sind. Was er an Ausdehnung seiner Wirkung verliert, könnte ihm leicht ihr Gewicht ersetzen. Wie eng würde die Sphäre der Poesie begränzt, welche herrliche Erscheinungen in ihr würden unmöglich gemacht werden, wenn Bürgers Grundsatz allgemein
gelten sollte! Seiner Behauptung, 'alle großen Dichter
'seien Volksdichter gewesen; und was sie nicht popular ge-
'dichtet, sei zuverläßig bei ihren lebendigen Leibern bereits
'vergeßen, oder gar niemals in die Vorstellungskraft
'und das Gedächtniß ihrer Leser aufgenommen worden',
widerspricht die Geschichte, wenigstens der modernen Poesie,
die uns hier zunächst angeht, geradezu. Dante und Petrarca,
die beiden ältesten Häupter derselben, sind auf jede Weise,
sowohl nach dem Maßstabe der *) Kenntnisse als der Geisteskräfte, so unpopular wie möglich. Guarini ferner, der
erste große Verbinder des Antiken und Modernen, ist keineswegs popular; und Shakspeare und Cervantes scheinen
es nur, indem sie die Menge in ihren meisten Werken durch
rasche Bewegung oder heitre Darstellung befriedigen, und
sie mit einem oberflächlichen Verständnisse täuschen, während
der tiefe Sinn und eine Unendlichkeit zarter Beziehungen
**) gemeinen Lesern und Zuschauern verborgen bleibt. Die Frage,

---

*) Stände als 1800.   **) ihnen verb. 1800.

in wie fern Homers Rhapsodien ursprünglich volksmäßig
waren, oder bloß für die Edlen und Großen gesungen wurden, würde uns hier zu weit führen; allein daß die Trou-
badours und Minnesänger im Ganzen nicht eigentlich Volksdichter zu nennen sind, darf ich, ohne Bedenken behaupten.
Sie übten vielmehr eine adeliche und Ritter=Poesie, auf
die Sitten, Ansichten und Empfindungsweise des obersten
und damals gebildetsten Standes gebaut. Wir haben von
Dichtern aus derselben Zeit, die sich um den Beifall der
unteren Stände bewarben, noch *) manches, was mit jener
den schneidendsten Gegensatz macht; auch äußert einer und
der andre edle Minnesänger keine geringe Verachtung der
bürgerlichen und bäurischen Lieder.

Wenn Bürger mit seiner allgemeinen Forderung der
Popularität, die er denn doch vornehmlich durch Klarheit und
leichte Verständlichkeit erklärt, nur das meinte, daß jedes
Gedicht diese Eigenschaften in möglichst hohem Grade nach
dem Verhältnisse seines Inhaltes besitzen solle, so kann man
sie gern zugeben, bis auf die Ausnahmen, wo ein Schleier
von Verworrenheit und Dunkelheit selbst den bezweckten Eindruck hervorbringen hilft, und also ein Mittel der Darstellung
wird. Seine Bemerkung scheint **) dann auch nicht überflüßig, da manche unsrer Dichter ganz gewöhnliche Gedanken
durch grammatische rhetorische Künstelei zu einem schwerfälligen Tiefsinne ungenießbar aufgeschraubt haben: eine Verkehrtheit, wovon Bürger überall frei blieb. Will man aber behaupten, vollkommene Deutlichkeit sei das wesentlichste Erforderniß zur Volkspoesie, so möchte man mit ihr ganz auf
den Irrweg gerathen. Unser Dasein ruhet auf dem Unbe-

---

*) Arbeiten, welche 1800.   **) denn 1800.

greiflichen, und die Poesie, die aus dessen Tiefen hervorgeht,
kann dieses nicht rein auflösen wollen. Dasjenige Volk,
wofür es sich der Mühe verlohnt zu dichten, hat hierüber,
wie über Vieles, die natürliche Gesinnung beibehalten; Alles
verstehen, das heißt mit dem Verstande begreifen wollen, ist
gewiß ein sehr unpopulares Begehren. Beispiele werden dieß
einleuchtender machen. Die Bibel, wie sie gegenwärtig in den
Händen des Volks ist, wird nur sehr unvollkommen verstanden, ja vielfältigst mißverstanden, und dennoch ist sie ein
äußerst populares Buch. Von unsern neueren Exegeten zum
allgemeinen Verständnisse zugerichtet, würde sie unfehlbar
ihre Popularität großentheils einbüßen. Die alten, besonders katholischen Kirchenlieder, voll der kühnsten Allegorie
und Mystik, waren und sind höchst popular; die neuen bild-
und schwunglosen, vernünftig gemeinten, und waßerklaren,
die man an ihre Stelle gesetzt hat, sind es ganz und gar
nicht. Und warum sind sie es nicht? Weil in ihrer ekeln
Einförmigkeit nichts die Aufmerksamkeit weckt, nichts das
Gemüth plötzlich trifft, und es in die Mitte desjenigen versetzt, was ihm durch förmliche Belehrung nicht zugänglich
werden würde. Mit einem Wort, wer für das Volk etwas
schreiben will, das über dessen irdische Bedürfnisse hinausgehen soll, darf in der weißen Magie, oder in der Kunst der
Offenbarung durch Wort und Zeichen, nicht unerfahren sein.

Bürger wollte nun überdieß nicht bloß ein Volkssänger,
sondern auch ein korrekter Dichter sein, und zwar, wie wir
sehen werden, nicht etwa in einigen seiner Gedichte volksmäßig und in andern korrekt, sondern in demselben beides
zugleich. Da Korrektheit aber durchaus ein Schulbegriff ist,
so muß dieß, nebst seinen übrigen Vorstellungen von der
Popularität, billig an der seinigen Zweifel erregen. Man

wende nicht ein, der Erfolg habe dafür entschieden: Bürger werde überhaupt in einem ausgebreiteteren Kreiße gelesen, als vielleicht irgend ein deutscher Dichter, er habe mit einigen seiner Stücke sogar bei den Ständen Eingang gefunden, die sonst nicht zu lesen pflegen. Denn auch diese sind jetzt durch eine *) einseitige Aufklärung so vielfältig bearbeitet worden, der Einfluß eines unpoetischen, Alles für den Nutzen erziehenden Zeitalters hat sich auf so manchen Wegen bis zu ihnen erstreckt, daß sich von der Popularität bei unserm jetzigen Volke kein Schluß auf die gültigere bei einem für Naturpoesie noch nicht verbildeten machen läßt. Gedichte, sie seien nun für Könige oder Bettler bestimmt, sollen kein Beitrag zu einem Noth= und Hülfsbüchlein, sondern eine freie Ergötzung sein; und die Denkarten und Ansichten, die man als Vorurtheile auszurotten bemüht ist, möchten gar nahe mit den wunderbaren Dichtungen alter Volkspoesie zusammenhängen.

Eine Vergleichung mit dieser wird also die besten Aufschlüße geben. Die Frage: war Bürger ein Volksdichter? verwandelt sich demnach in folgende: sind seine Romanzen ächte und unvermischte Romanzen? Seine Begriffe von dieser Dichtart können uns die Prüfung nicht erleichtern: er hat sie bloß in seiner Ausübung niedergelegt; denn daß er bei der zweiten Ausgabe seiner Gedichte, was er sonst Balladen und Romanzen genannt, unter dem Titel 'episch=lyrische Gedichte' zusammenordnete, darf man nicht zu hoch anrechnen. Werden diese Kunstwörter streng im Sinne der Alten genommen, so läßt sich nichts Widersinnigeres denken; aber ihre Vereinigung soll wohl nichts weiter bedeuten, als daß

*) abgeschmackte Aufklärung 1800.

in der Romanze etwas erzählt wird, und daß sie auch ge=
sungen werden kann: folglich ist sie ein episch=lyrisches Ge=
dicht. Man sieht, dieß Stück Theorie ist wohlfeil zu haben,
und Bürger hatte es in der guten Zeit, als noch Engels
Theorie der Dichtarten oder gar der Batteux etwas galt,
unbesehens angenommen. Ich will hier nicht entscheiden,
ob sich die Romanze und die übrigen eigenthümlich moder=
nen Gattungen anders als historisch und genetisch ableiten
laßen, da die neuere *) oder romantische Poesie sich nicht
wie die klassische unmittelbar aus reinen Kunstgesetzen stätig
entwickelt hat, sondern unter der Vermittlung aller Zeitum=
stände, welche die Wiedergeburt der Welt begleiteten; viel=
leicht als Gegensatz nothwendig, aber doch mit dem Scheine
der Zufälligkeit entstanden ist. Es wird für unsern Zweck
hinreichend sein, die alten Romanzen, die nicht mit Absicht
für das Volk, sondern unter dem Volke gedichtet wurden,
deren Dichter gewißermaßen das Volk im Ganzen war, zu
charakterisiren, wie wir bei den Spaniern, Engländern,
Schotten, Dänen und Deutschen wirklich vorfinden.

Der Name Romanze', der bei den Spaniern wohl zu=
erst in dieser Bedeutung gebraucht worden, ist sehr sprechend.
Romance heißt soviel als lingua volgare, die neuere Volks=
sprache, die sich im Konflikt einer barbarischen mit einer
gelehrten und klassisch vollendeten endlich gebildet hatte, so
wie überhaupt aus diesem Chaos streitender Elemente die
romantische Gestaltung des Mittelalters hervorgieng. Ro=
manze, als Dichtart, ist eine romantische Darstellung in
volksmäßiger Weise. Aus dem letzten Punkte mußte in ei=
nem Zeitalter, wo alles Lesen schon zur gelehrten Bildung

---

*) das ist romant. 1800.

gehörte, die Bestimmung zum leichten Gesange von selbst
herfließen, so wie auch die Kürze in der Behandlung und
die Einfachheit der erzählten Geschichten, da sie sich dem
Gedächtniße einprägen sollten. So schieden sich die Roman=
zen von den umfaßenderen Romanen, die ursprünglich Rit=
terbücher waren, und erst späterhin in Prosa aufgelöst zu
Volksbüchern bearbeitet sind. Natürlich wurden dazu nicht
fremde und unbekannte Gegenstände herbeigezogen, sondern
solche gewählt, die, wenn auch ganz im Gebiete der Phan=
tasie, doch innerhalb des Horizontes möglicher Anschauungen
lagen: die Romanzen waren durch ihren Inhalt, so wie
durch die einheimischen Accente und Töne, die sich darin
regten, national. Das Ritterwesen bildete in den Ländern,
wo es herrschte, eine gemeinsame Nationalität, und was
darauf Bezug hat ist sich daher überall ähnlich, wiewohl
immer noch durch feinere Schattirungen abweichend bezeich=
net. Sonst sind aber den alten Volksgesängen die eigen=
thümlichsten Züge der ganzen Denk= und Empfindungs=Weise
jedes Volkes anvertraut, oft mit unauslöschlichen und
*) die Gesinnung bestimmenden Erinnerungen innigst verwebt.
So hallten in manchen spanischen Romanzen Scenen aus
dem letzten Mohrenkriege so rührend wieder, daß es unter=
sagt ward, sie zu singen, weil sich dabei eine unbezwingliche
Trauer aller Hörer bemächtigte. In andern schimmert die
stille und brennende Liebe, die verwegne Eifersucht, die
phantastische Galanterie des Castilianers unter mohrischen
Namen und in der seidnen Pracht des untergegangenen Ho=
fes zu Granada. Es ist bemerkenswerth, daß in diesen
südlichen Dichtungen nirgends eine Spur von Gespenstern

---

*) Charakter bestimmenden 1800.
Verm. Schriften II.   6

aber andern Schreckbildern der Phantasie anzutreffen ist, da
in den nordischen Balladen besonders der Engländer, Schotten und Dänen alle Schauer der Geisterwelt kalt und leise
und um so erschütternder ins Leben *) herüber wehen.

Die Darstellung ist in den alten Romanzen überhaupt
summarisch und abgerißen: manchmal zählt sie Thatsachen
und Namen chronikenmäßig auf; aber nie ist sie bemüht
auch das Wunderbarste vorzubereiten, noch läßt sie sich mit
Entwickelung der Triebfedern ein. Jenes beglaubigt, und
dieses bringt, da nichts mit klügelnder Willkür erfunden,
sondern Alles mit der reinsten und kindlichsten Anschauung
aufgefaßt ist, einen ahndungsvollen Unzusammenhang hervor,
der uns mit unaussprechlichem Zauber festhält. Keine Rhetorik im Ausdruck der Leidenschaften, bei deren fast schüch-
terner Andeutung die rege Handlung um so gewaltiger trifft.
Ueberhaupt wird man niemals mit der Schilderung der Gegenstände übertheuert, wenn ich so sagen darf: die Sache
giebt sich selbst ohne Anspruch und Bewußtsein, und nirgends
ist eine Richtung auf den Effekt wahrzunehmen. Durch alles
dieß sind die alten Romanzen in der Kühnheit weise, in der
Ruhe herzlich rührend, im Abenteuerlichen und Phantastischen natürlich und einfältig, und im scheinbar Kindischen
oft unergründlich tief und göttlich edel. Dem sorglos dichtenden Triebe gelang, wozu nur der absichtsvolle Meister
zurückkehrt: mit den unscheinbarsten Mitteln das größte auszurichten. Ein gebildetes Zeitalter betrachtet diese Naturer-
zeugnisse mit einer Art von Vergnügen, wie es Kenner der
Malerei an leichten Skizzen und hingeworfenen Gedanken
finden, wo man gleichsam die Grundanschauung eines großen

---

*) hinüber 1828.

und reichen Kunstwerks in wenigen geistvollen Strichen vor
sich hat. Es wird Ergänzung der Einbildungskraft dazu
erfordert, und so begreift sich's, wie ein Kunstrichter, dem
es gänzlich an der Fähigkeit dazu gebrach, Johnson, der
herrlichen Chevy=Jagd unbelebte Kraftlosigkeit vorwerfen
konnte.

. Es versteht sich, daß das Obige nur von den ältesten
und eigentlich ursprünglichen Romanzen in seinem ganzen
Umfange gilt, die späteren, wenn auch sonst im Geiste jener
gedichtet, haben doch eine regelmäßigere Ausführlichkeit. Die
spanische Romanze wurde nachher zu einer sehr mannichfaltigen
und kunstreichen Dichtart ausgebildet. Die englischen Balladen
hingegen blieben für das Volk bestimmt, aber sie sanken mehr:
viele vor Shakspeares Zeiten vorhandene sind schon äußerst
flach, weitschweifig, mit prosaischen Aufforderungen zur Theilnahme und Nutzanwendungen verbrämt, wie auch die damaligen
Bearbeitungen der beliebten nur in der Sprache veralteten
Stücke durchgehends Verwäßerungen sind. Nur selten ließ
sich damals noch ein wahrhaft romantischer Anklang hören.
Was Dichter *) des achtzehnten Jahrhunderts, ein Shenstone,
Collins, Mallet, Goldsmith u. s. w., als Balladen haben
geben wollen, seit die Liebhaberei für diese Gattung wieder
erweckt war, sind **) empfindsame Reimereien ohne einen
Funken vom Geist der alten. Verglichen mit der Ohnmacht
und Verkehrtheit dieser Versuche bei einer Nation, die an
aufbehaltenen einheimischen Vorbildern weit reicher ist, als
die unsrige, erscheint Bürgers Verdienst um die Wiederher-
stellung der ächteren Romanze unermeßlich groß, und es ist
nicht mehr als billig, daß seine Lenore in England ein

.*) dieses Jahrh. 1800.   **) sentimentale 1800.

6*

solches Erstaunen erregt, und so end= und gränzenlosen Bei=
fall erworben hat.

Es ist wahr, Bürger verdankt den englischen Balladen=
sängern und besonders der percyschen Sammlung sehr viel.
Ohne diese Anregung wäre er wohl schwerlich seinen Beruf
inne geworden, da das Deutsche, zum Theil schätzbare, was
sich in dieser Art erhalten hat, beim Anfange seiner Lauf=
bahn ganz unbekannt war *). Nicht weniger als fünf, und
darunter zwei von Bürgers beliebtesten Balladen, die
Entführung und der Bruder Graurock, sind nach englischen
Stücken gearbeitet, und fast nur frei übersetzt Ich will sie
sämmtlich durchgehen, und mit den nachgebildeten den An=
fang machen, weil sie bestimmte Vergleichungspunkte darbie=
ten. Freilich muß das Urtheil dabei ganz anders ausfallen,
als im Vergleich mit jenen modernen Vers=Balladen=Krä=
mern.

'Die Entführung' heißt im Original the Child of Elle,
und gehört nicht zu den uralten Balladen, sondern ist aus
der mittleren Periode, jedoch von ächtem Schrot und Korn.
Die Handschrift, woraus Percy sie abdrucken ließ, war man=
gelhaft und verstümmelt, so daß er hier und da hat zu
Hülfe kommen müßen, und namentlich einen neuen Schluß
dazu gemacht hat, wo man denn auch, wiewohl er ein vor=
sichtiger und enthaltsamer, und daher nicht unglücklicher Er=
gänzer ist, wenn man leise hört, eine etwas empfindsamere
Einmischung spürt. Bei allem dem scheint mir das Gedicht
in seiner Art so vortrefflich, daß ich es nicht anders wün=
schen kann, und es höchst bedenklich finden würde, etwas

---

*) wie es noch immer nicht vollständig gesammelt und zusam
mengestellt ist. 1800.

mehr damit vorzunehmen, als eine so viel möglich treue Uebersetzung. Bürger ist nicht dieser Meinung gewesen: er hat, während er alle Hauptzüge der Geschichte beibehielt, das Kolorit, die Weise, den ganzen Charakter der Behandlung völlig umgewandelt. Man vergleiche nur seine neun ersten Strophen mit den entsprechenden im Englischen:

> On yonder hill a castle standes,
>   With walles and towres bedight:
> And yonder lives the Child of Elle,
>   A young an comely Knight.
>
> The Child of Elle to his garden went,
>   And stood at his garden pale.
> When lo! he beheld fair Emmelines page,
>   Come trippinge downe the dale.
>
> The Child of Elle he hyed him thence,
>   Y-wis he stoode not stille,
> And soone he mette fair Emmelines page
>   Come climbing up the hille.
>
> Nowe Christe thee save, thou little foot-page,
>   Now Christe thee save and see!
> Oh thelle me how does thy ladye gaye,
>   And what may thy tydinges bee?
>
> My lady shee is all woe-begone,
>   And the teares they falle from her eyne;
> And aye shee laments the deadlye feude
>   Betweene her house and thine.
>
> And here shee sends thee a silken skarfe
>   Bedewde with many a teare,
> And bids thee sometimes thinke on her,
>   Who loved thee so deare.
>
> And here shee sends thee a ring of golde
>   The last boone thou mayst have,

And biddes thee weare it for her sake,
 When she is layde in grave.

For ah! her gentle heart is broke,
 And in grave soon must she bee,
 Sith her father has chose her a new new love,
 And forbidde her to think of thee.

Her father has brought her a carlish Knight,
 Sir John of the north countraye,
 And within three dayes shee must him wedde,
 Or he vowes he will her slaye.

Nowe hye thee backe, thou little foot-page,
 And greet thy ladye from mee,
 And telle her that I her owne true love
 Will dye, or sette her free.

Nowe hye thee backe, thou little foot-page,
 And let thy fair ladye know,
 This night will I bee at her bowre-windowe,
 Betide me weale or woe.

Die erste Strophe halte ich für einen Zusatz von Percy, der vielleicht irrig den Anfang vermißte: sie enthält eine
im alten Romanzenstil schon überflüßige Erläuterung, und
es kann sehr gut mit der zweiten anfangen. Das Silbenmaß, wenn man es so nennen kann, ist im Original einfach, und lose gehalten; im Deutschen sind die Verse genau
abgemeßen, die Strophe ist komponierter, und hat den ver-
stärkten Reiz eines Reims am Schluß jeder Zeile, und zwar
in der letzten Hälfte unmittelbar auf einander folgender Reime
erhalten. So wird schon durch den Klang die raschere Bewegung, die rüstigere Leidenschaft angekündigt, die Bürger
bei seiner Umarbeitung bezweckte. Dort steht der Ritter am
Gartenzaun, er verlangt von seiner Geliebten zu hören, und

eilt dem Boten entgegen; hier wird er von einer Ahndung umhergetrieben, welche die bald darauf kommende üble Botschaft vorbereiten soll, und wobei er sich in der That etwas ungeberdig nimmt; ehe noch die Botin ihren Mund öffnet, schrickt er zusammen. Von seinem Schreck und Betäubung bei der Nachricht selbst wird dort nicht eine Silbe erwähnt, hier lesen wir eine riesenhafte Beschreibung davon. Dort hat der Vater mit Einem Wort gedroht, seine Tochter umzubringen, wenn sie sich nicht zu dem für sie ausgewählten Gemahle bequemt; hier häuft er ausführlich alle Greuel: er will die Tochter 'tief ins Burgverließ stecken, wo Molch 'und Unke nistet, nicht rasten, bis er ihrem Geliebten das 'Herz ausgerißen hat, und ihr das nachschmeißen'. Dort will der Ritter sie befreien oder sterben, hier prahlt er im voraus, er wolle sie Riesen gegen Hieb und Stich abgewinnen. Diese Vergleichung ließe sich auch im Folgenden durch alle Züge, ja bis in die kleinsten Bestandtheile jedes Zuges hinein verfolgen, und man wird überall dasselbe Verhältniß finden. Wenn es heißt, als das Fräulein aus dem Fenster gestiegen ist:

> And thrice he clasp'd her to his breste,
>   And kist her tenderlie,
> The tears that fell from her fair eyes,
>   Ranne like the fountaine free.

so ist der Inhalt der letzten Zeilen, die ein so schönes Bild banger Weiblichkeit geben, ganz weggelaßen, und die ersten sind dagegen so erweitert:

> Ach! was ein Herzen, Mund und Brust,
> Mit Rang und Drang, voll Angst und Lust,
> Belauschten jetzt die Sterne
> Aus hoher Himmelsferne.

Wenn die Hofmeisterin des Fräuleins mit *) dichterischer Unparteilichkeit nach ihren Gesinnungen redend und handelnd
eingeführt wird:

> All this beheard her own damselle,
>   In her bed whereas shee lay,
> Quoth shee: My lord shall knowe of this,
>   Soe I shall have golde and fee.

so kann der deutsche Dichter sein Verdammungsurtheil nicht
zurückhalten!

> Im nächsten Bett war aufgewacht
> Ein Paar Verrätherohren.
> Des Fräuleins Sittenmeisterin,
> Voll Gier nach schnödem Goldgewinn,
> Sprang hurtig auf, die Thaten
> Dem Alten zu verrathen.

Wenn das Fräulein sich dort gegen ihren Vater entschuldigt:

> Trust me, but for the carlish knyght,
>   I never had fled from thee.

so platzt sie hier heraus:

> Glaubt, bester Vater, diese Flucht
> Ich hätte nimmer sie versucht,
> Wenn vor des Junkers Bette
> Mich nicht geekelt hätte.

ohne zu bedenken, daß jedem seinen Sinne vor solchem Ekel
ekeln muß. Kurz, in Haupt= und Nebensachen ist im Ori-
nal alles edler und zierlicher: gegen den Junker Plump von
Pommerland hat selbst der carlish Knight of the North
countraye noch Anstand und Würde.

Nach einer so durchaus vergröbernden gewaltsamen Parodie kann man schwerlich in Abrede sein, daß Bürger hier

---

*) poetischer 1800.

ben bescheidnen Farbenauftrag, die Mäßigung und Enthaltsamkeit, das Zarte, Gemüthliche und Leise gänzlich verkannte.
Wie hätte er sonst glauben können, dem englischen Sänger
nur etwas und vielleicht nicht sonderlich viel (S. Vorrede
zur ersten Ausg. S. XII.) schuldig zu sein, da er ihm in
der That mehr als Alles schuldig ist? Ich halte mich überzeugt, daß ihm sein Original an vielen Stellen matt und
im Ganzen unvollkommen vorkam; er dachte nach dem Grundsatze 'Mehr hilft mehr' die gesammte Wirkung zu erhöhen,
wenn er jeder einzelnen Regung, so viel er konnte, an Heftigkeit zusetzte; und bei einem großen Haufen von Lesern,
die tüchtig getroffen sein wollen, ehe sie etwas fühlen, ver-
rechnete er sich allerdings nicht. Damit hoffte er denn auch,
wenn alle Glieder fester in einander griffen, den Zusammenhang des Ganzen straffer angezogen, und es vollständiger motiviert zu haben. Manche meiner Leser erinnern sich
vielleicht noch, daß ein jetzt in Ruhestand versetzter Kunstrichter das Gedicht in dieser Hinsicht als ein Muster der
pragmatischen Gattung zergliedert hat: allein einem Kunstwerke die Tiefe zu geben, welche durch solch eine Kritik bis
auf den Grund ausgeschöpft werden kann, ist eben nicht
schwer. In den alten Volkspoesien sind oft aus Instinkt, wie
in den Werken großer Meister mit Absicht, die innersten
Motive in den Hintergrund geschoben, und nur hie und da
kommt, wie zufällig, etwas davon zum Vorschein: darin liegt
eine ganz andre Art von Verstand, als in der arithmetischen
Richtigkeit, die sich an den Fingern aufzählen läßt. Ueberall, wo Bürger nicht bloß verstärkt, sondern verändert und
anders gestellt hat, ist es nachtheilig geworden. So kamen
ihm die Vasallen im Englischen zu plötzlich herbei: er hat
sie vorbereiten wollen, indem er den Ritter sie vorher zu sich

berufen und von seinen Absichten unterrichten läßt. Daburch
ist nun die ganze Ueberraschung aufgehoben; diesen Hülfstruppen wird eine zu große Wichtigkeit beigelegt, Karl droht
zum Ueberflusse noch dem alten Baron mit ihnen, was der
englische Ritter weislich unterläßt; endlich ist es klar, wenn
die Vasallen zum ersten Mal auf den bloßen Ton des Horns
erschienen, so hätten sie es das zweite Mal ohne besondere
Bestellung auch gekonnt. Im Englischen ist dadurch, daß
der Ritter bei Entführung des Fräuleins sein Horn umge-
schlungen hat, leise, aber gerade hinlänglich auf den Erfolg
angespielt. Von der Feindschaft der beiden Familien, die
im Original gleich in der Rede *) des kleinen Boten erwähnt
wird, erfährt man dagegen im Deutschen erst ganz am
Schluße etwas, wodurch der Baron zu Anfange mit seinen
Drohungen als ein ohne Ursach tobender Unmensch erscheint,
von dem keine Erweichung des väterlichen Herzens zu erwarten steht. So läßt z. B. Junker Plump 'zu Trudchens
Grausen vorbei die Lanze sausen', da im Original Sir John
bloß einen Degen führt. Die Lanze gehörte zur vollständigen schweren Rüstung, in der wir zwar die fabelhaften
mit Riesenkräften begabten Ritter in den alten Romanen
weite Reisen machen sehen, die aber zum flüchtigen Nach-
setzen gar nicht taugte. Ueberdieß, wenn Plump eine Lanze
bei sich hat, so sieht man nicht ein, warum er bei seiner
unritterlichen Gesinnung nicht gleich unversehens auf seinen
Feind damit einrennt, warum er sich bequemt, vom Pferde
zu steigen, um mit den Schwertern zu fechten, die nachher
gegen alles Kostum sogar Säbel genannt werden. Im Englischen kommen die Vasallen über den Hügel geritten, im

---

*) an den kleinen 1828.

Deutschen 'durch Korn und Dorn herangesprengt'. Wie kann man durch Korn und Dorn heransprengen? Die Vasallen werden doch nicht ihre eignen oder ihres Herrn Kornfelder niedergeritten haben, was der Ausdruck 'durch Korn' offenbar sagt; sondern ordentlich auf den Wegen und Pfaden dazwischen geblieben sein. Und vollends durch Dorn! Dieß möchte unbequem fallen. Der Reim, der allerdings in unserer Sprache in manchen sprichwörtlichen Redensarten Begriffe entgegenstellt und verbindet, hat den Dichter verleitet, und Korn und Dorn ist nur eine andre Art von Sang und Klang. Bürger hatte eine solche Vorliebe für diese Formel, daß in dieser einzigen Romanze außer Korn und Dorn, noch Laub und Staub, Rang und Drang, Kling und Klang und Ach und Krach vorkömmt.

Ich habe mich mit Fleiß bei diesem Beispiele verweilt, weil es dazu dienen kann, uns mit einem Male von Bürgers Manier die klarste Vorstellung zu geben. Denn eine Manier hat er, und zwar eine sehr auffallende und unverrücklich festgesetzte, die sich bei allem Wechsel der Gegenstände gleich bleibt. Sie ist derb und zuweilen nicht ohne Rohheit; sie hat einen großen Anschein von Kraft, aber es ist nicht die ruhige sichere Kraft, sondern wie mit willkürlicher Spannung hervorgedrängte Muskeln. Ihr größter Fehler ist wohl die nicht selten überflüßige Häßlichkeit der dargestellten Sitten: wenn man sich darüber hinwegsetzt, so muß sie sich durch Keckheit und Raschheit im Ausdrucke, im Versbau und im Gange der Erzählung, durch *)Sauberheit und Genauigkeit in der ganzen Ausführung empfehlen. **)Einfachheit kann man ihr nicht zuschreiben, vielmehr verschwendet

---

*) Sauberkeit 1800.   **) Simplicität 1800.

sie die materiellsten Reize, und ist reich an überladenden
Ausschmückungen, da doch nichts der Einfalt des Volksgesanges mehr zuwider ist, als statt des stillen Zutrauens,
die Sache werde für sich schon wirken, sie durch ein lautes
davon gemachtes Aufheben aufzubringen. Dieser letzte Punkt
bezeichnet es hauptsächlich, was *) einigen Romanzen Bürgers abgeht, oder genauer zu reden, was sie zu viel haben,
um ganz ächte Romanzen zu sein. Er ist mit einem Wort,
immer demagogisch, aber sehr oft nicht popular.

Was unstreitig beitrug, Bürgern über das Fehlerhafte
seiner Manier zu verblenden, oder sie vielleicht ganz seinem
Bewußtsein zu entziehen, war die Sicherheit und Meisterschaft, womit er sie ausübte: denn alles, was mit einer gewissen Konsequenz durchgeführt ist, kann aus sich selbst nicht
widerlegt werden. So sind in der 'Entführung' lauter Unschicklichkeiten zu einem gewissermaßen schicklichen Ganzen zu-
sammengearbeitet, das Haltung hat und seine Wirkung nicht
verfehlt. Ich gestehe gern, daß die Vergleichung mit dem
Englischen für manches, was ich daran rügte, meinen Blick
geschärft, und bin um so weniger durch den Beifall befremdet, den sie bei so vielen deutschen Lesern, für welche sie
Original war, gefunden hat und noch findet. Wenn Bürgern diese Vergleichung und das Studium seiner Vorbilder
überhaupt nicht vor dem bewahren konnte, wozu ihn **) seine
natürliche Anlage hinzog, so muß es dabei in Anschlag
kommen, daß das Medium einer fremden Sprache leicht die
Ansicht eines Gedichtes verfälschen kann. Herder hat die
Volkslieder der verschiedensten Nationen und Zeitalter mit
gänzlicher Reinheit von aller Manier und poetischem Schul-

---

*) Bürgers Romanzen 1800.   **) im Naturell 1800.

wesen, jedes treu in seinem Charakter übertragen; hier wäre
Bürgern das Rechte so nahe gerückt worden, daß er es fast
nicht hätte verfehlen können. Aber leider erschien diese in
ihrer Art einzige Sammlung, wo die eigensten Naturlaute
mit allseitiger Empfänglichkeit herausgefühlt sind, erst im
Jahre 1778, also zugleich mit der ersten Ausgabe von Bürgers Gedichten, als seine Manier schon völlig fertig war.
Auch Goethes meiste und wichtigste Romanzen sind aus
späterer Zeit.

Bei den übrigen aus dem Englischen entlehnten Balladen können wir uns kürzer faßen. Dem Friar of orders
gray, dem Urbilde 'des Graurocks und der Pilgerin', ist die
Bearbeitung nicht so verderblich geworden, als dem Child of
Elle. Die von Bürgern gewählte Liederweise ist nicht mißfällig; allerlei Vertraulichkeiten und dann wieder gesuchte
Sonderbarkeiten des Ausdrucks, nebst Verzierungen wie
'Ringellockenhaar' und 'Tausendthränenguß', findet man freilich auch hier; doch ist die Nachbildung dem Original näher geblieben, und folgt ihm strophenweise nach. Der vor-
nehmste veränderte Umstand ist, daß die Pilgerin ihren
Geliebten schon im Kloster vermuthet, da sie ihn im Englischen als Pilger beschreibt, und nur fragt, ob er an dem
heiligen Orte nicht etwa seine Andacht verrichtet hat. Dieß
schien Bürgern den Schluß noch nicht genug vorzubereiten,
er *) schildert die Regung des jungen Mönches beim Anblick der von ihm erkannten Geliebten:

> Gar wunderseltsam ihm geschah,
> Und als er ihr ins Auge sah,
> Da schlug sein Herz noch mehr.

---

*) er giebt die ... an: 1800.

und verräth somit gleich vorn sein Geheimniß. Das Merk-
würdigste bleibt aber, daß seine Wahl überhaupt auf dieses
Stück fiel, welches gar keine alte Ballade, sondern von
Percy aus *) Bruchstücken von dergleichen bei Shakspeare,
mit Hinzusetzung eigner Strophen, sinnreich genug zusammen-
gestückt ist. Zwar hat er Zeilen verknüpft, die nimmermehr
in demselben alten Liede gestanden haben; und um jenes
noch ganz zu besitzen, woraus die verwirrte Ophelia einige
Strophen singt:

> Wie erkenn' ich dein Treu=Lieb
>   Vor den andern nun? —
> „An dem Muschelhut und Stab,
>   Und den Sandelschuhn.“
> Er ist lange todt und hin,
>   Todt und hin, Fräulein!
> Ihm zu Häupten ein Rasen grün,
>   Ihm zu Fuß ein Stein.

möchte man leicht seine und seines Nachbildners Arbeit und
noch viel Anderes dazu hingeben. Allein man sieht doch,
was treues Studium thut: an dichterischem Talent konnte
sich Percy gewiß nicht mit Bürgern messen, und doch hätte
dieser bei einer ähnlichen Aufgabe sich schwerlich mit gleicher Enthaltsamkeit an das Alte anzuschließen vermocht. Zum
Beweise, daß Bürgern nicht gerade das Aechteste und Ein-
fachste ansprach, enthält Percys Sammlung eine wirkliche
alte Ballade von ganz ähnlichem Inhalte, ein Gespräch einer
reuigen Pilgerin mit einem Hirten (Gentle herdsman, tell
to me); welche schon darum weit romantischer ist, weil sie
nicht mit dem Theaterstreich einer Wiedererkennung endigt,
sondern die Pilgerin ungetröstet ihre Wallfahrt fortsetzt.

---

*) Fragmenten 1800.

'Frau Schnips' ist nach The wanton wife of Bath, 'der Kaiser und der Abt' nach King John and the Abbot of Canterbury. Beide Originale sind nicht alt, wie Sprache und Silbenmaß ausweisen, das letzte nach Percys Zeugniß schon Umarbeitung eines älteren. Sie sind das, was man im Altdeutschen einen Schwank nannte, ein Stoff, der bei der gehörigen Behandlung wohl nicht vom Gebiet der Romanze auszuschließen ist, so wie jeder, der es versteht, zugeben wird, Lazarillo de Tormes sei ein romantisches Buch, wiewohl es lauter lustige Bettlergeschichten enthält. In dem Weibe von Bath ist jedoch eine zwar genialisch eingekleidete Belehrung zu sichtbar das Ziel, wodurch es mehr eine religiöse Fabel wird, in dem Geist wie *) die Legende von Sanct Peter mit der Geis, von dem betrügerischen Schneider im Himmelreich, und andre bei unserm Hans Sachs. Der Gedanke ist äußerst keck, und schonende Behandlung war daher anzurathen: eine Weisheit, die der englische Dichter unstreitig bewiesen hat. Bürger, dem der Gedanke nicht gehörte, hat von dem Seinigen bloß eine verwegene Ausführung hinzugethan.

Daß es auf einen gewissen Grad drollig herauskommen muß, wenn man die Patriarchen und Apostel niedrige Redensarten führen und wie Kärrner fluchen läßt, begreift sich: aber dem Zwecke ist es hier ganz fremd, und wäre Bürger diesem treuer geblieben, so hätte er nicht nöthig gehabt, das zuvor schlimm Gemachte durch eine angehängte Apologie wieder gut machen zu wollen. Es könnte jemand dem scherzhaften Muthwillen das Aeußerste für erlaubt halten, und doch manche von den Verstärkungen und Erweiterungen,

---

*) Peter mit der Geis, der betrügerische 1800.

womit das Original hier ausgestattet ist, platt und ekelhaft
finden.　Der *) possenhafte Gebrauch lateinischer Wörter, mo=
derne Titulaturen, Anreden der Personen mit Er und Sie,
und andre Züge erinnern an den Ton der 'Prinzessin Eu=
ropa', die weder eine Romanze, noch volksmäßig, sondern
bloß gemein ist, und wo **) die Verkleidung des Dichters
als eines Bänkelsängers in allzu wahre Bänkelsängerei übergeht.

'Der Kaiser und der Abt' hat auch mancherlei Zusätze
und Erweiterungen bekommen, doch ist der gute Humor des
Originals ohne Entstellung übertragen, und manche von den
Veränderungen können sogar Verbeßerungen genannt werden.
Sonderbar ist es, bei Bürgers ***) gewöhnlicher Sorgfalt
für die Wahrscheinlichkeiten, daß er die Aehnlichkeit des
Schäfers mit dem Abt zu erwähnen unterlaßen hat:
　　　　I am like your lordship, as ever may bee
auch ist es ein Verstoß gegen Kostum und Schicklichkeit, den
Abt in seiner Bedrängniß mit dem Helden eines neueren
Romans ('ein bleicher hohlwangiger Werther') zu vergleichen.

'Graf Walther', im Englischen Child Waters, ist die
letzte unter den entlehnten, und überhaupt in der Reihe der
bürgerschen Romanzen.　Es ist, ungeachtet der etwas ver=
mehrten Strophenzahl, eigentlich nur eine Uebersetzung, aber
freilich eine manierierte.　Der Gegenstand hat etwas Belei=
digendes für die Würde des weiblichen Geschlechtes, als ob
die Treue der Männer großmüthige Gabe, die der Frauen
aber Pflicht wäre.　Nachdem Graf Walter die Liebe oder
vielmehr die Unterwürfigkeit seiner Geliebten auf die ernie=
drigendsten Proben gestellt hat, kann er ihr nichts zum Er=

---

*) burleske 1800.　**) die fingirte Bänkelsängerei in allzu=
wahre übergeht 1800.　***) 'gewöhnlicher' fehlt 1800.

faß anbieten, als worauf sie ohnehin Anspruch hatte. Sie
war indeßen von geringem Stande, und nach dem, damals
nicht *) ganz ungegründeten, Glauben des Mittelalters, war
Biederkeit und Adel der Gesinnungen an den Adel der Ge=
burt geknüpft **). Das Empörende findet also im Geist der
Zeiten allerdings seine Entschuldigung, und ***) das Zeitalter
hätte uns deswegen auch in allem Aeußern gegenwärtig er=
halten werden müßen. Sprache und Versbau sind zu fleißig
ausgeputzt: jene, ungeachtet einiger beibehaltenen Archaismen,
glänzt gleichsam von Neuheit, und dieser ist gegen die lose
Nachläßigkeit des Originals straff und rasch, wiewohl nicht
ohne Härten. Gleich die erste Strophe ist übel gerathen.

Childe Waters in his stable stoode
And stroakt his milk-white steede:

*) 'ganz' fehlt 1800.

**) Hiemit soll jedoch die damalige Verfaßung der Gesellschaft
keineswegs gerechtfertigt werden: willkürlich mißhandelte und ver=
achtete Leibeigene mußten wohl körperlich, geistig und sittlich aus=
arten. Jene Denkart des Mittelalters ist aber in dem Sprachge=
brauche aller romanischen Sprachen niedergelegt: Villano, vilain, ur=
sprünglich ein Dorfbewohner, wurde für einen Menschen von rohen
Sitten und niedriger Gesinnung gebraucht. Als nachher die Ver=
hältniße sich milderten, kamen andre Namen für den Bauernstand
auf, um ihn durch die vorwaltende Nebenbedeutung nicht zu beleidi=
gen: contadino, paysan. Merkwürdig ist die Ableitung der Wörter:
cattiso, chétif. Sie bedeuteten eigentlich einen Kriegsgefangnen,
vom lateinischen captivus, dann einen Sklaven, endlich einen schlech=
ten Menschen und überhaupt alles Schlechte und Verwerfliche. Nur
im Spanischen und Portugiesischen hat sich die zweite Bedeutung
erhalten. Die Normannen haben diese Wörter, wo möglich mit
verstärktem Sinn, auch nach England hinübergebracht: villain, caitiff.
                                        Anm. z. n. A. 1828.

***) dieser hätte 1800.
Verm. Schriften II.   7

To him a fayre yonge ladye came,
  As ever ware womans weede.

Graf Walter rief am Marstallsthor:
  Knapp, schwemm' und kämm' mein Roß.
Da trat ihn an die schönste Maid,
  Die je ein Graf genoß.

Auf die Stallbeschäftigungen ist durch Klang, Wendung und veränderten Inhalt der ersten beiden Zeilen viel zu viel Nachdruck gelegt; und wie unfein wird in der letzten das Verhältniß der Schönen mit dem Grafen vorausgemeldet! Im Folgenden hat Bürger einen der schönsten Züge übersehn, oder mit Fleiß weggelaßen. Wie die Geliebte neben dem reitenden Grafen durch das Waßer schwimmt, heißt es bei ihm bloß:

  Sie rudert wohl mit Arm und Bein,
    Hält hoch empor ihr Kinn.

Im Englischen steht die heilige Jungfrau der Armen bei:

  The salt waters bare up her clothes,
    Our Ladye bare upp her chinne.

Auch das Rudern mit Arm und Bein *) giebt hier, wo von einem hochschwangern jungen Weibe in Mannstracht die Rede ist, ein widerwärtiges Bild. Diese Beispiele aus vielen von der verminderten Zartheit der Behandlung mögen hinreichen.

Wir kommen jetzt auf Bürgers eigne Romanzen, wo der Gehalt und die Kraft seines Geistes weit reiner erscheint, da wir bei der Vergleichung mit fremden Mustern immer nur auf seine Manier, das heißt auf deßen Beschränkung, geführt wurden. Ihre Reihe eröffnet auf das glänzendste

---

*) ist hier ein widerwärtiges Bild. 1800.

'Lenore', die ihm, wenn er sonst nichts gedichtet hätte, allein die Unsterblichkeit sichern würde. Man hat neuerdings gegen die Originalität der Erfindung Zweifel erregen wollen, die aber hinreichend widerlegt worden sind: es ist ausgemacht, daß Bürgern*), wie er mir selbst auch mehrmals mündlich versicherte, nichts dabei vorgeschwebt hat, als einzelne verlorne Laute eines alten Volksliedes. Hat es in England auch Sagen und Lieder von einer ähnlichen Geschichte gegeben, so ist dieß ein Beweis mehr, daß die Dichtung in nordischen Ländern mit**) örtlicher Wahrheit einheimisch ist. Mit einer solchen Erfindung darf man gar nicht einmal aus willkürlichem Vorsatze weiter gehen, als volksmäßiger Glaube und Stimmung der Phantasie Gewähr leistet. Lenore bleibt immer Bürgers Kleinod, der kostbare Ring, wodurch er sich der Volkspoesie, wie der Doge von Venedig dem Meere, für immer antraute. Mit Recht entstand in Deutschland bei ihrer Erscheinung ein Jubel, wie wenn der Vorhang einer noch unbekannten wunderbaren Welt aufgezogen würde. Die Begünstigungen der Jugend und Neuheit kamen dem Dichter zu Statten, allein es war auch an sich selbst sein glücklichster und gelungenster Wurf. Eine Geschichte, welche die getäuschten Hoffnungen und die vergebliche Empörung eines menschlichen Herzens, dann alle Schauer eines verzweiflungsvollen Todes in wenigen leicht faßlichen Zügen und lebendig vorüberfliehenden Bildern entfaltet, ist ohne ***)erkünsteltes Beiwerk, ohne vom Ziel schweifende Ausschmückungen in die regste Handlung, und fast ganz in wechselnde Reden gesetzt, während welcher man die †) Gestalten, ohne

---

*) 'wie er...versicherte' fehlt 1800. **) localer 1800. ***) conventionelles 1800. †) Figuren 1800.

7*

den Beistand störender Schilderungen, sich bewegen und geberden sieht. In dem Ganzen ist eine einfache und große
Anordnung: es *) gliedert sich außer der kurzen Einleitung
und den Uebergängen in drei Haupttheile, wovon der erste
das heitre Bild eines friedlich heimkehrenden Heeres darbietet, und mit den beiden andern, der wilden Leidenschaft Lenorens, und ihrer Entführung in das Reich des Todes, den
hebendsten Gegensatz macht. Diese stehen einander wiederum
gegenüber: was dort die Warnungen der Mutter, sind hier
Lenorens Bangigkeiten, und mit eben der Steigerung, die
in den frevelnden Ausbrüchen ihres Schmerzes **) sich zeigt,
wird sie immer gewaltsamer und eilender, und zuletzt mit
einem Sturm des Grausens ihrem Untergange entgegenge-
rißen. Auch in dem schauerlichen Theile ist Alles verständig
ausgespart, und für den Fortgang und Schluß immer Etwas
zurückbehalten, was eben bei solchen Eindrücken von der größten Wichtigkeit ist. Denn es ist ja eine bekannte Erfahrung,
daß man, um ein Gespenst verschwinden zu machen, grade
darauf zugehn muß: die so tief in der menschlichen Natur
gegründete ***) Furcht vor nächtlichen Erscheinungen aus der
Geisterwelt bezieht sich eigentlich auf das Unbekannte, und
wird vielmehr durch das Unheimliche der Ahndung und zweifelhaften Erwartung erregt, als durch die Deutlichkeit
einer schreckenden Gegenwart; und mit dieser kann der Dichter erst dann die großen Streiche führen, wenn er sich schon
durch jene allmälich der Gemüther bemächtigt hat†). Ohne

---

*) theilt sich...in drei Massen 1800. **) ist 1800. ***) fan-
tastische Furcht 1800.

†) Bürger erzählte mir, als er die eben vollendete Lenore seinem Freunde, Friedrich Leopold Grafen zu Stolberg zum ersten
Mal vorgelesen, habe er gewünscht, die Wirkung recht zu erproben,

diese Vorsicht kann ein ganzes Füllhorn von Schreckphan=
tomen ausgeschüttet werden, und es bleibt ohne die mindeste
Wirkung. In der Lenore ist nichts zu viel: die vorgeführ=
ten Geistererscheinungen sind leicht und luftig, und fallen
nicht ins Gräßliche und körperlich Angreifende. Dabei ist
von dem Rabenhaare an, das sie zerrauft, jeder Zug be=
deutend; der schöne Leichtsinn, womit sie der Gestalt des
Geliebten folgt; die Schnelligkeit des nächtlichen Rittes; der
wilde lustige Ton in den Reden des Reiters: Alles spricht
mit der Entschiedenheit des frischen Lebens zwischen die Ohn=
macht der Schattenwelt hinein, deren endlicher Sieg um so
mächtiger erschüttert.

Vielleicht laßen sich von den meisten Eigenheiten, die
Bürgers nachherige Manier bezeichnen, in der Lenore we=
nigstens Spuren und Keime auffinden: aber eine werdende
Manier, die sich noch schwebend erhält, ist eigentlich keine,
und hier wird sie durch die Uebereinstimmung mit dem Ge=
genstande gewißermaßen zum Stil erhoben. Die häufigen
'Hop hop hop, Hurre, hurre, Husch husch husch' u. s. w.
haben am meisten Anstoß gegeben. Die altgläubigen Kritiker

---

und deswegen eine kleine Ueberraschung vorbereitet. Er hielt näm=
lich, wie von ungefähr, eine Reitgerte in der Hand, und als er an
die Stelle kam:

> Rasch auf ein eisern Gitterthor
> Gieng's mit verhängtem Zügel,
> Mit schlanker Gert' ein Schlag davor
> Zersprengte Schloß und Riegel;

schlug er damit an eine gegenüber stehende Thür. Stolberg, damals
ein Jüngling von entzündbarer Einbildungskraft, durch die vorher=
gehende Schilderung schon ganz ergriffen, sprang hiebei mit Ent=
setzen auf, als ob die geschilderte Sache wirklich unter seinen Augen
vorgienge.   Anm. z. n. A. 1828.

tabelten sie nicht mit Unrecht, aber aus dem unstatthaften
Grunde, weil sie nicht in der Büchersprache vorkommen; da
*)sie vielmehr deswegen wegzuwünschen wären, weil es rheto=
rische Kunstgriffe sind, welche die Romanze verwirft; weil
sie anschaulich machen sollen, und nur wie eine unberedte
kindische Lebhaftigkeit des Erzählers herauskommen. Daß
der Mangel dieser Interjektionen und Onomatopöen keine
Lücke hinterlaßen würde, davon kann man sich an der vor=
trefflichen Uebersetzung von Beresford (der besten unter den
englischen, die ich kenne) überzeugen, wo sie bei aller Treue
ohne Schaden weggeblieben sind**). Der schlechteste Vers in
der Lenore scheint mir demnach folgender:

> Hu hu! ein gräßlich Wunder!

Der Dichter hätte in der That seine Bestrebungen vergeblich
aufgewandt, wenn die Leser noch bedürften benachrichtigt zu
werden, daß das, was in dieser Strophe vorgeht, ein gräß=
liches Wunder ist.

Daß er die Geschichte in so neue Zeit gesetzt hat, an
das Ende des siebenjährigen Krieges***), ist wohl nicht zu

---

*) sie besw. 1800.   **) [S. die Rec. aus der A. L. Z.
1799. Nr. 217.]

***) Die geschichtlichen Angaben:

> Er war mit König Friedrichs Macht
> Gezogen in die Prager Schlacht;

und dann:

> Der König und die Kaiserin,
> Des langen Habers müde,
> Erweichten ihren harten Sinn,
> Und machten endlich Friede;

könnten unbestimmt scheinen. Da Friedrich der Große im sieben=
jährigen Kriege mehrere mächtige Gegner hatte, und hier nur die
Kaiserin erwähnt wird, so möchte man an seine früheren Feldzüge
gegen Maria Theresia denken, wo auch Kriegsvorfälle bei Prag statt=

tadeln: denn, wenn fabelhafte Begebenheiten gern in der
Ferne der Zeiten und Oerter geschehen, so nimmt man da=
gegen ein warnendes Beispiel am liebsten aus der Nähe;
und es liegt in *) dem Sinne der Dichtung, daß sie dieß
sein soll. Weniger schicklich ist der Umstand, daß Lenorens
Geliebter zu einem preußischen Krieger gemacht wird: dieß
führt auf ein protestantisches Land als Scene, worin man
durch die Aeußerung der Mutter, er könne wohl in Ungarn
seinen Glauben abgeschworen haben, bestärkt wird. Nach
dem ganzen Gespräch zwischen ihr und der Tochter hingegen
fällt man eher darauf, sie für katholisch erzogen zu halten,
was auch unstreitig besser paßt. So viel ich weiß, ist diese
Mißhelligkeit noch nicht bemerkt worden, sie muß daher wohl
nicht sehr auffallend sein.

Am meisten Verwandschaft mit der Lenore hat 'der
wilde Jäger', und vielleicht ist er nur darum nicht zu gleicher
Celebrität gelangt, weil er der jüngere Bruder war. Der
Gegenstand ist mit strenger Enthaltung von allem Fremd=
artigen behandelt; die Erfindung, den guten und bösen
Engel in Gestalt zwei begleitender Reiter erscheinen zu
laßen, ist ganz **) der geschilderten Sitte und dem Glau=
ben des angenommenen Zeitalters gemäß; die verhängniß=
volle Symmetrie ihrer Warnungen und Aufreizungen son=
dert die Momente der Handlung, und läßt zwischen ihrer
stürmenden ***) Eile die Betrachtuug zu Athem kommen,

---

gefunden haben. Aber darauf paßt 'der lange Haber' nicht, auch
war der Friede mit Rußland schon früher geschloßen, und mit der
Prager Schlacht ist ohne Zweifel die vom 6ten Mai 1757 gemeint.

Anm. z. n. A. 1828.

*) dem poetischen Sinne 1800. **) im Geiste desselben 1800.
***) Bewegung die Reflexion zu 1800.

die immer ernster einem nahenden Strafgericht entgegen sieht.
In den ersten beiden Strophen, in dem Gegensatz des wilden Jagdgetöses mit der feierlichen Heiligkeit des Gottesdienstes, liegt schon der Sinn des Ganzen beschloßen, der
sich nachher nur stätig entwickelt. Die Darstellung ist meisterlich, vielleicht für eine Romanze zu kunstvoll, wenigstens
von einer Kunst, wobei die studierte Wahl und Ausbildung
der Züge zu sichtbar bleibt. Ueberhaupt, bis auf das so
sprechende und gewissermaßen große Silbenmaß, das aber
nicht faßlich in's Gehör fällt, und am wenigsten sich einer
Melodie anneigt, ist dem Gedichte eine Gründlichkeit der
Ausführung mitgegeben, woran es zu schwer trägt, um ganz
die Bahn des leichten Volksgesanges zu fliegen, wiewohl es
in der Anlage höchst popular gedacht ist. Die Ausrufungen,
grellen Tonmalereien, und was es sonst zu viel hat, ohne
welches das Weniger mehr sein würde: das versteht sich
von selbst.

Die beiden Stücke 'der Raubgraf' und 'die Weiber von
Weinsberg', stehen ungefähr auf derselben Stufe. Sie sind
munter und drollig, jedoch nicht ohne Anwandlungen von
den Späßen, die in der 'Europa', 'Herrn Bachus' und
der 'Menagerie der Götter' herrschen, und *) vielmehr stu-
dentenhaft als volksmäßig zu nennen sind. Die Weiber von
Weinsberg nähern sich noch eher der reinen Romanze, da
der Raubgraf durch die weitläuftige Peroration des Schwa-
gers Matz, und die Anspielung auf einen modernen Zeitum-
stand am Schluße, ein seltsam gemischtes Ding wird. Die
gut gerathene vertrauliche Mimik, womit die Geschichte epi-
sodisch eingeführt ist, eignete sich zu einer durchaus verschie-

---

*) eher 1800.

denen Behandlung. Daß ich es für die Kenner mit Einem
Worte sage: es sollte *) eine mimische Idylle sein.

'Lenardo und Blandine' ist unstreitig von allen Seiten
Bürgers schlimmste Verirrung. Eine üble Vorbedeutung
giebt schon die hingeworfene Art, womit er in der Vorrede
zur ersten Ausgabe 'alter Novellen' erwähnt, worin 'die Geschichte unter dem Namen Guiscardo und Gismunda ähnlich vorkomme', als ob seinem Vorbilde nichts abzugewinnen
gewesen wäre, außer ungefähr die erste Grundlage. Jene
alte Novelle rührt doch von keinem geringeren Meister her
als dem Boccaz: bestimmte Einzelnheiten zeigen bei aller Abweichung unwidersprechlich, daß Bürger den Decamerone vor
Augen gehabt, und man kann ihn also nicht von dem Vorwurfe frei sprechen, für den großen Stil dieser Erzählung und ihre **) sittliche Schönheit ganz unempfindlich geblieben zu sein. Wer sie in der Ursprache lesen und fühlen
kann (denn keine bisherige Uebersetzung möchte wohl den
Charakter ganz wieder geben), dem muß die Ballade, damit
verglichen, zugleich wie ein ungestümes Toben und ein kindisches Lallen gegen die hohe und ruhige Beredsamkeit eines
Weisen erscheinen. Vom ersten bis zum letzten sind alle
Züge vergröbert, entstellt, überladen, und ein Schmerz, der
von der edelsten Seelenstärke zeugt, und dem die Fürstin ihr
Leben mit stiller tragischer Würde hingiebt, ist in wilde Wuth
umgeschaffen. Die Gismunda des Boccaz ist schon vermählt
gewesen, aber bald als Wittwe zu ihrem Vater zurückgekehrt,
der aus Anhänglichkeit an sie vermeidet, sie durch eine zweite
Vermählung nochmals von sich zu entfernen. Die Scham
hält sie ab, ihm darum anzuliegen, sie meinte beßer zu thun,

---

*) eine Idylle 1800. **) moralische 1800.

wenn sie sich unter den Hofleuten und Dienern ihres Vaters
einen wackern Liebhaber wählte. Guiscardo war einer der
niedern Diener, aber sie erblickte keinen, der an Sitten höher
gewesen wäre. Ihr Verständniß befestigt sich unter dem
Schutz eines tiefen Geheimnisses, der Vater ist es selbst, der
es endlich durch einen Zufall entdeckt. Er läßt den Guis-
carbo gefangen nehmen, und stellt seine Tochter zur Rede,
die nun, sobald sie das Schicksal ihres Geliebten inne wird,
sich jede weibliche Wehklage verbietet, und, mit dem Entschluß der Liebe im Herzen, ihm nur durch die ruhige
und ungeheuchelte *)Darlegung ihrer Antriebe und ihrer
Rechte antwortet. Der Vater erkennt das hohe Gemüth
seiner Tochter, hofft aber durch Strenge sie zum Ge-
horsam und zum Gefühl der Ehre zurückzuführen, und
läßt den Liebhaber umbringen. Da er ihr durch einen Vertrauten sein Herz in einem goldnen Gefäße sendet, hat sie
schon den hülfreichen Trank bereitet, und nach einer kurzen
Todtenfeier nimmt sie ihn, legt sich anständig auf ihrem Bette
zurecht, drückt das theure Herz an ihre Brust, und scheidet
so aus der wehevollen Welt.

Bürgers 'Blandine' kündigt sich wie ein leichtsinniges
Mädchen an, das ohne Jungfräulichkeit der ersten Aufwal-
lung folgt. Alles, was ihr Verhältniß zum Geliebten bezeichnet, ist grob ausgedrückt, und der spanische Molch ist
gleich bei der Hand, um die Geschichte auf der einen Seite
durch gräßliche Worte zu heben, auf der andern, wahrscheinlich um ein Theil von der grausamen That des Vaters auf
sich zu nehmen, der, ob er gleich beim Boccaz sie ohne solche
Milderung begeht, dort als der liebendste und mitleidens-

---

*) Auseinandersetzung ihrer Handlung antw. 1800.

wertheſte Vater erſcheint, hier aber ein ſehr gleichgültiger
Gegenſtand iſt. Die Unterredung der Liebenden iſt ein Ge-
miſch von allem, was jemals bei Bürgern als 'Geſchwätz
der Liebe getrieben' wird; an einer Stelle iſt das Duo in
Shakſpeares Romeo und Julia beim Anbruch des Tages auffallend benutzt; zuletzt artet ſie in eine Tändelei aus, die
bedeutend ſein ſoll, aber um ſo *)mißfälliger wird. Der
von Bürgern hinzugefügte Aufzug der drei Junker iſt der einzige glückliche Moment im ganzen Gemälde, ſo wie er es
uns gegeben hat. Der plötzliche Wahnſinn der Prinzeſſin
aber, wie ſie 'zuſammenſtürzt und nach Luft ſchnappt, und
mit zuckender ſtrebender Kraft ſich wieder dem Boden ent-
rafft', zeigt auf das ſtärkſte den unbedingten Widerſpruch der
beiden Behandlungen. Bürger konnte ſich in der That nicht
anders helfen: nach dieſer ungezügelten Anlage mußte ſich
die Leidenſchaft toll geberden, und mit einem 'Juchheiſa Tral-
lah' endigen. Zu dem Mittel des Wahnſinns zu greifen,
mochte er ſich durch Shakſpeares Anſehn berechtigt halten,
deſſen Darſtellungen der Verrücktheit ziemlich verrückt ange-
prieſen wurden: und ich glaube hier ganz deutlich das Unheil zu ſehen, was hie mißkennende Anſicht dieſes Dichters,
und die damals herrſchende, leider immer noch nicht ganz
erloſchene Zuverſicht, als ſtände das Höchſte **)der Poeſie
durch ein ungebührliches Getobe der Leidenſchaften zu erreichen, auch bei Bürgern angerichtet hatte. Denn ſonſt hätte
er ſich nimmermehr eine Ausführung dieſes Wahnſinns erlaubt, die alle Sitte und Grazie unter die Füße tritt. Von
ſeiner Blandine, 'die zum Sprunge ſingt, und zum Sange
ſpringt', unter Ausrufungen wie:

---

*) widriger 1800. **) in der P. 1800.

Weg, Edelgefindel! Pfui! ſtinkeſt mir an!
Du ſtinkeſt nach ſtinkender Hoffarth mir an!

— — — —

Und ſpeiet in euer hochadliches Blut.

kann man gewiß nicht rühmen, was Laertes von der Ophelia:

Schwermuth und Trauer, Leid, die Hölle ſelbſt,
Macht ſie zur Anmuth und zur Artigkeit.

Ihr iſt ſo wenig mit der Reihe von Zeichnungen, die *) ein
Dilettant in pſychologiſch-künſtleriſcher Hinſicht nach der Ballade von Augenblick zu Augenblick etwas fraßenmäßig entworfen hat, als mit den unſeligen Nachahmungen, deren
keine von Bürgers Romanzen ſo viele nach ſich gezogen, eine
unverdiente Schmach widerfahren. Noch näher liegt die Parallele mit der Gismunda des Hogarth. Dieſer hielt das,
was ſeine Freunde von dem edlen Stil der italiäniſchen Ge-
ſchichtmaler rühmten, für leere Einbildung: er vermaß ſich,
*) eben ſo gut zu malen wie Correggio, wählte dazu eine
Scene aus dieſer Novelle, und es fiel aus, wie ſich's erwarten ließ. Nach dem Zeugniſſe ſeines Freundes Walpole
war Hogarths Heldin Gismunden ähnlich 'wie ich dem Herkules', und ſah aus wie eine heulende aus dem Dienſt ge-
jagte Küchenmagd. So hart wurde der Künſtler für ſeinen
Unglauben an eine höhere Gattung als die ſeinige beſtraft!
Und ſo ſteht denn auch Bürgers Ballade, in ihrer ganzen
Geſtaltung, von der an zu rechnen, die in dem hüpfenden
Silbenmaße liegt, höchſt manieriert, und alſo in ſeiner ſchlech-
teſten Manier gearbeitet, als ein Beiſpiel da, daß wer ein
vollendetes Kunſtwerk für den rohen Stoff anſieht, aus dem
er erſt das Kunſtwerk zu bilden hätte, ſtatt deſſen es unfehlbar auf rohen Stoff zurückführen wird.

_____

*) ein Herr von Götz 1800.   **) es eben ſo gut machen zu
können, wählte 1800.

In dem 'Liede vom braven Manne' hat der Dichter der biedern herzlichen Freude über eine wackre That Ton und Stimme geliehen, und die Absicht macht seinem Herzen Ehre. Nur daß das Gedicht eine ächte Romanze und wahrhaft volksmäßig sei, muß ich mehr als bezweifeln, wenn man auch für das letzte noch so viele Beweise von allgemeinem Beifall anführen möchte. Eine gute That wird sittliche Vorsätze im Gemüthe rege machen, aber die Phantasie trifft sie an und für sich noch nicht. Dieß hat der Dichter auch gefühlt, und die von ihm besungene That durch ihre Umgebungen in das Gebiet des Romantischen und Wunderbaren zu heben gesucht: und indem er den möglichsten Nachdruck auf die Furchtbarkeit des Eisganges, auf das Dringende der Gefahr, auf die lange vergeblich gespannte Erwartung eines Retters legen will, verbreitet er sich in geschmückten Schilderungen und rhetorischen Wendungen, die in der Romanze durchaus unstatthaft sind. Zu den letzten rechne ich die wiederholten 'O braver Mann! braver Mann! zeige dich!' und 'O Retter! Retter! komm geschwind'! das *) Betheuern 'beim höchsten Gott!' der Graf sei brav gewesen, u. s. w.; vor Allem aber, das viele Reden des Liedes von sich und mit sich selbst, das Rühmen des Dichters von dem Liede, seine Aufforderungen und Fragen an selbiges, die kein Ende nehmen. Mir däucht, wenn das Lied in allem Ernste voll von dem braven Manne gewesen wäre, so hätte es gar nicht weiter an sich denken müssen. Jede wahrhaft **) begeisterte Darstellung verliert sich in ihrem Gegenstande. Zudem führt dieses Selbstbewußtsein, diese Wichtigkeit auf die Vermuthung, es sei bei dem Vortrage ein Aufwand von Künst-

---

*) Beschwören 1800. **) objective 1800.

lichkeit und Zurüstungen gemacht, der sich weder mit dem
Vertrauen auf die Sache, noch mit der Einfalt des ächten
Volksliedes verträgt. Dieses ist gleichsam nur die Sache
selbst, auf dem kürzesten Wege aus einer Sage in eine Melodie umgewandelt: das Lied wird sich also nicht der Sache
ausdrücklich entgegenstellen. Die ursprünglichsten Volksge-
sänge hat, wie oben bemerkt wurde, das Volk gewissermaßen
selbst gedichtet; wo der Dichter als Person hervortritt, da
ist schon die Gränze der künstlichen Poesie. Ich wäre neugierig, eine wahre alte Romanze zu sehen, deren Sänger
so viel und mit solchem Pomp von sich und seinem Liede
spräche, als in dem Liede vom braven Manne geschieht. Wenn
einmal eine solche Erwähnung vorkommt, so wird sie dem
Gedichte nur als Anhang außerhalb der Darstellung und in
den schlichtesten Ausdrücken mitgegeben. So in dem ganz
romanzenartigen alten Liede von den heiligen drei Königen,
zu Anfange:

> Ich lag in einer Nacht und schlief,
> Mir träumt, wie mir König David rief,
> Daß ich sollt dichten und reimen,
> Von heiligen dreien Königen ein neues Lied;
> Sie liegen zu Kölln am Rheine.

und nun folgt gleich die Geschichte. Oder in einer andern
Ballade *) am Schluß:

> Wer ist's, der uns dieß Lieblein sang?
> So frei ist es gesungen.
> Das haben drei Jungfräulein gethan
> Zu Wien in Oesterreiche.

---

*) Eschenburg theilt sie aus seinem gelehrten Vorrathe mit:
Denkmäler altdeutscher Dichtkunst. S. 447. u. f.

Ferner, was den Inhalt betrifft, so ist es ein *)un-künstlerisches Beginnen, eine gute Handlung als solche dar-stellen zu wollen; denn das, was eigentlich ihren sittlichen Werth ausmacht, die Reinheit der Bewegungsgründe, kann auf keine Weise zur Erscheinung kommen. Es ist aber auch der unverfälschten geraden Gesinnung des Volkes gar nicht gemäß. Das Bekanntmachen sogenannter edler Handlungen durch die Zeitungen, die dafür ertheilten Ehrenbezeugungen oder gar darauf gesetzten Preise, alles dieß sind Mißgeburten einer leidigen Aufklärung. Ich will nicht so übel von un-serm Zeitalter denken, nicht zu glauben, daß eine Menge viel besserer Handlungen geschehen, als die unsre albernen Volksschriftsteller aufzeichnen. Dem Staate liegt es ob, dem Bürger, der z. B. einem andern das Leben gerettet, eine Corona civica zu verehren: allein dieß ist ganz etwas anders, es ist eine Belohnung für den ihm geleisteten Dienst, wobei die über allen Lohn erhabene Sittlichkeit des Thäters dahin gestellt bleibt:

Jede Anstalt ist unsittlich, die es zweideutig macht, ob sich in ein wohlthuendes Bestreben nicht eitle Ruhmsucht mischte. Der wahrhaft tugendhafte Mensch, der so innig fühlt, daß das Beste, was er thun kann, nur seine Schul-digkeit ist, wird bei dem Gethanen nicht selbstgefällig ver-weilen, und sich vornehmlich allem Schaugepränge damit ent-ziehen. Die christliche Gesinnung vollends, die wohl noch immer die populärste ist, bringt es mit sich, wenn man Ur-sache zur Zufriedenheit mit sich zu haben glaubt, sich in sei-nem Innern zu demüthigen, damit nicht der Stolz auf das vollbrachte Gute die gefährlichste Versuchung werde.

---

*) unpoetisches 1800.

Eine kleine Inkonsequenz ist es, daß der Dichter *) so oft wiederholt erklärt, er wolle **) einen einzelnen Menschen, einen Zeitgenoßen verherrlichen, und doch alle ***) örtlichen Bestimmungen wegläßt, woran man ihn erkennen könnte. Es würde, wie mir scheint, auch poetisch weit vortheilhafter sein, wenn der Fluß und †) der Schauplatz der Ueberschwemmung, das Vaterland und der Name des Retters angegeben wäre. Der Grund des Verschweigens liegt freilich in der Erzählung selbst:

> So rief er, mit adlichem Biederton,
> Und wandte den Rücken und gieng davon.

Der Bauer entzog sich schnell der Dankbarkeit und Bewunderung, man hat vielleicht nicht einmal seinen Namen erfahren; er hätte sich eine öffentliche Lobpreisung gewiß eben so verbeten, wie den Lohn des Grafen. Dieser wahrhaft große Zug krönt seine Handlung; und da Bürger das, was ihre Sittlichkeit beglaubigt, so gut gefühlt und ausgedrückt hat, so ist es zu beklagen, daß er die That nicht den Thäter hat loben laßen, ohne zu sagen, zu melden und anzukündigen, daß er sie herrlich preisen wolle. Man mache den Versuch, mit Weglaßung aller Strophen und Zeilen, welche Deklamation enthalten, die bloße Erzählung herauszuheben: man wird nicht nur die Entbehrlichkeit jener Einschiebsel einleuchtend, sondern auch die Wirkung der Geschichte um Vieles erhöht finden. Besonders hat alles, was den Bauer und seine That darstellt, den Ton der gediegensten Biederkeit: und es ist keine Frage, daß bei einem etwas anders gerückten Gesichtspunkte (das Irrige der jetzigen Behandlung

---

*) so wiederholt 1800. **) ein Individuum 1800. ***) localen 1800. †) die Scene 1800.

liegt schon zum Theil in der Ueberschrift) ein vortreffliches Gedicht daraus hätte werden können.

Wir sehen dieß gleich an der Romanze 'die Kuh oder Frau Magdalis' durch ein Beispiel bestätigt. Der Inhalt ist hier ebenfalls eine edle Handlung, und zwar von *) geringerem Belange, eine bloße Handlung der Mildthätigkeit. Allein der Nachdruck ist auch gar nicht auf sie gelegt: sie kommt erst ganz am Ende zum Vorschein, nicht während sie geschieht, sondern schon geschehen: und wir werden zuerst auf die überraschende und sinnreiche Art gelenkt, womit die Wohlthat erwiesen worden ist. Die Nachrede, womit der Dichter sie begleitet, ist schmucklos, und enthält nur das Nöthige, um die Geschichte als wahr zu beurkunden. Vorn führt er uns mit der naivsten Wahrheit in die Beschränktheit einer Glückslage hinein, wo der Verlust einer Kuh zum großen und unüberwindlichen Leiden wird. Daß die arme Wittwe bei dem Brüllen im Stalle sich vor einem bösen Geiste ängstigt, giebt der Sache etwas Wunderbares, und ist doch eben so natürlich, als ihre verdoppelte Freude beim Anblick der Kuh rührend. Es ist alles aus dem Stoffe gemacht, was daraus werden konnte, ohne Prunk und Künstelei; das Ganze ist durchaus liebenswürdig und gemüthlich.

'Des Pfarrers Tochter von Taubenhain' wird unfehlbar jedes empfängliche Herz erschüttern, aber leider mit peinigenden Gefühlen, gegen die nur derbe Nerven gestählt sein möchten. Das Gedicht hat eine moralische Tendenz, in dem Sinne wie unsere bürgerlichen Familiengemälde: und wie diese zum romantischen Schauspiel, so verhält es sich ungefähr zur wahren Romanze. Das Drückende dieser Rück-

---

*) weit ger. 1800.

sicht liegt gar nicht darin, daß überhaupt ein bestraftes Verbrechen zur Warnung aufgestellt wird; dieß geschieht ja auch
in der Lenore und im wilden Jäger. Freilich werden die
Vergehen beider als Frevel gegen den Himmel, und die
Strafe als ein übernatürliches Verhängniß vorgestellt, wodurch die Dichtung einen weit kühneren Charakter bekömmt.
Allein es giebt *) nicht wenige alte Romanzen, welche Mord-
geschichten enthalten, und mit der natürlichen oder bürgerlichen Bestrafung endigen, und nichts desto weniger vollkommen romantisch sind. Die genaue psychologische Entwicklung der Motive, womit der Fortschritt der unglücklichen
Verführten vom ersten Fehltritt bis zum Verbrechen begleitet
wird, ist es, was weder ein heitres noch ein ernst erhebendes Bild des Lebens aufkommen läßt. Die Akten zum Kri-
minalproceß der Kindermörderin sind in dem Gedichte vollständig dargelegt: daß er, bei allem, was sie entschuldigt,
dennoch mit ihrer ungemilderten Verdammung endigt, während der niederträchtige Verführer und der brutale Vater
(denn an Häßlichkeit der Sitten ist nichts gespart) frei ausgehen, ist empörend, und stellt uns die höchste Widerrecht-
lichkeit und Verkehrtheit so mancher bürgerlichen Einrichtung
vor Augen. Des menschlichen Elendes haben wir leider zu
viel in der Wirklichkeit, um in der Poesie noch damit be-
helligt zu werden. Ich sehe wohl, daß Bürger, vielleicht
mehr aus **) einem bewußtlosen Triebe als mit Ueberlegung,
überall zu der Region hinstrebt, wovon ihn die einmal
genommene und nunmehr unabänderliche Richtung aus-
schloß, und in so fern ist dieß Gedicht lehrreicher, als manches andre. Einige haben vorzüglich die Schilderung der

—————

*) verschiedne 1800.   **) Instinct als Reflexion 1800.

Schwangerschaft bewundert, mir scheinen die anfangenden
*) Strophen das Meisterhafte zu sein. Auch die auf Unschuld
anspielende Wahl des Namens 'Taubenhain' ist glücklich, und
die wiederum auf Namen und Sache anspielende Gestalt der
Geistererscheinungen:

> Da raßelt, da flattert und sträubet es sich,
> Wie gegen den Falken die Taube.

gehört zu den zarteren Geheimnissen der Poesie.

Das 'Lied von der Treue' ist aus einem alten und viel=
fach wiederholten Fabliau genommen. Da die Geschichte
bloß auf einen **) beißenden Spott gegen die weibliche Treue
hinausläuft, so sollte sie entweder kurz als witzige Anekdote
erzählt werden, oder in einer größeren Komposition der Ironie
dienen, wie wir sie wirklich in den Roman vom Tristan
eingeflochten sehen, der ganz auf die höchste Treue der Lie=
benden gebaut ist. Wenigstens fühlt man sehr entschieden,
daß Bürgers Romanze keinen rechten Schluß hat. Graf
Friedrich Leopold zu Stolberg hat bei der Behandlung des
nämlichen Gegenstandes unter dem Namen 'Schön Klärchen'
(Musenalmanach von Voß und Göckingk. 1781.) mit einer
glücklicheren Wendung geendet, überhaupt eine weit anmu=
thigere Erzählung daraus gemacht, wiewohl nicht im reinen
Ton der Ballade, aber so duftig und rosenfarben gehalten,
daß der helle Leichtsinn uns noch zierlich daraus anspricht,
und der herzliche Kummer des Betrogenen wie eine kind=
liche Klage. Es ist Alles beßer zusammengewebt: die drei
dänischen Doggen erscheinen nicht erst mit der Katastrophe
zugleich, sie sind schon als Schön Klärchens Gefolge bekannt,
sammt dem getigerten Spanier, den sie auf der Jagd zu

---

*) und schließenden 1800. **) Sarkasm 1800.

8*

reiten pflegte; und wie viel artiger nimmt sich der Liebhaber
aus, der ihr, wie sie mit ihm davon zieht, Lieder und Märchen vorsagt (ein Zug der sich so hübsch zu diesem leichten
Handel schickt), als der schwere Junker vom Steine. Für
die Wahl der Romanzen=Form läßt sich zwar das *) Lied
vom Knaben mit dem Mantel anführen, ebenfalls ein Fabliau und eine Satire auf die weibliche Treue: allein in
dieser alten Ballade ist die ganze Darstellung scherzhaft, und
es wartet nicht, wie hier, Alles auf eine einzige epigrammatische Spitze. Bürgers Behandlung thut sich durch nichts
sonderlich hervor. Auf der einen Seite der 'Donnergallopp-
schlag des Hufs' und die 'Stürme der Nase', auf der andern:

　　　Herr Junker, was hau'n wir das Leder uns wund?
　　　Wir hau'n, als hackten wir Fleisch zur Bank;

bezeichnen die beiden Endpunkte seiner Manier; nämlich eine
unpopulare Künstlichkeit der Darstellung, und dann wieder
**) Popularität, die nicht durch bloße Enthaltung von allem
nicht Volksmäßigen, negativ, sondern durch Annahme gemeiner Sprecharten erreicht werden sollte.

　　Wir haben jetzt die größeren Romanzen sämmtlich durchgegangen, es ist aber noch eine Anzahl kleinerer Stücke zurück, die zum Theil romanzenartig, zum Theil Lieder im
Volkstone sind, und worunter die meisten, wie mich dünkt,
nicht leicht zu sehr gelobt werden können. Sie sind eigenthümlich ohne Bizarrerie, und frei und leicht wie aus voller
gesunder Brust gesungen. Dahin gehören gleich die von
***) Minne redenden Lieder, die mit den alten Minnesingern
nichts gemein haben, aber ein heiteres von Bürgern selbst
entworfenes Bild des Minnesingers darbieten. In 'des armen

---

*) alte 1800.　　**) positive P. 1800.　　***) 1800 durch Druckfehler 'Minna'.

Suschens Traum' ist der so natürliche*) volksmäßige Glaube
an sinnbildliche Deutung der Träume rührend benutzt: die
Folge und Verknüpfung der Bilder ist wirklich träumerisch,
und das Pathetische anspruchslos. 'Der Ritter und sein
Liebchen' drückt schon im Gange des Silbenmaßes treulosen
Leichtsinn aus: das Abgerißene des Anfangs und wie der
Ritter unbekehrt davon geht, ohne daß eine weitere Auflö-
sung erfolgt, ist im Geiste der ächtesten Romanze. Eben so
'Schön Suschen'; es läßt sich nicht bescheidner, sinniger und
zierlicher über die Wandelbarkeit der Liebe scherzen. Dem
'Liebeszauber' ist gar nicht zu widerstehen, so lebendig gaukelt er in dem muntern Liede, bei dem man gleich die Melodie mit zu hören glaubt, wenn man es nur liest. 'Das
Ständchen' und 'Trautel' sind gefällige Weisen, das 'Schwa-
nenlied' und 'Molly's Werth' von der naivsten Innigkeit.
'Das Mädel, das ich meine', (denn ich bleibe bei dem 'Mädel', und kann mich nicht zu der 'Holden' bekehren) blüht in
frischen Farben: da der Dichter sie hinterdrein noch duftiger
verblasen wollte, hat die Einheit des Tons darunter gelitten.
Zu den Fragen und wiederholenden Antworten, überhaupt
zu der tändelnden Einfalt, womit sinnlicher Liebreiz als ein
Wunderwerk des Schöpfers gepriesen wird, paßte der Ausruf 'der liebe Gott! der hat's gethan', vollkommen.

'Die Elemente' sind ein **)religiöser Volksgesang und
Naturhymnus voll höherer Weihe und Offenbarungsgabe.
Das Heiligste ist ganz in die Nähe gerückt, die mystische
Symbolik der Natur in allgemeine menschliche Gefühle über-
setzt, und nicht unbefugt hat der Sänger Aussprüche aus der
heiligen Schrift entlehnt. Ich glaube, Luther würde dieß

---

*) und 1800.   **) rein rel. 1800.

Gedicht für ein würdiges Kirchenlied anerkannt haben. 'Un=
treue über alles' ist ein süßes Liebesgekose: kindlich aus einem
Nichts gesponnen, zart empfunden, phantastisch ersonnen, und
romantisch ausgeführt. Es muß erfreuen, daß die muntere
Laune den Dichter auch in den letzten Jahren nicht verließ.
Das 'Hummellied', 'Sinnenliebe', 'Lied', (Ausgabe von 1796.
Th. II. S. 266.) 'der wohlgesinnte Liebhaber', und 'Sinnes=
änderung', alle von der zierlichsten Schalkheit und zuweilen
von einer markigen, aber unverdorbenen Lüsternheit beseelt,
sind angenehme Beweise davon. Ich kann nicht umhin, diese
kleinen Sachen im Range weit über manche berühmtere zu
stellen: das Maß des Kunstwerthes wird nicht durch den
äußeren Umfang und den Inhalt begränzt; und sogar ein
'Spinnerlied', das ganz leistet, was es soll, wie das bür=
gerische, ist nichts Geringes.

Doch muß ich erinnern, daß ich unter den obigen Stücken
die früheren in ihrer ursprünglichen Gestalt meine, so wie
ich auch bei den vielerlei Veränderungen, die Bürger mit
seinen übrigen lyrischen Gedichten vorgenommen hat, fast
durchgängig für die alten Lesearten stimmen würde. Zuweilen
ist die Umarbeitung so entstellend, daß der Liebhaber, der die
postume Ausgabe aufschlägt, seine vormaligen Lieblinge kaum
wieder erkennen wird. Ich glaube, die Herstellung des Beßeren
würde keine Verletzung der Rechte des Dichters sein, der
zwar mit seinen Hervorbringungen nach Willkür schalten,
aber nichts einmal Gegebenes zurücknehmen kann. Konnte
doch Tasso, der mit den Korrekturen in's Große gieng, sein
umgearbeitetes mit mühsam demonstrierten Vorzügen ausge=
stattetes Jerusalem nicht durchsetzen!
Zu nicht wenigen Veränderungen hat Bürgern das Be=
mühen bewogen, die ihm vorgerückte Versäumniß des Idea-

lischen nachzuholen; dazu gehören z. B. verschiedene im 'Hohen Liede'. Da sich dieß auch auf Gedichte erstreckte, die
bisher recht gut ohne dergleichen fertig geworden waren, so
sind darin die Idealität und die Volksmäßigkeit in's Ge-
bränge mit einander gerathen: die letzte, als im wohlherge-
brachten Besitz, hat nicht ganz weichen wollen, und so schieben sie sich, wie zwei Personen auf einem zu schmalen Sitze,
hin und her. An dem 'Mädel', nunmehr der 'Holden, die
ich meine', hat man das deutlichste Beispiel davon. 'Der
Minnesinger' hat nunmehr den dritten Namen bekommen;
er hieß in der zweiten Ausgabe 'der Liebesdichter', und jetzt
'Lieb' und Lob der Schönen'. Das gute 'Ständchen' „Tral-
lyrum larum, höre mich!" ist ebenfalls ein etwas idealisir-
tes Ständchen geworden. Bei weitem die meisten Veränderungen rühren jedoch von dem *) Streben nach Korrektheit
her. Noch von andern fällt es schwer, irgend einen Grund
zu entdecken, und man kann sie mit nichts anderm vergleichen, als mit dem willkürlichen Wundreiben der gesunden
Haut. Wenn man in der ältesten Ausgabe liest:

Wüßt' ich, wüßt' ich, daß du mich
Lieb und werth ein bischen hieltest,
Und von dem, was ich für dich,
Nur ein Hunderttheilchen fühltest,
Daß dein Danken meinem Gruß
Halben Wegs entgegen käme,
Und dein Mund den Wechselkuß
Gerne gäb' und wiedernähme:
Dann, o Himmel, außer sich
Würde ganz mein Herz zerlodern!
Leib und Leben könnt' ich dich
Nicht vergebens laßen fodern! —

---

*) Princip der 1800.

Gegengunst erhöhet Gunst,
Liebe nähret Gegenliebe,
Und entflammt zur Feuersbrunst
Was ein Aschenfünkchen bliebe.

so begreift man nicht, was dieß harmlose artige Liedchen so Schweres verschulden konnte, das ihm folgende Ummodelung seiner drei ersten Strophen zuzog:

Wenn, o Mädchen, wenn dein Blut
Reger dir am Herzen wühlte;
Wenn dieß Herz von meiner Glut
Nur die leise Wärme fühlte;
Wenn dein schöner Herzensbank
Meiner Liebe Gruß empfienge;
Und dir willig ohne Zwang
Kuß um Kuß vom Munde gienge:
O dann würde meine Brust
Ihre Flammen nicht mehr faßen;
Alles könnt' ich dann mit Lust,
Leib und Leben könnt' ich laßen.

Aehnliche Beispiele sind die vierte Strophe des 'Winterliedes', die erste und zweite des 'Schwanenliedes', jetzt 'der Liebeskranke' genannt, und die erste des Gedichtes 'an Adonide', jetzt 'an Molly'. Ich unternähme allenfalls, auch *) in den befremdlichsten Fällen die Gründe zu errathen, die Bürgern geleitet haben mögen; und noch weniger sollte es mir schwer fallen, die Vorzüge der alten und die Mängel der neuen Lesearten aufzuzählen. Allein ich kann mich unmöglich zu dieser Erörterung entschließen, und laße es auf die Gunst meiner Leser ankommen, ob sie mich dazu im Stande halten wollen. Wie unerfreulich und trocken es ausfällt, wenn man sich vornimmt, dergleichen mit erschöpfender Gründlichkeit abzuhandeln, zeigt uns Bürgers 'Rechenschaft über die Ver-

---

*) bei den befremdendsten 1800.

änderungen in der 'Nachtfeier der Venus'. Er hat darin
über die vier ersten Zeilen des Gedichtes oder den Refrain
mehr als vierzig eng bedruckte Seiten, einige kleine Episoden
mit eingerechnet, geschrieben. Da das Resultat nun nichts
weniger als befriedigend ausfällt, so ließe sich leicht ein mä-
ßiger Band zur Widerlegung schreiben, welchen dann Bürger, oder wer seine Sache verföchte, mit einem noch stär-
keren beantworten müßte; in dieser Progression könnte es in's
Endlose fortgehen, und so brächten zwei Menschen (die Leser,
wenn deren welche aushielten, noch nicht einmal in Anschlag
gebracht) ihr Leben vortrefflich mit vier Versen hin. Nein, in
dieser Art von Kritik will ich gern jenen Rabbinern den Vorrang gönnen, welche genau wußten, wie oft jeder Buchstabe
und jedes Tüttelchen im gesammten alten Testament vorkomme. Lieber will ich die Sache an der Quelle angreifen,
woraus die einzelnen mit den Gedichten vorgenommenen Veränderungen, und Bürgers mühseliges Schreiben darüber her-
geflossen; und somit komme ich auf den schon anfangs berührten Einfluß, den seine Begriffe von der Korrektheit auf
seine Ausübung gehabt haben. Wenn Bürger als strenger
Kritiker auftritt, und zwar gegen sich selbst, so möchte dieß
bei Vielen ein großes Ansehn haben, besonders da man gewohnt war, ihn als einen originalen und genialischen Dichter, und als einen Befreier der Poesie von willkürlichen
Konventionen zu betrachten. Allein es wird sich zeigen, daß
während er von den Altgläubigen in der Poetik als ein ar-
ger Ketzer verschrieen ward, der alte Glaube ihm selbst weit
mehr als billig anhieng.

Korrekt kommt von korrigieren her, und demnach lautet
dann das Hauptaxiom dieser gebenedeiten Dogmatik: durch
Korrigieren werden die Gedichte korrekt. Umgekehrt: wenn

fie nicht ſchon im Mutterleibe korrekt waren, ſo werden ſie
auf dieſem Wege nimmermehr dazu gelangen. Pope ſagt,
die letzte und größte Kunſt ſei das Ausſtreichen, und für
einen Menſchen wie er, der immer nur Verſe, und niemals
ein Gedicht hervorgebracht hat, mag es hingehen; ſonſt aber
ſollte man denken, es wäre eine viel größere Kunſt, nichts
hinzuſchreiben, was man wieder auszuſtreichen braucht. Jene
Sätze mußten zu einem ſehr allgemein verbreiteten Vorurtheile werden, weil die meiſten Menſchen von der organiſchen
Entſtehung eines Kunſtwerkes nicht den mindeſten Begriff,
und an deſſen Einheit und Untheilbarkeit keinen Glauben
haben; weil es ihnen an Fähigkeit und Uebung gebricht, es
als Ganzes zu betrachten. Vollends geiſtloſe Kritiker (welches zwar ein Widerſpruch im Beiworte iſt) laßen ſich für
die Korrektheit todtſchlagen; ſie iſt ihr Eins und Alles, und
wenn man ſie ihnen nähme, würden ſie ſchlechterdings nichts
mehr zu ſagen wißen.

Es giebt allerdings in der Poeſie Geiſt und Buchſtaben,
einen ſchaffenden und einen ausführenden Theil. Ein Gedicht kann nur unter beſtimmten Bedingungen *) zum äußerlichen Daſein gelangen, und in ſo fern es dieſe in Uebereinſtimmung mit dem Innern, und ohne Widerſpruch unter
einander, erfüllt, kann es korrekt heißen. Niemand darf auf
den Namen eines Künſtlers Anſpruch machen, der nicht in
dieſer Technik Meiſter iſt. Allein ſie geht zuvörderſt auf das
Große und Ganze, Reinheit der Dichtart, Anordnung, Glie-
derbau und Verhältniß, und betrachtet das Einzelne immer
in Beziehung auf jenes. Die korrekten Kritiker hingegen
bleiben an lauter Einzelnheiten hängen, außer wo ihnen etwa

---

*) äußerlich exiſtieren 1800.

ein arithmetischer Begriff überliefert ist, wie die drei Einheiten, welche deswegen auch ihr Lieblingsthema wurden.
Diktion und Versbau ist ihre Losung, und wenn sie denn
nur diese letzten Kapitel der Poetik recht begriffen hätten!
Aber was ist ihnen fremder als philosophische Grammatik,
Studium der eignen Sprache aus den Quellen, und die
Wißenschaft der Metrik? Erbarmungswürdig ist es, wenn
z. B. Ramler immer noch als der Held der Korrektheit aufgestellt wird, der all sein Leben lang nicht hat lernen können
einen ordentlichen Herameter zu machen; der den Gedichten
Anderer immerfort die unpaßendsten, mattesten und übellau-
tendsten Veränderungen aufgedrungen hat; dem man endlich
in seinen eignen Sachen wahre Schülerhaftigkeit in der Technik, wenn man damit nicht bei dem nächsten Herkommen
stehen bleibt, nachweisen könnte.

Es thut mir leid, jenen dürftigen Begriff von Korrektheit, der sich bloß auf Diktion und Versbau beschränkt, auch
bei Bürgern wieder zu finden. Er hat sich zu deutlich darüber erklärt, um Zweifel übrig zu laßen. Er setzt in der
schon angeführten 'Rechenschaft' Form und Stoff eines Gedichtes einander entgegen. Unter Stoff versteht er den geistigen Gehalt. Dieser Ausdruck ist nicht schicklich: der geistige Gehalt ist kein bloßer Stoff, der durch die äußere Darstellung erst geformt werden müßte; er ist selbst schon Form,
wovon die äußere Form nur der getreue Abdruck sein soll.
Was Bürger über die Unerschöpflichkeit der ästhetischen Ideen
sagt, das einzige in dem Aufsatze, was von einer höheren
Ansicht der Poesie zeugt, ist aus Kants Kritik der Urtheilskraft entlehnt. *)Dieß hat seine Richtigkeit: es giebt For-

---

*) Es 1800.

derungen an ein Kunstwerk, die keine Gränze kennen, und
die es nur gradweise befriedigen kann; *) und dann giebt es
wiederum Gesetze, die es entweder erfüllt oder übertritt.
Diese Gesetze erstrecken sich aber auf weit wesentlichere und
tiefer eingreifende Punkte, als die Einzelnheiten der Diktion
und des Versbaues sind. Bürger ist nicht der Meinung gewesen, oder er hatte vielmehr damals vergeßen was ihm sein
beßerer Genius sonst darüber eingegeben. 'Das Gebiet der
Formen', sagt er, 'erstreckt sich nicht weiter, als der Umfang
'der Sprache, die Bildbarkeit des Verses und die Möglich-
'keit des Reimes, vermittelst welcher man poetisch darstellt'.
Und man halte dieß nicht etwa für eine übereilte Aeußerung,
welcher der Inhalt seiner Bemerkungen widerspräche. 'Ich
'hoffe', sagt er von der jetzigen Gestalt der Nachtfeier, 'jeder
'Vers wird die strengste Prüfung der poetischen Grammatik
'aushalten, ohne gleichwohl in Ansehung des poetischen Gei-
'stes, der den todten Buchstaben beleben muß, gerechten Vor-
'würfen ausgesetzt zu sein'. Als ob sich der poetische Geist
auch so in einzelnen Zeilen offenbarte! Als ob es nicht sehr
möglich wäre, bei dem in der Welt vorhandenen Vorrath
von Versen, ohne allen poetischen Geist, nur mit Verstand
und Geschick, Verse zusammenzusetzen, denen man, für sich
betrachtet, den Namen schöner Verse nicht verweigern dürfte!

Daß Bürger sich mit seinen Korrekturen besonders an
die 'Nachtfeier der Venus' gehalten, ist ganz in der Ordnung: denn dieses Gedicht, wie er es dem Lateinischen frei
nachgebildet, war vom Anfange an zum Korrigieren eingerichtet, und kann für nichts weiter gelten, als ein phraseo-
logisches Studium. Von dem Original, über dessen Zeit-

---

*) und Gesetze 1800.

alter und Urheber die gelehrtesten Philologen verschiedner
Meinung sind, und worein, in der Gestalt, wie wir es haben,
unter barbarischen Spuren doch Manches aus ächteren *) Quellen des klassischen Alterthums gefloßen sein mag, redet Bürger selbst nicht mit **) sonderlicher Ehrerbietung. Demungeachtet betreffen, einige gleich zuerst ***) angeordnete Umstellungen ausgenommen, alle nachherigen Veränderungen nicht
Anlage, Charakter, Haltung und Bedeutung des Ganzen,
sondern bloß einzelne Bilder, Wörter, Laute und Silben.
Um nur ein Paar Beispiele zu geben, so ist es ihm niemals eingefallen, daß die Stelle von der Venus als †) Mutter
des Ahnherrn und Schutzgöttin des römischen Volkes bloß
††) örtliche Wahrheit und nationales Interesse hat, daß sie
bei einem für uns noch gültigen symbolischen Gebrauche der
Mythologie durchaus wegfallen mußte. Ferner, da der römische Dichter sich erst in den vier letzten Zeilen mit Vor-
würfen über sein bisheriges Schweigen und mit Anmahnun-
gen, in den allgemeinen Jubel mit einzustimmen, erwähnt,
so hat Bürger dieß beibehalten, aber zweimal vorher den
Gesang und die Leier so feierlich hervorgehoben, als ob der
Dichter einem Chor vorsänge, und den Widerspruch darin
nimmer bemerkt. Von den Eintheilungen in Vorgesang,
Weihgesang und Lobgesang mag ich gar nicht einmal reden.
Und bei dieser Gedankenlosigkeit über die Ausbildung des
Ganzen meinte Bürger dennoch mit der letzten ausgeputzten
Gestalt des Gedichtes einen Kanon für die Poesie aufzustellen,
wie der des Polyklet für die Bildnerei gewesen. Das ist

---

*) antiken Quellen gefloßen 1800. **) sonderlichen Respekt
1800. ***) vorgenommen 1800. †) Sternmutter [Druckf. für
'Stammmutter'] und 1800. ††) ocale 1801.

gerade, als hätte Polyklet seinen Kanon nicht durch die
Vollkommenheit der Proportionen, sondern durch fleißiges
Polieren der Bronze zu Stande bringen wollen. Ja er hoffte,
dieses Gedicht sollte vermögend sein, die Sprache auf mehrere Jahrhunderte zu fixiren, 'soweit es nämlich in deutsche
'Diktion und Vers-Mechanik vermittelst ewig schöner Gedan-
'ken und Bilder hineingriffe'. Den · beschränkenden Zusatz
verstehe ich nicht recht, denn da in der Sprache Alles zusammenhängt, so möchte sie schwerlich theilweise zu fixiren
sein. Aber zu welchem Minimum mußte ihm die unendliche
Fülle und der ewige Wandel des menschlichen Geistes, der
auch nur in Einer Sprache sich regt und bewegt, zusammen-
geschrumpft sein, um dergleichen Wirkungen von einem Gedichte zu erwarten, das bei geringem äußern Umfange, auf
das glimpflichste gesagt, leer ist, und · nichts von dem *) besitzt, was die Gemüther in allen ihren Tiefen ergreift und
sich unauslöschlich einprägt.

Bei den Zweifelsknoten, zwischen denen sich Bürger
mühselig herumwindet, hätte er oft nur die Frage um einen
Schritt weiter zurückführen dürfen, um zu sehen, daß sie ganz
anders gestellt werden müße, **)und um dann auch eine
ganz verschiedene Antwort auszumitteln. Gleich anfangs erzählt er das lächerliche Unglück, welches ihm mit dem Refrain begegnete, den er auf keine Weise sich und Andern
völlig recht machen konnte, der, je öfter er ihn umschmolz,
um so übler gerieth, so daß er endlich genöthigt war, durch
einen Machtspruch Einhalt zu thun. Ich glaube es wohl:
er hätte noch zwanzigtausend solche Refrains machen können,
ohne einen vollkommen guten darunter zu finden; die Auf-

---

*) in sich hat 1800. **) und auch 1800.

gabe gehört ihrer Natur nach zu den unmöglichen. Der Refrain des Originals, der in einem einzigen Tetrameter besteht, soll in die doppelte Länge ausgedehnt werden, dabei findet keine Erweiterung des Inhalts Statt, und die Schmückung des Ausdrucks will Bürger selbst mit gutem Grunde möglichst vermieden wißen. Wie soll das in aller Welt ohne Zerren und Künstelei zugehn? Ueberdieß verursacht der so verlängerte Refrain nothwendig ein Mißverhältniß: er trennt die Absätze des Gedichtes viel weiter von einander, und eben so oft wiederholt, wie ihn Bürger wirklich gebraucht hat, nimmt er doppelt so viel Raum ein, wie im Original. Aber wenn der Refrain in zwei kürzere, einem Tetrameter gleichgeltende Zeilen *) übersetzt worden wäre, so hätten diese ohne Reim bleiben müßen. Allerdings: es fragt sich eben, ob es überhaupt räthlich war, das Pervigilium auch bei einer freien Nachbildung in gereimte Verse zu übertragen? Zwar scheint keine gereimte Versart größere Aehnlichkeit mit den trochäischen Tetrametern zu haben, als unsre sogenannten vierfüßigen Trochäen mit alternierenden männlichen und weiblichen Reimen. Allein sie verketten immer vier Zeilen zu einer kleinen Strophe, da in dem antiken Silbenmaße Vers auf Vers unaufhaltsam fortgeht. Alsdann trennt auch der weibliche Reim die erste Zeile weit bestimmter von der zweiten, als der Abschnitt die beiden Hälften des Tetrameters, der eben wegen seiner Länge bei dem leichten Rhythmus rasch zum Ende eilt. Bei uns hat jenes Silbenmaß daher den sanftesten und ruhigsten Lieberton, da hingegen die griechischen Kunstrichter dem choreischen Tetrameter den beweglichsten und leidenschaftlichsten Gang zuschreiben. Dieser stimmt

---

*) übersetzt wäre, so hätten selbige 1801.

auch im Original sehr gut zu dem Ausdruck trunkener Freude
und allgemeinen Taumels bei der Wiederbelebung der Natur, worin allein ich einen Hauch *) vom Geiste des klaffi-
schen Alterthums zu fühlen glaube.   Durch die Hauptzierde
der bürgerschen Nachbildung, die Reime, ist der Charakter
des Gedichtes nicht nur verändert, sondern es ist eigentlich
charakterlos. geworden.

Ohne das hätte die Wahl der Bilder und Züge unmöglich eine solche Breite gehabt.   Wie schon gesagt: durch
Korrigieren war hier wenigstens für das Ganze nichts zu
verderben; im Einzelnen ist es häufig geschehen, wie sich
leicht zeigen ließe, wenn für unsern Zweck nicht der Beweis
hinreichte, daß Bürger bei der Beschränkung seiner Kritik
auf Diktion und Versbau, selbst über diese Punkte nicht auf
die Grundsätze zurückgieng, und aus irrigen Vordersätzen
schloß.   So nimmt er bei den metrischen Bemerkungen gar
keine Rücksicht auf den Gegensatz der gereimten und rhythmischen Versarten.   Nicht selten liegt der Satz im Hinterhalte, die Poesie solle keine Freiheiten der Sprache vor der
Prosa voraus haben: eine oft genug wiederholte und einge-
schärfte Meinung, die aber von Leuten aufgebracht ist, welche
Poesie und Prosa als entgegengesetzte und unabhängige Wesen in ihrem Kopfe nicht vereinbaren konnten, und deswegen,
da man der Prosa zum nächsten Gebrauch doch nicht wohl
entrathen kann, lieber die Poesie aufheben wollten.   Meistens aber rügt er Versehen gegen die logisch-grammatische
Genauigkeit, die nur durch eine ängstliche Zergliederung
merkbar werden, auf welche die Poesie, als eine Kunst des
schönen Scheines, gar nicht eingerichtet zu sein braucht.   Es

---

*) des antiken Geistes 1800.

giebt zwar in ihr sowohl Miniaturen als Dekorationsmalereien, aber für *) diese mikroskopische Betrachtungsart ist keines ihrer **) Werke bestimmt, und ein Gedicht, welches dem Leser Muße und Lust dazu ließe, könnte schon desfalls keinen Werth haben. Und doch ist Bürger seiner Sache dabei so gewiß, daß er den Vorwurf der Kleinlichkeit und Pedanterei mit folgendem Ausspruche abweist: 'Ich verkün'bige allen denen, die es noch nicht wißen, ein großes und 'wahres Wort: „Ohne diese Silbenstecherei darf kein ästhe ti'sches Werk auf Leben und Unsterblichkeit rechnen". Die Geschichte der Poesie muß ihm, als er dieses schrieb, gar nicht gegenwärtig gewesen sein. Oder haben etwa Homer, Pindar, Aeschylus, Sophokles und Aristophanes diese Silbenstecherei geübt? Und um aus der modernen Poesie nur Ein Beispiel anzuführen, wer war weiter von ihr entfernt, als Shakspeare? Ja wie läßt sich bei den altenglischen Volksliedern, die Bürgern zu seinen schönsten Hervorbringungen die Anregung gaben, und also hoffentlich noch leben, nur daran denken? Dagegen sind manche, sogar auf die Nachwelt gekommene Werke der alexandrinischen Dichter, die in dieser Silbenstecherei keine gemeine Meisterschaft besaßen, doch nicht am Leben. In der neueren Poesie kann man diejenigen, welche sie mit besonderem Fleiße getrieben, und dennoch nie, außer im Wahne eines verkehrten Geschmacks gelebt haben, zu hellen Haufen aufzählen. Bürger verkannte sich selbst und seinen Werth mit dieser ängstlichen Sorge um die kleinen Aeußerlichkeiten der Poesie, worauf man den Spruch des Evangeliums anwenden kann: 'Ihr sollt nicht

---

*) die 1828. **) Produkte bestimmt und dasjenige, welches 1800.

'forgen und fagen: was werden wir eßen? was werden wir
'trinken? womit werden wir uns kleiden? Nach folchem allen
'trachten die Heiden. Trachtet am erften nach dem Reiche
'Gottes und nach feiner Gerechtigkeit, fo wird euch folches
'alles zufallen.'

Ich habe im Obigen Bürgers Maximen über Korrektheit und *) fein Verfahren beim Ausbeßern lebhaft beftritten:
eine wider ihn ausfallende Entfcheidung würde indeffen zu
feinem Vortheil gereichen, indem fie ihn von fo vielem un-
gerechten Tadel feiner felbft und von dem ertöbtenden Korrekturen befreite. Es thut weh, zu fehen, wie Bürger z. B.
bei 'Mollys Werth' (S. 501. u. f.) gegen fein eignes Fleifch
wüthet, und Ausdrücke matt und gemein fchilt, die nur dem
Tone der Gefinnungen gemäß einfältig und naiv find; wie
er felbft in einem Gedichte von nicht mehr als drei Strophen Veränderungen ohne Rückficht auf das Ganze vornimmt, und fo aus einem füßen herzigen Liebe ein fteifes
verzwängtes Unding herausbringt, an dem nichts mehr zu
erkennen und zu fühlen ift. Glücklicher Weife find die Romanzen von allem folchen Ungemach verfchont geblieben.
Bürger mochte wohl einfehen, daß fein allgemeines rhetori-
fches Ideal einer guten reinen Schreibart (dem er bei den
lyrifchen Gedichten unbedingt opferte, da doch nichts unter
der Rubrik rhetorifcher Fehler aufgeführt werden kann, was
nicht in der Poefie an feiner Stelle gut wäre;) hier nicht
anwendbar fei, ohne Alles umzuftoßen. Daß indeffen in
den meiften Romanzen viel und oft ausgeftrichen worden,
ehe fie öffentlich erfchienen, ift gewiß, und daß fie zum
Theil beßer, nämlich ungekünftelter und freier von Manier

---

*) feine corrigirende Praxis lebh. 1800.

würden ausgefallen sein, wenn frühere Lesearten stehen geblieben wären, nur zu wahrscheinlich.

Die kritischen Aufsätze und Veränderungen, womit wir
uns bisher beschäftigt haben, sind zwar aus Bürgers letzter Periode; allein in der Vorrede zur zweiten Ausgabe
kommen schon starke Aeußerungen über seine *) absondernde
Ansicht des technischen Theils der Poesie vor; und in der
Vorrede zur ersten verräth sich der grammatische Hang wenigstens durch die eigne so hitzig verfochtene Orthographie.
Wenn man ferner bedenkt, daß 'die Nachtfeier der Venus',
sein frühestes, und 'das Hohe Lied', eines seiner spätesten
Werke, ungefähr nach derselben Idee der Tadellosigkeit und
einer absoluten Vollkommenheit der Diktion und des Versbaues, da es doch nur eine relative giebt, ausgeführt und
durchgearbeitet sind: so kann man schwerlich zweifeln, daß die
Maximen der Korrektheit während seiner ganzen Laufbahn
großen Einfluß gehabt haben.

Die Erwähnung des hohen Liedes führt mich auf einige seiner geliebten Molly gewidmete lyrische Stücke, die
noch zurück sind. Ihr **) dichterischer Werth ist aber so
mit der Verworrenheit wirklicher Verhältnisse verwebt, daß
sie keine reine Kunstbeurtheilung zulaßen. Man kann zum
Theil die himmlischen Zeilen im 'Blümchen Wunderhold' auf
sie anwenden:

> Der Laute gleicht des Menschen Herz,
> Zu Sang und Klang gebaut,
> Doch spielen sie oft Lust und Schmerz
> Zu stürmisch und zu laut.

Besonders ist die 'Elegie, als Molly sich losreißen wollte',
ein wahrer Nothruf der Leidenschaft, wobei das Mitgefühl

---

*) isolierende 1800.   **) poetischer 1800.

9 *

jeden Tadel erstickt. Dagegen ist 'das Hohe Lied' durch die
Ausführung ein kaltes Prachtstück geworden, wiewohl die
innige Wahrheit der Gefühle als Grundlage durchblickt.
Man muß es der Zeit anheimstellen, ob sie diesen blenden-
den Farbenputz und Firniß mit ihrer magischen Nachdunke-
lung genugsam überziehn wird, um es die Nachwelt für
etwas andres halten zu laßen.

Bürger hat das Verdienst, das bei uns gänzlich ver-
geßene und nach lächerlichen Vorurtheilen verachtete Sonett
zuerst wieder zu einigen Ehren gebracht zu haben. Indessen
zeigt sowohl seine Behandlung desselben, als was er in der
Vorrede darüber sagt, daß er *) die Gattung nicht aus der
Betrachtung ihres wahren Wesens begriffen hatte. Alles
läuft bei ihm auf die Merkmale der Kleinheit, Niedlichkeit
und Glätte hinaus, durch welche Forderungen die antithetische Symmetrie und **) unveränderliche Architektonik des Sonetts durchaus nicht erklärbar wird. Er nennt es 'eine be-
'queme Form, allerlei poetischen Stoff von kleinerm Umfange,
'womit man sonst nichts anzufangen weiß, auf eine sehr
'gefällige Art an den Mann zu bringen; einen schicklichen
'Rahm um kleine Gemälde jeder Art; eine artige Einfaßung
'zu allerlei Bescherungen für Freunde und Freundinnen'; und
ich befürchte, daß diese lose, diminutive und also dem Obigen zufolge sonettähnliche Vorstellung vom Sonett immer
noch nicht ganz außer Umlauf gesetzt ist. Das Beispiel der
großen italiänischen und spanischen Meister belehrt uns, daß
für das Sonett nichts zu groß, stark und majestätisch sei,
was sich nur irgend nach materiellen Bedingungen des Rau-
mes darein fügen will. Ja, es fordert seiner Natur nach

---

*) sich die ... construirt hatte 1800.   **) ewig unv. 1800.

die möglichste Fülle und Gedrängtheit, und Bürgers So=
nette scheinen mir nicht genug gediegnen Gedankengehalt zu
haben, um dem Nachdruck ihrer Form ganz zu entsprechen.
Auch die bei den meisten getroffene Wahl der fünffüßigen
Trochäen statt der eilfsilbigen Verse oder sogenannten Jam=
ben, worin er fleißige Nachfolge gefunden, ist ein Fehlgriff;
was jedoch nur aus der Theorie des Sonetts, auf die ich
hier nicht näher eingehen kann, sich einleuchtend darthun
läßt.

Es ist nun noch übrig, etwas von Bürgers Uebersetzun=
gen und dem Charakter seiner Prosa zu sagen. Unter jenen
ist seine Arbeit am Homer die wichtigste: er hat sie früh
unternommen und lange dabei ausgeharrt. Ueber sein erstes
Vorhaben, die Ilias zu jambisieren, hat er selbst in der
Folge das Nöthige gesagt. Die Gründe, womit er es in
jugendlichem Eifer vertheidigte, können jetzt, nach den Fort=
schritten unserer Sprache in der rhythmischen Verskunst, und
nach der Entwickelung richtigerer Begriffe vom epischen Ge=
dicht, Niemanden mehr aufhalten: doch ist es interessant zu
sehen, wie damals Punkte zweifelhaft schienen, über die der
Erfolg nun so siegreich entschieden hat, und welche Stufen
die poetische Uebersetzungskunst durchgehen mußte, um auf
die jetzige zu gelangen. Auch die jambischen Proben sind
für das Studium der Sprache und um zu sehen, wie sich
Bürger bei einer solchen Aufgabe aus dem Handel gezogen,
immer noch lehrreich.

Bei der hexametrischen Uebersetzung hatte er sich eine
beispiellose Treue vorgesetzt, und dieß redliche *) Streben, da
sonst Entäußerung von seinen Eigenheiten eben nicht seine

---

*) Bestreben 1800.

Sache war, ist nicht unbelohnt geblieben; unter allem, was
er poetisch nachgebildet, ist nichts so frei von Manier, und
sein langer Umgang mit dem Sänger hat ihm Manches von
seiner traulichen und naiven Weise zu eigen gemacht. Hätte
Bürger Fertigkeit und Ausdauer genug gehabt, das Ganze
zu beendigen und aufzustellen, so würde man seine Ilias
neben die ältere Odyssee von Voß gesetzt haben, und ihm
wären durch die Uebung die Kräfte gewachsen, noch fernerhin mit seinem alten Freunde zu wetteifern; da er jetzt an der
vossischen Ilias und umgearbeiteten Odyssee Nebenbuhler von
zu großer Ueberlegenheit bekam, wodurch seine Bruchstücke,
die ohnehin als solche nur eine bedenkliche Existenz haben,
ganz in den Schatten zurückgedrängt wurden.

Aelter als seine homerischen Hexameter sind die in
einem frei übersetzten Stücke des vierten Buchs der Aeneide,
welche für die damalige Zeit (1777), wo es mit der Bearbeitung der alten Silbenmaße fast rückgängig werden wollte,
allerdings zu loben sind. Die gelehrte Ausbildung des
Originals sowohl in der Diktion als im Versbaue, besonders
in den Uebergängen der Sätze aus einem Hexameter in den
andern, darf man nicht erwarten; auch fehlt es nicht an
Ueberladungen und Manieren, doch zieht ein gewisser Schwung
und leichte Fülle den Leser fort. Wie Bürger aus der Episode der Dido durch eigne Zusätze ein für sich bestehendes
episches Gedicht hätte machen wollen, sehe ich nicht wohl
ein; seine Aeußerung darüber war wohl nicht so ernstlich
gemeint.

Auch Proben einer Uebersetzung von Ossians Gedichten
finden sich in der Sammlung. Ich sehe die Meinung sich
immer erneuern, die Bürger ebenfalls hegte, daß dieß ein
schweres Unternehmen sei; ich, für mein Theil, begreife

nicht, wie man es anfangen wollte, den Offian anders als
gut zu überſetzen. Wenn man mich aber fragt: ob ſo et=
was verdient überſetzt zu werden? ſo antworte ich dreiſt wie
Macduff: Nein, nicht zu leben! Indeſſen ſtände von dieſem
empfindſamen, geſtaltloſen, zuſammengeborgten, modernen
Machwerk, über deſſen abſoluten Unwerth ich mich nicht
ſtark genug auszubrücken weiß, dennoch vielleicht ein Gebrauch
zu machen. Da, wie es ſcheint, in unſerm Zeitalter jeder
poetiſche Jüngling die ſentimentale Melancholie einmal zu
überſtehen hat, ſo ſchlage ich vor, wie man jetzt ſtatt der
Kinderblattern mit den Kuhpocken abkömmt, ſie künftig mit
dem Offian einzuimpfen; das Uebel wird auf dieſe Art am
unſchäblichſten und am wenigſten anhaltend ſein.

Bürgers Arbeit am Macbeth hat Celebrität erlangt, und
doch iſt ſie die mißlungenſte unter allen. Bei den Hexen=
geſängen erwartete man ihn in ſeinem eignen Fach, und er
war es ſo ſehr, daß ſie manierierter ausgefallen ſind, als ſein
Manierierteſtes. Shakſpeare hat auch hier ſeine gewöhnliche
Mäßigung und Enthaltſamkeit geübt; man ſieht, daß er die
Zauberinnen, ohne den Volksglauben zu verlaßen, der Würde
einer tragiſchen Darſtellung leiſe anzunähern ſuchte. In der
Uebertragung iſt Alles ins Scheußliche und *) Fratzenhafte
getrieben. Zwei Zeilen reichen zum Beweiſe hin.

> Round about the chauldron go;
> In the poison'd entrails throw.

> Trippelt, Trappelt, Tritt und Trott,
> Rund um unſern Zauberpott!
> Werft hinein den Hexenplunder.

Wo iſt im Original nur eine Spur von der kindiſchen

---

*) Burleske karikirt 1800.

Tonmalerei des ersten Verses? Und wie verrucht müßten
sich die Hexen auf dem Theater geberden, um den Worten
mit ihren Bewegungen zu entsprechen? Nach dem Zauber'pott'
zu urtheilen, müßen sie aus Niedersachsen gebürtig sein.
Aber wenn wir auch den 'Hexenplunder' fahren laßen, kom=
men wir mit dem Uebrigen nicht beßer fort. Es leistet
durchaus nicht, was es als prosaische Uebersetzung leisten
könnte. Bei vielen Kraftausdrücken, und schwächenden Aus=
rufungen, die pathetisch sein sollen, ist der Dialog nicht
selten in platte Vertraulichkeit ausgeartet. Die Unschicklich=
keit aller mit dem Schauspiel vorgenommenen Veränderun=
gen, der Auslaßungen, Umstellungen und verschieden ver=
theilten Reden, nach der Strenge zu rügen, würde
unbillig sein, da Bürger sich so bescheiden darüber er=
klärt, und bei der Beärbeitung durch einen fremden An=
trieb geleitet ward. Wie seine eignen Zusätze beschaffen sind,
kann jeder bei der Vergleichung sehen. So viel erhellet
aus Allem, und es dient zur Bestätigung des bei Gelegen=
heit von Lenardo und Blandine Bemerkten, daß Bürger sich
zu keiner reinen und ruhigen Ansicht des Shakspeare erho=
ben hatte.

'Bellin', ein Fragment, nach dem Gioconbo des Ariost,
mußte freilich Fragment bleiben: denn wo hätte es nach
diesem Anfange mit dem Ganzen hinausgewollt? Im Ariost
ist die Geschichte, wie sich's für eine solche Novelle in
Versen gehört, mit geistreicher Kürze erzählt; hier verliert
sich der Erzähler nach einer schon zu weitläuftigen Vorrede
sogleich wieder in endlose Abschweifungen, macht den Bellin,
seinen Gioconbo, ohne allen erdenklichen Zweck zu einem
Dichter, und läßt den lombardischen König über die unge=
rechte Verachtung der Poeten und der Poesie, endlich sogar

über eine obskure Provincial-Zeitschrift Dinge sagen, die, Gott weiß wie, dahin gehören mögen. Es ist ein sprechendes Beispiel, wie sorglos Bürger über Plan und Anlage eines Gedichtes sein konnte, während ihn die Auspuzung des Einzelnen bis ins Feinste hinein beschäftigte. Denn sehr sauber gearbeitet sind die Stanzen wirklich: sie verdienen bei den Studien über den Gebrauch dieser Versart zum Scherzhaften und Drolligen in Betrachtung zu kommen. Nur wäre ihnen mehr Freiheit und Wechsel zu wünschen; sogar der Abschnitt nach der vierten Silbe ist immer beobachtet, der als Regel bei fünffüßigen, nicht mit längeren und kürzeren Versen untermischten Jamben eine ganz unnütze und nachtheilige Fessel ist.

Popes *) Brief der Heloise an Abälard ist in der Nachbildung ohne eigentlichen Zusatz fast um das Doppelte verlängert, was bei der einmal gewählten Versart unvermeidlich war. Die **) spruchreiche Kürze des Originals, die unter dem Pomp der Deklamation seinen besten Reiz ausmacht, ist in elegische Weichheit verwandelt. Die fünffüßigen Trochäen, die überhaupt nur in wenig Fällen zu empfehlen sind, machen bei einem so langen Gedicht ein ermüdendes Geschleppe. In fünffüßigen gereimten Jamben ließe sich schwerlich Couplet um Couplet geben; eher in Alexandrinern, die aber den Charakter schwächen würden. Das Gedicht soll eine Heroide sein, und wenn es nur im Geiste dieser antiken Untergattung gedichtet wäre, so müßte sich's in elegischen Distichen schicklich übersetzen laßen. Da das aber nicht ist, und sich sonst kein paßendes Silbenmaß dazu finden will, und auch sonst noch allerlei, so müßen

---

*) Heloise an Abelard 1800.   **) sententiöse 1800.

wir schon sehen, wie wir uns im Deutschen ohne selbiges
behelfen.

Die 'Königin von Golkonde' ist das phantasielose, aber
witzige Märchen von Boufflers in freie gereimte Verse ge-
bracht, nicht ohne manchen Verlust, wie schon irgendwo ein
Beurtheiler durch eine umständliche Vergleichung gezeigt hat.
Wie mich dünkt, hat Bürger dabei einen Versuch gemacht,
Wielands Manier mit der seinigen zu vereinbaren.

Seine prosaischen Aufsätze bestehen fast nur in Vor-
und Nachreden, und zwar meistens in geharnischten: in dieser Gattung hat er etwas gethan. Wenn er noch so ruhig
und gehalten anfängt, so überfällt ihn, ehe man sich's ver-
sieht, plötzlich eine heftige ärgerliche Stimmung; ja er kann
kaum eine rechtfertigende Anmerkung ohne diese widerwärtige Polemik zu Ende führen, worin ihn nur seine Lage
entschuldigt. Seine frühesten und spätesten Aufsätze scheinen
mir am besten geschrieben; in denen aus der mittleren Epoche gesellten sich noch die üblen Sitten der Zeit dazu. Daß
das rhetorische Ideal nicht vor manierierten Eigenheiten schützt,
davon sieht man an allen ein Beispiel: sie sind mit dem
größten Fleiß durchgearbeitet, und doch ist Bürgers Manier
wo möglich noch stärker darin ausgedrückt, als in seinen
Gedichten; sie erscheinen fast durchgehends gesucht, bald in
neuen Wörtern und Wendungen, bald in veralteten, und
selbst in der Einfachheit anmaßend.

Das Resultat unsrer Prüfung, wenn wir es mit Uebergehung der nicht probehaltigen Nebensachen zusammenfaßen; wäre etwa folgendes: Bürger ist ein Dichter von
mehr eigenthümlicher, als umfaßender Phantasie, von mehr
biedrer und treuherziger, als zarter Empfindungsweise; von
mehr Gründlichkeit im Ausführen, besonders in der gram-

matischen Technik, als von tiefem Verstand im Entwerfen;
mehr in der Romanze und dem leichten Liede, als in der
höhern lyrischen Gattung einheimisch; in einem Theil seiner
Hervorbringungen ächter Volksdichter, dessen Kunststil, wo
ihn nicht.*) Grundsätze und Gewöhnungen hindern, sich ganz
aus der Manier zu erheben, Klarheit, rege Kraft, Frische
und zuweilen Zierlichkeit, seltner Größe hat.

---

*) Maximen 1800.

Vorrede zu Friedrich Nicolai's
Leben und sonderbare Meinungen.

Von Joh. Gottlieb Fichte. Herausg. von A. W. Schlegel.
Tübingen in der Cottaischen Buchh. 1801. 8.

Der Verfaßer dieser Schrift hatte anfänglich die Absicht, sie unter seinen Augen dem Drucke zu übergeben. Da hiebei zufällige Hinderniße eintraten, und der nächste Zweck derselben durch die Unterhaltung, welche er bei ihrer Abfaßung gefunden und seinen Freunden durch die Mittheilung verschafft hatte, eigentlich schon erreicht war, so wollte er von keiner weiteren Bemühung damit etwas wißen, und zog seine Hand gänzlich von ihr ab. Das Manuskript kam in dem Kreiße seiner Freunde auch an mich; ich bin durch keine Bevorwortung des Verfaßers bei dem Gebrauche, den ich etwa davon möchte machen wollen, eingeschränkt, und so gestehe ich, daß ich mir ein Gewißen daraus machen würde, diese bündige und erschöpfende Charakteristik eines in seiner Art merkwürdigen Individuums dem Publikum vorzuenthalten. Der Würde Fichtes wäre es vielleicht angemeßner, sein bisheriges verachtendes Stillschweigen auch jetzt nicht zu brechen: allein da er einmal die gutgelaunte Großmuth gehabt hat, so viel Worte und Federzüge an Nicolai zu wenden, so muthe ich ihm auf meine Gefahr auch die zweite zu, die Welt seine ausgeübte Herablaßung erfahren zu laßen. Was Nicolain betrifft, so weiß ich wohl, daß ich ihm durch die Herausgabe dieser Schrift die größte Wohlthat erweise. Was könnte ihm, der seine hauptsächlichen Gegner nicht einmal dahin bringen kann, seine weitläuftigen Streitschriften zu lesen, geschweige denn zu beantworten, der ihnen höchstens nur einige hingeworfene Sarkasmen abgelockt, Glorreicheres begegnen, als daß Fichte auf ihn, als auf ein

wirklich existierendes Wesen, sich förmlich einläßt, ihn aus Princi=
pien konstruiert, und ihn wo möglich sich selbst begreiflich macht?
Der Tag, wo diese Schrift erscheint, ist unstreitig der Ruhm=be=
krönteste seines langen Lebens, und man könnte besorgen, er werde
bei seinem ohnehin schon schwachen Alter ein solches Uebermaß von
Freude und Herrlichkeit nicht überleben. Verdient hat er es ganz
und gar nicht um mich, daß ich ihm ein solches Fest bereite, da er
mir die Schmach angethan, mich in früheren Schriften ordentlich
zu loben, und noch in den letzten mir Kenntnisse und Talente zu=
zugestehen. Indessen die Lesung der folgenden Schrift hat mich in
die darin herrschende großmüthige Stimmung versetzt, und wenn er
sich diese Anmaßung nicht wieder zu Schulden kommen laßen will,
so sei das Bisherige vergeben und vergeßen.

August Wilhelm Schlegel an Fouqué.

Genf, 12. März 1806.

Laß dich herzlich umarmen, mein geliebter Freund und
Bruder, und dir meinen Dank sagen für dein schönes Geschenk, einen rührenden Beweis deiner Liebe zu dem Entfernten, und der durch sein Stillschweigen dich vergeßen zu
haben scheinen konnte. Andere werden es dir nicht leicht
glauben, daß du mein Schüler seist, ich selbst aber kann
nicht umhin, beschämt darein zu willigen, wenn du diesem
freundlichen Irrthum noch treu bleiben willst: es ist das
schönste Blatt in dem mäßigen Lorber, den mir meine dichterischen Bestrebungen verdient haben. — Ich wollte auf
deine Zueignung, die mir erst geraume Zeit nach meiner
Zurückkunft aus Italien nebst den Schauspielen zu Handen
gekommen, in einem Gedicht antworten, und dieß, um dich
damit zu überraschen, irgendwo in ein öffentliches Blatt
einrücken laßen:

Fern an Posilipp's Bucht, und der gelblichen Tiber Gestade,
Wandelt' ich, da du den Gruß, trautester Freund! mir gesandt.
Nun erst, seit ich die Alpen dahinten im Süden zurückließ u. s. w.

Zufällig aber versäumte ich den rechten Zeitpunkt dazu. Indeßen habe ich, wie Pindar sagt, viele Pfeile in meinem
Köcher, und denke es dir zu anderer Zeit nicht unwürdig
zu erwidern. — Ich habe deine Schauspiele mit großer Aufmerksamkeit und ungemeinem Genuß vielfältig gelesen, und
hätte Stunden, ja Tage lang mit dir darüber zu schwatzen,

wenn uns der Himmel die Freude des Wiedersehens gönnen
wollte. In einem Briefe muß ich mich aber schon kürzer
faßen. Im Allgemeinen also: ich habe hier alle die Vorzüge, kunstreicher auf umfaßendere Stoffe verwandt, wie-
dergefunden, womit die dramatischen Spiele glänzen: eine
durchaus edle, zarte und gebildete Sinnesart, frische Ingend-
lichkeit, zierliche Feinheit, gewandte Bewegung, viel Sinnreiches in der Erfindung und sichere Fertigkeit in der Behan-
lung. In Sprache und Versbau besitzest du eine ungemeine
Fülle und Mannichfaltigkeit; die einzigen Klippen, wovor du
Dich meines Bedünkens zu hüten hast, sind Dunkelheit, welche aus allzu künstlichen Wendungen entspringt, und Härte
aus dem Streben nach Gedrängtheit. Mit vielem Geschick
verflichtst du zuweilen prosaische Bestandtheile in den Ausdruck, wodurch er neuer und eigener erscheint, doch hüte
dich, dieß Mittel allzufreigebig zu gebrauchen. — — So
viel ist ausgemacht, vor einer geringen Anzahl Jahre
wäre es noch unmöglich gewesen, alles dieß mit so vieler
anscheinenden Leichtigkeit zu leisten. Es hat tief in den
Schacht unsrer Sprache gegraben, die Kunst des Versbaues
hat gleichsam in eine ganz andere Region gesteigert werden
müßen, um dergleichen möglich zu machen. Aber was vor
ein zwanzig Jahren ein großes Aufheben würde veranlaßt
haben, das nehmen die gedankenlosen Leser jetzt so hin, als
müßte es nur so sein; es scheint, daß ihre Unempfänglichkeit
in demselben Verhältniße zunimmt, wie die Fülle blühender
Talente, die sich seit Kurzem entfaltet haben. Ich glaube
hiervon den Grund einzusehen, doch muß ich dazu etwas
weiter ausholen.

Wie Goethe, als er zuerst auftrat, und seine Zeitgenoßen, Klinger, Lenz u. s. w. (diese mit roheren Mißver-

ständnissen) ihre ganze Zuversicht auf Darstellung der Leidenschaften setzten, und zwar mehr ihres äußeren Ungestüms als
ihrer innern Tiefe, so meine ich, haben die Dichter der letzten Epoche die Phantasie, und zwar die bloß spielende,
müßige, träumerische Phantasie, allzusehr zum herrschenden
Bestandtheil ihrer Dichtungen gemacht. Anfangs mochte
dieß sehr heilsam und richtig sein, wegen der vorhergegangenen Nüchternheit und Erstorbenheit dieser Seelenkraft.
Am Ende aber fordert das Herz seine Rechte wieder, und
in der Kunst wie im Leben ist doch das Einfältigste und
Nächste wieder das Höchste. Warum fühlen wir die romantische Poesie inniger und geheimnißvoller als die klassische?
Weil die Griechen nur die Poetik der Freude ersonnen hatten. Der Schmerz ist aber poetischer als das Vergnügen,
und der Ernst als der Leichtsinn.

Mißverstehe mich nicht, ich weiß wohl, daß es auch
einen peinlichen Ernst und einen ätherischen Leichtsinn giebt.
Die Poesie, sagt man, soll ein schönes und freies Spiel
sein. Ganz recht, in so fern sie keinen untergeordneten, beschränkten Zwecken dienen soll. Allein wollen wir sie bloß
zum Festtagsschmuck des Geistes? zur Gespielin seiner Zerstreuung? oder bedürfen wir ihrer nicht weit mehr als einer
erhabenen Trösterin in den innerlichen Drangsalen eines un-
schlüßigen, zagenden, bekümmerten Gemüths, folglich als
der Religion verwandt? Darum ist das Mitleid die höchste
und heiligste Muse. Mitleid nenne ich das tiefe Gefühl
des menschlichen Schicksals, von jeder selbstischen Regung
geläutert und dadurch schon in die religiöse Sphäre erhoben.
Darum ist ja auch die Tragödie und was im Epos ihr
verwandt ist, das Höchste der Poesie. Was ist es denn,
was im Homer, in den Nibelungen, im Dante, im Shak-

speare die Gemüther so unwiderstehlich hinreißt, als jener
Orakelspruch des Herzens, jene tiefen Ahnungen, worin das
dunkle Räthsel unseres Daseins sich aufzulösen scheint?

· Nimm dazu, daß die Poesie, um lebendig zu wirken,
immer in einem gewissen Gegensatze mit ihrem Zeitalter
stehen muß. Die spanische, die spielendste, sinnreichste, am
meisten gaukelnd phantastische, ist in der Epoche des stolze-
sten Ehrgefühls der Nation und unter der Fülle kräftiger
Leidenschaften und eines überströmenden Muthes entstanden.
Unsere Zeit krankt gerade an allem, was dem entgegengesetzt ist, an Schlaffheit, Unbestimmtheit, Gleichgültigkeit,
Zerstücklung des Lebens in kleinliche Zerstreuungen und an
Unfähigkeit zu großen Bedürfnissen, an einem allgemeinen
mit-dem-Strom-Schwimmen, in welche Sümpfe des Elends
und der Schande er auch hinunter treiben mag. Wir bedürften also einer durchaus nicht träumerischen, sondern wa-
chen, unmittelbaren, energischen und besonders einer patriotischen Poesie. Dieß ist eine gewaltsame, hartprüfende, entweder aus langem unsäglichem Unglück eine neue Gestalt
der Dinge hervorzurufen oder auch die ganze europäische
Bildung unter einem einförmigen Joch zu vernichten bestimmte
Zeit. Vielleicht sollte, so lange unsere nationale Selbständigkeit, ja die Fortdauer des deutschen Namens so dringend
bedroht wird, die Poesie bei uns ganz der Beredsamkeit
weichen, einer Beredsamkeit, wie z. B. Müllers Vorrede zum
vierten Bande seiner Schweizergeschichte. Ich gestehe, daß
ich für Gedichte, wie die meines Bruders auf den Rhein
in der Europa und dem Taschenbuch, viele andere von ihm
hingeben würde. — Wer wird uns Epochen der deutschen
Geschichte, wo gleiche Gefahren uns drohten, und durch
Biedersinn und Heldenmuth überwunden wurden, in einer

Reihe Schauspiele, wie die historischen von Shakspeare, all-
gemein verständlich und für die Bühne aufführbar darstellen?
Tieck hatte ehemals diesen Plan mit dem dreißigjährigen
Kriege, hat ihn aber leider nicht ausgeführt. Viele andere
Zeiträume, z. B. die Regierungen Heinrichs des Vierten,
der Hohenstaufen u. s. w. würden eben so reichhaltigen Stoff
darbieten. Warum unternimmst du nicht dieß oder etwas
Aehnliches?

Doch ich kehre von dieser speciellen Abschweifung über
die Zeitumstände zu meinen allgemeinern Betrachtungen zurück. Von dem, was ich über die Freunde und Zeitgenoßen gesagt, nehme ich mich keineswegs aus. Ich weiß gar
wohl, daß viele meiner Arbeiten nur als Kunstübungen zu
betrachten sind, die zum allgemeinen Anbau des poetischen
Gebiets das Ihrige beitragen möchten, aber auf keine sehr
eindringliche Wirkung Anspruch machen können. Diejenigen
von meinen Gedichten, die am meisten das Gemüth bewegen, sind gewiß die, wo mich ein persönliches Gefühl trieb,
wie die Elegie über meinen verstorbenen Bruder und die Todten-
opfer. Auch von der Elegie über Rom hoffe ich, daß sie den gehörigen strengen Nachdruck hat, weil ich von der Gegenwart
eines großen geschichtlichen und dennoch gewissermaßen noch
sichtbaren Gegenstandes erfüllt war. — Viele Dichtungen
unserer Freunde können allerdings sehr rühren und bewegen.
So das Leben Berglingers im Klosterbruder, Novalis geist-
liche Lieder, Alarcos, Genoveva ꝛc. Alarcos ist fast übertrieben drastisch und hat daher auch seine Wirkung auf der
Bühne nicht verfehlt, aber der beständige Wechsel und das
Weitgesuchte in den Silbenmaßen läßt wiederum einen
nicht völlig auf's Reine gebrachten Kunstversuch erkennen.
In der Genoveva ist nur in der ersten Hälfte das Phanta-

ſtiſche zu ſehr verſchwendet, oder vielmehr nicht genugſam
zuſammengedrängt und auf wenige Brennpunkte verſammelt.
In dem bewundernswürdigen Oktavian finde ich, beſonders
im zweiten Theil, die komiſchen Scenen weit kräftiger und
wahrhaft poetiſcher, als die phantaſtiſchen, die manchmal
viel zu weit ausgeſponnen ſind und in's Blaue allegoriſcher
Anſpielungen ermüdend verſchwimmen. Er hat die orienta-
liſche Sinnlichkeit mehr didaktiſch abgehandelt, als ſie wie
einen elektriſchen Funken ſprühen laßen. (Beiläufig zu bemerken, ſo ſind auch die Verſe zuweilen gar zu unbillig
vernachläßigt.) — Das merkwürdigſte Beiſpiel aber von den
Uſurpationen der Phantaſie über das Gefühl finde ich und
fand ich immer im Lacrimas, wo unter blendender Farben-
pracht die Herzenskälte ſich nicht verbergen kann, und alle
Ausdrücke der Liebe, Sehnſucht, Wehmuth u. ſ. w. in eine
bloße Bilderleerheit übergegangen ſind. Laß dich's nicht
befremden, daß ich hier ſtrenger urtheile, als du es vielleicht
von mir zu hören gewohnt biſt. Ich habe gleich beim erſten
Eindrucke ſo empfunden, allein im Augenblicke der Hervorbringung und Erſcheinung bin ich aus Grundſatz für die
Werke meiner Freunde parteiiſch; auch jetzt würde ich mich
wohl hüten, ſo etwas öffentlich, ja nur anders als im
engſten Vertrauen zu ſagen, ſo lange das Vortreffliche an
ihnen nur ſo unvollkommen anerkannt wird. Wende mir
nicht meine Vorliebe für den ſo phantaſtiſchen, muſikaliſchen
und farbenſpielenden Calderon ein. Meine Bewunderung
hat alles, was ich von ihm kenne; mein Herz haben ihm
Stücke, wie die Andacht zum Kreuze und der ſtandhafte
Prinz, gewonnen. Wo religiöſer oder nationaler Enthuſiaſmus eintritt, da iſt er es ſelbſt; im Uebrigen offenbart ſich
nur der große Künſtler. Aber auch da ſorgt er immer zu-

10*

erst, sei es nun im Wunderbaren, Witzigen oder Pathetischen, für das was am unmittelbarsten wirkt, für rasche Bewegung und frische Lebenskraft.

Um in eine andere Region herabzusteigen: woher kommt denn Schillers großer Ruhm und Popularität anders als daher, daß er sein ganzes Leben hindurch (etwa die romantische Fratze der Jungfrau von Orleans und die tragische Fratze der Braut von Messina ausgenommen, welche deswegen auch nicht die geringste Rührung hervorbringen konnten) dem nachgejagt hat, was ergreift und erschüttert, er mochte es nun per fas aut nefas habhaft werden? Der Irrthum des Publikums lag nicht in der Wirkung selbst, sondern in der Unbekanntschaft mit Schillers Vorbildern, und der Unfähigkeit das übel verknüpfte Gewebe seiner Kompositionen zu entwirren. — Sein Wilhelm Tell hat mich fast mit ihm ausgesöhnt, wiewohl er ihn, möchte ich sagen, mehr Johannes Müller als sich selbst zu danken hat.

Was den Werken der neuesten Periode zur vollkommen gelungenen Wirkung fehlt, liegt keineswegs an dem Maße der aufgewandten Kraft, sondern an der Richtung und Absicht. Man kann aber so viel Tapferkeit, Stärke und Uebung in den Waffen bei einem Kampfspiel aufwenden, als bei einer Schlacht, wo es Freiheit, Vaterland, Weib und Kind, die Gräber der Vorfahren und die Tempel der Götter gilt; aber du wirst mir zugeben, daß die Erwartung der Entscheidung hier die Gemüther der theilnehmenden Zuschauer ganz anders bewegt als dort.

Jene Richtung rührt zum Theil von den Umständen her, unter welchen wir die Poesie wieder zu beleben gesucht haben. Wir fanden eine solche Masse prosaischer Plattheit vor, so erbärmliche Götzen des öffentlichen Beifalls, daß

wir so wenig als möglich mit einem gemeinen Publikum
wollten zu schaffen haben, und beschloßen, für die Paar
Dutzend ächte Deutsche, welche in unsern Augen die einzige
Nation ausmachten, ausschließend zu dichten. Ich mache
dieses Recht dem Dichter auch nicht im mindesten streitig;
nur der dramatische (wenigstens theatralische) hat die Auf=
gabe populär zu sein, den Gebildetsten zu genügen und den
großen Haufen anzulocken, was auch Shakspeare und Cal=
deron geleistet haben. — — —

Sieh in Allem nur meine Liebe zu dir und deiner Poe=
sie, deren Gedeihen mir so sehr am Herzen liegt. Du wirst
dich erinnern, daß ich schon ehedem solche Ermahnungen an
dich ergehen laßen, und deine Gattin stimmte mir darin bei,
als wir den Anfang des Falken lasen. Lieber Freund, was
soll ich sagen? Du bist allzu glücklich und es von jeher ge=
wesen. Ein recht herzhaftes Unglück in deiner frühen Ju=
gend hätte dir großen Vortheil schaffen können. Nun wolle
der Himmel auf alle Weise verhüten, daß du es noch nach=
holen solltest. Du hast zwar eine Zeit lang verlaßen in der
Asche gelebt, aber bald hat dich eine wohlthätige Zauberin
in ihren Kreiß gezogen, wo du nun heitere und selige Tage
lebst. Benutze fernerhin deine Muße zu schönen Dichtungen,
begeistere dich, wie du es immer gethan, an den alten Denk=
malen unserer Poesie und Geschichte, und wenn es noch
eines besondern Sporns zu Behandlung nationaler Gegen=
stände bedarf, so sieh die jetzige Versunkenheit an, gegen
das, was wir vormals waren, und — faciat indignatio
versum.

Nun einige Nachrichten von den Freunden und mir.
Daß mein Bruder vorigen Herbst sechs Wochen in Coppet
bei uns war, wirst du wißen. Du kannst denken, wie leb=

haft unsere Mittheilungen über alle Gegenstände des beider=
seitigen Nachdenkens waren. Er hat mir eine große Lust
zur orientalischen Litterätur gemacht, besonders zur persischen
und indischen, und ich gehe gewiß daran, sobald sich Ge=
legenheit findet, was aber nicht eher sein dürfte als bei
einem längern Aufenthalt in Paris oder London. Von hier
gieng Friedrich nach Paris, wo er einen großen Theil des
Winters zugebracht und viel am Indischen gearbeitet hat.
Unter andern hat er eine Abschrift der Sakontala zum Be=
huf einer neuen Uebersetzung genommen. Er schreibt die
indischen Lettern so vortrefflich wie irgend ein Bramine, mit
welchem Charakter er überhaupt immer mehr Aehnlichkeit
gewinnt. In Köln hat er seine orientalischen Studien nicht
weiter führen, sondern nur die schon gemachten ordnen und
entwickeln können. Dagegen hat er sich mit dem Mittelalter,
der deutschen Geschichte, den Kirchenvätern u. s. w. beschäf=
tigt. Ich fordere ihn sehr auf zu einer Geschichte der
Deutschen. —

Von Ludwig Tiecks Arbeiten in Rom habe ich bis jetzt
nichts vernommen, sei es, daß ihn seine Gesundheit, Stim=
mung, oder die Betrachtung so vieler neuen Gegenstände bis
jetzt abgehalten, oder man es mir nur nicht gemeldet hat. —
Ohne Zweifel wird doch die südliche Kunstwelt sehr befruch=
tend auf seinen Geist wirken. — Sophie Tieck hat sich vorgenommen, sobald es ihre Gesundheit erlaubt, die altdeut=
schen Manuskripte im Vatikan genau durchzugehen. — Der
Bildhauer hat erst Zeit nöthig gehabt, sich nach Betrachtung
der großen Kunstwerke wieder zu sammeln. Jetzt arbeitet er
an einem Basrelief für Neckers Grabmal. — Vom sogenann=
ten Maler Müller schreiben mir die Freunde aus Rom viel
Gutes; ich habe ihn nur sehr flüchtig gesehen, weil er den

Prinzen von Baiern herumführte, und also niemals zu haben war. Die andern deutschen und deutschgesinnten Künstler in Rom hiengen sehr an mir.

Du kannst denken, daß ich während der sieben Monate in Italien nicht viel Muße zu andern Studien übrig hatte, als die, welche der gegenwärtige Gegenstand forderte. In Rom haben mich die geschichtlichen Alterthümer fast noch mehr beschäftigt als die Kunst. Die Elegie habe ich dort angefangen, aber erst in Coppet vollendet. Du begreifst wohl, daß man ein solches Gedicht nicht in der Geschwindigkeit macht. Schreibe mir, wie es dir gefallen. Viele specielle Anspielungen müssen freilich für den verloren gehen, der nicht in Rom gewesen. — Einen Aufsatz von mir über die Künstler in Rom, den ich auch seit der Zurückkunft geschrieben, wirst du im Intelligenzblatt der Jenaischen Allg. Lit. Zeit. gelesen haben. — Ferner habe ich viel über die Etymologie, besonders des Lateinischen aufgeschrieben; doch bin ich seit dem Winter von diesem Studium, in welches ich gleich leidenschaftlich hineingerathen, abgelenkt worden. Endlich habe ich im Herbst, als Versuch, ob ich in französischer Sprache öffentlich auftreten könnte, einen philosophischen Aufsatz angefangen über Geschichte der Menschheit, der Religion u. s. w. Ich habe etwa 80 Seiten geschrieben, die außerordentlichen Beifall gefunden haben, besonders auch von Seite des Stils. Verschmähe diese Fertigkeit nicht, wozu mich meine Lebensweise einladet; man soll ja auch den Heiden das Evangelium predigen. Es könnte sein, daß ich in einiger Zeit mit einer Schrift über das Theater auftrete, besonders mit polemischen Zwecken gegen das französische Theater.

Von Shakspeare und Calderon habe ich die verspro-

chenen folgenden Bände immer noch nicht fertig. Sie drücken mich auf dem Herzen wie Marmelsteine und fügen mir
ein wahres Uebel zu. Meine Reisen und andere Zerstreuungen ziehen mich von anhaltender Arbeit daran ab, und
doch läßt der Gedanke, daß dieses zuvörderst geleistet werden muß, mich nicht mit ungetheiltem Geist andere Pläne
ausbilden. Doch hoffe ich in ein Paar Monaten damit zu
Stande zu sein. Das poetische Uebersetzen ist eine Kunst,
die man sehr schwer lernt und äußerst leicht verlernt; wenn
man nicht beständig in das Joch eingezwängt ist, weiß man
es nicht mehr zu tragen. Jedoch habe ich lachen müßen
über das Anstellen von Heinse mit seiner sinnlosen prosaischen Uebersetzung von Ariost, in den Briefen an Gleim. —
Was ist es denn mit einer Bearbeitung des Hamlet von
Musje Schütz in Halle, die ich angekündigt gesehen? Es
wird wohl halb ein Plagiat und halb eine Sauerei sein.

Melde mir recht viel von den Vorfällen in unserer
Litteratur, nicht nur von den eigentlichen Werken, sondern auch dem Gange der Zeitschriften, dem Theater, den
Schreiern und andern Anekdoten; auch von den diis mi-
norum gentium, den neuen Spatzen, welche geflogen und den
Künstlern, welche geplatzt sind. — Bis zur Ostermesse 1805
habe ich ziemlich viel neue Sachen erhalten. — Wie treibt's
nur der alte Goethe? Ich höre, er hat Stella zu einem
Trauerspiele umgearbeitet, worin Fernando und Stella ver-
dientermaßen umkommen. Es scheint, er will alle seine Ju-
gendsünden wieder gut machen; er hat schon vorlängst mit
Claudine von Villa Bella angefangen. Nur vor einer Sünde
hütet er sich nicht, die am wenigsten Verzeihung hoffen kann,
nämlich der Sünde wider den heiligen Geist. Sein Winckelmann, das sind wieder verkleidete Propyläen, die also

das Publikum doch auf alle Weise hinunterwürgen soll.
Und was soll uns eine steife, ganz französisch lautende Ueberſetzung eines Dialogs, den Diderot ſelbſt vermuthlich verworfen hat? Ich habe recht über die barbariſche Avantage
lachen müßen, die Shakſpeare und Calderon bei ihren Stücken gehabt haben ſollen. Dieß iſt eine wahrhaft barbariſche
Art zu ſchreiben, dergleichen ſich jene Großen nie zu Schulden kommen laßen. Man verſichert uns, daß Goethe im
Geſpräch unverholen Partei gegen die neue Schule nimmt,
und das iſt ganz in der Ordnung. Warum zieht er nicht
gedruckt gegen ſie zu Felde? — Haſt du Müllers Bekanntſchaft gemacht? Das iſt ein göttlicher Menſch, bei ſolcher
Begeiſterung von ſo unergründlich tiefer Gelehrſamkeit. Ich
habe eine verwirrte Nachricht gehört von einer neuen Schrift
von ihm; was iſt es denn damit?

Vergilt mir nicht Gleiches mit Gleichem, geliebter
Freund, und ſchreibe mir ohne Zögern, ich will es dann
auch zuverläßig fortſetzen. — Lebe tauſendmal wohl; ich
ſchließe dich und die Deinigen in mein Herz.

VIII

Umriße,

entworfen auf einer Reise durch die Schweiz.

Vorerinnerung.

Der Verfaßer der nachstehenden Umriße hatte sich über den ersten Jahrgang der Alpenrosen so günstig geäußert, daß der unterzeichnete Herausgeber ihn für diesen gegenwärtigen um einen Beitrag zu ersuchen wagte. Seine gütige und entsprechende Antwort war:

„Gern möchte ich Ihnen Beiträge zu Ihrem schweizerischen „Taschenbuche geben, nur fürchte ich, daß das einzige was ich für „jetzt anbieten kann, ihrem Zwecke vielleicht nicht entspricht... Nach „einer Wanderung durch die Schweiz vor vier Jahren fieng ich an „meine Eindrücke aufzuzeichnen, und wollte eine eigne Schrift da„raus machen; dieß blieb nachher liegen. Hier haben Sie einige „Stücke, die sich gerade abgeschrieben finden.... Schilderungen schwei„zerischer Gegenden für die Schweiz drucken laßen, heißt zwar bei„nahe Holz in den Wald tragen. Indeß sind doch hie und da „vielleicht nicht unnütze Betrachtungen eingestreut“....

J. R. Wyß, der jüngere.

Die Schweiz überhaupt.

Die Schweiz verdient allerdings vor vielen Ländern bereiset zu werden: wegen der großen und wunderreichen Natur; wegen des sorgfältigen Anbaues; wegen mannichfaltiger Eigenthümlichkeit der Bewohner in Sitten, in Trachten, und, auch jetzt noch, in Verfaßungen; endlich als der Schauplatz ewig denkwürdiger Begebenheiten, deren Spur den Boden geadelt. Alles dieß hat beigetragen, vor noch nicht langer Zeit lebhaften Geschmack an dieser Reise allgemein zu verbreiten. Wie aber zu geschehen pflegt, wenn Viele der Mode wegen etwas nachthun, ohne eigenen Sinn und Gefühl, so sind hiebei verschobene Ansichten und erkünstelte vorgebliche Rüh-

rungen häufig an die Stelle des Wahren getreten. Man hat die
schweizerischen Gegenden übertrieben und ausschließend gelobt. Un-
ersteigliche Alpengipfel hat auch Savoyen; die Anmuth der Seen
am Fuß der Gebirge erstreckt sich in die Lombardei hinaus; Tirol
und Salzburg wetteifern an wilden Berglandschaften. Anstatt die
Sinnesart und Weise der verschiedenen Völkerschaften historisch zu
begreifen, haben sie, ich weiß nicht welche, arkadische Sitteneinfalt
geträumt, die in Arkadien selbst wohl niemals gefunden ward; oder
über Täuschung geklagt, wenn sie die erwartete Uneigennützigkeit
und Gastfreiheit nicht fanden: Eigenschaften, denen eben sie, diese
Schwärme verwöhnter Reisenden, am verderblichsten waren. Seit
den letzten Verwüstungen der Schweiz, bei dem unruhigen Zustande
Europas, wird das Land weniger von Neugierigen überlaufen, und
das thut ihm wohl, wie mich dünkt. Diese hervorragenden Grundfesten des Erdbodens, die einsame Freistätte der dem Menschen unüberwindlichen Natur, sind am wenigsten zu geschwätzigem Pflaster-
treten gemacht. Noch kenne ich keine Beschreibung, welche in Beurtheilung des geselligen Zustandes die wahre, die uns Deutschen
vornehmlich wichtige Ansicht darlegte: die Schweiz ist ein stehen
gebliebenes Bruchstück des alten Deutschlandes, ein Spiegel dessen,
was wir sein sollten.

Das Reisen zu Fuß.

Rousseau empfiehlt das Reisen zu Fuß mit großer Wärme und
ohne Unterscheidung der Fälle. Man wird aber schwerlich seine Anpreisungen in den einförmigen Ebenen bewährt finden, wo man
Alles so lange voraussieht, wo keine Ueberraschung, keine Neuheit
der Gegenstände das Gefühl der Ermüdung zerstreut, und der Verdruß, nur so langsam aus der Stelle zu kommen, die Oberhand
gewinnt. Der Genuß des Wanderns bleibt den hohen Gebirgs-
gegenden vorbehalten. Die Beschwerden sind zwar anfänglich für
den Weichlichen oder Ungewohnten nicht gering: der steinige Boden
verletzt seine Füße; das Hinanklimmen erschöpft seinen Athem; ihm
schwindelt auf dem schmalen Pfade über unermeßlichen Abgründen.
Allein bald wird man des Vergnügens empfänglich, etwas bloß mit
eignen Kräften errungen zu haben; man nimmt einen ganz andern
Maßstab der Entfernungen und Schwierigkeiten an, als für die

gewohnten Spaziergänge, man unterzieht sich gleichmüthig tagelang
dem Ungemach einer Witterung, welcher man in der sitzenden Le=
bensart der Städte auch nur auf eine Viertelstunde sich auszusetzen
vermeidet. Ueber Alles aber geht das Gefühl der Einsamkeit, und
der Rückkehr in die unmittelbare Pflege der Natur. Wie die reine
Bergluft stärke und belebe, hat man oft gepriesen; überall ist ein
erquickender Trunk bereitet in den unzähligen Quelladern, welche
den Alpen entrieseln, wenn man anders die heilsamen Gewäßer von
den schädlichen aus geschmolznem Schnee zusammengelaufenen ge=
hörig zu unterscheiden weiß; Kühlung weht um die Waßerfälle, aus
den Schluchten und von den beschneiten Firnen herab; würzige
Erdbeeren reifen am Wege, und in den Sennhütten findet man
Ueberfluß an süßem Rahm.

Selbst die zahmen Herden scheinen den Genuß des Berglebens,
und sich ihrer ursprünglichen Freiheit näher zu fühlen. Die Ziegen
hängen grasend, wie im vormaligen wilden Zustande, an Abhängen,
wo kaum der Fußtritt des Gemsenjägers Raum findet, und das
scheinbar unbeholfene Wollenvieh bleibt nicht hinter ihnen zurück.
Die Rinder versteigen sich zwar nicht so hoch, jedoch werden sie
sehr behende im Klettern, und verunglücken selten. Beim melodi=
schen Geläut ihrer Glocken weiden sie die duftenden Alpenkräuter
ab, und trinken aus ungetrübten Quellen. Wie den Zugvögeln
verlängert sich ihnen die milde Wärme und Blumenzeit des Früh=
lings, indem sie mit dem Fortgange des Jahres aus den Thälern
in die niedern, dann in die höhern Bergweiden hinauf, und eben
so im Herbst allmälich wieder herunter ziehen. Ich habe wohl um
die Mittagsstunde der Kühlung halb eine Herde Kühe auf und an
einer großen Eismaffe in einer Schlucht versammelt gesehen: diese
Thiere verstanden die Vorkehrungen gegen übermäßige Hitze, wel=
che zum verfeinerten Wohlleben des Menschen gehören.

Urseren.

Dieß ist, glaube ich, eines der seltsamsten Bergthäler in der
Welt. Es erstreckt sich ohne irgend eine Krümmung von Westen
nach Osten, rings umher völlig abgeschloßen: durch die Furka, den
Sankt Gotthard und den Crispalt von Wallis, Italien und Bünden;
gegen Uri tritt der Teufelsberg vor, so daß man kaum sieht, wie

unter ihm hindurch im nordöſtlichen Winkel die Reuß ihren Weg
findet. Sähe man ſich plötzlich hierher verſetzt, ohne die Lage des
Thals an dem langen Steigen von unten hinauf, oder über die
Gebirgspäſſe hinab ermeßen zu haben, ſo hielte man es wohl für
einen ebenen Wieſengrund, von mäßigen Hügeln umſchränkt. Der
Abhang der mittleren Fläche iſt unmerklich, man geht auf weichem
Raſen hin, längs dem ſchon ziemlich breiten Bette des hier beru=
higten Fluſſes, der unterhalb in Schöllenen wieder ſo gewaltig tobt.
Rechts und links deckt der Wieſenteppich die einfaßenden Bergwände
bis an die nackten oder beſchneiten Spitzen hinauf, welche, um den
Irrthum zu vollenden, ein neblichter Himmel oftmals verbirgt.
Keine losgerißenen Felstrümmer, keine Anſchwemmungen der Wald=
waßer, ſeitwärts hereinſtürzenden Bäche oder tief gehöhlten Schuch=
ten verrathen die wilde Bergesart. Bald fällt es jedoch auf, daß
nirgends ein Frucht= oder anderer Baum aus dem einförmigen Grün
ſich erhebt. Wenn man nun auch die Höhen unbewaldet ſieht, bis
auf ein mäßiges Tannengehölz ganz in der Ecke ob Andermatt, und
wie nur zwerghafte Stauden hier und da am Ufer des Fluſſes
wachſen, ſo erinnert man ſich, daß die umgebenden Gebirge ſämmt=
lich in die Luft=Region emporſteigen, wo der Pflanzenwuchs erſtirbt,
und daß der ſcheinbar milde Grund ſelbſt weit über den höchſten
Bergen anderer Länder liegt. Der Ueberlieferung nach hatte Urſeren
vor Alters Waldung, die auch vielleicht wieder gedeihen möchte:
(wiewohl Wälder meiſt leichter auszureuten als anzupflanzen ſind;)
allein der Landmann erträgt lieber den Mangel, um nicht etwa den
einzigen Ertrag ſeines Bodens, die Weide, zu ſchmälern. Wenn
man von der Furka herunterſteigt, überſieht man das Thal ſeiner
ganzen Länge nach, ſeine drei Dörfer, Realp, Hoſpital und Ander=
matt hinter einander; dazwiſchen viele zerſtreute Häuſer, des Holz=
mangels wegen aus Steinen erbaut, das heißt aus roh zuſammen=
gelegten Granitſtücken, die Dächer ſogar mit eben ſolchen gedeckt.
Dieſe ſteinernen Hütten ermangeln aller Umſchattung: nicht einmal
ein Zaun oder ein Krautgärtchen umgiebt ſie. Solche Nacktheit
verbreitet über das Thal etwas Unmaleriſches, ja ich möchte ſagen
Unlandſchaftliches. Alles ſteht einzeln und unverſchmolzen da. Weil
ſich auch der Luftkreis nirgend in zweifelhafte Fernen öffnet, und
kein Gegenſtand von weitem anders oder mit geringerer Deutlichkeit

erscheint, als in der größten Nähe, so ist der Täuschung jede Zu=
flucht benommen. Der Anblick des wackern, aber ärmlich geklei=
deten und unansehnlichen Volkes verstärkt diesen Eindruck. Die
einzige Zierde für die Einbildungskraft sind ein Paar artige weiß=
betünchte Kirchen, besonders die oberhalb Andermatt freundlich ge=
legen; ein alter Thurm bei Hospital, Ueberrest der Burg eines
gleichnamigen Geschlechtes, und die wunderlich gezackten Felsgipfel:
wie zum Beispiel, wenn man vom Gotthard kommt, die links gegenüber
sich erhebenden, die Zinnen und Thürme einer zerfallenen Veste tref=
fend nachahmen. Kaum mag daher Urseren den Namen einer 'lustigen
Wildniß' verdienen, wie Tschudi es nennt. Es ist Einsamkeit, aber
ohne Schauer; nicht düster und gränzenlos, sondern wirthlich enge;
eine bloß verweigernde, nicht drohende Rauhigkeit der Natur.

Livinen.

Sogleich jenseits der Höhe des Gotthard hebt Italien an.
Alles entscheidet sich an dieser Seite schneller: der steilere Weg ist
in scharfe Winkel gebrochen, vom Gebirge hinab und gen Süden
eilt man mit gedoppelten Schritten einer milderen Landschaft ent=
gegen. Die felsige Nacktheit hört früher auf, erst kommen Nadel=
stauden, dann Tannenwaldung, bald sogar Rosen= und andres
blühende Gebüsch. Ein enges Thal am Flusse hin, dem die leicht
empörte Einbildungskraft der Italiäner vom Zittern den Namen
gegeben (Val Tremola), erinnert durch herabgerollte Felsenstücke und
die zum Andenken Verunglückter gepflanzten kleinen Kreuze an die
Gefahren einer Winterreise, so wie die roh gemauerten Viehhütten,
auf den Dächern mit Steinen beschwert, an die Stürme der Alpen.
Aber schon um Airolo wird, was in ganz Uri nicht, Korn gebaut.
Man spürt einen südlichen Anhauch, man glaubt den blaueren Him=
mel zu erkennen. Buntere Schmetterlinge flattern, wunderliche
Heupferde hüpfen, und zahlloses tausendgestaltiges Gewürm schwirrt
lebensfreudiger im üppig beblümten Grase. Selbst die krystallene
Klarheit des Tessins und aller hereinströmenden Gewässer, und der
im Sonnenschein blitzende Sand des Pfades, scheint eine ganz neue
Ergiebigkeit der Natur an auserlesenen Hervorbringungen zu ver=
heißen. Dieß beides zwar nur zufällig: es rührt von der Steinart
des Bodens her. Unterhalb Airolo, von dem Felsenthor an, wo

der Thurm des Desiderius, bis an das Zollhaus (Dazio grande) erweitert sich Livinen zu einem breiteren Thal voll ebener Wiesen und Felder zwischen schwarz bewaldeten Bergwänden, links, als an der dem Mittag zugewandten Seite, mit über einander gelegenen Dörfern und hellglänzenden Kirchen geschmückt. Nicht leicht sah ich einen schönern Wellenaufruhr, als den Durchbruch des Tessin durch den riesenhaften Platifer. Zuvörderst, gleich beim Zollhause, führt ein großer Schwibbogen über den Fluß, dann links daran hin der schmale, hier und da unterwölbte Weg, unter überhangenden Felsen, durch die gewundene tiefe Schlucht. In den ungezählten Jahrhunderten, seit durch Zerreißung des Platifer das obere Livinen aufgehört zu sein, was ursprünglich, wie der Augenschein lehrt, ein See; haben die strudelnd sich hindurchdrängenden Fluten so wenig über die Klippen gewonnen, daß diese an vielen Stellen unten in spitzen Winkeln zusammenlaufen, und der Fluß gar kein Bette hat, wenn anders nicht etwas so wenig der Ruhe Bestimmtes diesen Namen verdient. Beim Austritt aus der Schlucht sieht man hinter sich zu beiden Seiten steilrechte himmelhohe Felsen, zur Linken des Tessin kahl, zur Rechten mit vielfarbigen Moosen und den Ranken wuchernder Pflanzen bekleidet, mit Tannen starrend, von denen man kaum begreift, wo sie ihre Wurzeln aufheften. Hinten thürmen sich noch die letzten waldigen Berge des oberen Thals herüber. Bei aller Wildheit hat hier die Natur ich weiß nicht was für einen wollüstigen Reiz, der den nördlichen Abhängen des Gebirges fehlt. Man ist nun wieder auf einmal eine Stufe in die Gärten des Südens hinabgetreten. Gruppen von Kastanienbäumen beschatten kräftig das neu eröffnete Thal, und weiter unten gegen den langen See, wiewohl bis dahin noch öfter Rauhigkeit und Milde wechselt, gedeihen schon Feigen, Wein, Mandeln und andere Südfrüchte.

Auch für die Völkerschaften ist das Gebirge hier der Scheitelpunkt, und die Trennung schneidend. Livinen, wiewohl seit mehr als drei Jahrhunderten Uri brüderlich unterthan, und jetzt ein eigner schweizerischer Canton, ist ganz italiänisch. Zwar reden die Leventiner unter sich eine verstümmelte lombardische Mundart, aber die, welche mit Fremden verkehren, haben die reine Sprache erlernt. Gleich oben im Hospiz des Gotthard fand ich eine muntere

Wirthin aus Airolo, die sich zur Verwunderung gut auf italiänisch
ausdrückte. Der nationale Unterschied der Gesichtsbildungen ist
auffallend: die italiänische ist länglicher oval, die schmalere Nase
tritt mehr hervor, alle Linien sind geschweifter. Auch die dazu gehörige Geberdensprache stellt sich schon an dieser Gränze ein; ich
sah von jenen Physiognomien, die bei einem bloßen: „Sì Signor!"
alle Muskeln in Arbeit setzen; ich bemerkte Züge des den Italiänern
eignen Hanges zu prahlhafter Uebertreibung. In Faido fragte ich
den Pfarrer, der im geblümten Sommerrock behaglich mit seinen
Nachbarn schwatzte, nach der Post als dem besten Wirthshause.
„L'ultimo palazzo à dritta è la posta, Signor;" erwiederte er mit
Emphase. Der Pallast war, wie sich begreift, ein nicht wie die
meisten aus Holz gebautes, sondern steinernes und weiß angetünch-
tes Haus.

Uebrigens ist die Bauart der Häuser noch zum Theil wie in
Uri: hölzern und mit allerlei Schnitzwerk, es finden sich sogar noch
die in den Alpen wie in Rußland üblichen Hütten aus übereck sich
kreuzenden Baumstämmen; doch giebt es hier und da schon steinerne
Häuser mit offnen Arkaden. Verschiedene viereckige sehr hohe Kirch-
thürme schienen mir uralt, vielleicht noch aus der langobardischen
Zeit, wie unbezweifelt der Thurm des Desiderius, die Ruine einer
zweckmäßig angelegten Burg, welche das Thal völlig wie mit einem
Riegel verschließen mußte. Aber gegen wen, wenn der Gotthards=Paß,
wie behauptet wird, noch nicht gangbar gewesen? Besorgte man
Angriffe der Franken aus den wildern Pässen von Oberwallis, in
die man, vom Gotthard herunter kommend, rechts hineinblickt?
Oder Streifereien der Gebirgsbewohner? Oder war auch damals
schon, trotz der vermeinten Barbarei jener Zeiten, hier ein Han-
delsweg offen, und wurden Zölle gehoben? Es verdient Untersuchung.

Val=Sainte.

In einem abgelegenen, engen, nicht unfreundlichen Wald= und
Wiesenthal, hinter den Berghöhen versteckt, welche oberhalb Freiburg
die Waadt bis an den Jura überschauen, liegt Val=Sainte, schon
vor Alters ein Karthäuser=Kloster, jüngsthin der Aufenthalt der
ehrwürdigen Väter von der Regel de la Trappe geworden. Hier

schweigen die Menschen und die Mauern reden. An den weißen Ge-
wölben und Wänden der Kreuzgänge lieſt man in großen Buchſtaben die ſtrengſten Ausſprüche der Schrift und der heiligen Väter
über den tiefen Verfall der Menſchheit, die Gefahren unſers irdiſchen
Daſeins, und die unendliche Gerechtigkeit Gottes. 'Omne quod non
aeternum, nihil eſt' fiel mir ſogleich beim Eintritt in das Gaſtzim-
mer, wohin mich ein Laienbruder führte, mit furchtbarem Ernſt in
die Seele. Allem Lebensgenuße entfremdet, bei ſchwerer Arbeit in
der Sommerhitze ihrer groben Tracht nie entladen, im Winter von
keinem wärmenden Herde erquickt, ein hartes Bret zum Nachtlager,
widmen ſich dieſe Weltüberwinder — glücklich, wer nicht mehr als
nur ſie zu bewundern vermöchte! — ausſchließend der einzigen großen Angelegenheit des ſterblichen Menſchen, dem unenthüllten Jen-
ſeits. Vor jedem unſcheinbaren Wanderer, der ihre armutſelige Gaſt-
freiheit in Anſpruch nimmt, werfen ſie ſich mit dem Antlitz zur Erde;
aber ſie ſtehen aufrecht vor den Gewaltigen, inſofern man Gott mehr
gehorchen ſoll, denn dem Menſchen. Aus den nun achtzehnjährigen
Zerrüttungen Europas, worin ſo manche vorhin feſtgeglaubte Ehre
und Tugend fiel, ſind ſie ganz unerſchüttert und freien Hauptes hervorgegangen. Sie lehren uns, das einzige untrügliche Geheimniß,
um ſich ſelbſt zu behaupten, ſei, Allem entſagen. Bei dem Ausbruch
der Unordnungen in ihrem Vaterlande, in Frankreich, flüchteten ſie
ſich hierher, bis der überſchwellende Strom ſie auch hier ereilte.
Verläumdet und verhöhnt, von Gränze zu Gränze gebannt, irrten
ſie in der rauhen Fremde bis nach Polen hinein, Alles ertragend,
um nur ihrem Gelübde treu zu bleiben. Endlich durch Dulden ſieg-
reich, ſind ſie in dieſe ſtille Freiſtätte zurückgekehrt. Eine Tafel mit
den Namen der auswärts in der Trübſal und Verfolgung geſtorbe-
nen Brüder ergänzt die Verſammlung ihrer Todten auf dem Got-
tesacker. Sie, jetzt wie vormals, ſchweigen, gedenken des Todes,
und beten für die Sünden der Welt.

Die Mundart *).

Das ſchweizeriſche Deutſch iſt übel verrufen. Nicht ganz mit
Unrecht: Rauhigkeit der Ausſprache und verſtärkte Kehllaute, ſind

---

*) [Dieſer Aufſatz iſt zuerſt im Prometheus, einer Ztſchr., herausg.

nicht zu leugnen; sonst möchte ich Manches zu dessen Gunsten anführen. Zuvörderst muß ich mich ganz gegen das unbedingte Ansehen erklären, welches gewisse nördliche Gegenden Deutschlands, weil
sie sich neuerdings des Bücherschreibens am meisten beflißen, über
die Sprache anmaßen wollen, so daß alles, was dort nicht gäng und
gebe ist, als oberdeutscher Provincialismus verschmäht und verworfen wird. Die Sprache ist eine National-Angelegenheit, worüber,
wie in einem freien Gemeinwesen, durch Stellvertreter aller Theile
des Ganzen verhandelt werden sollte. Es ist nicht dem deutschen
Sinne gemäß, im Reden und Schreiben, so wie überhaupt für die
Sitte des Tages, von einer Hauptstadt die Vorschrift zu empfangen.
Ueberdieß haben wir keine. Oder wo ist das deutsche Kastilien oder
Toscana, d. h. die Provinz, wo jeder, auch der geringste und unun-
terrichtetste Bewohner sich vermöge einer bloß natürlichen Gabe völlig klar, rein und zierlich ausdrückte? Adelungs abgeschmackte Ein-
bildungen von der meißnischen Mundart sind genugsam widerlegt
worden. Ferner setze man sich über das Verhältniß der Schriftsprache
zu der des gemeinen Lebens gehörig in's Klare. Jene kann doch
nur als ein wohlgewählter, allenfalls berichtigter Auszug aus dieser
betrachtet werden, auf die sie bildend zurückwirken, aber deren Entwickelung sie nicht unterdrücken soll. Nicht durch beständige Einflüße aus der Sprache des Umgangs erneuert, verengt sich die Schriftsprache unfehlbar zur abgenutzten Redensart; ja, als unabänderlich
festgesetzt (was der Himmel bei uns verhüten möge), ist sie schon
für todt zu achten. Unsre Alten liebten auch im Schreiben den überflüßigen Zwang nicht; sie kümmerten sich nicht ängstlich um Silben-
stechereien: so ward zu großem Vortheil der Lebendigkeit alles biegsam und schwebend erhalten. Jeder blieb der angewohnten Weise
seines Geburtsortes treu: daher seine Schreibung, wie das Ohr die
Aussprache auffaßte; in Wortformen und Fügungen homerische Fülle.
Man verständigte sich dennoch von einem Ende des Reichs bis zum
andern. Ist denn dieß so barbarisch? War es nicht in der gebildetsten Sprache, die wir kennen, der griechischen, Grundsatz, verschiedene Eigenthümlichkeiten neben einander als gesetzlich anzuerken-

v. L. v. Seckendorf und J. L. Stoll. Wien 1808. 8. 1. Heft S. 73...
78. erschienen.]

nen? Nicht nur in allen Hauptdialekten wurden Bücher geschrieben, sondern Dichter wandten verfeinerte Kunst auf, die örtlichsten, vielleicht für roh geachteten Spracharten in wohllautende Maße zu fügen.

Soll aber ein grammatisches Reichsgericht bestallt werden, und dabei, wie billig, nicht bloß die Mehrheit, sondern das Gewicht der Stimmen gelten, so würde ich das geringste Ansehen denen Provinzen einräumen, wo das Volk plattdeutsch redet, und Hochdeutsch eine in den Städten und unter den höhern Ständen erlernte Sprache ist: also Niedersachsen, Westphalen und Brandenburg. Das Plattdeutsche ist eine durch Ausschließung von der Schriftsprache verwahrlosete und durch Einmischung des Hochdeutschen ausgeartete niederdeutsche Mundart *), die, wie diese sämmtlich, Vieles grammatisch unbestimmt läßt, weswegen die darin Erzogenen nur mit großer Mühe die hochdeutschen Biegungen richtig gebrauchen lernen. Auch ist ihre Aussprache weichlich. Eine Stufe höher stehen die ursprünglich von slavischen Völkerschaften bewohnten, von Deutschen nur kolonisierten Länder, weil das Slavische sich nicht unvermerkt dem Deutschen einmengen konnte. Dahin gehört das ganze östliche Deutschland, und selbst ein Theil der sächsischen Kurlande.

Die oberste Stelle nehmen endlich diejenigen Länder ein, wo das Geblüt rein geblieben, und das Hoch= oder Oberdeutsche, wie man es nennen möge, von jeher einheimisch war. Luft und Boden, fremde Nachbarschaft, Anbau oder Vernachläßigung der redenden Künste, können in der Gefälligkeit des Vortrages und Ausdrucks noch bedeutende Unterschiede begründen: aber immer wird die Mundart dieser Gegenden dem Sprachforscher als Quelle und dem Dichter für sein Bedürfniß der Bereicherung besonders wichtig sein.

Ich komme auf die schweizerische Mundart zurück. In den hohen Bergländern (schon Joh. Müller hat es bemerkt) glaubt man oft die Minnesinger reden zu hören. Nicht wenige jener Dichter blühten im Umfange der Schweiz, und die Anhänglichkeit an das

---

*) Es ist ein Irrthum, wenn manche Gelehrte in dem Plattdeutschen noch die reine Sprache der alten Sachsen zu erkennen glaubten. Denn es ist bekannt, daß nach der durch die Kriege mit den Slaven verursachten Erobung dieser Gegenden flamändische und friesische Kolonien, von den Kaisern berufen, häufig eingewandert sind. [1812.]

Alte hat sich hier, wie in den Sitten überhaupt, so in der Sprache bewiesen. Wie sollten wir das nur in unsrer heutigen Sprechart Beraltete, an sich aber Edle und Richtige, und nun doppelt Ehrwürdige, als Ausartung schelten? Wenige Beispiele mögen hinreichen, damit dieß nicht eine grammatische Abhandlung werde. 'Lugen' für schauen; 'geseit' für gesagt, beides wie überall in den Minnesingern: so auch 'brinnen, brann, gebronnen', nach dem Muster von gewinnen, eben so gültig gebildet als 'brennen', und dem Dichter wegen des wechselnden Lauts willkommener; die Anrede mit 'Herr', statt des dem französischen nachgeahmten 'Mein Herr', und mit 'Ihr', nicht gegen Geringere, sondern als Ehrenbenennung. Diese Uebereinstimmung giebt Aufschluß über die vermuthliche Aussprache der Minnesinger. Man könnte glauben, sie hätten au, ei und eu gesprochen, wo sie auch u, i oder y und ü oder iu schreiben: die schweizerische Mundart zeigt das Gegentheil. Diese Verwandlung der häufigen Doppellaute, die man dem Deutschen vorwirft, in einfache, ist wenigstens keine Härte. Ich kann auch die Beiklänge nicht unangenehm finden, die Klopstock tadelt: o nach dem u und e nach dem i, woraus unsre Schreibung des gedehnten i durch ie entstanden. Dieses Schweben auf den Selbstlautern, ist wohl andern als wohlklingend gerühmten Sprachen eigen: z. B. im Ital. buono. Ferner stößt der lebhafte Vortrag manche gehäufte Mitlauter aus. Wie viel lieblicher ist die Verkleinerung durch 'lin' und abgekürzt 'li', als die bei uns übliche Silbe 'chen'! 'Aeni', für Großvater, ist verkleinert von Ahn, welches die deutsche Schriftsprache in der einfachen Zahl bloß noch für die Poesie, und in unbestimmtem Sinne anerkennt.

Unter den Hirtengegenden schien mir das Deutsch im bernischen Oberlande, und namentlich im Hasli besonders vernehmlich und angenehm. Widerwärtiger ist es, man muß es gestehen, in den Städten, wo die Anmuth lebendiger Eigenthümlichkeit verloren gegangen ist, ohne durch erworbene Feinheit vergütet zu werden. Die Mundart des Gebirges ist wie ein rauschendes Instrument, das im Freien wohl thut, in Mauern eingeschloßen aber gellend wird. In Zürich, so weit in die Ebene hinaus, so nahe bei Deutschland, ist die Sprache auffallend ungeschlacht; in Bern durch die häufige Uebung des Französischen verdorben. Diese rührt nächst den politischen Ver-

hältnissen wohl daher, daß man sich nicht zutraut, in der Muttersprache zum gebildeten Ausdruck zu gelangen. Aber das schweizerische Französisch ist im Ganzen noch unter ihrem schlechtesten Deutsch,
und ein angeborner Fehler ist immer besser als ein angekünstelter †).

Gebirgsnamen.

Von den Holländern haben wir die Kunstsprache der Schiffahrt
angenommen; den Schweizern sollten wir wohl dasselbe Vorrecht
für die Naturbezeichnung der Gebirge zugestehen; sie mögen für
Kenner in diesem Fache gelten. Die schweizerischen Wörter für die
dahin gehörigen Gegenstände und Erscheinungen sind edel und wohlklingend, wie 'Flue (Fluh), Firn, Halde, Tobel', oder wenn es bild-
liche Ausdrücke sind, wie 'ein Horn, ein Stock, ein Grat, eine Platte',
bedeutsam und treffend *). So auch die eigenen Namen, wo ihre
ursprüngliche Bedeutung nicht verloren gegangen ist. Der Reichen-
bach, der Staubbach, das Thal Lauterbrunnen, das Wetterhorn, das
Schreckhorn, sprechen für sich, und verdienen ihre Namen. Lauter-
Aarhorn und Finster-Aarhorn, die Spitzen, an deren Fuß die helle
und trübe Aar entspringt; doch könnte nach dem Altdeutschen die
finstre Aar auch den linken Arm des Flußes bedeuten. Die Jungfrau und der Mönch sind der Scherz einer gutgelaunten Einbildungskraft: jener Berg ist nie erstiegen worden, und seine Gipfel sind
ewig beschneit; dieser verliert frühzeitig den Schnee, und trägt also
die Farbe des Felsens. Von der Wengenalp aus sieht man beide

---

†) Anm. v. 1808. Obiger Aufsatz . . . steht doch vielleicht hier
nicht am unrechten Orte. Das ungünstige Vorurtheil gegen die Mundart mancher Gegenden wirkt zuweilen nachtheilig auf die Sprachbildung
zurück, indem man weniger Sorgfalt auf einen Vorzug wendet, den man
dennoch nicht zu erreichen hofft. Der Verfasser hat die meisten deutsch-
redenden Provinzen durchreiset, und gefunden, daß auch in diesem Stücke
der Fehler seiner Landsleute ist, sich gegenseitig nicht genug anzuerkennen, und ihre Einheit zu fühlen. Nur Ein Fehler scheint in der Sprache, wie in den Gesinnungen ganz unverzeihlich zu sein: die Einmischung
des Ausländischen.

*) Wir fügen noch einige Benennungen hier bei, um den Reich-
thum der Schweizersprache in diesem Fache zu beweisen: Gütsch, Krachen, Rollen, Kulm, Balm, Hubel, Büel, Schachen, First, Dole, Braue,
sind gebrauchte und ziemlich verbreitete Ausdrücke; andrer gar nicht zu
gedenken, die mehr in's Besondre gehen, und weniger üblich sind. Wyt.

in ihrer ganzen Größe gegenüber: die riesenhafte Jungfrau thront
hoch über den Wolken im weißen Gewande; der Mönch in seiner
grauen Kutte steht wie lüstern daneben. Selbst in solchen Spuren
verräth sich der Geist des Volkes. Benennungen großer Natur=Ge=
genstände von einem unedlen Vergleich entlehnt, z. B. der Name
eines berühmten Waßerfalls im Walliserland, würde bei mir keine
günstigen Vermuthungen erregen. Auch findet sich jener unanstän=
dige Waßerfall in Unterwallis, wo der Schmuß herrscht, und der
Blödsinn gedeiht.

Der Montblanc.

Chamouni ist die Alpenreise nach der Mode; der Montblanc ist
der eigentliche Damenberg geworden, wiewohl ihn seine Natur kei=
neswegs zu einem Schooßkinde bestimmt. Ich bin auf dem Mon=
tanvert mit einer berühmten parisischen Komödiantin zusammen ge=
troffen, die sich, ungeachtet ihrer unbehülflichen Korpulenz, dennoch
der schönen Natur zu Ehren hatte hinaufschieben laßen, und in vol=
lem Triumph, wie eine wahre Theaterprinzeffin, zwischen den Cou=
lissen der Berge erschien, auf einem Armseßel getragen, voran ihre
Begleitung aus der schönen Welt, hinter ihr die zahlreichen Füh=
rer, welche sich beim Tragen hatten ablösen müßen, und nun für
die saure Mühe durch Scherze in ihrer savoyischen Mundart sich ent=
schädigten. Was man aber auf den Montblanc reisen nennt, bedeutet
nichts mehr, als an seinem Fuße herumkriechen: denn der Gipfel
ist, auch seitdem ihn Sauffüre und einige Andere erklommen, für
den Unternehmungsgeist und die Kräfte fast aller Reisenden, und bei
den gewöhnlichen Veranstaltungen, gleich unzugänglich geblieben.
Die Nähe bei Genf, und der Ruf der dortigen Physiker, besonders
des genannten, der diesem Gebirge dreißigjährige Beobachtungen
widmete, hat natürlich die allgemeine Aufmerksamkeit dahin gelenkt.
Doch läßt sich zweifeln, ob für den bloßen Liebhaber großer Natur=
scenen die savoyischen gerade die sehenswerthesten seien. Die Paar
hundert Klafter, welche die Spitze des Montblancs mehr hat, als die
höchsten des Oberlandes, können für den unmittelbaren Eindruck
und das durch so gewaltige Maßen längst mehr als erschöpfte Au=
genmaß schwerlich viel austragen. Das Thal von Chamouni ist
freundlich, aber hohe Berge beschränken es von allen Seiten zu ein=

förmig und laßen nur die Gipfel des Montblancs erblicken; seine Tiefe
ist flach, und der weit austretende Rhone läßt einen unangenehmen
weißen Streif angeschwemmter Kiesel darauf zurück. In allem die=
sem verdient Grindelwald den Vorzug. Das frischgrüne baum= und
hüttenbesäete Thal selbst hat wellige Abhänge, es ist nirgends offen,
aber im Norden weniger hoch ummauert als gegenüber, wo man
den Eiger, den Mettenberg und das Wetterhorn ganz unverhüllt
sieht, und zwischen ihnen zwei Gletscher herein treten. Ohne be=
schwerliches Steigen kann man auf der Wengenalp die Jungfrau in
ihrer ungeheuern Größe dicht vor sich sehen, und Lavinen nicht bloß
herabbonnern hören, sondern ihnen von der Höhe bis in den Ab=
grund mit den Augen folgen, wie sie sich durch die von Waßeradern
gehöhlten Spalten hindurch drängen und als Kaskaden zerstiebten
Eises wieder zum Vorschein kommen. Seltsam ist es vollends, wenn
Reisende sich einbilden, die von Chamouni aus ihnen zunächst zu=
gänglichen Gegenstände seien einzig in ihrer Art. So heißt die
Oberfläche des Gletschers am Montanvert schlechtweg 'das Eismeer',
als ob nicht jeder, in langen Thälern mit unmerklichem Abhang sich
hineinziehende Gletscher sein Eisthal oder Eismeer hätte. Auch von
der Eisgrotte des Arveyron hat man zuviel Aufhebens gemacht; sie
wechselt mit den Jahreszeiten; ich habe die Quelle ganz ohne die=
sen Schmuck des Eisgewölbes gesehen, dergleichen auch andere aus den
Gletschern entspringende Flüße, nach Maßgabe der Umstände mehr
oder weniger um sich her bilden.

Was aber der Reise nach Chamouni vor den übrigen Alpen=
fahrten einen unbestrittenen Vorzug giebt, die bequemen, fast städti=
schen Wirthshäuser, die vortrefflichen Führer, die gebahnten Pfade,
dieß ist eben wieder eine Wirkung des ihr seit einer Anzahl Jahre
ertheilten Vorzuges. Im bernischen Oberlande hat sich der Gewerbs=
fleiß noch nicht darauf gerichtet, es den Fremden so bequem zu ma=
chen. Nur um auf die obere Fläche des kleinen Gletschers am 'Grin=
delwalde zu gelangen, muß man sich über einen senkrechten grauen=
vollen Abgrund zwischen dem Eise und den Felsen, an einer Wand
herum winden, wo man in die ausgehauenen Tritte den Fuß kaum
halb hineinsetzen kann, während sich die Hände an hervorstehende
Spitzen klammern. Führer findet man zwar überall, die mit den
Gebirgen (so weit ihre Bedürfnisse sie darin umher geführt) vertraut

sind, die scharfe Sinne, einen nie schwindlichten Kopf und eben so
behenden als festen Tritt haben. Was die Führer in Chamouni
auszeichnet, ist die Bildung, welche sie im Umgang mit unterrichteten und nach Belehrung begierigen Fremden gewonnen haben. Das
Geschäft eines Führers ist ein Gewerbe, ja eine Kunst geworden,
worin ein allgemeiner Wetteifer stattfindet, weil es einigen gelungen ist, durch Geschicklichkeit und Treue sich sogar im Auslande berühmt zu machen. Wiewohl ihre Landessprache savoyisch ist, drücken sie
sich alle gut auf französisch aus. (Der entgegengesetzte Mangel war
mir auf dem Vesuv sehr verdrießlich, wo selbst der sogenannte Ci-
cerone, der Führer, auf meine Fragen nur in neapolitanischem Kau-
derwälsch zu antworten wußte.) Sie haben Begriffe von der Erd-
kunde, und von dem Sinne der darauf bezüglichen Untersuchungen.
Viele sammeln Mineralien und handeln damit, andere Einwohner
von Chamouni verfertigen mehr oder weniger unvollkommene Ab-
bildungen des Gebirges in erhabener Arbeit; alle sind zuvorkom-
mend gegen Fremde und suchen durch ihre Kenntnisse und Fertigkeiten sich ihnen wichtig zu machen. So war es gewiß nicht, als
der vortreffliche Saussüre vor mehr als vierzig Jahren seine ersten
Reisen hierher machte. Es ist erfreulich zu sehen, wie ein gebildeter Mensch, bloß durch die Ueberlegenheit seines Geistes und die Uneigennützigkeit seiner Bemühungen, einen veredelnden Einfluß verbreitet und dauerhaft zurückläßt.

Die Schuzhelden.

Im Innersten der Schweiz wird es Einem recht anschaulich, was
Mythologie in ihren Quellen und ihrem Wesen eigentlich sei. Lebendige Volksüberlieferung, vermöge deren das vor einem halben
Jahrtausend Geschehene sich dem Gedächtnisse so vertraut, der Ueberzeugung so gegenwärtig erhält, als wäre es erst gestern vorgefallen. Die in den Sagen liegende Fülle des Wunderbaren und Fabelhaften kann durch gelehrte Kunst entfaltet werden, wenn sie im
Sinne des Volkes schon längst erstorben ist. Hier wißen Alle, klein
und groß, die ewigen denkwürdigen Züge, welche die Gründung ihrer Freiheit bezeichnen, unterlernt, wie sie die Berge und Seen umher mit Namen kennen. Ich will nicht entscheiden, ob die Mädchen
und Frauen in den drei Waldstätten dem Tell zu Ehren einen sil-

bernen Pfeil durch ihre · schönen hinten am Wirbel aufgewundenen Haarflechten stechen. Aber gewiß gründet sich hierauf der noch allgemeine Gebrauch der anderswo so vernachläßigten Armbrust zur Uebung der Knaben, bis sie, herangewachsen, mit dem· tödtlichen Feuergewehre unfehlbar zielen lernen. Vor Stanz sahe ich ein Scheibenschießen, wo Kinder von vier Jahren mit den zarten Händen die Armbrust richteten, die sie noch nicht selbst zu spannen vermochten.

Jedes dieser Ländchen· hat gleichsam seinen eignen Schutzhelden. Uri hat den Tell; Schwytz Werner Stauffachern, dem allein unter den dreien vom Rütli eine Kapelle erbaut worden, zu Steinen an der Stelle jenes Wohnhauses, welches den Uebermuth des Landvogts erregte; Unterwalden ist am reichlichsten bedacht: denn außer den beiden Winkelrieden, denen es beschieden war, in Vollbringung heldenmüthiger Thaten zu sterben, wie Erechtheus und Kodrus, hat es den heiligen Klaus von der Flüe. Der ältere Winkelried ist auswärts weniger berühmt: um Todtschlag verbannt und begierig die Rückberufung zu erwerben, schlug er den Lindwurm am Rotzberge, von dessen Verwüstungen das benachbarte Dorf Oedweiler hieß; siegesfreudig schwang er das Schwert über sein Haupt, und wurde durch das herabträufende Drachenblut vergiftet. Ihre gemeinschaftliche Kapelle haben die Verheerer Unterwaldens verbrannt, doch wird sie wieder erbaut. Das Haus Arnolds von Winkelried steht noch dicht bei Stanz; steinern und ehmals mit gewölbten Zimmern, beweist es den Stand und die Wohlhabenheit des Besitzers.

Bruder Klaus hat in seinem langen Leben als Gatte und Vater eines zahlreichen Geschlechts, als Obrigkeit und Krieger eines freien Staates, endlich als beschaulicher aller irdischen Bedürfnisse erledigter Weiser den weitesten Kreiß menschlicher Würde durchmessen; ja noch vor seinem Tode durch wunderthätige Wirksamkeit als Heiliger sich über sie erhoben. Denn war es nicht ein Wunder, als dieser greise Friedensbote in der rauhen Tracht der Wildniß zu Stanz auftrat, daß seine ungelehrten Worte bei den auf alten Ruhm und neue Siege und Reichthümer trotzenden Eidgenoßen Eingang fanden, und plötzlich Zwietracht, Hab= und Eifersucht hemmten, eben die Leidenschaften, wodurch von dem an ihr Bund nach und nach sich verderbte? Voll Ehrfurcht sah ich seine Bildsäule in der Hauptkirche des Orts mit der Unterschrift: Nicolaus de Rupe.

Im Angesicht derselben wurden vor wenigen Jahren von eindringen=
den wüsten Horden Greise, Weiber und Kinder in diesem Asyl ge=
würgt, und der Priester am Altar, aus dem Geschlecht der Lust, muth=
willig erschoßen. Man bewahrt die Spur der Kugel zur ewigen
Lehre für die Nachkommen.

Der Grimsel.

Unter den für Saumthiere noch gangbaren Alpenpäßen ist der
Grimsel wohl einer der rauhesten. Von dem lieblichen Meyringen
hinauf geht es zwar anfangs gelinde, über den Kirchet nach Hasli
im Grund, einem runden Thal, welches dem Anblick und der Ueber=
lieferung nach ein See gewesen, ehe die Aar durch den eben ge=
nannten Berg sich ihren Lauf gebahnt. Bald aber steigt man jäh
im Schatten des Tannenwaldes hinan, und sieht die Aar oft in
sehr tiefen und engen Schlünden unter sich. Die Straße ist gepfla=
stert, aber nicht sorgfältig, wie die des Gotthard, sondern ungleich,
mit großen Granitblöcken, die oft starke Absätze machen. Im Som=
mer, bei gutem Wetter ist es leiblich, aber mit jedem starken Regen
strömen unzählige wilde Waßer über den Weg herein, gegen die man
nur mit Mühe einen festen Fußtritt behauptet. Die hölzernen oder
aus rohen Steinen gewölbten Brücken sind sämmtlich ohne Gelän=
der, höchstens mit einem niedrigen Rande versehen, wie geflißentlich,
um den schwindelnden Eindruck der Landschaft zu verstärken. Man
zeigt eine, wo die Aar so enge zusammengedrängt ist, daß es einmal
einem tollköpfigen Engländer gelungen sein soll, dicht daneben auf
ein hervorstehendes Felsenstück hinüber zu springen. Drei Stunden
oberhalb Meyringen liegt Guttannen, ein im Winter noch bewohn=
bares, wiewohl alsdann ganz im Schnee vergrabenes Dorf. Eine
Feuersbrunst hat es vor wenigen Jahren verzehrt, die Häuser sind
zum Theil schön, und werden wieder aufgebaut, nach der Weise des
Oberlandes aus dem saubersten Zimmerwerk und mit Denksprüchen
vielfältig beschrieben. Mitten unter solcher Strenge der Natur, wo
eine Wohnung nichts weiter leisten zu können scheint, als nothdürf=
tig vor dem Ungemach der Witterung zu schirmen, erfreuen diese
umständlichen Verzierungen als ein Beweis der Wohlhabenheit und
des guten Muthes so bald nach einem erlittenen Unglücksfall. Wei=
ter hinauf ist unter zahllosen, die man nicht besonders bemerkt, ein

unbeschreiblich herrlicher Sturz der Aar zwischen schiefen, in großen Tafeln gebrochenen Felswänden. Ich sah ihn von oben auf einer überhangenden Spitze, und bewunderte, da eben die Mittagssonne das tobende Gestrudel erleuchtete, wie sich das Bruchstück eines Regenbogens tief unter mir recht in die feuchten engen Klüfte hineingelegt hatte, und mit dem emporgetriebenen Wasserstaube sich wallend bewegte. Bald nimmt die Waldung ab, an die Stelle der Tannen treten Arven (eine nur in sehr hohen Gegenden gedeihende Fichtenart, wiewohl sie in Ansehung der Frucht der südlichen Pinie gleicht), dann Gestrüpp, und endlich bloß Wasen und Moos. Dazwischen kahle vom Wetter geschwärzte Felsen, nicht zackig, sondern glatt und häufig in ungeheuren Platten abgerundet. Ueber mehrere dergleichen führt die Straße unmittelbar, nur durch eingehauene Tritte für die Maulthiere bezeichnet; eine dieser unbehaarten Glatzen des Urgebirgs heißt die Höllenplatte, wegen der Gefahr beim Glatteis.

Nicht weit von der Herberge hatten wir den gewöhnlichen Weg verlaßen und waren ein Paar jungen rüstigen Gemsjägern auf ungebahnten Pfaden nachgeklettert, um eine Krystallgrube zu besehen. Wir kamen daher von drüben, jenseits des Sees an das Spital. Dieser kleine See ist ganz schwarz: so färben sein enges Becken die umgebenden schwärzlich bemoosten Berge und der moorige Grund unter der beträchtlichen Tiefe. Kein Fisch, noch sonst Lebendiges haust darin. Der Himmel dämmert nebelig; die trägen Fluten, die wir im kleinen Nachen befuhren, glichen dem Styx, der Fuhrmann in übergeworfener Wildschur dem rauhen Charon, das Spital, von grauen Steinen burgähnlich erbaut und im letzten Kriege zum Theil verbrannt, mochte das öde, farblose, zerfallene Haus des Orkus scheinen; ein großer Hund bellte gegen die Anlandenden, wie Cerberus; nur den Wirth und die Wirthin konnten wir nach ihrem treuherzigen, wiewohl bäurischen Empfang nicht für die unerbittlichen Beherrscher der Unterwelt halten. Auch dem Hunde lernten wir bald beßer Gerechtigkeit widerfahren zu laßen: er ist so wenig ein Aengstiger der Schatten, daß er vielmehr die Lebenden an der Pforte des Todes zurückruft. Man hat ihn nämlich abgerichtet, die erstarrten und im Schnee versunkenen Wanderer herauszuzerren; ja er trägt alsdann sogar zu ihrer Stärkung einige Lebensmittel am Halse.

Der vortreffliche Sausfüre sagt, der See beim Spital heiße der

Todtensee, weil man die Leichen der Verunglückten hineinwerfe. Wie hat er sich nur so etwas überreden können? Solch ein unmenschlicher Gebrauch sollte in einem christlichen Lande stattfinden! Das würde schlecht mit der menschenfreundlichen Sorgfalt der Obrigkeit übereinstimmen, welche hier, wenige Wintermonate ausgenommen, einen Wirth zur Verpflegung der Armen unterhält, die vor der Reformation ohne Zweifel von frommen Mönchen besorgt wurden. Der todte See, nicht Todten=See, liegt weiter oben, und heißt so, weil er keinen Abfluß hat. Mangelhafte Kenntniß der Sprache hat hier den genauen Beobachter irre geleitet. Aber er war nun einmal für die savoyischen Alpen, wie für sein Eigenthum parteiisch, und seine Beschreibungen der deutschen Schweiz sind etwas mager.

Der Rhone.

Wenige Flüße wechseln so oft und so auffallend ihre Farbe, als der Rhone. Milchweiß an der Quelle; wo er sich in den See ergießt, von hellem lieblichem Grün; beim Ausfluß dunkelblau, wahrscheinlich durch eine eigenthümliche Beschaffenheit des Waßers (denn man bemerkt es nicht in gleichem Grade an andern Flüßen, die sich, jeder in seinem See, ebenfalls bis zur durchsichtigsten Klarheit läutern), bald durch die aschgraue Arve getrübt, mit deren Strom er sich ungern zu mischen scheint; wiederum grünlich im schmalen, vielfach gewundenen Bett, da wo er am südlichen Ende des Jura tief unter der Festung Les Clüses sich durch die Schlucht einer Gebirgskette drängt, einer einzigen und vielleicht vormals durch die Gewäßer getrennten Gebirgskette, wiewohl sie jetzt verschiedene Namen führt; hierauf verschlämmt durch die Auflösung des lockern Kalkbodens, den er dergestalt ausgegraben hat, daß er in eine überwölbte Höhle hinunterstürzt, und einige Augenblicke von der Oberfläche der Erde verschwindet; bei Lyon wieder klarer als die ihm zögernd entgegen eilende blonde Saone. Die Laufbahn dieses herrlichen Flußes ist nicht sehr lang, aber rasch, belebt und mannichfaltig. Dagegen umgiebt ernste Stille und Einsamkeit seinen Ursprung: es ist wie die in sich zurückgezogene und unbemerkte Kindheit eines großen Geistes. Ganz hinten im langgestreckten Thal des Wallis, fern von Menschenwohnungen, liegt der Rhonegletscher zwischen den unfruchtbaren Scheiteln des Grimsel und der Furka, aber nicht von unerklimmba=

ren Alphörnern umgeben; er neigt sich nur mit gelindem Abhange gegen das Thal und erweitert sich zugleich in Gestalt eines Fächers. Die verschiedenen Arme, welche den Fluß bilden, rieseln ohne Geräusch und Anstrengung unter flachen Schwibbögen von Eis hervor. Wenig unterhalb hat man das Vergnügen, auf einem kleinen Stege über den neugebornen Rhone zu schreiten, der sich ruhig fortschlängelt, wie im Bewußtsein einer großen Bestimmung. Seinen Eintritt in die Welt künbigen keine losgerißenen Klippen an, kein Getümmel der schäumenden Wogen, womit zum Beispiel die weiße und schwarze Lütschine im Grindelwald und so manche andere Bergströme ihre wilde Bahn eröffnen. Diese sind nach wenigen Meilen verrauscht und verschollen, jener füllt mit seinem Ruhm die Welt.

Montbard.

Es ist wohl natürlich, daß man sich bei Büffons Landsitz eine ausgezeichnet schöne Gegend denkt, als Bedürfniß und Belohnung für den begeisterten Betrachter aller Wunder der Natur. In dieser Erwartung findet man sich aber betrogen. Die Anhöhe, worauf sein Arbeitszimmer abgesondert erbaut ist, hat nur eine mittelmäßige Aussicht: keine Ferne; die rings umschränkenden Hügel sind steinig und kahl, den Bertiefungen dazwischen fehlt es an Waßer und frischem Grün. Buffon, als der nie außerhalb Frankreich gereiset, hatte vermuthlich einen nicht sehr großen Maßstab für landschaftliche Reize, oder er begnügte sich mit dem, was seine Provinz (Bourgogne) darbot, oder ihn bestimmte bei der Wahl eines Landgutes die Rücksicht auf den Ertrag. Hierauf verstand er sich, wie man sagt, vortrefflich: die in Montbard angelegten Eisenhämmer beschäftigten ihn ungemein. Ueberhaupt war es ihm wohl mehr darum zu thun, das Stadtleben zu vermeiden, als das Landleben zu suchen. Mit Tages Anbruch stieg er in den Sommermonaten, die er hier zubrachte, auch bei schlechter Witterung zu seinem Gartensal hinauf; nicht etwa, um durch eine freie Aussicht sein Gemüth zu erweitern: er ließ vielmehr die Laden verschließen, und arbeitete bei Licht. Diese künstliche Nacht, und das Verbot, irgend jemand zu ihm heraufzulaßen, gab ihm das Gefühl der ungestörtesten Einsamkeit, wiewohl in der Nähe der Menschen: denn das Wohnhaus liegt in dem Flecken selbst. Nur selten, wahrscheinlich wenn es mit dem Schreiben nicht nach

Wunsch fortrückte, gieng er spazieren unter ben hohen Baumgängen, welche die obere Fläche umgeben, wo von einem ehemaligen Schloße nur noch ein Thurm übrig ist.

Buffons prächtige und festtäglich gepußte Schreibart erweckt allerdings den Begriff von abgemeßener Sorgfalt, die einer augenblicklich hinreißenden Eingebung nicht zusagen würde. Ein alter Gärtner, den wir um die Lebensweise seines Herrn befragten, war vom Eindruck ihrer Einförmigkeit so durchdrungen, daß er seiner Erzählung immer die Redensart einflocht: 'Es war alle Tage dieselbe Wiederholung.' Als der Mann auf die Zeiten nach Buffons Tode, und bis auf die französische Revolution kam, stockte er bei diesem Worte, und wir mußten ihm einhelfen; an unerschütterliche Ordnung gewöhnt, hatte er jene bloß wie eine zufällige Störung angesehen, und nun war ihm entfallen, wie man das Ding damals benannte. Uebrigens floh Buffon bei seinem Aufenthalt auf dem Lande keineswegs alle Gesellschaft, vielmehr war ihm beim Mittagsessen und Abends, wie ich von guter Hand weiß, ein eigentlicher Gevatterschnack willkommen.

Wohnhaus und Arbeitszimmer sind in der Schreckenszeit, als der junge Graf Buffon hingerichtet ward, geplündert worden; der Garten aber steht noch, wie ihn der berühmte Besitzer angelegt, mit seinen Hecken, Alleen, Terrassen und andern Verzierungen. Unter diesen fielen mir die vielen Statuen auf, von grober Arbeit, und aus übertünchten Backsteinen verfertigt. Es sind sämmtlich nackte weibliche Figuren, und Buffons Absicht dabei ist nicht mißverständlich: nämlich der sinnlichen Wollust zu huldigen, wie an so vielen Stellen seiner Naturgeschichte. Verschiedene sind schlechte Wiederholungen nach der Antike, z. B. die Venus Kallipygos, andre neu erfundene ohne Zweifel nach Buffons eigner Angabe ausgeführt. Ich bemerkte eine, nahe bei dem Kabinet, von breiten und schlaffen Formen, in einer mit nichten schüchternen oder in sich geschmiegten Stellung; was diese bei der mediceischen Venus für die Schamhaftigkeit leistet, hat der Künstler also auf einem andern Wege zu erreichen gesucht. Ein Rosenstock schlingt sich seitwärts am Schenkel der überreifen Schönen hinauf, und eine weit aufgeblühte Rose legt sich dem geheimnißvollen Orte vor. Kann man sich gröber an den Grazien versündigen? Und ist es möglich, daß ein Forscher, der die

Hervorbringungen der Natur mit wahrem Kunstsinne würdigte, dieſen wenig genug auf die bildende Nachahmung des Schönen übertrug, um ſo etwas nur um ſich dulden zu können? Allein dieß iſt ein recht nationaler Zug. Findet man doch bei keinem einzigen für klaſſiſch geachteten franzöſiſchen Schriftſteller auch nur eine Spur, daß er die bildenden Künſte mit Einſicht geliebt habe. Ja es gehörte in Frankreich nicht einmal zur Erziehung der Vornehmen, wie in andern Ländern, Kenner oder wenigſtens Liebhaber in dieſem Fache zu ſein. Erſt in den neueſten Zeiten haben ſie ſich Enthuſiaſmus für die ſchönen Künſte, wie ſie es nun verſtehen, einzuſchwaßen verſucht.

Die Anſicht der Natur als einer Künſtlerin, welche in einem mehr oder weniger widerſtrebenden Stoffe arbeitet, und durch das Bedürfniß ihrer ſchaffenden Phantaſie auf möglichſte Mannichfaltigkeit getrieben wird, wobei es denn nicht an unvollkommneren Abdrücken, ja an mißrathenen Verſuchen fehlen kann, die an die Gränze des Unmöglichen ſtreifen; dieſe Anſicht, ſage ich, ſtellt den Naturforſcher weit höher als der Geſichtspunkt, vermöge deſſen er überall auf Zwecke, verſtändige und wirthſchaftliche Zwecke ausgeht. Die Annahme durchgängiger Zweckmäßigkeit, alſo gleicher Vollkommenheit in allen Werken der Natur, iſt ein vorgefaßtes Urtheil, das den Blick für die geheimeren Beziehungen der Weſen abſtumpfen muß. Mit der Uebereinſtimmung der Mittel und Zwecke geht es freilich nach der Schnur: Alles beruht auf dem einfachen Kunſtgriffe, das Wirkliche zum Beabſichtigten zu machen und die Wirkung in Gedanken der Urſache voran zu ſtellen. Wie aber, wenn die Zwecke nun ſelbſt daran kommen ſollen, beurtheilt zu werden? Da wird es ſchlimm ausſehen; denn Alles läuft am Ende auf ein ins Unendliche fortgeſetztes gegenſeitiges Aufſpeiſen der Kreaturen hinaus, wobei die Pflanzen allein, und auch dieſe kaum, eine bloß leidende Rolle ſpielen: ein großes Gaſtmahl, wo die Gäſte zugleich die Gerichte ſind; wie man es in Bernardins de St. Pierre Naturſtudien an unſäglich vielem Gewürme entwickelt leſen kann. Buffon weiß von einer Rangordnung: er erkennt ſchöne und häßliche, edle und unedle, glückliche und unglückliche Geſchöpfe an. Er äußert Geringſchätzung gegen die Inſekten, ſelbſt die ſo bewunderten Bienen, er drückt ſich kühn aus über die Fehlgriffe der Natur, über die wahrhaft mißgebornen Gattungen, z. B. bei Gelegenheit des Faulthiers

und des Toucan. Er ist ein guter Physiognomiker der Thiere, und
nähert sich dadurch den Alten, einem Aristoteles, einem Plinius.

Dieses, nebst dem, was daraus herfließt, nehmlich dem Aufleh=
nen gegen die geistlosen Klassifikationen und der Kritik über die
Verschiedenheit oder Einerleiheit der Arten macht sein Hauptverdienst
aus. Denn mit seinen idealistischen Ahndungen ist es nicht recht
zum Durchbruche gekommen, und zum Begriff des Organismus der
Himmels = Körper und Systeme hat er sich nie erhoben: seine Hypo=
thesen darüber gehen auf lauter Zufälliges nnd Mechanisches. Er
war einmal in den Kreiß des irdischen Lebens festgebannt. Auch
fehlt es ihm überall an Uebersicht, und sein großes Werk über die
Naturgeschichte der Thiere ist nichts weniger als ein Werk.

IX

Jakob Necker.

Jakob Necker ward den 1sten Mai 1734 in Genf geboren, aus einem ablichen Geschlecht, das ursprünglich im nördlichen Deutschland zu Hause war. Frühzeitig, sobald seine erste Erziehung beendigt war, begab er sich nach Frankreich, und widmete zwanzig Jahre seines Lebens dem Handel und dem Erwerb seines Vermögens. Die Republik Genf ernannte ihn zu ihrem Residenten in Paris: in dieser Eigenschaft kam er in Geschäfts-Verhältnisse mit dem Herzog von Choiseul, und flößte diesem Minister ausgezeichnete Hochachtung vor seinem Charakter und Wohlgefallen an seinem Geiste ein. Da ihn die ostindische Kompagnie, deren Mitglied er war, erwählt hatte, um ihre Sache bei der Regierung zu führen, so ließ er über diesen Gegenstand im Jahr 1773 ein Schrift drucken [Réponse au Mémoire de M. l'abbé Morellet sur la compagnie des Indes], worin er die Wichtigkeit einer den Handel betreffenden Frage durch die Zierlichkeit und Reinheit der Schreibart hervorzuheben wußte. Im folgenden Jahr erhielt seine 'Lobrede auf Colbert' den von der französischen Akademie ausgesetzten Preis. Condorcet, dessen Gedanken schon damals auf die Freiheit gerichtet waren, machte es ihm zum Vorwurf, den Minister eines Despoten gelobt zu haben. Das zweite Werk Neckers, betitelt Versuch über den Getreidehandel und dessen Gesetzgebung' (Essai sur le commerce et la législation des grains) wurde von Turgot und den Oekonomisten (Physiokraten) lebhaft angegriffen. Der Verfaßer, wiewohl er im Allge= meinen den Grundsatz der Handelsfreiheit anerkannte, erklärte sich dennoch für einige Einschränkungen der Getreide=Ausfuhr, welche die Sorge für die ärmern Stände ihm nothwendig zu machen schien. Ein im Jahe 1775 durch die hohen Kornpreise verursachter Aufstand bewies nur allzusehr die Wahrheit seiner Behauptungen. Das Buch des Adam Smith hat eine Anzahl Jahre hindurch für eine Art von Evange= lium in der Staatswirthschaft gegolten: aber seitdem scharf= sinnige Schriftsteller bewiesen zu haben scheinen, daß einige Theile seines Systems auf unsre jetzige gesellschaftliche Ver= faßung nicht anwendbar sind, verdient der Versuch über die Gesetzgebung des Kornhandels mit besondrer Aufmerksamkeit wieder gelesen zu werden. Die Finanzen Frankreichs waren in einer beunruhigenden Verwirrung; die Parlamente wur= den von Tag zu Tag schwieriger beim Einregistriren der Auflagen, und der Verfall des Credits machte die Anleihen unmöglich. Der erste Staatsminister, Graf von Maurepas, hielt es für das beste Mittel sich aus so vielen Schwierig= keiten herauszuwinden, daß er die Verwaltung der Finanzen einem Mann anvertraute, den die öffentliche Meinung ent= schieden dazu berief, wiewohl er ein Fremder und ein Pro= testant war. Im Jahr 1776 wurde also Necker Herrn La= boureau als Direktor des königlichen Schatzes beigesellt, und im nächsten Jahr wurde ihm die Verwaltung der ge= sammten Finanzen übertragen. Wenige Monate vor seinem Eintritt in das Ministerium hatte Necker eine Reise nach England gemacht, wo seine Aufmerksamkeit sich besonders auf den Einfluß gerichtet hatte, den die Oeffentlichkeit der Ver=

handlungen auf den Credit hat. Uebrigens, wiewohl er ein großer Bewundrer der englischen Verfaßung war, kann man versichern, daß er zu Anfang seiner öffentlichen Laufbahn nicht im mindesten daran dachte, in Frankreich eine ähnliche Ordnung der Dinge einzuführen. Sein einziger Zweck war, in den verschiedenen Zweigen der Verwaltung Ordnung und Gerechtigkeit einzuführen; ein langsames, aber sichres Mittel zur Freiheit zu gelangen, welche nichts anbres als die höchste Gerechtigkeit ist. Das, woburch sich Necker als Staats= mann eigenthümlich auszeichnet, ist die Uebertragung der gewißenhaftesten Sittlichkeit des Privatlebens auf die öffent= lichen Geschäfte. Bei solchen Grundsätzen mußt' er jede gewaltsame Revolution scheuen, und man sieht auch, daß er sogar dann, wenn es darauf ankam, Mißbräuche abzustellen oder Privilegien zu vernichten, die der Nation nachtheilig waren, sich lieber mit den vorhandnen Ansprüchen gütlich abzufinden gesucht hat, als daß er ohne Schonung hätte durchgreifen sollen, so oft eine durch die Theorie em= pfohlne Verbeßerung, plötzlich und in ihrem ganzen Umfang durchgesetzt, einige Ungerechtigkeiten hätte herbeiführen können.

Die ungleiche Vertheilung der Auflagen, die Privile= gien der Stände und der Provinzen, die zahllosen Mißbräuche der Verwaltung, das Elend der untern Stände, machten die Herstellung der Finanzen zu einer unglaublich schwierigen Aufgabe. Necker wollte sie durch die genaueste Sparsamkeit in allen Ausgaben bewirken. Er gab ein in seiner Art einziges Beispiel, indem er das für seine Stelle bestimmte Gehalt ausschlug, und dem Staat ohne alle Vergütung mit dem Aufwand seines eignen Vermögens diente. Dieser Be= weis seiner Uneigennützigkeit sollte nicht sowohl dem Schatz

eine an sich wenig bedeutende Ausgabe ersparen, als viel=
mehr ihn selbst in Stand setzen, der Verschwendung der
öffentlichen Gelder mit Nachdruck zu steuern, und die Be=
soldungen und Gnadengehalte zu vermindern, die sich auf
unmäßige Summen beliefen.

Frankreich ergriff die Partei der amerikanischen Kolonien
gegen England, wiewohl es Necker abgerathen hatte. Er
nahm zwar lebhaft Antheil an der Sache der Unabhängig=
keit Nordamerikas, aber er widersetzte sich einem Bruch, den
er entweder als nicht hinreichend veranlaßt, oder nach den
Verhältnissen der französischen Monarchie als unpolitisch be=
trachtete. Indessen mußten die Unkosten des Kriegs in einem
verschuldeten und unter der Last der Auflagen schon erlie=
genden Lande herbeigeschafft werden. Necker nahm seine
Zuflucht zu Anleihen. Der Ruf seiner Ueberlegenheit im
Finanzwesen und seiner Gewißenhaftigkeit vertrat die Stelle
wirklicher Gewährleistungen; und so schuf er ganz allein ei=
nen Kredit, welchen die Staatseinrichtungen Frankreichs un=
möglich zu machen schienen. Er lockte die Kapitalisten durch
vortheilhafte Bedingungen an, er bestach ihre Einbildungs=
kraft durch Vortheile, die das Loos vertheilen sollte, und
Anerbietungen aus allen Theilen Europas entsprachen seinen
Einladungen. Man hat das von Necker eingeführte System
der Anleihen auf Leibrenten angegriffen, aber man hat hier=
bei nicht genugsam bedacht, wie damals die Lage der fran=
zösischen Finanzen beschaffen war; man hat vor allen Din=
gen vergeßen, daß Necker nicht in neuen Auflagen, sondern
in bloßen Ersparnissen die nöthigen Hülfsquellen zur Zah=
lung der Zinsen und zur allmälichen Tilgung der Kapitale
zu finden wüßte.

Der Graf von Maurepas pflegte immer gegenwärtig

zu fein, wenn der König mit feinen Miniftern arbeitete;
ein Anfall vom Podagra hielt ihn einmal in feinem Haufe
zurück, und Necker benutzte diefen Zeitpunkt, um die Entlaßung des Minifters der Marine, Herrn von Sartines,
deffen Unfähigkeit und unordentliche Gefchäftsführung dem Fi-
nanzminifterium tägliche Verlegenheiten verurfachte, und die
Ernennung des, eines folchen Vertrauens in jeder Hinficht
würdigen Marfchalls von Caftries an feine Stelle zu bewirken. Der alte Höfling konnte es Neckern nie verzeihen,
daß er einen unmittelbaren Einfluß auf den Geift des Königs ausgeübt hatte; von diefem Augenblicke an ward er
fein Feind, und fpähte unabläßig jede Gelegenheit aus, ihn
mit Vortheil anzugreifen.

Unter den Verfügungen, welche Neckers erftes Minifte-
rium bezeichnen, war die Einführung der Provincial-Ver-
waltungen eine der wichtigften. Den Plan dazu hatte Turgot entworfen, allein Necker hatte zuerft den Muth, ungeachtet des Widerftandes jeder Art, den er dabei erfuhr, die
Sache in's Werk richten. Die Provincial-Verfammlungen
waren dazu beftimmt, die Auflagen unter die Zahlungs-
pflichtigen zu vertheilen, und die Regierung über die örtlichen Verhältniffe aufzuklären. Ein Viertel ihrer Mitglieder
war aus der Geiftlichkeit, ein andres Viertel aus dem Adel,
und die Hälfte aus dem dritten Stand gewählt. Wenn es
wahr ift, daß die Völker einer fortfchreitenden Erziehung
bedürfen, um zur Freiheit zu gelangen, und daß man ihnen nur
nach und nach alle Rechte zugeftehen darf, auf deren Befitz
fie Anfpruch haben, fo war die Einrichtung der Provincial-
Verfammlungen das gefchicktefte Mittel, Frankreich zu einer
wahrhaft repräfentativen Verfaßung vorzubereiten. Welche
Wünfche indeß Necker in diefer Hinficht hegen mochte, man

hat Ursache zu glauben, daß seine Absicht damals weniger darauf gieng, eine politische Reform herbeizuführen, als den Mißbräuchen der Verwaltung abzuhelfen und dem bedrängten Theil der bürgerlichen Gesellschaft Lindrung zu verschaffen. Die drei unter dem ersten Ministerium Neckers gestifteten Provincial-Versammlungen in Berry, Rovergue und dem Delphinat, brachten in kurzer Zeit die heilsamsten Wirkungen hervor.

Eine Schrift, worin Necker die Vortheile der Provincial-Versammlungen entwickelte, und unter andern darthat, daß sie in der Folge als ein Gegengewicht gegen den Widerstand der Parlamente dienen könnten, wurde durch die Indiscretion eines Herrn vom Hofe öffentlich bekannt, und zog Neckern die Feindschaft dieser Gerichtshöfe zu, die er doch mehr geschont hatte, als irgend einer seiner Vorgänger im Ministerium.

Das Recht der todten Hand, eins der beschwerlichsten Lehnrechte, war in den Krongütern abgeschafft. Mehr als dreihundert dem Hof und den Finanzen zur Last fallende überflüßige Aemter waren aufgehoben; die strengste Sparsamkeit führte bei allen Ausgaben den Vorsitz; das Deficit, das Necker im öffentlichen Schatz vorgefunden, war ausgefüllt; die Zinsen für ausgeliehene Gelder standen niedriger als jemals; die ganze Einrichtung der Gefängnisse und Hospitäler war verbeßert. Necker wollte das französische Volk zum Zuschauer seines Werks haben, und wenn es nicht bei der Verwendung seiner Einkünfte zu Rathe gezogen war, wollte er, daß ihm wenigstens die Ergebnisse mitgetheilt würden. Ueberzeugt, daß die Oeffentlichkeit der Finanz-Verhandlungen die erste Grundlage des Kredits sei, ließ er die Rechenschaft über seine Verwaltung (Compte rendu)

drucken, und legte darin das unverhoffte Resultat eines Ue=
berschußes der Einnahme über die Ausgabe von zehn Millio=
nen dar. Der Eindruck, den diese Schrift machte, ist un=
beschreiblich, und die öffentliche Dankbarkeit wurde dem
Verfaßer von allen Seiten auf die lebhafteste Weise aus=
gedrückt.

Der Graf von Maurepas, eifersüchtig über die allge=
meine Volksgunst, die Necker genoß, glaubte den vortheil=
haften Augenblick zu Angriffen auf ihn gefunden zu haben.
Er wußte, daß sein Amtsgenoße um keine andre Belohnung,
als die des öffentlichen Beifalls, bemüht war, und daß
seine Ruhmliebe bis zur äußersten Empfindlichkeit über alle
Aeußerungen der Meinung gieng: er fieng also an, heim=
lich Schmähschriften gegen Necker verbreiten zu laßen. Un=
ter andern griff ein gewisser Bourboulon die 'Rechenschaft'
in einer Schrift an, die zu erbärmlich war, als daß sie
eine Widerlegung verdient hätte. Necker, der vielleicht sol=
che Gegner hätte verachten sollen, besorgte, daß ihre Schmäh=
schriften, wenn sie das Ansehn hätten vom Hofe begünstigt
zu werden, seine Mittel Gutes zu stiften vermindern möch=
ten; er hielt es für nothwendig, daß der König durch irgend
ein Zeichen seiner Gunst jeder Vermuthung dieser Art ein
Ende machte. Er begehrte demnach für sich den Sitz im
Staatsrath, und verlangte, daß die Verfaßer der Schmäh=
schriften aus dem Haus der Prinzen entfernt würden. Der
Eintritt in den Staatsrath ward ihm, als Protestanten,
verweigert, worauf er im Jahre 1781 seine Entlaßung nahm.
Necker hat sich seitdem oft Vorwürfe darüber gemacht, daß
er nicht gewartet, bis ihm der Tod des Grafen von Mau=
repas erlaubt hätte, bei Ludwig XVI. den entschiednen Ein=
fluß zu gewinnen, deßen er bedurfte um seine Entwürfe für

das gemeine Beste durchzuführen, und man muß dieses mit
ihm bedauern. Denn man ist berechtigt zu glauben, wenn
er sich in seinem Amt behauptet, und fortgefahren hätte für
Frankreich allmälich alle die Vortheile zu gewinnen, welche
nachher mit Gewalt errungen worden sind, so würde die
Revolution entweder gar nicht stattgefunden, oder eine
ganz andere Wendung genommen haben.

Neckers Entfernung aus dem Ministerium ward in
Frankreich als ein öffentliches Unglück betrachtet. Alle Städte,
alle Korporationen beeiferten sich um die Wette, ihm ihr
Bedauern und ihre Bewundrung zu bezeugen. Joseph II.,
Katharina II. *) und die Königin von Neapel trugen ihm

---

*) Wie die große Kaiserin von Rußland über Neckers Ver=
dienste dachte, und mit welcher Theilnahme sie ihn auf seiner po=
litischen Laufbahn begleitete, das sieht man am besten aus ihren
eigenhändigen Briefen an Hrn. Grimm, welche Frau von Staël
in einer Anmerkung zu dem 'Privatleben' ihres Vaters hat abdru=
cken laßen.

Petersbourg, du 1ᵉ/₂ Juillet 1781.
Enfin M. Necker n'est plus en place. Voilà un beau rêve que
la France a fait, et une grande victoire pour ses ennemis. Le cha-
ractére de cet homme rare est à admirer dans ses deux ouvrages,
car le Mémoire vaut bien le Compte rendu. Le roi de France a
touché du pied à une grande gloire. Nun das wird schon so bald
nicht wieder kommen, mais cela ne réviendra pas de sitôt. Il fal-
loit à M. Necker une tête de maître qui suivit ses enjambées.

Petersbourg, du ½ Juillet 1781.
La lettre que M. Necker vous a écrite m'a fait grand plaisir; je
suis seulement fâchée qu'il ne soit plus en place. C'est un homme à qui le ciel a destiné la première place en Europe sans con-
tredit pour la gloire. Il faut qu'il vive, il faut qu'il survive à une
couple de ses contemporains, et alors cet astre sera à nul autre
comparable, et ses contemporains resteront loin derrière lui.

an, ihn an die Spitze ihrer Finanzen zu stellen; allein er
hatte zu viel Anhänglichkeit an Frankreich, um auf solche
Vorschläge einzugehen. · Das erste Werk, womit er sich in
seiner Zurückgezogenheit beschäftigte, war das 'über die Ver=
waltung der Finanzen': ein klassisches Buch in diesem Fach,
und das noch jetzt bei allen Berechnungen der Reichthümer
Frankreichs zur Grundlage dient. Es erschien im Jahr
1784, und achzigtausend Exemplare wurden in wenigen Ta=
gen verkauft; niemals hatte ein so wißenschaftlicher Gegen=
stand eine solche unter allen Ständen verbreitete Neugierde
erregt.

Die ersten Nachfolger Neckers waren zwei Parlaments=
Räthe, Hr. Joly de Fleury und Hr. von Ormesson, deren
Ministerium nur als eine Art von Zwischenreich betrachtet
werden kann, so groß war ihre Unwißenheit in den einzel=
nen Theilen der Verwaltung. Hierauf erschien Hr. von
Calonne, dessen thörichte Verschwendung jenes berüchtigte
Deficit herbeiführte, welches die Ursache oder wenigstens die
sichtbare Veranlaßung der Revolution ward. Er setzte wäh=
rend des Friedens das System der Anleihen fort, das
Necker nur für den Krieg geschaffen hatte; er begünstigte
den Luxus des Hofes, um mit Neckers strenger Sparsamkeit
einen Gegensatz zu bilden, und verwickelte sich dergestalt in

---

De Petersbourg, 8. Novembre 1784.
J'ai enfin pu lire l'introduction du livre de M. Necker, je viens
de l'achever. Puisqu'il est sensible à l'estime, assurez-le de toute
la mienne. On voit qu'il était à sa place et qu'il la remplissoit
avec passion, il en convient lui-même. J'aime ce mot: Ce que
j'ai fait je le ferois encore. Et on ne parle pas ainsi sans
être bon, et il faut l'être éperdûment, pour n'en avoir rien perdu
après beaucoup de traverses.

den Folgen seiner Unordnung, daß er keine andre Ausflucht
mehr sah, als eine Versammlung der Notabeln zusammen
zu berufen (1787). In der Berechnung der Finanzen, die
er dieser Versammlung vorlegte, gestand er ein Deficit von
56 Millionen ein, aber er behauptete, es sei schon vorhan=
den gewesen, als sich Necker aus dem Ministerium zurück=
zog, und bestritt die Richtigkeit der von diesem abgelegten
'Rechenschaft'. Necker antwortete auf die Angriffe des Hrn.
von Calonne durch eine Schrift, worin die geistvollste Po=
lemik die siegreiche Beweiskraft der Gründe anziehend her=
vorhebt. Die Gültigkeit dieser Antwort wurde bald, sowohl
von der öffentlichen Meinung, als von der Versammlung
der Notabeln, anerkannt, und Calonnes Entlaßung ward
unvermeidlich. Bevor Necker seine Widerlegung bekannt
machte, hatte er sie dem Könige vorgelegt und die Erlaub=
niß begehrt, sie drucken zu laßen. Von Seiten eines Pri=
vatmanns, wie es Necker damals war, konnte dieß Ansuchen
nur als eine ehrerbietige Höflichkeitsbezeugung gegen den
König betrachtet werden, und es wäre verkehrt, ihm einen
ernsthaften Vorwurf daraus zu machen, daß er, ungeachtet
der Gegenvorstellungen Ludwig XVI., bei der Meinung ver=
harrte, die Ehre mache es ihm zur Pflicht, seine Vertheidi=
gung bekannt zu machen. Wie dem auch sei, er wurde
bald darauf zwanzig Meilen weit von Paris verbannt, wo
jedoch die ausgezeichnetsten Zeugnisse der öffentlichen Gunst,
welche er behielt, ihn über diese augenblickliche Ungnade
leicht beruhigen konnten. Nach Herrn von Calonnes Ver=
abschiedung wollte der König Neckern zurückberufen, allein
der Baron von Breteuil hielt ihn davon ab, und die Ver=
waltung der Finanzen wurde Herrn von Fourqueux, einem
alten Staatsrath, übertragen, der bald seine vollkomme

Unfähigkeit einfah, und dem Erzbischof von Sens, Herrn
von Brienne, Platz machte, welchen die Königin beschützte.
Die von dem neuen Minister vorgeschlagene Auflage des
Stempelpapieres wurde vom Parlament verweigert; man ver-
bannte das Parlament, und wollte an deffen Stelle einen
aus Adlichen und Geistlichen bestehenden obersten Gerichts-
hof (cour plénière) setzen; aber die öffentliche Meinung
lehnte sich nachdrücklich hiegegen auf, und bald ward eine
Zusammenberufung der Reichsstände die allgemeine Losung.
Der Erzbischof von Sens war genöthigt, sie im Namen des
Königs auf den Monat Mai des Jahres 1789 zu versprechen.

Es geschah im Monat August des vorhergehenden
Jahrs, daß die Gewalt der öffentlichen Stimme Neckers
zweite Berufung zum Ministerium erlangte. Er hatte so
eben in seiner Entfernung von den Geschäften sein Werk
'über die Wichtigkeit der religiösen Meinungen' herausgegeben, worin die reinste Sittenlehre in der edelsten Schreibart geprebigt wird. Im Jahr 1781 hatte er das Ministerium mit Bedauern verlaßen, jetzo trat er mit Bekümmerniß
wieder ein. Als man ihm seine Ernennung meldete, rief
er aus: „Warum hat man mir nicht die fünfzehn Monate
des Erzbischofs gegeben? Aber jetzt ist es zu spät." Necker
fand den öffentlichen Schatz erschöpft, die Staatspapiere im
Werth gesunken, so daß sie eines Morgens nur auf 30
Procent stiegen. Bald boten sich Kapitale von allen Seiten
an; die Verbannten wurden zurückberufen, die wegen politischer Meinungen Verhafteten wurden in Freiheit gesetzt;
allein die Gährung der Gemüther war schon allzu heftig,
als daß es in menschlichen Kräften gestanden hätte, sie zu
meistern.

Die aristokratische Partei hat Neckern besonders daraus

einen schweren Vorwurf gemacht, daß er bei der Versamm=
lung der Reichsstände dem dritten Stand die gleiche Zahl
von Repräsentanten gegeben, wie den beiden übrigen Stän=
den zusammen. Aber, einmal angenommen, daß die Ver=
doppelung der Abgeordneten des dritten Standes nicht eine
Pflicht gegen die Nation gewesen wäre, so wäre es dennoch
ungerecht, Neckern wegen einer Maßregel anzuklagen, welche
so gebieterisch von der öffentlichen Meinung gefordert ward,
daß aller Widerstand in dieser Hinsicht nur die verderblich=
sten Folgen hätte nach sich ziehen können. Selbst das Par=
lament von Paris, der eifrigste Vertheidiger des alten
Herkommens, war gezwungen gewesen einzugestehn, daß in
diesem Stück die ehemaligen Gebräuche nicht zur Richtschnur
dienen dürften. Das Einzige, was man Neckern vernünfti=
ger Weise vorwerfen kann, ist, daß er von Neuem die
Versammlung der Notabeln berief, und daß er nachher einen
Beschluß faßte, welcher der Entscheidung der großen Mehr=
heit ihrer Bureaux entgegengesetzt war. Man weiß, daß
das Bureau, bei welchem Monsieur, jetzt Ludwig XVIII., den
Vorsitz führte, das einzige war, welches sich für die Ver=
doppelung erklärte. Aber war es vorauszusehn, daß eben
dieselbe Versammlung, die unter dem Ministerium des Hrn.
von Brienne sich so eifrig für das Beste der Nation ver=
wendet hatte, sich bald nachher so hartnäckig in Vertheidi=
gung ihrer eignen Privilegien zeigen würde?

Die Entscheidung des Staatsraths vom 27sten December
1788, worin Ludwig XVI., außer der verdoppelten Stell=
vertretung des dritten Standes, aus eigner, freier Bewegung
die Abstellung der versiegelten Briefe (lettres de cachet)
und die periodische Zusammenberufung der Reichsstände ver=
sprach, erregte einen allgemeinen Enthusiasmus, und der

Minister, der solche Beschlüße angerathen hatte, gelangte auf den Gipfel der Popularität.

Demungeachtet wurde Neckers Lage in Kurzem sehr schwierig; er sah die unwiderstehliche Gewalt der öffentlichen Meinung, und fühlte, die einzige Weise sie zu lenken, sei, daß der König sich selbst an die Spitze der Volksbewegung setzte, und im Voraus der französischen Nation die Vortheile zugeständе, die sie ihm später mit Gewalt entreißen würde. Ludwig XVI. blieb nicht lange dieser Richtung getreu; Necker war das scheinbare Haupt des Ministeriums, aber alle Schritte des Hofes wurden durch einen geheimen Rath und insbesondere durch den Baron von Breteuil geleitet. Wenn Necker nur den Ehrgeiz gehabt hätte, mächtig zu sein, so gab es keine Höhe, auf welche ihn nicht die Volksgunst, deren er genoß, hätte emportragen können; allein er machte es sich zur Pflicht, dem König diese Volksgunst aufzuopfern; und selbst diese schmerzlichste aller Aufopferungen wurde bald fruchtlos.

Am 5ten Mai 1789 hatte die Eröffnung der Reichsstände statt. Necker beschränkte sich in seiner Rede darauf, den Zustand der Finanzen zu entwickeln, die nöthigen Verbeßerungen anzudeuten, und die Ergebnisse seiner Arbeiten darzulegen. Der dritte Stand war unzufrieden damit, daß er sich auf die Prüfung der Verfaßung nicht eingelaßen hätte, und die privilegierten Stände, welche mit Erstaunen sahen, was er in den acht Monaten seines neuen Ministeriums für die Herstellung der Finanzen geleistet hatte, rückten ihm die Berufung der Reichsstände als überflüßig vor. Aber war es möglich, sich von dem feierlichen Versprechen des Königs loszusagen, wiewohl es unter dem Ministerium des Erzbischofs von Sens gegeben war?

Schon ehe die Stellvertreter des dritten Standes sich
für eine National-Versammlung erklärten, hatte Necker dem
König zu erkennen gegeben, es sei nothwendig, daß die drei
Kammern über alles die Auflagen Betreffende sich gemeinschaftlich beriethen, und daß die Abgeordneten einzeln ab-
stimmten, wobei man dann die Berathung nach Ständen für
die besondern Interessen und Vorrechte jedes Standes beibehalten, und auf den nächsten Reichstag die Eintheilung
in zwei Kammern ankündigen möchte. Der Entwurf Neckers
für die königliche Sitzung vom 23sten Junius war auf dem
Punkt durchzugehen, als die Königin Alles rückgängig machte.
Neue Mitglieder wurden in den geheimen Rath aufgenommen, und statt seines Entwurfs ward eine Erklärung gut
geheißen, die in einem ganz verschiednen Geist abgefaßt
war, wiewohl sich hie und da Einiges von seinen Gedanken
wiederfand. Der König fieng damit an, alle bisherigen
Beschlüße der National-Versammlung umzustoßen. Die Wirkung einer solchen Erklärung war leicht vorauszusehen; Necker
widersetzte sich bis auf den letzten Augenblick, und um ihr
nicht eine scheinbare Billigung zu geben, nahm er seine
Entlaßung. Die unvorsichtig eingeschärften Befehle des Königs blieben ohne Wirkung bei der Versammlung; die Königin, in Schrecken gesetzt durch die Volksbewegung, welche
sich kund gab, bat noch an demselben Tage Neckern, seine
Stelle wieder anzunehmen, indem sie ihm sagte, die persönliche Sicherheit des Königs hänge davon ab, und versprach, fernerhin keinen andern Rathschlägen als den seinigen
Gehör zu geben. Die Nachricht von Neckers Wiedereintritt
in das Ministerium wurde in Versailles mit Jubelgeschrei
aufgenommen, die Abgeordneten begaben sich in Menge zu
ihm. Vielleicht wäre es damals noch Zeit gewesen, der

Regierung das Ansehen wieder zu sichern, das der König
so unvorsichtig gefährdet hatte. Necker gab den einzigen Rath,
der heilsam sein konnte: der König befahl den beiden privilegierten Ständen, sich mit der National-Versammlung zu
vereinigen, und diese Vereinigung, wiewohl man sich mit
Widerwillen und erst nach einer vorläufigen Protestation des
Adels dazu verstand, brachte noch eine wohlthätigere Wirkung hervor, als man es hoffen durfte. Necker hatte mit
Nachdruck vorgestellt, wie unvorsichtig es wäre, auf Paris
Truppen anrücken zu laßen, deren man nicht sicher sein
könnte. Seine Vorstellungen wurden nicht gehört; er sah
sehr wohl, daß der Hof sich wieder vom Baron Breteuil
leiten ließ, und daß der König nur noch der Form wegen
mit ihm von Geschäften redete. Endlich am 11ten Julius
erhielt Necker einen Verbannungs-Befehl. Der Baron von
Breteuil, der Neckers unermeßliche Popularität kannte, und
wußte, daß er sich nur in Paris zeigen dürfte, um das
Volk zu seinen Gunsten in Bewegung zu setzen, hatte vorgeschlagen, ihn zu verhaften; aber der König selbst sagte,
er sei versichert, Necker werde gewißenhaft gehorchen. Welch
ehrenvolles Zeugniß für seinen Charakter! Necker reiste in
größter Eile von Paris ab; er floh vor dem Triumph, den
ihm die Liebe und Verehrung des Volks bereitete, wie man
es vor einer Verfolgung thun würde, und fuhr bis nach
Brüssel, ohne sich aufzuhalten. Während der zehn Monate
seiner Verwaltung hatte er sich unaufhörlich damit beschäftigt, dem Unglück einer Hungersnoth vorzubeugen, womit
Frankreich bedroht war. Das Handelshaus der Herrn Hope
in Amsterdam hatte nicht anders, als unter seiner persönlichen Gewährleistung, es übernehmen wollen, Paris mit
Getreide zu versorgen, und er hatte ihnen als Bürgschaft

die zwei Millionen seines Vermögens angeboten, welche im
königlichen Schatz niedergelegt waren. Sogleich nach seiner
Ankunft in Brüssel war seine erste Sorge, an die Herrn
Hope zu schreiben, daß er ungeachtet seiner Verbannung seine
Bürgschaft nicht zurücknehme.

Als sich die Nachricht von Neckers Abreise in Paris
verbreitete, so wurden alle Schauspiele geschloßen, wie bei
einem öffentlichen Unglücksfall; das ganze Volk der Haupt=
stadt griff zu den Waffen, und das erste Zeichen der Na=
tional=Vereinigung, welches man aufsteckte, war eine grüne
Kokarde, zu Ehren Neckers, dessen Farbe dieß war. Der
Graf von Lally=Tolendal schilderte in einer Rede voll der
hinreißendsten Beredsamkeit alle Verdienste Neckers um Frank=
reich, und schlug der National=Versammlung vor, bei dem
König um seine Zurückberufung anzuhalten. In Basel er=
hielt Necker die Briefe des Königs und der Versammlung,
und entschloß sich, wiewohl gegen seine Neigung, nach Frank=
reich zurückzukehren. Ein Brief an seinen Bruder, welchen
Frau von Staël in der Geschichte seines Privatlebens hat
abdrucken laßen, beweist, daß er, weit entfernt sich mit
Stolz des Triumphs seiner Popularität zu erfreuen, nichts
als Traurigkeit empfand, indem er sich wieder an die Spitze
der Geschäfte stellte. „Nur um den innern Vorwurf zu ver=
meiden, als habe ich nicht Alles versucht, gehorche ich den Be=
fehlen des Königs; aber die Zeit Gutes zu stiften ist vorüber."

Die Reise Neckers nach Paris war eine Art von Tri=
umphzug. Die Städte und das Landvolk empfiengen ihn
mit Jubelgeschrei; man spannte seine Pferde aus, um den
Wagen zu ziehen. Unterwegs ließ er verschiednen Personen
Päße ertheilen, die das Volk auf ihrer Flucht aufhalten
wollte; er rettete Herrn von Besenval das Leben, indem er

es auf sich nahm, den Befehl, ihn nach Paris zu bringen, zu widerrufen. Am nächsten Tag nach seiner Ankunft begab er sich nach dem Rathhaus der Stadt, um den neuen Obrigkeiten sein Verfahren zu erklären; durch die rührende Beredsamkeit seiner Rede erlangte er das Versprechen einer Amnestie für das Vergangne, und der Aussöhnung für die Zukunft; und die Worte 'Amnestie!' und 'Es lebe Necker!' ertönten auf dem ganzen Platze.

Diese schöne Volksbewegung war von kurzer Dauer. Schon Tags darauf war Mirabeau bemüht, sie durch seine Reden bei den Sectionen zu vernichten, und die Erklärung der Amnestie ward widerrufen. Von dieser Zeit bis zu seiner Entfernung wandte Necker alle seine Bestrebungen an, um das Ansehn des Königs zu stützen, ohne daß er auch nur einen Augenblick angestanden hätte, ihm seine Popularität aufzuopfern. Die englische Verfaßung, der Gegenstand aller Wünsche für Frankreich, hätte vielleicht noch während der zwei ruhigen Monate nach dem 14ten Julius eingeführt werden können, wenn die rechte Seite der Versammlung sich durch seinen Rath hätte leiten laßen, statt auf die übertriebensten Vorschläge der Demokratie einzugehn, in der Hoffnung, das Uebermaß der Verwirrung werde zur Gegenrevolution führen; aber es gab keine Partei, mit welcher die französischen Aristokraten nicht eher bereit gewesen wären einen Vergleich zu schließen, als mit der Partei der uneigennützigen Freunde einer verfaßungsmäßigen Freiheit.

Frankreich litt an allen Uebeln der Theurung; der Schatz war erschöpft. Necker schlug eine Anleihe auf fünftehalb Procent Zinsen vor, die National-Versammlung setzte die Zinsen auf vier Procent herab, und dadurch schlug die ganze Sache fehl. Man mußte zu patriotischen Geschenken seine

Zuflucht nehmen, und Necker, nicht zufrieden, während seines
ersten Ministeriums sein Gehalt ausgeschlagen zu haben, gab
zuerst das Beispiel, von seinem Vermögen hunderttausend
Franken anzubieten.

Die Schriften, welche er während seines zweiten Ministeriums sowohl dem König als der Versammlung vorlegte,
enthalten Ansichten voll ächter Weisheit, mit eben so viel
Scharfsinn als Nachdruck in's Licht gesetzt. Bei der Streit-
frage über das bloß aufschiebende Veto, schlug er als eine
vermittelnde Auskunft vor, daß der König es während dreier
Legislaturen erneuern könnte. Die öffentliche Meinung hatte
sich schon entschieden gegen das absolute Veto erklärt, und
überdieß wär' es unvorsichtig gewesen, das Ansehn des Königs im Kampf gegen eine einzige Kammer von Repräsentanten auf's Spiel zu setzen. In Betreff der Erklärung der
Volksrechte rieth er dem König, ihr nicht eher seine Bei-
stimmung zu geben, als bis ihre Grundsätze auf eine Ver-
fassung angewandt sein würden. Bald darauf versetzte die
Revolution vom 6ten October die Versammlung nach Paris,
und machte es den Ministern durchaus unmöglich, der herrschenden Partei zu widerstehn.

Im Jahr 1790 lehnte sich Necker gegen die Abschaffung der Titel auf, nicht aus Widerspruch gegen irgend eine
liberale Theorie, sondern nach einer richtigen Schätzung der
Triebfedern, welche auf die menschliche Einbildungskraft wirken, und deren keine in der Regierung eines Staats verab-
säumt werden darf. Da der König dennoch den hierauf bezüglichen Beschluß der Versammlung bestätigte, so hatte Necker den Muth, seine Meinung bekannt zu machen, wie sehr
sie auch mit den Leidenschaften des Augenblicks im Widerspruch stehen mochte.

Die Abschaffung aller Privilegien der Stände und Provinzen, die Eintheilung Frankreichs in Departemente, die gleichförmige Vertheilung aller Auflagen, Alles dieß hatte ohne Zweifel den National-Reichthum vermehrt. Aber bis eine neue Einrichtung der Verwaltung an die Stelle des umgestürzten Gebäudes getreten war, konnt' es an zahllosen Verlegenheiten in den Finanzen nicht fehlen. Um ihnen abzuhelfen, setzte die National-Versammlung eine Maßregel in's Werk, welche die strenge Gerechtigkeit nicht gut heißen konnte: die Vereinigung der Güter der Geistlichkeit mit den Staatsdomänen. Necker bestritt diese Maßregel; er konnte zwar nicht wünschen, daß die Geistlichkeit fernerhin einen abgesonderten Körper im Staat bildete, und sich in allen ihren Reichthümern und Vorrechten behauptete; er sah in der That die Geistlichen nur als Nutznießer von Einkünften an, wovon das Kapital der Nation angehörte; allein er fand es ungerecht, sie ohne eine billige Vergütung außer Besitz zu setzen, und wollte, daß die Vereinigung mit den Staatsdomänen nur allmälich, nach dem Absterben der mit den Beneficien Beliehenen, vorgenommen würde. Er lehnte sich nachdrücklich dagegen auf, daß man die ungeheure Summe von 1800 Millionen Assignaten in Umlauf setzen, und besonders, daß man ihnen einen gezwungenen Kurs geben wollte. Er sagte in einer eindringlichen Schrift alle die Uebel voraus, welche diese Maßregel nach sich ziehen würde: die Unsittlichkeit der Agiotage, den unvermeidlichen Fall des Papiergeldes, den geringen Preis, wofür die Nationalgüter verkauft werden würden.

Mit welcher edelmüthigen Hingebung sich auch Necker der Vertheidigung des königlichen Ansehns widmen mochte, so war er doch weit entfernt, das vollkommne Vertrauen

13*

Ludwigs XVI. zu besitzen. Die Aristokraten vergaßen den
Muth, womit er sie gegen die Volkspartei in Schutz genommen hatte; sie verziehen ihm nicht das unerläßliche Verbrechen, die Freiheit zu lieben. Schon damals, wie jetzt, suchten sie ihre Stütze in der Gewalt fremder Waffen und rie-
then dem König, ohne Prüfung alle Beschlüße der Natio-
nal=Versammlung zu bestätigen, bis zu dem Augenblicke, wo
er außerhalb Frankreich wär, und Alles widerrufen könnte.
Auf der andern Seite fieng die Partei der Jakobiner an, in
der Versammlung die herrschende zu werden; Mirabeau selbst
sah sich in der Minorität. Bei einer solchen Lage der Sachen konnte Necker nicht mehr hoffen, irgend etwas Gutes
zu stiften; kein Pflichtgefühl legte ihm die Nothwendigkeit
auf im Amt zu bleiben, und er begehrte seine Entlaßung.
Aber aus einem Uebermaß zarter Gewißenhaftigkeit ließ er
die zwei niedergelegten Millionen im königlichen Schatz, sei
es, um ein Pfand seiner Verwaltung zu hinterlaßen, sei es,
um nicht durch ein Beispiel des Mißtrauens der Maßregel
der Assignate als Privatmann zu schaden, die er als Minister nachdrücklich bestritten hatte.

Necker verließ Paris am 8ten September 1790, um
über Basel nach der Schweiz zurückzukehren, und auf eben
dem Wege, den er ein Jahr zuvor wie im Triumph durch-
zogen hatte, fand er alle Gemüther durch die Heftigkeit
der revolutionären Parteien entfremdet. Von dem Volk in
Arcis sur Aube aufgehalten, war er genöthigt, an die Na-
tional=Versammlung zu schreiben, um die erforderlichen Befehle zur Fortsetzung seiner Reise auszuwirken.

Von diesem Zeitpunkt an bis an seinen Tod hat Necker
die Schweiz nicht wieder verlaßen, und vornehmlich zu Coppet, an den Ufern des Genfer Sees gewohnt. Wiewohl er

den Geschäften fremd geworden war, so hörte er dennoch
nicht auf, an Frankreich den lebhaftesten Antheil zu nehmen,
und die verschiednen politischen Werke, die er in der Ein=
samkeit schrieb, haben, so zu sagen, einen prophetischen Cha=
rakter durch die Art, wie er die auf einander folgenden Er=
scheinungen der französischen Revolution prüft.   Mit eben
so viel Muth als Scharfsinn sagt er die Folgen der Fehler
voraus, welche die jedesmal herrschende Partei begieng.   Seine
unterscheidende Eigenthümlichkeit als Schriftsteller ist eine
ungemeine Würde des Stils und eine Sorgfalt für die Har=
monie der Sprache, welche sogar manchmal allzuweit getrie=
ben ist, indem sie seinen Schriften eine zu gleichmäßige Farbe
giebt.   Wenn ihm jedoch die Würde die erste Eigenschaft
des Stils bei ernsthaften Gegenständen zu sein schien, so hat
er übrigens, theils durch kleinere Schriften, theils durch ein=
zelne Stellen seiner politischen Werke bewiesen, daß er die
Waffe des Lächerlichen mit Kraft und Gewandtheit zu füh=
ren wußte.   Ein Aufsatz 'über das Glück der Dummköpfe'
(sur le bonheur des sots), welchen Frau von Staël nach
ihres Vaters Tode hat wieder abdrucken laßen, ist ein Mei=
sterstück von feinem Scherz. — Das Werk 'über die Ver=
waltung Herrn Neckers, von ihm selbst' (1 Bd. in 8.), ist
das erste, das er nach seiner Entfernung von den Geschäf=
ten herausgab; es ist die Geschichte seines zweiten Ministe=
riums, worin er sich über Frankreich mit einer Gemüthsbe=
wegung ausdrückt, wie einem Manne von Gefühl die innigste
Freundschaft sie eingeben könnte.   Sein Werk 'über die aus=
übende Gewalt in großen Staaten' (2 Bde. in 8.), welches
kurz darauf zu Anfang des Jahres 1792 erschien, ist ein
klassisches Buch.   Die darin angestellte Prüfung der Ver=
faßung vom Jahr 1791, welche damals in Frankreich so

großen Enthusiasmus erregte, ist unübertrefflich an Scharfsinn und ruhiger Vernunft.   .

Ein Aufsatz Neckers zur Vertheidigung des Königs, den
er am Schluß des Jahres 1792 drucken ließ, zog ihm die
Einrückung seines Namens in das Verzeichniß der Ausge-
wanderten zu; in der Folge bewirkten die Schritte seiner
Tochter beim Direktorium, daß er ausgestrichen ward. Die
Konvention legte zu gleicher Zeit Sequester auf die zwei
Millionen, die er dem öffentlichen Wesen anvertraut hatte,
wiewohl selbst im Schooß einer solchen Versammlung sich
einzelne Stimmen gegen diese Ungerechtigkeit erhoben.

Im Jahr 1797 erschien seine 'Geschichte der französischen Revolution' (4 Bde. in 8.). Sein vornehmster Zweck
bei deren Bekanntmachung war, die Mängel der Direktorial-
Verfaßung zu prüfen: und in der That wendet er hierbei
einen solchen Scharfsinn auf, daß seine Schlüße ihn beinahe
dahin bringen, die Revolution des 18ten Fruktidor anzukündigen, welche kurz darauf stattfand.

Selbst mitten in seiner öffentlichen Laufbahn hatte Necker das Bedürfniß gefühlt, über die Religion zu schreiben.
Die Betrachtung dieser hohen Wahrheiten wurde ihm in
der Einsamkeit noch nothwendiger, und im Jahr 1800 gab
er unter dem Namen 'religiöse Sittenlehre' (Cours de morale religieuse, 3 vol.) Reden über Texte aus dem Evangelium heraus. Dieses Werk ist geschickter als irgend eine
seiner übrigen Schriften, einen richtigen Begriff von seiner
edlen Schreibart und seinem tiefen Gefühl zu geben.

Seine letzte politische Schrift ist vielleicht die merkwür-
digste unter allen, sowohl an sich selbst, als wegen der Umstände, unter denen sie erschien. In einem Augenblick, wo
alle Parteien sich an Buonaparte anschloßen, wo seine Macht

täglich anwuchs, wagte es Necker in seinen 'letzten Ansichten
der Politik und der Finanzen' (dernières vues de politique
et de finance. 1802. 1 vol.), alle die Fallstricke zur Unter=
jochung Frankreichs zu enthüllen, welche die konsularische Ver=
faßung versteckte. Nach einer gründlichen Prüfung dieser
Verfaßung legt er zwei Entwürfe vor, den einer Monarchie,
und den der einen und untheilbaren Republik; und er scheint
zu beweisen, daß der letzte dieser Plane der einzige auf die
damalige Lage Frankreichs anwendbare sei. Wenn man un=
ter Neckers Schriften nur diese allein läse, so könnte man
glauben, seine Meinungen hätten sich zur Demokratie hinge=
neigt; wenn man sie aber mit den vorhergehenden vergleicht,
so wird man sich überzeugen, daß seine Gründe zu Gunsten
der Republik hauptsächlich zum Angriff gegen die monarchi=
schen Anschläge des ersten Konsuls dienen. Buonaparte wurde
durch die Bekanntmachung dieses Buchs heftig gereizt, er
hatte Frau von Staël in Verdacht mit daran gearbeitet zu
haben, und von dieser Zeit schreibt sich die Verfolgung her,
der sie eine Reihe von Jahren hindurch ausgesetzt war, weil
sie den von ihrem Vater ererbten Grundsätzen der Freiheit
unverbrüchlich getreu blieb.

Necker starb zu Genf am 9ten April 1804 im 70sten
Jahr; er genoß bis zum letzten Augenblick seines Lebens der
vollen Thätigkeit seiner Geisteskräfte, welche das Alter eher
erhöht als vermindert hatte. Alle, welche ihn besonders wäh=
rend der letzten Jahre gekannt haben, sind überzeugt, daß er
im Privatleben der sittlichen Vollkommenheit so nah kam,
als es nur irgend einem Menschen möglich ist. Der Ver=
lust seiner Frau, die kurz nach seiner Rückkehr in die Schweiz
starb, war ein Unglück für ihn, worüber er sich lange nich
trösten konnte. Nachher wurde die Anhänglichkeit an seine

Tochter sein vorwaltendes Gefühl; und die vollkommne Innigkeit, die zwischen so ausgezeichneten Gemüthern stattfand, macht beiden gleiche Ehre.

Nach seinem Tode gab Frau von Staël zusammen in Einem Bande 'abgerißne Gedanken' ihres Vaters heraus, welche einen Begriff von der Anmuth seines Geistes im mündlichen Gespräch geben können. Dann eine Hervorbringung so verschiedner Art von seinen übrigen Schriften, daß sie eine besondre Aufmerksamkeit verdient: es ist eine wahre Geschichte als Novelle behandelt, worin Necker kurz vor seinem Tod die Liebe zweier Gatten mit einer Lebhaftigkeit des Gefühls schilderte, welche die jugendlichste Einbildungskraft beweist. Diese nachgelaßnen Schriften ihres Vaters hat Frau von Staël mit einer Schilderung seines Privatlebens begleitet, worin die Trauer über seinen Verlust mit der tiefsten Wahrheit des Gefühls ausgedrückt ist. —

Coppet im Juny 1816.

[Anm. Zur bequemeren Uebersicht stehe hier aus den 'Oeuvres complètes de M. Necker, publiées par M. le baron de Staël, son petit-fils.' Paris, chez Treuttel et Würtz. 1820. 1821. 15 tom. 8., denen der Herausgeber eine Notice sur M. Necker p. 1...CCCLI. vorausgeschickt hat, die Table chronologique des écrits de Mr. Necker et des actes de son administration, avec l'indication des volumes où ils sont contenus. (L'asterisque désigne les ouvrages posthumes.)

Réponse au mémoire de M. l'abbé Morellet sur la compagnie des Indes, imprimé en exécution de la délibération des actionnaires, prise dans l'Assemblée generale du 8. août 1769. Tom. XV. p. 127...202.

Éloge de Jean-Baptiste Colbert; discours qui a remporté le prix de l'Académie Française en 1773. T. XV. p. 3...126.

Sur la législation et le commerce des grains. 1 vol. in 8. Paris 1775. T. I. p. 1...336.

Actes du premier ministère de M. Necker, depuis le 22. octobre 1776., jusqu' au 19. mai 1781. T. III. p. 1...550. (unb XI. p. 408...442.)

> Dans ce vol. se trouve compris le Mémoire sur les administrations provinciales, remis au Roi en 1778., et rendu public en 1781.

Compte rendu au roi, janvier 1781. 1 vol. 8. T. II. p. 3...157.

De l'administration des finances de la France; imprimé pour la 1ère fois en 3 voll. 8., à Lyon et à Lausanne. 1784. T. IV. (p. 3...578.) V. p. 1...621.

Mémoire en réponse au discours prononcé par M. de Calonne devant l'Assemblée des Notables. T. II. p. 160...235. 603...608.

De l'importance des opinions religieuses. 1 vol. in 8. 1788. T. XII. p. 3...438.

Sur le compte rendu au Roi en 1781., Nouveaux éclaircissements par M. Necker, 1 vol. in 4. Septembre 1788. T. II. p. 237...602.

Actes du second ministère de M. Necker, depuis son rappel, le 25. août 1788., jusqu'à son exil, le 11. juillet 1789. T. VI. p. 393...643.

Lettres, Discours, Mémoires et Rapports, addressés par M. Necker au Roi et à l'Assemblée constituante, depuis son retour à Paris, le 30. juillet 1789., jusqu'à sa retraite définitive au mois de septembre 1790. T. VII. p. 3...538.

Sur l'administration de M. Necker, par lui-même. 1 vol. in 8..1791. T. VI. p. 3...392.

Du pouvoir exécutif dans les grands états. 2 voll. in 8. 1792. T. VIII. p. 3...601.

Réflexions présentées à la nation française sur le procès de Louis XVI. in 4.; 30. octobre 1792. T. XI. p. 342...407.

De la Révolution française, suivi de Réflexions philosophiques sur l'égalité. 4 voll. in 8. 1796. T. IX. (p. 3...476.) X. p. 1...500.

Cours de morale religieuse. 3 voll. in 8. T. XIII. (p. 3...433.) XIV. p. 1...385.

Dernières vues de politique et de finance. 1 vol. in 8. 1802. T. XI. p. 3...341.

Manuscrits de M. Necker, publiés par sa fille en 1804. 1 vol. in 8.:

* Pensées détachées. T. XV. p. 205...330. (Dans ces morceaux détachés se trouve compris le petit écrit sur le Bonheur des Sots, imprimé pour la première fois plusieurs années avant la révolution.)

* Suite funeste d'une seule faute, nouvelle. T. XV. p. 333...414.]

X

Vorrede zu
Ueber den Charakter und die Schriften der Frau von Staël.
Von Frau Necker, geb. v. Saussure. Uebers. von A. W.
von Schlegel. Paris, London u. Strasburg. 1820. 8.

Als Frau von Staël in der Frühe des 14ten Julius
1817 verschieden war, an einem in der Geschichte der neueren Zeit verhängnißvollen Jahrestage, an welchem einst ihr
Vater den höchsten Triumph der öffentlichen Liebe und Verehrung erlebt hatte; als die Augen geschloßen waren, in welchen ihre Freunde den Widerschein des Göttlichen mit stets
erneuertem Entzücken erblickten, in welchen der Unglückliche
und Hülfsbedürftige den milden Strahl hülfreicher Güte niemals vergeblich suchte: so war kein Bildniß von ihr vorhanden, das ihre in die Schatten des Todes entwichene Gestalt
den trauernden Hinterbliebenen vollkommen hätte vergegen-
wärtigen können. Auf Andringen der Familie unterzog sich
der berühmte Maler Gérard der schwierigen Aufgabe, das
fehlende aus der Erinnerung herzustellen, wiewohl er die
Verewigte überhaupt nur wenige Male, und schon seit geraumer Zeit nicht mehr gesehen hatte. Was sich an Bildern vorfand, die sowohl von Seiten der Aehnlichkeit als
des Ausdrucks und der Bedeutung mehr oder weniger un-
genügend waren, wurde herbeigeschafft: diese Hülfsmittel konnten nur die erste Grundlage sichern, zur Erreichung des Zie-

les mußte der Künstler sich selbst seinen Weg bahnen. Zwei-
felnd ob es gelingen würde, lud er erst nach Vollendung
des Entwurfs die Kinder und nächsten Freunde der Frau
von Staël zu dessen Betrachtung ein, um sein Werk an den
Eindrücken, welche sie empfangen würden, zu prüfen. Alles
war nicht nur richtig getroffen, sondern würdig und edel gehalten, doch wurde noch ein unnennbares Etwas vermißt;
und wie es zu gehen pflegt, die liebende Phantasie vermochte
nicht, was sie so lebendig in sich trug, nach Zügen und Linien genau zu bestimmen. Indessen errieth der geistreiche
Künstler die Wünsche der trauernden Sehnsucht, und mit
wenigen leise mildernden Pinselstrichen ward das Bild so
vollendet, daß die äußere Aehnlichkeit alle auch nur eine
flüchtige Bekanntschaft hinzubringenden Betrachter überraschte,
die inwohnende Seele den Vertrauten sich offenbarte, und
der hohe Charakter dem Ruhme eines geschichtlichen Namens
entsprach.

Bei der geistigen Schilderung ist der entgegengesetzte Fall
eingetreten. Frau Necker war vollkommen im Besitz des auf-
zustellenden Bildes, aber sie hatte sich nie in der Kunst einer
umfaßenden Darstellung geübt. Die Begeisterung der Freundschaft hat sie plötzlich zur vollendeten Malerin gemacht.

Die Verfaßerin der folgenden Charakteristik ist die Tochter des berühmten Naturforschers Saussure. Von ihrem Vater frühzeitig in wißenschaftlichen Kenntnissen unterrichtet, die
über die Sphäre der gewöhnlichen weiblichen Erziehung hinausliegen, mannichfaltig gebildet durch die Bekanntschaft mit
mehreren Litteraturen, durch Reisen und durch die gewähl-
teste Gesellschaft, vor allem begabt mit beobachtendem Scharfsinn, mit männlicher Festigkeit des Urtheils neben weiblicher
Zartheit des Gefühls und der Einbildungskraft, hätte Frau

Necker längst Ansprüche auf schriftstellerischen Ruhm machen können, und wäre gewiß gewesen, den ausgezeichnetsten Beifall zu erwerben. Oft, wenn ich im Gespräche Gelegenheit hatte, ihren Geist zu bewundern, habe ich der verehrten Frau gesagt, es sei nicht billig, solche Schätze nur in einem kleinen Kreiße von Freunden mitzutheilen, und der Welt vorzuenthalten. Aber eine unüberwindliche Schüchternheit und eine in sich verschloßene Innigkeit hielt sie ab, öffentlich aufzutreten. Nur ein in seiner Art einziger Beweggrund, der seine Macht von dem Schmerz und der Liebe hernahm, konnte Frau Necker auffordern, alle Bedenklichkeiten beiseit zu setzen. Die Welt wird es ihr eben so sehr Dank wißen, als die Freunde der Verewigten: niemand hätte ihre Stelle hiebei vertreten können.

In so fern Frau von Staël hier als Schriftstellerin geschildert wird, liegen die Gegenstände des Urtheils dem Publikum vor Augen, und die unbestochene Freundschaft hat es nicht günstiger ausgesprochen, als die große Wirkung, und der allgemeine, selbst über Europa hinaus verbreitete Ruhm Gewähr dafür leistet. Aber auch das, was den persönlichen Charakter, die Gesinnung, das Gemüth betrifft, würde bis zum Ueberfluße bestätigt werden, wenn alle in so vielen Herzen wiederhallenden Stimmen der Dankbarkeit, der Freundschaft, der huldigenden Verehrung laut würden. Indessen wozu bedarf es der Zeugnisse? Dieses Buch trägt das Gepräge der Wahrheit an sich.

Ich habe treu übersetzt, ohne Auslaßungen und ohne Zusätze. Zu den letztern hätte ich manchen Anlaß gehabt, denn es wurde eine Welt von Erinnerungen durch diese Blätter in mir angeregt. Ich habe Frau von Staël in vielen bedeutenden Lagen ihres Lebens gesehen, wo ihre Freundin

entfernt von ihr war: bei der erſten Nachricht von dem Tode
ihres Vaters, bei allen Steigerungen der Unterdrückung, welche ſie von einer Thrannei, die auf Europa laſtete, erlitt.
Ich begleitete ſie in den blühenden Fluren Kampaniens, und
unter den herbſtlichen Stürmen des bothniſchen Meerbuſens;
endlich auch, nachdem ich Monate hindurch ihren Tod im
voraus beweint hatte, auf dem langen ſchweigenden Wege
zu der väterlichen Gruft. Doch wüßte ich nichts Weſentli-
ches an der hier gegebenen Schilderung zu verändern oder
hinzuzufügen. Sie war immer ſich ſelbſt gleich, und immer
unvergleichbar. Die, welche ihr durch engere Bande der
Freundſchaft und des Vertrauens angehört haben, werden
nicht hoffen, zum zweiten Mal eine ſolche Verſchwiſterung gei-
ſtiger Herrlichkeit und ſittlicher Güte auf Erden anzutreffen;
jeder Tag ihres Lebens wird das Gefühl von der Unerſetz-
lichkeit des Verluſtes verſtärken; ſie dürfen nicht erwarten,
daß ihre Trauer im ganzen Umfange getheilt, oder auch nur
begriffen werde. Wohl aber mögen alle Guten und Edeln
ſich überzeugen, daß durch den Tod dieſer einzigen Frau das
Jahrhundert eine Zierde, und die Menſchheit eine großher-
zige Bundesgenoßin aller höheren Strebungen eingebüßt hat.

Bonn im Februar 1820.

XI.

Abriß

von den europäischen Verhältnissen der deutschen Litteratur.

1825.

Die deutsche Litteratur ist eine der jüngsten unter den europäischen. Zwar hat unsre Nation ältere Denkmale ihrer Sprache aufzuweisen, als die meisten ihrer Nachbarn. Alle Jahrhunderte des Mittelalters hindurch, und ohne Zweifel schon lange vor dem Tacitus, welcher das Dasein ausführlicher Heldenlieder bezeugt (denn ausführlich mußten sie sein, wenn sie die Stelle der Jahrbücher vertreten konnten), ist in deutschen Weisen gedichtet worden: oft kunstlos, nicht selten auch mit ausgebildeter Kunst, und zuweilen mit eigenthümlichem Schwunge und kernhaftem Nachdruck. Aber diese dichterischen Alterthümer sind großentheils verloren gegangen; in den noch vorhandenen ist die Sprache dergestalt veraltet, daß sie selbst von Einheimischen beinahe als eine fremde erlernt werden muß. Die Epoche einer Litteratur rechnet man gewöhnlich mit Recht von dem Zeitpunkte an, wo die Sprache nach dem Maße ihrer Entwickelungsfähigkeit zu einer solchen Reife gediehen ist, daß die wegen anderer Eigenschaften bewunderten Werke auch in den Formen des Stils als Muster gelten, und durch ihren mächtigen Einfluß auf die Feststellung des Sprachgebrauchs Jahrhunderte

lang unveraltet ihren ersten frischen Glanz bewahren können.
Dieser Zeitpunkt ist in Italien am frühesten, schon vor fünf
Jahrhunderten, eingetreten; in Spanien unter Karl V. und
Philipp II.; in England unter der Regierung der Elisabeth;
in Frankreich unter Richelieu und Ludwig XIV.; bei uns
erst seit der Mitte des vorigen Jahrhunderts. Daß wir uns
daher in Absicht auf den Reichthum an ausgezeichneten Werken im Fache der eigentlich schönen Litteratur mit manchen
andern Nationen noch nicht meßen können, ist nicht zu verwundern, und darf uns billiger Weise nicht zum Vorwurfe
gemacht werden. Die Natur ist zuweilen sparsamer, zuweilen freigebiger, niemals aber verschwenderisch mit den Gaben des Genius; und es bedarf eines beträchtlichen Zeitraumes, um mannichfaltige Schätze des Geistes anzuhäufen. Indeßen hat sich in den seit der oben bemerkten Epoche verfloßenen siebzig bis achtzig Jahren eine große Regsamkeit und
fruchtbare Fülle offenbart; neue auffallende Erscheinungen
sind einander Schlag auf Schlag gefolgt; und wir dürfen
nur die Namen Klopstock, Lessing, Winckelmann, Wieland,
Bürger, Goethe, Johannes Müller, Herder, Schiller nennen,
(der jüngern Zeitgenoßen nicht zu erwähnen) um unsre Ansprüche auf europäische Anerkennung geltend zu machen.

Wenn aber auch unsre Litteratur denen, welche bei Erlernung einer fremden Sprache wie bei einer Erholungs-
Reise, nur Befriedigung der Einbildungskraft und des Geschmacks, und einen erweiterten Kreiß belebter Unterhaltung
beabsichten, weniger Anlockungen darböte, als manche andre;
so dürften wir doch dem Denker, dem Gelehrten, dem wißenschaftlichen Forscher versprechen, jeder von ihnen werde sich
für die nicht geringe Mühe, welche es erfordert, sich mit
unsrer Sprache vertraut zu machen, reichlich belohnt finden.

Wir besitzen nicht nur eine große Menge nützlicher und brauch=
barer Werke, worin alles bisher in verschiedenen Ländern
und Zeitaltern über irgend einen wißenschaftlichen Gegen=
stand Geleistete fleißig gesammelt, geordnet und gründlich
benutzt ist, sondern der Scharfsinn und der Tiefsinn deutscher
Denker hat sich in allen Richtungen thätig bewährt; Vieles,
was nach altem Herkommen unbesehens für wahr galt, hat
sich bei erneueter Sichtung ganz anders gestaltet; und es
herrscht bei uns eine Unbefangenheit und Vielseitigkeit der
Prüfung, eine Eigenthümlichkeit der Ansichten, die bei an=
dern sonst sehr geistreichen Nationen durch mancherlei Ursa=
chen unmöglich gemacht wird. Es ließen sich wohl manche
Beispiele anführen, daß ausländische Schriftsteller bei ihren
Landsleuten bloß dadurch den Ruf überlegener Köpfe und
originaler Denker erworben haben, daß sie das aus deutschen
Büchern oder aus Mittheilungen deutscher Gelehrten Ge=
schöpfte sich geschickt anzueignen wußten. Denn bisher wa=
ren Plagiate gegen Deutsche bequem und mit ziemlicher Si=
cherheit auszuüben. Deutschland, wiewohl nicht bloß geo=
graphisch, sondern auch in intellektueller Hinsicht im Herzen
Europa's gelegen, ist immer noch selbst für die nächsten Nach=
barn eine terra incognita. Diese Art zu sein hat gleichwohl
ihre Vortheile: reisen doch auch die Souveräne incognito,
weil sie es anziehend finden, die Menschen kennen zu lernen,
während sie von ihnen unerkannt bleiben. Wir sind, darf
ich wohl behaupten, die Kosmopoliten der europäischen Kul=
tur: wir fragen gar wenig darnach, in welchem Lande zu=
erst eine neue Wahrheit an's Licht gefördert worden ist; wir
werden durch keine Parteilichkeit oder Beschränktheit gehin=
dert, jeden irgendwo gemachten Fortschritt in der Wißen=
schaft sofort anzuerkennen und zu benutzen. Die Ausländer

haben uns nicht durch übertriebene Bewunderung zur nationalen Eitelkeit verwöhnt, wie es unsern westlichen Nachbarn
zu ihrem Nachtheile widerfuhr; hierüber können wir am wenigsten Klage führen.　Auf der andern Seite sind wir auch
unbekümmert um ihren Tadel: denn wir wißen schon im
voraus, daß er meistens aus Unbekanntschaft, oder aus ein-
gewurzelten Vorurtheilen und einseitigen Gewöhnungen herrührt.　Stolz könnte man wohl einigen deutschen Schriftstellern Schuld geben, indem sie, im Bewußtsein ihrer Ueberlegenheit, allzusehr auf die Leistungen des Auslandes in manchen Fächern, als ganz unbedeutend, herabsehen.　Es ist allerdings schwer, sich zuweilen kurz abweisender Erwiderungen
zu enthalten; denn die Urtheile über uns, welche uns von
auswärts zukommen, lauten oft so, als wenn ein Goldschmied,
der aus dem schon geläuterten Metall allerlei artige Kleinigkeiten zu hämmern verstände, aber niemals einen Schacht
gesehen hätte, die Arbeiten des kühnen Bergmannes, der in
der Tiefe des Gebirgs nach edeln Erzen gräbt, meistern wollte.
Wenn zum Beispiel, wie es vor einiger Zeit in Schottland
geschehen ist, ein berühmter Lehrer deßen, was man in seinem Lande, nicht eben paßend, Philosophie nennt, über die
neueren deutschen Philosophen von Kant bis auf unsere Zeit
wegwerfend aburtheilt, ohne die Sprache zu kennen, ohne
die Schriften gelesen zu haben, ohne auch nur das Bedürfniß ächter Spekulation zu ahnden, welches jene große und
merkwürdige Bewegung der Geister hervorgerufen, so haben
wir nichts weiter darauf zu antworten, als daß er noch gar
nicht weiß, wovon die Rede ist, und daß diese Dinge weit
über seinen Horizont hinausliegen.

Die Mängel unserer wißenschaftlichen Litteratur bin ich
nicht gesonnen abzuläugnen: es war immer mein Bestreben,

mich zu einem europäischen Gesichtspunkte für alle Erscheinungen des Jahrhunderts zu erheben. Die Gründlichkeit des gelehrten Sammelns wird oft nicht von einem gewandten Talent der Mittheilung begleitet; die Masse der Gelehrsamkeit hat zuweilen den Geist niedergedrückt, so daß er sie nicht zu einer edeln und zierlichen Form verarbeiten konnte; bei dem unverkennbaren Tiefsinn des Gedankens vermißt man nicht selten anschauliche Klarheit der Darstellung. Die deutschen Schriftsteller, wie ihre Landsleute überhaupt, wenden meistens nicht genug Sorgfalt auf die äußere Erscheinung dem Publikum gegenüber, und deswegen gleicht ihr Vortrag der vernachläßigten typographischen Ausstattung ihrer Bücher. Das Bestreben neu zu sein, was bei der allgemein verbreiteten Aufklärung, bei der regen wißenschaftlichen Thätigkeit nicht leicht ist, hat zuweilen zu absichtlicher Paradoxie verleitet; manchmal hat sich auch angeborne Originalität, verstärkt durch eine eingezogne Lebensweise, mit phantastischer Seltsamkeit kund gegeben, und der Enthusiasmus für das Schöne und Erhabene, wozu unsre Nation einen vorwaltenden Hang hat, ist in Schwärmerei ausgeartet.

Ueberhaupt hat der Geist der Deutschen mehr eine spekulative, als praktische Richtung genommen. Dieß hat seinen Grund theils in ihren natürlichen Anlagen, theils in äußern Umständen, in gesellschaftlichen und nationalen Verhältnissen. Vielleicht könnte daher die Bekanntschaft mit unsrer Litteratur für eine Nation, bei welcher gerade das Gegentheil stattfindet, als ein heilsames Gegengewicht betrachtet werden. Denn die bei jeder Gelegenheit ungehörig wiederholte Frage 'wozu läßt sich dieß in der Staats- oder Hauswirthschaft, in den Gewerben und mechanischen Künsten oder im Handel gebrauchen?' ist ertödtend für die Philosophie, für dieses uneigennützige und von

14*

keiner Rückſicht abhängige Streben des Geiſtes, überall die
Principien in ihrer Einheit zu begreifen.   Ich weiß jene
Redensarten nicht beßer als mit Falſtaffs Rede über die
Ehre zu vergleichen.   Wenn man eine formloſe Anhäufung
wirklicher oder vermeinter Erfahrungen mit dem Namen der
Wißenſchaft adelt, ſo entflieht aus ihr unvermeiblich der
philoſophiſche Lebensfunke; ſie ſinkt zum rohen Empirismus
herab, und die Verachtung der Spekulation muß am Ende
nachtheilig auf die praktiſchen Anwendungen zurückwirken.

Das heutige Europa iſt mündig geworden durch die
Beſitznahme von der reichen geiſtigen Erbſchaft, welche Grie-
chenland und Rom uns hinterlaßen hatten; durch die Reformation und den dadurch veranlaßten und Jahrhunderte
lang fortgeſetzten Kampf der Meinungen, auch ſolcher Meinungen, welche auf den erſten Blick nicht an die Religion
und kirchliche Verfaßung geknüpft zu ſein ſcheinen; durch
die außerordentliche und in allen vorhergehenden Zeitaltern
beiſpielloſe Entfaltung der beobachtenden und berechnenden
Naturwißenſchaften; endlich durch die ſeit Vasco de Gama
und Kolumbus begonnene, und jetzt beinahe zur Vollendung
gebrachte Entdeckung der Welttheile und Oceane, und die
dadurch möglich gemachte Bekanntſchaft, ja den thätigen Verkehr mit den geſammten menſchlichen Bewohnern unſers Planeten.

Welche bedeutende Rolle Deutſchland bei der Entwickelung der drei erſten charakteriſtiſchen Beſtandtheile europäi-
ſcher Kultur geſpielt hat, bedarf kaum einer Erinnerung.
Zum Welthandel, und folglich zur Weltumſeglung waren die
Deutſchen durch ihre geographiſche Lage weniger berufen;
jedoch haben ſie keine Begünſtigung der Umſtände verſäumt,
um auch zur Erforſchung der Länder und Meere ihren Bei-

trag zu liefern; und ein einziger Weltumsegler der Wißenschaft, wie Alexander von Humboldt, wiegt manche berühmte
Namen auf.

So erfindsam die Deutschen bei den ersten Fortschritten der Physik auf dem Wege des Experiments sich gezeigt
haben, so muß man es doch eingestehen, daß die neueste
Zeit an wichtigen und folgereichen Erfindungen und Entdeckungen für manche Fächer, namentlich für die Chemie und
ihre Anwendung auf Technik und Mechanik, in andern Ländern fruchtbarer war, als bei uns; und wo dieß der Fall
ist, wird es sich auch jedesmal aus dem Mangel an Mitteln
und Anregungen erklären laßen. Auf die Gestaltung anderer Theile der Naturwißenschaft haben deutsche Forscher sich
einen überwiegenden Einfluß erworben, wie zum Beispiel sogar die deutsche Kunstsprache der Mineralogie und Geologie
als klassisch überall eingeführt worden ist.

Zu den glänzendsten Seiten und Leistungen gehören
die philologischen und historischen Untersuchungen aller Art:
ein Gebiet von unermeßlichem Umfang. In der Kritik und
Auslegung klassischer Texte haben sich nach der Reihe italiänische, französische, holländische und englische Gelehrte hervorgethan: niemand wird jedoch in Abrede sein, daß dieß
gelehrte Geschäft gegenwärtig in Deutschland mit der regsten
Thätigkeit und anerkannt glücklichem Erfolge betrieben wird.
Noch mehr: aus der Verbindung gründlicher Kritik des Einzelnen mit einer philosophischen Betrachtungsart des Ganzen
ist uns seit Winckelmann und Lessing ein tieferes Verständniß des klassischen Alterthums aufgegangen, und der wieder
erweckte Geist jener kräftig und harmonisch ausgebildeten
Menschheit spricht vernehmlicher und eindringlicher zu dem
unsrigen.

Vormals, da unser Horizont kaum über die Säulen des Herkules, und über die Küsten des mittelländischen Meeres hinausreichte, genoß die alte Weltgeschichte das traurige Vorrecht, beschränkt und mager sein zu dürfen: mit dem Anwachs unsrer Länder- und Völker-Kunde sind die Anforderungen an sie in demselben Maße gesteigert. Denn die Aufgabe ist keine geringere, als die gegenwärtigen Zustände des Menschengeschlechts in allen Welttheilen aus der Vergangenheit, und zwar so viel möglich aus der entferntesten Vergangenheit zu erklären. Viele von den kümmerlich vollgeschriebenen, gehaltleeren, oft nur mit Namen und Jahreszahlen angefüllten Blättern der ehemals sogenannten Universal-Geschichte müssen überdieß noch als apokryphisch durchstrichen werden. Hierin übt die historische Kritik ihr Amt unerbittlich aus. Man kann wohl sagen, diese sei eine Kunst von ganz neuer Erfindung; wenigstens ist sie nie mit solcher Schärfe und Umsicht zugleich ausgeübt worden, wie jetzt. Aber die historische Kritik ist keineswegs bloß negativ, sie ist auch auf die Entdeckung des bisher Verborgenen oder für ganz verloren Geachteten gerichtet: und eben in der Zusammenstellung vereinzelter Bruchstücke, und in der Restauration eines historischen Ganzen aus ihnen, legt sie die stärksten Proben ihrer Meisterschaft ab. Jener scheinbare Verlust an ehemals wahr geglaubten Thatsachen, die sich nun einmal nicht retten laßen, wird reichlich aufgewogen durch die Hoffnung, mit Hülfe sonst verwahrloster oder nicht gehörig benutzter Mittel, tiefer in die Geschichte der Urwelt einzudringen, und ihr geheimnißvolles Dunkel aufzuhellen. Solche Mittel sind: die Erforschung und Deutung der Denkmale; die Vergleichung der Sprachen, welche von der Herkunft und Verwandtschaft der Völker Zeugniß geben; endlich die Vergleichung der Sagen, um zu entscheiden, ob und in wie fern ächte, nur in's Wunderbare und Sinnbildliche umgekleidete Erinnerungen der Vorzeit in ihnen niedergelegt sind. Alles Obige gilt nicht bloß von den äußerlichen Ereignissen und Umwälzungen, womit sich die politische Geschichte vorzugsweise beschäftigt: den Wanderungen der Völker, ihren Ansiedelungen, Kriegen und Eroberungen, der Entstehung, dem Wachsthum und dem Untergange der Staaten; sondern in noch weit höherem Grade von der Geschichte der Kultur überhaupt, von der Geschichte der Religionen und Gesetzgebungen, der Wißenschaften, der mechanischen und bildenden Künste, des Gewerbfleißes und des Handels. Für alle diese Gegenstände, durch deren Aufnahme in ihre Darstellungen die Weltgeschichte erst einen Gehalt bekömmt, ist in einem kurzen Zeitraum viel geleistet worden, vornehmlich in Deutschland. Jedoch bleibt unübersehlich viel zu thun übrig, und mehrere Menschenalter werden nicht hinreichen, um die jetzt von allen Seiten herbeigeschafften Materialien zu sichten und zu ordnen. Die Aufgabe, das Menschengeschlecht über seine bisherige irdische Laufbahn aufzuklären, bleibt immer eine der edelsten und würdigsten für den denkenden Geist, sollte sie auch in aller Folgezeit nur approximativ gelöst werden können.

Die historische Kritik muß, wenn sie gedeihen soll, einer vollkommenen Autonomie genießen; das heißt, sie muß keiner fremden Autorität gehorchen, sondern über das Glaubwürdige nach den von ihr selbst ausgemittelten Beweisgründen entscheiden dürfen. Dieses gilt freilich von allen Wißenschaften, und man sollte denken, es verstände sich von selbst. Indessen haben sich hier und da auffallende, im neunzehnten Jahrhundert ganz unerwartete Erscheinungen hervorgethan;

welche allerdings Versuche, das Zeitalter wieder zur Unmün-
digkeit zurückzuführen, und Hemmungen der intellektuellen
Freiheit besorgen laßen. Wir hoffen zwar, kein Astronom
werde künftig das Geschick Galileis erfahren, aber wir möchten den Geschicht- und Natur=Forschern in andern Fächern,
dem Geologen zum Beispiel, nicht überall die gleiche Sicherheit zusagen. Die, welche von Seiten der Wißenschaft Gefahr für ihnen theure Ueberzeugungen befürchten, sind in ei=
nem Mißverständnisse befangen. Die Wahrheit ist nur Eine,
und kann nie mit sich selbst in Widerspruch gerathen. Wer
aber die freie Prüfung, es sei auf welchem Gebiete es wolle,
untersagt, der muß eingestehn, er sei entschloßen, angeerbte
Meinungen blindlings für Wahrheit anzunehmen.

Wir Deutsche haben Ursache, uns wegen des bei uns
bestehenden Verhältnißes der Wißenschaft zum Staat und
zur Kirche glücklich zu schätzen. Durch die schon im west=
phälischen Frieden auf immer festgesetzte politische Gleichheit
der verschiedenen Religionsparteien war die Toleranz längst
gesichert. Die Preßfreiheit ist bis jetzt nur in wenigen Staaten des deutschen Bundes als ein verfaßungsmäßiges Recht
anerkannt: aber der größte Theil Deutschlands ist, der That
nach, im Besitz einer sehr ausgebreiteten Denk= und Lehr=
Freiheit. Ein unsterblicher Monarch, Friedrich der Große,
hat hierin den Ton angegeben. Er behauptete für sich selbst
das königliche Recht, seine Meinungen freimüthig zu äußern:
aber er wollte es nicht allein besitzen, er gestand es jedem
seiner Unterthanen zu. Er hat dadurch auch auf unsre Litteratur, die er nicht kannte, die er sogar zu kennen verschmähte,
entschieden fördernd gewirkt. Glücklicher Staat, wo man
es, wie ein Märchen aus dunkler Ferne, erstaunt und zwei-
elnd vernimmt, daß die Schriften eines weisen und rastlos

thätigen Fürſten, dem das Land die Gründung ſeines Ruhmes, und den größten Theil ſeines Flores verdankt, anderswo in dem Inder verbotener Bücher aufgeführt werden! Nach
ſolchen Beiſpielen muß es in Deutſchland altfränkiſch und
lächerlich erſcheinen, die freieſte Erörterung theoretiſcher Meinungen durch Machtſprüche hemmen zu wollen. Ein, wenn
ich ſo ſagen darf, friedlicher Konflikt der abweichendſten An-
ſichten iſt daher der auszeichnende Charakter unſrer Litteratur geworden. Dabei dürfen wir es aber mit Wahrheit rühmen, daß dieſe große wißenſchaftliche Freiheit nur äußerſt
ſelten leichtſinnig, und mit einem gewiſſen, dem öffentlichen
Anſtande trotzenden Cyniſmus gemißbraucht worden iſt.

Dieſe flüchtigen Umriße, womit ich den heutigen Zu-
ſtand des litterariſchen und wißenſchaftlichen Deutſchlands
und ſein Verhältniß zu dem Geiſte des Zeitalters zu ſchil-
dern verſucht habe, machen keinen Anſpruch darauf, ihren
Gegenſtand zu erſchöpfen. Sie ſollen nur dazu dienen, ein
bibliographiſches Repertorium unſrer Litteratur bei dem engliſchen Publikum einzuführen. Ich verſprach dieß dem ach-
tungswürdigen Sammler, dem jüngſt verſtorbenen Buchhändler Bohte, deſſen frühzeitiger Tod für den litterariſchen Verkehr beider Länder ein wahrer Verluſt iſt. Die Auswahl
der Bücher iſt großentheils zweckmäßig, der Druck der Namen und Titel korrekt; wo es thunlich war, ſind kurze Urtheile aus dem beredten und geiſtvollen Werke der Frau von
Staël über Deutſchland, aus geſchätzten engliſchen Zeitſchriften, oder auch aus deutſchen Bibliographien beigefügt. Allen Freunden der deutſchen Litteratur in England darf ich
dieſes Repertorium als ein brauchbares Handbuch empfehlen.

Der gegenwärtige Zeitpunkt iſt vielleicht günſtig, um
den Erzeugniſſen des deutſchen Geiſtes einen allgemeinern

Eingang in England zu verschaffen. Vor einer Anzahl Jahre
hat man die Sache dort von der unrechten Seite angegriffen. Populare Romane und Schauspiele wurden durch Uebersetzungen und Vorstellungen auf der Bühne nach England
verpflanzt. Nun erhoben sich, nicht ganz mit Unrecht, Klagen über deren Unsittlichkeit; aber der Schluß davon auf die
gesammte deutsche Litteratur war sehr übereilt. Man wußte
nicht, daß diese nun vergeßenen Erscheinungen des Augenblicks in Deutschland zwar bei gewissen Lesern und Zuschauern
beliebt, aber keinesweges von der Nation hochgeachtet seien.
Hierauf kam die Sperre des Kontinental-Systems, wodurch
Napoleon das Wort des alten Dichters, toto divisos orbe
Britannos, an seinen standhaftesten Gegnern zu verwirklichen
suchte. Seit der Herstellung des europäischen Friedens hat
eine große Anzahl gebildeter Engländer Deutschland bereiset,
und manche haben vielleicht eine gewisse Neigung dazu gefaßt. Der zu früh verewigte Lieblingsdichter Englands (der
auch die herrlichen Rheingegenden, in welchen ich dieses
schreibe, so malerisch gepriesen) und unser Goethe haben sich,
wiewohl ohne persönliche Bekanntschaft, gegenseitig Zeichen
der Anerkennung und Bewunderung gegeben. Von verschiedenen unsrer dichterischen Original-Werke sind geistreiche
und gelungene Uebersetzungen erschienen, unter denen die des
Faust von Lord F. Leweson Gower ein ausgezeichnetes Talent bei einem sehr schwierigen Unternehmen bewährt. Die
Vertheurung deutscher Bücher durch den darauf gelegten Zoll
scheint für eine begüterte Nation ein geringes Hinderniß zu
sein; sie erschwert aber dennoch den litterarischen Verkehr,
weil der Buchhändler Bedenken tragen muß, ohne besondere
Bestellung Bücher kommen zu laßen, deren Absatz ungewiß
ist, und die er nicht ohne großen Verlust auf das feste Land

zurücksenden kann. Es ist nicht zu läugnen, ein Zoll auf die Einfuhr fremder Gedanken, welche frei sein sollte, wie Licht und Luft, hat immer etwas Barbarisches; und man darf wohl die Hoffnung hegen, diese, so wie manche andre aus einem engen System hervorgegangenen Beschränkungen des Handelsverkehrs nächstens aufgehoben zu sehen.

XII

Berichtigung einiger Mißdeutungen.

1.

Beleuchtung eines Vorgebens der französischen Zeitschrift: der Katholik.

In einer Zeitschrift, betitelt: Le Catholique, ouvrage périodique publié sous la direction de M. le Baron d'Eckstein, welche in Paris monatlich erscheint, heißt es Tome VI. No. 18. Juni 1827. pag. 607:

M. A. G. de Schlegel est à moitié catholique.

Es ist nicht meine Sitte, das Publikum mit meinen persönlichen Angelegenheiten zu belästigen. Als Schriftsteller gebe ich meine Arbeiten der öffentlichen Beurtheilung Preis, wie sie auch ausfallen möge; sogar gegen sehr gehäßige und leidenschaftliche Angriffe auf meinen Charakter erachtete ich nicht für nöthig, mich zu vertheidigen. Auf mehrere eigens gegen mich gerichtete Schriften, auf unzählige in Deutschland und Frankreich gedruckte Zeitungs-Artikel habe ich nicht Eine Zeile der Erwiderung verwendet. In dem vorliegenden Falle aber könnte mein Stillschweigen mißverstanden werden. Es ist mir nicht um eine Rechtfertigung, sondern um eine Berichtigung zu thun. Der ungenannte Verfaßer des angeführten Aufsatzes meint es gar nicht übel mit mir. Er nennt mich neben sehr berühmten Namen, neben Schiller und Herder. Er ist geneigt, mich unter die mit ihm gleich- gesinnten zu zählen. Er irrt sich. Ich muß die mir zuge- dachte Ehre ablehnen.

Uebrigens mag der Verfaßer selbst zusehen, ob er durch den Ausdruck 'à moitié catholique' der Sache, die er zu ver- fechten unternimmt, nichts vergiebt. Denn ich sollte meinen, vor einer geistlichen Obergewalt, welche unbedingte Unter- werfung fordert, würde 'halb' so viel als 'gar nicht' gelten. Wenn er aber sagen will, ich sei im Uebergange begriffen, und habe nur noch die Hälfte des Weges zurückzulegen, um zu seiner Denkart überzugehn, so ist auch dieses durchaus ungegründet.

In unserer an befremblichen Schwankungen und uner- warteten Uebertritten so fruchtbaren Zeit könnte jedoch eine bloß verneinende Erklärung immer noch einigermaßen zwei- deutig und ausweichend erscheinen. Ich ergreife daher gern diese an sich unbedeutende Gelegenheit, um das gerade Ge- gentheil von dem, was in jener Zeitschrift behauptet wird, ausdrücklich zu erklären.

Ich schätze mich glücklich, in einer evangelischen Ge- meinde erzogen worden zu sein, und von meinem Vater, ei- nem gelehrten, frommen und würdigen Geistlichen, den er- sten Unterricht in den Lehren des Christenthums empfangen zu haben. Ich bin weit davon entfernt, mich von der Ge- meinschaft meines Vaters, meines älteren Bruders, und so vieler Vorfahren, welche nicht nur Anhänger, sondern seit mehr als zweihundert Jahren Prediger des evangelischen Glau- bens waren, trennen, sie als verderbliche Irrlehrer verdam- men, und ihre Gebeine aus der christlichen Begräbniß-Stätte hinauswerfen zu wollen. Ich betrachte das durch die Reformatoren so heldenmüthig wieder errungene Recht der eignen freien Prüfung als das Palladium der Menschheit, und die Reformation, dieses große Denkmal des deutschen Ruhmes, als eine nothwendige weltgeschichtliche Begebenheit, deren heilsame Wirkungen, durch mehr als hundertjährige Kämpfe nicht zu theuer erkauft, seit drei Jahrhunderten sich als jeder Erweiterung der Erkenntniß, jeder sittlichen und geselligen Verbeßerung förderlich bewährt haben. Diese Wirkungen haben sich unläugbar sogar auf Länder erstreckt, wo die Reformation die ihr entgegengestellten Hinderniße nicht hat besiegen können. Wiewohl in der letzten Hälfte des fünfzehnten und zum Anfange des sechszehnten Jahrhunderts, an der Gränze des Mittelalters und der neueren Zeit, vieles zusammentraf, was dem menschlichen Geiste einen mächtigen Aufschwung gab, so muß doch nach meiner Ueberzeugung der Reformation an der gegenwärtigen, in der Geschichte beispiellosen Höhe der europäischen Bildung ein sehr bedeutender Antheil zugeschrieben werden. Europa ist wenigstens theilweise mündig geworden; und alle Versuche, noch so künstlich angelegt, den mit dem Marke wißenschaftlicher Forschung genährten und zur Männlichkeit herangewachsenen Geist wieder in die alten verlegenen Kinderwindeln einzuschnüren, werden hoffentlich vergeblich sein.

Will nun jemand mir einwenden, daß manche Stellen meiner früheren Schriften mit dieser Erklärung nicht übereinzustimmen scheinen, so bin ich nicht gesonnen, wie jener Römer zu antworten: 'Waß ich geschrieben habe, das habe ich geschrieben'. Es sollte mir leid thun, wenn mannichfaltige Welterfahrung in einer vielbewegten, ja stürmischen Zeit, wenn anhaltende innere Thätigkeit des Geistes, ernste Betrachtung und Selbstbeobachtung in verschiedenen Lebensaltern mich gar nichts gelehrt hätte. Wer also in meinen früheren Schriften hier und da Unreifes, Einseitiges und Uebertriebenes findet, dem werde ich bereitwillig beitreten. Wenn ich es der Mühe werth halte, eben jetzt meine in Zeit=schriften zerstreuten Aufsätze zu sammeln, so geschieht es haupt=sächlich, um eine Auswahl zu treffen, eine Durchsicht vorzu=nehmen, und mich feierlichst dagegen zu verwahren, daß man nicht, was ich zur Vergeßenheit verurtheilt habe, nach mei=nem Tode wieder an's Licht ziehe und mir aufbürde *).

Uebrigens meine ich doch, ich hätte nur wenige Be=hauptungen ganz zurückzunehmen, andere bloß genauer zu be=stimmen und zu beschränken. Man kann den Aeußerungen eines Schriftstellers leicht einen ganz andern Sinn unter=schieben, als den er beabsichtete, wenn man sie, abgesondert von ihren nächsten Beziehungen und Anläßen, bei ganz ver=änderter Lage der Sachen wiederholt. Hiemit soll nicht ge=sagt sein, daß die Ueberzeugungen und Ansichten mit den Zeitläufen wechseln müßten. Ich denke, niemand wird mir Schuld geben, den jedesmaligen Lieblingsmeinungen des Ta=ges gehuldigt zu haben, mit denen ich mich ja fortwährend im Widerspruch befand. Aber je nachdem ein vorwaltender Hang, eine einseitige Richtung sich kund giebt, kann es nütz=lich sein, bald an diese, bald an jene allzusehr verkannte Wahrheit nachdrücklich zu erinnern; und ein Schriftsteller, der es thut, beweist eben dadurch die Festigkeit seiner Denk=art, und seine Unabhängigkeit von augenblicklichen äußern Einflüßen.

Das Schöne, Gute und Große habe ich nach meiner besten Einsicht freudig anerkannt, wo es sich auch vorfinden

---

[*) Vgl. meine Vorrede. Bg.]

mochte. Wenn dieß mich der Abtrünnigkeit verdächtig macht, so weiß ich mir nicht zu helfen. Große Dichter, deren begeisterte Darstellungen den katholischen Glauben verherrlichen, einen Dante, einen Calderon, habe ich bewundert und geliebt; ich liebe und bewundere sie noch.   .   .

Zwar den Dante dürfen wir, eben so wohl, als die beiden andern Stifter der italiänischen Litteratur, den Petrarca und Boccaccio, wie einen Vorläufer der Reformation betrachten. Seine Theologie ist innigst verbunden mit seiner Philosophie. Wo die kirchlichen Lehren seinem Gefühl zu stark widersprachen, wie ·bei der ewigen Verdammniß der vor der Taufe gestorbenen Kinder, und der tugendhaften weisen Helden, da hat er eine leidliche Auskunft zu treffen gesucht; und den letztgenannten Bewohnern seiner Hölle beweiset er eine fast kindliche Ehrerbietung. Die Mißbräuche der Hierarchie, die damalige Sittenverderbniß der Geistlichkeit, rügt er mit niederschmetternder Beredsamkeit: Luther konnte in seiner Freimüthigkeit nicht weiter gehen. Dantes Werk, .wenn es nicht im Besitz der Oeffentlichkeit und des Ruhmes wäre, dürfte im heutigen Italien zuverläßig nicht zum ersten Male an's Licht treten.

Calderon lebte´ seit der Reformation, aber in einem Lande, wo die Inquisition herrschte. Wenn er zu Gunsten der National=Ehre die Gräuel verschweigt, wodurch die Eroberung Amerikas geschändet worden ist; wenn er jene rohen und habsüchtigen Wüthriche, die Verheerer Perus, als christliche Helden schildert (in seiner Aurora in Copacavana): so können wir ihn entschuldigen; denn die Sittlichkeit eines dramatischen Werkes muß nach der Darstellung selbst, nicht nach der außerhalb liegenden historischen Wahrheit, beurtheilt werden. Wenn er aber religiöse Verfolgungen gut heißt, so

ist der Zauber seiner Poesie verschwendet, weil jedes menschliche Gefühl sich empört.   Daß vor anderthalb Jahrhunderten
ein wißenschaftlich unterrichteter, gesellschaftlich gebildeter Spanier, wie Calderon war, die Vorurtheile des Pöbels gegen die
Protestanten theilen konnte, erinnert an den heutigen Zustand
Spaniens, und eins wird aus dem andern begreiflicher.

Nach solchen Namen kann ich nicht ohne Beschämung
von meinen Gedichten reden.   Die, welche hier in Betracht
kommen, beziehen sich meistentheils auf das Verhältniß des
äußerlichen Gottesdienstes, der Ceremonien und Feste, der
heiligen Geschichten, und der späteren Ueberlieferungen, welche
die katholische Kirche, wo nicht ausdrücklich anerkennt, doch
ungehindert in Umlauf setzen läßt, zu den bildenden Künsten.   Dieser Gesichtspunkt liegt zu Tage; zum Ueberfluß
habe ich ihn noch ausdrücklich, und damals nicht ohne einen
gewissen jugendlichen Leichtsinn aufgestellt (Athenäum, B. II.
S. 134 u. f.)*).   Ich konnte besorgen, durch jene Gedichte
eher strengen Katholiken, als meinen Glaubensgenoßen, Anstoß zu geben.   Mein Gedicht 'der Bund der Kirche mit
den Künsten', ist nichts anders, als ein Ueberblick der neueren Kunstgeschichte seit dem Mittelalter in einer allegorischen
Einkleidung.

Man erzählt, der Pabst Abrian der fünfte, ein gelehrter Mann, aber ohne Kunstsinn, habe, da man sich beeiferte
ihm bei seiner Ankunft in Rom die Schätze des vatikanischen
Museums zu zeigen, sich nach einem flüchtigen Blicke gleichgültig davon abgewendet, und gesagt 'sunt idola paganorum.'
Müßen wir, um ächte Protestanten zu sein, es nun unserer-
seits mit den Meisterwerken katholischer Künstler eben so hal-

[*] In dem Gespräche 'Die Gemälde'.]

ten? Ich denke nicht. Kunstliebende Fürsten haben niemals
so gedacht. Gemälde, die sonst als Altarblätter dem Gottesdienste gewidmet waren, zieren jetzt, um theure Preise erworben, die Galerien, und erregen meistens nur eine ganz
andere Art der Begeisterung. Ich gehe noch weiter. Warum sollten wir uns nicht beim Anblicke einer Darstellung,
die auf der Grundlage uns ganz fremder Voraussetzungen
ruht, religiösen Rührungen überlaßen dürfen, wenn das fromme
Gemüth des Künstlers sich in den Gesichtszügen und Geberden der an der Handlung theilnehmenden Personen spiegelt? Je unglaubhafter die Legende, je anstößiger vielleicht
sie uns ist, desto weniger hat es damit Gefahr. Wenn ich
den milden und kindlichen Sinn preise, worin Johann von
Fiesole die Lebensgeschichte seines Schutzheiligen Dominicus
in einer Reihe von Bildern aufgefaßt (den blutigen Auftrit-
ten des Albigenser-Krieges hat der Pinsel des frommen
Mönches sich weislich entzogen), folgt daraus, daß ich an
die Wunder des Ordensstifters glaube, und alle seine Thaten gut heiße, wie die Geschichte sie urkundlich darlegt? Eben
so wenig, als der Bewunderer des Alterthums für einen
Anbeter der olympischen Götter gilt, weil er entzückt anerkennt, daß die griechischen Künstler aus den dunstigen Regionen des Aberglaubens sich in die ätherische Sphäre sitt-
licher Urbilder emporgeschwungen, und dadurch die Religion
ihres Volkes verklärt haben.

Ich glaube, in Obigem alles erörtert zu haben, was
in meinen gedruckten Schriften den Verfaßer des Aufsatzes
bewogen haben mag, mich 'den hohen protestantischen Intelligenzen' beizuzählen, welche neuerdings, ganz oder halb,
katholisch geworden seien.

De hautes intelligences protestantes se sont faites der-

nièrement catholiques *): tels sont les Stolberg, Fr. Schlegel, Werner, Adam Muller, Schelling, Tieck, Schlosser. Tout
homme de génie dans les contreés protestantes, penche
aujourd'hui, à son insu ou autrement, vers 'le catholicisme:
tel est l'ascendant irrésistible de la vérité.   Citons W. Burke, W. Jones, Jean de Muller, le poëte Claudius, Lavater
et plusieurs autres.   Goethe s'est décidé fort tard en fa-
veur du panthéisme.   Jamais il ne fut protestant, et l'on
trouve dans quelques - uns de ses ouvrages une tendance
catholique prononcée.   Schiller, lorsque son talent se per-
fectionna, entra de plus en plus dans des conceptions catholiques.   Dans Wallenstein, Marie Stuart, Guillaume Tell,
rien ne rapelle l'auteur déréglé de don Carlos, le violent
déclamateur dont la jeunesse composa cette histoire bour-
soufflée de la Révolution des Pays - Bas. M. A. G. de Schlegel est à moitié catholique: jamais Herder ne fut hostile.

Das Irrige und Grundlose vieler von den obigen Angaben werden die Leser ohne mein Zuthun berichtigen. In
der ersten Aufzählung stehen ein Paar Namen von Männern,
die meines Wißens nicht übergetreten sind; andre sind vielleicht keine hohen Intelligenzen. Mit Sir William Jones,
das ist ganz aus der Luft gegriffen. Eine so entgegengesetzte Meinung war über ihn in England verbreitet, daß sein
Biograph, Lord Teignmouth, sich's zum eignen Geschäft macht,
aus noch ungedruckten Aeußerungen von ihm zu beweisen,
er sei wirklich ein Christ gewesen; aber diese Aeußerungen

---

*) Durch diesen seltsamen Ausdruck, den die französische Akade-
mie gewiß nicht billigen wird, verräth sich der Verfaßer als einen
Ausländer in Frankreich. Er hat sagen wollen: Des hommes d'un
esprit supérieur parmi les protestants, se sont faits etc.

sind ganz im protestantischen Sinne abgefaßt. Auch Burke
gehört nicht hierher; aber es ist unnöthig dabei zu verweilen. Wie es sich mit den deutschen Dichtern, Denkern und
Gelehrten verhält, die hier in der zweiten Reihe aufgeführt
sind, wißen wir Alle.

Schillers Geschichte der Niederlande mußte freilich her-
abgewürdigt werden, denn hier liegt die protestantische Gesinnung allzusehr am Tage. Wenn wir dem Verfaßer des
Aufsatzes halbweg gute Worte geben, so übernimmt er die
Vertheidigung Philipps des zweiten und des Herzogs von
Alba. Schillers Geschichte des dreißigjährigen Krieges wird
mit Stillschweigen übergangen: sie war doch ein Werk seiner
reiferen Jahre. Und was die Schauspiele betrifft, denen
noch die Jungfrau von Orleans beigefügt werden konnte, so
ist die daraus gezogene Folgerung ganz unstatthaft. Die
dramatische Kunst wäre unmöglich, wenn es dem Dichter
nicht erlaubt sein sollte, sich in die Denkart des Zeitalters
und der aufgeführten Personen zu versetzen, ja die Macht
eines ihm fremden religiösen Glaubens oder Aberglaubens
über die Gemüther in ihrer vollen Stärke zu schildern. Für
die Reden seiner Personen kann der Dichter also nicht verantwortlich gemacht werden, so lange sie aus der Lage und
dem angenommenen Charakter natürlich hervorgehn. Allerdings kann er in der Anlage des Ganzen und in einzelnen
Stellen Parteilichkeit und persönliche Absichten verrathen,
eben so wohl wie der Geschichtschreiber: aber in den genannten Werken dürfte dieß schwerlich nachzuweisen sein.

Wenn der Verfaßer des Aufsatzes aus seiner Verworrenheit
heraus verständne, Dichter gehörig zu lesen, so hätte er in Mor-
timers Erzählung von seiner Reise nach Rom vielmehr eine
Satire auf gewisse phantastische Uebertritte finden können.

> Wie ward mir, Königin!
> Als mir der Säulen Pracht und Siegesbogen
> Entgegenstieg, des Kolosseums Herrlichkeit
> Den Staunenden empfieng;

Ja ja! Antike Marmorsäulen, Triumphbogen, die Ruinen des Koliseums, das sind in der That unwiderlegliche Beweise für die Richtigkeit der von Rom ausgegangenen Entscheidung theologischer Streitfragen! Nun mußte sich Mortimer der siegreichen Gewalt der Wahrheit gefangen geben, und die anglikanische Kirche abschwören! Derselbe Mortimer sagt nachher:

> Alle Frevel sind
> Vergeben im Voraus. Ich kann das Aergste
> Begehen, und ich will's. — —
> Und müßt' ich auch die Königin durchbohren,
> Ich hab' es auf die Hostie geschworen.

Die schreckliche, aber auf so vielen Blättern der Geschichte beurkundete Wahrheit, daß fanatische Verblendung zu jeder Frevelthat hinreißen kann, ist wohl niemals eindringender anschaulich gemacht worden, als in diesen kurzen Zeilen, worin der treffliche Dichter seine Meisterschaft in der dramatischen Kunst glänzend bewährt hat.

Indem ich den Sprecher im Katholiken verabschiede, sei es mir erlaubt, eine Zusammenstellung zu machen, die zwar etwas Lächerliches hat, woraus aber meine Leser sehen mögen, was für seltsame Anfechtungen ein Schriftsteller erleiden muß. Während ich hier ein halber Katholik heiße, werde ich von einem Italiänischen Autor für einen halben Renegaten angesprochen, weil ich in meiner Schrift über dramatische Kunst und Litteratur gesagt, Voltaire habe in seinem Mahomet einen großen historischen Charakter entstellt. Wie ich dieß meinte, habe ich dort zur Genüge erklärt:

Kühnheit, Beharrlichkeit, ausgezeichnete Gaben zum Volks-
und Heerführer, machen zusammen einen großen Charakter aus. 'Wie mich dünkt', sagt Herr Pagani-Cesa *)
'hat diese Rede des Herrn Schlegel den Anschein der Vorliebe für die Sekte der Muselmänner. — — — — Alles
'dieses würde sich beßer im Munde eines Türken ziemen, als
'eines Mannes, der an Voltaire Aergerniß genommen', u.
s. w. — Es scheint wohl, daß die Türken nicht so bereitwillig sind, als Hr. von Eckstein und seine Mitarbeiter,
einen Ungläubigen unter die Muselmänner zu zählen. Wenigstens habe ich von dem Mufti in Konstantinopel noch
kein Belobungsschreiben empfangen.

<hr>

2.

Beleuchtung

der Beschuldigungen in der Anti-Symbolik von

J. H. Voß.

Ich wende mich nun zur Widerlegung von Beschuldigungen, die mir von der entgegengesetzten Seite her gemacht
worden sind: ich meine die in der Anti-Symbolik von Jo-

<hr>

*) *Sovra il teatro tragico Italiano, considerazioni di G. U. Pa-
gani-Cesa.* Firenze 1825. Pag. 16. „A me sembra che questo
discorso del Sig. Schlegel, a prima vista, abbia l'apparenza di amore
alla Setta Musulmana. — — — — Tutto ciò starebbe meglio in
bocca di un Turco, che in quella di un uomo, che si mostra scan-
dalizzato, perchè Voltaire abbia etc."

hann Heinrich Voß enthaltenen. Wer das Folgende liest,
wird wohl begreifen, welche Ueberwindung es mich kostet.
Mich dünkt, ich bin berechtigt, von einem Gegner, mit dem
ich mich einlaßen soll, den Ton der edeln Sitte zu erwarten, welcher in den Kreißen der gebildeten Gesellschaft, sogar bei einem Zweikampfe auf Leben und Tod, niemals
verletzt wird. Den Ton der Anti-Symbolik aber brauche
ich nicht näher zu bezeichnen: meine Leser werden ihn aus
den beigebrachten Proben hinreichend kennen lernen. Ein
unüberwindlicher Ekel wandelte mich jedesmal an, wenn ich
dieses Buch in die Hand nahm; um nur alle mich betreffenden Stellen aufzufinden, mußte ich das Ganze wenigstens
durchblättern. Gern hätte ich mich also überredet, eine Widerlegung des an sich schon Unglaublichen sei überflüßig.
Ueberdieß fand ich mich hier in der besten Gesellschaft ver-
unglimpft, mit berühmten und in Deutschland verehrten Namen den meinigen gepaart: und ich erfuhr nicht, daß irgend
einer der angegriffenen Männer, die ich zum Theil wegen
ihrer Schriften, zum Theil aus persönlicher Bekanntschaft
hochschätze, wie die Herren Creuzer und Daub, oder die
ich meine Freunde nennen darf, wie Ludwig Tieck und
Schelling, ich erfuhr nicht, sage ich, daß einer von ihnen
nöthig gefunden habe, sich gegen solche Angriffe zu vertheidigen. Was meinen Entschluß zu einer Erklärung über das
mich Betreffende entschieden hat, ist folgender Umstand.
Voß hat aus einem anonymen Aufsatze, einer Recension,
Aeußerungen angeführt, die wirklich von mir herrühren, und
die, so aus dem Zusammenhange gerißen, wie er sie stellt,
bei ununterrichteten Lesern seinem Vorgeben einen gewissen
Schein geben können. Meine freimüthigen Urtheile über
Voß als Dichter und Uebersetzer, lange Jahre zuvor öffentlich

mit Nennung meines Namens gefällt, sichern mich vor dem
Verdacht, als hätte ich mich vor einem solchen Gegner ge-
fürchtet, und bei seinen Lebzeiten nicht zu antworten gewagt.
Auch ist ja der zweite Theil der Anti=Symbolik, worin dieselben Beschuldigungen erweitert wiederholt werden, erst nach
dem Tode des Verfaßers an's Licht getreten. Wenn die
Lüge noch von einem Grabe her erschallt, so kann durch
den Tod des Urhebers die Wahrheit ihrer unverjährbaren
Rechte keineswegs verlustig werden. Endlich hat Voß so
eifrige Lobredner gefunden, daß es ihm auf keinen Fall an einem Vertreter fehlen wird, falls ich ihm Unrecht thun
sollte.

Die Anklagen lauten wörtlich folgendermaßen.

Anti=Symbolik. Th. I. S. 25.

'Natürlich rühmt der Symboliker (Hr. Creuzer) aus
'inniger Zuneigung die „geistreichen Gebrüder Schlegel,"
'von welchen Wilhelm durch Wort, Friedrich durch
'Wort und That, zum Zweck „einer unsichtbaren Gemeinschaft"
'sich bekannte: man lese, was Wilhelm in der Jen. A.
'L. Z. 1807. N. 220 offenherzig darüber aussagt.'

S. 156.

'Eure sündhaften Mitbündner zur Herstellung des für
'Fürsten und Volk unerfreulichen Nachtsonnenthums, die
'werdet ihr selbst ermahnen, vorzüglich (denn das kleinere
'Geschmeiß laßt im Dunkeln) die thätigen Brüder Schle-
'gel, nicht nur Friedrich, den offenen Pabstritter vom
'Sporn, sondern auch den hinterhältigen Sir Wilhelm.
'Dem wünschen wir zu seiner indischen Buchdruckerei noch
'mehrere des barbarischen Morgenlandes', u. s. w.

'Mit solchem Anwachs voraussetzender und sich selbst "construierender" Idealdenker verbrüderten sich anwachsende 'Idealdichter, deren Ideal, Urschrei der Wildniß, und Ur= 'kunft des wildkräftigen Mittelalters, unter dem Namen der 'Romantik römelte. Wie den alten Kant jene kräftigen 'Voraussetzer abgesetzt, so erhuben die kräftigen Romantiker 'einen Urschrei, um Deutschlands altende Gesangmeister, Zög= 'linge des klassischen Alterthums, bis auf Einen von un= 'altender, und etwas bedenklicher Jugendkraft, mitsammt den 'altgriechischen und altrömischen Heiden, herabzuschreien. 'Selbst Idealdenker befiel einst idealpoetische Wuth; nicht nur 'den Denkmann der Lucinde, auch Beßere drängte es, Kraft= 'Verse zu construieren. Man lud öffentlich junge Männer 'von Kraft, sich anzuschließen; Schutzbedürftige folgten im 'Troß; und endlich im Jahr 1807 verkündete der Rottmei= 'ster Wilhelm Schlegel mit lautem Ruf: „eine unsicht= 'bare Gemeinschaft edler Menschen", zur Verjüngung der 'kräftigen Pfaffenzeit'.

'Was soll die Versicherung (des Hrn. Creuzer) die Re= 'formation habe doch auch Erfreuliches bewirkt, und aus 'Dankbarkeit, für seine Ausbildung als Mensch und Gelehr= 'ter, gedenke er im evangelisch=protestantischen Glauben fer= 'ner zu leben und auch zu sterben? So redeten Stark und 'Haller; so reden Tieck und Wilhelm Schlegel, und 'alle mystischen Pabstverehrer, die Haller unter hohen und 'niedrigen Protestanten, sogar unter Gelehrten und 'Geistlichen, in Menge, und beinah sprungfertig bemerkt 'haben will'.

Th. II. S. 239...241.

'Neben den älteren Pflanzschulen des römischen Nacht-
'sonnenthums entstand in den Neunzigern die Schule der
'Romantiker; welcher Name zugleich auf Dichtformen des
'Mittelalters und auf Rom anspielen sollte. Sie auch un-
'terwarf die Vernunft dem freien Spiele der Fantasie, zur
'Auffrischung des alten Glaubens. Sie versprach, aus der
'Kälte der Vernunft in die Wärme der Fantasie zu retten,
'aus nüchterner Beschränktheit in zwanglosen Rausch der
'Willkür, aus gemeinen Ansichten und Gesinnungen in ent-
'zückten Geistesflug, aus der Prosa des wirklichen Lebens in
'die erhebende Poesie, die eins sei mit — Religion.

'Solche Lehren der Romantiker wiederholte Wilhelm
'Schlegel ungescheut bei dem Rostorfischen Dichter-
'garten in der Jen. A. L. Zeitung 1807. Nr. 220.
'Ihm ist die Poesie nun wieder eine freie Kunst. „Der
„Fantasie", sagte er, „werden die größten Rechte eingeräumt,
„und sie verwendet die übrigen Kräfte und Antriebe der
„menschlichen Natur zu sinnreichen Bildungen gleichsam nur
„in ihrem eignen Dienste, und mit keinem anderen Zweck,
„als sich ihrer gränzenlos spielenden Willkür bewußt zu
„werden". 'Aber mehr als lustige Fantasiespiele, dünkt
'ihm, bedarf der Weltlauf, man sucht „eines begeisterten
„Glaubens festen Halt, man sucht Erquickung des Gemüths
„und Stärkung". 'Die Poesie muß ans Herz greifen, und
'Gegenständen huldigen, „um welche Liebe und Verehrung
„eine unsichtbare Gemeinschaft edler Menschen
„versammelt."

'Und was sind die Gegenstände der Huldigung? Wil-
'helm läßt ein Sonett seines Bruders Friedrich sie aus-
'sprechen: „Die lichten Zeiten, als Rittermuth der Andacht

„sich verbünden." Also die vom hildebrandischen Sonnen-
thum erleuchteten Zeiten durch poetische Künste zu empfehlen,
verband sich eine unsichtbare Gemeinschaft edler Romantiker.
'Bald hatte Friedrich Schlegel, und ein Trupp der
'Edlen, auch mit der That gehuldigt.'

S. 252.

Wilhelm Schlegels edle Geheimbündner zur Her-
'stellung der hildebrandischen Domherrnzeit, von welchen ein
'Klupp im Jahr 1805 sich bei uns (in Heidelberg) einge-
'nistet, übten zumeist nur Sang und Klang für die geahn-
'ten Anschauungen des karfunkelnden Orients und des südlichen Sonnenthums. Sie pilgerten nach Rom, meistens
'in poetischer Fantasie, zum Theil auch wirklich.'

S. 315.

'Noch früher, gewiß schon im Jahr 1804 gehörte
'Creuzer*) zum Geheimbunde der Romantiker, dessen Zweck,
'Herstellung des Mittelalters, der eitele Wilhelm
'Schlegel in einer Recension der Jen. Litt. Zeitung 1807.
Nr. 220. unbedacht ausplauderte. Friedrich Schlegel
'und mehrere bekannten sich öffentlich zum Pabst; Wil-
'helm glaubt, wie Creuzer, noch Protestant zu sein; und
Ludwig Tieck verhehlt seine Abschwörung, Siehe Bestät.
'd. Stolberg. Umtriebe, S. 113—118.'

Ich glaube keine der Stellen, wo von dem vermeinten
geheimen Bunde die Rede ist, übersehen zu haben. Der

---

*) Erst im J. 1818 hatte ich das Vergnügen, nähere persön-
liche Bekanntschaft mit Hrn. Creuzer zu stiften. Vorher hatte ich
ihn nur ein einziges Mal bei einer Durchreise im J. 1808 auf
kurze Augenblicke besucht.

einzige Scheinbeweis, welchen Voß dafür aufzutreiben wußte, war die Stelle in der Allgemeinen Litteratur=Zeitung; deswegen kommt er unaufhörlich darauf zurück. Meine Leser werden sehr erstaunt sein, wenn ich ihnen die angeführten Worte im Zusammenhange des Aufsatzes vorlege, über dessen Veranlaßung ich nur Weniges im Voraus zu erinnern habe.

Ein liebenswürdiger und gebildeter Mann, mit dem ich ohne lange fortgesetzten Umgang in einem freundschaftlichen Verhältniße stand, ein jüngerer Bruder meines verewigten Freundes Novalis, Freiherr von Hardenberg, hatte unter dem Titel Dichtergarten, und unter dem Namen Rostorf eine Sammlung von Gedichten, als Taschenbuch auf das Jahr 1807 herausgegeben. Diese Sammlung enthält eine beträchtliche Anzahl Stücke von meinem Bruder Friedrich, theils Lieder, theils Spruchgedichte. Mir war besonders darum zu thun, auf diese die Aufmerksamkeit des Publikums zu lenken, wegen ihrer Beziehung auf die Zeitereignisse, und wegen der vaterländischen Gesinnung, welche sie athmeten. Es war Grundsatz bei der Litteratur=Zeitung, nahe Verwandte und vertraute Freunde der Verfaßer nicht als Beurtheiler auftreten zu laßen. Indessen trug man kein Bedenken, hier eine Ausnahme zu machen. Die Herausgeber mochten wohl sich überzeugt haben, daß das den Gedichten meines Bruders ertheilte Lob nicht aus einer verzeihlichen brüderlichen Parteilichkeit entsprungen, sondern in der Wahrheit gegründet war.

Der Aufsatz ist mit W. unterzeichnet. Ich bemerke im Vorbeigehen, daß Voß widerrechtlich handelte, indem er eine förmliche Denunciation gegen mich auf eine anonyme Schrift gründete. Dieses darf man nur dann thun, wenn

man den gerichtlichen Beweis führen kann, daß der Ange=
klagte wirklich der Verfaßer sei, welches Boßen schwer ge=
fallen sein möchte.   In dem freien und freimüthigen Eng=
land wird das Recht der Anonymität, sowohl von Heraus=
gebern politischer und litterarischer Zeitschriften als von an=
andern, nachdrücklich behauptet.   Wo keine Censur ist, muß
freilich irgendwer verantwortlich sein; der Verleger kann
nach Befinden der Umstände in Strafe genommen werden,
aber den Verfaßer braucht er niemals zu nennen. Indeßen
bestehe ich nicht auf meinem Rechte. Voß hat ganz richtig
gerathen.   Ich habe die Anzeige des Dichtergartens wirklich
geschrieben.   Wie ich damals erkannt zu werden wünschte,
so rühme ich mich deßen noch jetzt.

Der Anfang lautet so:

„Wenn nüchterne Beschränktheit sich der Poesie an=
„maßt, wenn die gemeinen Ansichten und Gesinnungen, über
„welche uns eben die Poesie erheben soll, aus der Prosa
„des wirklichen Lebens sich verkleidet und unverkleidet wieder
„in ihr einschleichen, ja sich ganz darin ausbreiten, durch
„ihre Schwerfälligkeit ihr die Flügel lähmen, und sie zum
„trägen Element herunterziehn: dann entsteht ein Bedürfniß,
„das Dichten wiederum als eine freie Kunst zu üben, in
„welcher die Form einen vom Inhalte unabhängigen Werth
„hat.   Der Fantasie werden also die größten Rechte ein=
„geräumt, und sie verwendet die übrigen Kräfte und An=
„triebe der menschlichen Natur zu sinnreichen Bildungen
„gleichsam nur in ihrem eignen Dienste, und mit keinem
„andern Zweck, als sich ihrer gränzenlos spielenden Willkür
„bewußt zu werden.   Diese Richtung ließ sich vor einigen
„Jahren in Deutschland spüren.   Man gieng den kühnsten
„und verlorensten Ahnungen nach; oft wurde mehr eine

„dichterische Melodie der Gefühle leise angegeben, als daß
„man sie in ihrer ganzen Kraft und Gediegenheit ausgespro=
„chen hätte, die Sprache suchte man zu entfesseln, während
„man die künstlichen Gedichtformen und Sylbenmaße aus
„anderen Sprachen einführte, oder neue=ersann; man gefiel
„sich vorzugsweise in den zarten, oft auch eigensinnigen
„Spielen eines fantastischen Witzes. Unstreitig ist hieburch
„manches zur Entwickelung gekommen, und die Einflüße da=
„von dürften sich selbst in den Hervorbringungen solcher
„Dichter nachweisen laßen, die unmittelbar an jener erneuer=
„ben Bewegung am wenigsten Antheil genommen. Die
„Ausartungen in eine leere mühselige Gaukelei sind gleich=
„falls nicht unterwegs geblieben.

„Andre Umstände schaffen andre Bedürfnisse: denn
„der Sinn der Menschen wechselt, wie Homer sagt, mit
„den Tagen, welche die waltende Gottheit heraufführt.
„In einer Lage, wo man nur an einem begeisternden Glau=
„ben einen festen Halt zu finden wüßte, wo dieser Glaube
„aber durch den Lauf der weltlichen Dinge gar sehr gefähr=
„det wäre: da würde in der Poesie jenes luftige Streben,
„das wohl der Erschlaffung dumpfer Behaglichkeit mit Glück
„entgegenarbeiten mochte, nicht mehr angebracht sein. Nicht
„eine das Gemüth oberflächlich berührende Ergötzung sucht
„man alsbann, sondern Erquickung und Stärkung; und diese
„kann die Poesie nur dann gewähren, wenn sie in ungekün=
„stelten Weisen ans Herz greift, und, ihrer selbst vergessend,
„Gegenständen huldigt, um welche Liebe und Verehrung eine
„unsichtbare Gemeinschaft edler Menschen versammelt. Den
„letzten Gedanken spricht ein Gedicht von Friedrich Schle=
„gel am Eingange mit würdigem Nachdrucke aus:

An die Dichter.

Buhlt länger nicht mit eitlem Wortgeklinge!
   Unedle laßt in Hochmuth sich aufblähen,
   Sich um den eignen Geist bewundernd drehen,
   Beseligt, daß so Einz'ges ihm gelinge.

Laßt nicht der Eitelkeit verborgne Schlinge
   Aushöhlend mich eur Herz umwinden sehen;
   Treu dienend nur erklimmt der Dichtkunst Höhen,
   Wer fühlt, wie heilig das sey, was er singe.

Den Heldenruhm, den sie zu spät jetzt achten,
   Des deutschen Namens in den lichten Zeiten,
   Als Rittermuth der Andacht sich verbunden,

Die alte Schönheit, eh sie ganz verschwunden,
   Zu retten fern von allen Eitelkeiten:
   Das sei des Dichters hohes Ziel und Trachten.

„Die ganze Sammlung ist in diesem Sinne gedacht."

Man sieht, das Erste bis zu dem Absatze ist rein litterarisch: es sind allgemeine Betrachtungen über die poetischen Erzeugnisse des letztverfloßnen Zeitraumes. Daß sie Voßen nicht gefallen konnten, glaube ich gern: in den ersten Zeilen sind ja, ohne Nennung seines Namens, seine eignen Gedichte unverkennbar geschildert. In dem Folgenden würdigte ich nicht ohne Tadel das, was man damals 'die neuere Dichterschule' nannte, und wozu mehrere meiner Freunde mit mir durch Einführung italiänischer und spanischer Formen in die deutsche Sprache, oder durch erweiterten Gebrauch der schon eingeführten die Anregung gegeben hatten.

Der zweite Abschnitt bezieht sich auf die damalige Lage der öffentlichen Angelegenheiten: deutlich genug denke ich, um von allen verständigen Lesern verstanden zu werden. Deutlicher konnte ich nicht sprechen, sonst hätten die Her-

ausgeber der Litteratur=Zeitung es gar nicht einrücken dürfen. Mein aus der Schweiz eingesendeter Aufsatz erschien
im September des Jahres 1807. Der Tilsiter Friede war
geschloßen. Nach den unglücklichen Feldzügen der Jahre 1805,
1806 und 1807, nachdem die größten Mächte des festen
Landes, Oesterreich und Rußland wiederholt, zuletzt Preußen, vergeblich und mit dem unglücklichsten Erfolge Alles
aufgeboten hatten, um der um sich greifenden Weltherrschaft
Napoleons einen Damm entgegenzusetzen, schien alle Hoffnug
verloren zu sein. Die eroberten oder sonst deutschen Fürsten
entrißenen Länder wurden an napoleonische Dynastien ausgetheilt. Bald darauf erstreckte sich das französische Reich
von der Gränze Dänemarks bis an die Gränze von Neapel.
Die Bundesgenoßen Napoleons, denen er augenblickliche
Vortheile gewährte, konnten sich ihr künftiges Schicksal vor-
aussagen. Deutschlands politische Unabhängigkeit war dahin;
es war bestimmt, nach und nach dem französischen Reiche
einverleibt zu werden. Aber etwas noch weit Höheres, das
kostbarste Eigenthum der Menschheit, die geistige Bildung
und die nationale Tugend, war dringend gefährdet. Wenn
der Eroberer, der Länderverwüster Napoleon, unwiderstehlich
schien, so war der Despot, der Tyrann Napoleon noch weit
furchtbarer als ein Menschenverderber. Er bot der Eitelkeit,
dem Ehrgeize, der Habsucht die glänzendsten Lockungen aus;
er belohnte mit beispielloser Freigebigkeit alle Talente, alle
Eigenschaften, die ihm brauchbar waren. Nur Eine Bedingung war dabei: sein Herrscherwille, ja seine nur erra-
thenen Winke mußten an die Stelle des Gewißens treten.
In dieser Art stellte er seine Diener auf die härtesten Proben; er gab ihnen Aufträge, die mit ihrer früheren Denkart im stärksten Widerspruche standen: wenn sie sich dann

nicht weigerten, so war er ihrer Ergebenheit gewiß. Die
Poesie und Beredsamkeit schätzte er als Organe der Schmeichelei; die Künste, weil sie seine Thaten und den Glanz
seines Hofes verherrlichten; die Mathematik und Naturfor-
schung mußten zur Förderung der Kriegskunst und des Ge-
werbsfleißes angebaut werden. Aber die Philosophie, das
heißt der freie Gedanke, und die wahrhafte Geschichtschreibung waren ihm ein Gräuel: die Bücher des Tacitus hätte
er gern aus der Welt geschafft. Alle Erzeugnisse des menschlichen Geistes in dem Bereich seiner Macht mußten die
Livrei der Knechtschaft tragen.

Die durch einen solchen Despotismus bei dessen Werkzeugen bewirkte Verwandlung des französischen Nationalcha-
rakters hatte ich schon Gelegenheit gehabt, aus der Nähe
zu beobachten. Bonaparte's Günstlinge und Vertraute sprachen von Patriotismus, Menschenliebe und Gerechtigkeit wie
von alten Weibermärchen. Sie wußten keinen Unterschied
zwischen Gut und Böse, als was dem Kaiser gefiel oder
mißfiel. In Deutschland zeigten sich ähnliche Wirkungen: schon wurde der niedrigste Ton der Schmeichelei ange-
stimmt; schon gab es Menschen genug, welche Napoleon
als den Schöpfer eines neuen wiedergebornen Deutschlandes
priesen.

In dieser namenlosen Trauer, unter so verzweiflungsvollen Aussichten, was blieb den Geistern übrig, die nicht
bloß an der Erdscholle hafteten, den Herzen, welche noch
deutsches Blut durchströmte, als ein begeisternder Glaube;
der Glaube an eine allgütige und allweise Vorsehung, die
über die Schicksale der Menschheit waltet; der Glaube, daß
der Triumph des Bösen nicht auf die Dauer bestehen könne?
Dann die Zuversicht, Deutschland sei noch nicht tief genug

gesunken, um die Schmach eines ausländischen Joches geduldig zu ertragen; fremder Waffenruhm und fremdes Kriegsglück habe nur einen Theil seiner Bewohner geblendet, und es gebe noch Männer, denen die besiegte Partei gefalle; das nicht erloschene, nur eingeschläferte Selbstgefühl werde bei der ersten günstigen Gelegenheit erwachen, und mit seiner stolzen Kraft die künstlich geschmiedeten Bande zerreißen. Es war Pflicht, in der hoffnungslosesten Lage zu hoffen, und diese Hoffnung in Andern zu nähren: denn eine große Nation ist nur dann von aller Hülfe verlaßen, wenn sie sich selbst aufgiebt. Und welches waren die Gegenstände, um welche Liebe und Verehrung eine Gemeinschaft edler Menschen versammelte? Das Vaterland, seine lange sicher beseßene Unabhängigkeit und Würde; der alte Ruhm des deutschen Volkes, die kühnen Heldenthaten, die biedern männlichen Tugenden, die es, unter den verschiedenen Namen seiner einzelnen Stämme, seit beinahe zwei Jahrtausenden, seit den Cimbern und Teutonen, seit Julius Cäsar und Ariovist, seit den Legionen des Varus, in die Jahrbücher der Welt eingezeichnet hat. Unsichtbar mußte diese Gemeinschaft freilich sein, denn man war überall von Spähern umgeben. In einer Zeit, wo der Buchhändler Palm hingerichtet ward, weil er die Schrift 'das erniedrigte Deutschland' gedruckt hatte, und den Verfaßer nicht nennen wollte, war es unmöglich öffentlich und unverkleidet zu sprechen. Aber die Gleichgesinnten verstanden sich aus der Ferne und auf das halbe Wort. Welchen höheren Zweck konnte sich die Poesie vorsetzen, als den, das heilige Feuer der Vaterlandsliebe unter der Asche glimmend zu erhalten, bis es einmal wieder in helle Flammen auflodern könnte?

Auch ich, kaum von einer schweren Krankheit genesen,

dichtete damals vaterländische Lieder: eines bei der Eröffnung des Feldzuges im Jahr 1806, ein anderes bei der allgemeinen Entwaffnung. Aber ich war entfernt: Freundschaft und Dankbarkeit hielten mich in Frankreich fest. Diese Gedichte konnten also nicht an ihre Bestimmung gelangen: sie nur schriftlich aufzubewahren, hätte schon die Freunde, bei denen ich lebte, in Gefahr gebracht. Noch sind sie mir zum Theil im Gedächtnisse; der Aufruf wäre auf empfängliche Gemüther vielleicht nicht unwirksam gewesen; aber für diese friedlichen Zeiten sind die damals gesprochenen Worte zu flammend: sie haben meinem Vaterlande nichts genützt, so mögen sie in Vergeßenheit begraben bleiben.

Ich weiß mir Voßens Mißdeutung nicht anders zu erklären, als durch die Annahme, daß er von allen den Begebenheiten, welche damals und in den folgenden Jahren die Schicksale Europas entschieden, nichts erfahren hatte. Er saß ruhig zwischen seinen vier Pfählen, hinter seinem Gartenzaun, über welchen hinauszublicken er niemals verstanden hat. Die anrückenden Heere hatten seine Kohlpflanzen noch nicht zertreten: folglich stand noch Alles gut. Das Kriegsgetümmel, wovon die Erde dröhnte, der prahlende Triumph der Sieger, die Wehklagen der Völker drangen nicht bis zu seinem Ohr. Er hatte ganz andre Beschäftigungen. Er sammelte Stoff zu seiner Anti-Symbolik; er wiederkäuete die Zurücksetzungen und Beleidigungen, die er von seinem ehrwürdigen Lehrer und Wohlthäter Heyne vor etlichen dreißig Jahren erlitten zu haben vermeinte, um sie nach einem halben Jahrhundert dem Publikum abermals der Länge und Breite nach zu erzählen; er klaubte aus einem Aufsatze, worin ich mein überwallendes Herz mit Gewalt zurückhielt, eine Stelle heraus, wodurch er mich eine An-

16*

zahl Jahre nachher meinen evangelischen Mitbürgern verdäch=
tig zu machen hoffte.

Aber in dem abgeschriebenen Sonett, worin ich meine
eignen Gesinnungen wiederfand, hatte doch mein Bruder die
deutsche Vorzeit gelobt: also die Priesterherrschaft, den Aber=
glauben, die Unwißenheit, die Barbarei des Mittelalters!
Welche Art zu folgern! — Die Dichter werden aufgefor=
dert, große Gegenstände mit allem Ernste eines davon er=
griffenen Gemüths zu besingen:

> Den Heldenruhm, den sie zu spät jetzt achten,
>   Des deutschen Namens in den lichten Zeiten,
>   Als Rittermuth der Andacht sich verbunden.

'In den lichten Zeiten', das heißt, in den ruhmvollen, glor=
reichen Zeiten; das Vorhergehende, was Voß ausgelaßen,
läßt nicht der minbesten Zweibeutigkeit Raum. Es konnte
meinem Bruder nicht einfallen, in Bezug auf Wißenschaft
und Gelehrsamkeit dem Mittelalter vor der heutigen Zeit
ben Vorrang zuzuschreiben. In einem andern Gedichte der=
selben Sammlung, 'Deutsche Sinnesart', preiset er ja, daß
der Deutsche jede ausländische Entdeckung und Erfindung sich
sofort aneigne.

> Was in Kunst und Wißenschaft
> Fremder Himmel Hohes schafft,
> Ward von ihm alsbald erkannt,
> Wuchs so mächt'ger seiner Hand.

Dort aber ist bloß von der Thatkraft der Vorzeit die Rede.
Waren die Zeiten eines Otto des Großen, eines Friedrich
Rothbart etwa nicht glorreich für Deutschland? Was konnte
mehr geeignet sein, das Nationalgefühl der Deutschen zu
weken, als die Vergleichung jener Zeiten, wo ihr frei er=
wähltes Oberhaupt seine Oberherrlichkeit weit über die Län=

der deutscher Zunge hinaus, sein schiedsrichterliches Ansehen fast über Europa walten ließ, mit dem damaligen Zustande, wo Deutschland ein militärisch vorgeschriebenes neues Staats= gesetz von Frankreich empfing?

Als Rittermuth der Andacht sich verbunden.

Was hat nur in dieser Zeile Voßens Unwillen so gewalt= sam erregt? Die Erwähnung des Muthes? oder der Andacht? oder des Ritterthums? Ja! tapfer waren die alten Ritter: das hat ihnen noch niemand abgestritten. Andächtig waren sie auch meistens, nach ihrer einfältigen schlichten Weise, nach den Lehren und Formen der römischen Kirche, weil es im europäischen Abendlande keine andere gab. Daran tha= ten sie nun nach Voßens Meinung schon sehr übel: aber wie konnten sie anders? Endlich vollends waren sie Ritter: das war abscheulich! Allerdings, der Unterschied der Stände war im Mittelalter stark bezeichnet; dieß gieng mit Noth= wendigkeit aus der damaligen Stufe der Kultur hervor: so= bald der Gewerbfleiß der Städte emporkam, fühlten auch die Bürger sich stolz neben dem Adel, und erwarben sich Rechte und Freiheiten. Der Adel war, was er längst zu sein aufgehört hat, ein erblicher Kriegerstand. Wenn aber irgend etwas die Härte der geselligen Verhältnisse mildern, den Mißbrauch der Waffengewalt hemmen konnte, so waren es die Grundsätze des Ritterthums, welches vorschrieb, die Hülfsbedürftigen zu beschützen, der Wehrlosen zu schonen, und den Kampf ohne Hinterlist mit gleichen Waffen zu führen.

Nichts kann die Menschheit mehr adeln, als die Ver= bindung der Tapferkeit mit ächter Frömmigkeit. Der bloß weltlich gesinnte Krieger mag für irdischen Besitz und Ruhm sein Leben muthig daran wagen; dieser Muth kann durch

Leidenschaft bis zur Tollkühnheit gesteigert werden; der un=
gerechteste Eroberer und seine raubsüchtigen Krieger können
in der Luft der Gefahr gleichsam schwelgen. Aber zur be=
sonnenen freiwilligen Aufopferung gehört uneigennützige Va=
terlandsliebe, das Vertrauen auf die gerechte Sache, das
Bewußtsein einer erfüllten Pflicht, vor Allem der Glaube,
das irdische Dasein habe nur in Bezug auf höhere und
unvergängliche Güter einen wahren Werth. Wie sehr sitt=
liche Antriebe den männlichen Muth stärken, das wußte
schon Homer, als er den Hektor sagen ließ:

Ein Wahrzeichen vor allen, dem Heimatlande zur Wehr stehn!

Von den übrigen dem 'Dichtergarten' eingerückten
Gedichten meines Bruders habe ich in dem oft erwähnten
Aufsatze ausführlich gesprochen. Unter anderen sagte ich:

'In Friedrich Schlegels früheren Gedichten ist zuweilen
'der Ausdruck nicht bis zur völligen Klarheit gediehen; die
'hier mitgetheilten hingegen sind, ohne Anstrengung oder
'Bewußtsein irgend eines Kunstbestrebens, unmittelbar aus
'dem Gemüth geflossen. So wie die Gesinnungen, sind
'die gewählten Weisen der meisten Stücke ächt national. In
'den Liedern geht Schlegel ganz auf der Bahn eines Opitz,
'Flemming, und andrer unsrer gediegenen und vollherzigen
'alten Dichter, in den Sprüchen (einer den Deutschen vor=
'züglich eigenen, und mit Recht ehemals unter ihnen beliebten
'Gattung) schließt er sich an noch ältere, z. B. den Verfaßer
'des Freigedank und ähnliche an.'

Diese Stelle hat Voß nicht abgeschrieben: sie hätte
seinen ganzen Handel verdorben. Die Anpreisung unsers
Opitz und Flemming schmeckt nicht nach einem geheimen
Plane zur Herstellung des Pabstthums und der Geistesknecht=

schaft. Beide waren eifrige Protestanten: sie haben sich in
den wilden Zeiten des dreißigjährigen Krieges als vaterlän-
disch gesinnte Männer bewährt, und die Helden der Reli-
gionsfreiheit gepriesen. Ich verglich ferner die Sittensprüche
meines Bruders mit denen im Freigedank, einem Werke des
Mittelalters. Aber Voßens düstres und knechtisches Mittelalter ist ein wesenloses Phantom, dem nie etwas in der
Wirklichkeit ähnlich gesehen hat. Er focht mit Gespenstern,
in der Vergangenheit, wie in der Gegenwart: Ich habe in
andern Schriften das Mittelalter von manchen Seiten gelobt;
das hat auch Johannes Müller gethan, der größte Kenner
dieses Theils unserer Geschichte. Die verkehrten Vorstellungen vom Mittelalter, welche aus dem Dünkel einer seichten
Aufklärung, und aus der tiefsten historischen Unwißenheit
hervorgegangen waren, sind nun schon längst in der öffentlichen Meinung berichtigt. Nur Voß ist starr daran hängen
geblieben. Möchten wir nur mit der Kraft unserer Väter
auch etwas von ihrer Freimüthigkeit geerbt haben! Der
Freigedank, zum Beispiel, entspricht seinem Namen vollkommen. Das Buch enthält zwar theologische Sprüche nach
dem katholischen Lehrbegriff; aber auch Sinnsprüche voll
philosophischen Tiefsinns; aber auch Aeußerungen über die
kirchlichen Mißbräuche, deren Kühnheit in Erstaunen setzen
muß *). Diese, so wie manche Lieder unserer Minnesänger
und Meistersänger, sind Vorboten der Reformation.

---

*) Ich setze aus dem wenig bekannten Buche, wovon wir noch
keine kritische Ausgabe, sondern bloß einen fehlerhaften unlesbaren
Abdruck haben, [W. Grimms Ausg. von Bridankes Bescheidenheit,
aus welcher ich im Folgenden Einiges verbeßere, ist 1834 erschienen. Bg.] einige Proben her, der leichteren Verständlichkeit wegen

Die meisten Gedichte meines Bruders in der von mir
beurtheilten Sammlung sind, wie gesagt, patriotischen In-

mit erneuerter Schreibung, und Auslaßung der Zeilen, worin nicht
zu enträthselnde falsche Lesearten vorkommen.

Mancher hin zu Rome fährt,   (W. Gr. Ausg. S. 149. f.)
Der von Raub dar und bannen zehrt,
Und gicht, der Pabst habe ihm vergeben
Was er gesündet habe sein Leben;
Und wem er Schaden habe gethan,
Des habe er ihn alles lebig gela'n.
Wer das gicht, der ist betrogen,
Und hat den Pabst angelogen....
Alle Ablässe liegen nieder,
Man gelte dann und gebe wieder
Nach Gnaden und nach Minnen:
So soll man Sühne gewinnen....
Der Ablaß dünket Thoren gut,
Den ein Gauch dem andern thut....
Die Gnade einem Esel wohl ziemt,
Daß er einem Ochsen Sünd' abnimmt....

Der Pabst hat ein schönes Leben: (W. Gr. S. 151.)
Möchte er Sünde ohne Reu vergeben,
So sollte man ihn steinen,
Ob er der Christen einen
Oder keiner Mutter Barn
Ließe hin zur Hölle fahr'n.

Alle Schatzes Flüße gehn   (W. Gr. S. 148.)
Zu Rome, daß sie da bestehn;
Und doch nimmer wird es voll:
Das ist ein unseelig Hohl!
So kommt auch alle Sünde dar,
Die nimmt man da den Leuten gar.
Wo sie die behalten,
Des muß Glück walten.
Zu Rome ist alles Rechtes Kraft,   (W. Gr. S. 153.)
Und aller Falschheit Meisterschaft.
Römisch Segen und sein Gebot   (W. Gr. S. 148.)
Die sind Pfaffen und Laien Spott.

Wer auch falscher Eide gehrt,
Der findet ihrer gute Pfennigwerth.

halts *). Die wenigen religiösen sind allgemein; eins darunter, das 'Gebet':

　　Wie könnt' ich, Vater, noch wohl zagen,
　　Da deine Hand mich sichtbar führt? u. s. w.

könnte, ganz wie es ist, in unsre Gesangbücher aufgenommen werden, wie wir denn auch ein Lied des gleichfalls von Voß angefeindeten Novalis mit großer Erbauung in unsern Kirchen singen.

Der Uebertritt meines Bruders Friedrich von Schlegel, zur römisch-katholischen Kirche ist erst im Sommer des Jahres 1808 in Deutschland bekannt geworden. Gesetzt aber auch, ich hätte diesen Uebertritt schon im vorhergehenden Jahre vorausgesehen, oder vermuthet, oder gewußt: war es mir nicht erlaubt, aus seinen öffentlichen Aeußerungen diejenigen hervorzuheben, womit ich vollkommen einverstanden war: die Ansicht der Zeitereignisse, die vaterländischen Gesinnungen? Sind nicht die Geister frei? und bin ich für die Ueberzeugungen und Lehren meiner Freunde solidarisch ver-

---

　　Was zu Rome Feiles ist;　　(W. Gr. S. 153.
　　Da sieht man manchen falschen List.
　　Weib' und Pfaffen leben da wohl:
　　Die zwei da niemand schelten soll.

*) Da den meisten Lesern das Taschenbuch wohl nicht zur Hand ist, so setze ich das Verzeichniß her, damit jeder in der Sammlung der Gedichte meines Bruders nachschlagen, und sich selbst hievon überzeugen könne: An die Dichter. An Viele. Im Walde. Frankenberg bei Achen. Das Gedicht der Liebe. Calderon. An Camoens. Spruch. Gesang. Sinnbild. Spruch. Wechselgesang. Das versunkene Schloß. Spruch. Eulenspiegels guter Rath. Mahomets Flucht. An den Befreier. Spruch. Spruch. Gebet. Friede. Spruch. Spruch. Das Alte und das Neue. Im Spessart. Deutsche Sinnesart. Eintritt in die deutsche Schweiz. Auf dem Feldberge. Weihe des Alten. Spruch. Fortunata.

antwortlich? Kann mir zugemuthet werden, gegen einen
Bruder, mit dem ich so lange in inniger Gemeinschaft und
Verbrüderung der Geister wißenschaftlich und litterarisch gewirkt, mich ausdrücklich und öffentlich zu erklären? Ich sollte
nicht meinen, wiewohl ich mir das Recht dazu vorbehalte.
Wenn seitdem, nicht bloß über die Religion, sondern auch
über viele andre Gegenstände unsere Ansichten und Meinungen sich noch viel weiter, ja unvereinbar getrennt hätten:
ist es nicht genug, wenn ich fortfahre zu lehren und zu
schreiben, was mir nach der redlichsten Prüfung für Wahrheit gilt?

Im Jahr 1807 war jener Aufsatz geschrieben; siebzehn
Jahre nachher gründete Voß darauf seine Anklage gegen
mich. Wenn nach allem Obigen sein anfängliches Mißverständniß noch einigermaßen begreiflich wäre, hätte nicht
mein nachheriger Lebenslauf, der ihm unmöglich ganz unbekannt bleiben konnte, ihn aus dem Irrthume ziehen
müßen? Volle vierzehn Jahre, vom Frühlinge 1804 bis
1818, lebte ich mit Ausnahme eines halbjährigen Besuchs
und der im Hauptquartiere der Nord-Armee zugebrachten
Zeit, entfernt von Deutschland; und es war mir schon phy-
sisch unmöglich, die Wirksamkeit des eingebildeten Bundes
zu leiten. Aber, in Wahrheit! der Druck des weltlichen
Despotismus lastete zu schwer auf mir, als daß ich Lust
und Muße gehabt hätte, für die Herstellung eines geistlichen
Despotismus zu arbeiten. Ich lebte im Hause der Frau von
Staël, der edlen Frau, welche wegen ihres festen Sinnes,
der sich durchaus zu keiner schmeichlerischen Huldigung verstehen wollte, wegen der Wärme, womit sie sich der Unterdrückten annahm, wegen ihres europäischen Ruhmes und
ihrer unwiderstehlichen Beredsamkeit schon vom Consul Bo-

naparte, nachher dem Kaiser Napoleon vor allen verdächtig
war, und immer mehr das Ziel seiner Verfolgungen ward.
Nachdem Napoleon erklärt hatte, es gebe politische Verbre-
chen, welche die Staatsraison nicht erlaube zur öffentlichen
Kenntniß gelangen zu laßen, welche man deswegen ohne
Gericht und Urtheil in aller Stille beseitigen müße; nachdem
er, in Folge dieses Considérant, sechs Bastillen für eine in
Frankreich eingerichtet hatte: so konnte man sich ohne einen allzu
kühnen Schwung der Einbildungskraft die Einschließung in ein
Staatsgefängniß ganz natürlich vorstellen. Platz genug war da.
Es ist thöricht, unnützer Weise der Tyrannei eine Art von Recht
gegen sich zu schaffen. In Frankreich legte mir die Rücksicht
auf meine Freundin die größte Vorsicht und Zurückhaltung
auf; aber gleichgesinnten Landsleuten mich zu eröffnen, versäumte ich keine Gelegenheit. Es geschah in Wien im Jahre
1808 am Schluße meiner Vorlesungen vor dreihundert Zuhörern. Unter dem Vorwande, Gegenstände der deutschen
Geschichte zu großen dramatischen Darstellungen zu empfehlen, sprach ich die vaterländische Erinnerung, den Schmerz
über die Gegenwart, und den Glauben an eine beßere Zukunft aus. Der französische Gesandte und mehrere von verbündeten Staaten waren gegenwärtig: einige meiner Freunde
fanden, ich hätte mich zu weit gewagt. Meine Worte mochten wenig Beredsamkeit haben; aber in der damaligen Lage,
unter so bringenden Besorgnissen, so zweifelnden Hoffnungen
bewirkten sie eine sichtbare Rührung und ungewöhnliche Bewegung der Gemüther; ich erhielt viele Beweise des Beifalls
und der Theilnahme.

Von Wien aus machte ich eine Reise nach dem Norden von Deutschland, um meine Mutter und meine Geschwi-
ster zu besuchen. Hier sah ich meinen Geburtsort in eine

Landstadt des westphälischen Königreichs verwandelt. Ich
fand viele Kurzsichtige, welche glaubten, die Ruhe der Staaten sei nun für immer gesichert; Begünstigte der neuen Macht,
denen Alles in rosenfarbenem Lichte erschien; aber auch frei-
gesinnte Männer, welche die Schmach eines solchen Joches,
eines so läppischen Provincial=Despotismus unter der Vor-
mundschaft des eisernen europäischen, tief empfanden, und
auf Herstellung hofften: unter diesen meine Brüder, den Rechts-
gelehrten in Hannover und den Geistlichen in Göttingen.
Unvergeßlich bleibt mir das Gespräch mit meinem ehrwürdigen Lehrer Heyne. Hoch bejahrt, in einer körperlichen Verfaßung, die ihn seinen nahen Tod voraussehen ließ, sprach
er von der Lage Deutschlands mit der feurigen Indignation
eines Jünglings. Besonders aber beschäftigte ihn die Gefahr der eindringenden Barbarei, indem bei der Verschwendung eines üppigen Hofes und den militärischen Anstren-
gungen von den erpreßten Staatseinkünften nichts für den
öffentlichen Unterricht übrig blieb, den man auch geflißentlich herunterbringen wollte. Er hat die Stiftungen für Wißenschaft und Gelehrsamkeit gegen die ausländischen Staatsminister mit dem beharrlichsten Muthe verfochten. Hierin
stand ihm Johannes Müller bei, aber, wie mir Heyne scho-
nend andeutete, nicht mit gleicher Festigkeit. Auch Johannes Müller besuchte ich in Cassel, und es entgieng mir nicht,
daß er unter dem reichgestickten Rock, womit er täglich an
jenem abgeschmackten Hofe erscheinen mußte, an einem gebrochenen Herzen sich verzehrte. Er unterhielt mich von seinem Lieblingsgedanken, ganz von den Geschäften zurückgezo-
gen, wieder als Gelehrter zu leben. Im folgenden Jahre erfuhr
ich den Tod des in seltenem Grade wohlwollenden, nur zu
schwachen Mannes, ohne Befremden, aber mit tiefer Rührung.

Die zweite Ausgabe meiner Gedichte erschien im Jahre 1811, als Napoleons Weltherrschaft ihren höchsten Gipfel erreicht hatte. Hier sagte ich in einem Gedicht 'auf der Reise', auf dem Rückwege aus Frankreich nach der Schweiz bei Fort l'Ecluse:

> Fremde Sitten, fremde Zungen
> Lernt' ich üben her und hin;
> Nicht im Herzen angeklungen,
> Stärkten sie den deutschen Sinn.
> Lang' ein umgetriebner Wandrer,
> Wurd' ich niemals doch ein Andrer.

> Theure Brüder in Bedrängniß,
> Euch geweiht ist all mein Schmerz!
> Was euch trifft, ist mein Verhängniß;
> Fallt ihr, so begehrt mein Herz,
> Daß nur bald sich mein Gebeine
> Vaterländ'schem Staub vereine.

Die Beziehung der letzten Strophe hob ich noch bestimmter heraus durch die Angabe des Zeitpunktes der Abfaßung, es war im Frühlinge des Jahres 1807, vor Wiedereröffnung des Feldzugs. In einem andern Gedicht 'an die Irrführer' heißt es:

> Helft nun! Die Riesenflügel spreizt der Geier,
> Er facht im Lande der Verwüstung Lohe,
> Und noch ruft Recht und Wahrheit tauben Ohren.

Welcher Leser konnte wohl in dem riesenhaften Geier das Feldzeichen Napoleons, den usurpierten römischen Adler, verkennen? Um die Aufmerksamkeit der Censur abzulenken, setzte ich darüber: 'Nach dem Propheten Jesaias'; wie denn auch viele Ausdrücke und Gleichnisse aus dem heiligen Sänger entlehnt sind. Da mir mehr und mehr die Hoffnung verschwand, jemals wieder in Deutschland leben zu können, so

wünschte ich meinen Landsleuten in diesen und andern Gedichten wenigstens ein Zeugniß meiner Gesinnungen zu hinterlaßen.

Im Frühlinge desselben Jahres 1811 wurde ich auf
eine Denunciation des Präfekten von Genf bei dem Polizei-
Ministerium aus dem französischen Reiche verbannt. Nach
dem Einzuge der Alliierten in Paris habe ich das Original
dieser Denunciation in Händen gehabt. Sie lautete dahin:
ein gewisser M. Chelègue, mehrjähriger Hausgenoße der Frau
von Staël, sei anti-napoleonisch, anti-französisch, mit einem
Worte deutsch gesinnt, und müße ferner nicht in Frankreich
geduldet werden. Der Präfekt hatte wenigstens keine Unwahrheit gesagt: so verhielt es sich wirklich. Ich zog mich
nach der Schweiz zurück, und bat in Bern den Kanzler des
schweizerischen Bundes, Hrn. Mousson, mich offenherzig über
meine Lage aufzuklären: ob die Schweiz mich beschützen könne,
falls mein Aufenthalt der französischen Regierung verdächtig
würde? Er erwiederte: die geringe Kraft des Widerstandes,
welche die Schweiz noch besitze, müße für die öffentlichen
Angelegenheiten aufgespart werden; für Privat-Interessen
bliebe nichts übrig; selbst die Ansiedelung in der Schweiz,
die Erwerbung des Bürgerrechtes in irgend einem Kanton,
könne mir nach meiner Vertreibung aus Frankreich nicht mehr
helfen.

Im Sommer 1812, eben bei dem Ausbruche des rus-
sischen Krieges, begleitete ich Frau von Staël auf ihrer Flucht
vor Napoleon nach England, als dem Freihafen der Menschheit. Sie wurde wie eine Gefangene betrachtet, ihr Vorhaben mußte äußerst geheim gehalten werden, und um zum
Ziele zu gelangen, mußte sie Europa umkreißen. Nach aller
Wahrscheinlichkeit mußten wir, jeder von seinem Vaterlande,

für immer Abschied nehmen. Dieser Gedanke brachte meine verewigte Freundin beinahe zur Verzweifelung. Ich stärkte ihren wankenden Entschluß, ich suchte ihr Muth einzuflößen. — 'Fassen Sie sich! Dieser gewaltsame Zustand kann nicht 'dauern. Ich bin fest überzeugt, ich werde noch das Glück 'haben, Sie über Dover und Calais nach Paris zurück zu 'begleiten.' — Und so erfolgte es wirklich binnen weniger als zwei Jahren. Nach der Katastophe in Fontainebleau eilte ich sogleich, um mein gegebenes Wort zu lösen, aus den Niederlanden nach England, wohin ich mich mit dem ersten großbritannischen Paketboot einschiffte, das in Calais gelandet war. —

Nach Ueberwindung mancher Schwierigkeiten und Beschwerden, zuletzt noch der Gefahr eines Schiffbruchs während der Aequinoktial-Stürme auf dem bothnischen Meerbusen, langten wir glücklich in Stockholm an. Hier, zum ersten Mal mit freier Hand, entwarf ich die Schrift Sur le système continental, welche zu Anfange des Jahres 1813 erschien. Diese Schrift war zunächst dazu bestimmt, die öffentliche Meinung in Schweden aufzuklären*). Sie wurde in das Schwedische, Rußische, Deutsche und Englische über-

---

*) Der Eigenthümer der einzigen Druckerei in Stockholm, welche auf den Druck eines französischen Buches eingerichtet war, wagte nicht meine Schrift zu drucken, bis er die eigenhändige Versicherung des Hofkanzlers hatte, daß sie mit voller Genehmigung der Regierung erscheine. Er war bisher ein Bewunderer Napoleons gewesen, und hatte mehrere Anpreisungen seines politischen Systems verlegt. Nachdem er aber aus dem Absatz meiner Schrift, wovon er das Manuskript unentgeltlich erhielt, beträchtliche Summen gelöst hatte, so fieng er an, seine Meinung zu verändern, und Napoleons wahre Größe zu bezweifeln.

setzt; im Originale in England, Deutschland, zuletzt in Paris wieder gedruckt. Während des Feldzuges begleitete ich den Kronprinzen, jetzt regierenden König von Schweden als sein Sekretär, um für die Zwecke des europäischen Bundes Schriften in französischer und deutscher Sprache auszufertigen. Ich hatte das Glück, naher Zeuge großer Thaten und denkwürdiger Begebenheiten zu sein. Ich lief dabei keine andre Gefahr als die, wenn ich in die Gefangenschaft des Feindes gerieth, wie ein aufrührischer Unterthan des westphälischen Königreichs, und wie ein Hochverräther behandelt zu werden. So hatte Napoleon mit dem General Winzingerode, ebenfalls aus Hannover gebürtig, gegen alles Kriegsrecht verfahren wollen, und hätte es gethan, wenn der General nicht durch Czernischeff befreit worden wäre. Hätte ich über Napoleons Grundsätze des Staatsrechts noch irgend einen günstigen Zweifel gehegt, so konnte ein heftiger Ausfall von ihm in der Leipziger Zeitung, der einzigen, welche nach dem Rückzuge von Dresden noch in seiner Gewalt war, gegen den Kronprinzen von Schweden und dessen Umgebungen, worunter auch ich bezeichnet und genannt war, mich hinreichend in's Klare setzen*).

---

*) Kurze Zeit vor der Leipziger Schlacht besuchte ich den General Woronzoff in seinem Lager, der in starken Eilmärschen von einem Streifzuge jenseits der Saale zurückkam. Verspätet durch die Ermüdung meiner Pferde in grundlosen Wegen, hatte ich der schwedischen Kanzlei nicht folgen können, und mußte noch in der Nacht allein mehrere Meilen zurücklegen, um das Hauptquartier zu erreichen. Als ich im Winter darauf mit dem General Woronzoff in Hannover zusammentraf, sagte er mir bei der ersten Begrüßung: 'Als Sie an jenem Abend von mir Abschied nahmen, glaubte ich 'nicht anders, als Sie würden unterwegs von einer Streifpartei 'aufgefangen werden.'

Ich übergehe die nächsten Jahre, während welcher ich mich bemühte, die hergestellte Ruhe für meine Lieblings-Studien zu benutzen, dabei aber theils durch öffentliche Ereignisse, wovon ich wiederum Zuschauer war, theils durch Schicksale, die mich schmerzlich betrafen, vielfältig gestört ward. Ich bemerke nur, daß ich die ganze Zeit bis zum Frühlinge des Jahres 1818 entfernt von Deutschland abwechselnd in Frankreich, der Schweiz und Italien zubrachte. Mein letztes Geschäft vor meiner Rückkehr war die Herausgabe des Werkes: Considérations sur les principaux événements de la Révolution française, ouvrage posthume de Madame de Staël, welche ich gemeinschaftlich mit dem Sohne der unsterblichen Verfaßerin und ihrem Schwiegersohne, dem Herzoge von Broglie, besorgte*). In zwei Abschnitten dieses Buchs (De l'inauguration du Concordat à Notre-Dame, und Du mélange de la religion avec la politique) wird von dem Verhältnisse der römischen Kirche zum Staat gehandelt: von dem angemaßten und angestrebten, und von dem Verhältnisse, welches zum Besten des Staats und der Religion stattfinden sollte. Hier ist das Aergerniß mit dem napoleonischen Katechismus authentisch in's Licht gestellt. Das Benehmen vornehmer Prälaten bei den politischen Umgestaltungen Frankreichs wird geschildert: ihre bis zur Entweihung getriebene Schmeichelei gegen den Kaiser Napoleon; ihre so ganz veränderte Sprache nach dem Glückswechsel; die Einschärfung entgegengesetzter Bürgerpflichten durch dieselben Geist-

---

*) Mein Name ward nicht auf den Titel gesetzt, weil ich als ein Ausländer in Frankreich dem Buche keine Gewährleistung schaffen konnte, falls die Staatsbehörden einen Versuch gemacht hätten, es zu unterdrücken. Mein Antheil an der Herausgabe ist aber in der Vorrede bestimmt angezeigt.

lichen, auf denselben Kanzeln, mit Berufung auf dieselbe geheiligte Autorität, mit Androhung ders.lben ewigen Höllen-
strafen. Es ließ sich hierauf anwenden, was König Lear
beim Shakspeare sagt: 'Ja und Nein zugleich, das war keine
gute Theologie!' — Doch fände sich noch wohl eine Aus-
rede. Man möchte etwa erwidern: 'Keineswegs! Nicht zugleich Ja und Nein; nicht ganz zugleich: sondern gestern Ja
und heute Nein!' — Die geschichtliche Darstellung in dem
genannten Werke der Frau von Staël geht nur bis zum
5ten Julius 1815, sonst hätte das seitdem in Frankreich
Vorgefallene einen reichhaltigen Nachtrag zu dem Kapitel
von der Vermengung der Religion mit der Politik liefern
können.

Entweder ich bin über die Ultramontanisten und Kon-
greganisten ganz irrig berichtet, oder dieses Buch steht bei
ihnen in der entschiedensten Verdammniß; und einen Antheil
an dessen Herausgabe gehabt zu haben, wenn auch einen
bloß litterarischen, kann mich bei ihnen nicht sonderlich empfehlen.

Ich wiederhole meine Frage: war alles dieß Voßen unbekannt geblieben? Ihm, der so genaue Erkundigung über
die Tritte und Schritte seiner selbstgewählten Gegner einzu-
ziehen pflegte? Und hätte nicht die Kenntniß auch nur von
einem kleinen Theile der angeführten Thatsachen ihn vermögen müssen, seine Hypothese als unhaltbar aufzugeben? —
Aber weit gefehlt! In dem wißenschaftlichen Beruf, dem
ich mich seit dem Jahre 1818 ausschließend gewidmet, fand
er eine neue Bestätigung. Ich habe das Sanskrit erlernt;
mich bemüht, die Denkmale der alt=indischen Litteratur an's
Licht zu ziehen; von einer Regierung, welche jede Erweiterung der Wißenschaft fördert, bin ich dabei bereitwillig un-

terstützt, und besonders beauftragt worden, dieses Studium in Deutschland einheimisch zu machen. Ich habe meinerseits mich weder Mühe noch Kosten verdrießen laßen, Reisen bloß zu diesem Zweck nach Paris und London gemacht. Es ist auch ziemlich gut damit gelungen: gründliche Gelehrte sind als meine Mitarbeiter in diesem Fache aufgetreten; schon haben sich talentvolle Schüler gebildet, und das Studium hat an Herrn Wilhelm von Humboldt einen warmen Freund und Gönner gefunden.

Wer sollte es denken? Ich that Alles nur für die Zwecke des bewußten geheimen Bundes. Die Brahmanen waren von jeher, so weit die Geschichte reicht, ein erblicher Priesterstand, welcher große Vorrechte genoß; aus der Religion, die sie lehrten, ist die Gesetzgebung und gesellschaftliche Verfaßung Indiens hervorgegangen. Unter dem Scheine einer bloß gelehrten Beschäftigung mit der Litteratur und den Alterthümern dieses Landes wollte ich eigentlich die Priesterherrschaft in unserm Europa fördern; durch die Darstellung der Mythologie einen mystischen Aberglauben vorbereiten; und was ich von den Brahmanen erzählt, wollte ich mit den Jesuiten zur Wirklichkeit gebracht wißen.

Wenn dem so ist, so muß ich nur besorgen, daß meine Winke zu verstohlen waren, und daß die meisten Leser meiner indischen Bibliothek sie gar nicht gefaßt haben werden. Man muß gestehen, ich wußte ehemals nachdrücklicher gegen Napoleon zu schreiben, der doch noch ziemlich mächtig war, als für die Jesuiten, die doch schon ziemlich mächtig sind. Man muß gestehen, ihr Orden hat an französischen Schriftstellern und Rednern ganz anders rüstige Verfechter gefunden, die der Sache gerade auf den Leib rücken. Was bin ich gegen einen Vicomte de Bonald? gegen

17*

einen Abbé de La Mennais? gegen einen Bischof von Her-
mopolis? Während ich noch mühselig den Rückweg von
Benares nach dem päbstlichen Rom suche, rücken die Jesuiten triumphierend in ihre ehemaligen Kollegien wieder ein,
und bemächtigen sich der Kanzeln, der Beichtstühle, der Schulen. Meine orientalischen Hülfstruppen vom Ganges werden
dabei keine beßere Figur machen, als jener alte zum Sprich-
worte gewordene Entsatz von Mantua, welcher erst vierzig
Tage nach Einnahme der Festung anlangte. Die guten Väter werden mich auslachen, wenn ich nun komme und meinen
Lohn begehre. Sie hören sonst, wie man zu sagen pflegt,
das Gras wachsen; aber von meinen Bemühungen zu ihren
Gunsten haben sie gewiß nichts verspürt.

Bei dieser unvergleichlichen Hypothese hat Voß mir jedoch
eine große Unkunde der Geschichte und der Alterthümer Asiens
zugetraut, oder er ist selbst darin befangen gewesen. Die
Brahmanen waren und sind ein erblicher Priesterstand, folglich heirateten sie, ja die Ehe wird ihnen schon im Gesetz-
buche des Manus zur Pflicht gemacht. Ferner haben sie
durchaus keine Hierarchie: von Geburt sind sie alle gleich;
nur Wißenschaft, Weisheit und ausgezeichnete Frömmigkeit
kann einen Vorrang unter ihnen begründen. Es ist keine
besondere Würde an den Tempeldienst geknüpft: sie halten
die äußerlichen Verrichtungen bei den Festen, Processionen
und Opfern, das ganze Ceremonienwesen, für eine sehr untergeordnete Bestimmung. Sie schätzen den Anbau der Geisteskräfte so hoch, daß ihnen jede wißenschaftliche Beschäftigung für eine Art von Gottesdienst gilt. Sie lieben die
Philosophie: es gab von jeher Philosophen unter ihnen; und
alle Systeme der Metaphysik, nicht bloß solche, die mit den
Lehren ihrer geoffenbarten Bücher übereinstimmen und sie

bestätigen, sondern auch verneinende und freigeisterische Sy=
steme konnten unter ihnen aufkommen, und ungestört von
Verfolgungen sich in Indien verbreiten.

Alles dieß taugte ausgemacht nicht in meinen Kram,
und ich konnte etwas weit Beßeres finden. Mit einem Schritt
über den Ganges, mit dem zweiten über das Himalaya=Ge=
birge, wäre ich nach Tibet gelangt. Hier hatte ich in der
Person des Dalai=Lama einen Pabst, so zu sagen, unter der
Hand. Und was für einen Pabst! Nicht etwa bloß einen
Nachfolger des vornehmsten Apostels des Budbhismus: son=
dern eine Verkörperung des Religions=Stifters selbst, dessen
Seele von Patriarchen zu Patriarchen in den heutigen über=
gegangen. Ferner eine sehr vollkommen geordnete Hierar=
chie, welche ihre Verzweigungen durch ganz China, durch das
centrale Asien, und westlich bis zu den Kalmücken an der
Wolga erstreckt; allgemeine Ehelosigkeit der Priester, Lita=
neien, Gebets= und Segens=Formeln in einer fremden, aus=
gestorbenen und dem Volke unverständlichen Sprache; die
Verehrung der Reliquien; Mönchs= und Nonnen=Klöster;
Fasten, wogegen die Karthäuser noch gelinde sind; überhaupt
einen Kultus, dessen Formen und Ceremonien denen der rö=
mischen Kirche so auffallend ähnlich sehen, daß mehrere Ge=
lehrte vermuthet haben, diese seien aus der Nachahmung jener
entsprungen; wogegen der scharfsinnigste und gelehrteste Ken=
ner der ostasiatischen Sprachen, Litteraturen und Alterthümer,
Herr Abel Rémusat, behauptet, der tibetanische Gottesdienst
sei nach christlichen Vorbildern gemodelt.

Es war einfältig von mir, mich bei den Brahmanen
aufzuhalten. Für den Budbhismus hätte ich mich erklären
sollen; damit war noch etwas auszurichten!

Ich habe allerdings von der Wißenschaft und Weisheit

der Brahmanen mit Achtung gesprochen. Das thaten schon
die Griechen. Das that in neueren Zeiten Voltaire eben=
falls, wiewohl er dabei nur aus äußerst mangelhaften, zum
Theil entstellenden Berichten schöpfen konnte. War es dem
scharfsinnigen Manne etwa auch darum zu thun, die theo=
kratische Verfaßung in Europa herzustellen und zu befestigen?
Noch hat sich kein Voß in Frankreich gefunden, der ihn dessen
angeklagt hätte.

Um keine Seite der voßischen Beschuldigungen zu über=
gehen, setze ich die auf meine gelehrten Arbeiten bezüglichen
Stellen der Anti = Symbolik her.

Th. I. S. 105. Anm.

„Er (Herr Creuzer) konnte es (das Buch von Wart)
„leicht bekommen durch seinen Freund A. W. von Schle=
„gel, Mitglied des geheimen Bundes zur Herstellung des
„Mittelalters. Auch er in der indischen Bibliothek I.
„1. (Bonn 1820) bekennt sich also: „Der Zusammenhang
„der alten priesterlichen Lehre und Verfaßung Indiens mit
„der frühesten Bildungsgeschichte der Westwelt ist, in
„Hinsicht der Zeit, der Weise, der Richtung, worin die Mit=
„theilungen erfolgt sein mögen, weit räthselhafter, gleichwohl
„sehr wahrscheinlich, ja durch so viele auffallende
„Uebereinstimmungen wird er fast unläugbar.”
„p. XII. Zu Wegweisern in die indische Mythologie empfiehlt
„er p. 34. die weisen Männer Jones, Robertson und
„Maurice; nicht Wilford, nicht Polier, ein Wohlkun=
„diger. Wir andern, meint er, wißen nicht, daß Maurice
„bloß nacherzählt: nach Jones, des Dionysus Geburtsberg
„Meros bei Nysa sei Meru bei Naischada; nach Wilford,
„der wahre Dionysus sei Dewa=Nahuscha oder Deo=
„nausch, ein Eroberer bis Waraha=Dwip, und so fort.

'Aber, sagt Hr. von Schlegel, „wen es vergnügt, ein Paar
„Bände hindurch auf das verruchte Heidenthum schimpfen zu
„hören, der mag das Buch von Ward lesen, welches jedoch
„in England viele Leser zu finden scheint.'

S. 120.

'Ehe der Artillerie=Leutnänt Wilford im Jahre 1792
'die gediegensten Grundwahrheiten der symbolischen Offenba-
'rung, genannt Indomanie, von seinem Pandit durch gar
'verständige Fragen herauslockte, hatte bereits 1789 der Prä=
'sident Jones, oder, wie der Indoman Hr. A. W. von
'Schlegel ihn betitelt, Sir William Jones*), in Neben=
'stunden der rühmlich verwalteten Staatsgeschäfte, mit der
'vergleichenden Mythologie, wie er sagt, durch Pomeys
'Hülfe gespielt.'

S. 136.

„Sir William Jones, der weise Menschen= und Völ=

---

*) Ich betitle den berühmten Gelehrten, wie jedermann in Eng=
land thut. Sir, als Anrede, ist von ganz allgemeinem Gebrauch;
dem Taufnamen vorgesetzt, ist es der Titel eines Ritters oder Ba=
ronets, und so unzertrennlich damit verbunden, daß man wohl den
Familien=Namen weglaßen kann, wenn die Person schon sonst hin=
länglich bezeichnet ist, niemals aber den Taufnamen, z. B. Sir Isaac
Newton, und wenn der Name in derselben Rede öfter vorkommt,
bloß Sir Isaac. So wenig verstand der Mann, welcher den Shak=
speare zu übersetzen unternahm, den gemeinsten englischen Sprachge=
brauch! Daß Voß, nachäffend, mich 'Sir Wilhelm von Schle=
gel' nennt, soll vermuthlich ein Spott darauf sein, daß ich mich
A. W. von Schlegel unterzeichne. Mich berechtigt dazu ein Diplom,
wodurch Kaiser Ferdinand der Dritte meinem Urältervater für sich
und seine männliche Nachkommenschaft zugleich den Reichs= und un=
garischen Adel verliehen, und wovon das Original in meinen Hän=
den ist.

„ker = Kenner, hat mit anderen seiner Art," 'nach der Bemer-
'kung des Sir Wilhelm von Schlegel (Ind. Bibl. I. 1. p.
'34.), „das Große und Schöne in jenen uralten Ueberliefe-
„rungen gefühlt und in einem menschlichen und philosophi-
„schen Sinne darüber gesprochen. Jetzt aber ist eine Par-
„tei —" Nun, die laßen wir gehn, oder wünschen ihr mit-
'zupilgern in das Land, wo der Pfeffer wächst.'

Wenn es Voßen bloß um die Wahrheit, um die Berichtigung wißenschaftlicher Irrthümer, zu thun war, so begreife ich nicht, wie ich dazu kam, von ihm aus eigenem
Antriebe in den Streit hineingezogen zu werden. Hrn. Creu-
zers Schriften handeln von vielen Dingen, die weit außerhalb des Kreißes meiner Forschungen liegen. Deswegen habe
ich mich nie darüber ausgesprochen, weder in der indischen
Bibliothek, noch anderswo. Hr. Creuzer behauptet einen
großen Zusammenhang zwischen den Religionen der alten
Völker. Diese Meinung hat im Allgemeinen viel für sich.
Im Einzelnen aber kann man bei der Herleitung eines Kultus aus einem fremden Lande nicht behutsam genug zu Werke
gehn, wo es uns an geschichtlichen Zeugnissen fehlt, und wo
wir die Mittelglieder und Wege der Mittheilung nicht nachweisen können. Die vielgestaltigen polytheistischen Religionen
sind dennoch aus Einem und demselben Princip entsprungen:
aus einer höchst lebendigen Anschauung der Natur. Die
magische Gewalt, welche die Naturkräfte über sinnliche Gemüther ausübten, verdunkelte die reinere Erkenntniß der großen einfachen Religionswahrheiten, in deren Besitz wenigstens
ein Theil des ältesten Menschengeschlechtes gewesen zu sein
scheint. Dagegen wurde durch eben diese magische Gewalt
der unbewußt spielenden Einbildungskraft der Glaube an ihre
eignen Schöpfungen aufgenöthigt: so entstand Mythologie,

ein räthselhaftes unauflösliches Gewebe von kühnen, ungeheuern, furchtbaren und lieblichen Dichtungen; die bunte
Hülle der Erfahrung, der Ueberlieferung und der ahnbungs-
vollen Betrachtung. In den Religionen der alten Völker
bemerkt man allgemeine Aehnlichkeiten, welche daraus entstanden sein können, daß überall dieselben Triebe, Bedürfnisse und Anlagen der menschlichen Natur wirksam waren;
und wiederum besondere Uebereinstimmungen, welche uns be-
rechtigen, auf eine vorgefallene Mittheilung zu schließen. Jene
muß man sorgfältig von diesen unterscheiden. Wenn der alte
gottbegeisterte Gesetzgeber bei den Indiern Manus heißt, bei
den Griechen Minos; der erste König bei den Aegyptiern
Menes, bei den Lydiern Manes; wenn wir bei den Aegyptiern genau dieselbe Erblichkeit der Stände, dieselbe Kasten-
Eintheilung der ganzen geselligen Verfaßung finden, wie bei
den Indiern; hier und dort die Lehre von der Unsterblichkeit mit der besondern Bestimmung der Seelenwanderung;
hier und dort die Verehrung und Schonung der Kuh als
eines geheiligten Thieres; hier und dort dasselbe Verbot gewisser Speisen; wenn Manus in seinen Sprüchen eben so
wie die alten griechischen Dichter lehrt, durch vier Weltalter
hindurch sei das Menschengeschlecht, von der ursprünglichen
Vollkommenheit immerfort ausartend, allmälich zu dem gegenwärtigen Zustande der Verderbtheit und des Unheils
herabgesunken: dürfen wir diese Uebereinstimmungen so geradezu für zufällig erklären? Wird nicht der besonnenste
und vorsichtigste Forscher sich bewogen finden, einen vorge-
schichtlichen Zusammenhang anzunehmen? Die Religionen
haben sich örtlich und national bis zu einer erstaunlichen
Verschiedenheit entwickelt; gewisse Grundzüge aber scheinen
die Völker aus einer gemeinsamen Quelle geschöpft, und in

die Wohnsitze, wo wir sie kennen lernen, schon mitgebracht
zu haben. Dazu kommt nun die Verwandtschaft der Spra=
chen (z. B. des Sanskrit, des Griechischen und des Latei=
nischen), welche eine ursprüngliche Verwandtschaft sehr weit
von einander entfernt wohnender Völker unwiderleglich beweiset.

Voß hat in der zuerst angeführten Stelle mehrere mei=
ner Ausdrücke unterstrichen, als ob Wunder was Verdächti=
ges dahinter steckte. Jedem in diesen Untersuchungen nicht
ganz unbewanderten Leser war es wohl klar, daß ich bei
'der frühesten Bildungsgeschichte der Westwelt' hauptsächlich
das alte Aegypten vor Augen hatte. Robertson, Sir Wil=
liam Jones und Maurice habe ich wegen ihrer allgemeinen
Ansicht von den indischen Alterthümern gelobt, nicht wegen
der kritischen Genauigkeit im Einzelnen. Zwar hat Robert=
son die Geschichte des Handels mit Indien vortrefflich be=
handelt; er hat die hohe Kultur dieses Landes, so weit un=
sere geschichtlichen Nachrichten hinaufreichen, in's Licht gesetzt:
von der Religion und Mythologie handelt er nur nebenbei.
Es konnte mir nicht einfallen, die von Jones angestellte Ver=
gleichung der indischen Mythologie mit der griechischen und
römischen anzupreisen. Sein unkritisches Verfahren hiebei
hat schon vor vielen Jahren Heyne gerügt*), so daß Voß
darüber gar nicht einmal etwas Neues sagt. Aber wer wird
nicht einem um die Gelehrsamkeit und um die Menschheit
so hochverdienten Manne die Schwäche eines voreiligen und
mißlungenen Versuchs gern zu gute halten? In jenem Auf=
satze sprach ich von der dichterischen Seite der indischen My=
thologie, und diese hat Jones in seinen Hymnen auf die in=
dischen Götter sehr geschmackvoll hervorgehoben.

---

*) Vergl. Göttingische Anzeigen 1790. Bd. III. S. 1459.

Ich habe ferner Wards Buch getadelt. Voß giebt zu verstehen, es sei mir deswegen zuwider, weil darin der brahmahnische Aberglaube nachtheilig geschildert wird, da ich hingegen diesen in einem günstigen Lichte zeigen wolle, um einen europäisch = christlichen Aberglauben zu befördern *). Wie solche Kombinationen in den Kopf eines Menschen kommen können, ist schwer zu begreifen. Von einem Missionar, und vollends von einem Missionar, welcher den Verdruß gehabt hat, niemand zu bekehren, kann es nicht sonderlich befremden, wenn er den vergeblich bekämpften Götzendienst mit den schwärzesten Farben malt; dem philosophischen Forscher ist es aber auch nicht zu verargen, wenn er einem so einseitigen Berichte sein Zutrauen versagt. Wird wohl jemand behaup-

---

*) Ein deutscher Missionar im südlichen Indien hat mir auch in einem Briefe Ungerechtigkeit gegen Ward vorgeworfen. Der wackre Mann hatte mich so mißverstanden, als ob ich das Werk der Missionen herabsetzen wollte, vor welchem ich vielmehr die größte Achtung hege, wenn es aus wahrer Frömmigkeit unternommen und mit dem gehörigen Verstande betrieben wird. Ward hat sich aber selbst als den Missionar geschildert, wie er nicht sein soll. Zweierlei mißfiel mir nicht nur, sondern empörte mich in seinem Buche. Erstlich die Anschwärzung einer Nation von hundert und zwanzig Millionen Menschen bei ihren ausländischen Beherrschern; dann die unzweideutige Anmahnung, den Götzendienst durch gewaltsame Maßregeln zu unterdrücken. Das Buch ist in England fleißig gelesen worden, von einer Religionspartei, welche das Bekehrungsgeschäft auf solche Weise betrieben wißen will, wie es schwerlich etwas Heilsames wirken, zuverlässig aber die brittische Herrschaft in Indien stürzen würde. Ich hatte mir vorgesetzt, den Brief des deutschen Missionars mit meiner Antwort zusammen drucken zu laßen; unter so vielen andern Arbeiten ist aber die letzte halb vollendet liegen geblieben. Hier ist es meinem Zwecke fremd, den interessanten Gegenstand weiter abzuhandeln: es kann aber ein andermal geschehen.

ten, man müße die Religion und Mythologie der Griechen und Römer, mit Uebergehung ihrer eignen Dichter, ihrer Geschichtschreiber, ihrer Kunstwerke, ausschließlich aus den Streitschriften des Arnobius und anderer Kirchenväter adversus paganos kennen lernen? Freigebig zugestanden, Alles, was sie sagen, sei wahr: so ist es doch nicht die ganze Wahrheit; sie haben nur Eine Seite der Sache gefaßt. Es fällt schon an sich schwer genug, sich in die Denkart der Vorzeit zu versetzen; wenn man mit leidenschaftlicher Parteilichkeit an das Werk geht, und sogleich zur Verurtheilung schreitet, so wird es damit gewiß nicht gelingen. Die Aufgabe für den Denker ist vielmehr, zu begreifen, wie solche Meinungen, Sitten, Gebräuche haben entstehen und so tief wurzeln können, daß sie ein auf Jahrtausende hin unvertilgbares National-Gepräge hervorgebracht? Wie es kam, daß die Menschen tausendfache Hemmungen ihrer natürlichen Freiheit vermöge einer religiösen Gesetzgebung sich so willig gefallen ließen? Endlich zu bestimmen, welchen Einfluß die Religionen auf die moralische, intellektuelle und imaginative Ausbildung gehabt? Wo man dann vielleicht mit Erstaunen würde eingestehen müßen, daß trotz dem verkehrtesten Aberglauben, ja zum Theil aus ihm, viel Schönes, Gutes und Großes sich entwickelt hat.

Es ist nicht im mindesten zu tadeln, daß Voß Hypothesen bestritt, die nach seiner Meinung gewagt und grundlos waren. Aber dieses Bestreben hätte ihn vermögen sollen, die Erforschung der alt-indischen Sprache und Litteratur als verdienstlich anzuerkennen. Denn je mehr die Wißenschaft sich erweitert, desto enger wird das Gebiet der Hypothese beschränkt. Sind erst die einheimischen Urkunden der Indier vollständiger an's Licht gezogen, gründlich ausgelegt, nach

ihrem Alter und ihrer Aechtheit kritisch beleuchtet: dann wird
es nicht mehr erlaubt sein, bei Untersuchungen über den Zusammenhang der brahmanischen Religion und Mythologie
mit der Religion und Mythologie anderer alter Völker bei
den vielleicht verfälschten, auf jeden Fall mittelbaren Berichten ausländischer Zeitgenoßen stehen zu bleiben; man wird
auf die Quellen zurückgehn müßen.   Daß der Pater Pauli-
nus und Anquetil du Perron sich schlecht auf die indischen
Alterthümer verstanden, habe ich schon im ersten Bande meiner indischen Bibliothek bemerkt.   Im ersten Hefte des zweiten, welches gleichzeitig mit dem ersten Bande der Anti-
Symbolik erschien, und also von Voß für den zweiten Band
noch benutzt werden konnte, habe ich ausführlich von Wilford
gesprochen.   Ich habe es in das hellste Licht gesetzt, wie
seine bereitwillige Selbsttäuschung, verbunden mit einer künstlich angelegten Mystification, eine solche Maße des Apokryphischen durch alle seine Schriften verbreitet hat, daß sie
völlig unbrauchbar sind.   Wer künftig noch nach meiner
Warnung Wilford als Gewährsmann anführt, wird einge-
ständig sein müßen, daß er sich selbst geflißentlich verblenden
will.   Herr Creuzer hat sich, wie vor ihm andre Gelehrte,
häufig auf Wilford berufen; ich zweifle nicht, er wird bei
einer künftigen Ausgabe seiner Symbolik alle diese Anfüh-
rungen ausstreichen, und andre Beweisgründe suchen.   In
einem der letzten Hefte meiner indischen Bibliothek habe ich
gegen Hrn. Creuzer behauptet, die Fabel von dem Erobe-
rungszuge des Bacchus nach Indien sei erst seit Alexander
dem Großen, und durch ihn, aufgekommen.   Hätte man mich
über die Herleitung des Bacchusdienstes aus Indien befragt,
so würde ich viele Zweifel und Bedenklichkeiten geäußert haben.

Vor langer Zeit erfuhr Voß, wie er selbst erzählt (Anti-

Symbolik, Th. II. S. 104.), von Hrn. Schütz, dem Heraus=
geber der jenaischen Allgemeinen Litteratur=Zeitung, ich habe
die Recension seiner mythologischen Briefe übernommen ge=
habt, nachher aber das Buch zurückgegeben. Mir war dieß
gänzlich entfallen: doch erinnere ich mich nun, daß ich bei
Lesung der mythologischen Briefe den allgemeinen Ansichten
des Verfaßers gar nicht beistimmen konnte; daß ich jedoch
einsah, zu deren Widerlegung müße ich neue und sehr in's
Einzelne gehende Studien machen, wozu es mir damals an
Muße gebrach. Ich versäumte also eine sehr günstige Ge=
legenheit, in der angesehensten kritischen Zeitschrift Einwürfe
gegen Voßens Lehren vorzutragen.

Was bewog nun den Verfaßer der Anti=Symbolik,
mich für seinen Gegner, für einen Bundesgenoßen des Herrn
Creuzer, und, was ihm als einerlei galt, für einen Mitver=
schwornen gegen die Rechte der menschlichen Vernunft zu
erklären? Mir kommt es nicht zu, Vermuthungen hierüber
aufzustellen: die Leser, denen mein sonstiges litterarisches
Verhältniß zu ihm bekannt ist, mögen selbst seine Triebfe=
dern errathen.

Den Lobrednern dieses Mannes aber stelle ich anheim,
ob sie seine Redlichkeit und Wahrheitsliebe auf Kosten sei=
nes Verstandes retten wollen, oder seinen Verstand auf Ko=
sten seiner Redlichkeit und Wahrheitsliebe. Wenn sie beides
zu retten wißen, werde ich ihre Geschicklichkeit rühmen; wenn
sie beides aufgeben ihre Vorsicht.

3.

Nachschrift.

Ich habe mich in den beiden Abtheilungen der obigen Erklärung eines zudringlich freundlichen Katholiken und eines abstoßend zänkischen Protestanten zu erwehren gehabt. Ich hoffe, es ist auf solche Weise geschehen, daß weder meine protestantischen, noch meine katholischen Mitbürger und Lands= leute sich dadurch verletzt finden können. Wenn ein katho= lischer Gelehrter sich in demselben Falle befände, daß ihm protestantische Denkart und verdeckte Begünstigung des Pro= testantismus durch seine Schriften angedichtet worden wäre, so würde er wahrscheinlich dasselbe thun, und jedermann würde es gut heißen. Dem deutschen Publikum kann es wohl gleichgültig sein, wie unter so vielen gelehrteren und tiefsinnigeren Schriftstellern ein Einzelner über Religionssa= chen gesinnt ist, wovon in den meisten seiner Schriften gar nicht einmal gehandelt wird. Aber mir liegt daran, von den Zeitgenoßen und der Nachwelt, wenn anders das nächste Menschenalter noch Kenntniß von mir nimmt, nicht mißge= deutet zu werden. Mir liegt daran, das gegen mich erregte Mißtrauen zu heben, als ob unter dem, was ich in meinen litterarischen Hervorbringungen und wißenschaftlichen Forschun= gen so redlich und offen darlege, noch etwas anderes im Hinterhalte versteckt liege.

Da nicht nur mir selbst ein beabsichteter, oder schon halb vollbrachter, oder vielleicht verheimlichter Uebertritt, son= dern auch das Bestreben angedichtet worden ist, den Ueber= tritt Anderer zu bewirken, so konnte ich freilich nicht umhin,

die notorischen Uebertritte unserer Zeit im Allgemeinen zu
erwähnen. Man wird mir leicht glauben, daß es sehr ungern geschehen ist. Viele Uebertritte sind in dem Kreiße
meiner Beobachtung vorgefallen. Einige darunter haben mich
sehr nahe berührt. Aber gerade dieser Umstand machte mich
zurückhaltend, und ich habe nur nothgedrungen mein Stillschweigen gebrochen. Wenn die Uebergetretenen in meiner
Erklärung, daß ich nicht gesonnen bin, ihrem Beispiele zu
folgen, schon einen Angriff und einen Anfang der Feindse-
ligkeiten sehen, so wird dieß ohne Zweifel nur ihrer neu
angenommenen Denkart zuzuschreiben seyn. Ich meinerseits
wünsche, daß sie, bloß ihres Uebertrittes wegen, nicht im
mindesten beeinträchtigt werden mögen.

Wir können es unmöglich als einen allgemeinen Grundsatz aufstellen, jeder solle bei der Religion verharren, die von
seinen Vorfahren und Vätern auf ihn vererbt worden ist.
Die Befolgung dieses Grundsatzes hätte die Verbreitung des
Christenthums, und wiederum in neueren Zeiten die Verbreitung der Reformation unmöglich gemacht. Ferner behaupten wir als Protestanten das Recht der freien Prüfung.
Dieses Recht wäre aber illusorisch, wenn wir nicht zugeben
wollten, daß ein redlicher Prüfer, nach Maßgabe seiner Geisteskräfte, Kenntnisse und Einsichten, auf ein dem unsrigen
entgegengesetztes Resultat geführt werden könne. Das Verhältniß der heiligen Schriften zu einem systematischen Lehrbegriff ist ein sehr verwickeltes; noch verwickelter wird es
dadurch, daß ja eben auch über den Grad und Umfang der
Gültigkeit gestritten wird, welche man neben den schriftlichen
Urkunden der Ueberlieferung und den Beschlüßen des christlichen Gemeinwesens zugestehen soll. Es ist, so zu sagen,
eine irrationale Gleichung. Daß hiebei keine streng wißen-

schaftlichen Demonstrationen möglich sind, welche jedem ein-
leuchten müßen, sobald er nur die Begriffe gefaßt hat, beweiset der Erfolg. In der Geometrie giebt es keine Sekten.
In der Christenheit hat die Abweichung der Meinungen von
den Zeiten der Apostel her angefangen. Vollkommene Einheit der Lehre hat nur durch künstliche und gewaltsame Mittel behauptet oder hergestellt werden können. Bei der allgemeinen Annahme festgesetzter Formeln steht es noch dahin,
was jeder sich dabei denkt: weil für den metaphysischen Theil
der Dogmatik die Ausdrücke aller menschlichen Sprachen ina-
däquat sind.

Indessen sind solche theologisch gelehrte Uebertritte, vorbereitet durch ein kritisches Studium der Schrift in den Ur-
sprachen, der Kirchenväter, der Kirchen- und Dogmengeschichte,
endlich der neueren Polemik, wohl die seltensten unter allen.
Aber die geistigen Bedürfnisse der Menschen und ihre daher
entspringenden Neigungen und Abneigungen sind gar mannichfaltig; nach ihrer individuellen Richtung kann diese oder
jene Form des Christenthums eine stärkere Anziehungskraft
auf den Einzelnen ausüben. Die römisch katholische Kirche
unterscheidet sich von der evangelischen nicht bloß in ihren
Lehren; sondern auch durch die Hierarchie und kirchliche Ver-
fassung, und durch die Gestalt des Gottesdienstes. Wer
wollte es läugnen, daß diese Dinge mächtig auf die Einbildungskraft wirken können? Was die Hierarchie betrifft, so
erwähne ich sie nicht in Bezug auf das Bündniß des weltlichen Ehrgeizes mit dem geistlichen. Die Geschichte zeigt
uns allerdings Beispiele von berühmten und berüchtigten
Uebertritten, welche erfolgt sind, quia honor sacerdotii ir-
strumentum potentiae adsumebatur. In einem benachbarten
Lande sehen wir vor Augen, wie sich ein solcher politischer

Religionseifer bis in Regionen hinunter verbreiten kann, wo
man es gar nicht mehr erwarten sollte. Nein, ich rede hier
bloß von dem Eindrucke, den die Stufenleiter der geistlichen
Würden bis zu dem gemeinsamen Mittelpunkte und Gipfel
hinauf, die metaphorische Genealogie der Weihungen bis auf
den Stifter zurück, zu machen vermögend ist. Bei allen solchen Zuthaten und Umgebungen der Religion, die einzig und
allein im Geiste und im Herzen wohnt, kommt noch dieses
in Betracht, daß das den bisherigen Gewöhnungen Entgegengesetzte eben durch seine Neuheit um so stärker wirkt.
Die Anziehungskraft kann hier also in beiden Richtungen
stattfinden.

In den Drangsalen des Lebens vollends glaubt wohl
ein geängstetes Herz in einem neuen Gelübde Trost und Halt
zu finden. Wer nahe daran ist, in den Wellen unterzuge-
hen, ergreift wohl auch einen brüchigen Ast als den Anker
seiner Rettung. Wozu nun eine vorübergehende Gemüths-
stimmung hingerissen hat, das will man bei einer ruhigeren
Verfaßung nicht wieder zurücknehmen, um nicht mit sich selbst
in offenkundigen Widerspruch zu gerathen. Ob aber jene
gehoffte Befriedigung in der Fremde gefunden wird, die man
zu Hause vielleicht nie in vollem Ernste gesucht hatte, das
ist eine andere Frage.

Zur freien Religionsübung gehört auch die Freiheit der
Uebertritte. Es dürfen ihnen also keine äußern Hindernisse
in den Weg gelegt werden, die wenigen Fälle ausgenommen,
welche die Gesetzgebung allerdings voraussehen muß, um
Zwiespalt und Zerrüttung in den Familien zu verhüten. Wo
Christen verschiedener Bekenntnisse in einem Staate beisammen leben, ist vollkommene Gleichheit der bürgerlichen Rechte
das beste Mittel zur Bewahrung der Eintracht. England,

so groß durch die Festigkeit seiner gesetzlichen Einrichtungen, ist noch nicht bis zu diesem glücklichen Verhältnisse gelangt. In einigen Ländern Europas haben die neuesten Ereignisse Fortschritte herbeigeführt. In den vereinigten Niederlanden fanden alle unterdrückten Religionsparteien eine sichre Zuflucht; auch einzelne wegen ihrer Meinungen verfolgte Gelehrte; Spinozas und Bayles Schriften wurden dort gedruckt. Die Freiheit war so groß, daß ungehindert neue Sekten gestiftet werden konnten. Jedoch waren Alle, die sich nicht zu der herrschenden Kirche bekannten, von Staatsämtern ausgeschloßen. Dieß war eine natürliche Folge davon, daß in Holland wie in England die freie Verfaßung aus dem siegreichen Kampfe gegen den aufgedrungenen Katholicismus hervorgegangen war. Aber die Sicherheits-Maßregel hatte in Holland die Gefahr lange überlebt, und überlebt sie in England in gewissem Grade noch jetzt. In Deutschland war, seit dem westphälischen Frieden, die Gleichheit der Rechte beider Religionsparteien in dem unvollkommnen Staatenbunde, der noch das deutsche Reich hieß, anerkannt; sogar durch das Jus discedendi in partes auf eine für die gemeinsame Wirksamkeit nach Außen sehr nachtheilige Weise. Indessen war es ein immer bewaffneter Friede, wo jeder eifersüchtig darüber wachte, daß kein Eingriff in seine Rechte geschähe. Deutschland zerfiel großentheils in katholische und protestantische Staaten. Wo sich eine kleine Minderzahl von Bürgern der in dem einzelnen Staate bloß geduldeten Kirche fand, blieb sie von öffentlichen Aemtern ausgeschloßen. Durch die Aufhebung der geistlichen Fürstenthümer, durch die neue Umgränzung der Staaten, wo nunmehr die Bevölkerung beinahe bis zur Gleichheit oder wenigstens in einem starken Verhältnisse aus beiden Religionsparteien zusammengesetzt ist, mußte jene Ausschließung wegfallen. Wie könnte ein Staat wohl gedeihen, der sich selbst der Kenntnisse, der Talente, der thätigen Tugenden eines so großen Theils seiner Angehörigen bei der Führung seiner Geschäfte beraubte, und dadurch ein gerechtes Mißvergnügen über eine solche Zurücksetzung nährte? Wie gleiche Pflichten, so haben auch Alle gleiche Rechte und Ansprüche.

Diesen Grundsätzen scheint es gemäß zu sein, daß durch die gesetzlich erlaubte Handlung des Uebertrittes hierin nichts eingebüßt werde. Es ist aber auch in anderer Hinsicht wünschenswerth, daß einem Uebergetretenen von Staats wegen nichts Nachtheiliges widerfahre. Dieß könnte gar leicht zum Märterthum umgedeutet werden; und das Märterthum, weiß man schon, lockt zur Nachfolge: vollends so ein gehabtes Märterthum, wobei man sich im Spiegel der Eigenliebe mit einem Nimbus um das Haupt, mit einem Palmenzweige in der Hand erblicken kann, und dabei doch ein ziemlich behagliches irdisches Dasein genießt.

An den angenehmen Verhältnissen des geselligen Lebens mögen die Uebergetretenen oft eine Einbuße erleiden: das liegt in der Natur der Sache, und steht nicht zu ändern. Wenige Freundschaften sind so fest gegründet, daß sie nicht durch einen hervortretenden Widerstreit der Meinungen über einen wichtigen Gegenstand erschüttert werden sollten. Seine eigene Denkart und die abweichende des Freundes gleichsam von oben herab in ihrem ganzen individuellen Zusammenhange unparteiisch zu betrachten: dazu gehört philosophischer Geist, und dieser ist sogar unter den gebildetsten Ständen sehr selten. Seine Empfindlichkeit, seine Aufwallungen, sein eignes Unrecht macht man dem Freunde zum Vorwurf; so stellt sich bald von der einen Seite, bald von der andern

zuerst, Kälte, Gleichgültigkeit und Abneigung ein. Ach! es
ist nur zu wahr, was der große Dichter sagt:

Keimt ein Glaube neu,
Wird oft Lieb' und Treu
Wie ein böses Unkraut ausgerauft.

Jeder, der in der menschlichen Gesellschaft lebt, muß
es sich gefallen laßen, daß seine Bekannten und Mitbürger
über seine einigermaßen bedeutenden Handlungen hin und
her sprechen, daß sie die Triebfedern zu errathen suchen, und
darnach ihr Urtheil fällen. Wie vielmehr muß dieses bei
einem so auffallenden Entschluß, als ein Uebertritt ist, erfolgen! Die christliche Gemeinschaft, worin der Uebergetre-
tene auferzogen worden, worin die übrigen verharren, war
ihm nicht gut genug. Ist es nicht natürlich, daß die letzten
die Erinnerung an seinen bisherigen Lebenslauf prüfender
aufwecken, ihn in seinem ferneren Lebenslaufe mit einer ge-
naueren Beobachtung begleiten? Allen Menschen gilt die
Sittlichkeit, die thätige Tugend für den Prüfstein des Ernstes in der Religion. 'Opfer, Andacht, Almosen, Buße',
sagt ein indischer Dichter, 'können auch aus Heuchelei geübt
'werden; Wahrheit, Ausdauer, Geduld, Uneigennützigkeit,
'wohnen nur in großen Seelen.' — Man ist begierig zu
sehen, ob unzweideutige Beweise einer neuen Heiligung zum
Vorschein kommen. Das gewöhnliche Resultat wird wohl
sein, daß Alles beim Alten bleibt, sowohl in Bezug auf
die guten Eigenschaften, als auf die Schwächen, Fehler und
unregelmäßigen Neigungen. Doch kommen auch rührende
und erhebende Ausnahmen hievon vor. Mag der Ueberge-
tretene immerhin seinen Aufenthalt unter den neuen Glaubensgenoßen wählen: ich bezweifle sehr, daß er auch dort
jener geschärften Sitten-Censur werde entgehen können.

So weit bleibt jedoch Alles noch in dem Kreiße des
Privatlebens beschloßen. Nehmen wir aber an, der Ueber-
getretene habe eine öffentliche Laufbahn, zum Beispiel als
Schriftsteller; er setze seine Wirksamkeit in diesem Fache fort,
und rücke mit dem Eifer eines neu angeworbenen Soldaten,
der gern das Kreuz der Ehrenlegion verdienen will, für die
römische Kirche gegen uns in das Feld. Auch dieses muß
ihm verstattet sein. Protestanten und Katholiken widersprechen einander durch die That; ihre Theologen sind im alten
Besitz des Rechtes, sich gegenseitig zu widerlegen: sie könnten ohne das ihre Dogmatik gar nicht lehren; die Polemik
ist ein integrierender Theil der Theologie. Dadurch wird
das gute Verständniß nicht im mindesten gestört. Wenn
niemand seine Argumente mit Gewalt durchsetzen kann, so
bleibt es nur, wie ich mich anderswo ausgedrückt habe, ein
friedlicher Konflikt der Meinungen. Ueberhaupt liegt die
ausgedehnteste Freiheit der Erörterung in Religionssachen im
Geiste des Protestantismus. Und dieses gilt nicht nur von
den verschiedenen christlichen Parteien; sondern auch von
dem Verhältnisse der Philosophie und der Geschichtforschung
zur positiven Theologie.

Können wir es je vergeßen, daß die Reformation nur
vermöge der Preßfreiheit zu Stande gekommen ist? Die un-
schätzbare Kunst der Buchdruckerei, seit einem halben Jahrhundert erfunden, wurde bereits mit Leichtigkeit ausgeübt;
aber noch hatten die geistlichen und weltlichen Gewalthaber
die Kraft dieses Hebels der menschlichen Geister und Gemüther nicht durch die Erfahrung kennen gelernt. Es gab noch
keine polizeiliche Aufsicht über den Buchhandel, keine Censur,
keine Bücherverbote. Ohne diesen einzig glücklichen Umstand
hätte Luther wahrscheinlich kein beßeres Schicksal gehabt, als

seine Vorgänger, und die Reformation wäre im Keime er=
stickt worden.

Es versteht sich, das Recht der Erwiederung behalten
wir uns vor. Sonst aber laße man doch ja die Ueberge=
tretenen frei ausreden, man laße sie ungehindert mitten in
protestantischen Ländern die evangelische Lehre in Druckschrif=
ten bestreiten. Wir werden vielleicht etwas Neues vernehmen,
und etwas sehr Erprießliches. Etwas Neues: weil es gar
wohl sein könnte, daß die Uebergetretenen, wiewohl sie den
Lehrsätzen der katholischen Kirche unbedingt gehuldigt haben,
dennoch vermöge ihrer früheren bei uns empfangenen Geistes=
bildung einen eigenthümlichen Gesichtspunkt dafür hätten;
daß sie gewisse Folgerungen dreist aussprächen, welche die
verständigsten unter den katholischen Theologen gern bei Seite
schoben und in den Schatten stellten; und daß sie uns da=
durch eine verstärkte Ueberzeugung von dem hohen Werth
und der Wohlthätigkeit der Reformation gäben. Etwas
sehr Erspießliches: wenn sich ergeben sollte, daß die zur
römischen Kirche übergetretenen Schriftsteller, wie viel Ge=
lehrsamkeit und Scharfsinn sie auch mit hinzubr'ngen möch=
ten, nunmehr alle Freiheit und Unbefangenheit der wißen=
schaftlichen Forschung eingebüßt haben, und einbüßen mußten,
um folgerecht zu bleiben. Mancher, der aus Regungen der
Einbildungskraft und des Gefühls eine Anwandlung zum
Uebertritt gehabt hatte, dem aber der Gedanke als ein edles
Vorrecht der Menschheit theuer ist, wird durch diese Erschei=
nung am nachdrücklichsten von der Nachfolge abgeschreckt
werden.

Als Bonaparte die Bücher=Censur verordnen wollte,
und einer seiner Staatsräthe ihm vorschlug, sie auf die po=
litischen Zeitschriften und Bücher zu beschränken, weil die

übrigen Fächer ja unbedenklich seien, erwiederte er: On peut
faire de la politique sur tout. — Nach seinem Zwecke hatte
er vollkommen Recht, und es war, wie so viele seiner Reden, ein treffendes Wort. Auf wie manchen Umwegen kann
ohne ausdrückliche Aeußerung in der Philosophie, in der
Geschichtschreibung und in der Litteratur das Streben nach
einer gesetzlich freien Verfaßung angeregt, oder der Despotismus empfohlen werden! Eben so ließe sich nun wohl behaupten: On peut faire de la théologie sur tout. Mehrere
unter den katholischen Neophyten in Deutschland bemühen
sich bestens, dieß ins Werk zu richten. Diejenigen, welche
geradezu polemisch auftreten, beweisen ihre Freimüthigkeit:
wir wißen im voraus, was wir von ihnen zu erwarten haben, und werden uns vermuthlich mit der Widerlegung nicht
stark in Unkosten zu setzen brauchen. Andere aber schreiben
über eine Menge außerhalb der Theologie liegender Gegenstände: über die Zeitereignisse; über den Geist des Zeitalters,
das heißt über den moralischen, intellektuellen und socialen
Zustand des heutigen Menschengeschlechtes; über alte und
neue Weltgeschichte; über Philosophie und Litteratur. Sie
geben sich das Ansehen, als ob sie wirklich freie philosophische und historische Forschungen anstellten, und gleichwohl
sind sie nur die Waffenträger einer auf diesem Gebiete ganz
ungültigen geistlichen Autorität. Das Verfahren dabei ist
ungefähr folgendes. Anfangs tritt man leise mit concilia-
torischen Filzsohlen auf; wenn dieß ungerügt, und vielleicht
von arglosen Lesern unbemerkt durchgegangen ist, dann wird
man dreister; man holt aus der Rumpelkammer der Zeiten
Sätze hervor, die wenigstens 'an dieser Seite der bewohnten
Welt' längst abgethan waren; man stellt sie hin, als ob
sie sich von selbst verständen, und niemand etwas dagegen

einzuwenden hätte; die wißenschaftlichen Unterſuchungen, welche
den Zweifel und die Verneinung nothwendig herbeigeführt,
verſchweigt man als gänzlich ungeſchehen, oder man erwähnt
ſie aus der Ferne als Verirrungen des menſchlichen Ver-
ſtandes; jedoch klüglich, ohne ſich in irgend eine Erörterung
einzulaßen.

Ich will für jetzt keine Beiſpiele anführen. Eine Satire zu ſchreiben, wäre leicht; oder vielmehr, wie der römi-
ſche Dichter ſagt: es iſt ſchwer, keine Satire zu ſchreiben.

Daß die römiſch-katholiſche Kirche ehemals, wie über
alle weltlichen Angelegenheiten der Staaten und Völker, ſo
über alle menſchlichen Wißenſchaften ſich die oberſte Gerichtsbarkeit angemaßt hat, iſt unleugbar. Man denke nur an
Galilei, ſeit deſſen Verurtheilung vor dem Tribunale der
Inquiſition kaum zwei Jahrhunderte verfloßen ſind. Aber
dieſe Anſprüche ſchlummern in den Archiven der römiſchen
Curie, wie ſo manche andere, die man wegen der ungünſti-
gen Zeitläufe nicht geltend zu machen weiß. Die eben bezeichneten Schriftſteller ziehen ſie unbeſonnener Weiſe wieder
an's Licht. Sie ſollen auch hiemit willkommen ſein: denn
ſo ſehen wir ja klar, daß es auf Feßelung des menſchlichen
Geiſtes abgeſehen iſt.

Jede wißenſchaftliche Unterſuchung muß nach den auf
ihrem eigenen Gebiete gültigen Geſetzen ihren Gang ungehindert fortgehn. Wenn man ſie von einer fremden Autorität abhängig machen, ihr im Voraus die Reſultate vor-
ſchreiben will, welche ſie finden ſoll, ſo iſt ihr ganzes Weſen
aufgehoben, und ſie iſt eigentlich vernichtet. Wer ſeiner
Vernunft die Augen ausſticht, um irgend eine wißenſchaftliche
Entdeckung nicht zu ſehen, der wird nachher für die Unter-
ſcheidung des Wahren und Falſchen überhaupt blind ſein.

Mancher hat hiebei nicht viel zu verlieren, weil er schon zuvor blödsichtig war. Wenn aber einmal ein Adler, von der
Natur bestimmt, gerade in die Sonne zu schauen, und mit
ausgespreiteten Fittigen sich ihr entgegenzuschwingen, —
wenn dieser sich mit seinen eignen Klauen blendete, das wäre
in der That ein beklagenswerthes Schauspiel.

Unbefugte Eingriffe der Theologie in die Rechte der
Wißenschaft, Hemmungen durch kirchliche Machtgebote, sind
leider auch in protestantischen Ländern versucht worden.
Neuerdings wieder auf eine sehr unerfreuliche Weise in England. In einem zunächst für das englische Publikum bestimmten Aufsatze habe ich unbefangen darüber gesprochen *).
Meine Aeußerungen sind jenseit des Meeres wohl verstanden
worden, und haben dort einige Aufmerksamkeit erregt. Wenn
ein so reicher und mächtiger Clerus, wie der anglikanische
ist, eine enge Denkart hegt; wenn eine so zahlreiche, so angesehene und durch die Strenge ihrer sittlichen Grundsätze
so achtungswürdige Religionspartei, wie die Methodisten, mit
ihm gemeine Sache macht, um die dem unwißenden Geistlichen unbequeme, dem Zeloten widerwärtige philosophische
und historische Skepsis zu unterdrücken; wenn beide, gegen
Bücher, wodurch nach ihrem Vorgeben die Staatsreligion
gefährdet wird, die weltliche Obrigkeit zum Beistande auf-
rufen, und diese, so weit der Buchstabe der Gesetze reicht,
ihn nicht verweigern darf: dann wird die Sache bedenklich.
Eine Zeit lang kann dieß retardierend und sogar zurückdrän-
gend wirken, wie es gegenwärtig in England der Fall ist.
Auf die Dauer muß dennoch eine schon so weit gediehene
intellektuelle und sociale Bildung die Oberhand gewinnen.

---

*) Abriß von den europäischen Verhältnissen der deutschen Litteratur.

Den Ursachen solcher Oscillationen in der religiösen Denkart der Völker oder eines großen Theils von ihnen nachzuspüren, ist eine interessante Aufgabe. Ueberhaupt muß man gestehen, keine Seite der Geschichte bietet so auffallende und unerwartete Erscheinungen dar, als eben die Religionsgeschichte. Nicht nur Reaktionen finden statt: diese sind natürlich, und sogar nützlich, damit die beiderseitigen Uebertreibungen, allmälich abgeschwächt, sich ins Gleichgewicht setzen; sondern plötzliche Sprünge von einem Aeußersten zum andern, vom Unglauben zur Schwärmerei, von der Gleichgültigkeit bis zum glühendsten Eifer, und umgekehrt, sowohl bei der Menge als bei einzelnen Menschen. Es wäre wohl vermeßen, wenn jemand versichern wollte, in irgend einem Lande, unter irgend einem Volke sei die Entwickelung der theoretischen und praktischen Vernunft so allgemein verbreitet und so fest gegründet, daß ein Rückfall in den Aberglauben und Fanatismus für alle Folgezeit unmöglich sei. Wie längst erloschene Vulkane können diese düstern Mächte aus ihren unterirdischen Tiefen einmal unversehens hervorbrechen, und die angebaute Landschaft in eine Wüstenei verwandeln.

Sorglos soll man also im Besitz der kostbarsten Güter niemals werden; aber eine allzu ängstliche Besorgniß könnte auch auf Irrbahnen leiten. Die Symptome, welche sich in Deutschland hervorgethan, kommen mir ziemlich unbedeutend vor. Zum Theil sind es Reaktionen. Ferner war das verkehrte Streben nach Originalität durch Paradoxie und Affektation eine alte Krankheit unserer Litteratur: man ist es auch einmal in eine andre Sphäre übergegangen. Neben der Originalitätssucht ist die Kontagion der Nachahmung sehr stark bei uns. Es sind die bekannten Hämmel des Panurg, die sich unaufhaltsam in's Meer stürzen, weil der

Schelm Panurg einen mit Gewalt über Bord geworfen
hatte. Einzelne Rücktritte sind seit der Reformation wohl
immer vorgefallen: sie haben keinen Einfluß auf das Ganze
gehabt, man hat sie vergeßen. Wenn sie in dem letzten
Menschenalter, wie behauptet wird, wirklich häufiger in
Deutschland geworden sind als ehedem, so müßen wir er-
wägen, daß die Weltgeschichte überhaupt seit einem halben
Jahrhundert sehr raschen Ganges fortgeschritten ist, und daß
das Gedränge großer Ereigniße auch mancherlei geistigen
Gährungsstoff aufgeregt hat. Ich weiß wohl, was manche
meiner evangelischen Landsleute bei dem Uebertritt einzelner
Deutschen, bei den Bekehrungsversuchen und insbesondere
bei der nur zu deutlich ausgesprochenen Richtung einiger
übergetretenen Schriftsteller beunruhigt: es ist der Blick auf
das westliche Europa. Sie denken: Jam proximus ardet
Ucalegon! Ich ehre ihre Gesinnung ohne ihre Besorgniße zu
theilen. Wir haben viele und starke Bürgschaften. Das
bei uns Vorgefallene scheint mir mit jenen Ereignißen nicht
in dem mindesten Zusammenhange zu stehen, und nur zufällig in der Zeit zusammenzutreffen. Billigen mag es vielleicht dieser oder jener Fanatiker in Deutschland, daß in
Frankreich, ungeachtet der beredtesten menschlichen und christlichen Gegenvorstellungen, ein blutdürstiges Gesetz über das
Sakrilegium durchgeht; daß in Spanien ein von Mönchen
verhetzter Pöbel schreit: 'Es lebe die Inquisition!' — Wenn
er sich aber rühmte, er habe es bewirken helfen, so wäre
dieß doch nur eine wahnwitzige Prahlerei.

XIII

Ueber Friedrich Schlegel.

Brief an Windischmann. d. d. 29. Decemb. 1834.

Der König Chilperich besaß für einen Franken des sechsten Jahrhunderts eine bedeutende litterarische Bildung. Er machte lateinische Verse, und war ein Liebhaber der Theologie. Er hatte einen lateinischen Traktat über die Dreieinigkeit geschrieben, und schmeichelte sich, dieses Dogma wissenschaftlicher, als bisher geschehen war, behandelt zu haben. Er lud einige Bischöfe ein, denen er es vorlas; aber es gerieth ihm übel damit. Die Bischöfe mißbilligten einstimmig seine Abhandlung; indessen mochten die, welche aus römischen Familien abstammten, aus Scheu vor seiner Würde und Macht sich mit einiger Mäßigung äußern; der Bischof Bertram aber, ein Franke von Geburt, der in seinem geistlichen Stande sein angeerbtes Kriegergeblüt nicht ganz verleugnen konnte, riß dem Könige das Manuskript aus der Hand und warf es in den brennenden Kamin.

Ob eine Versammlung von gelehrten, besonnenen und gläubig bei den Lehren ihrer Kirche verharrenden katholischen Geistlichen, wenn sie zu einer Entscheidung berufen wäre, mit diesen fünf Heften 'zur Philosophie und Theologie' [von Friedrich Schlegel], die ja auch großentheils Materialien zu einer Abhandlung über die Dreieinigkeit enthalten, so ver-

fahren würde, das laße ich dahin gestellt sein. Nach mei=
ner Denkart kann ich überhaupt keine vorgängige Censur
billigen, geschweige denn eine so fränkisch=bischöflich ausge=
übte. Ich meine, man müße jeden ungehindert reden
und ausreden laßen, wie auch seine Bejahungen oder Ver=
neinungen beschaffen sein mögen: ihm fällt ja die gesetzliche
und sittliche Verantwortlichkeit anheim. Auch versteht es
sich, daß die andern das Recht haben, nicht zuzuhören.
Bei gedruckten Schriften ergiebt sich dieß glücklicher Weise
schon aus der Sache selbst: Bücher wären ein bedenkliches
Ding, wenn sie Leser erzwingen könnten.

Aus eignem Antriebe hätte ich gewiß diese Hefte nicht
gelesen; denn ich sah voraus, daß ich weder in wißenschaft=
licher, noch in psychologisch=biographischer Hinsicht etwas
Neues daraus erfahren würde; ich sah voraus, daß die Le=
sung nur schmerzliche Empfindungen bei mir aufregen würde,
die ich gern von meiner Erinnerung entfernt halte. Der in
Ihrer Mittheilung liegenden Aufforderung gemäß habe ich
sie jedoch gelesen, sofern sie für mich in der ziemlich ver=
worrenen und mit Abbreviaturen und Chiffern überladenen
Handschrift lesbar waren. Es sei mir erlaubt, Ihnen meine
Ansicht vorzulegen, wobei ich nicht die Anmaßung habe,
Ihre Vollmacht im mindesten zu beschränken. Sie haben
in Ihrer Ankündigung am Schluße der ersten Seite den bei
der Herausgabe eines handschriftlichen Nachlaßes zu befol=
genden Grundsatz aufgestellt, womit ich ganz einverstanden bin.

Vieles von dem, was den Inhalt dieser Hefte aus=
macht, hat mein Bruder in der langen Reihe von Jahren,
die er seitdem in fast ununterbrochener Muße der Forschung
und Betrachtung widmen konnte, auf andre Weise verar=
beitet, bereits öffentlich vorgetragen. Das Uebrige besteht

großentheils offenbar in kombinatorischen Versuchen. Dahin rechne ich auch die Tabellen am Rande: es ist ein Würfel-spiel, ein Kartenlegen mit hypostasirten Begriffen, die in allen möglichen Anordnungen wiederkehren; und gesetzt es läge ein tiefer Sinn darin, was ich bezweifle, so sind sie doch für Jeden ohne einen Schlüßel zu der abstrusen und willkürlichen Terminologie unverständlich.

· Ferner erhellt aus den unzählig oft wieder kommenden 'Vielleicht, Wohl, Etwa, Es scheint, Oder, Sollte nicht, Könnte, Möchte, Dürfte' und den Fragezeichen, daß viele der aufgestellten Behauptungen bei ihm noch gar nicht zu einer festen Ueberzeugung gediehen waren. Aber auch solchen Sätzen, die er scheinbar entschieden ausspricht, wird an andern Stellen auffallend widersprochen.

Demnach bleibt nur Weniges übrig, wovon mit Si-cherheit angenommen werden kann, daß er es selbst, und zwar in der grellen barocken Form, wie es hier steht, zur Bekanntmachung geeignet gefunden haben würde.

Die Auswahl steht Ihnen zu. Wann sie erst getroffen sein wird, dann möchte es rathsam sein, diese Hefte zu vernichten, damit nicht irgend einmal, wenn der Zufall sie in feindselige Hände brächte, ein Mißbrauch davon zum Aer-gerniß und zum Spott gemacht werde. Dieß wäre leicht; es ließe sich eine stattliche Blumenlese der Art aufstellen. Es wird nicht nöthig sein, daß ich Beispiele abschreibe; ich habe mir nicht einmal erlaubt, Stellen anzuzeichnen.

Ich war in einem Mißverständnisse befangen, welches sich erst neulich durch unser Gespräch aufklärte. Ich glaubte, die Absicht sei, eine Ergänzung der sämmtlichen Werke zu liefern, deren Herausgabe ja durch zufällige Umstände un-terbrochen worden war. Und hiezu wurde ich durch den

Brief meiner Schwägerin veranlaßt, indem sie schreibt: 'Was
sonst noch zerstreut bei verschiedenen Anläßen oder Zeitblät=
Blättern bereits in früherer Zeit gedruckt ist, was sich eig=
nen möchte, wieder aufgenommen zu werden, das weiß
Niemand so gut, als Sie, da Sie ja früher mit allen
seinen Arbeiten bekannt wären.' Von diesen seit vielen
Jahren aus dem Umlauf gekommenen, und also für die
jüngeren Zeitgenossen so gut wie neuen Schriften habe ich
nun ein, soviel möglich, vollständiges Verzeichniß mit An=
merkungen aufgesetzt, wovon ich Ihnen, so wie meiner
Schwägerin, eine Abschrift einhändigen werde *). Diese

---

*) [Das Original liegt vor mir; das Verzeichniß ist aber nicht
ganz vollständig, sondern enthält nur Angabe 1) einiger in [Rei=
chardts] Deutschland (Berlin bei Unger 1796. 8. 4 Bde.), welche
Zeitschrift A. W. S. selbst nicht besaß, enthaltener Schriften Fried=
rich Schlegels; dann deter 2) im Lyceum (Berl. bei Unger 1797.
8.), 3) im Athenäum (Berl. 1798...1800. 8. 3 Bde.), 4) in den
Charakteristiken und Kritiken (Königsb. 1801. 8. 2 Bde.), 5) in
der Europa (F. a. M. 1803. 2 Bde. 8.), 6) Lessings Gedanken
und Meinungen. 3 Thle., Lpzg. 1804. 8. 7) in dem Poet. Ta=
schenbuch auf 1806. von Fr. Schlegel. Berl. Unger 1806. 16.,
8) der Schrift 'Ueber d. Sprache u. Weisheit der Indier.' Heidelb.
1808. 8., 9) in den Heidelb. Jahrbüchern (1808. Abth. für Theo=
logie und Philos. S. 129...159. Rec. Fichtescher Schriften S. 286...
90. Stolbergs Gesch. der Religion, unterzeichnet; Abth. f. Philo=
logie, Historie u. s. w. S. 134...42. Büsching u. v. d. Hagen
deutsche Volkslieder, anonym, wie die in die sämmtl. Werke auf=
genommene Rec. v. Goethes Werken Bd. 1...4.), 10) des Deutschen
Museums (Wien 1812. 1813. 8. 4 Bde.), 11) der Concordia, her=
ausgeg. v. F. Schl. Wien 1823. 8. und 12) der Wiener Jahrbü=
cher der Litteratur 1818. ff.
Von den hinzugefügten Anmerkungen hebe ich nur folgende
heraus: Zu Nr. 1. über die Rec. des Wolbemar von Jacobi:

Nachweisungen können, wo nicht jetzt, in Zukunft nützlich sein. Sie beiden mögen entscheiden, was aufgenommen und was ausgeschloßen werden soll.

"Meisterlich geschrieben und voller Witz; aber man fand sie damals hart, weil sie so tief in das Persönliche eingreift."

Zu Nr. 6. "Es versteht sich wohl von selbst, daß die Auszüge aus Lessings Werken nicht wieder gedruckt werden dürfen. Sie waren schon damals ein kaum verkleideter Nachdruck. Alles aber, was Friedrich beigefügt, wäre herauszuheben u. f. w."

Zu Nr. 8. "Diese Schrift hätte einer durchgängigen Umarbeitung bedurft, um dem gegenwärtigen Stande der Forschungen über das alte Indien und den unermeßlich erweiterten Kenntnissen zu entsprechen. Aber da Friedrich zu dem Studium der Quellen nicht zurückgekehrt war, so wäre er auch zu einer solchen Umarbeitung nicht gehörig gerüstet gewesen. Alle drei Bücher über Sprache, Philosophie und Poesie sind gleichermaßen mager und unbefriedigend. Indessen ist, von der Dürftigkeit der Materialien abgesehen, die Ausführung vortrefflich. Dem Verfaßer bleibt der Anspruch auf Priorität in manchen Stücken, und das Verdienst, eine neue Bahn betreten zu können. Alles muß so bleiben, wie es ist. Nur in dem ersten Buche, über die Sprache, ist die Schreibung der sanskritischen Wörter durchgängig zu reformieren, und die erweislich falschen etymologischen Zusammenstellungen sind auszustreichen. Das Resultat, das Sanskrit sei als die Muttersprache des lateinischen, griechischen und germanischen Sprachstammes zu betrachten, ist viel zu gewagt: hierin werden alle Kenner, Grimm, W. v. Humboldt, Bopp, Burnouf, Lassen, Friedr. Windischmann u. f. w. mit mir einverstanden sein. Ich bin erbötig, in einer Vorerinnerung den Standpunkt des Ganzen aufzustellen, und zu dem ersten Buche eine berichtigende und ergänzende Nachschrift zu geben."

Zu Nr. 9. die Rec. von Goethes Werken betreffend: "Vermuthlich hat sich Friedrich nicht genannt aus Schonung für Goethe; denn es ist eine Parodie auf Goethes Recension von des Knaben Wunderhorn [zuerst in der Jen. Allg. Lit. Z. 1806. N. 18. ff.] Daß dieser Aufsatz aber von ihm herrührt, weiß ich gewiß. Er ist

Die Ergänzung der sämmtlichen Werke schien mir deswegen das Dringendste, weil bis jetzt das Eigenthum des Schriftstellers, und besonders eines verstorbenen, in Deutschland durch eine allgemeine Gesetzgebung noch gar nicht gesichert ist. Es könnte also ein Nachdruck der in der Sammlung noch fehlenden Schriften veranstaltet werden, ohne eine solche Auswahl, wie Friedrichs Freunde sie wünschen mögen. Dieser Gefahr wäre einigermaßen vorgebeugt, wenn die Sammlung vervollständigt und ausdrücklich für geschloßen erklärt wäre: denn alsdann sind die Werke ein Bibliotheksbuch. Das deutsche Publikum scheint dergleichen Sammlungen zu lieben; wir haben viele Beispiele von sehr bänderreichen, worin Schriften mit aufgenommen sind, welche bei ihrer ersten Erscheinung schon wenig Käufer fanden, und bei einem neuen besonderen Abdruck deren noch weniger gefunden hätten.

Freilich das einmal Gedruckte hat man immer unwiderruflich aus der Hand gelaßen, man kann es nicht wieder zurückholen. Vielleicht haben wir es nur der Vergeßlichkeit des deutschen Publikums zu verdanken, daß kein Nachdruck der Lucinde an's Licht getreten ist *). Ein sehr wohlwollender Mann, Herr Golbéry, Rath des königlichen Gerichtshofes in Kolmar, hat Artikel über Friedrich und mich in

---

voller Witz und verdient auf alle Weise einen neuen Abdruck. Ob sich in den folgenden Jahrgängen [der Heidelb. Jahrbücher] noch anonyme Recensionen von Friedrichs Hand finden, weiß ich nicht: es ist aber nicht glaublich. Er gieng schon im Sommer 1808 nach Wien, kurz darauf erfolgte der Krieg; nach deßen Beendigung hielt er in Wien Vorlesungen und gab dann eine eigne Zeitschrift heraus [das Deutsche Museum]." Bg.]

**) [Bekanntlich hat Herr Christern diesen Satz unrichtig gemacht.]

der Biographie universelle geschrieben; ferner eine ausführliche Nachricht von meiner litterarischen Laufbahn in der Revue germanique. Dasselbe wollte er nun auch in Bezug auf Friedrich thun, und schrieb mir, er habe sich dessen Schriften, auch die hier und da zerstreuten, so vollständig wie möglich verschafft, nur die Lucinde habe er nicht auftreiben können. Ich beschwor ihn, sie entweder ganz mit Stillschweigen zu übergehen, oder sie nur flüchtig zu erwähnen, und er versprach, es so damit zu halten. Wie ernst ich den Druck dieser thörichten Rhapsodie abgerathen, wiewohl ich noch ziemlich jung und tollkühn genug war, erhellet aus seinen Briefen, worin er mich den Antiroman nennt.

In Bezug auf die Hefte zur Philosophie und Theologie, deren ja nach Ihrer Angabe aus den späteren Jahren noch viele vorhanden sein müßen, bemerke ich noch Folgendes: Bei der durchgängig entgegengesetzten Richtung ist doch die Manier genau dieselbe, wie in den Fragmenten im Athenäum. Das Fragment war ihm schon früh ein hypostasirter Lieblingsbegriff geworden und ist es immer geblieben. Eine Jagd auf den Schein des Paradoxen ist unverkennbar. Auch in den mitgetheilten Heften habe ich hier und da meine eignen, längst gehegten Ueberzeugungen wieder gefunden, die jedoch unter der seltsamen Verkleidung mir selbst beinahe widerwärtig wurden. Wenn er aber zusammenhängend und ausführlich schrieb, dann verfuhr er ganz anders schon in der frühesten Periode. Vollends aber in der letzten versäumte er niemals, ehe er vor dem Publikum auftrat, conciliatorische Filzschuhe anzulegen. Mich konnte er freilich damit nicht täuschen; aber arglose Zuhörer und Leser haben wohl manche Sätze vorbeischlüpfen laßen, ohne zu merken, wohin sie führten. Diese Bemühung hatte sogar auf seine Schreibart einen

19*

sichtbaren, sehr nachtheiligen Einfluß: sie wurde durch alle
die Bevorwortungen, Limitationen und Kautelen schwerfällig
und verworren.

Wiewohl er in die 'Sämmtlichen Werke' so manche
Jugendschriften aufgenommen hat, unverändert, nur mit dem
Korrektiv einer Einleitung oder Schlußbemerkung, so ist doch
die Reihe an die Fragmente aus dem Lyceum und Athenäum
nicht gekommen. Und hier hatte er ja nichts weiter zu thun,
als das ihm anstößig Gewordene auszustreichen, und ihm wäre
noch eine reiche Auswahl witziger Einfälle, treffender Urtheile
und sinnreicher Gedanken übrig geblieben.

Aus allem Obigen schließe ich, daß er nur sehr Weniges aus diesen Heften in der Form oder Unform der ersten
abgerißnen Aufzeichnung öffentlich ausgesprochen haben würde.

Da mir nun Frau Dorothee von Schlegel schreibt, die
Hefte historischen, litterarischen und philologischen Inhalts
hätten die Professoren Steingaß und Bock (mir ziemlich unbekannte Namen) übernommen, so bin ich eigentlich mit keinem Theil des ungedruckten Nachlaßes beauftragt. Selbst
die neueren Studien über Indien, die Sie erwähnen, gehören ja zu dem philologischen Fach.

Was die bereits gedruckten Schriften betrifft, so kann
nur bei einigen der frühesten ein Zweifel eintreten, ob er
sie in die Sammlung seiner Werke aufgenommen oder davon
ausgeschloßen haben würde. Denn das mußte er doch einsehen, daß es unmöglich sei, die mannichfaltigen Verwand-
lungen seiner Denkart der Welt zu verheimlichen. Die Bahn
seines Geistes war von jeher mehr als kometenhaft. Die
höchst excentrische Ellipse wechselte plötzlich ihre Neigung gegen
die Himmelsgegenden, ihre Neigung gegen die Elliptik und
ihren positiven und negativen Brennpunkt.

Aus der späteren Zeit sind, ohne noch die zerstreuten Aufsätze zu rechnen, vier starke Bände vorhanden. Die sämmtlichen Werke würden folglich auf 16 bis 18 Bände anwachsen, und diese Vervollständigung scheint mir für seinen Ruhm das Ersprießlichste.

Friedrichs Briefe an mich habe ich nur eben angefangen durchzugehen und kann Ihnen meine Resultate und Bedenklichkeiten erst später vorlegen.

XIV

Vorläufiger Entwurf

einer

neuen Ausgabe der Werke Friedrichs des Großen.
1844.

Bisherige Aufnahme.

König Friedrich der Zweite hatte schon in früher Jugend, mehrere Jahre vor seiner Thronbesteigung durch eine einnehmende Persönlichkeit und ein reges Streben nach jeder Art von edler Geistesbildung die günstigste Meinung von seinen Anlagen begründet, nicht bloß in seiner näheren Umgebung, sondern auch im Auslande, besonders in Frankreich. In seinen Briefen an zwei Veteranen der französischen Litteratur, den sinnreichen Fontenelle und den gründlichen und frommen Rollin, sprach sich zugleich seine Bescheidenheit und Wißbegierde aus, in dem eifrig fortgesetzten Briefwechsel mit Voltaire seine leidenschaftliche Neigung zur französischen Poesie.

Seine Laufbahn als Schriftsteller eröffnete er mit dem Anti-Machiavel, den er schon als Kronprinz ausgearbeitet hatte. Diese kleine Schrift erschien ungefähr gleichzeitig mit seiner Thronbesteigung. Sie erregte allgemeines Aufsehen, wurde in verschiedene Sprachen übersetzt und mehrmals wie-

der gedruckt. Man kann wohl sagen, daß der Beifall, womit sie aufgenommen ward, ein wahrhaft begeisterter war.
Was konnte erhebender sein, als zu erfahren, daß ein Thron-
erbe das alte Erbtheil des Königthums, die Staats-Raison,
entschieden verwarf und sowohl im Innern als in den äußern
Verhältnissen keine andern Grundsätze der Regierungskunst
und der Politik anerkannte, als die Gerechtigkeit und die
Menschlichkeit. Besonders jubelten der neu aufgehenden Sonne
die Philosophen entgegen, die noch nicht so wie später zu
einer politischen Partei gediehen waren, aber doch schon großen
Einfluß auf die allgemeine Denkart in Frankreich gewonnen
hatten, und sich schmeichelten, durch Annahme ihrer Lehren
von Seiten der Machthaber ein neues goldenes Zeitalter,
ja vielleicht den ewigen Frieden, herbeizuführen. Diese chi-
märischen Hoffnungen wurden zwar einigermaßen durch die
Ereignisse gedämpft, welche der Tod Kaiser Karls des Sechsten veranlaßte. Aber auch während der schlesischen Feldzüge
ließ König Friedrich II. in seinen früheren Bestrebungen nicht
nach. Kaum waren die beiden schlesischen Kriege durch die
Abtretung der Provinz beendigt, als er den früher gefaßten
Plan, in Berlin eine Akademie der Wißenschaften zu stiften
oder vielmehr zu erneuern, wieder aufnahm und außer den
einheimischen mehrere französische Gelehrte dazu berief. In
den folgenden Friedensjahren blieb die Poesie, neben einer
heitern und geistreichen Geselligkeit, in Erholungsstunden
seine Lieblingsbeschäftigung. Aber er bestimmte seinen Gedichten nur eine beschränkte Oeffentlichkeit; er ließ nur eine
kleine Anzahl Exemplare in einer eigens dazu eingerichteten
Druckerei im Schloße zu Rheinsberg drucken. Als Geschichtschreiber zeigte er sich zuerst in den Denkschriften der Akademie, wo seine Mémoires pour servir à l'histoire de la

maison de Brandebourg stückweise vorgelesen wurden. Spä=
ter veranstaltete er davon eine verzierte Ausgabe in Quart.
Die an litterarische Freunde vertheilten früheren Gedichte
konnten nicht geheim bleiben; es erschienen davon, jedoch
ziemlich spät, erst im Jahre 1760, in Frankreich und in
Holland fehlerhafte und hier und da verfälschte Nachdrücke.
Dieß bewog den König noch während des siebenjährigen Krie=
ges eine authentische Ausgabe unter dem Titel 'Poésies di=
verses' zu veranstalten.   Wie sehr die allgemeine Aufmerk=
samkeit auf die Geisteswerke eines Mannes gerichtet war,
den man als einen unüberwindlichen Helden kennen gelernt
hatte, läßt sich aus dem einzigen Umstande schließen, daß
die Offizlere des rußischen Heeres, ehe sie in ihr Vaterland
nach geschloßenem Frieden zurückkehrten, 900 Exemplare der
Poésies diverses bestellt hatten.   Es wird behauptet, Friedrich
der Große habe es zuweilen nicht unter seiner Würde ge=
halten, anonyme Artikel von seiner Hand in Zeitschriften
einrücken zu laßen, um berichtigte Ansichten unter dem Publi=
kum zu verbreiten.   Andere Schriften theilte er gedruckt, in
wenigen Exemplaren, oder abschriftlich nur vertrauten Freun=
den mit.   Die einzige Schrift von einigem Umfange, die er
einer uneingeschränkten Oeffentlichkeit unmittelbar übergab,
war die über die deutsche Litteratur.   Diese Schrift, die im
Jahre 1780 erschien, rief lebhaften Widerspruch hervor, weil
der Verfaßer Alles, was in einer Periode der regsten Ent=
wickelung des deutschen Geistes seit vierzig Jahren geschehen
war, entweder nicht kannte, oder verkannte, oder nicht ken=
nen zu wollen schien, und eine ausschließende Vorliebe für
die damals schon gesunkene französische Litteratur kund gab.
Eine Menge Widerlegungen traten an's Licht.   Noch bei
Lebzeiten des großen Königs dichtete Klopstock eine Ode ge=

gen ihn, die er zwar nicht veröffentlichte, aber doch in wenigen Exemplaren gedruckt an seine Freunde vertheilte; nachher
ist sie in der Sammlung seiner Oden erschienen. Jene
Schrift kränkte im höchsten Grade das deutsche Nationalgefühl; dem Ruhme des Helden ließ sich zwar nichts abdin-
gen, aber gegen den Dichter und Denker begründete sie eine
oft leidenschaftliche Stimmung. Auch brachte sie eine gewisse
Abneigung gegen die französische Litteratur hervor, deren
Studium Friedrich II. in Deutschland auszubreiten sich bemüht
hatte. Die Nachahmung, welche 40 Jahre früher auf dem
tragischen Theater stattgefunden hatte, war schon längst
aufgegeben worden, und deren Rückkehr war durch Lessings
siegreiche Polemik unmöglich gemacht; überhaupt hatte die
deutsche Litteratur begonnen, sich eine Sphäre zu bilden,
die sie mehr und mehr von der Denkart der westlichen Nachbarn abschied.

Seine späteren dichterischen Hervorbringungen fuhr der
König fort wenigen litterarischen Freunden mitzutheilen, aber
es ergieng damit nicht so, wie mit den früheren, daß sie in
die Hände der Nachdrucker gerathen wären. Außerdem hatte
er während seiner Feldzüge beständig ein Tagebuch gehalten:
Dieses arbeitete er nun von Neuem durch und schrieb es
im Jahre 1775 eigenhändig ab, ergänzt durch einen kurzen
Bericht über die in den Zwischenzeiten vorgefallenen politi-
schen Verhandlungen *). Diese Arbeit erstreckte sich bis zum
Schluße des siebenjährigen Krieges, so daß also damit die
Geschichte seiner Zeit von dem Regierungsantritte bis zum
Hubertsburger Frieden vollendet war. Diese hielt er aber

---

*) [Zu diesem letztern Satze hat der Verf. ein Zeichen gemacht,
wahrscheinlich in Betreff der Zeitangabe.]

durchaus geheim, da ihm sehr daran gelegen war, daß sie nicht wider seinen Willen unzeitig erschiene, weil er sie nur für die Nachlebenden bestimmt hatte. Die späteren Ereignisse gaben ihm noch Stoff zu Nachträgen, die ebenfalls geheim blieben.

Man kann wohl sagen, daß die Thaten des Helden die Schriften des Denkers und Dichters in den Schatten zurückgedrängt hatten, was um so weniger zu verwundern ist, da nur ein sehr kleiner Theil davon bekannt geworden war.

Dieser Zustand dauerte unverändert fort, bis im zweiten Jahre nach dem Tode des Verewigten eine Ausgabe seiner nachgelaßenen Werke an's Licht trat. Sie betrug nicht weniger als 15 Bände, denen im nächsten Jahre noch 4 Bände der schon früher gedruckten Schriften, dann zwei Supplement-Bände solcher Schriften beigefügt wurden, die man dem großen Könige zugeschrieben hatte, für deren Aechtheit aber die Herausgeber nicht Gewähr leisten wollten.

Diese Sammlung bot den reichsten Stoff dar, nicht nur für Befriedigung der Wißbegierde, sondern auch der Neugier: Geschichtbücher, abgefaßt von dem Manne, der in seinem Zeitalter die Hauptrolle gespielt hatte; Gedichte, voll von biographischen Zügen, die vielleicht in Bezug auf die Lagen, worin er seine innigsten Gefühle ausgesprochen hatte, in der ganzen Litteraturgeschichte als einzig da stehen; einen Briefwechsel mit den bedeutendsten und einflußreichsten Männern Frankreichs. Ist die Sammlung mit derselben Wärme aufgenommen worden, wie die früher erschienenen vereinzelten Schriften? Man wird wohl noch jetzt durch die Erben der Verlagshandlung erfahren können, wie stark die Auflage gewesen, und wie hoch sich der Absatz unmittelbar nach der Erscheinung belaufen hat. Wenn er auch beträchtlich war, so ist es doch kaum glaublich, daß eine lebhafte Nachfrage lange angedauert habe. Denn seitdem sind ja einige funfzig Jahre verflossen und bis auf den heutigen Tag sind noch immer vollständige Exemplare vorräthig.

Freilich möchte es auch schwer fallen, einen ungünstigeren Zeitpunkt für die Herausgabe dieser Sammlung auszusinnen, als der war, wo sie stattfand. Frankreich war schon in voller Gährung: im übrigen Europa war man auf die die dortigen Vorfälle gespannt. Die immer steigenden Besorgnisse wurden bei dem schnellen Wechsel der Ereignisse durch die Wirklichkeit noch überboten. Nun erfolgten in einem großen Theile Europas verwüstende Kriege; im Innern Frankreichs, nach dem Umsturz alles Bestehenden, eine unerhörte Epoche der Barbarei, wobei die Hervorbringung und der Genuß freier Geisteswerke ganz unmöglich war. Erst gegen Anfang des laufenden Jahrhunderts unter einer eroberungssüchtigen Alleinherrschaft, deren Kriege aber die Gränzen Frankreichs nicht berührten, erwachte die einheimische Industrie und zeigte sich besonders im Buchhandel rege. Man kehrte zu den ehemals bewunderten oder beliebten Schriftstellern zurück: man veranstaltete in Paris eine Menge berichtigter, verschönerter, zum Theil auch zusammengedrängter Ausgaben ihrer Werke. Die Kunst der Typographie sammt allem Zubehör machte die glänzendsten Fortschritte. Und dennoch ist in so langen Jahren die Reihe niemals an Friedrich den Großen gekommen; kein Litterator, kein Buchhändler, kein Drucker ist auf die so nahe liegende Spekulation verfallen, eine neue beßer geordnete und beßer ausgestattete Ausgabe zu ermäßigtem Preise zu liefern.

Hiernach muß man wohl vermuthen, daß diese so wichtigen Schriften in Frankreich und den übrigen französisch reden-

den Ländern in eine vorübergehende Vergeßenheit gerathen
sind, und diese Vermuthung wird durch manche einzelne Züge
bestätigt.

Laharpe hat in seinen bänderreichen Vorlesungen dem
großen Könige nirgends einen Platz eingeräumt. Nur ein
einziges Mal hat er Stellen aus deßen Briefen angeführt:
in dem Abschnitt über oder vielmehr gegen die Philosophie
des Jahrhunderts. (Cours de littérature T. XV. p. 124.)
Laharpe hatte sich früher gerühmt, ein Schüler Voltaires zu
sein, was er doch von Seiten der Talente niemals war; in
seiner letzten Lebensepoche trat er nun plötzlich verwandelt
wieder auf und bekämpfte mit dem blinden Eifer eines Neu-
bekehrten seine ehemaligen Meinungsgenoßen. Die angeführten Stellen stehen wirklich in den Briefen Friedrichs II.
an Voltaire und d'Alembert; der König hat sie einmal bei
einer besondern Gelegenheit zurecht gewiesen. Nichts desto
weniger hat sich Laharpe hier eines groben Betruges schuldig
gemacht, indem er die Sache so stellte, als wäre Friedrich II.
überhaupt ein Gegner dieser Männer gewesen. Eine so un-
verschämte Behauptung konnte er nur in der Zuversicht vortragen, daß keiner seiner Zuhörer die Schriften des großen
Königs gelesen habe; sonst hätte er sich der Gefahr ausgesetzt, förmlich einer Lüge geziehen zu werden.

Die Schrift über die Feldzüge Karls XII. in Rußland
gewann im Jahr 1812 eine neue Bedeutung durch das riesenhafte Unternehmen Bonapartes und deßen kläglichen Ausgang.
Bonaparte begieng alle die Fehler, welche ein großer Meister
der Kriegskunst an Karl XII. gerügt hatte, und stürzte sich
dadurch, wie der schwedische Held, in sein Verderben. Ich
habe oft Staatsmänner und Generale ihr Erstaunen darüber
aussprechen hören, daß Napoleon die Schrift nicht gelesen

zu haben scheine. Vielleicht ist sie ihm ganz unbekannt geblieben, da sie in der Ausgabe von 1789 ziemlich versteckt steht.

Lacretelle hat in seiner Geschichte des achtzehnten Jahrhunderts mit Verleugnung der nationalen Eitelkeit die Thaten Friedrichs unparteiisch geschildert. Er hat auch dessen historische Schriften benutzt, und ein Paar Stellen aus den Gedichten angeführt. Wenn er aber in dieser Beziehung den König ziemlich unschicklich le métromane nennt, so muß ich behaupten, daß er die Gedichte entweder nicht gründlich gelesen, oder daß es ihm an allem Sinne für tiefe Gedanken und erhabene Gesinnungen gefehlt habe.

Beurtheilung der Ausgabe von 1788...89.

Wenn demnach die gesammelten Schriften nicht mit derselben Wärme aufgenommen worden sind, wie die früher einzeln erschienenen, wenn sie eine ihrem Werthe entsprechende Verbreitung nicht erlangt haben, so muß, außer den allgemeinen ungünstigen Zeitumständen, ein Theil der Schuld auch den sehr auffallenden Mängeln der Ausgabe beigemeßen werden.

Das Aeußere ist in hohem Grade vernachläßigt. Diese Bände, mit abgestumpften Lettern und blaßer Schwärze auf grauem Papier gedruckt, können keine Zierde prächtiger Bibliotheken sein.

Schon zeitig hat Gibbon nicht nur ein strenges Urtheil, sondern auch seinen Unwillen über diese unwürdige Behandlung eines solchen Denkmals der geistigen Hinterlaßenschaft eines glorreichen Monarchen ausgesprochen, dem der Staat seinen erhöheten Wohlstand, seine Stärke und seinen Ruhm verdankte.

Die Ausgabe leidet aber außerdem an vielen andern und wesentlicheren Gebrechen. Zuvörderst bemerke ich die fehlerhafte Anordnung, oder vielmehr den gänzlichen Mangel eines wohlgeordneten Planes in der Reihenfolge der verschiedenartigen Schriften.

Diese, wiewohl ungemein zahlreich, vertheilen sich doch bei einem allgemeinen Ueberblick wie von selbst in folgende vier Klassen: 1) die historischen Werke; 2) die übrigen Schriften in Prosa: philosophische, politische und moralische Abhandlungen, akademische Lobreden, scherzhafte Aufsätze, u. s. w. 3) die Gedichte, und 4) die Briefe.

Der Umstand, daß die Herausgeber zuerst die nachgelaßenen Werke (Oeuvres posthumes) angekündigt hatten, nachher aber die bereits bei Lebzeiten des Verfaßers erschienenen Schriften gesammelt zu einem Nachtrage verbanden, war Schuld daran, daß jene so natürliche Ordnung nicht überall befolgt werden konnte. Das Zusammengehörige ward auseinander gerißen, und das Gleichartige durcheinander geworfen.

Die Mémoires de Brandebourg, wiewohl früher und abgesondert geschrieben, sind dennoch offenbar dazu bestimmt, an die Spitze der übrigen geschichtlichen Bücher gestellt zu werden, da sie bis zum Schluße der Regierung König Friedrich Wilhelms I. fortgehen, wo sich dann die Zeitgeschichte (Histoire de mon temps) unter verschiedenen Titeln von 1740 bis 78 daran anschließt. Statt deffen sind sie unter die bei Lebzeiten des Verfaßers gedruckten Schriften verwiesen worden: ein Uebelstand, der um so schlimmer ist, weil sich viele Exemplare der Oeuvres posthumes ohne den Nachtrag in Bibliotheken vorfinden.

Wie gesagt, dieß war unvermeidlich; aber die Un-

ordnung geht noch viel weiter, besonders bei dem Brief=
wechsel, wo sich dann keine andere Entschuldigung für die
Herausgeber ausfinnen läßt, als die Annahme, sie seien
nicht gleich anfangs im Besitze aller Materialien gewesen.

Aber es sind noch weit schwerere Beschuldigungen auf
diese Männer gehäuft worden, welche doch das Zutrauen des
erhabenen Verfaßers genoßen zu haben scheinen; sie sollen
sich nämlich Verfälschungen erlaubt haben. Dieser Vorwurf,
der sich nur auf die historischen Schriften bezog und beziehen
konnte, ist jetzt durch die That widerlegt. Ich werde im
Folgenden darauf zurückkommen.

Das Meiste, was man sonst den Herausgebern Schuld
gegeben hat, besteht in Unterlaßungs=Sünden. Sie haben
nirgends für die Beglaubigung ihrer Ausgabe gesorgt, wozu
sie insbesondere ihre Vollmacht hätten darlegen müßen. Haben sie dieß in den vorausgeschickten Ankündigungen gethan,
so sollten diese den Werken selbst wieder vorgedruckt sein.
Sie haben ferner zwei Supplement=Bände gegeben, unter dem
Titel: Supplément des Oeuvres posthumes —— contenant
plusieurs pièces qu'on attribue à cet illustre auteur; sie
haben aber die Leser in der Ungewißheit darüber gelaßen,
ob diese Stücke mit einigem Grunde oder fälschlich dem
Könige zugeschrieben worden seien. Endlich, da es nicht
fehlen konnte, daß bei einer in Deutschland gedruckten Ausgabe französischer Schriften Druckfehler sich einschlichen, da
diese Druckfehler zum Theil von der Art sind, daß sie den
Sinn gänzlich entstellen, und in Ermangelung anderer Hülfs=
mittel nur durch divinatorische Kritik berichtigt werden können, so haben sie doch nirgends ein Verzeichniß (Errata)
beigefügt. Dieß heißt in der That den Lakonismus zu weit
treiben.

Prüfung der beiden Supplementbände.

Wir begegnen hier zuvörderst einer seltsamen und auffallenden Erscheinung. Man erkennt auf den ersten Blick, daß diese Abtheilung, betitelt: Pièces qu'on attribue à cet illustre auteur, aus derselben Druckerei hervorgegangen ist, wie die übrigen 19 Bände; aber auf dem Titelblatt ist der Name des Verlegers ausgelaßen, und. ein falscher Druckort, Cologne, gesetzt. Man hat mir zwar gesagt, hierunter sei 'Köln an der Spree' zu verstehen. Allein dieß ist eine leere Ausflucht. Nur sehr wenige Ausländer wißen, daß ein Theil von Berlin diesen besondern Namen führt. Wenn Köln ohne Beiwort genannt wird, so denkt jedermann nur an die berühmte Metropole und ehemalige freie Reichsstadt am Rhein, um so mehr, weil Cologne als angeblicher Druckort auf dem Titel vieler Bücher steht, die in Frankreich nicht öffentlich erscheinen durften.

Wie kommt es, wird demnach jeder aufmerksame Leser fragen, daß eine Sammlung von Schriften, wovon die meisten unleugbar von der Hand des glorreichen Monarchen sind, in deßen eigner Hauptstadt sich unter der Verkleidung eines fremden Druckortes wie ein ungesetzmäßiger Nachdruck hat einschleichen müßen? Aus den persönlichen Verhältnißen der Herausgeber läßt sich dieß vielleicht begreifen, aber schwerlich rechtfertigen. Wenn sie diese Schriften des großen Mannes nicht würdig achteten, so hätten sie beßer gethan, dieselben ganz zu übergehen.

Da der Titel der beiden Supplementbände Schriften ankündigt, die man dem erlauchten Verfaßer zuschreibe, so erhellet hieraus, daß sie sämmtlich bereits früher in einem gewißen Grade bekannt geworden waren. Aber man findet nirgends eine Nachweisung, wo und wann sie im Druck

erschienen, und ob sie wirklich in den Buchhandel gekommen, oder nur in einer kleinen Anzahl Exemplare vertheilt
worden sind.

Durch welchen Zufall, oder welche seltsame Fahrläßigkeit
ein beträchtlicher Theil der Briefe des Königs an Voltaire,
gegen deren Aechtheit nicht der mindeste Zweifel erhoben
werden kann, abgetrennt von der übrigen Korrespondenz,
sich in diese Abtheilung verirrt hat, weiß ich vollends nicht
zu erklären.

Pensées sur la réligion.

Die so betitelte Schrift, die in dem zweiten Supplementbande nicht weniger als 170 Seiten einnimmt, ist, bloß
nach innern Gründen zu urtheilen, offenbar unächt und muß
von der neuen Ausgabe ausgeschloßen bleiben. Es ist weder die Schreibart, noch die Methode des Königs. Ohne
Zweifel war der Verfaßer ein geborner Franzose, und war,
wie die ganze Richtung seiner Polemik ausweist, in der katholischen Religion erzogen worden. Vielleicht war er sogar
zum geistlichen Stande bestimmt, und hatte seine frühere
Bildung in einem Priester-Seminar erhalten, denn er zeigt
sich nicht unbewandert in den Kirchenvätern und den scholasti-
schen Theologen. Was aber ganz entschieden gegen Friedrich II.
als vermutheten Urheber spricht, ist der Umstand, daß er die
Stellen der heiligen Schrift immer lateinisch nach der Vulgata
citiert, mit welcher sich vertraut zu machen der in der protestantischen Kirche erzogene König nicht den mindesten Anlaß
hatte. Hingegen ist es die Sitte der französischen Kanzel-
redner, ihren Predigten biblische Beweissprüche in den Worten der Vulgata einzuflechten.

Herr Preuß giebt in seinem Buche über Friedrich den

Großen (Th. I. S. 476) eine bibliographische Notiz von zwei Drucken, die im Jahre 1745 mit falscher Angabe des Verfaßers erschienen seien. Die Aussage eines Predigers in Maastricht: ein Offizier Namens de la Serre habe sich auf dem Todbette dazu bekannt, hat nach allem Obigen wenig Wahrscheinlichkeit für sich. Aus einer Stelle (Pensées, p. 70), wo von der Verfolgung der Protestanten in den Cevennen als einem gegenwärtigen Ereignisse die Rede ist, läßt sich sogar schließen, daß die Schrift beträchtlich früher abgefaßt worden, und schon deswegen dem großen Könige nicht zugeschrieben werden darf. Der unbekannte Urheber zeigt hier und da Scharfsinn; andre Male hat ihn seine Leidenschaftlichkeit zu starken Fehlschlüßen hingerißen. Seine Ansichten sind beschränkt: es fehlt überall an einem philosophischen Ueberblick.

Anforderungen an die beabsichtete neue Ausgabe.

Aus der Nachweisung der wichtigsten Mängel, welche in der Ausgabe von 1788...89 so störend auffallen, ergeben sich schon die Vorzüge, wodurch sich die neue Ausgabe wird auszeichnen müßen, um der großen, in ganz Europa erregten Erwartung zu entsprechen: 1) eine würdige typographische Ausstattung; 2) eine zweckmäßige und leicht überschauliche Anordnung; 3) vollkommene grammatische und orthographische Korrektheit, und Reinheit von Druckfehlern. Hieraus erhellet zugleich, welche schwierige Aufgabe den mit der Ausführung des königlichen Geschäftes beauftragten Akademikern gestellt worden ist, zn deren glücklicher Lösung außer der vertrautesten Bekanntschaft mit der Zeitgeschichte eine gründliche Kenntniß der französischen Sprache, verbunden mit einer

ner geschmackvollen Kennerschaft der französischen Litteratur, wie der verewigte Ancillon beides besaß, unerläßlich gefordert wird.

Die oft erwähnten Herausgeber haben nur sehr wenige und zum Theil ungenügende Anmerkungen beigefügt. Die Sparsamkeit und Kürze ist an sich nicht zu tadeln, da bei Werken, die nicht bloß für Gelehrte, sondern für das allgemeine europäische Publikum bestimmt sind, der Schein eines fortgehenden Kommentars möglichst vermieden werden muß. Vielleicht war auch in dem Zeitpunkte der Erscheinung das Bedürfniß der Erklärungen nicht so fühlbar, wie jetzt nach dem Verlauf von einigen funfzig Jahren. Aus den Stürmen, die kurz darauf losbrachen, ist erst nach einem Viertel-Jahrhundert durch den allgemeinen Frieden ein vielfach verwandeltes Europa hervorgegangen. Auch unterrichteten jüngern Lesern fällt es schwer, sich in den Gesichtspunkt jenes Zeitalters zu versetzen. Manche Ereignisse, die damals in lebhaftem Andenken standen, sind durch gewaltigere Glückswechsel verdunkelt worden; viele Namen, die einen gewissen litterarischen oder politischen Ruf erworben hatten, sind in Vergeßenheit gerathen. Wenn ich die Bedürfnisse anderer Leser nach den meinigen beurtheilen darf, so werden viele Anspielungen und Andeutungen, besonders in den Briefen und den Gedichten, ihnen als Räthsel erscheinen, worüber ein Aufschluß sehr willkommen gewesen wäre, aber vergeblich gesucht wird. Je beßer die Schriften des großen Königs verstanden werden, desto höher wird auch ihre Schätzung steigen. Die Worte bedürfen keiner Auslegung, da der Vortrag von großer Klarheit ist, wohl aber die Sachen. Die Ueberhäufung mit Anmerkungen läßt sich sehr leicht vermeiden, wenn man andre Formen, z. B. kurze Vorerinnerun-

20*

gen, chronologische Anzeichnungen, und Namen-Register zu
den erforderlichen Aufklärungen benutzt.

Die historischen Schriften.

Daß diese die ganze Sammlung eröffnen müßen, darüber ist man allgemein einverstanden. Auch die Herausgeber
vom Jahre 1788 haben dieß eingesehen. Aber weil sie
ihre Ankündigung auf die nachgelaßenen, noch nie zuvor
gedruckten Werke beschränkt hatten, so entstand hieraus, wie
ich schon oben bemerkte, der Uebelstand, daß sie das Werk,
welches offenbar dazu bestimmt ist, den übrigen zur Einleitung zu dienen, in einen später erschienenen Nachtrag verweisen mußten.

Mémoires pour servir à l'histoire de la maison de Brandebourg.

Ein Theil von dem ersten Entwurfe dieses Werkes ist
zuerst unter den Abhandlungen der königlichen Akademie der
Wißenschaften T. II....IV. erschienen. Der Verfaßer hat es
kurz nachher wieder durchgearbeitet, und hierauf das Ganze
im Jahre 1751 in Quart drucken laßen. Hierauf folgte
noch im Jahre 1767 eine mit Bildnissen verzierte Quartausgabe, welche dem neuen Abdrucke wird zum Grunde gelegt werden müßen. Da nun dieses Werk in seiner letzten
Gestalt den höchsten Grad der Beglaubigung darbietet, so
hat die sprachliche Kritik nichts weiter zu thun, als die
Orthographie nach dem heutigen klassischen Gebrauch zu ordnen, und die etwa eingeschlichenen Druckfehler wegzuräumen.

Histoire de mon temps.

Dieser Titel, im Wesentlichen auf die ganze folgende
Reihe paßend, pflegt besonders den ersten beiden Bänden

zugeeignet zu werden, welche die beiden schlesischen Kriege bis zum Dresdener Friedensschluß umfaßen.

Der Herausgeber der historischen Werke, namentlich der Staatsminister Graf von Hertzberg, der die Oberaufsicht führte, während der Prediger Moulines den Druck besorgte, ist der Verfälschung beschuldigt worden, und zwar von Dohm, einem angesehenen Diplomaten und Geschichtschreiber.

Da diese Behauptung nun, wie natürlich, Glauben fand, und von Vielen, auch von Hrn. Preuß in seiner Kompilation über das Leben Friedrichs des Zweiten unvorsichtiger Weise nachgesprochen worden ist, so war es wichtig, der Sache auf den Grund zu kommen. Dieß konnte nur durch Nachforschungen in den königlichen Archiven geschehen, womit Herr Preuß seitens der Akademie beauftragt ward.

Es fand sich eine eigenhändige Handschrift mit Angabe der Zeit der Beendigung, 1775, welche ausgemacht als die Bearbeitung letzter Hand betrachtet werden muß. Es ergab sich ferner, daß eine Kopie derselben dem Drucke von 1788 zum Grunde gelegt worden ist.

Verfälschung im strengeren Sinne des Wortes verdient nur die Unterschiebung eines fremden Machwerkes, unter dem Vorgeben, daß es von dem bekannten Verfaßer herrühre, genannt zu werden. Nun hat sich bei genauer Kollation der bezeichneten Original-Schrift durchaus kein unächter Zusatz gefunden, dagegen aber sind einige Auslaßungen erwiesen worden. Auslaßungen können auch gewißermaßen für Verfälschungen gelten, wenn sie das Wesentliche betreffen, und in der Absicht vorgenommen werden, die Erzählung des Verfaßers zu entstellen, oder sein Urtheil über die Thatsachen zu verheimlichen. Dieß ist aber hier keinesweges der Fall. Die ausgelaßenen Stellen laßen keine Lücke bemerken, auch sind

sie von sehr geringem Umfange: die im ersten Bande befindlichen mögen, zusammen gerechnet, ungefähr dreißig Druck-
zeilen betragen. In dem zweiten werden sie auch nicht viel
mehr ausmachen. Man sieht hieraus, wie sehr Herr Preuß
im Irrthume war, als er in seiner Lebensgeschichte Friedrichs
des Großen (Th. IV. S. 359.) behauptete: „Auch 'verstüm-
„melt' hat der Graf von Hertzberg die historischen Werke um
„'ein Großes'.“

Die im Druck übergangenen Stellen sind, wie ich bei
genauer Vergleichung der Varianten des Manuskriptes bemerkt habe, sämmtlich von derselben Art: satirische Ausfälle
gegen einzelne Personen und ganze Völker, lächerliche oder
anstößige Anekdoten. Der Graf von Hertzberg scheint das
Amt des Censors übernommen zu haben, und man begreift
sehr wohl die damaligen Bedenklichkeiten des Staatsmannes,
die freilich jetzt nach einem so langen Zeitraume wegfallen.
So findet sich z. B. (Vol. I. ad pag. 84. 85.) eine sehr deutliche Anspielung darauf, daß Don Carlos, König von Neapel,
nachher von Spanien, unnatürlichen Lüsten ergeben gewesen
sei. König Karl III. von Spanien starb erst gegen Ende
des Jahres 1788; er lebte also noch, als der Druck der
Oeuvres posthumes im Jahre zuvor begann. Wenn auch die
meisten der ausgelaßenen Stellen heutzutage ohne Bedenken
eingerückt werden können, so möchte man doch wohl bei einigen zweifeln, ob sie dem Werke, das der Verfaßer selbst
un ouvrage grave nennt, zur Zierde gereichen würden. Eine
Schilderung, wie die von den Ausschweifungen der Kaiserin
Elisabeth (Vol. II. ad pag. 96. 97.) ist man vom Suetonius gewohnt; beim Tacitus würde man dergleichen vergeblich suchen.

Da der König, wie Herr Preuß bemerkt, das Manuscript von 1775 offenbar nicht wieder durchgelesen hat, so tritt auch natürlich die Frage ein, ob er nicht, bei einer späteren Erwägung, selbst ausgestrichen haben würde was er in einer muthwilligen Laune auf das Papier hingeworfen hatte.

Histoire de la guerre de sept ans.

Die Handschrift, die dem Druck dieser Abtheilung der historischen Werke in einer Kopie zum Grunde gelegt worden ist, führt am Schluße die Zeitangabe: d. 17ten Dec. 1763. In der Vorrede spricht der Verfaßer von der Schilderung der schlesischen Kriege mit einer gewissen Geringschätzung als von einer jugendlichen Arbeit. Dieses kann aber nicht auf die Behandlung, wie sie im Druck erschienen ist, sondern nur auf den ersten Entwurf vom J. 1746 bezogen werden. Es erhellet ferner daraus, daß der König damals noch nicht den Vorsatz gefaßt hatte, eine neue und zwar verkürzte Bearbeitung davon zu unternehmen: einen Vorsatz, den er erst zwölf Jahre später ausführte.

Da ich noch nicht Gelegenheit gehabt, die Varianten nach der Kollation des Hrn. Preuß zu vergleichen, so kann ich über die etwanigen Auslaßungen in diesem zweiten Werke nichts sagen: doch wird vermuthlich dabei dasselbe Verhältniß stattgefunden haben, wie in den ersten beiden Bänden. Dasselbe gilt von den Mémoires, worin die Geschichte bis zum Schluße des baierischen Erbfolge=Krieges fortgeführt wird.

Die Varianten der autographen Handschrift vom J. 1775.

Sobald die Kollation des ersten Bandes der Histoire de mon temps beendigt war, ward sie mir eingehändigt, und ich nahm auch unverzüglich eine genaue Prüfung vor. Ich

war in hohem Grade erstaunt, ja ich darf wohl sagen bestürzt,
die Handschrift so ungemein fehlerhaft in der Schreibart zu
finden. Da ich den Bericht des Herrn Preuß gerade nicht
zur Hand hatte, so wurde ich dadurch sogar zu der irrigen
Meinung verleitet, als sei die kollationierte Handschrift nicht
die Redaktion der letzten Hand, sondern ein früherer Entwurf.

Um meinen Aufenthalt in Berlin auf das beste zu benutzen, versparte ich die unbedeutenden Abweichungen auf eine
andere Zeit, und hob nur die Lesearten der Handschrift aus,
einige dreißig an der Zahl, worin ich die auffallendsten
Sprachfehler fand. Diese legte ich abschriftlich, von meinen
Anmerkungen begleitet, dem akademischen Ausschuße vor.

Derselbe erklärte sich in der Sitzung vom 29. Juli 1841,
welcher persönlich beizuwohnen ich durch Unpäßlichkeit verhin-
dert ward, im Allgemeinen mit mir dahin einverstanden, daß
eine grammatische Reinigung des Textes allerdings erforderlich sei, wie folgender Auszug aus dem Protokolle aus-
weiset:

„Was die bloß formellen Aenderungen betrifft, so hat
„sich erst jetzo, nach Einsicht der Handschriften, herausge-
„stellt, wie dieselben beschaffen seien, und der Ausschuß erkennt
„nach der Denkschrift des Herrn v. Schlegel an, daß viele
„derselben beizubehalten, und überhaupt daß alles ‘gramma-
„tisch Unrichtige’ zu verbeßern sei; indem auch in dem Be-
„richte vom 24. Januar 1841 der Grundsatz aufgestellt wor-
„den ist, unwesentliche Fehler und bloße Versehen zu verbeßern.
„Dagegen kann sich der Ausschuß nicht für ermächtigt hal-
„ten, über das Grammatische hinaus den Stil oder was man
„im Unterschiede vom Grammatischen ‘das Rhetorische’ nennen
„kann, zu verbeßern, da hierdurch in die Eigenthümlichkeit
„des Verfaßers eingegriffen werden würde.“

Diese Mittheilung erwiderte ich durch ein an Hrn. Böckh als Kenner der philologischen Kritik gerichtetes Schreiben, worin ich den Begriff des Grammatischen und die Ausdehnung, welche demselben in dem vorliegenden Falle gegeben werden müße, prüfte.

Auf diese so wichtige Erörterung, das Ergebniß meines reifsten Nachdenkens, ist mir keine schriftliche Antwort zu Theil geworden.

Nach meiner Zurückkunft in Bonn im Herbste 1841 erhielt ich die Kollation beider Theile der Histoire de mon temps, aber in einer kritzlichen, sehr unleserlichen, auch nachläßig angefertigten Kopie. Indessen ließ ich mich dadurch nicht abschrecken, und nahm, ungeachtet meiner damals sehr geschwächten Gesundheit, zuvörderst den zweiten Band vor, da ich die wichtigsten fehlerhaften Lesearten der Handschrift des ersten Bandes schon in der oben erwähnten Vorarbeit behandelt hatte.

Bei dieser Durchsicht habe ich alle Abweichungen der Berliner Ausgabe von der Handschrift, auch die unbedeutendsten nicht ausgenommen, aufgezeichnet. Ich habe Anmerkungen beigefügt, worin ich die Gründe darlegte, warum diese oder jene Leseart grammatisch unzuläßig sei. Wo ich beide einander entsprechende Lesearten unbefriedigend fand, that ich Vorschläge zur Berichtigung des Ausdrucks, indem ich mich so sehr wie möglich der Handschrift annäherte.

Wie mühsam und weitläuftig diese Arbeit war, erhellet daraus, daß meine Analyse grammaticale der ersten 200 Druckseiten in einer auf die leichteste Uebersicht eingerichteten Reinschrift ungefähr anderthalb hundert Quartseiten einnimmt.

Der akademische Ausschuß hatte mir seine Verantwortlichkeit entgegengestellt, und zur Prüfung der Sache eine

'kollegialische Berathung' vorgeschlagen. Es war vorauszu=
sehen, daß diese nicht anders als weitläuftig ausfallen könne,
da wegen meiner Entfernung Alles schriftlich verhandelt wer=
den mußte: indessen ließ ich mir den Antrag gern gefallen.
Das erste Heft meiner Analyse sandte ich den 15. Mai 1842
ab, das zweite folgte in nicht langer Zeit nach. Meine Ar=
beit hat also dem akademischen Ausschuße lange genug vor=
gelegen: allein es ist keine Gegenbemerkung oder Belehrung
erfolgt. Dem Ausschuße hat es nicht beliebt, das übernom=
mene Richteramt zu verwalten, und ich bin im Zweifel, ob
dessen Mitglieder meine Aufsätze auch nur durchgelesen haben.

Unter solchen Umständen wollte ich nicht vergeblich fort=
arbeiten. Meines Erachtens hat der Prediger Moulines bei
Feststellung des Textes eine so gründliche Kenntniß der fran=
zösischen Sprache bewiesen, wie sie heut zu Tage unter den
deutschen Gelehrten äußerst selten vorkommt. Er ist auch
mit großer Treue zu Werke gegangen, hat nichts Wesentliches
an dem Inhalt verändert, und meistens nur den richtigen
Ausdruck an die Stelle des verfehlten gesetzt.

Das Urtheil des Hrn. Preuß ist dem meinigen gerade
entgegengesetzt. In den Berichten über seine Kollationen hat
er die Herausgeber wiederum mit leidenschaftlichen Beschul=
digungen überhäuft. Man mag dem wohlgemeinten, aber
blinden Eifer des fleißigen Sammlers, der keinen Begriff
davon hat, was zu einer reinen und klassischen Schreibart
gehört, dergleichen allenfalls zu Gute halten, aber es ver=
dient keine Berücksichtigung.

Es würde allerdings sehr bequem sein, die eigenhän=
dige Handschrift, ganz roh wie sie ist, mit allen Solöcismen
und Verstößen gegen den Sprachgebrauch buchstäblich genau
abzudrucken: aber ich sehe davon sehr nachtheilige Folgen

voraus, die ich in dem beigelegten französischen Aufsatze an=
gedeutet habe.   Die Bewunderer Friedrichs II. haben ohne
Zweifel seine Geschichtbücher schon gelesen; sie werden nun
eine Vergleichung der Ausgabe von 1788 mit der neuen an=
stellen, und die bemerkte Unähnlichkeit wird ganz zum Nach=
theil der letzten ausfallen.   Es werden grammatisch berich=
tigte Nachdrücke erscheinen, und alle Leser von Geschmack werden
- diese vorziehen.

Wenn überhaupt den Herausgebern nachgelaßener Werke
die Verpflichtung obliegt, den ausdrücklich erklärten oder sonst
genugsam bekannten Absichten des Verfaßers gemäß zu han=
deln, so kann diese Verpflichtung wohl nirgends in höherem
Grade stattfinden, als in dem vorliegenden Falle, daß näm=
lich der verewigte Verfaßer ein glorwürdiger Monarch war.
Nun ist aber aus vielen Stellen der Schriften K. Friedrichs
des Zweiten erweislich, daß er eifrigst um die Reinheit der
Diktion bemüht war.   Nichts würde also seinen Absichten
mehr entgegengesetzt sein, als wenn man die seiner Feder
entschlüpften Sprachfehler der Nachwelt als geheiligte Reli=
quien überliefern wollte.   Die meisten bei Lebzeiten des Kö=
nigs erschienenen Schriften sind vor dem Druck wiederholt
durchgesehen worden; auch kommen auffallende Verstöße gegen
die Grammatik und den Sprachgebrauch sowohl in den pro=
saischen Abhandlungen als in den Gedichten nur selten vor.
Mit den historischen Werken verhält es sich aber anders: um
die Geheimhaltung zu sichern, die ihm sehr wichtig war, hat
der Verfaßer keinen litterarischen Freund zu Rathe gezogen,
auch nicht einmal einem Schreiber diktiert; und es läßt sich
leicht begreifen, daß die mühselige Arbeit, mehrere Bände
mit eigner Hand niederzuschreiben, seine Aufmerksamkeit von
der Vollendung des Stils abgelenkt hat.

Ausstatttung der historischen Werke mit Anmerkungen und andern zum beßern Verständniß
dienlichen Zugaben.

Mir ist nicht bekannt, ob es in dem Plane der neuen
Ausgabe liegt, der Darstellung der Feldzüge Specialkarten
des jedesmaligen Kriegsschauplatzes, Riße der Festungen nach
ihrer damaligen Beschaffenheit, endlich Zeichnungen von der
Stellung und den Bewegungen der Heere in den Hauptschlach-
ten beizufügen. Daß aber diese Mittel der Anschaulichkeit
vielen Lesern, und namentlich denen, welche gründliche Belehrung suchen, sehr erwünscht sein würden, nehme ich keinen
Anstand zu behaupten. Die Meinung des großen Meisters
der Kriegskunst hierüber ist nicht zweifelhaft: er hat sie selbst
auf das entschiedenste ausgesprochen. Voltaire hatte ihm ein
neues Werk über die Feldzüge des Marschalls von Sachsen
angekündigt; der König erwiedert hierauf:

L'ouvrage dont vous me parlez du Maréchal de Saxe
m'est connu, et j'ai écrit pour en avoir un exemplaire.
Les faits sont récents et connus; il n'y a que les cartes
qui intéressent, parce que le terrain est l'échi-
quier de nous autres anthropophages, et que c'est lui qui
décide de l'habileté ou de l'ignorance de ceux qui l'ont
occupé. (Oeuvres posthumes. T. IX. p. 259.)

Es haben sich sogar im Archiv flüchtige Skizzen der
Schlachten bei Leuthen und Zorndorf von des Königs eigner
Hand vorgefunden.

Auch der originalen Quartausgabe der Mémoires de
Brandebourg sind auf Befehl des Verfaßers ein paar Landkarten der östlichen preußischen Staaten beigefügt, die aber
noch unvollkommener ausgefallen sind, als es damals erwartet werden konnte.

Seit dem Anfange der Kriege K. Friedrichs II. ist ein volles Jahrhundert verfloßen, während dessen mannichfaltige und wichtige Veränderungen eingetreten sind, besonders in den Gränzbestimmungen ganzer Staaten und ihrer landschaftlichen Unterabtheilungen. Ehemals berühmte Namen sind sogar völlig aus der Geographie verschwunden. Die allgemeinen und Special-Karten, welche den heutigen Zustand darstellen, können dem so nachdrücklich ausgesprochenen Zwecke, dem Leser die Feldzüge anschaulich zu machen, nicht genügen, sie könnten vielmehr Irrthum und Verwirrung verursachen. Die älteren Landkarten, für den heutigen Gebrauch nicht mehr tauglich, überdieß auch in andern Hinsichten mangelhaft, werden nur noch in großen Bibliotheken aufbewahrt, und dürften im Auslande überhaupt schwer zu finden sein. Die Unentbehrlichkeit dieser Hülfsmittel für das gründliche Verständniß der Geschichtbücher tritt demnach bei der unternommenen authentischen Ausgabe, besonders in dem siebenjährigen Kriege, der auf so weit von einander entlegenen Schauplätzen gleichzeitig geführt ward, auf das stärkste hervor.

Ungeachtet der sehr zusammengedrängten Erzählung, worin unzählig viele kleinere Einzelheiten übergangen werden mußten, ist dennoch die Menge der Orts- und Personen-Namen beinahe unübersehlich, und es erfordert eine große Aufmerksamkeit, sie dem Gedächtnisse einzuprägen, und überall wo sie vorkommen, sich der früheren Erwähnungen zu erinnern. Für die Ausländer ist die Schwierigkeit noch größer, weil es ihnen nicht leicht gelingt, sich die Aussprache so vieler fremd klingender Wörter anzueignen. Meines Erachtens würde demnach ein doppeltes alphabetisches Register, eines der Ortsnamen, mit Beifügung der geographischen Bestimmungen, das andere der Personen-Namen mit kurzen biographischen Notizen un-

gemein nützlich sein. In beiden müßten die sämmtlichen Stellen, wo jeder Name vorkommt, mit Angabe des Bandes und
der Seitenzahl nachgewiesen werden.   In Bezug auf die han-
delnden Personen erscheint dieß doppelt nothwendig, weil
sehr häufig mehrere, die denselben Familiennamen führen,
unterschieden werden müssen, und der Verfaßer dennoch diese
näheren Bezeichnungen, so wie auch die Geburtstitel aus-
läßt.   Wegen der bekannten Sorglosigkeit in diesem Punkte,
da der König nicht selten die Namen seiner eignen Generale
oder seiner Gegner fortwährend fehlerhaft schreibt, ist eine
durchgängige Berichtigung der Namen unerläßlich, die am
sichersten bei Anfertigung der beiden vorgeschlagenen Register
vorgenommen werden wird.   Diese Arbeit fällt großentheils
dem Geographen und dem Historiker zu.   Indessen giebt es
nicht wenige Ortsnamen, bei welchen der französische Sprachgebrauch eine abweichende Schreibung festgesetzt hat, und hier
wird ein gründlicher Kenner der Grammatik zu Rathe gezogen werden müssen.   Für die Umsetzung der rußischen Namen
in lateinische Buchstaben gilt in gewissem Grade dasselbe.

Berühmte neuere Geschichtschreiber, Voltaire und Gibbon
haben nicht geglaubt, ihre Werke durch dergleichen Zuthaten
zu verunzieren.

Ob die militärischen Ereignisse, wegen der seit jener
Zeit in manchen Stücken veränderten Gestalt des Kriegs-
wesens, besonderer Erklärungen bedürfen, darüber steht das
Urtheil den Kennern des Faches zu.

Zweite Abtheilung.

Den historischen Werken werden die übrigen Schriften
in Prosa: politische, philosophische, moralische Abhandlungen,

einige satirische Gespräche, endlich die akademischen Lobreden, sich am natürlichsten anschließen.

Im Ganzen wird man hiebei der Zeitordnung folgen können; auf solche Weise begleitet der Leser gleichsam den Verfaßer durch die verschiedenen Lebensstufen hindurch, und wird in den Stand gesetzt zu beobachten, in wie fern seine Ansichten von den menschlichen Angelegenheiten mit dem Fortschritte des Alters sich entweder mehr und mehr festge= setzt haben, oder einigermaßen durch spätere Erfahrungen ab= geändert worden sind.

Von einigen ist die Zeit der Abfaßung bekannt, bei andern läßt sie sich aus einzelnen Zügen oder aus Erwäh= nungen in dem Briefwechsel des Königs wenigstens unge= fähr bestimmen. In einigen Fällen dürfte eine Abweichung von der Zeitfolge nicht nur erlaubt, sondern rathsam sein.

Um dieser Abtheilung eine glänzende Einfaßung zu geben, schlage ich vor, den Anti=Machiavell voranzustellen, und die Reihe mit der Schrift über die deutsche Litteratur zu be= schließen, die im J. 1780 erschienen ist. Beide haben großes Aufsehen erregt, aber freilich in durchaus entgegengesetztem Sinne: die erste in ganz Europa, die zweite nur in Deutsch= land. Diese ist, so weit ich es übersehen kann, unter allen bisher im Druck erschienenen die späteste.

Die ältesten Ausgaben des Anti-Machiavel finden sich in der königlichen Bibliothek, wo ich die Gelegenheit benutzt habe, sie genau zu prüfen; da sie mir aber jetzt nicht zur Hand sind, so kann ich das Verhältniß zu der Ausgabe von 88. nicht angeben. Ein holländischer Buchhändler hat Vol= tairen Verfälschungen Schuld gegeben, wie es scheint, mit Unrecht: wenn dieser nichts Schlimmeres gethan, als solche Sprachfehler wie propaginer und les parties belliqueuses,

durch propager und les parties belligérantes zu berichtigen,
so wird ihn wohl Niemand deshalb tadeln. Voltaire gesteht
jedoch ein, daß er einige Ausdrücke aus politischen Rücksichten gemildert habe. Der Verfaßer äußert sich in gewissen
Punkten mit der Redaktion seines Vertrauten nicht einverstanden, aber man sieht nicht deutlich, was ihm daran mißfiel. Auch hat er niemals eine authentische Ausgabe veranstaltet. Es wird also wohl bei der ursprünglichen Gestalt
dieser Schrift ein Bewenden haben müßen. Herr Gottlieb
Friedländer hat im J. 1834 Bruchstücke einer autographen
Handschrift des Königs herausgegeben. Aber dieß ist offenbar nur ein erster roher Entwurf, den der Verfaßer bei wie-
derholter Durchsicht theilweise selbst verworfen hat. Aus
einem Briefe des damaligen Kronprinzen vom 10. Januar
1740 erhellet unwidersprechlich, daß das an Voltaire über-
machte Manuskript des Anti-Machiavell nicht von deßen eigner Hand, sondern eine durch einen seiner Sekretäre, Namens
Gaillard, angefertigte Kopie war. Man würde daher einen
großen Fehlgriff thun, wenn man in der beabsichteten klassischen Ausgabe diese merkwürdige Schrift, welche in ihrer
ursprünglichen Form längst in verschiedene Sprachen übergegangen ist, durch Einrückung der friedländer'schen Bruchstücke erweitern, und sie vielleicht weitschweifig machen wollte.
Dieselbe Bemerkung gilt von allen autographen Handschriften,
die etwa noch entdeckt werden mögen. Wir wißen aus der
Epistel an Darget, daß der königliche Verfaßer von seinen
Aufsätzen in Prosa und in Versen wiederholt Abschriften
nehmen ließ, und jedes Mal eine neue Durchsicht vornahm.
Nur die historischen Schriften machen eine Ausnahme wegen
der dabei strenge beobachteten Geheimhaltung.

Am besten wird sich hier die Schrift Considérations sur

l'état présent du corps politique de l'Europe anschließen.
Die Herausgeber der Oeuvres posthumes setzen sie, aber ohne
irgend einen Beweisgrund anzuführen, in das Jahr 1736.
Ich muß dieß bezweifeln, weil ich die früheste Erwähnung
in einem Briefe Voltaires vom 5. August 1738 finde, wo
dieser erst eben die Mittheilung der Handschrift empfangen
hatte; und wir wißen doch, daß der Kronprinz mit der Ueber-
sendung seiner vollendeten Aufsätze und Gedichte an seinen
litterarischen Vertrauten nicht zu zögern pflegte.

Die Schrift Examen critique du Système de la nature
fällt in das Greisenalter des Verfaßers, da das berüchtigte
Buch, welches hier widerlegt wird, erst im Jahre 1770 erschienen ist. Wie lebhaft auch der Eifer K. Friedrichs II.
gegen die verderbliche Lehre angeregt war, so hat er sich doch
nicht bewogen gefunden, seine Prüfung zu veröffentlichen.
Sie ist aber ungemein wichtig, da sie als die letzte ernste
Erklärung über die kirchlichen Angelegenheiten der Staaten
und über das Verhältniß der Monarchen zu denselben betrachtet werden muß.

Die akademischen Lobreden sind zwar über einen langen
Zeitraum zerstreut, müßen aber dennoch, als einer besondern
Gattung angehörig, zusammengeordnet werden. Die letzte ist
die auf Voltaire, die während des baierischen Erbfolgekrieges
abgefaßt, gegen Ende des Jahres 1779 in der Akademie
vorgelesen worden ist.

Dritte Abtheilung.
Die dichterischen Werke.

Aus der früheren Zeit finden sich eine Menge Briefe,
besonders an Voltaire und Jordan, denen Verse nach augenblicklichen Einfällen und ohne Anspruch eingemischt sind.

Diese werden am zweckmäßigsten dem Briefwechsel zugeordnet
werden, da sie sich oft auf den zuvor empfangenen Brief beziehen, und zum Verständniß der Antworten dienen, so daß
durch deren Auslaßung eine fühlbare Lücke entstehen würde.

Auch stehen die meisten der gemischten Briefe, besonders
die aus der früheren Zeit vor der Thronbesteigung bis zu
Voltaires Ankunft in Berlin bereits in der Ausgabe von
J. 1788 an der rechten Stelle. Einige spätere haben sich
aber unter die Poésies des achten Bandes verirrt: sie müssen
von da weggewiesen und dem Briefwechsel eingeschaltet werden.

Die Gedichte sind in eben dieser Ausgabe, aller zweck-
mäßigen Anordnung zuwider, zerstreut und vier- oder fünf-
fach auseinander gerißen.

Die älteren schon bei Lebzeiten des Königs gedruckten
Gedichte stehen am Schluße der Oeuvres publiées du vivant
de l'auteur im dritten und vierten Bande; die späteren erst
nach dem Ableben des Verfaßers erschienenen füllen den ganzen siebenten Band der Oeuvres posthumes und das erste
Drittel des achten aus. Außerdem ist noch eine Anzahl dichterischer Hervorbringungen, zum Theil von beträchtlichem Umfange, die meisten unstreitig von der Hand Friedrichs des
Großen, in den ersten Supplement-Band verwiesen, unter dem
Titel Plusieurs pièces qu'on attribue à cet illustre auteur.

Alle diese Gedichte gehören zu einer einzigen Reihenfolge, und das Zweckmäßigste wird sein, dabei, soviel möglich, die Zeitordnung zu beobachten. Auf solche Art wird
der Leser in den Stand gesetzt, den Verfaßer auch in dieser
besondern Hinsicht auf seiner Lebensbahn zu begleiten und
die Entwickelung seines ausgezeichneten Talentes nach den
Stufen des Alters wahrzunehmen.

Die frühesten Gedichte, wobei die berlinschen Herausgeber die Zeit der Abfassung bemerkt haben, fallen in das Jahr 1734. Aller Wahrscheinlichkeit nach hat sich aber die Neigung zur Poesie bei dem Kronprinzen schon weit früher geregt; dieß läßt sich sogar aus einigen Andeutungen in den späteren Schriften über den Inhalt dieser jugendlichen Versuche schließen, die ihr Urheber vermuthlich, entweder als noch zu unreif, oder aus andern Gründen selbst vernichtet hat. Die den Briefen an Voltaire eingestreuten Verse fangen erst mit dem Jahre 1736 an.

Es ist bekannt, daß Friedrich II. nach seiner Thronbesteigung (der Zeitpunkt wird sich wohl noch näher bestimmen laßen) sich im Schloße zu Rheinsberg eine eigene Druckerei eingerichtet hatte, wo eine Ausgabe seiner gesammelten Gedichte zum ersten Male im J. 1750 erschien. Aber dieser Druck beschränkte sich auf eine sehr kleine Zahl von Exemplaren, die nur seinen vertrautesten Freunden bestimmt waren, und dem großen Publikum durchaus nicht mitgetheilt werden sollten.

Mehrere Jahre hindurch ward das Geheimniß bewahrt; endlich aber, man weiß nicht mit Zuversicht, durch wessen Veruntreuung, gerieth ein Exemplar in die Hände eines gewinnsüchtigen Nachdruckers: es erschienen im J. 1760, zum Theil unter falschem Druckort in Holland und in Frankreich Ausgaben, die großes Aufsehen machten, und den theologischen Eiferern Anlaß zu Ausfällen gegen den Philosophen von Sanssouci gaben. Der König war sehr erbittert gegen den unbekannten Thäter und spricht sich darüber in einem Gedichte an d'Argens (Oeuvres posth. T. VII. p. 4.) mit gerechtem Unwillen aus. Da jedoch die Oeffentlichkeit nicht mehr zurückzunehmen, auch die Nachdrücke durch erhebliche Fehler entstellt waren, so entschloß er sich, eine ächte Sammlung zu veranstalten, die, von dem Marquis d'Argens besorgt, noch in demselben Jahre in Quartformat unter dem Titel Poésies diverses erschien. Aus dem Briefwechsel mit dem zuletzt genannten Gelehrten erfährt man, daß der Verfaßer eine in dem Originaldruck wirklich befindliche Leseart, die, besonders großen Anstoß gegeben hatte, auf Anbringen seines Vertrauten gemildert hat.

Die Anordnung der Gedichte in der als authentisch zu betrachtenden Quartausgabe wird beizubehalten sein. Sie gehören sämmtlich in die frühere Periode bis zum Jahre 1750, aber es fehlen nähere Zeitangaben der Abfaßung, die, wo sie sich ermitteln laßen, sehr wünschenswerth sind.

Wie es scheint, ist in der Sammlung vom J. 1750 bloß zufällig eines der frühesten Gedichte des Königs ausgelaßen worden. Mit der Ueberschrift Épître à Milord Baltimore, sur la liberté, hat es sich in den ersten Supplementband der berlinischen Ausgabe, welcher die zweifelhaft gelaßenen Stücke enthält, sehr ungehörig verirrt. (Supplément aux Oeuvres posth. T. I. p. 261 ... 270.) Dieses Gedicht trägt das Gepräge der Aechtheit an sich; überdieß wird es durch einen Brief des Verfaßers an Voltaire vom 20. Oktober 1739 beglaubigt. Dieser Brief, wie wohl manche andre, wird in der Berliner Ausgabe von 1788 ... 89 vermißt; er findet sich aber in der vollständigen Sammlung von Voltaires Werken, die zuerst durch Beaumarchais in Kehl veranstaltet, nachher häufig wiederholt worden ist. Algarotti und Lord Baltimore hatten im Sommer des J. 1739 einen Besuch in Rheinsberg abgestattet, wo sie mit offenen Armen empfangen wurden. Der Kronprinz fand großes Wohlgefallen an der Unterhaltung des weit gereisten Engländers, wiewohl dieser im französischen Ausdruck sehr ungeübt war.

Die dichterische Epistel enthält eine beredte Lobpreisung der verfaßungsmäßigen Freiheit Englands, und ist im höchsten Grade merkwürdig. Dieß Gedicht muß unter den jugendlichen an seiner Stelle eingerückt werden.

'Die im siebenten und achten Bande der Berliner Ausgabe enthaltenen Gedichte gehören der späteren Zeit an. Viele während des siebenjährigen Krieges geschriebene sind mit einer genauen Angabe nicht nur der Zeit, sondern auch des Ortes wo sie entstanden, im Lager oder in den Winterquartieren, begleitet. Dieß ist unschätzbar, weil es den Beweis liefert, daß der Held auch in den schwierigsten, ja in beinahe verzweiflungsvollen Lagen seinen unerschütterlichen Gleichmuth und eine Freiheit des Geistes behauptete, die ihn in den Stand setzte, seinen Gesinnungen und Gefühlen einen harmonischen Ausdruck zu geben. Es wird vortheilhaft sein, diese Angaben nicht auf den Schluß zu versparen, sondern sie der Ueberschrift anzufügen: so wird der Leser schon im voraus auf den Schauplatz versetzt. Die zahlreichen Stücke ohne Datum sind in der Berliner Ausgabe, wie es scheint, ziemlich auf's Gerathewohl zwischen die ursprünglich damit bezeichneten eingeschoben, wiewohl sich bei vielen die Zeit der Abfaßung durch Anspielungen auf gleichzeitige Ereigniße oder durch andre Kennzeichen wenigstens ungefähr ausmitteln läßt, und ich brauche nicht zu erinnern, daß die jetzigen Herausgeber hierauf den größten Fleiß zu verwenden haben. So stehen im 7ten Bande zwei Episteln an einen Grafen Hoditz, die erste pag. 27, die zweite pag. 98, die in der Zeit wenigstens dreißig Jahre auseinander liegen. Es wird schicklich sein, mit dieser Bemerkung die beiden Stücke unmittelbar auf einander folgen zu laßen, um den Kontrast stärker hervorzuheben.

In demselben Bande findet sich ein kurzes Gedicht, über-
schrieben Au sieur Gellert. Dieß ist ein Irrthum oder eine
willkürliche Veränderung: das Gedicht war ursprünglich an
Gottsched gerichtet, wie ich nach einer nicht allgemein bekannten litterarischen Anekdote zuverläßig versichern kann.
Diese Verse sind erst nach Anfang des siebenjährigen Krieges
geschrieben. Damals war Gottscheds früheres diktatorisches
Ansehen schon sehr tief gesunken, aber dieß konnte dem Könige, der sich gar nicht um die Entwickelung der deutschen
Litteratur bekümmerte, sehr wohl unbekannt geblieben sein.

Bei den Gedichten, die im ersten Supplementbande der
Berliner Ausgabe unter dem Titel stehen Pièces qu'on attribue
à cet illustre auteur, wird zuerst kritisch zu untersuchen sein,
ob sie sämmtlich von K. Friedrich II. herrühren. Herr Preuß
hat das Lustspiel Tantale en procès dem Könige abgesprochen,
aber so viel ich mich erinnere, ohne seine Beweisgründe anzuführen. Indessen ist es nur allzu wahrscheinlich, daß diese
Satire auf die verdrießlichen Händel Voltaires in Berlin
von irgend einem der Hofleute herrührte, die damals sich
aus Nachahmung des Königs eine gewisse Fertigkeit in der
französischen Versifikation erworben hatten. Voltairen wird
darin, in Anspielung auf seinen Geiz, der sprechende Spott-
name Engoule-tout beigelegt, der aber durchgehends sprach-
widrig Angoule-tout geschrieben ist.

Was die unleugbar von Friedrich II. herrührenden scherzhaften und satirischen Stücke betrifft, so sind darunter einige,
bei deren erneuertem Abdruck meines Erachtens solche Bedenklichkeiten eintreten, daß derselbe der allerhöchsten Entscheidung vorbehalten bleiben muß, wofern die Genehmigung
nicht schon in der Instruktion für die Akademie enthalten ist.

In den scherzhaften Gedichten haben die Herausgeber

mehrmals einzelne Wörter ausgelaßen und die Lücke durch Sternchen bezeichnet. Für jeden Kenner der französischen Sprache ist die Ausfüllung leicht, da das Silbenmaß und der Reim dabei zu Hülfe kommen. Die Frage ist nur, ob bei dem neuen Abdruck die Neugierde der Leser gereizt, oder ob die Anspielungen, die den ersten Herausgebern anstößig schienen, voll ausgeschrieben werden sollen.

Manche Anspielungen in den Gedichten dürften den heutigen Lesern ohne erklärende Anmerkungen nicht verständlich sein, und der künftige Herausgeber wird vielleicht den Stoff dazu in Zeitschriften und Anekdoten-Sammlungen zuweilen ziemlich weit zu suchen haben. Dasselbe gilt von den Briefen.

Litterarische Briefwechsel.

In der Ausgabe von 1788 folgen die Briefe des Königs an jeden seiner gelehrten Freunde, an d'Alembert, an d'Argens u. a. unmittelbar aufeinander, und die Antworten der genannten Gelehrten sind ebenso von jenen abgesondert zusammengestellt. Dieß ist eine ganz verkehrte Einrichtung: denn ein Briefwechsel ist in der That ein Dialog in vergrößertem Maßstabe, und eine dialogische Erörterung verliert allen ihr eigenthümlichen Reiz, wenn der Leser die Reden und Gegenreden nicht mit Leichtigkeit übersehen und vergleichen kann, sondern sie erst mühsam aus verschiedenen Bänden zusammensuchen muß. Der Herausgeber des Briefwechsels mit Algarotti hat die richtige Methode befolgt, und dadurch an dieser schätzbaren Bereicherung der Briefsammlungen zugleich ein Beispiel zur Nachahmung aufgestellt. Die Antworten mögen aus einer um einen Grad kleineren Schrift gesetzt werden, um den Antheil des Königs auf eine in die Augen fallende Art auszuzeichnen.

Einige vereinzelte Briefe, die nicht zu einer fortgesetzten Korrespondenz angewachsen sind, werden an verschiedenen Stellen schicklich angehängt oder eingeschaltet werden können. Die Briefe an Fontenelle und Rollin verdienen ganz an der Spitze zu stehen: sie sind gleichsam die Vorrede zu seiner Laufbahn als Schriftsteller, indem sie sein frühzeitiges Streben bezeugen, mit berühmten Gelehrten nähere Verhältnisse anzuknüpfen.

Briefwechsel mit Voltaire.

Dieser Briefwechsel ist der wichtigste unter allen, von Seiten des litterarischen Gehaltes; er erstreckt sich auch über den längsten Zeitraum. Der Anfang fällt beinahe vier volle Jahre vor der Thronbesteigung des Kronprinzen, und mit einigen Unterbrechungen dauert die Korrespondenz bis kurz vor dem Tode des hochbejahrten Voltaire fort.

In der Ausgabe von 1788 sind die Briefe des Königs in vier Bände vertheilt, oder vielmehr unordentlich durcheinander geworfen, folgendermaßen:

Oeuvres posthumes.

T. VIII. p. 223 jusqu'à la fin.

T. IX., le volume entier.

T. X. p. 1...158.

Supplément aux Oeuvres posthumes. T. II. p. 171...456.

Es ist schwer zu begreifen, warum die Herausgeber eine so beträchtliche Anzahl von Briefen, deren Aechtheit nicht im mindesten bezweifelt werden kann, in den Nachtrag der unbeglaubigten Schriften verwiesen haben: es müßte denn etwa sein, daß sie keine Abschriften davon unter den Papieren des Königs vorgefunden hatten, und sie erst aus der vollständigen Sammlung der Werke Voltaires von Beau-

marchais kennen lernten. Wie dem auch sei, der künftige
Herausgeber wird eine sehr mühselige Arbeit zu verrichten
haben, um in dieser unerhörten Verwirrung die chronologische Ordnung herzustellen, und die Briefe richtig zu be-
ziffern. So stehen z. B. die aus den ersten vier Jahren
abwechselnd in dem Supplementbande und in T. VIII. und
IX. der Oeuvres posthumes.

Ferner sind Voltaires Antworten (so kann man sie mit
Recht nennen, weil der königliche Gönner selbst den Briefwechsel zuerst den 8. August 1736 eröffnet hat) durchgängig
weggelaßen, wiewohl die Briefe von d'Argens und d'Alembert, so viel sich deren vorfanden, in die Ausgabe von
1788 aufgenommen sind. Hieraus entsteht der große Nachtheil, daß das Verhältniß des Königs zu seinem litterarischen Führer und Vertrauten, ein Verhältniß, das auf die
ganze Laufbahn Friedrichs II. den entscheidendsten Einfluß
gehabt hat, gar nicht gehörig an's Licht tritt. Freilich finden sich die Briefe Voltaires in den Ausgaben seiner sämmtlichen Werke, und zwar sind sie mit vollem Recht als die
merkwürdigsten unter allen an die Spitze gestellt: aber man
darf nicht voraussetzen, daß jeder Leser jene bänderreichen
Sammlungen zur Hand haben werde. Sollten die Briefe
Voltaires auch beträchtlich zahlreicher sein, was ich noch
nicht Muße hatte zu untersuchen, so würde doch nicht rathsam sein, die überflüßigen auszulaßen. Dieser durchaus un-
verstümmelte Briefwechsel wird leicht die unterhaltendste Abtheilung der neuen klassischen Ausgabe bilden.

Um bei dem großen Umfange die Uebersicht zu erleichtern, erscheint es als zweckmäßig, das Ganze in mehrere Bücher
einzutheilen, wozu schon die verschiedenen Lebensepochen des
Königs veranlaßen: 1) bis zur Thronbesteigung; 2) bis zu

21**

Voltaires Aufenthalt in Berlin, und dem darauf erfolgten Bruche im Jahre 1752; 3) während des siebenjährigen Krieges; 4) aus den späteren Lebensjahren Voltaires bis kurz vor dessen Tode. Nach den bekannten Störungen tritt eine Lücke von ungefähr fünf Jahren ein, ehe sich wieder ein leidliches Verhältniß anknüpfte. In den unglücklichsten Kriegszeiten hatte Voltaire den Helden durch neue Verräthereien zu gerechtem Unwillen gereizt, wie aus einigen Briefen erhellet, worin er dessen lächerliche Anmaßungen mit bitterm Spotte zurückweist. Auch nach geschloßnem Frieden vergieng einige Zeit, bis Friedrich II. Alles in Vergessenheit begrub, und dem geschwächten Greise die tröstlichsten Briefe schrieb.

Dieser Theil des Briefwechsels ist in litterarischer Beziehung vielleicht weniger bedeutend, als die früheren, aber voll von Zügen, die dem Charakter des Königs Ehre machen. So geht es fort bis kurz vor Voltaires Tode; auch nachher bewährt sich die rege Theilnahme, durch den genauen Bericht, den d'Alembert auf Anbringen Friedrichs von seiner letzten Krankheit abstattete.

Die nicht zahlreichen Briefe von der Marquise du Châtelet und an sie können am füglichsten der ersten Abtheilung des Briefwechsels mit Voltaire eingeschaltet werden, da dieser damals von seiner gelehrten Freundinn unzertrennlich war.

Die übrigen litterarischen Korrespondenzen.

Die Briefe, die Friedrich II. mit seinem geistreichen und heitern Freunde Jordan wechselte, schließen sich hier zunächst an. Dieser Gelehrte war schon vier Jahre vor der Thronbesteigung einer von den Gesellschaftern des Kronprin-

zen in Rheinsberg geworden. Der Briefwechsel nahm frühzeitig ein Ende durch den Tod Jordans am 24. Mai des
Jahres 1745. Die Briefe des Königs sind meistens scherzhaft und voll von der fröhlichsten Laune, selbst während der
Feldzüge. In der Ausgabe von 1788 stehen sie zerstreut
im VI. und VIII. Bande; die entsprechenden Briefe Jordans
im XII. Die meisten sind von beiden Seiten mit · Versen
untermischt, müßen aber dennoch nach dem oben entwickelten
Grundsatze nicht unter die dichterischen Werke gestellt, sondern den Briefen zugeordnet werden. Da die von Jordan
an den König im Feldlager gerichteten Briefe großentheils
Tagesneuigkeiten enthalten, so finden sich darin manche durch
die Zeit verdunkelte Anspielungen, die vielleicht nur aus den
damaligen Zeitungen Licht erhalten können.

Hierauf folgen nun die Korrespondenzen mit Algarotti,
d'Argens und d'Alembert, nach derselben chronologischen Ordnung, nämlich nach dem Zeitpunkte des Schlußes. Der
erste Briefwechsel fehlt in den Oeuvres posthumes und ist
erst vor einigen Jahren durch die verdienstlichen Bemühungen des Herrn Generals Minutoli an's Licht gebracht worden.
Die richtige Methode der Anordnung, wie ich sie im Vorhergehenden (S. 327 u. f.) bestimmt habe, ist darin beobachtet,
und dadurch dem künftigen Herausgeber die Arbeit sehr er-
leichtert.

Die Briefe des Marquis d'Argens an den König nehmen den ganzen XIII. Band ein; die seines Gönners an
ihn nur die letzte Hälfte des X. von p. 199...348. Die
Briefe des Königs sind offenbar sehr unvollständig vorhanden;
denn sie fangen erst im Jahre 1759 an, während von d'Argens die ersten Briefe sich schon aus dem Jahre 1747 da-
tieren. Die Zwischenräume zwischen der Abfaßung der ein-

zelnen beweisen keine wirklichen Lücken, da der Briefwechsel
natürlicherweise wegfiel, wenn der Marquis, wie so häufig,
in der Nähe des Königs lebte. Von den Briefen des Königs sind etwa vierzig ohne Angabe des Ortes und der
Zeit; die Herausgeber haben sie zusammen an den Schluß
des Bandes gesetzt und sie unordentlich durcheinander geworfen; von vielen wird sich aus Erwähnung der Zeitereignisse
ermitteln lassen, wohin sie gehören, und der künftige Herausgeber hat hierauf den größten Fleiß zu verwenden. Endlich
muß dem Briefwechsel noch ein Brief der Wittwe beigefügt
werden, worin sie dem Könige einen ausführlichen Bericht
über das letzte Krankenlager ihres Gemahls ertheilt. Dieser
ist in der Ausgabe von 1788 an den Schluß des XII. Bandes geschoben.

Die Briefe des Königs an d'Alembert füllen den ganzen
XI. Band aus und von dem folgenden noch p. 1...60. Die
Briefe des berühmten Gelehrten an seinen Gönner füllen den
XIV. und die erste Hälfte des XV. Bandes, p. 1...236.

Dieser Briefwechsel ist folglich nach der Zahl und Ausführlichkeit der Briefe von großem Umfange, und zugleich,
was den Gehalt betrifft, von hoher Bedeutung. Er fängt
erst, einige Briefe von d'Alembert ausgenommen, mit dem
Hubertsburger Frieden an, und dauert fort bis auf die letzten Lebensjahre des Königs. Man lernt also daraus seine
Gemüthsstimmungen in diesem Zeitraume kennen, so wie
auch den Ausdruck seiner Meinungen, wie sie sich nach viel-
fältigen Prüfungen festgesetzt hatten.

Als Anhang müßen beigefügt werden die Briefe des
Marquis de Condorcet an den König, welche Tome XV.
p. 261 bis zum Schluße p. 284 stehen. Die Briefe des
Königs an denselben, wie auch einige an den bekannten

Grimm, sind unter die Lettres mêlees Tome XII. p. 71...90 geworfen.

Der König hat ohne Zweifel außerdem noch viele litterarische Briefe geschrieben, die vielleicht zufällig verloren gegangen oder von ihm selbst vernichtet worden sind. Die letztere Vermuthung ist die wahrscheinlichere. Zuverläßig hatte er an den Präsidenten seiner Akademie Maupertuis während dessen lange dauernden Abwesenheiten häufig geschrieben. Er bezeugt aber, daß Maupertuis alle Papiere, die er von ihm hatte, vor seinem Tode versiegelt an ihn zurückgesendet habe. Auch seine Briefe an d'Alembert forderte er von dem Marquis de Condorcet zurück, und beruhigte sich damit, daß ihm gemeldet wurde, sie seien verbrannt; da dieses doch nicht geschehen ist. Die übrigen einzeln gedruckten Briefe habe ich mir aus der hiesigen Bibliothek nicht verschaffen können; viel weniger kenne ich die Inedita, und kann also auch nicht sagen, ob dadurch eine wahre Bereicherung der Ausgabe von 1788 erworben werden würde.

XV

Ueber historische und geographische Bestimmungen der Zoologie.

[Einleitung einer vermuthlich zur Vorlesung in der Berliner
Akademie der Wißenschaften bestimmten Rede.]

Nicht ohne Schüchternheit trete ich vor dieser zahlreichen und
durch die mannichfaltigsten Verdienste ausgezeichneten Versammlung
auf. Ich muß befürchten, das Unternehmen eines öffentlichen Vortrags über Gegenstände, wovon ich nur die zur allgemeinen Bildung
gehörende Kenntniß besitze, möchte für eine Anmaßung gelten. Auch
erkläre ich ausdrücklich im voraus, daß ich keine neuen Entdeckungen mitzutheilen, sondern nur Zweifel und Fragen vorzulegen habe.
Ich wünsche die Aufmerksamkeit der Forscher auf eine Bahn zu lenken, wo vielleicht für unsre Kenntniß der Thierwelt noch eine Nach-
lese zu erwarten ist.

Ich hoffe mir ein geneigtes Gehör zu verschaffen, indem ich
meinen Vortrag mit dem europäisch berühmten Namen eines Mannes, den ein allzufrüher Tod vor wenigen Jahren der Wißenschaft
entriß, mit dem Namen Cuviers eröffne.

Es gereicht diesem unermüdlichen Forscher und geistreichen Denker zum größten Ruhme, daß er, zu hohen Würden und Aemtern
gelangt, dennoch seinem Berufe als Professor mit unvermindertem
Eifer oblag. Ich hatte das Glück, zugleich mit Aler. von Humboldt, noch mehrere seiner Vorlesungen im Winter 31...32. anzuhören, wovon die letzte leider seine Krankheit durch eine plötzliche
Erkältung verursachte.

Aus Veranlaßung unserer häufigen Unterredungen über wißenschaftliche Gegenstände schenkte er mir ein Exemplar seines kurz zu-

vor erschienenen Commentars über die Bücher des Plinius, welche die Zoologie betreffen.

Diese Arbeit ist vielleicht nicht so bekannt geworden, als sie zu sein verdiente, theils weil die von Lemaire besorgte Ausgabe der lateinischen Klassiker außer Frankreich wenig in Umlauf gekommen ist, theils weil man den Naturforscher unter einem Schwarme philologischer Commentatoren nicht zu finden erwartet. Cuviers Anmerkungen sind durch den Herausgeber ins Lateinische übertragen.

Ich habe einen berühmten deutschen Anatomen behaupten hören, Plinius sei wegen der Unbestimmtheit seiner Angaben, und seiner endlosen Verworrenheit wißenschaftlich gar nicht zu benützen. Cuvier dachte nicht so: er hat in der allgemeinen Biographie die Vorzüge und Mängel des Plinius unübertrefflich richtig gewürdigt. Er fand freilich hier Vieles zu berichtigen, ja als Fabel und volksmäßigen Aberglauben zu verwerfen; aber er bestätigt auch nicht Weniges, und deutet glücklich was bisher unbegreiflich schien.

Da nun Cuvier in andern Schriften sich's überall angelegen sein läßt, dem größten Zoologen des Alterthums, dem Aristoteles, Gerechtigkeit widerfahren zu laßen, so darf ich mich wohl auf sein Ansehen berufen, wenn ich es wage, den Forschern die Prüfung alter Zeugniße über die Thierwelt zu empfehlen.

Es giebt bereits eine doppelte Zoologie: die der Gegenwart und die der Urwelt. Die erste hat seit Linné und Buffon durch die Entdeckung unzähliger zuvor unbekannter Arten unermeßlich an Umfang, und durch Zuziehung der Physiologie und vergleichenden Anatomie an wißenschaftlicher Tiefe gewonnen. Die zweite ist eine ganz neue Wißenschaft: man kann wohl sagen, ein Triumph des menschlichen Scharfsinns, wo die restaurierende Kritik Wunder geleistet hat.

Zwischen der Gegenwart und jener Vorzeit, wo eine andre Verfaßung des Planeten auch andre sowohl in den Dimensionen, als specifisch von den heutigen verschiedene Gestalten des thierischen Lebens, wiewohl immer in verwandten Richtungen der bildenden Kraft hervorrief, liegt ein unbestimmbar langer Zeitraum in der Mitte. Von diesem Zeitraume nimmt die irdische Laufbahn des Menschengeschlechtes nur den letzten, und wahrscheinlich den kleinsten Theil ein. Unsre historische Kenntniß ist noch weit beschränkter: denn die

ältesten auf uns gekommenen schriftlichen Zeugnisse sind nicht viel
älter als dreitausend Jahre. Freilich ist aber in diesen Zeugnissen
und in andern Spuren und Denkmalen Manches enthalten, was
uns auf eine beträchtlich weiter entlegene Vorzeit zurückweist.

Es ist nicht glaublich, daß seit dem Dasein des Menschenge=
schlechtes auf der Erde neue Arten von Thieren der oberen Ordnun=
gen zum Vorschein gekommen sein sollten. Eher wäre es möglich,
daß manche von der Natur gegen die Angriffe stärkerer Raubthiere
nicht sonderlich gewaffnete Arten ganz ausgestorben seien. Histo=
risch gewiß aber ist es, daß mehrere dem Menschen feindliche oder
wenigstens hinderliche Gattungen durch den im Ganzen immer stei=
genden Anbau der Länder verscheucht und weit zurückgedrängt sind,
so daß sie sich nur noch in einem Theil des ursprünglich inne ge=
habten Bezirkes behaupten. Auf der andern Seite haben die zu
mancherlei Zwecken gezähmten Thiere die Völker auf ihren Wande=
rungen begleitet. Da ist es dann für den Zoologen wichtig zu wißen,
an wie verschiedne Klimate sie sich gewöhnen konnten, und welche
Abartungen dadurch bewirkt worden sind.

Dieß läßt sich nun, wie mich dünkt, ganz schicklich mit dem
Namen der historischen und geographischen Zoologie bezeichnen.

Es erhellet schon im Voraus, daß die Untersuchung sich nur
auf eine kleine Abtheilung der Wißenschaft beziehen wird: - - - - -

Druck von J. B. Hirschfeld in Leipzig.

CPSIA information can be obtained
at www.ICGtesting.com
Printed in the USA
BVHW040928271218
536515BV00006B/24/P

9 780365 606765